Bali, Lombok

Borobudur, Prabanan et les volcans de Java
+ Plongée

Cofondateurs : Philippe GLOAGUEN et Michel DUVAL

Directeur de collection et auteur
Philippe GLOAGUEN

Secrétaire général
Gavin's CLEMENTE-RUIZ

Rédacteurs en chef adjoints
Amanda KERAVEL (France)
et Benoît LUCCHINI (Étranger)

Directrice administrative
Bénédicte GLOAGUEN

Conseiller à la rédaction
Pierre JOSSE

Responsable voyages
Carole BORDES

Direction éditoriale
Élise ERNEST

Rédaction
Isabelle AL SUBAIHI
Emmanuelle BAUQUIS
Mathilde de BOISGROLLIER
Thierry BROUARD
Marie BURIN des ROZIERS
Diane CAPRON
Véronique de CHARDON
Laura CHARLIER
Florence CHARMETANT
Fiona DEBRABANDER
Anne-Caroline DUMAS
Éléonore FRIESS
Géraldine LEMAUF-BEAUVOIS
Olivier PAGE
Alain PALLIER
Anne POINSOT
André PONCELET

2021/22

hachette

TABLE DES MATIÈRES

PRÉAMBULE

ARRIVER – QUITTER 37

Important : dernière minute

Entre deux parutions du *Routard,* des événements fortuits (conditions sanitaines, catastrophes naturelles mais aussi formalités, taux de change, conditions d'accès aux sites, fermetures inopinées, etc.) peuvent modifier vos projets de voyage. Pour éviter les déconvenues, nous vous recommandons de consulter la rubrique « Guide » par pays de notre site • **routard.com** • et plus particulièrement les dernières ***Actus voyageurs.***

« OSONS LE PAS DE CÔTÉ »

Le surtourisme ? Tous concernés. Et pourtant, à l'écart des grands flux touristiques, il existe plein de pépites méconnues, souvent oubliées des circuits trop encombrés. Ici un site ignoré ; là un quartier secret ; plus loin un village caché au charme discret, avec un troquet d'une autre époque. Il existe une infinité de lieux peinards que l'on a envie de mettre en avant avec ce pictogramme. Un vagabondage enfin calme favorisé aussi par les **visites aux heures creuses.** Vive le *slow trip* !

#osonslepasdecote

UNE PANDÉMIE INOUÏE !

Depuis toujours, ***Le Routard*** **se plaît à dénicher hôteliers et restaurateurs** qui accueillent nos lecteurs avec sourire et professionnalisme. Malgré toute notre vigilance, certains d'entre eux auront malheureusement fermé quand ce livre sortira. De même, les horaires et modalités d'accueil de certains sites et musées auront été momentanément modifiés. Cette terrible **pandémie de Coronavirus** a, on le sait, des conséquences importantes pour tous les professionnels du tourisme. **Nous sommes de tout coeur avec eux !**

Temple Mahayana, Borobudur

© Ivan Vdovin / Alamy / Hemis

MER DE BALI
Pulau Menjangan
Labuhan Lalang
Pemuteran
Lovina
Gilimanuk
Seririt
Celukanbawang
Banjar
Mt Merbuk
1 386
Mayong
Détroit de Bali
1 300
Mt Mesehe
Parc national de Barat
1 414
Mt Patas
Munduk
L'OUEST DE BALI
p. 236
Pupuan
Bunut Bolong
Pura Rambut Siwi
Negara
Blimbing
Cupal
Perancak
Medewi
Pekutatan
Antosari
Balian
OCÉAN INDIEN
JAVA
Sites inscrits au Patrimoine mondial de l'Unesco
Pas de côté
Munduk Lieux traités
Seririt À voir dans les environs
Cupal Repères

NORD
Les îles Gili, Lombok
Sangsit
Kubutambahan
Air Sanih
Sawan
Bondalem
Tejakula
Singaraja
LA CÔTE NORD p. 224
LE NORD : D'UBUD AU LAC BATUR p. 184
Tianyar
LA ROUTE CÔTIÈRE DE L'EST p. 212
Penulisan
Lac Buyan
Mt Catur 2 090
Mt Batur 1 717
Lac Batur
Trunyan
Kintamani
Toya Bungkah
Lac Bratan
Batur
Lac Tamblingan
Bedugul
Penelokan
Mt Abang 2 152
Kedisan
Tulamben
Mt Pohen
Mt Sengayang
Mt Batukau 2 276
Mt Agung 3 142
Amed
Détroit de Lombok
Culik
Pujung
Besakih
Mt Seraya 1 175
Jatiluwih
Pura Luhur
Tirtagangga
LES ROUTES DE L'EST p. 191
Payangan
Tampaksiring
Rendang
Karangasem (Amlapura)
Penebel
Tegallalang
Pura Kehen
Bangli
Sangeh
Sidemen
Tenganan
Gunung Kawi
Ujung (Ruines du palais)
Kedewatan
Goa Gadja
Manggis
Sengkidu
Pejeng
Ubud
Bedulu
Klungkung (Semarapura)
Candi Dasa
Tabanan
Teges
Gianyar
Mengwi
Mas
Padangbai
Kediri
Kapal
Bona
Kamasan
Goa Lawah
Lukluk
Batuan
Sukawati
Kusamba
LES ROUTES DU CENTRE ET DU NORD p. 152
Sempidi
Celuk
Tanah Lot
Batubulan
Canggu
DENPASAR
Détroit de Badung
Sampalan
Seminyak
Sanur
Nusa Lembongan
Legian
LE SUD DE L'ÎLE p. 98
Nusa Ceningan
529
Temple Goa Giri Putri
Kuta
Nusa Penida
Tanjung Benoa
Jimbaran
Bukit
Uluwatu
Nusa Dua
0
10
20 km

BALI

LA RÉDACTION DU ROUTARD

(sans oublier nos 50 enquêteurs, aussi sur le terrain)

Jean-Sébastien, Olivier, Mathilde, Thierry, Alain, Gavin's, Éléonore, Anne-Caroline, André, Laura, Florence, Véronique, Isabelle, Géraldine, Fiona, Amanda, Benoît, Emmanuelle, Bénédicte, Philippe, Carole, Diane, Anne, Marie.

La saga du *Routard* : en 1971, deux étudiants, Philippe et Michel, avaient une furieuse envie de découvrir le monde. De retour du Népal germe l'idée d'un guide différent qui regrouperait tuyaux malins et itinéraires sympas, destiné aux jeunes fauchés en quête de liberté. 1973. Après 19 refus d'éditeurs et la faillite de leur première maison d'édition, l'aventure commence vraiment avec Hachette. Aujourd'hui, le *Routard*, c'est plus d'une cinquantaine d'enquêteurs impliqués et sincères. Ils parcourent le monde toute l'année dans l'anonymat et s'acharnent à restituer leurs coups de cœur avec passion.

Merci à tous les routards qui sont solidaires de nos convictions : liberté et indépendance d'esprit ; découverte et partage ; sincérité, tolérance et respect des autres.

NOS SPÉCIALISTES BALI, LOMBOK

Gavin's Clemente-Ruiz : né en 1978, belgo-hispano-normand, il vadrouille pour le *Routard* depuis 1999. Logique, avec un tel pedigree ! Ses plaisirs : l'adresse introuvable enfin dénichée en fin de journée ; garder le contact avec les personnes croisées. Son défaut : ne quitte jamais son téléphone portable (« Bon, c'est pour le Facebook et l'Instagram du Routard » !).

Romain Meynier : il n'était pas si mal, dans son Sud, entre rivières et cigales. Pourtant, à 22 ans, après des études de journalisme, il s'est dit que l'herbe était plus verte ailleurs. Il est allé le vérifier, le long des pistes brûlantes en terre inconnue. L'herbe était jaune. Et c'est bien mieux comme ça, inattendu. Tout à découvrir, et autant à raconter.

Benoît Lucchini : corse, élevé au grain du 9-3, il a commencé avec une carte Interrail à 17 ans. Il arpente les terres chaudes avec passion deux ans plus tard, puis les mers froides comme pêcheur (illégal) de saumon sur un chalutier américain, avant un grand tour du monde. Son credo depuis 30 ans au *Routard* : multiplier les rencontres, s'émerveiller et écrire pour partager ses émotions.

UN GRAND MERCI À NOS AMI(E)S SUR PLACE ET EN FRANCE

Pour cette nouvelle édition, nous remercions particulièrement :

- **Beki,** pour ses connaissances aussi pointues en culture balinaise qu'en culture rock ;
- **Magali et Fred,** pour la virée et les bons tuyaux à Sanur ;
- **Dominique et Laurent,** pour leur accueil et leurs bonnes tables à Ubud ;
- **Alex Tsuk,** pour sa ferveur à parler de l'écologie balinaise ;
- **Begonia Lopez,** pour son sourire et son dévouement envers les enfants de la Kupu Kupu Foundation à Ubud ;
- **Audrey et Matthieu,** pour leurs bonnes adresses et coins secrets ;
- **Andy,** qui connaît aussi bien les coraux que les restos de Nusa Lembogan ;
- **Farhan,** incollable sur les routes et transports de Lombok ;
- et bien sûr **Alexis** et évidemment **Wayan Tatoo** !

Pictogrammes du Routard

Établissements

- Hôtel, auberge, chambre d'hôtes
- Camping
- Restaurant
- Terrasse
- Pizzeria
- Boulangerie, sandwicherie
- Pâtisserie
- Glacier
- Café, salon de thé
- Café, bar
- Bar musical
- Club, boîte de nuit
- Salle de spectacle
- Boutique, magasin, marché

Infos pratiques

- Office de tourisme
- Poste
- Accès Internet
- Hôpital, urgences
- Adapté aux personnes handicapées

Sites

- Présente un intérêt touristique
- Point de vue
- Plage
- Spot de surf
- Site de plongée
- Recommandé pour les enfants
- Inscrit au Patrimoine mondial de l'Unesco
- Pas de côté

Transports

- Aéroport
- Gare ferroviaire
- Gare routière, arrêt de bus
- Station de métro
- Station de tramway
- Parking
- Taxi
- Taxi collectif
- Bateau
- Bateau fluvial
- Piste cyclable, parcours à vélo

Le *Routard* est imprimé sur un papier issu de forêts gérées.

I.S.B.N. 978-2-01-787078-4

Plage de Jungut Batu

« Manger avec des couverts, c'est comme faire l'amour avec l'aide d'un interprète. »

Proverbe balinais

Bali, l'« **île des dieux** », distille un charme et une beauté magnétiques. C'est l'**une des îles les plus petites de l'archipel indonésien,** mais de loin **la plus convoitée** par les touristes, tandis que Lombok commence à pointer le bout de son nez.

Ce petit paradis rassemble tous les éléments indispensables à des vacances réussies. De **belles plages** – même si elles ne sont pas toutes baignables –, des **reliefs volcaniques** extraordinaires habillés de forêts, des collines où s'étagent des **rizières** dont les courbes font danser la lumière, ainsi qu'une ferveur **hindouiste** omniprésente et toujours authentique.

Et puis les Balinais séduisent par leur douceur et leur étonnante **gentillesse,** mais aussi par leur amour du beau et leur façon unique d'unir l'art et la vie.

Qu'ils vivent au cœur des zones touristiques ou dans des hameaux isolés, les Balinais n'ont perdu ni leur calme ni leurs coutumes. Quel plaisir de les voir sacrifier, comme si rien d'autre n'importait, au rituel quotidien des **offrandes** que l'on retrouve devant chaque boutique, sur les ponts, au bord des rizières ou sur les autels ornant les jardins. Peut-être est-ce cette présence constante du divin qui rend les Balinais si affables et leur permet de survivre au boom touristique sans complètement vendre leur âme…

À méditer sur le site de Borobudur, à **Java,** haut lieu du **bouddhisme,** et qu'il faudra contourner 3 fois pour connaître le bonheur. Ou au sommet des **volcans javanais** !

À moins que vous ne choisissiez **Lombok,** petite sœur de Bali, encore discrète, au charme moins ostensible mais envoûtant, entre les montagnes du Nord (Rinjani) et les plages du Sud (Kuta).

Temple Ulu Danu

NOS COUPS DE CŒUR

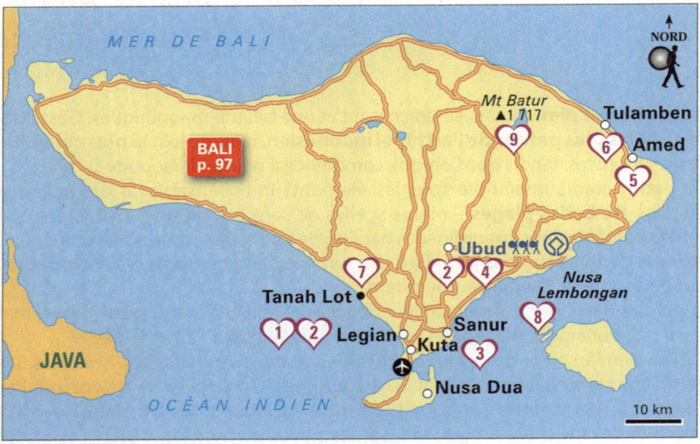

À BALI

1 Assister à la cérémonie du coucher de soleil sur les plages de Kuta et de Legian.

S'étirant sur plusieurs kilomètres, c'est assurément à Kuta et à Legian que se trouve la plus belle plage de Bali. Le spectacle du soleil déclinant y rassemble population locale et touristes qui se mêlent dans une belle osmose. Le soleil couché, la plage se vide… *p. 123*

Bon à savoir : *le spectacle commence vers 17h et dure 40 mn environ.*

© Du Boisberranger Jean/hemis.fr

2 Se faire masser sur la plage de Kuta face aux vagues ou dans un spa élégant à Ubud.

Un massage à l'huile de coco fait partie intégrante de la culture balinaise, et reste un grand moment. Sur la plage quand le soleil descend ou dans un spa élégant pour le plaisir, on y prend vite goût ! *p. 124, 178*

Bon à savoir : *sur la plage, on reconnaît les masseuses à leur chapeau conique numéroté et à leur badge.*

© Henry Westheim Photography/Alamy/Hemis

3 **Observer les cerfs-volants virevolter dans le sud de l'île.**

Les cerfs-volants à Bali sont considérés comme un moyen de communiquer avec les dieux. Tous plus beaux les uns que les autres ! De nombreux concours ont lieu pour en apprécier les formes et l'esthétisme. Ils ont souvent figure de poissons ou de dragons et sont gigantesques : plus de 10 m de long pour certains. *p. 140, 160*

***Bon à savoir :** nos préférés sont fabriqués par la Kupu Kupu Foundation à Ubud. Ne manquez pas non plus le Bali Kite Festival en juillet à Sanur et les entraînements dans les rizières toute l'année…*

© Aurora/hemis.fr

4 **Se balader dans les superbes paysages de rizières en terrasses dans la région d'Ubud.**

À l'intérieur de l'île, les paysages et la nature exubérante sont des sources d'inspiration inépuisables. La région d'Ubud abrite, entre autres, des collines où s'étagent des rizières dont les courbes font danser la lumière, bassins bordés de vert dans lesquels se reflètent les nuages. Un décor, façon carte postale, parmi les plus beaux de Bali. Notre étape préférée : Jatiluwih. *p. 229*

***Bon à savoir :** le mieux est de louer un vélo ; pédaler au milieu des rizières est assez magique.*

© Moirenc Camille/hemis.fr

© Ian Wood/Alamy/Hemis

5 **À Amed, observer les *prahus* (pirogues) colorés partir à la pêche en affrontant les vagues capricieuses.**

De superbes petites plages de sable noir servent de port aux *prahus*, ces élégantes pirogues à balanciers. Lorsque tous les pêcheurs sortent leurs embarcations en même temps, le spectacle est étonnant : avec leurs voiles triangulaires aux couleurs de l'arc-en-ciel, on dirait un vol de papillons. *p. 213*

6 **À Tulamben, plonger sur l'épave du *Liberty* en eau peu profonde, incroyable carcasse qui abrite plusieurs centaines d'espèces de coraux et de poissons multicolores.**

Tulamben est un site de renommée mondiale pour les plongeurs. À 30 m du bord, à quelques mètres de fond, l'épave d'un cargo américain est devenue le paradis de myriades de poissons, dont on peut observer l'incessant ballet au milieu de coraux extraordinaires. Une petite merveille à découvrir avec bouteille ou même au tuba ! *p. 223*

Bon à savoir : *le site se trouve à une quinzaine de kilomètres au nord d'Amed. Pour éviter la foule, il peut être judicieux de dormir à Tulamben et de plonger sur l'épave tôt le matin.*

7 Regarder le coucher du soleil face au temple de Tanah Lot.

Construit au XVIe s sur l'ordre du prêtre Nirartha, qui venait méditer sur un rocher noir isolé dans la mer, le temple de Tanah Lot est l'un des sites les plus célèbres de Bali. C'est un peu avant le coucher du soleil qu'il faut venir ici. La forme harmonieuse du rocher, les petits toits superposés du temple, les vagues qui le battent à marée haute et cette lumière en clair-obscur confèrent à l'endroit quelque chose d'étrange et de fascinant. *p. 246*

8 En pirogue, glisser sur les eaux paisibles de la mangrove à Nusa Lembongan.

La petite île, accessible en 30 mn de bateau rapide depuis Sanur, constitue une alternative plus tranquille que Bali sud pour quelques jours de repos bien mérité sur des plages sublimes, entecoupé de plongées et de courtes explorations dans la mangrove. Nusa Ceningan, de l'autre côté du pont, n'est pas mal non plus ! *p. 143*

9 **Admirer le mont Batur de la terrasse d'un restaurant de Penelokan.**
Haut de 1 717 m, le mont Batur est le 2d volcan de Bali. Le volcan est au repos, mais ses réveils furent parfois cruels : en 1917, la lave arriva jusqu'au village, s'arrêtant devant le temple après avoir fait plus d'un millier de victimes ; en 1926, une 2de éruption obligea les habitants à se déplacer sur les falaises de Kintamani. Penelokan est le 1er village qu'on aborde en arrivant dans la région. On profite d'un point de vue grandiose sur le Batur, avec le lac de cratère en contrebas. *p. 186*
Bon à savoir : *Penelokan est un village désormais consacré au tourisme (quelques hôtels et restaurants) ; l'accès au village est payant.*

10 **Participer à une fête traditionnelle où spiritualité et convivialité se côtoient harmonieusement.**

Les Balinais ont un emploi du temps festif très chargé. Un jour, c'est la fête des Cocotiers, 2 jours plus tard la commémoration d'un temple, puis on célèbre toutes sortes de choses, sans oublier la cérémonie du limage des dents du petit dernier ou la crémation de pépé. Tous les jours, il se passe quelque chose ! En vous baladant dans l'île, vous tomberez forcément sur des fêtes de village extraordinaires et authentiques.

***Bon à savoir :** on trouve le calendrier des fêtes locales dans les offices de tourisme régionaux.*

11 **Assister à un spectacle de *legong* pour sa délicatesse ou de *kecak* pour sa force envoûtante.**

La *legong dance* est la manifestation de la grâce des femmes balinaises. Les spectacles, souvent des tragi-comédies, joués au son du gamelan, se déroulent autour d'un temple ou palais *(legong kraton)*. Magie des visages, yeux, doigts et mains qui bougent… et ne bougent pas ! Le *kecak* est un chœur de chants balinais, souvent exécutés durant les cérémonies.

12 Partout, admirer ces femmes pleines de grâce déposant leurs offrandes dans les temples ou devant leurs boutiques, dès potron-minet.
À Bali, chaque jour est ponctué de *yadnya* (rituels sacrés) durant lesquels les dieux, la nature, les vivants et les morts sont célébrés. Quel plaisir de voir les Balinaises exposer selon un rituel quotidien des offrandes devant chaque boutique, sur les ponts, au bord des rizières ou sur les autels ornant les jardins ! Une religion qui se vit dans la plus parfaite décontraction, mais toujours avec beaucoup d'élégance.

(13) **Lire *Sang et Volupté à Bali,* de Vicki Baum, sur la terrasse de son bungalow ou face à la mer (parfois le bungalow donne même sur la mer !).**

Ou *Mange, prie, aime,* d'Elizabeth Gilbert, voire *L'Homme qui voulait être heureux,* de Laurent Gounelle.

À LOMBOK

14 **Arpenter les plages désertes et sublimes du sud de Lombok, à l'ouest du village de Kuta.**

On y trouve quelques merveilles de plages, vastes, harmonieuses et tranquilles. Certaines s'adressent particulièrement aux surfeurs, d'autres raviront les amateurs de grandes étendues paradisiaques aux eaux calmes. Et là, les plages de Bali peuvent se rhabiller ! Pourvu que ça dure… *p. 274*

Bon à savoir : *en l'absence de transports publics, la location de scooter s'impose pour explorer le secteur.*

15 **Musarder entre rizières et champs de tabac dans la plaine verdoyante autour de Tetebatu.**

Étendue au pied du mont Rinjani, cette région fertile, encore peu fréquentée par les voyageurs, déploie des paysages ruraux enchanteurs, mités d'un patchwork de villages et hameaux, dont certains sont réputés pour leur artisanat. L'occasion de belles balades, à faire seul ou accompagné. *p. 279*

16 **Grimper jusqu'à la caldeira du mont Rinjani, pour un fabuleux panorama sur le volcan et le lac Segara Anak.**

Dominant le nord de Lombok, ce volcan culmine à 3 726 m. Jadis un must, l'ascension jusqu'à son sommet n'est officiellement plus possible depuis un séisme survenu en 2018. Mais grimper jusqu'à la crête de sa caldeira, à 2 600 m d'altitude, constitue déjà une belle aventure. Pour se mettre en jambes, balades vers de rafraîchissantes cascades du côté de Senaru. *p. 282*

Bon à savoir : *agence sérieuse et guide indispensables, que l'on peut choisir dans l'un des villages de départ (Senaru, Sembalun Lawang, voire Tetebatu), à moins d'organiser son trek depuis l'une des stations balnéaires de l'île.*

17 **Plonger dans les eaux limpides des îles Gili pour découvrir un fantastique monde sous-marin, même avec seulement un masque et un tuba.**

Reliés directement à Bali par des bateaux rapides, les Gili Islands sont 3 petits atolls situés au nord-ouest de Lombok, auquel ils sont rattachés administrativement. On n'y circule qu'à pied, à vélo ou en charrette. Accessibles en quelques minutes de bateau seulement, leurs fonds marins sont exceptionnels, baignant dans une eau chaude et translucide. *p. 288*

Bon à savoir : *bien choisir son île est essentiel ; ainsi, Gili Trawangan attire en masse les fêtards, tandis que Gili Meno séduira les amateurs de robinsonnade… ne vous trompez pas !*

À JAVA

18 Découvrir Prambanan et surtout Borobudur au petit matin : un souvenir à vie !

Hindouisme contre bouddhisme, telle était la composition du bras de fer politico-religieux à Java au IXe s. Les 2 religions conquérantes, venues de l'Inde par la mer, fixèrent leur base autour de Yogyakarta, où la terre était fertile et l'eau abondante. C'est là qu'elles construisirent leurs « forteresses » sacrées : le plus grand ensemble bouddhique du monde, Borobudur, et les temples hindous de Prambanan. 2 joyaux archéologiques qui ressuscitent à merveille les dieux de la Sagesse venus de l'Inde. *p. 342, 347*

Bon à savoir : *on peut facilement visiter les 2 sites dans la journée ; y aller le plus tôt possible afin d'éviter les cohortes de touristes et bénéficier de la plus belle lumière.*

19 **Se perdre dans le marché coloré de Yogyakarta.**
Yogyakarta est le meilleur endroit de Java pour les achats. Beringharjo est un gigantesque marché couvert, très animé. Nombreuses échoppes de vêtements, où l'on peut réaliser des affaires et dégoter des batiks à bon prix. Mais il vaut mieux savoir parler quelques mots d'indonésien… *p. 333, 337*

MEMBRE DE STAR ALLIANCE
DÉCOUVREZ PLUS:
BALI
avec la compagnie aérienne qui dessert le plus grand nombre de pays au monde
TURKISH AIRLINES

ITINÉRAIRES CONSEILLÉS

Une semaine

Java – 2 jours

Yogyakarta (1 j. ; **1) :** le palais du Sultan *(Kraton)* ; balade dans les marchés pour acheter des batiks ; voir un spectacle de *wayang Kulit.*

Dans les environs de Yogyakarta (1 j.) : **Borobudur (2),** le plus vieux et le plus beau temple bouddhiste de l'Indonésie ; **Prambanan (3),** un temple hindou en partie en ruine.

Bali – 5 jours

Jimbaran (4) : la plage et ses restos de poisson.

Kuta (5), Legian (6) et Canggu **:** coucher de soleil sur la plage et achats.

Sanur (7) : Museum Le Mayeur.

Ubud (8) : les danses, les balades dans les rizières, les musées de peinture.

À l'est de l'île : le temple de **Besakih (9)** et le Water Palace de **Tirtagangga (10).**

15 jours

Java – 6 jours

Yogyakarta (2 j. ; **1) :** le palais du Sultan **(Kraton)** ; balade sur **Malioboro** le soir ; balade dans les **marchés** pour acheter des batiks ; voir un spectacle de *wayang Kulit.*

Dans les environs de Yogyakarta (4 j.) : **Borobudur (2)** ; **Prambanan (3)** ; **Solo (11)** : visite du *kraton* et balade dans le marché. Sans oublier les **monts Bromo (12)** et **Kawah Ijen (13).**

Bali – 6 jours

Une plage au choix (gros faible pour **Jimbaran** ; **4).**

Ubud (8) : les danses, les balades dans les rizières, les musées de peinture.

Entre le sud de l'île et Ubud : **Batubulan (14), Sukawati (15)** et **Mas (16).**

À l'est de l'île : le temple de **Besakih (17)** et le Water Palace de **Tirtagangga (18).**

Temple hindou à Ubud

© Crystal Image/Alamy/Hemis

Lombok – 3 jours

Kuta-Lombok (19) et ses superbes plages, ou les îles Gili : **Gili Trawangan (20)** pour les fêtards, **Gili Meno (21)** pour les amoureux, ou **Gili Air (22)** pour qui cherche un peu des 2...

Trois semaines ou plus

Java – 7 jours

Yogyakarta (2 j. ; **1) :** le palais du Sultan *(Kraton)* ; balade sur Malioboro le soir ; voir un spectacle de *wayang Kulit*.

Dans les environs de Yogyakarta (3 j.) : **Borobudur (2)** ; **Prambanan (3)** ; excursion au **mont Bromo (12).**

Le volcan de Kawah Ijen (2 j. ; **13) :** à l'est de l'île, avec possibilité de se rendre ensuite en bateau à Bali.

Bali – 11 jours

Plage du Sud au choix : Sanur, **Jimbaran (4),** Kuta, Legian, Seminyak et Canggu.

Ubud (8) : les danses, les balades dans les rizières, les musées de peinture.

Entre le sud de l'île et Ubud : **Batubulan (14), Sukawati (15)** et **Mas (16).**

À l'est de l'île : le temple de **Besakih (17)** et le Water Palace de **Tirtagangga (18).** La plage d'**Amed (23).**

Au nord : la baie de **Pemuteran (24) et les fonds marins de l'île de Menjangan.**

Lombok – 6 jours

Kuta Lombok (19) et ses environs ; ou la plage de **Senggigi (25)** ou celle de **Mangsit (26)** et le marché d'**Ampenan (27).**

Les **îles Gili (20, 21, 22)** pour le snorkelling ; ou la campagne autour de **Tetebatu (28)** ou une rando au mont **Rinjani (29)** pour varier de la plage.

Gili Meno

Interview #experienceroutard

Par la rédaction du *Routard*

Pourquoi aime-t-on particulièrement cette destination ?

Avant tout pour la rencontre avec les Balinais ! Les gestes, les sourires, les fous rires, les coutumes, les offrandes à longueur de journée pour honorer les dieux... On a l'impression d'être hors du temps. Et puis aussi pour l'ambiance qui règne à travers toute l'île. Alors, certes, le trafic routier trouble le rythme paisible de la vie quotidienne, mais il reste une joie de vivre, une espèce de douceur qu'on ne retrouve nulle part ailleurs.

Un moment à partager ?

Il y a souvent des célébrations à Bali. L'une des plus spectaculaires est celle de la cérémonie aux morts. Habits traditionnels, tambours, cénotaphe qui traverse la ville par la grande rue, chants... Restez en retrait et observez cette ferveur. Un grand moment de fête, de libations et de communion. Quasiment tout le village s'y retrouve. Autre idée : un spectacle de *legong dance.* Obligatoire ! Après le spectacle, on vous met au défi de bouger les doigts comme ces merveilleuses danseuses.

Un geste à respecter ?

Bali croule sous le plastique. Pour éviter cela, *Refill My Bottle* (● *refillmybottle.com* ● et application à télécharger) a mis en place des bonbonnes d'eau chez tous ses partenaires. À vous d'y remplir votre gourde pour éviter les bouteilles en plastique. Les pailles en plastique étant interdites à Bali, privilégiez les pailles en métal ou en bambou. Pensez à prendre vos sacs pour aller faire vos courses. Et dites à vos enfants de faire de même. Pour que Bali reste un paradis !

Un souvenir de voyage mémorable ?

Notre rencontre avec Begonia Lopez, à Ubud, fondatrice de la Kupu Kupu Foundation. Elle vient en aide aux enfants handicapés. Sans véritable structure d'accueil, elle a décidé de les accueillir et de leur faire fabriquer des objets (cerfs-volants, bougies, etc.) vendus dans la boutique de la fondation sur place. On peut aussi l'aider en réservant des activités par son intermédiaire (les commissions sont reversées à l'association). Une femme en or !

Une musique à écouter ?

Sur les plateformes de musique en ligne ou sur les marchés balinais, on trouve des musiques de *legong dance.* Réécoutez-les à la maison. Vous aurez tout de suite le sentiment de retrouver l'ambiance de votre séjour à Bali !

La spécialité locale à goûter absolument ?

Le *nasi goreng,* sans aucun doute. Un riz frit avec mille et un ingrédients. Un régal !

LES QUESTIONS QU'ON SE POSE AVANT LE DÉPART

ÉVITEZ CES DATES TROP CHAUDES !

Attention aux célébrations du Jour de l'an (env janv/fév) et autour du 1er octobre, date anniversaire de la fondation de la République populaire de Chine (1949). Les Chinois prennent quelques jours de vacances pour ces occasions. Et tout en Asie est archicomble ! Vous allez connaître les embouteillages humains les plus incroyables. Pensez impérativement à éviter ces dates ou à changer vos plans.

➢ Quels sont les papiers nécessaires pour aller en Indonésie ?

– Pour un séjour de moins de 30 jours, plus besoin de visa pour les ressortissants français, belges, suisses et canadiens arrivant par les principaux ports et aéroports du pays (dont ceux de Bali, Lombok, Jakarta, Surabaya et Yogyakarta).
– Un ***passeport*** comportant au moins 2 pages vierges et valable encore 6 mois à compter de la date d'arrivée.

➢ Quelle est la meilleure période pour y aller ?

De juin à septembre, avec une eau entre 26 et 29 °C. Évitez la période entre novembre et avril. Les plus fortes pluies sont enregistrées entre décembre et mars ; l'humidité atteint alors 60 à 100 %.

➢ Le coût de la vie est-il élevé ?

Non, l'Indonésie est une destination vraiment bon marché et demeure l'un des pays les moins chers du Sud-Est asiatique, que ce soit pour l'hébergement, la nourriture ou les excursions. Cependant, en fonction des crises économiques, financières et touristiques, les prix peuvent fluctuer sensiblement.

➢ Est-il facile de se déplacer dans le pays ?

Les transports, le point noir de Bali. Voilà un énorme paradoxe : sur une île aussi développée du point de vue touristique, les transports en commun sont très peu fiables. Les *bemos,* moyen de transport traditionnel, tendent à disparaître. Quant aux taxis, ils pratiquent souvent des prix fantaisistes. C'est l'enfer, et on ne peut pas se garer ni même circuler. Vitesse moyenne en voiture : 13 km/h ; 45 km/h à scooter. Trafic bien moins dense à Lombok, mais pas plus de transports publics. Le plus simple reste la location d'une voiture avec chauffeur, à prévoir avant le départ, la location d'un scooter pour les courtes distances ou le recours aux compagnies de vans privées. Sinon, il reste la marche...

➢ Y a-t-il des problèmes de sécurité ?

Avec un peu de bon sens, de la fermeté, assortis de courtoisie et, le cas échéant, de quelques milliers de roupies, vous devriez venir à bout de la plupart des situations. On ne peut pas parler de dangers, juste quelques possibles embrouilles, des petits abus ou des erreurs de calcul, notamment dans certains bureaux de change.

➢ Quel est le décalage horaire ?

Plusieurs fuseaux horaires découpent l'Indonésie. Pour Java, ajouter 5h en été et 6h en hiver. Pour Bali et Lombok, ajouter 6h en été et 7h en hiver.

➢ Combien de temps dure un vol depuis la France ?

Au départ de Paris vers Bali ou Jakarta, vous passerez environ 15-16h dans l'avion, sans compter le temps d'attente variable lors de l'escale.

➢ Peut-on y aller avec des enfants ?

Bien sûr ! Ils seront comme des rois. Prévoir quelques petits ajustements (voir la rubrique « Enfants » dans « Bali, Lombok utile »).

➢ Quel est le taux de change ?

Début 2020, 1 € valait autour de 15 000 Rps.

➢ Les cartes de paiement sont-elles acceptées partout ?

On peut retirer de l'argent avec une carte de paiement dans de nombreux distributeurs *ATM* de tous les lieux touristiques. Le paiement par carte n'est généralement accepté que dans les grands hôtels, les boutiques chics et les compagnies aériennes (3 % de majoration pour les *Visa,* 5 % pour les *American Express*). Pensez tout de même à avoir du liquide lorsque vous sortez des sentiers battus, même si ça fait beaucoup de billets dans les poches !

➢ Est-il facile de se faire comprendre ?

Sauf si vous parlez le balinais ou le javanais, des bases d'anglais suffisent pour s'exprimer.

➢ Des vaccins obligatoires ou un traitement antipaludique sont-ils à prévoir ?

Aucun vaccin n'est obligatoire, mais il est recommandé de se faire vacciner contre la fièvre typhoïde. Les vaccinations contre les hépatites A et B sont également conseillées. Le traitement antipaludique est actuellement indispensable pour toute l'Indonésie, sauf pour les grandes villes de Java et pour Bali.

➢ Quels sont les différents types d'hébergement ?

En matière d'hébergement, Bali est bien lotie et l'offre dépasse de beaucoup la demande. Hôtels de tout standing, *resorts* luxueux, *guesthouses* personnalisées, *homestays* (petits hôtels familiaux pas chers et en général propres), bungalows, voire maisonnettes individuelles, vous n'aurez aucun problème pour trouver une chambre sur place. À la fin de la haute saison, les prix chutent de 30 à 50 % dans les hôtels de luxe. Attention, cependant, à l'état des infrastructures, plus ou moins bien entretenues. Soyez prudent quant à la location de villa – formule qui séduit pour le confort et l'indépendance qu'elle procure. Mais bon nombre ont été construites illégalement et peuvent être source de problèmes, alors autant éviter !

➢ Les prises de courant sont-elles les mêmes qu'en France ?

Le 220 V est très largement répandu. Les prises électriques comportent 2 trous et les pannes sont rares, ce qui est assez pratique pour brancher nos appareils électriques.

➢ Doit-on laisser un pourboire ?

Comme dans la plupart des pays du Sud-Est asiatique, cette pratique s'est installée en même temps que le tourisme. Mais, en Indonésie, elle demeure encore peu courante. Dans les hôtels et les restaurants, aucun pourboire n'est obligatoire, et ce d'autant moins que certains établissements (les plus luxueux) vous infligent 10 à 15 % en sus pour le service. Néanmoins, il faut y recourir lorsque les circonstances l'exigent, par exemple pour les porteurs. Compter alors 5 000 à 10 000 Rps selon le volume des bagages ou l'importance du service rendu. Pour les chauffeurs de voiture privée, compter 75 000 Rps.

➢ Y a-t-il de bons spots de plongée et de surf ?

Pour le surf, les plages de Bali sont mondialement connues, comme celles d'Uluwatu (pour les spécialistes) et de Kuta (pour les débutants) ou encore Nusa Ceningan. Pour la plongée, rien de mieux que les récifs des îles Gili, à Lombok, et les régions d'Amed, de Pemuteran, Nusa Lembongan et Nusa Penida, à Bali.

➢ Quelles sont les curiosités culinaires indonésiennes ?

Si ça vous tente, vous pourrez goûter à la larve de papillon, au python ou encore à la cervelle de buffle (tout de même pas facile à trouver). De manière générale, on mange très bien, le riz et le poisson sont la nourriture de base. Beaucoup de légumes d'une fraîcheur exemplaire.

ARRIVER – QUITTER

LES COMPAGNIES RÉGULIÈRES

▲ AIR FRANCE

Rens et résas au ☎ 36-54 (tlj 6h30-22h ; 0,35 €/mn), sur • airfrance.fr •, dans les agences Air France et dans ttes les agences de voyages (fermées dim).

➢ Au départ de Paris-CDG, 1 vol/j. pour Denpasar via Amsterdam. Et 2 vols/j. depuis Paris via Amsterdam avec Garuda pour Jakarta.

Air France propose à tous des tarifs attractifs toute l'année. Pour consulter les meilleures offres du moment sur Internet, allez directement sur la page « Nos meilleurs tarifs » sur • *airfrance.fr* • *Flying Blue,* le programme de fidélité gratuit d'Air France-KLM, permet de gagner des *miles* en voyageant sur les vols Air France, KLM, Hop!, Joon, et les compagnies membres de *Skyteam,* mais aussi auprès de nombreux partenaires non aériens *Flying Blue...* Les *miles* peuvent ensuite être échangés contre des billets d'avion ou des services (surclassement, bagage supplémentaire, accès salon...), ainsi qu'auprès des partenaires. Pour en savoir plus, rendez-vous sur • *flyingblue.com* •

▲ CATHAY PACIFIC

– Paris : 14, rue d'Orléans, 92200 Neuilly-sur-Seine. ☎ 0805-542-941. • cathaypacific.com/fr • Tlj 8h-20h.

➢ Cathay Pacific propose 2 vols directs/j. Paris-Hong Kong et 2 vols/j. en correspondance pour Denpasar (enregistrement de bout en bout).

Également 1 vol/j. vers Surabaya et 23 vols/sem vers Jakarta. Cathay Pacific permet de programmer son voyage dans la région en arrivant par l'une de ces villes et en repartant d'une autre. À noter aussi, selon le billet, la possibilité de visiter sans frais Hong Kong lors du transit aller ou retour (« *stop-over* gratuit »).

▲ EMIRATES

– Paris : 69, bd Haussmann, 75008. ☎ 01-57-32-49-99. • emirates.com • Ⓜ Havre-Caumartin. Lun-ven 10h-17h30.

➢ 35 vols/sem vers Dubaï depuis la France au départ de Paris-CDG (3 vols/j.), Lyon (1 vol/j.) et Nice (1 vol/j.). Puis liaisons quotidiennes Dubaï-Jakarta (2 vols/j.) et Dubaï-Bali/Denpasar (2 vols/j.).

▲ ETIHAD AIRWAYS

– Paris : 27, rue de Berri, 75008. ☎ 01-57-32-43-43. • etihad.com • Ⓜ George-V. Lun-sam 8h-19h.

➢ *Paris-Jakarta :* 2-3 vols/j. depuis Paris-CDG via Rome et Abu Dhabi.

➢ *Paris-Jakarta :* 2-4 vols/j. depuis Paris-CDG via Abu Dhabi, Singapour et Kuala Lumpur.

▲ EVA AIR

– Paris : 8, pl. G.-Pompidou, 92300 Levallois-Perret. ☎ 01-41-43-91-14. • evaair.com •

➢ Eva Air assure 1 vol/j. de Paris-CDG à Bali via Taipei. Également des vols de Paris-CDG à Jakarta via Taipei en quotidien. *Stop-over* possible à Taipei. Eva Air propose des tarifs vers 8 autres destinations en Indonésie via Taipei et Jakarta avec la compagnie Garuda : Makassar, Yogyakarta, Surabaya, Padang, Balikpapan, Medan, Banda Aceh, Palembang.

▲ KLM

Rens et résas au ☎ 0892-702-608 (0,35 €/mn). • klm.fr • Également dans les agences Air France ou les agences de voyages (fermées dim).

➢ KLM dessert Denpasar avec 1 vol/j. Et Jakarta avec 1 ou 2 vols/j. en collaboration avec la compagnie indonésienne Garuda et Air France.

▲ QATAR AIRWAYS

• qatarairways.com •

➢ Vols Paris-Jakarta plusieurs fois par jour depuis Paris-CDG via Doha. Idem pour Denpasar. Vols également au départ de Nice.

▲ **SINGAPORE AIRLINES**
Résas et infos au ☎ 0821-230-380 (0,12 €/mn). • singaporeair.com • Lun-ven 9h-17h30 (17h ven).
➢ *Paris-Jakarta et Paris-Denpasar :* 1 vol/j. en A380 depuis Paris-CDG via Singapour.

▲ **THAI AIRWAYS INTERNATIONAL**
– Paris : Tour Opus 12, 77, esplanade du Général-de-Gaulle, 92914 La Défense Cedex. ☎ 01-55-68-80-70. • thaiairways.fr • Ⓜ La Défense. Lun-ven 9h-12h30, 13h30-17h15 (16h45 ven).
➢ 2 vols/j. pour Jakarta et 1 vol/j. pour Denpasar depuis Paris-CDG via Bangkok. Départ possible depuis Lyon, Marseille, Nice, Paris, Toulouse vers Bangkok via les plateformes de correspondances européennes de THAI en Europe : Francfort, Munich, Vienne et Bruxelles, puis continuation vers votre destination en Indonésie.

▲ **TURKISH AIRLINES**
☎ 0825 800 902. • turkishairlines.com •
Turkish Airlines propose 1 vol/j. vers Denpasar via Istanbul depuis Paris-CDG, Marseille, Lyon, Nice, Toulouse, Bordeaux et Strasbourg.

▲ **VIETNAM AIRLINES**
– Paris : 51-53, av. des Champs-Élysées, 75008. ☎ 01-44-55-39-90. • vietnamairlines.com • Ⓜ Franklin-D.-Roosevelt. Lun-ven 9h30-13h et 14h-17h30.
Vietnam Airlines propose un vol par jour pour Djakarta au départ de Paris-CDG via Ho chi Minh ville.

INFOS PRATIQUES SUR PLACE

– ***Attention :*** dépasser sa date limite de séjour en Indonésie donne lieu à une amende d'environ 30 US$/j. Il est déconseillé de dépasser une semaine d'*overstay*.
– L'Indonésie est desservie par toutes les compagnies internationales, notamment celles couvrant la zone d'Asie du Sud-Est, du Pacifique et de l'océan Indien, comme THAI Airways, Air India, Malaysia Airlines, Cathay Pacific, Japan Airlines, Singapore Airlines, Qantas, ou encore la compagnie low cost Air Asia. Les aéroports internationaux sont à Denpasar pour Bali, et à Jakarta ou éventuellement Surabaya (quelques vols asiatiques) pour Java. L'aéroport de Lombok n'est desservi que par Silkair comme compagnie aérienne internationale, cette dernière étant en *codeshare* avec Singapore Airlines. Il est, en revanche, desservi par d'autres compagnies domestiques (Garuda entre autres).
– ***Quitter l'Indonésie en bateau :*** pas de service direct depuis Bali et Lombok. À Java, vous pouvez embarquer à Jakarta ou à Semarang. Les aficionados devront d'abord rejoindre l'île de Batam (archipel de Riau, proche de la côte nord de Sumatra), où il existe des liaisons en ferry ou en *speed ferry* pour la ***Malaisie*** et ***Singapour.***

LES ORGANISMES DE VOYAGES

– Ne pas croire que les vols à tarif réduit sont tous au même prix pour une même destination à une même époque : loin de là. On a déjà vu, dans un même avion partagé par 2 organismes, des passagers qui avaient payé 40 % plus cher que les autres. De plus, une agence bon marché ne l'est pas forcément toute l'année (elle peut n'être compétitive qu'à certaines dates bien précises). Donc, contactez tous les organismes et jugez vous-même.
– Les organismes cités sont classés par ordre alphabétique, pour éviter les jalousies et les grincements de dents.

En France

▲ **ASIA**
– Paris : 1, rue Dante, 75005. ☎ 01-44-41-50-10. • asia.fr •

Ⓜ Maubert-Mutualité. Lun-ven 9h-18h30 ; sam 10h-13h, 14h-17h.
– Agences également à Lyon, Nice, Marseille et Toulouse.
Asia est leader des voyages en Asie et propose des voyages personnalisés en individuel ou en petits groupes de l'Asie Mineure au Pacifique, de la Jordanie à la Nouvelle-Zélande en passant par l'Asie centrale, l'Inde, la Mongolie, la Chine, l'Asie du Sud-Est et l'Australie. Dans chaque pays, Asia met son expertise au service de ses clients pour réaliser le voyage de ses envies. Connaissance du terrain et du patrimoine culturel, respect de l'environnement et authenticité, c'est au plus près des populations et toujours dans l'esprit des lieux qu'Asia fait partager ses créations « maison » : en Thaïlande, le *Lisu Lodge,* habitations traditionnelles typiques de l'ethnie Lisu, ou *Kum Lanna,* de charmantes demeures de style Lanna. Au Laos, le *Luangsay Lodge,* écolodge sur pilotis sur les rives du Mékong où l'on accède par bateau, et le *Vat Phou,* bateau-hôtel de charme pour caboter sur le Mékong, et encore, au cœur de Luang Prabang, la *Luang Say Residence,* une adresse luxueuse de style colonial. Sur les rivages paradisiaques de l'océan Indien à la mer de Chine, Asia a sélectionné des adresses idylliques et des spas raffinés pour des séjours bien-être.

▲ ASIE INFINY
– Paris : 5 bis, rue de l'Asile-Popincourt, 75011. ☎ 01-53-70-23-51. • asieinfiny.com • Lun-ven 9h30-19h ; sam 10h-13h, 14h-18h.
Créée en 2015, Asie Infiny, spécialiste du voyage à la carte, décline ses formules à l'infini pour répondre à toutes les envies et offrir « une Asie pour chacun ». De l'Inde au Japon en passant par le Sri Lanka, l'Indonésie (Bali) et l'Asie du Sud-Est (Thaïlande, Birmanie, Laos, Cambodge et Vietnam), son équipe vous propose une offre complète et variée : guidé, en groupe, classique, hors des sentiers battus, à la carte ou cousu main. En route, les métropoles vibrantes et dynamiques que sont Singapour ou Hong Kong vous attendent pour une escale de quelques jours.

▲ CERCLE DES VACANCES
– Paris : 4, rue Gomboust (angle 31, av. de l'Opéra), 75001. ☎ 01-40-15-15-18. • cercledesvacances.com • Ⓜ Pyramides ou Opéra. Lun-ven 9h-20h, sam 10h-18h30.
Le vrai voyage sur mesure, à destination de l'Asie, dont l'Indonésie. Cercle des Vacances propose un large choix de voyages adaptés à chaque client : circuits avec guide et chauffeurs, voyages en groupe, croisières, combinés de plusieurs pays, voyages de noces... Les experts Cercle des Vacances partagent leurs conseils et leurs petits secrets pour faire de chaque voyage une expérience inoubliable. Cercle des Vacances offre également un service liste de mariage gratuit. Les petits plus qui font la différence : cours de cuisine, rencontre avec les éléphants, balade en train local, tour en pirogue...

▲ COMPTOIR DES VOYAGES
• comptoir.fr • Agences ouv lun-sam 9h30-18h30.
– Paris : 2-18, rue Saint-Victor, 75005. ☎ 01-53-10-30-15. Ⓜ Maubert-Mutualité.
– Bordeaux : 26, cours du Chapeau-Rouge, 33800. ☎ 05-35-54-31-40.
– Lille : 76, rue Nationale, 59160. ☎ 03-28-04-68-20.
– Lyon : 10, quai Tilsitt, 69002. ☎ 04-72-44-13-40. Ⓜ Bellecour.
– Marseille : 12, rue Breteuil, 13001. ☎ 04-84-25-21-80. Ⓜ Estrangin.
– Nice : 62, rue Giofreddo, 06000. ☎ 04-97-03-64-80.
– Toulouse : 43, rue Peyrolières, 31000. ☎ 05-62-30-15-00. Ⓜ Esquirol.
En plus de 30 ans, Comptoir des Voyages s'est imposé comme la référence incontournable du voyage sur mesure en immersion, avec plus de 90 destinations sur les cinq continents. Ses conseillers-spécialistes construisent des voyages uniques en s'adaptant à votre budget, vos goûts et vos envies. Pour favoriser les rencontres et l'immersion dans la vie locale, ils privilégient des hébergements typiques et des expériences authentiques. Sur place, des *greeters* francophones partagent avec vous conseils et bonnes adresses le temps

d'un café. Sur votre smartphone, l'application mobile Luciole vous informe sur le déroulé de votre voyage et vous guide grâce à un GPS hors connexion. Comptoir des Voyages est membre d'Agir pour un tourisme responsable depuis 2009, labellisation ATR renouvelée par Ecocert Environnement en 2019.

▲ INDONÉSIE EN LIBERTÉ

• indonesie-en-liberte.com •
Contactez Indonésie en Liberté, une agence locale de confiance, pour organiser votre voyage sur mesure en Indonésie. Leurs conseillers, fins connaisseurs du terrain et de la réalité du pays, vous accompagnent dans la préparation de votre voyage, en couple, en famille ou en groupe d'amis. Vous avez ainsi accès à un service personnalisé en bénéficiant d'un prix accessible. Membre de *bynativ,* la communauté des agences de voyages locales, Indonésie en Liberté propose un maximum de garanties et de services : règlement sécurisé de votre voyage en ligne, possibilité de souscrire à une assurance de voyage et de bénéficier de garanties solides en cas d'imprévu. De quoi voyager de façon authentique et en toute tranquillité !

▲ KAPPA CLUB

☎ 01-83-97-46-99 (coût d'un appel local). • kappaclub.fr •
Depuis 7 ans, Kappa Club incite les voyageurs à bronzer intelligent. Ouvert sur la découverte, le voyagiste propose près de 40 clubs dans le monde entier. En plus des prestations d'un *resort* haut de gamme, possibilité d'accès à plus de 200 sorties culturelles incluses, et élaborées par les équipes d'animation francophones en collaboration avec les populations locales, qui permettent de découvrir toutes les facettes du pays. Repas chez l'habitant, découverte de l'artisanat ou de la gastronomie, moments insolites en mer ou sur terre... à vous de composer votre programme. Pour prolonger l'expérience, l'application du même nom vous permet de découvrir la destination en toute autonomie, avec des balades hors des sentiers battus à proximité de votre hôtel. Kappa Club est le seul tour-opérateur club en France à être labellisé Agir pour un tourisme responsable ; un engagement qui se traduit quotidiennement au sein des clubs. À Bali, le club est sur la plage paradisiaque de Nusa Dua, au milieu de jardins tropicaux.

▲ LA ROUTE DES INDES ET DE L'ASIE

– Paris : 7, rue d'Argenteuil, 75001. ☎ 01-42-60-60-90. • lesroutesdelasie.fr • Ⓜ Palais-Royal ou Pyramides. Lun-jeu 10h-19h, ven 10h-18h, sam sur rdv.
La Route des Indes et de l'Asie s'adresse aux voyageurs indépendants et propose des voyages individuels organisés, sur mesure, à travers l'Asie du Sud-Est et l'Extrême-Orient, adaptés au goût et au budget de chaque voyageur. Les itinéraires sont construits par des spécialistes après un entretien approfondi. La librairie offre un large choix de guides, de cartes et de littérature consacrés à l'Asie du Sud-Est et à l'Extrême-Orient. Des expositions sont régulièrement organisées dans la galerie photo, et des écrivains sont invités à venir signer leurs ouvrages.

▲ LA ROUTE DES VOYAGES

• laroutedesvoyages.com • Agences ouv lun-ven 9h-19h (18h ven). Rdv conseillé.
– Paris : 10, rue Choron, 75009. ☎ 01-55-31-98-80. Ⓜ Notre-Dame-de-Lorette.
– Angers : 6, rue Corneille, 49000. ☎ 02-41-43-26-65.
– Annecy : 4 bis, av. d'Aléry, 74000. ☎ 04-50-45-60-20.
– Bordeaux : 19, rue des Frères-Bonie, 33000. ☎ 05-56-90-11-20.
– Lorient : 42, av. de la Perrière, 56100. 📱 06-15-48-82-69. Sur rdv du lun au mer.
– Lyon : 59, rue Franklin, 69002. ☎ 04-78-42-53-58.
– Toulouse : 9, rue Saint-Antoine-du-T, 31000. ☎ 05-62-27-00-68.
25 ans d'expérience de voyages sur mesure sur les 5 continents ! 15 pays en Europe complètent à présent son offre. Cette équipe de voyageurs passionnée a développé un vrai savoir-faire du voyage personnalisé : écoute, conseils, voyages

de repérage réguliers et des correspondants sur place soigneusement sélectionnés avec qui ils travaillent en direct. Son engagement à promouvoir un tourisme responsable se traduit par des possibilités de séjours solidaires à insérer dans les itinéraires de découverte individuelle. Elle a aussi créé un programme de compensation solidaire qui permet de financer des projets de développement locaux.

▲ MONDE AUTHENTIQUE

– Paris : 5, rue Thorel, 75002. ☎ 01-53-34-92-71. • monde-authentique.com • Ⓜ Bonne-Nouvelle. Lun-ven 9h30-19h, sam sur rdv ou à domicile sur Paris-RP (moyennant participation).

Envie de sortir des sentiers battus, de découvrir ce qu'un pays peut proposer de meilleur ? Depuis 2003, Monde Authentique propose des itinéraires individuels à l'écart des sentiers battus sur des destinations originales. En parfaits artisans et connaisseurs du monde, les 20 créateurs de voyages maîtrisent à la perfection les destinations sur lesquelles ils travaillent. Monde Authentique s'adresse à des clients exigeants désireux de faire de beaux voyages.

▲ NOMADE AVENTURE

☎ 01-46-33-71-71. • nomade-aventure.com • Agences ouv lun-sam 9h30-18h30.

– Paris : 40, rue de la Montagne-Sainte-Geneviève, 75005. ☎ 01-46-33-71-71. Ⓜ Maubert-Mutualité.

– Lyon : 10, quai Tilsitt, 69002. ☎ 04-72-44-13-50.

– Marseille : 12, rue Breteuil, 13001. ☎ 04-84-25-21-86.

– Toulouse : 43, rue Peyrolières, 31000. ☎ 05-62-30-10-77.

Nomade Aventure propose des circuits inédits partout dans le monde, à réaliser en famille, entre amis, avec ou sans guide. Également la possibilité d'organiser, hors de groupes constitués, un séjour libre en toute autonomie et sur mesure. Spécialiste de l'aventure avec plus de 600 itinéraires (de niveau tranquille, dynamique, sportif ou sportif +) faits d'échanges et de rencontres avec les habitants, Nomade Aventure donne la priorité aux expériences authentiques à pied, à VTT, à cheval, à dos de chameau, en bateau ou en 4x4.

▲ NOSTALASIE

– Paris : 19, rue Damesme, 75013. ☎ 01-43-13-29-29. • ann.fr • Ⓜ Tolbiac. Lun-ven 10h-13h, 15h-18h.

Parce qu'il n'est pas toujours aisé de partir seul, NostalAsie, un tour-opérateur indépendant, propose de véritables voyages sur mesure en Asie, notamment en Indonésie, des lieux les plus connus jusqu'aux contrées les plus reculées, en individuel ou en groupe déjà constitué. 2 formules au choix : « Les Estampes », avec billets d'avion, logements, transferts entre les étapes ; ou « Les Aquarelles », avec en plus un guide et une voiture privée à chaque étape. Vous trouverez sur le site internet des idées d'itinéraires que vous pourrez ensuite personnaliser et adapter selon vos envies avec Ylinh, la chaleureuse directrice grande connaisseuse de l'Asie, et son équipe de jeunes passionnés qui vous donneront des conseils avisés pour réussir votre voyage.

▲ SHANTI TRAVEL

– Paris : 17, rue Galilée, 75116. ☎ 01-82-28-92-28. • shantitravel.com •

– Également des bureaux à New Delhi, Colombo, Bali, Rangoon, Katmandou, Siem Reap et Hanoï.

Une agence de voyages francophone qui façonne des itinéraires de voyages et des treks sur mesure à travers l'Asie depuis 2005. Fort de ses 14 années d'expertise, Shanti Travel fait découvrir de l'intérieur 18 destinations en Asie, dont la Birmanie, le Cambodge, Hong Kong, l'Inde, l'Indonésie, le Japon, le Laos, la Malaisie, le Népal, le Sri Lanka, Singapour, la Thaïlande et le Vietnam.

Selon vos désirs, vos disponibilités et votre budget, vous pouvez choisir de partir sur mesure en créant votre itinéraire, étape par étape, avec un expert voyage personnel ; partez où, quand et avec qui vous voulez. Soit en petit groupe sur un des programmes thématiques, à des dates fixes mais variées, en bénéficiant de prix imbattables. Profitez également d'un

accompagnateur francophone gratuit à partir de 6 participants.

▲ TERRE VOYAGES

– Paris : 28, bd de la Bastille, 75012. ☎ 01-44-32-12-81. • terre-voyages.com • Ⓜ Bastille. Lun-ven 8h-18h30, sam 10h-18h.

Les créateurs de voyages de Terre Voyages sont de fins connaisseurs, des experts des pays proposés, car tous natifs ou passionnés de leur destination. Ils sauront écouter vos attentes pour créer une offre de voyages sur mesure qui réponde à vos envies de découverte et vous proposeront une approche authentique des cultures et des peuples dans le respect de leur environnement naturel et au juste prix. Pour tous les voyageurs qui attendent d'une échappée lointaine plus qu'une simple visite, mais, au contraire, une véritable connaissance et un apprentissage responsable des différentes cultures de l'Indonésie, Terre Voyages est le spécialiste qu'il leur faut.

▲ TERRES D'AVENTURE

☎ 0825-700-825 (0,15 €/mn + prix appel). • terdav.com •

– Paris : 30, rue Saint-Augustin, 75002. ☎ 01-70-82-90-00. Ⓜ Opéra ou Quatre-Septembre. Lun-sam 9h30-19h.

– Agences également à Bordeaux, Grenoble, Lille, Lyon, Marseille, Nantes, Rennes, Rouen, Strasbourg et Toulouse.

Depuis 1976, Terres d'Aventure, spécialiste du voyage à pied, propose aux voyageurs passionnés de marche et de rencontres des randonnées hors des sentiers battus à la découverte des grands espaces de notre planète. Voyages à pied, à cheval, en bateau, à raquettes..., sur tous les continents, des aventures en petits groupes ou en individuel encadrées par des professionnels expérimentés sont proposées. Les hébergements dépendent des sites explorés : camps d'altitude, bivouacs, refuges ou petits hôtels. Les voyages sont conçus par niveaux de difficulté : de la simple balade en plaine à l'expédition sportive en passant par la course en haute montagne.

En province, certaines de leurs agences sont de véritables Cités des Voyageurs dédiées au voyage. Consultez le programme des manifestations sur leur site internet.

▲ TERRES DE CHARME & ÎLES DU MONDE

☎ 01-55-42-74-10. • terresdecharme.com •

– Paris : 5 bis, rue de l'Asile-Popincourt, 75011. Lun, mer, jeu, ven 9h30-18h30 ; mar 14h-18h30.

– Paris : 68, rue de Miromesnil, 75008. Lun, mer, jeu, ven 9h30-18h30 ; mar 14h-18h30 ; sam 10h30-13h, 14h-17h.

Artisans du voyage individuel sur mesure depuis plus de 20 ans, leurs scénaristes du voyage ont à cœur de faire partager leurs passions en concevant des séjours authentiques, inoubliables et singuliers aux quatre coins du monde. C'est la rareté et le charme savamment dosés qui animent l'équipe pour créer des voyages placés sous le signe d'émotions intenses. *Sandals* privés glissant le long du Nil, camp privatif au cœur du Masaï Mara, îles exclusives de l'océan Indien, décors magiques des Caraïbes, sites cachés en Asie, trains de luxe et de légende..., telles sont quelques-unes des propositions de Terre de Charme & Îles du Monde pour faire de votre voyage une expérience unique.

▲ VOYAGEURS DU MONDE

Voyageurs en Indonésie (Bali, Célèbes, Java, Lombok, Sumatra) : ☎ 01-42-86-17-00. • voyageursdumonde.fr •

– Paris : La Cité des Voyageurs, 55, rue Sainte-Anne, 75002. ☎ 01-42-86-16-00. Ⓜ Opéra ou Pyramides. Lun-sam 9h30-19h. Avec une librairie spécialisée sur les voyages.

– Également des agences à Bordeaux, Grenoble, Lille, Lyon, Marseille, Montpellier, Nantes, Nice, Rennes, Rouen, Strasbourg et Toulouse. Également à Bruxelles et Genève.

Parce que chaque voyageur est différent, que chacun a ses rêves et ses idées pour les réaliser, Voyageurs du Monde conçoit, depuis plus de 30 ans, des projets sur mesure. Les séjours proposés sur 120 destinations sont élaborés par leurs 180 conseillers

voyageurs. Spécialistes par pays et même par région, ils vous aideront à personnaliser les voyages présentés à travers une trentaine de brochures d'un nouveau type et sur le site internet où vous pourrez également découvrir les hébergements exclusifs et consulter votre espace personnalisé. Au cours de votre séjour, vous bénéficiez des services personnalisés Voyageurs du Monde, dont la possibilité de modifier à tout moment votre voyage, l'assistance d'un concierge local, la mise en place de rencontres et de visites privées et l'accès à votre carnet de voyage via une application iPhone et Android. Voyageurs du Monde est membre de l'association ATR (Agir pour un tourisme responsable) et a obtenu sa certification Tourisme responsable AFAQ AFNOR.

Voir aussi au sein de chaque ville les agences locales que nous avons sélectionnées.

Comment aller à Roissy et à Orly ?

Toutes les infos sur notre site • *routard.com* • à l'adresse suivante : • *bit.ly/aeroports-routard* •

En Belgique

▲ CONNECTIONS

– Rens et résas : ☎ 070-233-313. • connections.be •

Fort d'une expérience de plus de 20 ans dans le domaine du voyage, Connections dispose d'un réseau de 32 *travel shops,* dont un à Brussels Airport. Connections propose des vols dans le monde entier à des tarifs avantageux et des voyages destinés à des voyageurs désireux de découvrir la planète de façon autonome. Connections propose une gamme complète de produits : vols, hébergements, locations de voitures, autotours, vacances sportives, excursions...

▲ CONTINENTS INSOLITES

– Bruxelles : rue César-Franck, 44 A, 1050. ☎ 02-218-24-84. • continents-insolites.com • Lun-ven 10h-18h ; sam 10h-16h30 sur rdv.

Continents Insolites, organisateur de voyages lointains sans intermédiaire, propose une gamme étendue de formules de voyages détaillées sur leur site internet.

– *Voyages découverte sur mesure :* à partir de 2 personnes. Un grand choix d'hébergements soigneusement sélectionnés, du petit hôtel simple à l'établissement luxueux et de charme.

– *Circuits découverte en minigroupes :* de la grande expédition au circuit accessible à tous. Des circuits à dates fixes dans plus de 60 pays en petits groupes francophones de 7 à 12 personnes. Avant chaque départ, une réunion est organisée. Voyages encadrés par des guides francophones, spécialistes des régions visitées.

▲ PAMPA EXPLOR

– Bruxelles : av. du Parc, 10, 1060. ☎ 02-340-09-09. • pampa.be • Lun 13h-19h, mar-ven 10h-19h, sam sur rdv 10h-18h.

Spécialiste des voyages « à la carte », Pampa Explor propose plus de 70 % de la « planète bleue », selon les goûts, attentes, centres d'intérêt et budget de chacun. Pampa Explor privilégie des découvertes authentiques et originales. Pour ceux qui apprécient la jungle et les pataugas ou ceux qui préfèrent les voyages de luxe, en individuel ou en petits groupes, mais toujours « sur mesure ».

▲ TERRES D'AVENTURE

– Bruxelles : 23, chaussée de Charleroi, 1060. ☎ 02-543-95-60. • terdav.com • Lun-sam 10h-19h.

Voir texte dans la partie « En France ».

▲ VOYAGEURS DU MONDE

– Bruxelles : 23, chaussée de Charleroi, 1060. ☎ 02-543-95-50. • voyageursdumonde.com • Le spécialiste du voyage en individuel sur mesure.

Voir texte dans la partie « En France ».

En Suisse

▲ ALTIPLANO VOYAGES

– Genève : pl. du Temple, 3, 1227 Carouge. ☎ 022-342-49-49. • altiplano-voyage.ch • Agence ouv lun, mar, jeu, ven sur rdv.

Voir texte dans la partie « En France ».

▲ **ASIA**
– Genève : c/o Fert et Cie Voyages, rue Barton, 7, CP 2364, CH-1211 Genève 2. ☎ 022-839-43-92.
Voir texte dans la partie « En France ».

▲ **HORIZONS NOUVEAUX**
– Verbier : rue de Medran, 6, CP 196, 1936. ☎ 027-761-71-71. • horizonsnouveaux.com • Lun-ven 9h-17h, sam sur rdv.
Horizons Nouveaux est le tour-opérateur suisse spécialisé dans les régions qui vont de l'Asie centrale à l'Asie du Sud en passant par les pays himalayens, tels que l'Inde, le Sri Lanka, le Népal, le Tibet, la Birmanie, le Cambodge, le Laos, Java, ou encore Bali. Horizons Nouveaux organise principalement des voyages à la carte, des voyages culturels à thème, des trekkings souvent inédits, et des expéditions.

▲ **JERRYCAN VOYAGES**
– Genève : rue Sautter 11, 1205. ☎ 022-346-92-82. • jerrycan-voyages.ch • Lun-ven 9h-12h30, 13h30-18h.
Tour-opérateur de la Suisse francophone spécialisé sur l'Afrique, l'Asie et l'Amérique latine. 3 belles brochures proposent des circuits individuels et sur mesure. L'équipe connaît bien son sujet et peut construire un voyage à la carte.

▲ **ROUTE DES VOYAGES**
☎ 022-552-34-46. • laroutedesvoyages.com • Rdv par tél.
Voir texte dans la partie « En France ».

▲ **TERRES D'AVENTURE**
– Genève : 19, rue de la Rôtisserie, 1204. ☎ 022-518-05-13. • geneve@terdav.com • Lun-ven 10h-19h, sam 9h30-18h30.
Voir texte dans la partie « En France ».

▲ **VOYAGEURS DU MONDE**
• voyageursdumonde.com •
– Genève : 19, rue de la Rôtisserie, 1204. ☎ 022-519-12-10. Lun-ven 9h30-19h, sam 9h30-18h30.
– Lausanne : rue du Bourg, 6 (2e étage). 1003. Ouverture courant 2020. Lun-ven 9h-18h30, sam sur rdv.
Le spécialiste du voyage en individuel sur mesure. Voir le texte dans la partie « En France ».

Au Québec

▲ **CLUB AVENTURE VOYAGES**
– Montréal : 759, av. Mont-Royal, H2J 1W8. ☎ 514-527-0999. • clubaventure.com •
Depuis 1975, Club Aventure développe une façon de voyager qui lui est propre : petits groupes, contact avec les populations, utilisation des ressources humaines locales, visite des grands monuments, mais aussi et surtout ouverture de routes parallèles. Ces circuits ont reçu la griffe du temps et de l'expérience ; ils sont devenus les « circuits griffés » du Club Aventure.

▲ **EXOTIK TOURS**
– Rens sur • exotiktours.com • ou auprès de votre agence de voyages.
Exotik Tours offre une importante programmation en été comme en hiver sur la Méditerranée et l'Europe. L'hiver, des séjours sont proposés dans le Bassin méditerranéen et en Asie. Durant cette saison, on peut également opter pour des combinés plage + circuit. Dans la rubrique « Grands voyages », le voyagiste suggère des périples en petits groupes ou en individuel. Au choix : l'Amérique du Sud, le Pacifique sud, l'Afrique (Afrique du Sud, Kenya, Tanzanie), l'Inde et le Népal.

▲ **EXPÉDITIONS MONDE**
• expeditionsmonde.com •
Expéditions Monde est à l'avant-garde du voyage d'aventure, de découverte, de trekking, de vélo et d'alpinisme sur tous les continents. Les voyages en petits groupes facilitent les déplacements dans les régions les plus reculées et favorisent l'interaction avec les peuples locaux pour vivre une expérience authentique. Expéditions Monde offre aussi la possibilité de voyager en Europe à pied, ou à vélo en liberté.

▲ **EXPLORATEUR VOYAGES**
– Montréal : 328, Ontario Est, H2X 1H6. ☎ (514) 847-1177. • explorateurvoyages.com • Lun-mer 9h-18h, jeu-ven 9h-20h, sam 10h-15h.
Cette agence de voyages montréalaise propose une intéressante production maison, axée sur les voyages d'aventure en petits groupes (5 à 13 personnes maxi) ou en individuel.

Ses itinéraires originaux, en Amérique latine, en Asie, en Afrique et au Moyen-Orient, se veulent respectueux des peuples et des écosystèmes guidés par un accompagnateur de l'agence. Intéressant pour se familiariser avec ces différents circuits : les soirées Explorateur (gratuites), avec présentation audiovisuelle.

▲ KARAVANIERS

– Montréal : 4035, rue Saint-Ambroise, local 220N, H4C 2E1. ☎ (514) 281-0799. • karavaniers.com • detour nature.com • Lun-ven 9h-18h, sam 10h-15h.

L'agence québécoise Karavaniers du Monde a pour but de rendre accessible des expéditions aux quatre coins de la planète. Toujours soucieuse de respecter les populations locales et l'environnement, Karavaniers favorise la découverte d'une quarantaine de destinations à pied et en kayak de mer, en petits groupes accompagnés d'un guide francophone et d'un guide local, avec hébergement en auberge ou sous la tente. De son côté, Détour Nature propose, sur de nombreuses destinations au Québec et en Amérique du Nord, des excursions d'une journée ainsi que des voyages à pied, à vélo, en kayak, mais aussi à raquettes et skis de fond. Le transport est fourni au départ de Montréal.

▲ TOURS CHANTECLERC

• tourschanteclerc.com •

Tours Chanteclerc est un tour-opérateur qui publie différentes brochures de voyages : Europe, Amérique du Nord, Amérique du Sud, Asie et Pacifique sud, Afrique et le Bassin méditerranéen en circuits ou en séjours. Il s'adresse aux voyageurs indépendants qui réservent un billet d'avion, un hébergement (dans toute l'Europe), des excursions ou une location de voitures. Également spécialiste de Paris, le tour-opérateur offre une vaste sélection d'hôtels et d'appartements dans la capitale française.

BALI, LOMBOK UTILE

• Carte L'Indonésie *p. 58-59*

ABC de l'Indonésie

- ***Superficie :*** 1 904 570 km² ; 5 160 km d'est en ouest et 1 760 km du nord au sud, soit presque 4 fois la France.
- ***Nombre d'îles*** : l'archipel indonésien, le plus vaste du monde, compte 18 306 îles, dont environ 6 000 non habitées. Seuls 2 tiers de ces îles portent un nom ! Avis aux apprentis Robinson !
- ***Population*** : environ 267 663 000 habitants (2018).
- ***Âge moyen et espérance de vie*** : 30 ans et 71 ans.
- ***Capitale*** : Jakarta (plus de 10,5 millions d'habitants).
- ***Autres grandes villes*** : Yogyakarta (Java), Surabaya (Java), Medan (Sumatra), Macassar (Sulawesi), Denpasar (Bali).
- ***Monnaie*** : roupie indonésienne ***(rupiah).*** Sigle : Rps.
- ***PIB par habitant :*** 3 900 US$ en 2018 (41 000 US$ en France).
- ***Langues*** : le ***bahasa indonesia*** (langue officielle), proche du malais, plus de 670 langues ethniques et dialectes. Anglais utile.
- ***Régime politique*** : régime présidentiel.
- ***Président :*** Joko Widodo (depuis 2014, réélu en 2019).
- ***Religions*** : l'Indonésie est le 1er pays musulman du monde, avec environ 87 % de la population croyante. L'islam sunnite est officiellement religion d'État, mais les lois républicaines et les lois religieuses restent distinctes. Il y a plusieurs minorités chrétiennes : catholiques et protestantes (10 % au total). Le bouddhisme (surtout chinois) et l'animisme sont toujours vivaces. Bali est majoritairement hindouiste.
- ***Groupes ethniques*** : plus de 300 ethnies.

AVANT LE DÉPART

Adresses utiles

En France

Office de tourisme de l'Indonésie : *22, rue Laplace, 75005 Paris.* ☎ *09-72-54-93-82.* • *info@indonesie-tourisme.fr* • *indonesie-tourisme.fr* • *Lun-ven 10h-12h, 14h-17h.*

■ ***Ambassade d'Indonésie à Paris :*** *47-49, rue Cortambert, 75116.* ☎ *01-45-03-07-60.* • *kemlu.go.id/paris/lc* • Ⓜ *Passy ou La Muette. Pour tte demande de visa, lun-ven 9h30-12h30.* Pas de demande de visa à distance. Formulaire téléchargeable sur le site internet. S'obtient en 5 jours ouvrables.

■ ***Consulat d'Indonésie à Marseille :*** *25, bd Carmagnole, 13008.* ☎ *04-91-23-01-60.* • *kemlu.go.id/marseille/id* •

En Belgique

■ ***Ambassade d'Indonésie :*** *av. Tervueren, 294, Bruxelles 1150.*

☎ 02-771-20-14. • kemlu.go.id/brussels • Également une antenne bd de la Woluwe, 38, Bruxelles 1200. ☎ 32-2-779-09-15.

En Suisse

■ ***Ambassade et consulat d'Indonésie :*** Elfenauweg, 51, 3006 Berne. ☎ 031-352-09-83 ou 85. • kemlu.go.id/bern •

Au Canada

■ ***Ambassade et consulat d'Indonésie :*** 55 Parkdale Ave, Ottawa, Ontario, K1Y 1E5. ☎ (613) 724-11-00. • kemlu.go.id/ottawa •

Visa et passeport

Pour un ***séjour de moins de 30 jours,*** plus besoin de visa pour les ressortissants français, belges, suisses et canadiens (entre autres) arrivant par les principaux ports et aéroports du pays (dont ceux de Bali, Lombok, Jakarta, Surabaya, Yogyakarta). Il suffit de présenter son passeport valable encore 6 mois après la date prévue du retour, et comportant au moins 2 pages vierges face à face. Attention, cette facilité n'est pas accordée aux détenteurs de passeports d'urgence, qui devront demander un visa gratuit. Il faut aussi présenter le billet retour. Les conditions pouvant toujours évoluer, se renseigner avant le départ sur • kemlu.go.id/paris • ***Attention : le visa gratuit ne peut pas être prolongé au-delà de 30 jours.***

Pour un voyage de plus de 30 jours, visa touristique obligatoire pour de nombreux pays, dont la France, la Belgique, la Suisse et le Canada. 2 possibilités pour l'obtenir :

– le plus simple, se procurer le visa lors de l'arrivée en Indonésie (37 US$, valable 30 jours, renouvelable une seule fois pour 30 jours de plus auprès des services d'immigration). On vous conseille d'avoir l'appoint en dollars et de ne pas régler en euros, car le taux de change à l'aéroport est défavorable et on ne vous rendra peut-être pas la monnaie. Attention, certaines compagnies exigent d'avoir le visa ***avant*** le départ (voir ci-dessus dans ces cas-là).

– Avant votre départ, auprès de l'ambassade d'Indonésie (lire plus haut). C'est plus cher, et plus compliqué. Le visa coûte 55 € ; il est valable 90 jours après sa date d'émission et 60 jours après la date d'entrée sur le territoire (cachet faisant foi sur les passeport et visa). Les documents à fournir sont : un passeport valable au moins 9 mois après la date du dépôt de la demande et 2 pages vierges en face à face ; un billet aller-retour pour l'Indonésie ou un justificatif de réservation/détails du vol ; une photocopie de titre de séjour pour les personnes de nationalité étrangère (hors des pays de l'Union européenne) ; un justificatif de domicile de moins de 3 mois pour les personnes titulaires d'un passeport de l'Union européenne ; un formulaire à remplir en ligne et à imprimer ; et une photo d'identité en couleur (2 pour les Suisses) et un justificatif de revenus des 3 derniers mois indiquant un minimum de 1 500 €.

– Les ***mineurs*** doivent être munis de leur propre pièce d'identité (carte d'identité ou passeport). Pour l'autorisation de sortie de territoire lorsque les enfants ne sont pas accompagnés par un de leurs parents, chaque pays a mis en place sa propre régulation. Ainsi, ***pour les mineurs français, l'autorisation de sortie du territoire a été rétablie*** en 2017. Pour voyager à l'étranger, ils doivent être munis d'une pièce d'identité (carte d'identité ou passeport), d'un formulaire signé par l'un des parents titulaires de l'autorité parentale, et de la photocopie de la pièce d'identité du parent signataire. Renseignements auprès des services de votre commune et sur • service-public.fr •

– ***Attention :*** dépasser sa date limite de séjour en Indonésie donne lieu à une amende d'environ 30 US$/j. Pas d'exception, on n'embarque pas pour son vol retour sans avoir réglé les amendes de dépassement. Il est fortement déconseillé de dépasser d'une semaine.

MYANMAR
LAOS
CHINE
Haïnan
THAÏLANDE
CAMBODGE
VIETNAM
MER D'ANDAMAN
Golfe du Siam
MER DE CHINE MÉRIDIONALE
Détroit de Malacca
MALAISIE
BRUNEI
SABAH
SARAWAK
Medan
I. Bunguran
I. Anambas
Singapour
Nias
Arch. Riau
Équateur
Padang
Arch. Lingga
Siberut
Sumatra
Bangka
Palembang
Belitung
Province d'Indonésie
MER DE JAVA
Jakarta
Madura
Java
Surabaya
Bali
Lombok
Yogyakarta (Yogya)
Malang
Denpasar
voir cartes détaillées
Sumbawa
OCÉAN INDIEN
0
500
1000 km
110° E. Gr.
20°
10°
0°
10°

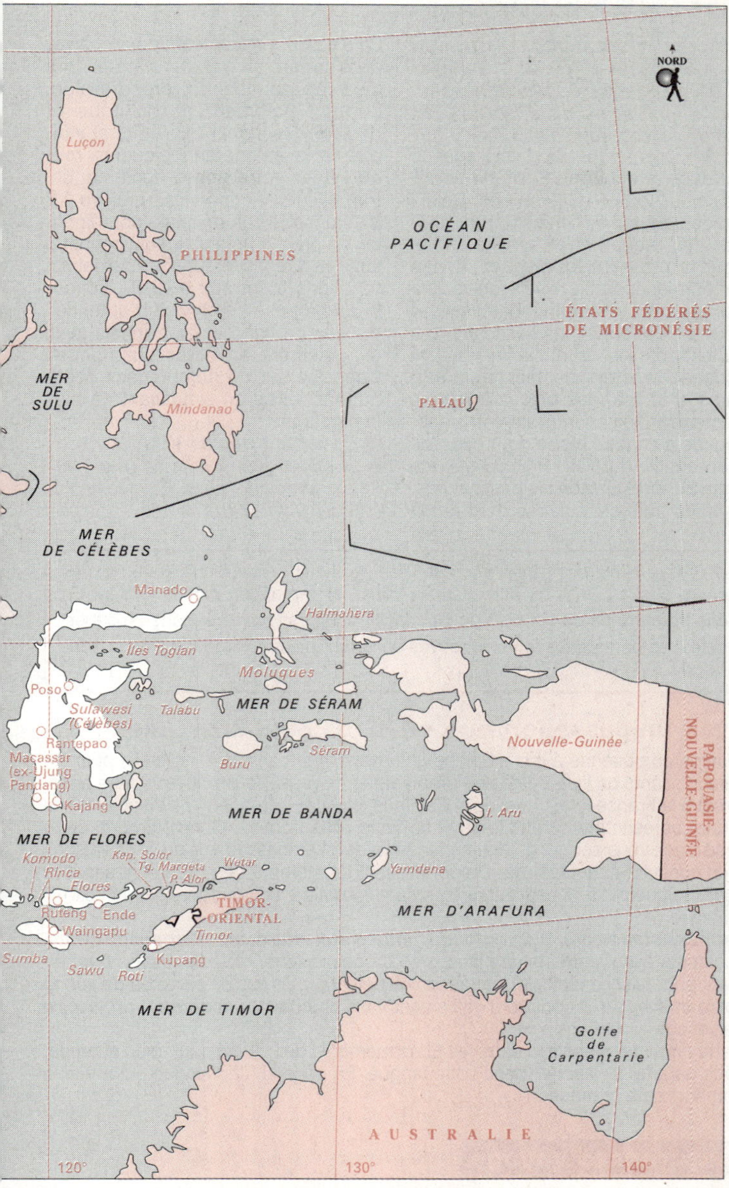
NORD
Luçon
PHILIPPINES
OCÉAN
PACIFIQUE
ÉTATS FÉDÉRÉS
DE MICRONÉSIE
MER
DE
SULU
Mindanao
PALAU
MER
DE CÉLÈBES
Manado
Halmahera
Iles Togian
Moluques
Poso
Sulawesi
(Célèbes)
Talabu
MER DE SÉRAM
Rantepao
Macassar
(ex-Ujung
Pandang)
Buru
Séram
Nouvelle-Guinée
PAPOUASIE-
NOUVELLE-GUINÉE
Kajang
MER DE BANDA
I. Aru
MER DE FLORES
Komodo
Rinca
Kep. Solor
Tg. Margeta
P. Alor
Wetar
Yamdena
Flores
Ruteng
Ende
TIMOR-
ORIENTAL
MER D'ARAFURA
Waingapu
Timor
Sumba
Sawu
Roti
Kupang
MER DE TIMOR
Golfe
de
Carpentarie
AUSTRALIE
120°
130°
140°

L'INDONÉSIE

Voici une agence spécialisée dans le service d'obtention de visas :

■ ***Action-visas.com :*** *10-12, rue du Moulin-des-Prés, 75013 Paris.* ☎ *01-45-88-56-70.* • *action-visas.com* • Ⓜ *Place-d'Italie (sortie « Bd Blanqui »). Lun-ven 9h30-12h, 13h30-18h30 ; sam 9h30-13h.* Cette agence sérieuse s'occupe d'obtenir votre visa pour toutes destinations. Délais rapides, traitement immédiat du dossier dès réception et service fiable. Pour la province, demandez le visa par correspondance, quelle que soit la destination. Les commandes de visas peuvent s'effectuer sur le site internet qui est actualisé quotidiennement, et vous recevrez directement les formulaires et la liste des pièces à fournir. Réception d'un courriel sur votre messagerie à chaque étape du processus d'obtention du visa. Prix du service entre 26 et 49 € selon les destinations, plus les frais consulaires. Réduction de 8 € pour nos lecteurs pour chaque destination et par personne : lors de votre commande, prendre alors l'option paiement par chèque et déduire directement sur le total indiqué cet avantage en indiquant « routard » sur votre bon de commande. Par ailleurs, Action-visas prélève 1 € de sa marge commerciale pour financer un projet humanitaire qui peut être suivi en direct sur leur site internet. La tendance étant aux e-visas, Action-visas propose ce service d'obtention du visa en ligne et en français avec un paiement en euros sur banque française sur de nombreuses destinations, et ce en simplifiant de plus la procédure.

■ Également ***Rapide Visa*** : *7, rue de la Boétie, 75008 Paris.* ☎ *01-84-17-88-88.* • *rapidevisa.fr* • Ⓜ *Miromesnil. Lun-ven 9h-12h30, 14h-18h.*

Pensez à scanner passeport, visa, carte de paiement, billet d'avion et *vouchers* d'hôtel. Ensuite, adressez-les-vous par e-mail, en pièces jointes. En cas de perte ou de vol, rien de plus facile pour les récupérer dans un cybercafé. Les démarches administratives en seront bien plus rapides. Merci, tonton *Routard* !

Avoir un passeport européen, ça peut être utile !

L'Union européenne a mis en place une assistance consulaire mutuelle pour les ressortissants de l'UE en cas de problème en voyage. Vous pouvez y faire appel lorsque la France (c'est rare) ou la Belgique (c'est plus fréquent) ne disposent pas d'une représentation dans le pays où vous vous trouvez. Concrètement, cette assistance vous permet de demander de l'aide à l'ambassade ou au consulat (pas à un consulat honoraire) de n'importe quel État membre de l'UE. Leurs services vous indiqueront s'ils peuvent directement vous aider ou vous préciseront ce qu'il faut faire.

Leur assistance est, bien entendu, limitée aux situations d'urgence : décès, accidents ayant entraîné des blessures ou des lésions, maladie grave, rapatriement pour raison médicale, arrestation ou détention. En cas de ***perte ou de vol de votre passeport,*** ils pourront également vous procurer un ***document provisoire*** de voyage.

Cette entraide consulaire entre les États membres de l'UE ne peut, bien entendu, vous garantir un accueil dans votre langue. En général, une langue européenne courante sera pratiquée.

Assurances voyage

■ ***Routard Assurance par AVI International :*** *Le Colisée Gardens, 10 avenue de l'Arche, CS 70126, 92419 Courbevoie Cedex.* ☎ *01-44-63-51-00.* • *routard@avi-international.com* • *avi-international.com* • Ⓜ *La Défense.*

Enrichie au fil des années par les retours des lecteurs, *Routard Assurance* reste l'assurance voyage référence des globe-trotters. Tout y est inclus, même la **Covid** : frais médicaux, assistance rapatriement, bagages, responsabilité civile… Avant votre départ, appelez *AVI* pour un conseil personnalisé. Besoin d'une **attestation Covid,** d'un avis médical, d'une prise en charge dans un hôpital ? Téléchargez l'appli mobile *AVI International* pour garder le contact avec *AVI Assistance* et disposer d'un vaste réseau médical à travers le monde. *AVI Assistance* est disponible 24h/24 pour une réponse en temps réel. De simples frais de santé en voyage ? Envoyez les factures à *AVI* dès votre retour, ils vous remboursent sous une semaine.

■ ***AVA, Assurance Voyages et Assistance :*** *25, rue de Maubeuge, 75009 Paris. ☎ 01-53-20-44-20. • ava.fr • Ⓜ Cadet.* Un autre courtier fiable pour ceux qui souhaitent s'assurer en cas de décès-invalidité-accident lors d'un voyage à l'étranger, mais surtout pour bénéficier d'une assistance rapatriement, perte de bagages et annulation. Attention, franchises pour leurs contrats d'assurance voyage.

■ ***Pixel Assur :*** *18, rue des Plantes, BP 35, 78601 Maisons-Laffitte. ☎ 01-39-62-28-63. • pixel-assur.com • RER A : Maisons-Laffitte.* Assurance de matériel photo et vidéo tous risques (casse, vol, immersion) dans le monde entier. Devis en ligne basé sur le prix d'achat de votre matériel. Avantage : garantie à l'année.

Ariane, pour votre sécurité, restez connecté

Avant de partir en voyage, ayons les bons réflexes !
Vous pouvez enregistrer votre voyage sur le service Ariane du ministère de l'Europe et des Affaires étrangères. Ce service gratuit vous permet, lors de vos voyages personnels, touristiques ou professionnels, de recevoir des consignes de sécurité sur le pays dans lequel vous voyagez.
La fiche « Conseils aux voyageurs », consacrée à votre pays de destination, vous donne des informations utiles liées à la sécurité, aux formalités de séjour, aux démarches de santé et aux lois et coutumes du pays dans lequel vous voyagez. Elle est consultable sur le site *• diplomatie.gouv.fr •*

Vaccins et prévention du paludisme

Voir aussi notre rubrique « Santé », plus loin.
– Aucun vaccin n'est obligatoire pour les voyageurs en provenance d'Europe. Il est cependant recommandé de se faire vacciner contre la fièvre typhoïde (vaccin *Typhim Vi®* ; validité : 3 ans) et encore plus contre l'hépatite A (immunité probablement à vie après 2 injections) ; les 2 vaccins combinés, en une seule seringue : *Tyavax®.*
Vérifier si l'on est toujours immunisé par le vaccin DTPC (tétanos, poliomyélite, diphtérie, coqueluche) ; rappel tous les 10 ans. Vaccination contre l'hépatite B conseillée, comme pour tout voyage en pays de forte endémicité. La vaccination contre l'encéphalite japonaise est conseillée à tous les voyageurs se rendant en zone rurale, de rizières en particulier. Vaccin *(Ixiaro®)* avec rappel à 1 mois. Attention, renseignez-vous bien avant de vous procurer ce vaccin, car l'*Ixiaro®* est vendu à prix libre, et ce dernier peut varier de 30 à 80 € la dose.
– Traitement antipaludique indispensable actuellement pour toute l'Indonésie (en particulier à Lombok), sauf les grandes villes et Bali, seule île où il n'y a pas de paludisme. La transmission en Indonésie ne se fait que du coucher au lever du soleil.
Protection contre les moustiques indispensable pour les séjours en dehors de Bali, et particulièrement en cas d'alerte à la dengue : moustiquaire imprégnée

d'insecticide, imprégnation ou vaporisation des vêtements, répulsifs cutanés réellement efficaces (type *Insect Ecran*®).
Médicaments antipaludiques : *Malarone*® (1 comprimé par jour, à commencer la veille du départ, à poursuivre sur place et 7 jours après le retour) ou *Lariam*® (1 par semaine, à commencer 10 jours avant le départ, à poursuivre sur place et les 3 semaines qui suivent le retour). Consultez votre médecin traitant ou un médecin spécialiste en médecine des voyages.
– Enfin, pour les centres de vaccination partout en France, dans les DOM-TOM, en Belgique et en Suisse, consulter le site • *astrium.com/espace-voyageurs/centres-de-vaccinations-internationales.html* •
– Les produits et matériels utiles aux voyageurs, assez difficiles à trouver, peuvent être achetés par correspondance sur le site de *Santé Voyages* : • *sante-voyages.com* • Infos complètes toutes destinations, boutique Web, paiement sécurisé, expéditions Colissimo Expert ou Chronopost. *Rens : ☎ 01-45-86-41-91 (lun-ven 14h-19h).*

Agences de voyages

■ ***Shanti Travel Bali :*** *88 jl. Pengubengan Kauh, Kerobokan, Bali. ☎ (62) 361-734-595. 📱 911-146-077-800.* • *shantitravel.com* • Cette agence locale et francophone s'est spécialisée dans les voyages sur mesure à Bali et dans toute l'Indonésie. Fins connaisseurs de la région, les conseillers vous emmènent hors des sentiers battus : séjour chez l'habitant et activités variées (pêche, cours de cuisine, balade à vélo, tressage de bambou...). Alexis s'est entouré d'une équipe d'experts indonésiens et français pour proposer des voyages sur mesure en famille, entre amis ou en couple pour une lune de miel inoubliable. Ils louent aussi des villas partout sur l'île. Demandez-leur.

■ ***Bali Autrement :*** *☎ (62) 361-738-464.* • *baliautrement.com* • Voyager autrement ! Cette agence de voyages locale, ouverte en 1999 par des Français amoureux de l'archipel, propose des circuits privés et sur mesure pour découvrir les richesses indonésiennes de façon écoresponsable. Accompagnés par des guides francophones, les voyageurs pourront partir à la rencontre des habitants du pays et visiter à leur rythme. Propose des circuits dans toute l'Indonésie avec différentes catégories d'hébergement. Au programme, visites d'associations locales (aide aux enfants, environnement, protection animale...), camping face aux rizières, nuit chez l'habitant, croisières privées à Komodo... la liste est longue. Membre du réseau *Un monde autrement*.

■ ***Bali en liberté :*** *☎ 081-999-590-777.* • *balienliberte.net* • « Charlie », Alain Bourrillon de son vrai nom, connaît la région par cœur. Il y a créé des circuits « hors des hordes » touristiques pendant plus de 40 ans. Réinstallé à Bali, il en sillonne les chemins de traverse au volant de ses 4 Jeeps décapotables des années 1970 (les « Charlie's ») pour vous faire découvrir les coins les plus authentiques de l'île aimée des dieux (et éviter les bouchons). Résultat : des circuits sur mesure taillés selon vos désirs, comprenant rencontres, soins traditionnels, séjours dans toutes les catégories d'hôtels, et agrémentés de tout un panel d'activités.

■ ***Bali Prana Tours :*** *jl. Jepun Kuning Perumahan Vijaya, residence n° 3, Kesiman Kertalangu, Denpasar, Bali. 📱 081-755-83-09 ou 081-138-094-65.* • *dayu@balipanatour.com* • *balipranatour.com* • Cette agence indonésienne organise tous types de séjour en Indonésie, et donc à Bali, aussi bien pour les individuels que pour les petits groupes. Épaulé par la Balinaise Dayu, Yves, un Breton ayant posé ses valises sur l'« île bénie des dieux », dirige la section francophone de l'agence. Efficacité et sympathie sont au rendez-vous chez ce véritable spécialiste du voyage sur mesure, qui délivre des prestations de grande qualité.

ARGENT, BANQUES, CHANGE

Argent

La monnaie nationale est la roupie indonésienne ou *rupiah* (Rps), dont le code officiel est IDR. Vu sa valeur, il n'y a pas de subdivision. Début 2020, 1 € valait environ 15 000 Rps. C'est sur cette base que nous avons établi nos échelles de prix.
Il n'existe aucune forme de restriction : on peut entrer ou sortir avec autant d'euros, de dollars ou de chèques de voyage que l'on veut.

Change

On change sans problème l'euro (et les autres monnaies) partout. Inutile d'aller à la banque, sauf opération spéciale. Les banques sont ouvertes en semaine de 9h à 15h (fermées le week-end). Les *money changers* ont l'avantage d'être ouverts tous les jours, et souvent très tard le soir. Bien comparer les taux de change (écarts parfois notables). Il n'y a en général pas de commission (éviter ceux qui en demandent).
ATTENTION : de nombreux lecteurs nous ont signalé des arnaques chez les *money changers,* particulièrement à Kuta (Bali). Bien recompter son argent au comptoir avant de partir.

Cartes de paiement

PRÉVENEZ VOTRE BANQUE

Si vous comptez effectuer des retraits d'argent aux distributeurs, il est très vivement conseillé d'avertir votre banque avant votre départ (pays visités et dates). En effet, votre carte peut être bloquée dès le 1er retrait pour suspicion de fraude. C'est de plus en plus fréquent. Bonjour les tracasseries administratives pour faire rentrer les choses dans l'ordre, et l'on se retrouve vite dans l'embarras !

On peut retirer de l'argent avec une carte de paiement dans de nombreux distributeurs *ATM* des lieux touristiques. On les indique ville par ville. C'est plus rarement le cas à la campagne. Parfois, les distributeurs ne sont pas approvisionnés. Mieux vaut donc prévoir et ne pas attendre d'être à sec pour retirer. ***Une commission est perçue à chaque retrait.*** En fonction des banques, le plafond des retraits est variable : entre 1 250 000 et 2 500 000 Rps, la *Danamon Bank* étant souvent la plus généreuse. Intéressant pour limiter les frais de retrait ! Attention, certains *ATM* portent un autocollant indiquant « 50 000 Rps ou 100 000 Rps » ; cela signifie qu'ils ne distribuent que ces billets.
À Bali, on peut utiliser sa carte de paiement pour les hôtels de luxe, certaines boutiques assez chics, les compagnies aériennes ou les gros achats. Partout ailleurs, il est nécessaire d'avoir du liquide. Lors d'un règlement par carte, il y a un supplément de 3 % pour les frais de banque sur la carte *Visa* et de 5 % pour la carte *American Express.* Vérifiez toujours les sommes inscrites et récupérez le carbone de la facture quand on vous fait payer à l'ancienne, avec le « fer à repasser ».

En cas de perte ou de vol

Quand vous partez à l'étranger, pensez à téléphoner à votre banque pour relever le plafond de retrait aux distributeurs et pour les paiements par carte, quitte à le faire rebaisser à votre retour.

Avant de partir, notez donc bien le numéro d'opposition propre à votre banque (il figure souvent au dos des tickets de retrait, sur votre contrat ou à côté des distributeurs de billets), ainsi que le numéro à 16 chiffres de votre carte. Bien entendu, conservez ces informations en lieu sûr et séparément de votre carte.

Par ailleurs, rappelez-vous que l'assistance médicale se limite aux 90 premiers jours du voyage et l'assistance véhicule aux cartes haut de gamme (renseignez-vous auprès de votre banque). Et surtout, n'oubliez pas aussi de VÉRIFIER LA DATE D'EXPIRATION DE VOTRE CARTE DE PAIEMENT avant votre départ !
En cas de perte, de vol ou de fraude, quelle que soit la carte que vous possédez, chaque banque gère elle-même le processus d'opposition et le numéro de téléphone correspondant.

- ***Carte Visa :*** *numéro d'urgence (Europ Assistance), ☎ (00-33) 1-41-85-85-85 (24h/24).* • *visa.fr* •
- ***Carte MasterCard :*** *numéro d'urgence, ☎ (00-33) 1-45-16-65-65.* • *mastercardfrance.com* •
- ***Carte American Express :*** *numéro d'urgence, ☎ (00-33) 1-47-77-72-00.* • *americanexpress.com* •
- Il existe un ***serveur interbancaire d'opposition*** qui en cas de perte ou de vol vous met en contact avec le centre d'opposition de votre banque : *en France, ☎ 0892-705-705 (prix d'un appel + 0,35/mn) ; depuis l'étranger : ☎ + 33-442-605-303.*

Petite mesure de précaution : si vous retirez de l'argent dans un distributeur, utilisez de préférence les distributeurs attenants à une agence bancaire. En cas de pépin avec votre carte (carte avalée, erreurs de code secret...), vous aurez un interlocuteur dans l'agence, pendant les heures ouvrables.

Besoin urgent d'argent liquide

Vous pouvez être dépanné en quelques minutes grâce au système ***Western Union Money Transfer*** présent dans les supérettes *7-Eleven* et les bureaux de change *Forex.* L'argent vous est transféré en moins de 1h. La commission, assez élevée, est payée par l'expéditeur. Possibilité d'effectuer un transfert auprès d'un des bureaux *Western Union* ou, plus rapide, en ligne, 24h/24 par carte de paiement (*Visa* ou *MasterCard*).
Même principe avec d'autres organismes de transfert d'argent liquide comme ***MoneyGram, PayTop*** ou ***Azimo.*** Transfert en ligne sécurisé, en moins de 1h.
Dans tous les cas, se munir d'une pièce d'identité. Toutefois, en cas de perte/vol de papiers, certains organismes permettent de convenir d'une question/réponse type pour pouvoir récupérer votre argent. Chacun de ces organismes possède aussi des applications disponibles sur téléphone portable. Consulter les sites internet pour connaître les pays concernés, les conditions tarifaires (frais, commission) et trouver le correspondant local le plus proche : • *westernunion.com* • *moneygram.fr* • *paytop.com* • *azimo.com/fr* •
- Autre solution, envoyer de l'argent par ***La Poste*** : le bénéficiaire, muni de sa pièce d'identité, peut retirer les fonds dans n'importe quel bureau du réseau local. Le transfert s'effectue avec un mandat ordinaire international (jusqu'à 3 500 €), et la transaction prend un jour ouvrable en Europe suivant le jour de réception de l'ordre de virement (5-6 jours vers l'international). Plus cher, mais plus rapide, le mandat express international permet d'envoyer de l'argent (montant variable selon la destination - 34 au total) sous 2 jours maximum, 24h lorsque la démarche est faite en ligne. Infos sur • *labanquepostale.fr* •

ACHATS

C'est à Ubud que vous ferez les achats les plus sympa (petites boutiques de bijoux, de fringues, de gadgets, etc.). Tous les autres lieux touristiques débordent d'étals de marchands de bibelots, bijoux fantaisie, tee-shirts, sarongs... Le soir, les prix baissent...

Argent et bijoux

Les orfèvres travaillent l'argent en filigrane, particulièrement à Bali. L'argent se vend au poids. Les bijoux reprennent souvent des motifs traditionnels, et certains artistes exécutent des pièces très modernes et inspirées. Le grand centre du travail de l'argent est le village de Celuk, sur la route d'Ubud. Pratiquement pas de pierres précieuses. On trouve, en revanche, la pierre de lune, l'agate, l'onyx, le jaspe, etc.

Batik

Artisanat séculaire (c'est vers les XIVe-XVe s que le batik apparaît comme technique propre), le *batik tulis,* fait à la main, n'a rien à craindre de l'industrialisation. Il faut voir avec quel amour les « batikeurs » œuvrent dans leurs ateliers aux couleurs chatoyantes. Certains « maîtres » se font accompagner par un gamelan (orchestre de percussions) susceptible de nourrir leur puissance créatrice.

Le principe d'impression est simple : les parties qui ne doivent pas être colorées sont enduites d'une couche de cire avant d'être trempées dans la teinture. Opération facile pour les batiks monochromes, le travail se complique quand il s'agit de pièces à plusieurs couleurs. Autant de couleurs, autant de passages à la cire et de grattages. La complexité du travail (jusqu'à 8 couleurs sur les plus sophistiqués) et le temps passé (plusieurs semaines) justifient les prix parfois très élevés de batiks provenant des ateliers de grands maîtres. Yogyakarta est la capitale du batik, où l'on trouve le plus grand choix.

La production en série est beaucoup plus abordable. Les motifs sont réalisés avec des tampons de caoutchouc trempés dans la cire. Avec cette méthode rapide d'impression, l'étoffe est toujours plus colorée à l'endroit qu'à l'envers.

En Indonésie, le batik s'affiche partout. On en fait des chemises, des sarongs, des nappes, des serviettes de table, des rideaux, des cravates, des sacs à main, et même des sandales. Il constitue un cadeau bon marché, léger et peu encombrant.

Bibelots et bricoles

Vous n'aurez que l'embarras du choix, et, quel que soit votre budget, vous trouverez certainement des souvenirs à rapporter.

– ***Cornes de buffle ou de vache :*** travaillées avec beaucoup d'habileté. Les cornes de buffle ouvertes sur une partie constituent d'excellentes cuillères à riz (ne pas les mettre dans le lave-vaisselle).

– ***Noix de coco :*** ciselées et tellement ouvragées qu'elles se transforment en de véritables boules de dentelle sur lesquelles sont représentées des scènes du *Rāmāyana.* Quand on adapte une douille, ça fait de jolies lampes de chevet.

– ***Objets en bois :*** ils étaient autrefois destinés à la décoration des temples. On trouve désormais toutes sortes de créations. Un grand classique, vendu en abondance : des pénis, de toutes tailles, notamment en format décapsuleur... Ce sont à l'origine des porte-bonheurs, mais pas sûr que ce soit l'explication de leur succès auprès des touristes.

– ***Objets en écaille :*** en régression depuis qu'une campagne mondiale condamne le massacre des tortues. Celles-ci abondent dans les eaux indonésiennes et leur chair est très appréciée, ce qui explique la présence dans les boutiques de nombreux petits objets travaillés à la main. On les déconseille vivement !

– ***Porcelaines chinoises :*** elles trônent souvent au milieu d'un bric-à-brac dans les magasins de brocante. On vous les fera parfois passer pour des antiquités. Évidemment ce sont des pièces récentes, habilement vieillies. Quant aux vraies porcelaines mings, elles sont depuis longtemps dans les musées.
– ***Vannerie :*** le choix est considérable. Paniers, nattes, chapeaux, sets de table, éventails, tapis, petites boîtes. On peut aussi craquer devant les meubles en bambou ou en rotin, bon marché, mais il faut penser aux frais et aux délais d'acheminement par bateau.
– ***Cuirs :*** à Java, nombreux objets en peau, tels que ceintures, sacs, sandales. Le cuir n'est pas teinté mais prend à l'usage une belle patine. La finition, principalement au niveau des coutures, peut laisser à désirer.
– ***CD et DVD :*** ceux qui n'ont pu résister à la « pluie de cristal » du gamelan trouveront des CD un peu partout dans les grandes villes et dans les centres touristiques. Très bon marché. Pour vous épargner des surprises, demandez à en écouter des extraits avant l'achat. Concernant les DVD, il s'agit toujours de copies pirates de très mauvaise qualité. À éviter.

Kain ikat

C'est un tissu pour les vêtements, fabriqué à partir de fils teints et tissés ensuite dans une débauche de couleurs et motifs propres à l'Indonésie. Les teintures naturelles proviennent d'écorces, plantes et terres diverses. Le travail de tissage peut durer des mois pour l'exécution d'une seule pièce. À Bali, dans le village animiste de Tenganan, les femmes pratiquent le double *ikat,* c'est-à-dire que le fil, lui aussi, est teint, alors qu'en général c'est seulement la trame. Ces *ikats,* œuvres uniques, valent très cher. On leur confère des pouvoirs magiques.
À Lombok, nombreux ateliers de tissage artisanal dans le village de Sukarara. À Java, on tisse des *ikats* à la machine. Ils ont perdu tout pouvoir magique, mais sont accessibles à toutes les bourses. On les appelle *tenunans.*

Kriss (keris)

Il s'agit des couteaux à la lame généralement ondulée, caractéristiques de la civilisation malaise. On ignore toujours la nature exacte de la relation magique, surnaturelle, qui est censée unir le couteau à son propriétaire. Celle-ci est très forte : un prince balinais, devant épouser une jeune fille, ne se rendit pas lui-même à la cérémonie mais se fit « représenter » par son *kriss* ! Ça se passait il y a longtemps. Le *kriss* n'est donc pas simplement une arme : c'est un objet sacré. Il peut apporter bonheur, prospérité et invulnérabilité. En revanche, il peut se retourner contre celui qui ne le mériterait pas.
Le *kriss* se compose de 3 parties :
– *le fourreau :* formé de 2 pièces de bois collées, recouvert d'une feuille de laiton ou d'alu travaillée (pour les princes, c'était de l'or), et le butoir, pièce souvent asymétrique ;
– *la poignée :* en ébène ou en teck, elle représente presque toujours une forme humaine très stylisée, l'islam n'acceptant pas la représentation de l'être humain. Les plus belles poignées sont en or massif incrusté de pierres précieuses et figurent des démons ;
– *la lame :* la partie la plus importante, qui est intimement liée au propriétaire du couteau. Contrairement à une idée reçue, la lame du *kriss* n'est pas obligatoirement ondulée, elle peut être droite. Elle provient d'un alliage de 2 minerais de fer : l'un d'origine terrestre (les mines de fer), l'autre d'origine céleste, extrait des météorites, assez nombreuses sur le sol indonésien. Inutile de souligner l'importance symbolique d'un tel alliage. Le forgeron mêle les 2 métaux mais les 2 couleurs sont bien marquées. La forme ondulée s'explique par le serpent, souvent gravé avec moult fioritures. Les *kriss* les plus rares (et les plus chers) portent un double *naga* (2 serpents entrelacés).

Un *kriss* bien travaillé coûte cher. Sinon, la lame sera en aluminium. Le fer d'origine météorique, difficile à trouver, n'est plus guère utilisé. L'alliage est en général celui de 2 fers différents mais bien de chez nous...

Marionnettes et masques

Comment résister aux *wayangs Kulit* et aux *wayangs Golek,* ces marionnettes en peau de buffle ou en bois habillées de batik, très décoratives (voir, à la rubrique « *Wayang* » dans « Hommes, culture, environnement », leur histoire et leur signification) ?
Les marionnettes vendues aux touristes sont toujours de fabrication récente, quoiqu'on vous dise. Les anciennes sont chez les antiquaires, et leur prix est très élevé.
Les masques tiennent une place importante dans le théâtre indonésien. Il suffit d'assister à un *barong* (à Bali) ou à un *rāmāyana* (à Java) pour comprendre leur pouvoir magique. Ils sont toujours taillés dans un bois léger et peints de façon très expressive. Ils peuvent aussi être articulés, notamment les singes. Les plus beaux masques balinais sont sculptés à Mas.

Sculptures sur bois

Les Indonésiens sont vraiment les maîtres du travail du bois. On a toujours travaillé le bois pour la construction des maisons, la fabrication des outils et des objets usuels, mais la sculpture était destinée à l'ornementation des palais princiers. Dans les années 1930, avec l'arrivée des Occidentaux, les artisans abandonnèrent les sujets mythologiques pour puiser leur inspiration dans les scènes de la vie courante. À cette époque, Ida Bagus Njana, l'un des plus grands sculpteurs balinais, créa dans son village de Mas une école qui devait influencer toute la sculpture balinaise contemporaine.
La qualité du travail et la nature du bois déterminent le prix des œuvres. Avant d'acheter, il faut savoir distinguer la pièce en ébène, en teck ou en acajou exécutée par un artisan chevronné, de celle en bois vulgaire. Le choix va de la statuette aux formes longilignes, aussi finement ciselée qu'un ivoire chinois, au panneau de bois laqué ou doré, en passant par toutes les œuvres presque abstraites. Le style varie considérablement d'une île à l'autre, nous rappelant à quel point l'Indonésie est un patchwork de cultures.
Les Balinais se sont spécialisés dans la reproduction d'animaux (canards), de fleurs et de fruits travaillés dans un bois léger et peints avec réalisme. Mais la production s'est « industrialisée », au détriment de la finition. Autour de Mas, Ubud et Peliatan s'activent de véritables « usines », avec des jeunes qui sculptent les pattes avant d'un cheval, d'autres l'arrière-train, pendant que des équipes exécutent séparément la tête, la crinière et le corps, avant de passer toutes ces pièces détachées à un assembleur, puis de confier l'animal aux mains des peintres et des polisseurs. On se croirait sur une chaîne de montage chez *Renault* !

Vêtements

À Bali, et plus particulièrement à Kuta, les magasins de vêtements sont légion. Il s'agit le plus souvent de petites échoppes de tailleurs locaux qui ont adapté leur production à la demande, ou de showrooms de stylistes qui exposent des modèles destinés principalement à l'exportation.
L'arrivée massive de touristes japonais a beaucoup influencé les couturiers balinais, et certaines de leurs créations sont des pièces de haute couture. Veillez cependant à bien contrôler la finition, pas toujours soignée. À Kuta, c'est le royaume de la fripe, mais, dès qu'on remonte jalan Legian vers Seminyak, c'est le luxe des grandes boutiques.

Marchandage

Le marchandage est LA règle d'or. Il faut tout, mais vraiment tout marchander. À commencer par sa chambre si on reste plusieurs jours dans le même hôtel. Les

Balinais sont habitués au marchandage et en font un véritable mode de fonctionnement. Sur les plages, diviser les prix au moins par 2, voire 3... et souvent même beaucoup plus. Ayant bien intégré la donnée touristique, les Balinais font des propositions incessantes, et les prix initialement proposés sont souvent délirants. Pas de panique, vous emporterez peut-être l'objet 5 fois moins cher ou simplement avec une réduction de 10 %. Impossible à savoir. Jouez le jeu de la négociation, ce qui vous permettra de voir venir le vendeur. Vous vous habituerez vite à ce rituel, et après 2 ou 3 trucs achetés trop cher, vous comprendrez le principe.
Quelques règles de base : renseignez-vous sur les prix pratiqués dans plusieurs boutiques et auprès d'autres routards avant de vous décider. N'annoncez jamais un prix le 1er. Quand vous le ferez, choisissez une somme au moins 3 fois inférieure à la somme demandée par le marchand. Le prix que vous indiquerez devra en tout état de cause être inférieur de 50 % à la somme que finalement vous allez être prêt à dépenser. Il faut toujours se laisser une marge de manœuvre.
Autre règle : si vous entamez une négociation, c'est que l'objet vous intéresse vraiment. Ne faites pas perdre leur temps aux vendeurs. N'oubliez pas que c'est leur gagne-pain. Quand vous aurez conclu l'affaire, rien ne vous empêche de rajouter un petit billet, le vendeur vous en saura toujours gré. Puis il bénira sa marchandise avec les billets donnés (et vous par la même occasion), en signe de *good luck*.

BUDGET

En fonction des crises économiques, politiques, financières et touristiques, les prix fluctuent sensiblement. Ces variations sont fréquentes et soudaines. En haute saison (juin-septembre), les prix augmentent évidemment, jusqu'à doubler ou tripler dans certains hôtels !
Hormis les établissements *all inclusive* et quelques endroits attrape-*honeymooners*, Bali demeure une île relativement bon marché pour les voyageurs indépendants. Comme dans d'autres pays, il y a un tarif pour les locaux et un prix pour les touristes. Normal. Mais on peut vraiment se débrouiller avec un petit budget, surtout si l'on y vient hors saison, car tout est alors négociable.
Il est bien difficile de donner des prix précis, puisque dans un même établissement que nous aurons classé dans la catégorie « Bon marché », on pourra également trouver des chambres de catégorie « Prix moyens ». Hôteliers et restaurateurs réajustent régulièrement leurs tarifs en fonction de l'inflation entraînée par la hausse du carburant, de la demande des vacanciers, de la saison, des « événements », des crémations dans le village... on en passe et des meilleures. Nos prix doivent donc être considérés comme des indications générales, ni plus ni moins.

Hébergement

Les tarifs des chambres s'entendent pour 2 personnes. Toujours demander si les taxes sont comprises dans le prix, même si elles le sont de plus en plus. Dans les établissements de luxe, elles peuvent grimper jusqu'à 21 %...
Les hôtels que nous avons classés dans les catégories « Chic » et « Plus chic » affichent souvent leurs prix en dollars. Sur place, rien ne vous empêche de payer en roupies. En basse saison, tout peut se négocier, même dans les établissements chics (jusqu'à 30 % du prix proposé). Le petit déj est, sauf rares exceptions que nous signalons, toujours inclus.
Si les prix ont beaucoup augmenté ses dernières années, Bali reste abordable et l'on obtient pour bien moins cher qu'en Europe un bon niveau de confort : clim et piscine dès la catégorie « Prix moyens », terrasse voire bungalow individuel même en « Bon marché ».

Homestays et autres établissements bon marché

Moins cher que l'hôtel, le *homestay* classique est souvent une petite affaire familiale qui propose un ensemble de pavillons de plain-pied multichambres ou de bungalows tout simples. Ceux-ci sont pelotonnés autour d'un bout de jardin et agrémentés de miniterrasses individuelles sommairement aménagées. Ils proposent au minimum un ventilo, des toilettes et une douche froide. Parfois la clim et l'eau chaude pour les plus chers. Le petit déj est quasi systématiquement inclus.
En haute saison, il est préférable de chercher un hébergement le matin. Plus on avance dans la journée, plus les places se font rares.

Nos fourchettes à Bali et Lombok

- ***Bon marché :*** moins de 350 000 Rps (env 23 €).
- ***Prix moyens :*** de 350 000 à 700 000 Rps (env 23 à 46 €).
- ***Chic :*** de 700 000 à 1 200 000 Rps (env 46 à 80 €).
- ***Plus chic :*** plus de 1 200 000 Rps (env 80 €).

À Java, en revanche, les fourchettes sont un peu plus basses.

- ***Très bon marché :*** moins de 150 000 Rps (env 10 €).
- ***Bon marché :*** de 150 000 à 300 000 Rps (env 10 à 20 €).
- ***Prix moyens :*** de 300 000 à 500 000 Rps (env 20 à 33 €).
- ***Chic :*** de 500 000 à 1 000 000 Rps (env 33 à 67 €).
- ***Plus chic :*** plus de 1 000 000 Rps (env 67 €).

Nourriture

Les prix sont indiqués sur la base d'un plat principal par personne, sans les boissons. L'entrée ou le dessert pris en plus ne grèveront pas beaucoup l'addition, sauf dans les endroits chics, qui ajoutent des taxes aux prix indiqués. Si c'est le cas, c'est indiqué en bas de la carte et leur montant varie de 10 à 21 %. Nous indiquerons les prix réels, toutes taxes comprises.

Nos fourchettes à Bali, Lombok et Java

- ***Bon marché :*** moins de 45 000 Rps (env 3 €).
- ***Prix moyens :*** de 45 000 à 80 000 Rps (env 3 à 5,40 €).
- ***Chic :*** de 80 000 à 150 000 Rps (env 5,40 à 10 €).
- ***Plus chic :*** plus de 150 000 Rps (env 10 €).

Transports

Voir aussi la rubrique « Transports » plus loin.
- Le ***bemo,*** de la taille d'un van (à Bali) ou d'un minuscule pick-up ouvert sur l'arrière (à Lombok), reste le mode de transport le moins cher, à condition de payer le prix local, ce qui n'est pas toujours aisé. Mais ce mode de transport collectif a tendance à disparaître, au profit du scooter individuel. Les tarifs des *bemos* sont dérisoires : environ 2 000 Rps pour une toute petite course locale, 10 000-15 000 Rps pour un trajet reliant 2 villages, jusqu'à 40 000 Rps pour les minibus publics couvrant de longues distances sur une même île. *Bemos* et minibus circulent principalement le matin. Pour les ***grands bus*** circulant entre 2 grandes villes d'une île à l'autre, compter de 200 000 à 600 000 Rps selon la distance, traversées en ferry incluses.
- Les ***bus et vans*** des compagnies privées sont de loin les plus populaires auprès des touristes. C'est plus cher mais bien plus confortable (clim, horaires fixes, pas ou peu de changements nécessaires, etc.). *Perama* (● *peramatour.com* ●) a longtemps été LA compagnie de choix. Elle reste fiable mais de très nombreuses petites compagnies privées se sont ouvertes, proposant les mêmes prestations.

– On peut aussi ***louer un scooter ou une voiture*** (permis de conduire international nécessaire). Compter environ 50 000 Rps/j. pour un scooter 125cc (jusqu'à 100 000 Rps en haute saison) et de 20 à 35 €/j. pour une voiture selon la catégorie. Pour une voiture avec chauffeur, ajouter un supplément de 10-15 €/j. (sans compter le pourboire). Si vous vous arrêtez pour visiter un temple, un marché, ou profiter d'une plage, on vous demandera souvent entre 2 000 et 10 000 Rps pour le parking. Ne vous étonnez pas, c'est normal !
– Pourboires chauffeur : compter environ 75 000 Rps/j.

Taxes d'aéroport

Il n'y a désormais plus de taxe d'aéroport à payer en quittant le pays.

Quelques idées de prix

– *Une grande bouteille d'eau :* 8 000 à 10 000 Rps.
– *Un bali coffee :* environ 7 000 Rps.
– *Location d'un vélo :* entre 30 000 et 50 000 Rps/j. selon le lieu.
– *Location d'un scooter :* de 50 000 à 100 000 Rps/j. selon le lieu et la saison.
– *1l d'essence :* environ 10 000 Rps.
– *Une bière Bintang (grand modèle, on a soif !) :* environ 40 000 Rps (jusqu'à 60 000 Rps dans les lieux touristiques).

CIGARETTES

La cigarette locale est la *kretek,* à base de clou de girofle et dont le filtre est imprégné d'un arôme sucré. Elles dégagent une odeur caractéristique, et leur parfum est généralement le 1er choc « culturel » en arrivant en Indonésie. On aime ou on déteste. Les *Gudang-Garam* sont réputées les meilleures (ou les pires, ça dépend de quel côté du mégot on se trouve).
Les Indonésiens fument comme des cheminées. C'est même l'un des rares pays où l'on fume de plus en plus ! Les cigarettes étant considérées comme un luxe, vous ferez toujours plaisir en offrant une *kretek.* Comme partout, de plus en plus de lieux publics interdisent la cigarette.

CLIMAT

Étant située près de l'équateur, dans une région tropicale, Bali n'a que 2 saisons qui s'harmonisent et s'équilibrent.
– ***Saison sèche :*** de mai à octobre. Ça n'empêche pas quelques jours de pluie ici ou là. Évitez la foule en préférant Bali en mai, septembre ou octobre. Cela dit, vous ne serez pas seul pour autant.
– ***Saison pluvieuse :*** de novembre à avril. En général, le mois de juillet est le plus frais et le plus sec de l'année, alors qu'en janvier la pluviosité atteint son maximum (attention, à Bali, il pleut 2 fois plus au nord qu'au sud de l'île).
Même en saison sèche, il peut pleuvoir, mais plutôt en fin de journée ou la nuit. Sinon, les rizières ne seraient pas aussi belles ! Juin est un bon plan : tout est vert après la mousson, et l'on trouve des prix intéressants, car la haute saison n'a pas encore totalement démarré.
La température moyenne est de 26 °C. Bali dispose vraiment d'un climat idéal : il fait suffisamment chaud pour rester au bistrot toute la journée et suffisamment frais pour avoir le courage d'aller d'un bistrot à l'autre. Plus sérieusement, la température est agréable quasiment tout le temps, et s'il peut faire chaud, ce n'est jamais insupportable. Il faut se méfier en revanche des coups de soleil, car même quand la température est tolérable, on brûle en moins de 1h ! Les jours gardent la même amplitude toute l'année, le soleil se levant vers 6h et se couchant au plus tard à 18h.

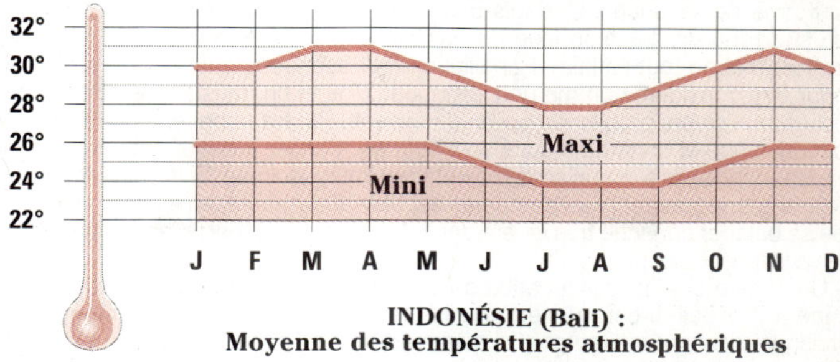

INDONÉSIE (Bali) :
Moyenne des températures atmosphériques

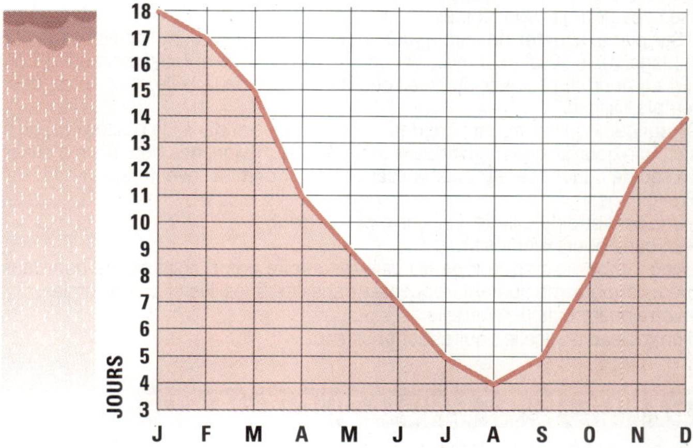

INDONÉSIE (Bali) :
Nombre de jours de pluie

Bagages et vêtements

– Bagage léger indispensable. N'emporter que le strict minimum. On trouve à Bali des vêtements appropriés au climat à des prix particulièrement bas.
– En revanche, Berthe aux grands pieds et son frère ont tout intérêt à s'équiper en chaussures avant de partir ! Les Indonésiens ont de petits petons, et il est rare de trouver des tailles supérieures aux 42/43.
– Éviter les tissus synthétiques. Préférer d'amples vêtements en coton.
– Prévoir un pull et un K-way, de bonnes chaussures de marche et une écharpe si l'on doit faire de la moto. De toute façon, elle sera indispensable pour ceindre sa taille lors de la visite des temples à Bali. Un pull et un vêtement chaud seront nécessaires en altitude, en montagne, sur les volcans, et surtout la nuit.
– Pour pénétrer dans une administration, il faut être correctement vêtu (épaules et jambes couvertes, et parfois même en chaussures fermées). Des affiches officielles indiquent ce qu'il convient de porter.
– En règle générale et par respect pour vos hôtes, évitez de choquer les Indonésiens en exhibant votre anatomie sous prétexte qu'il fait chaud. Une tenue légère à la Tarzan, tolérée sur la plage, ne doit pas être considérée comme un

uniforme de vacances. Une fois qu'on a quitté la plage, on met un tee-shirt et un short (ou un pantalon léger). Dans certains lieux, la tenue short et tee-shirt ne fera pas du tout l'affaire. Par ailleurs, tout accoutrement sexy ou provocateur peut être considéré comme une invitation... Attention, mesdames et mesdemoiselles, aux divers problèmes qui en découlent ! Restez sobre et modeste en toute circonstance et toute ambiguïté sera écartée. Gardez aussi en tête qu'en dehors de Bali, l'Indonésie est un pays majoritairement musulman. Si les populations sont tolérantes, respecter leurs coutumes est bien le minimum, en évitant par exemple de se balader en tenue très légère dans des villages où toutes les femmes portent le voile (pas à Bali)...

- Un couvre-chef et des lunettes de soleil sont quasiment obligatoires. Le soleil tape fort à Bali. Il est même traître ! Une journée de *snorkelling* (plongée avec masque et tuba) sans tee-shirt ni crème est synonyme de violents coups de soleil. On trouve de la crème solaire sur place, mais prenez vos précautions si vous utilisez des produits spécifiques.
- Sur place, achetez un sarong aux motifs colorés et aux multiples usages : pour la plage, mais aussi pour recouvrir un matelas d'une propreté très relative, comme turban pour se protéger du soleil ou ceint autour de la taille pour entrer dans un temple balinais.
- Pour ceux qui voyagent hors des sentiers battus et dans les petites îles, un minisac, une gourde, une moustiquaire, un masque d'avion, des bouchons d'oreilles et un sac de couchage léger sont essentiels pour partir à l'aventure.

Prévoir aussi :

- une serviette de toilette (il n'y en a pas partout) ;
- un canif pour peler les fruits ;
- une lampe électrique type frontale (peu voire pas d'éclairage la nuit dans les rues, coupures de courant fréquentes dans certaines îles et zones rurales) ;
- votre pharmacie personnelle ;
- un rouleau de ficelle pour attacher un sac.

DANGERS ET ENQUIQUINEMENTS

Un peu de bon sens, de fermeté, assortis de courtoisie et, le cas échéant, de quelques milliers de roupies, devraient venir à bout de la plupart des situations. On ne peut pas parler de dangers. Juste quelques embrouilles possibles, certes désagréables, notamment dans certains bureaux de change, particulièrement à Kuta (Bali). Bien recompter vos billets au comptoir avant de partir. N'hésitez pas non plus à consulter le site du ministère des Affaires étrangères pour plus d'infos : • *diplomatie.gouv.fr* •

Carte de paiement, change

De nombreux routards ont eu des soucis soit avec leurs cartes de paiement (dans les distributeurs, les codes des cartes sont copiés ; privilégier les distributeurs des banques avec pignon sur rue), soit avec des *money changers* : ils inventent une taxe supplémentaire sortie du chapeau (le leur !) ou comptent très vite pour qu'on ne puisse pas recompter correctement avec eux. Prendre son temps pour bien vérifier.

Vols

Bali et Lombok sont des îles très sûres, réputées pour leur ambiance cool et la gentillesse de la population. Mais il ne faut pas pour autant baisser la garde et ne plus faire attention à rien. Les vols à la tire peuvent arriver. Certains lecteurs signalent de temps à autre des vols dans les *homestays,* mais ça reste rare et souvent le fait d'autres voyageurs.

De manière générale, mettez vos valeurs au coffre de l'hôtel. N'emportez jamais de choses précieuses sur les plages... ou n'allez pas vous baigner sans les surveiller. C'est souvent dans les transports en commun ou en les attendant que surviennent les problèmes. Plusieurs cas nous ont été signalés : vous attendez un *bemo* avec votre sac posé par terre ; une moto passe et vous prend le sac. Dernier truc : lorsque vous louez un vélo équipé d'un petit panier devant, n'y placez pas votre sac. Vous faciliteriez le travail des voleurs à la tire. Et ne riez pas, ça arrive vraiment ! De manière générale, éviter de mettre son argent et ses papiers dans un sac porté en bandoulière. Placer les vraies valeurs dans une petite pochette plate que l'on glisse à l'intérieur du pantalon.
Si vous louez un scooter, gare aux rackets et aux abus d'autorité assez fréquents de la police (voir la rubrique « Transports »).
Lieux de vols les plus fréquents : Kuta-Bali, Lovina Beach, Candi Dasa, les environs de Batur, et dans les *bemos* entre Kuta et Denpasar et vers Ubud. Le terminal des bus venant de Java est également un haut lieu pour les pickpockets. On peut aussi vous piquer vos affaires dans la soute en bus sur de longs trajets, surtout la nuit. Cela dit, pas de parano. Si l'on vous parle de tout ça, c'est parce qu'on est dans la rubrique concernée, mais, on le répète, avec un minimum de vigilance, vous éviterez 90 % des risques de pépins.
Si vous perdez votre passeport ou s'il est volé, une déclaration à la police est indispensable pour obtenir une autorisation de sortie délivrée par l'agence consulaire et les services de l'immigration. Si l'on vous vole vos affaires, la déclaration à la police sera payante et ne servira à rien, sauf pour votre assurance en France. Le mieux est de mettre votre passeport dans un lieu sûr et de vous balader avec une photocopie que vous aurez faite avant de partir.

Prostitution

On vous proposera peut-être, dans les stations balnéaires, des « massages complets », appelés aussi « *ultime pleasure* » (sic). Il s'agit en fait de prostituées javanaises qui préfèrent le sable des plages balinaises aux trottoirs de Jakarta où elles exercent hors saison. L'intermédiaire n'est autre qu'un proxénète local, même s'il prétend être le frère ou le cousin. On ne saurait trop vous conseiller d'éviter ce type de rapport. Les touristes seraient les 1ers à râler si Bali devenait comme Phuket ou Pattaya, en Thaïlande. Sans demande, il n'y a pas d'offre ! Le touriste est la clé du problème.
Bali est aussi connue pour la prostitution masculine. Les gigolos sévissent surtout sur les plages de Kuta, Legian et Seminyak.

DÉCALAGE HORAIRE

Quand il est 12h à Bali, il est 6h à Paris (- 6h) en été et 5h (- 7h) en hiver.
Quand il est 12h à Java, il est 7h à Paris (- 5h) en été et 6h (- 6h) en hiver.
Il y a 1h de différence entre Java et Bali (+ 1h).

DOUANE

On peut entrer dans le pays avec 1 l d'alcool et 200 cigarettes (50 cigares ou 100 g de tabac). Il est, bien sûr, interdit d'importer des stupéfiants, des armes, des munitions, mais aussi des objets ou publications pornographiques. Une autre restriction : les médicaments chinois et, en général, tout ce qui est imprimé en caractères chinois !
Les douaniers fouillent ou interrogent normalement, et les étrangers ne sont pas systématiquement pris pour des enfants naturels d'Al Capone et de Mata Hari, mais il est fortement recommandé de rester en règle.
L'exportation d'antiquités est interdite.

DROGUE

Attention, ici on ne plaisante pas avec la drogue ! On vous en proposera parfois lors de fêtes à Kuta ou à Seminyak. Refusez poliment mais fermement : les dealers sont TOUJOURS des balances, de mèche avec la police.

Il y a régulièrement une paire de Français qui signent un bail plus ou moins long dans les prisons balinaises (celle de Denpasar est particulièrement réputée). Ça coûte cher à leurs parents, financièrement et en cheveux blancs, et ça fait flipper les enfants qui ne savent jamais pour combien de temps ils en ont. Et, soyons clairs, ils en ont souvent pour plusieurs années. Alors, c'est tout simple : n'y touchez pas ! Refusez quoi que ce soit de tout individu, même s'il est cool, surtout s'il est cool, et n'acceptez en aucun cas de lui rendre un service, si petit soit-il. Rappelons que le Français Serge Atlaoui, condamné pour trafic de drogue en 2005, attend son exécution dans une prison de Jakarta.

ÉLECTRICITÉ

Le 220 V est largement répandu. Le 110 V est devenu très rare. Les prises électriques comportent 2 trous, comme les nôtres, et les coupures sont rares, sauf sur certaines îles et dans des coins reculés. L'électricité étant très chère, les ampoules d'éclairage sont de faible puissance (25 W). Donc, une fois la nuit tombée, c'est plutôt l'ambiance dîner aux chandelles ! Le soir, toujours avoir une lampe électrique avec soi, notamment pour marcher dans les rues.

ENFANTS

Les enfants sont rois à Bali, on leur fera souvent des signes. Attention cependant : à part dans les zones balnéaires, les poussettes ne sont pas pratiques (trottoirs défoncés, routes en sable, etc.) : prévoir plutôt un porte-bébé. Il fait très chaud : crème solaire, casquette et eau obligatoires (eau minérale en boutique). Pour manger, pas mal de riz, des nouilles, des viandes hachées, et même des burgers ou des pizzas... Du lait en poudre en vente parfois dans les échoppes style *7-Eleven,* mais le mieux est d'apporter le vôtre, histoire de ne pas être pris au dépourvu. Attention, enfin, à la présence de chiens errants, aux singes dans des temples, aux cochons ou aux poules sur les plages. Bien vérifier les vaccins et les produits désinfectants avant de partir.

HÉBERGEMENT

Lire aussi la rubrique « Budget » plus haut.

L'offre d'hébergements dépasse de beaucoup la demande. Vous n'aurez donc aucun problème pour trouver une chambre sur place. Il est difficile de faire un classement précis du parc hôtelier local (sauf pour les grands hôtels), les hébergements à « Prix moyens » peuvent proposer quelques chambres pas chères du tout et quelques-unes très chics. Quant au système d'étoiles, il fonctionne pour les établissements de luxe (5 *stars*) mais pour le reste, c'est le flou artistique.

Côté ***réservations,*** de plus en plus d'hébergements (hormis les adresses chics) ne possèdent ni site web ni adresses e-mail, voire pas non plus de téléphone, si ce n'est le mobile personnel du réceptionniste... Tout passe par les grandes plateformes de résa sur Internet (*Booking* et *Agoda*). Quand il y a encore un téléphone à la réception, de moins en moins de lignes fixes mais des portables, et, de plus en plus souvent, des numéros *WhatsApp* (une appli mobile gratuite quand on est connecté au réseau ; pour appeler un numéro *WhatsApp* indonésien, entrer l'indicatif du pays à la place du 0 initial ; lire aussi plus loin « Téléphone, télécommunications »).

Signalons enfin le développement en Indonésie de la chaîne d'hôtels indienne *Oyo* (● oyorooms.com ●). Agissant plutôt comme une sorte de réseau de franchisés, *Oyo* reprend des hôtels déjà existants, dans les catégories « Prix moyens » et « Chic », et leur attribue alors un numéro (« Oyo 1152 » par exemple). Pas spécialement d'unité dans le cadre ou les prestations, et parfois un peu de laisser-aller dans l'accueil et l'entretien. On en cite tout de même quelques établissements.

Choisir son lieu de résidence

Bali possède bien des facettes, et il ne faut pas se tromper. Bien choisir votre lieu de résidence sera votre tâche la plus importante. La plupart des routards optent pour la mer. On les comprend. Cela dit, le panachage constitue une bonne formule. N'hésitez pas à goûter aux plaisirs de la montagne. Beaucoup de gens qui montent à Ubud pour une journée regrettent de ne pas avoir prévu de circuler quelques jours de plus dans l'arrière-pays. D'une manière générale, on loue un véhicule (scooter ou voiture avec ou sans chauffeur) et l'on rayonne à partir de son lieu de résidence.

Voici, en quelques mots, un tour d'horizon des différents lieux de résidence possibles en partant du sud et en remontant vers l'est, le centre puis le nord.

- ***Uluwatu*** est le spot de surf le plus couru de l'île. Peu de logements sur place, avec encore quelques *homestays* bon marché mais aussi des hôtels aux prix injustifiés à cause d'un marché captif, les surfeurs. Cela dit, le site est superbe. Sur la presqu'île de Bukit, quelques plages magnifiques mais pas grand-chose d'autre, et on est assez isolé du reste de l'île.
- ***Nusa Dua*** aligne les *resorts « all inclusive »* sur le bord de mer. Ici, on déambule de la chambre à la piscine et du bar au spa sans mettre un pied dehors. Pas notre tasse de thé, ni de café.
- ***Jimbaran*** est un coin assez animé et un peu moins cher que l'enclave de Nusa Dua. Longue plage, beaucoup de restos de poisson en bord de mer, mais l'ambiance est bruyante et le coin ne présente en réalité qu'un intérêt très limité. Gros rouleaux en saison des pluies. Pas notre coin préféré.
- ***Kuta, Legian, Seminyak*** et ***Canggu*** sont 4 villages autrefois distincts au bord de la même plage, la plus belle de l'île, bien que très dangereuse à certains endroits. Ne cachons pas qu'ils ont tous en commun un gros inconvénient : une horrible circulation ! Kuta et Legian concentrent la faune fêtarde des boîtes et des bars. Si vous aimez ça, vous allez vous éclater. C'est dans cette zone que l'on trouve le plus grand choix et les prix les plus économiques du littoral sud. Si vous voulez débuter en surf, c'est aussi là qu'il faut poser sa planche. Seminyak offre une ambiance plus chic avec des restos à la mode, des bars branchés et des villas luxueuses. Ils sont moins envahis que Kuta-Legian mais bien plus chers aussi. Enfin, Canggu reste notre petit havre encore préservé. Bonne ambiance, petits restos et boutiques pas encore trop présents.
- ***Sanur :*** chic mais pas snob, plus diurne que nocturne, calme et fréquenté par les familles. Une halte que les artistes des années 1930 aimaient fréquenter. Pas grand-chose à faire, les plus dynamiques d'entre vous s'y ennuieront peut-être. La plage est un peu décevante du fait de la faible profondeur de l'eau.
- ***Candi Dasa,*** au sud-est de l'île, ne possède plus de véritable plage depuis longtemps. D'ambiance familiale, elle compte néanmoins quelques jolies adresses et profite de la luxuriance de sa région.
- ***La région d'Amed et Tulamben :*** c'est un lieu de résidence de choix pour les plongeurs et les adeptes du *snorkelling,* mais pas seulement. Les plages de sable noir au pied du mont Agung, uniquement colorées par une myriade de *jukung (prahus),* et le côté encore sauvage et authentique de tout ce secteur, malgré la poussée touristique de ces dernières années, font qu'on y passe quelques jours avec ravissement.

– ***Le nord et l'ouest de l'île : Lovina*** attire encore quelques touristes voyageant en famille pour sa plage de sable noir, hélas assez sale. Les amateurs de *snorkelling* et de plongée choisiront plutôt le village de ***Pemuteran,*** proche du site fabuleux de l'île de Menjangan. C'est plus pittoresque et... encore plus tranquille. Les amoureux pourront faire halte dans les *resorts* de ***Tejakula,*** isolés en bord de plage. Pour la marche et les randos, tous à ***Munduk*** !
– ***La région d'Ubud :*** la porte d'entrée vers l'intérieur de l'île et une bonne base pour se rendre un peu partout. On aime Ubud pour ses musées, ses spectacles de danse, sa gastronomie... et ses belles boutiques. Très très touristique, évidemment, mais les paysages merveilleux aux alentours offrent de belles balades.
– ***Le lac Batur :*** une nuit autour du lac est indispensable pour pouvoir faire l'ascension du mont Batur tôt le matin, mais on ne s'attarde pas dans la région. Peu d'intérêt d'y dormir quand on ne fait pas l'ascension.
– ***Le sud-ouest de l'île :*** sur la côte entre Gilimanuk et Tanah Lot, quasiment pas de structures touristiques, si ce n'est à Medewi et Balian, qui n'intéresseront que les surfeurs chevronnés. Quelques beaux hôtels aussi, isolés entre océan et rizières, et des coins secrets ignorés des foules. Plutôt pour une étape que pour une semaine cela dit.
– ***Nusa Lembongan, Nusa Ceningan et Nusa Penida :*** pour retrouver l'ambiance îlienne, tandis que Bali tend à devenir un « continent » touristique. Surf, plongée et *snorkelling* de très bon niveau. Et puis farniente !
– ***À Lombok,*** plusieurs ambiances également. Atmosphère jeune et relax, plages superbes et sauvages – pour certaines prisées des surfeurs – à ***Kuta*** et environs. Belles plages aussi, mais clientèle plus âgée, cadre plus chic et bétonné (et un peu désuet) à ***Senggigi.*** Campagne enchanteresse, encore peu fréquentée par les touristes à ***Tetebatu.*** Aux ***Gilis Islands,*** où l'on ne se déplace qu'en charrette et à vélo, ambiance teuf et plongée à Gili Trawangan et dans une moindre mesure à Gili Air, calme olympien sur la petite Gili Meno.

Location de villa : les pièges à éviter

De plus en plus populaire à Bali, la location de villa est une formule de séjour qui séduit pour le confort et l'indépendance qu'elle procure. Pour que l'expérience soit réussie, il convient cependant de prendre quelques précautions.
– Autant privilégier les villas listées par des agents de voyages ou des intermédiaires ayant pignon sur rue, surtout si c'est votre 1er voyage à Bali. Il est arrivé que le consul de France doive secourir des vacanciers incapables de trouver la villa qu'ils avaient réservée via Internet, alors que le taxi promis ne les attendait pas à l'aéroport...
– Bali compterait un gros millier de villas construites sans permis, et le nombre d'Occidentaux louant leur résidence balinaise sans posséder le visa requis serait encore plus élevé. Les autorités locales s'intéressent de plus en plus à ces infractions. En cas de contrôle, les locataires n'ont plus qu'à trouver en hâte un autre hébergement... et à courir après un éventuel remboursement !
– Bien étudier la localisation. Pour cela, commencez par lire votre guide préféré, même s'il ne peut couvrir tous les secteurs de l'île où les locations de villas se développent. Il arrive, même à Bali (snif !), que certaines villas tout confort soient coincées entre chantiers de construction, rizières lépreuses et routes embouteillées, avec rien de bien excitant aux environs. Pas folichon...
– À certaines périodes et dans les zones les plus prisées, les tarifs pratiqués peuvent être franchement exagérés au regard des prestations.
– ***Tuyau :*** si la durée de votre séjour le permet, pourquoi ne pas réserver un hôtel pour l'arrivée et visiter une ou plusieurs villas avant de plonger ? Rien n'empêche d'avoir pris des contacts au préalable. Et puis les prix sont plus facilement négociables sur place.

LANGUE

Le ***bahasa indonesia*** est la langue officielle depuis l'indépendance (1945). Comme le malais, l'indonésien est une variation d'une même langue, le *bahasa malayu,* pratiquée dès le VIIe s dans l'archipel. C'est la 6e langue du monde par le nombre de ses locuteurs, qui dépasse largement les 260 millions. Transcrite en caractères indiens puis arabes, elle a été romanisée et déclarée langue nationale en 1928 par le mouvement nationaliste dirigé par le Sukarno dans une Indonésie encore sous domination néerlandaise. Lorsque la République d'Indonésie est proclamée en 1945, elle devient naturellement langue officielle.

L'Indonésie compte en outre près de 700 langues et dialectes, parlés par plus de 300 groupes ethniques. Certaines de ces langues, comme le sundanais, le javanais et le balinais, influencées par l'Inde ancienne, possèdent une littérature élaborée et 3 niveaux de langue correspondant aux 3 principaux groupes sociaux.

Le *bahasa indonesia* est une langue sans ton (prononciation comme en français). Quelques exceptions : « j » se prononce *dj* ; « c » : *tch* ; et « u » : *ou.* Le « k » en fin de mot ne se prononce pas. On roule les « r », et le « h » se prononce comme en anglais.

FAUX AMI

En bahasa indonesia, *« eau » se dit* air *(prononcer « aïllr »). Les panneaux* Air Panas *n'indiquent pas une compagnie aérienne mais l'emplacement de sources chaudes...*

Le pluriel s'effectue grâce au doublement. Exemple : *nyonya* (madame) devient au pluriel *nyonya nyonya* oralement, et s'écrivait même *nyonya 2* jusqu'en 1972 !

Il n'y a ni conjugaison ni temps. Par exemple, « j'aime, nous aimons » se dit : *saya suka, kita suka.* De même, « Demain je chercherai une banque » se dit : *besok saya cari bank,* ce qui signifie littéralement « Demain je chercher banque ». Pour exprimer le passé, c'est pareil : « Hier je suis allé à la librairie » se traduit mot à mot par « Hier je aller à magasin livre », soit *kemarin saya pergi ke toko buku.* Simple, non ?

– Important, le verbe *être* n'existe pas. Donc, pour dire « je suis fatigué », dites juste *saya lelah* (« je fatigué »).

Le *bahasa indonesia* est une langue imagée et parfois assez poétique ou amusante. Par exemple, un œuf sur le plat se dit *mata sapi,* soit « œil de vache ». *Mata hari* signifie « œil du jour », soit « le soleil »...

Outre les formules courantes de politesse que vous apprendrez très vite, retenez le mot *sudah,* à utiliser sans modération. Il signifie « déjà » fait, « déjà » acheté, « déjà » mangé, etc. Si l'on vous propose pour la 10e fois un sarong, un taxi, un spectacle, un massage ou n'importe quoi d'autre ? *Sudah !* Un moyen poli et d'une efficacité remarquable pour stopper toute insistance. Une formule magique, en quelque sorte !

L'***anglais*** est couramment parlé dans les endroits touristiques. Mais, quand on s'éloigne des sentiers battus, quelques rudiments d'indonésien s'avèrent indispensables. Ne serait-ce que pour partager quelques moments de convivialité.

Pronoms personnels et adjectifs possessifs

je, moi	*saya, aku*
mon	nom + *saya* ou *ku*
tu, toi	*kamu* (familier) ou *anda* (formel)
ton	nom + *mu*
il, elle	*dia*
son, sa	nom + *nya*
nous, notre	*kita* (inclut l'interlocuteur) ou *kami* (ne l'inclut pas)

vous *kalian*
ils, elles, eux *mereka*

Pronoms et adverbes interrogatifs

quoi ? *apa ?*
qui ? *siapa ?*
où (ici) ? *di mana ?*
où (l'on va) ? *ke mana ?*
quand ? *kapan ?*
comment ? *bagaimana ?*
pourquoi ? *mengapa* ou *kenapa ?*
combien ? *berapa ?*

Termes de politesse

oui *ya*
non *tidak* ou *bukan*
bonjour (avant 12h) *selamat pagi*
bonjour (de 12h à 15h) *selamat siang*
bonjour (de 15h à 18h) *selamat sore*
bonsoir *selamat malam*
bonne nuit *selamat tidur*
au revoir *selamat jalan* (si vous restez) ou *selamat tinggal* (si vous partez)
à bientôt *sampai jumpa* (ou *bertemu*) *lagi*
s'il vous plaît *tolong*
excusez-moi *ma'af*
pardon *permisi*
merci (beaucoup) *terima kasih (banyak)*
de rien *sama sama*
comment allez-vous ? *apa kabar ?*
ça va ! *baik baik !*
bienvenue *selamat datang*
bon appétit ! *selamat makan !*
à votre santé ! *selamat minum !*

– Remarque : *mari* est un terme d'invite comme dans *Mari makan* (« Mangez, je vous prie »).

Chiffres

un *satu*
deux *dua*
trois *tiga*
quatre *empat* (prononcer « ampate »)
cinq *lima*
six *enam* (prononcer « aname »)
sept *tujuh*
huit *delapan* (prononcer « d'lapan »)
neuf *sembilan*
dix *sepuluh*
cent *seratus*
mille *seribu*

– Pour les nombres de 11 à 19, on ajoute *belas* (prononcer « b'las ») au nombre 1, 2, 3, etc. (exemple : 15, *lima belas*).

– Pour les dizaines, on ajoute *puluh* au nombre (exemples : 50, *lima puluh ;* 52, *lima puluh dua*).

– Pour les centaines, on ajoute *ratus* au nombre (exemple : 263, *dua ratus enam puluh tiga*).
– Pour les milliers, on ajoute *ribu* au nombre (exemple : 20 789, *dua puluh ribu tujuh ratus delapan puluh sembilan*).

Repères temporels

lundi	*hari senin*
mardi	*hari selasa*
mercredi	*hari rabu*
jeudi	*hari kamis*
vendredi	*hari jumat*
samedi	*hari sabtu*
dimanche	*hari minggu*
jour	*hari*
aujourd'hui	*hari ini* (littéralement, « ce jour »)
semaine	*minggu*
mois	*bulan*
année	*tahun*
demain	*besok*
hier	*kemarin*
maintenant	*sekarang*
plus tard	*nanti*
déjà	*sudah*
matin	*pagi*
après-midi	*siang* ou *sore*
soir (ou nuit)	*malam*
hier soir	*tadi malam*
demain matin	*besok pagi*
quelle heure est-il ?	*jam berapa ?*
minute	*menit*
toujours	*selalu*
jamais	*tidak pernah*
un instant !	*sebentar !*

Repères spatiaux

dans	*di dalam*
devant	*di depan*
derrière	*di belakang*
en dessous	*di bawa*
sur, au-dessus	*di atas*
(à) droite	*(ke) kanan*
(à) gauche	*(ke) kiri*
ici	*di sini*
là(-bas)	*di sana*
loin	*jauh*
tout droit	*terus*
nord	*utara*
sud	*selatan*
est	*timur*
ouest	*barat*

Lieux divers

pays	*negeri*
France	*P(e)rancis*
ville	*kota*

centre-ville	*pusat kota*
village	*desa* ou *kampung*
rue	*jalan*
maison	*rumah*
restaurant	*rumah makan*
gare routière	*terminal*
gare ferroviaire	*stasiun kereta api*
aéroport	*airport* ou *lapangan terbang*
port	*pelabuhan*
marché	*pasar*
magasin	*toko*
banque	*bank*
bureau de poste	*kantor pos*
plage	*pantai*
piscine	*kolam renang*
chambre à coucher	*kamar tidur*
salle à manger	*kamar makan*
salle de bains	*kamar mandi*
toilettes	*kamar kecil*
mosquée	*masjid*
temple	*candi*
palais	*istana*
île	*pulau*
colline	*bukit*
montagne	*gunung*
volcan	*gunung api*
rizière	*sawah*

Moyens de transport

avion	*pesawat terbang*
bateau	*kapal* (navire) ; *perahu* (plus petit ; prononcer « praou »)
bus	*bis*
moto	*sepeda-motor*
ticket	*karcis*
train	*kereta api*
vélo	*sepeda*
voiture	*mobil*

Mots et expressions utiles

ceci	*ini*
cela	*itu*
qu'est-ce que c'est ?	*apa itu ?*
ça coûte combien ?	*berapa harga ?*
déjà acheté	*sudah beli*
le juste prix	*harga biasa*
c'est très cher !	*itu mahal sekali !*
comment vous appelez-vous ?	*siapa nama anda ?*
je m'appelle...	*nama saya...*
d'où venez-vous ?	*dari mana ?*
je suis français(e)	*saya dari prancis*
vous parlez l'anglais ?	*bisa bahasa inggris ?*
vous êtes marié ?	*sudah kawin ?*
vous avez des enfants ?	*sudah punya anak ?*
je ne comprends pas	*saya tidak mengerti*

où allez-vous ?	*mau kemana ?*
je veux aller rue X	*saya mau (pergi) ke jalan X*
comment aller à la plage ?	*bagamaina pergi ke pantai ?*
quelle route ?	*jalan (yang) mana ?*
j'ai faim, je voudrais manger	*saya lapar, saya mau makan*
il n'y en a plus	*habis*
j'ai soif, je voudrais boire	*saya haus, saya mau minum*
vous avez une chambre ?	*ada kamar yang bebas ?*
quel est le prix d'une nuit ?	*berapa harga satu malam ?*
il y a des toilettes ici ?	*ada kamar kecil di sini ?*
pas de problème	*tidak apa apa*
l'addition, s'il vous plaît	*nota, tolong*

Quelques verbes

acheter	*(mem)beli*
aimer (quelque chose)	*suka*
aller, partir	*pergi*
arrêter	*berhenti*
arriver	*tiba*
avoir	*punya*
avoir besoin de	*perlu*
boire	*minum*
chercher	*(men)cari*
devoir	*harus*
dormir	*tidur*
entrer	*masuk*
manger	*makan*
parler	*berbicara*
rentrer à la maison	*pulang*
rester	*tinggal*
s'asseoir	*duduk*
se laver	*mandi*
se lever	*bangun*
venir	*datang*
vivre	*hidup*
voir	*melihat*

Les gens

ami	*teman*
enfant	*anak*
épouse	*istri*
famille	*keluarga*
femme	*wanita*
frère	*saudara laki-laki*
homme	*pria*
jeune fille	*gadis*
madame	*ibu* ou *nyonya*
mademoiselle	*nona*
monsieur	*tuan*

Adjectifs de base

beau	*bagus*
c'est faux	*itu salah*
chaud	*panas*
correct	*betul*

dangereux	*berbahaya*
fatigué	*lelah*
fermé	*tutup*
froid	*dingin*
grand	*besar*
intéressant	*menarik*
jeune	*muda*
joli	*indah*
long (durée)	*lama*
malade	*sakit*
noir	*hitam*
nouveau	*baru*
ouvert	*buka*
petit	*kecil*
propre	*bersih*
sale	*kotor*
vert	*hijau*
vieux	*tua*

Adverbes et conjonctions

aussi	*juga*
beaucoup (de)	*banyak*
déjà	*sudah*
environ	*kira-kira*
et	*dan*
ou	*atau*
parce que	*karena*
pas encore	*belum*
peu	*sedikit*
peut-être	*mungkin*
si	*kalau*
tout, tous, toutes...	*semua*
vite	*cepat*

Autres mots

banane	*pisang*
beurre	*mentega*
bœuf	*sapi*
bière	*bir*
brochettes	*sate*
café (au lait)	*kopi (susu)*
cigarette (aux clous de girofle)	*rokok (kretek)*
couteau	*pisau*
crevettes	*udang*
cuillère	*sendok*
eau	*air*
épicé	*pedas*
fourchette	*garbu*
fruit	*buah*
glace	*es batu*
grenouille	*kodok*
jus d'orange	*air jeruk*
lait	*susu*
légumes	*sayur*
légumes frits	*cap cai*

nouilles	*mie*
œuf	*telur*
papier w-c	*kertas w-c*
petite monnaie	*uang kecil*
piment	*cabe* ou *sambal* (sauce)
poisson	*ikan*
pommes de terre	*kentang*
frites	*kentang goreng*
porc	*babi*
poulet	*ayam*
riz blanc	*nasi putih*
riz blanc mélangé	*nasi campur*
riz frit	*nasi goreng*
savon	*sabun*
sel	*garam*
serpent	*ular*
serviette	*handuk*
singe	*monyet* ou *kera*
sucre	*gula*
thé	*teh*
ticket	*karcis*
timbre-poste	*perangko*
verre	*gelas*
viande	*daging*

Voici quelques mots et expressions en ***balinais,*** une langue bien différente du *bahasa indonesia,* plus difficile aussi. Seuls les puristes feront l'effort d'apprendre cette langue, car le *bahasa indonesia* est compris et parlé par la très grande majorité de la population.

bonjour (le matin)	*rahajeng semeng*
bonjour (du déjeuner jusqu'à 15h)	*rahajeng tengai*
bonjour (jusqu'à 18h)	*rahajeng sore*
bonsoir (après 18h)	*rahajeng wengi*
comment allez-vous ?	*sapunapi gatrane ?*
ça va	*becik-becik kemanten*
combien ça coûte ?	*aji kuda ajine ?*
merci	*matur suksma*
de rien	*suksma mewali*

LIVRES DE ROUTE

Sur Bali

– ***Sang et Volupté à Bali,*** de Vicki Baum (1937, publié en 2001 chez 10/18, coll. « Domaine Étranger »). Nous sommes en 1904, et les Néerlandais, qui ont conquis les îles de la Sonde et établi leur capitale à Batavia (Jakarta), n'ont pas encore pris possession du sud de Bali, se heurtant à l'hostilité d'une population dont les coutumes (hindouisme, castes) sont si particulières. Le neveu du vieux prince de Badung, Alit, va commander la résistance.
– ***L'homme qui voulait être heureux,*** de Laurent Gounelle (2010, Pocket). Un homme découvre le secret de l'existence sereine auprès d'un sage en Indonésie. Comme on le comprend !
– ***Mange, prie, aime,*** d'Elizabeth Gilbert (2009, Le Livre de Poche). Une histoire à l'eau de rose, mais qui fait du bien ! Liz Gilbert, qui a tout pour être heureuse, reste

insatisfaite. Divorce, dépression, elle repart de zéro, passe par l'Italie pour grossir un peu, en Inde dans un ashram pour méditer et à Bali pour trouver l'amooour. Julia Roberts a tenu le rôle-titre dans un remake hollywoodien. De fait, des dizaines de milliers de nouveaux touristes se sont rués sur la destination après ça !

– ***Avant le bouleversement du monde,*** de Claire Messud (2019, Gallimard). 2 sœurs, l'une sagement engoncée dans la lecture de la Bible, l'autre qui se pensait maîtresse de sa vie, embarquent pour une île du bout du monde, l'une vers l'île de Skye, en Écosse, et l'autre à Bali, pour tenter de se réconcilier avec elles-mêmes. Un 1er roman au ton caustique, entre drame et comédie, qui égratigne en passant le comportement des Occidentaux établis à Bali.

– ***Bali, Java, en rêvant,*** de Christine Jordis (2001, publié en 2005 chez Gallimard, coll. « Folio »). Sorte de carnet de voyage lyrique, au cours duquel l'auteure nous entraîne aux quatre coins de ces îles, de leurs arts et coutumes.

– ***Le Goût de Bali,*** éd. Mercure de France. Un petit livre facile à glisser dans son sac pour découvrir de nombreux extraits regroupés et commentés par Sébastien Ortiz sur Bali et ses richesses.

– ***Monumental Bali,*** d'A. J. Bernet Kempers (éd. Périplus). En anglais. Pour qui s'intéresse à l'histoire et à l'archéologie de Bali. Sérieux.

Sur le reste de l'Indonésie

– ***Corruption,*** de Pramoedya Ananta Toer (1954, publié en 2001 chez Picquier Poche). Considéré par beaucoup comme l'écrivain indonésien le plus important, « Pram » fut dans les années 1960 un sérieux opposant au régime du général Suharto. Dans ce roman au titre évocateur se déroulant dans les années 1950, il brosse un portrait sans concession de ce mal rongeant la société indonésienne, à travers la vie d'un petit fonctionnaire qui, peu à peu, se retrouve emporté dans la spirale des pots-de-vin et petits arrangements « entre amis ». Autres romans notables de cet auteur, ***Gadis Pantai, la fille du rivage*** (1962, publié en 2004 chez Gallimard), récit abordant la dure question des mariages forcés dans la Java du XXe s, ou encore ***Le Monde des hommes*** (1980, publié en 2001 chez Rivages), qui vous plonge dans une Indonésie encore colonie hollandaise au sein de laquelle Minke, un « natif », décide de bousculer la hiérarchie raciale instaurée en revendiquant son identité javanaise.

– ***Kompilasi Komikus*** (2014, La Boîte à Bulles). Un joli petit album coloré regroupant 4 dessinateurs et scénaristes, chacun livrant avec humour et délicatesse une facette de leur Indonésie, loin des sentiers battus.

– ***Le Lac noir,*** de Hella Serafia Haasse (1948, publié en 2007 chez Actes Sud/Babel). Sur l'île de Java, à l'aube de la Seconde Guerre mondiale, l'amitié unissant 2 enfants – l'un hollandais, fils d'un propriétaire de plantation, l'autre métis indonésien – est mise à rude épreuve par la montée des revendications indépendantistes et la chute annoncée du système colonial. De la même auteure, grande dame de la littérature néerlandaise née en 1918 à Jakarta, ***L'Anneau de la clé*** (2002, publié en 2008 chez Actes Sud/Babel) creuse le même sillon, celui de l'identité, celle des colons natifs de l'archipel et celle des « indigènes », que vient questionner le moment de bascule qu'est la période pré- et post-indépendance. Des romans courts, servis par une belle langue et empreints de mélancolie. Autre grand roman traitant de la période post-coloniale, ***La Carte du monde invisible,*** de Tash Aw (2009, paru en 2012 chez 10/18).

– ***Krakatoa,*** de Simon Winchester (2005, Lattès). Voici l'histoire d'un des principaux volcans indonésiens. Le 27 août 1883, il entra en éruption, catastrophe naturelle la plus meurtrière après le tsunami de 2004. Une découverte ébouriffante de la terre et de ses entrailles.

– ***Les Chants de l'île à dormir debout, l'histoire du livre de Centhini,*** racontée par E. Inandiak (2004, Éditions du Relié). Avant de mourir, un prince sultan demande qu'on lui raconte tous les mythes de son île. Une grande aventure, des guerres et de l'amour.

PHOTOS

Un voyage en Indonésie est l'occasion d'effectuer une moisson d'images. La lumière est belle et la population aime poser. Il est toutefois indispensable de demander l'autorisation, question de respect. Vos « modèles » vous demanderont souvent d'envoyer les clichés. Faites-le !
– En raison du climat tropical, prendre certaines précautions : protéger appareils et cartes mémoire de l'humidité et du soleil (petits sachets de silice).
– Un appareil photo dont le prix équivaut à plusieurs années de salaire peut susciter la convoitise. Ne rien laisser dans votre chambre, et méfiez-vous des voleurs à la tire lors des cérémonies, ainsi que dans les sites touristiques.
– On trouve des cartes mémoire partout, tout comme de maudites perches à selfies...

POSTE *(KANTOR POS)*

Elle est plutôt efficace. Compter environ 10 000 Rps pour une carte postale vers la France (moins cher depuis Java) et environ 2 semaines pour qu'elle arrive à destination. Les timbres (le mot se disant *perangko*) s'achètent dans les bureaux de poste, où l'on trouve généralement aussi des enveloppes et des cartes postales. Faire oblitérer son courrier devant soi. Certains postiers indélicats arrondissent leurs fins de mois en récupérant les timbres. Le courrier peut aussi être confié à votre hôtel. Les expéditions de colis sont de plus en plus onéreuses.

POURBOIRES

Comme partout dans le Sud-Est asiatique, cette pratique s'est installée avec le tourisme. En Indonésie, elle demeure encore peu courante. Dans les hôtels et les restaurants, aucun pourboire n'est obligatoire. Ils vous infligent d'ailleurs souvent de 10 à 15 % en sus pour le service. En revanche, on donne entre 5 000 et 10 000 Rps à un porteur de bagages. Pour les chauffeurs, compter environ 75 000 Rps/j.

SANTÉ

– Rappelons-le, il est recommandé, pendant toute la durée de votre séjour en Indonésie (hors Bali), de suivre un traitement antipaludique. L'ensemble du pays est classé en zone 3 (sauf Bali et le centre des grandes villes, qui sont indemnes de tout paludisme). À noter : le paludisme ne se transmet que du crépuscule à l'aurore. Renseignez-vous auprès de votre médecin avant le départ. Beaucoup – pour ne pas dire la totalité – des répulsifs antimoustiques ou arthropodes vendus en grande surface ou en pharmacie sont peu ou insuffisamment efficaces. Ne choisir qu'une gamme conforme OMS comme *Insect Ecran,* disponible en pharmacie, parapharmacie et en vente Web sécurisée sur • *boutique-sante-voyages.com* • Indispensable non seulement pour le paludisme, mais aussi pour la dengue (transmission permanente avec des pics endémiques et en croissance), le chikungunya (très présent en Indonésie), l'encéphalite japonaise...
– L'hépatite A, transmise par l'eau et l'alimentation, est très fréquente : vaccination indispensable.
– L'encéphalite japonaise sévit en permanence, mais surtout par épidémies en période de mousson. C'est une maladie grave (un tiers de décès, un tiers de séquelles neurologiques). Il existe un vaccin *(Ixiaro®)* – enfin – bien toléré, recommandé aux expatriés, voyageurs fréquents et touristes se rendant en zone

rurale des pays situés au-dessous d'une ligne reliant le Bangladesh et le Sud sibérien, jusqu'au Queensland au sud. 2 injections (J0-J28) ; disponible en centre de vaccination internationale.
- Par ailleurs, on échappe rarement à ce que l'on appelle une turista. En cas de diarrhée, boire beaucoup de thé chaud et se gaver de riz nature. Vous pouvez acheter des médicaments stoppant la diarrhée en pharmacie sans ordonnance, avant votre départ.
Traitement de la diarrhée du voyageur simple (sans fièvre, ni glaires, ni pus, ni sang) :
- Azithromycine *(Zithromax®)* : 2 comprimés en 1 seule prise, 1 seule fois.
- Racécadotril *(Tiorfan®)* : 1 gélule d'emblée, puis 1 gélule 3 fois par jour, si possible avant les 3 principaux repas. Durée maximum : 7 jours.

On peut les accompagner d'un ralentisseur du transit intestinal, le lopéramide *(Imodium®)* : 2 gélules d'emblée, puis 1 gélule après chaque selle non moulée, sans dépasser 4 par 24h.
- Votre trousse médicale de secours doit comporter du paracétamol, type *Doliprane®,* de l'alcool à 70°, des pansements, des antibiotiques contre les infections respiratoires (climat humide oblige), des produits de haute protection solaire et des pastilles ou des filtres pour aseptiser et purifier l'eau. Vous pouvez aussi vous procurer avant le départ une paille ultrafiltrante *LifeStraw* (disponible sur • *boutique-sante-voyages.com* •). Très pratique !
- En cas de besoin éventuel de médicaments spécifiques, se renseigner avant de partir sur le nom international (DCI) ou le nom des marques anglo-saxonnes. Il faut aussi savoir que dans certains endroits reculés les médicaments peuvent souffrir d'un mauvais stockage et d'une trop grande exposition à la chaleur, et que leur date de péremption peut être dépassée, quand il ne s'agit pas de contrefaçons, ce qui arrive fréquemment.
- Attention aux amibes gloutonnes et aux bactéries type salmonelles, shigelles (eau, salade, coquillages...) qui peuvent entraîner des troubles graves.
- Au cas où une assistance médicale s'avérerait indispensable, il convient de contacter en premier lieu sa compagnie d'assurances. On peut ensuite s'adresser à un consulat (où se trouvent des listes de médecins) ou à un grand hôtel de luxe (ils ont toujours réponse à tout).
- En cas d'urgence, en indonésien « médecin » se dit *dokter* ; « dentiste » : *dokter gigi* ; « pharmacie » : *apotik.* Les hôpitaux *(rumah sakit)* sont à éviter dans la mesure du possible. Si une hospitalisation ou une intervention chirurgicale sont nécessaires, mieux vaut se faire transporter à Singapour, Hong Kong, Bangkok, ou bien encore se faire rapatrier en Europe, selon les recommandations de sa compagnie d'assurances.
- Dans chaque village existe un *puskesmas,* sorte de dispensaire où exercent une infirmière et parfois un médecin. Ne s'adresser à eux qu'en cas de nécessité ou pour de petits bobos.

Quelques règles à respecter pour rester en bonne santé

- Ne jamais boire d'eau non bouillie. Ceux qui ne veulent prendre aucun risque se contenteront de boissons capsulées ou purifiées par leurs soins (comprimés, filtres microbiens). De même, ils éviteront les délicieux jus de fruits servis avec de la glace. Mais il faut noter que dans les grandes villes de Java ainsi que dans les lieux touristiques de Bali et de Lombok, la situation sanitaire s'est considérablement améliorée ces dernières années.
- Éviter de se baigner dans les eaux douces comme les autochtones. Se contenter de la mer. On évite ainsi bilharziose, leptospirose, hépatites A ou E et autres désagréments.
- Se méfier des coupures et égratignures. Sous les tropiques, elles peuvent se surinfecter et mettre beaucoup plus de temps à guérir.

– Des chaussures neuves qui provoquent des ampoules sont à éviter, car, hormis le fait d'être désagréables, les blessures aux pieds sont très difficiles à résorber.
– Une crème antiseptique dans un coin du sac vaut bien la place qu'elle occupe !
– Le baume du tigre est à la fois une excellente crème préventive et un calmant efficace. Il possède 1 000 vertus liées au massage : sur le front et les tempes pour les maux de tête, sur la gorge pour un début de rhume, sur les articulations (avec un foulard pour tenir au chaud), comme premier secours sur une entorse ou tout bêtement sur un rhumatisme qui se réveille... Petit truc : les problèmes liés à un plombage qui saute ou une rage de dents qui se réveille peuvent être combattus – provisoirement – à l'aide d'un petit bout de coton enduit de baume du tigre que l'on appliquera là où ça fait – ou risque de faire – mal ! Sur un abcès dentaire, de la glace pilée dans un chiffon soulage.
– La chaleur, couplée avec l'humidité ambiante, peut provoquer l'apparition de boutons. Bien se sécher après une douche ou un bain de mer, porter des vêtements larges, légers et non synthétiques, et mettre du talc là où se créent des frottements sont des petites précautions de base.
– Garder aux pieds des tongs en plastique sous la douche est un moyen efficace de se protéger de tous les champignons divers qui fleurissent sous les tropiques.
– C'est bête, mais entrer dans un centre commercial ou un restaurant avec une climatisation très puissante peut vous filer une angine en moins de temps qu'il n'en faut pour le dire !
– L'Indonésie a été un haut lieu de la grippe aviaire, mais ne rencontre aujourd'hui que des résidus sporadiques. Ne manger de volailles que bien cuites, éviter tout contact avec les volatiles et leurs fientes (marchés, combats de coqs, etc.), et cela suffira.

SITES INTERNET

Vous trouverez de nombreux sites sur l'Indonésie. Voici, à notre avis, quelques sites, en français ou en anglais, qui valent le coup d'œil.

Pratique

• ***routard.com*** • Le site de voyage n° 1, avec plus de 800 000 membres et plusieurs millions d'internautes chaque mois. Pour s'inspirer et s'organiser, près de 300 guides destinations actualisés, avec les infos pratiques, les incontournables et les dernières actus, ainsi que les reportages terrain et idées week-end de la rédaction. Partagez vos expériences avec la communauté de voyageurs : forums de discussion avec avis et bons plans, carnets de route et photos de voyage. Enfin, vous trouverez tout pour vos vols, hébergements, voitures et activités, sans oublier notre sélection de bons plans, pour réserver votre voyage au meilleur prix.
• ***diplomatie.gouv.fr/fr/conseils-aux-voyageurs*** • Fiches conseils aux Français se rendant à l'étranger, sur le site du ministère des Affaires étrangères.

Informations

• ***infoindonesie.com*** • Portail français très riche sur l'Indonésie avec une présentation du pays, des rubriques sur l'actualité, l'environnement, la culture, le tourisme, et aussi de nombreux liens. Propose en outre des renseignements pratiques très complets.
• ***lebaliblog.com*** • Site en français. Des informations sur les activités, les sites, les hôtels et des photos et vidéos superbes !
• ***thelombokguide.com*** • Site en anglais d'un guide papier. Toutes les adresses pratiques pour dormir, manger, circuler et s'amuser.
• ***abm.fr/asie/indonesie.html*** • Fiche pays avec des liens très utiles, notamment de nombreuses cartes des îles et des régions de l'Indonésie.

- **lagazettedebali.info** • Le site d'information sur l'île en français. L'occasion de s'informer sur l'île et de retrouver le magazine sur place en arrivant !
- **voyage-indonesie.fr** • Une approche sympa, avec plein d'idées, de conseils et des recettes de cuisine également.

TÉLÉPHONE, TÉLÉCOMMUNICATIONS

Téléphone

– ***Indonésie → France :*** composer le 00 + 33 (parfois 001 + 33) puis le numéro de votre correspondant à 9 chiffres (sans le 0 initial).
– ***France → Indonésie :*** composer le 00 + 62 + indicatif de la ville + le numéro de votre correspondant. L'Indonésie figure aussi souvent dans les forfaits illimités des nouveaux opérateurs téléphoniques (pratique si vous donnez vos points de chute à vos proches pour qu'ils prennent de vos nouvelles pour pas cher).
– ***Appels locaux :*** composer systématiquement l'indicatif de la ville. Pour la région de Denpasar, le Sud et Ubud, l'indicatif est ☎ 0361 ; pour la région Centre (Kintamani, lac Batur...), ☎ 0366 ; pour la région Nord (Singaraja, Lovina, Pemuteran...), ☎ 0362 ; et pour l'Est ☎ 0363. Les prix augmentent très vite selon la distance. Pour Lombok, faire le ☎ 0370. Pour Java vers Yogyakarta ou Prambanan, composer le ☎ 0274 ; vers Borobudur ☎ 0293 et vers Surabaya ☎ 031.
– Les numéros de ***téléphones portables*** commencent par 08.
– ***Renseignements téléphoniques internationaux :*** ☎ 102.
– ***Centres téléphoniques publics :*** ils ont quasiment disparu avec l'avènement du smartphone et des applis qui vont avec (lire plus bas « La connexion internet en voyage »). Beaucoup d'Indonésiens utilisent l'appli *WhatsApp* pour téléphoner. C'est notamment le cas de nombreux hôtels, agences, restos, etc.
– ***Attention !*** Les numéros de téléphone se multiplient. Un chiffre pourrait être ajouté dans les années à venir après l'indicatif et au début du numéro. Ainsi, on trouve des numéros à 5, 6 ou 7 chiffres, selon les secteurs. À suivre !

Le téléphone portable en voyage

On peut utiliser son propre téléphone portable en Indonésie avec l'option « International ». Renseignez-vous auprès de votre opérateur sur les conditions d'utilisation de votre portable à l'étranger.
– ***Activer l'option « International » :*** elle est, en général, activée par défaut. Pensez sinon à contacter votre opérateur pour souscrire à l'option (gratuite) au moins 48h avant votre départ.
– ***Le « roaming » ou itinérance :*** c'est un système d'accords internationaux entre opérateurs. Concrètement, cela signifie que lorsque vous arrivez dans un pays, le nouveau réseau local s'affiche automatiquement. Vous recevez rapidement un SMS de votre opérateur vous proposant un ***pack voyageurs*** plus ou moins avantageux, incluant un forfait limité de consommations téléphoniques et de connexion internet.
– ***Forfaits étranger inclus :*** certains opérateurs proposent des forfaits où ***35 jours de roaming par an sont offerts*** dans le monde entier. On peut donc cumuler plusieurs voyages à l'étranger sans se soucier de la facture au retour. Attention, si SMS, MMS et appels sont souvent illimités, la connexion internet est, elle, limitée. D'autres opérateurs offrent carrément le ***roaming toute l'année vers certaines destinations.*** Renseignez-vous auprès de votre opérateur.
– ***Tarifs :*** ils sont propres à chaque opérateur et varient en fonction des pays (le globe est découpé en plusieurs zones tarifaires). ***N'oubliez pas qu'à l'international vous êtes facturé aussi bien pour les appels sortants que pour les appels entrants, idem pour les textos.*** Donc quand quelqu'un vous appelle à l'étranger, vous payez aussi. Soyez bref !

– ***À savoir :*** un téléphone tri-bande ou quadri-bande est nécessaire pour les USA, le Canada, le Japon et plusieurs pays d'Amérique latine, où seuls les mobiles 3G/4G fonctionnent. Pour s'assurer que votre appareil est compatible avec votre destination, renseignez-vous auprès de votre opérateur.
– ***Acheter une carte SIM sur place :*** une option avantageuse. Il suffit d'acheter à l'arrivée une carte SIM locale prépayée chez l'un des opérateurs dans les boutiques de téléphonie ou à l'aéroport dès votre arrivée. En Indonésie, *Telekomsel* disposerait du meilleur réseau. On vous attribue alors un numéro de téléphone local et un petit crédit de communication et de données (data, pour surfer sur le Web). Attention, on ne peut plus vous joindre sur votre numéro habituel mais uniquement sur ce nouveau numéro. Avant de payer, essayez cette carte SIM dans votre téléphone – préalablement débloqué – afin de vérifier si celui-ci est compatible. Ensuite, les cartes pour recharger votre crédit de communication s'achètent facilement dans les *7-Eleven* ou autres petites boutiques du genre.

La connexion internet en voyage

– ***Se connecter au wifi*** à l'étranger est le seul moyen d'avoir accès au Web gratuitement si vous ne disposez pas d'un forfait avec *roaming* offert, ou si vous n'avez pas acheté une carte SIM locale avec forfait de données.
Le plus sage consiste à ***désactiver la connexion*** « données à l'étranger » (dans « Réseau »). On peut aussi mettre le portable ***en mode « Avion »*** et activer ensuite le wifi. Attention, le mode « Avion » empêche, en revanche, de recevoir appels et messages.
Presque tous les hôtels, et de plus en plus de restos, bars, et même certains espaces publics disposent d'un réseau, le plus souvent gratuit. Demander le code wifi.
– Une fois connecté au wifi, vous avez accès à tous les services de la ***téléphonie par Internet. WhatsApp, Messenger*** (la messagerie de *Facebook*), ***Viber, Skype,*** permettent d'appeler, d'envoyer des messages, des photos et des vidéos aux 4 coins de la planète, sans frais. Il suffit de télécharger – gratuitement – l'une de ces applis sur son smartphone. Elle détecte automatiquement dans votre liste de contacts ceux qui utilisent la même appli.

Urgence : en cas de perte ou de vol de votre téléphone portable

Suspendre aussitôt sa ligne permet d'éviter de douloureuses surprises au retour du voyage ! Voici les numéros des 4 opérateurs français, accessibles depuis la France et l'étranger :

– ***Free :*** *depuis la France,* ☎ *3244 ; depuis l'étranger,* ☎ *+ 33-1-78-56-95-60.*
– ***Orange :*** *depuis la France,* ☎ *0800-100-740 (ou 740 uniquement si vous avez un mobile Orange) ; depuis l'étranger,* ☎ *+ 33-969-39-39-00.*
– ***SFR :*** *depuis la France,* ☎ *1023 ; depuis l'étranger,* 📱 *+ 33-6-1000-1023.*
– ***Bouygues Télécom :*** *depuis la France comme depuis l'étranger,* ☎ *+ 33-800-29-1000.*

Vous pouvez aussi demander la suspension de votre ligne depuis le site internet de votre opérateur.
Avant de partir, notez (ailleurs que dans votre téléphone portable !) votre numéro IMEI, utile pour bloquer à distance l'accès à votre téléphone en cas de perte ou de vol. Comment avoir ce numéro ? Il suffit de taper sur votre clavier *#06#

TRANSPORTS

Attention, pendant les vacances des Indonésiens, soit de mi-juin à mi-juillet et de mi-décembre à fin janvier, les bus, trains et avions sont pris d'assaut. Moralité : il faut réserver sa place le plus longtemps possible à l'avance. À noter que le coût des billets a également tendance à être un peu plus élevé durant cette période.

Distances en km	AMED	BESAKIH	CANDI DASA	DENPASAR	GILIMANUK	JIMBARAN	KINTAMANI	KUTA	MUNDUK	PADANGBAI	PEMUTERAN	SANUR	SIDEMEN	TANAH LOT	TULAMBEN	UBUD	ULUWATU
AMED		55	35	87	167	106	80	99	121	50	143	88	46	105	18	84	115
BESAKIH	55		31	54	175	73	38	66	112	33	150	55	23	72	57	48	82
CANDI DASA	35	31		49	170	68	52	61	121	12	165	50	22	67	40	46	75
DENPASAR	87	54	49		125	20	65	12	76	42	133	10	40	21	88	23	34
GILIMANUK	167	175	170	125		140	137	132	88	162	29	132	161	116	153	128	151
JIMBARAN	106	73	68	20	140		83	9	91	60	148	20	59	32	107	43	14
KINTAMANI	80	38	52	65	137	83		76	76	57	113	66	44	81	66	33	97
KUTA	99	66	61	12	132	9	76		82	52	139	11	51	23	99	35	18
MUNDUK	121	112	121	76	88	91	76	82		114	65	85	98	75	107	70	104
PADANGBAI	50	33	12	42	162	60	57	52	114		170	43	25	59	52	39	41
PEMUTERAN	143	150	165	133	29	148	113	139	65	170		140	156	124	129	126	158
SANUR	88	55	50	10	132	20	66	11	85	43	140		40	28	88	25	31
SIDEMEN	46	23	22	40	161	59	44	51	98	25	156	40		58	48	34	40
TANAH LOT	105	72	67	21	116	32	81	23	75	59	124	28	58		44	34	21
TULAMBEN	18	57	40	88	153	107	66	99	107	52	129	88	48	44		86	88
UBUD	84	48	46	23	128	43	33	35	70	39	126	25	34	34	86		56
ULUWATU	115	82	75	34	151	14	97	18	104	41	158	31	40	21	88	56	

La plupart du temps, on ne peut acheter son titre de transport que dans la ville de départ, donc jamais d'aller-retour (sauf, bien sûr, pour l'avion).
Les transports en commun sont le point noir de Bali, et c'est là un énorme paradoxe : sur une île aussi développée du point de vue touristique, les transports en commun sont très peu fiables. De plus, *bemos* et taxis pratiquent souvent des prix fantaisistes. Et depuis l'ouverture au crédit, tout le monde veut son scooter ou sa voiture. Résultat, les transports en commun se raréfient et le trafic gonfle toujours plus. C'est l'enfer, et on ne peut pas se garer ni même circuler... Vitesse moyenne en voiture : 13 km/h ! 45 km/h à scooter... Même l'autoroute à péage entre Sanur et Nusa Dua ne parvient pas à endiguer les bouchons. Quant à ***la location d'un véhicule sans chauffeur,*** elle est possible mais de plus en plus rare et assez stressante. La conduite plus qu'anarchique, l'état des routes souvent défoncées et les assurances très limitées nous poussent à vous conseiller chaudement la location d'une voiture avec chauffeur. Si vous comptez bouger régulièrement, mieux vaut prévoir ce poste dans le budget avant le départ. Ça vous simplifiera vraiment les choses sur place. Et si vous voyagez à 4, franchement, la dépense devient très raisonnable.
Une bonne solution consiste à passer d'une destination à une autre en ***shuttle bus*** (très pratique entre les lieux touristiques) ; compter 50 000 à 120 000 Rps selon la destination. Vous pouvez aussi rayonner sur place en ***louant un scooter*** ou ***une voiture avec chauffeur*** à la journée.
Reste la marche, nous direz-vous... Certes, il y a de superbes balades à faire autour des lacs et des volcans, mais attention, l'état des trottoirs des villes (motos garées partout, trous béants, débris, chiens errants, éclairage faiblard) sollicitera sans cesse vos cinq sens...

Cartes routières, GPS et applications

- Pour Bali, on vous conseille le très complet *Street Atlas* publié par Periplus.
- Et les smartphones permettent un accès facile au Net, et donc à la géolocalisation.

Voici nos applis préférées

- ***Maps.me / OutDoors GPS France IGN / Osmand :*** cartes précises du monde et GPS. Et surtout pas besoin d'être connecté ! À télécharger avant le départ ou avec le wifi sur place.
- ***Google Maps / Waze :*** indique en temps réel la qualité du réseau, les points radar, limitations de vitesse, et autres incidents sur le réseau routier. En cartes embarquées avec connexion mais à télécharger avant le départ ou avec le wifi sur place.
- ***Rome2Rio :*** aux quatre coins du monde, cette appli trouve pour vous tous les types de transports disponibles pour aller d'un endroit à un autre, avec les prix et horaires indiqués.

Le train

Pour Java, ça peut être utile d'acheter son billet sur • *tiket.com* • (le site accepte les cartes de paiement européennes). En anglais, on réserve sa place facilement et il y a même des réductions. Possibilité d'imprimer son billet à la gare avec son numéro de résa. Attention, parfois, les trains de classe éco ne partent pas de la gare principale. Bien se renseigner ! Et on les indique. Dans la ***classe éco (ekonomi),*** on voyage souvent dans des carrés de 4 personnes, avec sièges en tissu et arrêts plus fréquents. Dans la ***classe eksecutif et bisnis,*** c'est un peu plus confortable, on a le droit à des banquettes de 2 personnes en cuir. Les trains sont aussi plus directs. Toutes les classes ont des prises électriques. Clim à fond et en bout de rangée, des TV et des clips un peu bruyants : préférez le centre de la rame ! Voir aussi l'introduction de Java pour plus d'infos.

Les *bemos* et minibus publics

Le transport en commun de base à Bali est le *bemo,* sorte de minibus qui tisse une toile à travers le pays, reliant tous les villages entre eux. Il s'agit en général de *combis* de fabrication japonaise qui disposent au maximum d'une dizaine de places assises. Malheureusement, ils ont tendance à disparaître au profit du scooter. Ils assurent encore certaines liaisons intervilles et rayonnent autour des plus grandes villes. Information importante, là où ils existent encore, ***les* bemos *ne circulent en général que le matin.*** Au fil des années, le *bemo* est de moins en moins usité par les voyageurs qui leur préfèrent les confortables *shuttle bus* (lire plus bas). Pour nos irréductibles lecteurs, quelques infos, conseils et règles de conduite :

– son parcours est toujours fixe, et les destinations desservies sont plus ou moins inscrites sur les vitres.

– Le *bemo* est un transport en commun qui n'exclut pas les animaux.

– Le prix dépend de la distance. Seuls les locaux paient le prix réel. On vous fera payer 2 ou 3 fois plus cher. Regarder ce que les autres donnent et faire comme eux. Toujours avoir de la monnaie sur soi pour payer le *harga biasa,* c'est-à-dire le prix indonésien.

– Dans les terminus, le *bemo* ne part pas tant qu'il n'a pas fait le (trop) plein de passagers.

– Le *bemo* s'arrête sur un simple signe de la main (sauf s'il est complet).

Le bus *(bis)*

Les bus à Bali et Lombok sont plus ou moins modernes et d'une capacité comprise entre 30 et 40 places. Ils appartiennent à des compagnies privées et couvrent les grandes distances, notamment les axes sud-nord (Denpasar-Singaraja), nord-est/nord-ouest (Singaraja-Gilimanuk) et sud-est/nord-ouest (Padangbai-Gilimanuk via Denpasar). Les trajets en ferry vers Java (embarquement au port de Gilimanuk) et vers Lombok (embarquement à Padangbai) sont généralement inclus dans le prix. Les bus sont non-fumeurs.

Les vans privés (ou *shuttle bus*)

Une nuée de compagnies ou parfois de simples chauffeurs proposent des liaisons entre les sites touristiques les plus importants. Leurs véhicules sont climatisés et bien plus confortables que les *bemos* publics. On peut aussi s'adresser à elles pour chartériser un véhicule (4 ou 5 personnes maxi). Bien se mettre d'accord sur le tarif, la durée de la location et l'itinéraire emprunté.

Le taxi

Il existe des taxis avec compteur. Ils affichent toujours 5 000 Rps au démarrage de la course. Le prix dépend de l'itinéraire, de l'heure et des encombrements de la circulation. Grosso modo, compter 100 000 Rps/h et ajouter 50 000 Rps si bifurcation dans l'itinéraire. Cela n'empêche pas les petits malins d'abuser parfois du touriste ; même avec un compteur, il faut parfois négocier d'emblée le prix si l'on veut éviter des surprises. Si le chauffeur ne met pas spontanément son compteur, lancer un « *meter please* » (compteur s'il vous plaît) persuasif qui ne laisse pas de place à la discussion. Généralement, ça marche. La nuit, les négociations sont nettement plus difficiles et il faudra accepter des conditions moins favorables. La compagnie la mieux implantée (et la plus réputée) se nomme *Bluebird* (véhicules bleus, comme son nom l'indique ; • *bluebirdgroup.com* •). Dans certains coins officient des ***motos-taxis,*** appelées *ojek.* Négocier le prix de la course.
Il existe aussi des alternatives avec des VTC (véhicule de tourisme avec chauffeur) comme ***Uber,*** mais aussi ***Grab*** *(• grab.com •)* ou ***Gojek*** (application à télécharger, sinon • *gojek.com* •) qui permettent de faire appel aux motos-taxis (pratiques à Bali tant la circulation est dense !). Pour *Gojek,* vous pouvez demander au

chauffeur de mettre de l'argent en crédit sur votre compte (à créer dans l'appli), et vous utiliserez ensuite « gopay », avec une réduction d'environ 20 % sur le prix du trajet. Enfin, si vous optez pour la moto, un casque vous est fourni par le chauffeur. Attention, les chauffeurs privés ne sont pas très appréciés par les locaux à Bali ; il y a même, dans toutes les villes touristiques, des affiches enjoignant à ne pas les utiliser.

La location de voitures

Une formule à considérer, avec les réserves évoquées plus haut, même si on lui préfère la location avec chauffeur (voir plus bas). Les prix sont raisonnables. Compter entre 20 et 35 €/j. selon la catégorie.
Rappelons quelques détails non négligeables avant de prendre le volant.
– ***Permis de conduire international*** exigé.
– ***Conduite à gauche,*** en théorie. En pratique, on improvise souvent... comme les autres. Les routes étant étroites, de fait, on roule la plupart du temps... au milieu. Grosso modo, on conduit à Bali comme on marche sur nos trottoirs en Europe. De la même façon que l'on se déporte à gauche ou à droite quand on fait du lèche-vitrines et que quelque chose attire notre attention, eh bien, à Bali c'est pareil, mais à bord d'un véhicule !
– On conseille quand même vivement de ***respecter le code de la route*** et d'être très prudent. Prudent, car il y a plein de monde sur la route, et respectueux du code (bien que les Balinais ne le soient pas) parce que les flics adorent verbaliser (racketter serait plus exact) les touristes, puisqu'ils sont plus solvables que les locaux. De plus, pris dans la panique du sentiment de culpabilité, on est souvent prêt à payer n'importe quelle somme pour se sortir d'affaire. En cas d'infraction de votre part et de tentative de racket, ou, disons, « d'arrangement à l'amiable » de la part de la police, la meilleure solution est de garder son calme (facile à dire !), de sourire... et de négocier. Dites-vous bien que les policiers préféreront généralement avoir quelques dizaines de milliers de roupies dans leurs poches que de savoir le double dans la poche de l'État. Si l'infraction est trop grave, il y a retrait du permis, convocation à la police et un tas de tracasseries qu'on ne vous souhaite pas d'expérimenter ! En revanche, si vous êtes dans votre bon droit et que le racket est manifeste, ne vous laissez pas impressionner et n'hésitez pas à menacer d'une plainte (toujours avec infiniment de calme et de diplomatie, agrémenté d'un beau sourire) auprès de votre ambassade, par exemple. Ça peut marcher.
– ***Assurances :*** lors de la location, on vous propose en général une assurance standard comprenant une franchise qui va grosso modo de 80 à 300 €. ELLE NE SUFFIT PAS ! Il faut absolument exiger du loueur la responsabilité au tiers (en anglais : « *third party liability* »). Il se fera tirer l'oreille, mais finira par sortir de son bureau une feuille spéciale qui le lie à un assureur garantissant la responsabilité au tiers. Cependant, sachez que l'assurance au tiers est toujours limitée à un montant des dommages inférieurs à 1 000 000 Rps, ce qui est très peu. Le reste des dégâts causés doit, par conséquent, être payé par le conducteur en tort.
– ***Ne pas hésiter à klaxonner fréquemment,*** usage classique pour se signaler.
– ***Évitez absolument de conduire la nuit.*** C'est dingue le nombre de vélos non éclairés et de chiens (pas éclairés non plus) qui traversent comme les poules. Prévoyez vos balades de façon à pouvoir rentrer avant le coucher du soleil.
– ***Ne pas louer une voiture chez le 1er loueur venu.*** Certains refilent aux touristes des voitures un peu pourries. Faire le tour des loueurs pour avoir une idée des prix et de l'état des véhicules. Si vous voulez passer partout, louez de préférence un véhicule 4x4 (un vrai, car certains véhicules sont des 2x4 aux allures de 4x4). Un peu plus cher, mais ça en vaut la peine.
– ***Attention à vos bagages*** lorsque vous vous arrêtez quelque part. Évitez tout simplement d'avoir des choses de valeur en vue. Méfiez-vous aussi des singes, qui adorent examiner les bagages et sont de grands voleurs.

– Il n'y a ***pas de pompes à essence partout.*** Le tarif est toujours affiché dans les stations-service. Méfiez-vous des petits kiosques le long de la route, l'essence y est souvent mélangée et donne des quintes de toux aux moteurs. À Lombok, où il y a peu de pompes, ces stations de dépannage sont bien utiles et fiables.
– ***La signalisation*** est quasiment inexistante dans certains coins.
– ***Ne jamais se garer sous un cocotier !*** Ça a l'air bête, mais une noix de 5 kg fait un sacré trou dans la carrosserie quand elle tombe de 10 m de haut...

Location de voitures avec chauffeur

C'est LA formule la plus intéressante et la plus sécurisante quand on n'a pas envie de s'embêter avec les assurances, les problèmes de conduite, de recherche de route, le risque d'accident, la conduite de nuit, etc. La plupart des agences de voyages proposent ce service. Ajouter environ 10-15 €/j. au prix de la location. En général, le travail du chauffeur s'entend pour une durée de 8h, mais on peut toujours s'arranger directement avec lui pour qu'il fasse des heures supplémentaires moyennant finances si besoin (compter environ 50 000 Rps/h). Par ailleurs, il est de coutume d'ajouter un pourboire d'environ 75 000 Rps/j.

La location de bicyclettes

Dans tous les endroits touristiques, on trouve des vélos à louer à l'heure ou à la journée pour un prix modique (environ 30 000-50 000 Rps/j.). Cela peut être un moyen génial d'explorer les environs de votre point de chute mais ça dépend où... À cause de sa circulation délirante, la conurbation Kuta-Legian-Seminyak-Canggu ne se prête réellement à aucun type de transport. Autant y marcher, quitte à prendre le taxi quand il le faut. Autour d'Ubud, c'est un régal si l'on parvient à sortir des grands axes, là aussi très encombrés. Et si l'on n'a pas peur de bonnes grimpettes et quelques suées ! Se renseigner, il existe des cartes et des plans locaux. À Sanur, c'est l'idéal. À Lombok, sur les îles Gili, c'est aussi extra.

La location de motos et de scooters

C'est le meilleur moyen pour aller partout, mais aussi le plus dangereux. La majorité des engins loués sont des scooters 125 cm^3 automatiques, très faciles à manier mais manquant de frein moteur (prudence dans les descentes !). On peut aussi louer des motos plus puissantes, mais là il vaut mieux être un vrai motard. Dans tous les cas, ***vérifiez les freins, les pneus et l'éclairage avant de partir.*** Si vous avez un pépin mineur avec votre 2-roues (pneu crevé, par exemple), rendez-vous dans un *bengkel* (garage). Service rapide, efficace et bon marché.
La civilisation de la moto a remplacé celle du *bemo* de papa. On voit de jeunes Balinais remonter leur sarong jusqu'à la taille et enfourcher leur petit bolide pour foncer à une cérémonie au temple, le casque sur le porte-bagages pour ne pas abîmer leur coiffure. Le casque est pourtant obligatoire. On en voit de tous les genres, allant de l'objet assez proche de la casserole jusqu'à l'intégral de bonne qualité. ***Exigez un bon casque de votre loueur. Sinon, louer ailleurs.***
On trouve des scooters à louer partout, pour une somme assez modique : entre 50 000 et 150 000 Rps/j. (entre 3,30 et 10 €/j.) selon la saison et la cylindrée ; prix dégressifs à la semaine et au mois.

Conseils judicieux et avisés sur la conduite à scooter

Incroyable, le nombre de touristes avec des bandages et badigeonnés de teinture rouge sur toute l'île ! Rien n'est plus facile en effet, lors d'un périple à scooter, que de jouer à la tamponneuse avec un obstacle de votre choix : chien, camion, *bemo...* Conduire un scooter en Indonésie n'est pas plus aisé qu'en Europe, ce serait même plutôt l'inverse. Si vous ne l'avez jamais fait, ce n'est pas forcément le meilleur lieu pour s'y mettre...

– ***Assurance :*** attention, elle n'est pas comprise mais absolument nécessaire (bien demander le contrat). Déjà, ce n'est pas drôle de subir ou de provoquer un accident, mais si en plus vous n'êtes pas assuré, c'est une catastrophe.
– Pensez à demander un ***antivol.*** Sinon, garez le véhicule dans un endroit surveillé.
– ***Attention aux gravillons*** au bord de la route dans les virages, déversés par les camions.
– Vérifiez bien que vous avez ***de bons freins, de bons pneus, un bon klaxon et de la lumière.*** De toute façon, les poules et les chiens vous empêcheront d'aller vite. Comme en voiture, ***ne pas hésiter à klaxonner fréquemment,*** notamment avant de doubler ou en passant un croisement, usage classique pour se signaler. Si un camion arrive en face, même si vous avez la priorité, rangez-vous. Et n'oubliez pas que vous êtes censé rouler à gauche !
– ***Équipement :*** pour toute excursion à scooter, emportez un foulard et des lunettes (beaucoup de poussière et petits insectes), un K-way et, si vous faites un périple dans la montagne, une petite laine.
– ***Essence :*** on trouve des pompes uniquement dans les grandes villes. Heureusement, toute route fréquentée est bordée de myriades d'étals où s'alignent des bouteilles en verre remplies de carburant. Sachez qu'en général on vous livre le scooter pratiquement sans essence.
– Il est particulièrement ***dangereux de rouler de nuit.*** N'oubliez pas qu'à Java, Bali et Lombok, le jour commence à 6h et la nuit tombe très vite, entre 17h30 et 17h45.
– ***Posséder quelques notions de mécanique*** rend bien des services. Si vous êtes capable de rebrancher un fil ou une durite, vous gagnerez du temps.
– Enfin, si vous ne vous sentez pas en sécurité sur un scooter, rendez-le !

Le permis à Bali

– Pour être en règle, vous devez être titulaire d'un ***permis A ou B*** et penser à vous faire établir un permis international à la préfecture de votre lieu de résidence en Europe (souvent gratuit). Le permis international est obligatoire à Bali, sinon c'est l'amende en cas de contrôle. Même pour la location d'un scooter !

L'avion

La taxe d'aéroport est incluse dans le prix du billet.
Les ***compagnies les plus fréquentes*** sont : *Lion Air (● lionair.co.id ●),* la grosse low cost indonésienne (qui vole aussi vers l'étranger), que *Sriwijaya (● sriwijayaair.co.id ●)* et sa filiale *Nam Air (● flynamair.com ●)* ainsi que *Citylink (● citilink.co.id ●),* filiale de *Garuda,* la compagnie nationale, cherchent à concurrencer. *Wings Air* et *Batik Air (● batikair.com ●),* souvent un peu plus chères, sont des filiales de *Lion Air.* Elles accordent 20 kg environ de bagage en soute. *Air Asia* (malaisienne, parfois la moins chère en allant directement sur *● airasia.com ●*) joue les outsiders, ainsi que, à l'international, *Jet Star* (australienne).
Toutes ces compagnies ont des avions assez récents, voire neufs. Pour réserver avec les meilleurs prix, le site *● nusatrip.com ●* (indonésien) est presque toujours le meilleur et, sauf pour *Air Asia,* le prix ne sera, en général, pas plus bas sur le site de la compagnie (au contraire).
Attention, concernant les ***vols domestiques,*** l'achat de billets en ligne ne peut se faire pour certaines compagnies que si vous disposez d'une carte de paiement indonésienne. Mais grâce au site *● tiket.com ●,* on peut utiliser les cartes de paiement européennes !
Si l'on réserve un peu à l'avance (entre 1 semaine et 1 mois, voire 2), on trouve des billets entre 30 et 50 € environ le trajet.
– ***Bon à savoir :*** pour les liaisons intérieures, en Indonésie, on peut emporter de l'eau en cabine. Enfin, attention aux contrôleurs de sécurité, notamment à Bali : ils sont champions pour vous persuader que votre aérosol est interdit, ou votre briquet, etc. Leur revente arrondit très fortement les salaires !

URGENCES

– On rappelle tout d'abord que l'on conseille vivement une ***assurance rapatriement.*** Ce n'est pas de l'argent fichu en l'air.
– En cas d'urgence, le mieux est de contacter l'***ambassade de France,*** qui saura vous diriger. Les différentes antennes consulaires sont les suivantes : *à **Bali,** ☎ (0361) 473-08-34 à Kerobokan-Kuta (● consul@dps.centrin.net.id ●). À **Java,** ☎ (22) 421-24-17 ou 18 (fax) à Bandung (● konsulat.bandung@ifi-id.com ●) ; ☎ (31) 53-16-664 à Surabaya (● hcfr.surabaya@gmail.com ●) ; ☎ (274) 56-65-20 ou 54-74-09 à Yogyakarta ; ☎ (021) 23-55-76-00 à Jakarta.*
– ***Les hôpitaux*** de Bali sont à éviter pour les interventions sérieuses. Si une hospitalisation s'avère indispensable, voir nos recommandations sous la rubrique « Urgences » de « Kuta, Legian, Seminyak et Canggu ».
– En cas de pépin sérieux, l'idéal est de se faire soigner au ***Mount Elizabeth Hospital de Singapour*** *(☎ 00-65-62-50-00-00 depuis l'étranger ; ● mountelizabeth.com.sg ●).* C'est le nec plus ultra d'Asie du Sud-Est. Comment se faire évacuer vers Singapour ? Téléphonez à votre compagnie d'assistance pour lui expliquer le problème. On peut également choisir de remonter sur Bangkok. Après tout, un billet d'avion est une petite dépense face à une infirmité ou un risque sérieux.

Adresses utiles en cas de problème

■ ***Agence consulaire de France à Bali :*** *1 jl. Umalas, villa A Griya Alit n° 80, à **Kerobokan-Kuta** (près de l'École internationale française de Bali). ☎ (0361) 473-08-34. ● consul@dps.centrin.net.id ● Lun-ven 9h-12h. En cas d'absence, laisser un message.* À contacter en cas de problème important. Autrement, s'adresser à l'ambassade de France à Jakarta *(☎ (021) 23-55-76-00).*

■ ***Consulat du Canada :*** *dans l'enceinte du consulat général d'Australie, 32 jl. Tantular, Renon Denpasar, à **Denpasar.** ☎ (0361) 24-11-18. Fax : (0361) 22-11-95. ● bali.congen@dfat.gov.au ●*

■ ***Consulat de Belgique :*** *à **Surabaya,** sur l'île de Java, jl. 22 Darmo Baru Barat 1. ☎ (0343) 74-02-74 ou 75. ● utp@indo.net.id ●*

■ ***Consulat de Suisse :*** *9D jl. Ganetri, Gatot Subroto Timur, à **Denpasar.** ☎ (0361) 264-149. ● bali@honrep.ch ●*

VISITES

Peu de musées à Bali, ce sont surtout les temples qu'on visite. Il faut porter un sarong pour y entrer. Dans certains temples, il vous faudra aussi mettre une petite ceinture de tissu *(sash).* Si vous n'en avez pas, il y a toujours un loueur de sarongs et de ceintures à l'entrée. Le plus simple est d'acheter un sarong dès votre arrivée et de l'avoir toujours à portée de main. Pour les ceintures, certains temples doivent être visités avec une ceinture de couleur précise.
Pour accéder aux temples, une donation est demandée. Elle s'assimile de fait à un droit d'entrée. Quand il n'y a pas de somme officielle, on donne ce qu'on veut. Même si quelques filous armés d'un grand sourire vous tendent un livre de visiteurs sur lequel il est marqué 20 000 ou 50 000 Rps à côté des noms des touristes, vous ne perdez pas la face en faisant une contribution de 5 000 Rps, par exemple.
Si vous êtes véhiculé, et même si ça n'en a pas l'air, le parking est toujours payant, surtout aux abords des temples, des marchés et des lieux touristiques. C'est ainsi. Au moment de partir, un gardien viendra vous demander de régler une petite somme (entre 2 000 et 10 000 Rps). Demandez un ticket, car certains abusent un chouia. Mais bon, ça ne va jamais bien loin.

BALI

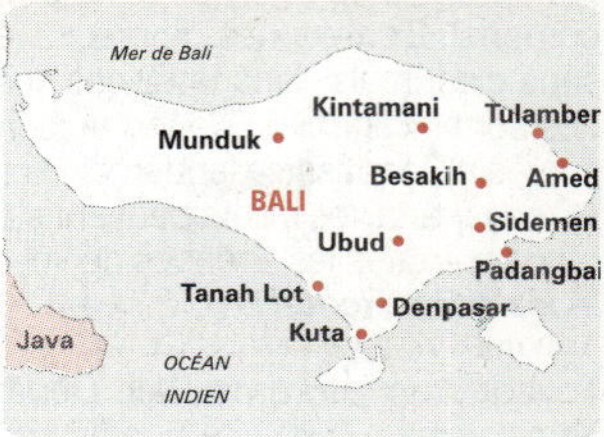

Arriver à Bali

En avion

✈ ***Aéroport de Ngurah Rai :*** *à Tuban, à env 2,5 km de Kuta et 13 km de Denpasar.* ● *bali-airport.com* ● C'est le seul aéroport de Bali. Tout beau tout neuf. Juste avant de sortir du terminal international, on trouve bureaux de change (taux moins favorable qu'en ville), distributeurs de billets et stands des opérateurs de téléphonie locaux, proposant des cartes SIM avec data (*Telekomsel* aurait le meilleur réseau). À la sortie, un comptoir d'infos touristiques et quelques loueurs de voitures. Le ***terminal domestique*** est situé à environ 5 mn à pied (fléché à gauche en sortant). Transfert gratuit possible en voiturette.

– ***Attention,*** le passage à l'immigration peut être très chronophage, prévoir un temps d'attente.

Pour quitter l'aéroport

– ***Le bus :*** une seule ligne, assurée par les bus bleus *Sarbagita*. Ils desservent, au nord, Kuta *(central parkir)*, Sanur et Batubulan ; au sud, Jimbaran et Nusa Dua. Seulement 6 bus/j., 10h45-20h45 pour le Nord, 9h15-19h15 pour le Sud. Pas très pratique, donc, d'autant que le service est parfois interrompu. Départs à gauche à la sortie du terminal international. Tarif : 3 500 Rps.

– ***Le taxi :*** plus simple, évidemment. En principe, les prix sont affichés et il n'y a pas d'embrouille possible. On paie la course avant de monter à bord, au comptoir situé à la sortie du terminal, après la grande porte en brique. Quelques exemples de tarifs : Jimbaran, 90 000 Rps ; Kuta, 90 000 Rps ; Sanur, 160 000 Rps ; Ubud, 305 000 Rps. Il revient souvent ***moins cher d'organiser à l'avance un pick-up à l'aéroport avec votre hôtel.***

Compagnies aériennes

■ ***Air France et KLM :*** *à l'aéroport.* ☎ *(0361) 936-02-67.* ● *airfrance.com* ● *Tlj 13h30-22h30.*

■ ***Emirates :*** *à l'aéroport. Ouv l'ap-m seulement.* ● *emirates.com* ●

■ ***Garuda :*** *à* **Denpasar** *(voir les « Adresses utiles » de cette ville). Autre bureau à l'aéroport.*

■ ***THAI Airways :*** *à* **Sanur** *(voir les « Adresses utiles » de cette ville).*

En bus

➢ ***De Java :*** la traversée en ferry entre Ketapang (est de Java) et Gilimanuk (ouest de Bali) prend à peine 30 mn. On peut embarquer son véhicule. De Gilimanuk, bus pour le sud, le nord et l'est de Bali (lire plus loin « De Gilimanuk au sud de Bali »). Pratique, les agences vendent en général un forfait tout compris bus + ferry jusqu'à Denpasar (depuis Jakarta, mais également au départ de Yogyakarta). Inutile donc de passer par Surabaya dont l'intérêt est très limité (sauf pour les fans de Joseph Conrad et des ambiances de marins !). De très nombreuses compagnies de bus se disputent le marché. Elles n'offrent pas toutes le même confort ni les mêmes garanties en ce qui concerne la sécurité et le respect des horaires.

■ ***Kembang Express :*** pas très cher. Un repas et un petit déj sont servis dans le bus (compris dans le prix). Départ à 18h, arrivée à 11h le lendemain.

■ ***Cakrawala :*** voyage plus confortable mais plus cher (dîner et petit déj compris). 2 catégories de prix : avec ou sans clim, mais dans les 2 cas, les sièges sont inclinables. Départ vers 16h et arrivée à Denpasar le lendemain vers 6h. À Yogyakarta, les billets peuvent s'acheter dans toutes les agences de voyages.

■ ***Hafa Car Rental :*** *79 jl. Gerilya, Prawirotaman,* ***Yogyakarta.*** *081-726-19-04.* Voyage Yogya-Bromo-Bali. Départ de Yogya vers 8h, arrivée à Ngadisari à 22h. Nuit courte dans un hôtel quelconque (sale). Puis départ en 4x4 à 3h30 pour le lever du soleil sur le volcan Bromo. Départ en bus pour Bali à 9h30. Traversée en ferry, puis bus pour rejoindre les principales villes de Bali (dont Denpasar).

Attention, depuis Yogyakarta, le trajet est bien long, et si vous n'avez pas beaucoup de temps, l'avion est à envisager.

En bateau

La ***Pelni Line,*** compagnie maritime indonésienne, dessert presque toutes les îles du pays. Elle possède une trentaine de ferries reliant, avec Jakarta pour centre, les principaux ports de l'archipel : Port Benoa (Bali, voir plan « Le sud de Bali »), Surabaya (Java), Macassar (Sulawesi), Padang, Dumai (Sumatra), Balikpapan, Pontianak, Banjarmasin (respectivement sur les côtes ouest, sud et est de Kalimantan), les petites îles de la Sonde (Nusa Tenggara), ainsi que d'autres îles comme Ambon, Ternate (îles Moluques)... et la lointaine Irian Jaya (port de Jayapura, entre autres). Une destination comme Macassar (Sulawesi) est desservie pratiquement par tous les bateaux de la *Pelni.* Toutefois, la fréquence des départs a baissé ces derniers temps, notamment à cause de l'essor de l'avion.

■ ***Pelni :*** *14 jl. Gajah Mada,* ***Jakarta.*** Call center : ☎ *(021) 162. 082-288-891-62. • pelni.co.id •* Se reporter aussi à toutes les rubriques « Arriver – Quitter. En bateau » des différents chapitres.

– ***Niveaux de confort*** *(classes)* ***:*** la classe *ekonomi* est, comme son nom l'indique, la moins chère, mais ce n'est pas la plus reposante ! Les familles s'y entassent et, s'il y a des matelas et des casiers, il n'y a aucune séparation... Mais c'est aussi là que vous découvrirez la population et aurez une chance d'établir des contacts. Les autres classes, de 1 à 4, donnent droit à des cabines. Selon leur niveau et leur tarif, vous partagerez une cabine avec plus ou moins de passagers (casier à clé pour chaque passager), jusqu'à la 1re classe, pour 2 personnes, avec TV, cabinet de toilette, douche et eau chaude ! Les repas sont, quelle que soit la classe, inclus dans le prix du billet. De plus, il y a des buvettes sur les bateaux.

– ***Principe de navigation :*** selon un calendrier fixe – avec quelques variations d'horaires –, les navires (des gros ferries) quittent leur port de départ (par exemple, Tanjung Priok, à une douzaine de kilomètres au nord du centre de Jakarta), accomplissent un long périple de port en port dans l'archipel, puis reviennent à leur point de départ, en moyenne 15 jours plus tard. Pour connaître les destinations et leurs horaires, le plus simple est de consulter le site internet.

LE SUD DE L'ÎLE

DENPASAR

897 300 hab. IND. TÉL. : 0361

• Plan *p. 101*

Ancienne capitale du royaume de Badung, actuelle capitale économique et administrative de Bali, Denpasar, dont le nom signifie « au nord du marché »,

est une grosse ville provinciale qui n'a pas cessé de grossir ces dernières décennies. Hormis un beau musée, il ne reste pas grand-chose de la pittoresque cité dessinée par les Néerlandais au début du XXe s.
Bruyante, engorgée par le trafic, la ville présente peu d'intérêt, mais reste néanmoins la plaque tournante des *bemos* et bus publics desservant les quatre coins de l'île. Cela dit, les compagnies de transport privées, plus pratiques pour circuler d'une zone touristique à l'autre, ont tendance à l'éviter. Ce sont donc surtout les inconditionnels du *bemo* qui feront halte ici, l'occasion de respirer l'ambiance d'une certaine réalité balinaise, au-delà des plages et des stations balnéaires.

Arriver – Quitter

En bus et *bemo*

Il existe ***plusieurs gares routières,*** reliées entre elles par de petits *bemos* de ville. Chacune dessert des villes bien précises, mais elles sont peu fréquentées par les routards d'aujourd'hui, qui prennent les transports privés. ATTENTION, comme partout à Bali, les bus circulent surtout le matin.
La 1re gare routière, *Kreneng* (ou *Kereneng*), est surtout une gare intermédiaire qui permet de se rendre en *bemo* à la grande gare routière de *Batubulan,* à plusieurs kilomètres au nord de Denpasar. Donc, si vous allez vers une destination dont les bus partent de Batubulan, rendez-vous d'abord à la gare de Kreneng.

Les différentes stations de Denpasar :

Kreneng *(plan B2,* ***1****)* **:** *bemos* pour Sanur et pour Batubulan. À ***Batubulan,*** on change pour des minibus de 20 places desservant l'est de Bali (Amlapura, Semarapura/Klungkung, Bangli, Gianyar, Padangbai – ferry pour ***Lombok***) et le centre de l'île (Ubud, Kintamani, Selat). Pour Besakih, rendez-vous d'abord à Semarapura (Klungkung) ; pour Tirtagangga et Amed/Tulamben, rendez-vous d'abord à Amlapura.

Tegal *(plan A3,* ***3****)* **:** pour le sud de l'île (Kuta, Jimbaran, aéroport). Pour Uluwatu, changer à Jimbaran.

Ubung *(plan A1,* ***2****)* **:** pour le nord (Singaraja via Bedugul, Seririt via Pupuan) et l'ouest de Bali (Gilimanuk via Tabanan puis le long de la côte). Pour Lovina, passer d'abord par Singaraja. Pour Pemuteran, par Singaraja ou Gilimanuk. Pour Tanah Lot, prendre le *bemo* de Gilimanuk, descendre à Tabanan et changer de *bemo.*

Sanglah : pour Port Benoa.

Pour Java et les autres îles

Départs quotidiens de la ***gare routière d'Ubung*** *(plan A1,* ***2****).* Plusieurs compagnies desservent Java. On achète ses billets directement à la gare routière. Le prix du trajet inclut le bus, la traversée en ferry entre les 2 îles, et de nouveau le trajet en bus sur l'île de Java. Les fréquences ci-dessous sont données à titre indicatif.

➢ ***Vers Surabaya :*** env 10 départs/j. Durée : 12h env.
➢ ***Vers Malang :*** jusqu'à 10 départs/j. Durée : 12h env.
➢ ***Vers Yogyakarta et Solo :*** 8 départs/j. Durée : 16h. Pour Yogya, voir les compagnies conseillées dans le chapitre consacré à cette ville.
➢ ***Vers Semarang :*** 8 bus/j. Durée : 16h.
➢ ***Vers Jakarta :*** 4 bus/j. Durée : plus de 24h.
➢ ***Vers Bandung :*** 2 bus/j., le mat et le soir. Durée : 26h.
➢ ***Vers Bogor :*** 2 bus/j. Durée : 24h.

Adresses utiles

Immigration

■ ***Kantor Imigrasi*** *(plan B4,* ***5****)* **:** *3 jl. Panjaitan, Niti Mandala Renon, proche de Sanur.* ☎ *(62-361) 846-83-95. Lun-ven 8h-16h.* Pour ceux qui séjournent à Sanur ou à Denpasar. Ceux qui résident à Kuta auront

BALI

intérêt à aller à l'office d'immigration devant l'aéroport de Ngurah Rai. Ceux qui sont dans le Nord se rendront à Singaraja.

Agences de voyages

■ ***Bali Autrement :*** *☎ (62-361) 73-84-64. ● baliautrement.com ●* Voyager autrement ! Depuis 1999, Jérôme et toute l'équipe franco-indonésienne concoctent des circuits sur mesure et privés à Bali, Sulawesi, Florès, Sumatra, Java, Lombok et le reste de l'archipel par le biais exclusif de leur site internet. Au programme, visites d'associations locales (aide aux enfants, environnement, protection animale...), camping face aux rizières, nuit chez l'habitant, croisières privées à Komodo... la liste est longue. Guides exclusifs francophones. Membre du réseau *Un monde autrement.*

■ ***Bali en liberté :*** *☎ 081-999-590-777. ● balienliberte.net ●* « Charlie », Alain Bourrillon de son vrai nom, connaît la région par cœur. Il y a créé des circuits « hors des hordes » touristiques pendant plus de 40 ans. Réinstallé à Bali, il en sillonne les chemins de traverse au volant de ses 4 Jeeps décapotables des années 1970 (les « Charlie's ») pour vous faire découvrir les coins les plus authentiques de l'île aimée des dieux (et éviter les bouchons). Résultat : des circuits sur mesure taillés selon vos désirs, comprenant rencontres, soins traditionnels, séjours dans toutes les catégories d'hôtels, et agrémentés de tout un panel d'activités.

Poste, banques

✉ ***Sentral Kantor Post*** *(poste centrale ; plan B4)* ***:*** *37 jl. Raya Puputan Renon. ☎ 22-35-65. À 3 km du centre, sur la route de Sanur. Lun-sam 8h-17h (16h sam).* L'agence principale de l'île. Représente aussi *Western Union.*

■ ***Nombreux distributeurs*** *(ATM)* dans le centre.

Urgences

⊞ ***Hôpital public de Denpasar*** *(Sanglah Public Hospital)* ***:*** *jl. Diponegoro, Dauh Puri Klod. ☎ 22-79-11.* Uniquement si vous n'avez pas un rond, et pas d'assurance non plus. Sinon, direction *BIMC (☎ 76-12-63 ; ● bimcbali.com ●),* sur la Bypass Ngurah Rai vers Kuta, clinique privée certes chère, mais dont vous ressortirez (a priori) entier. Sinon ***BROS*** *(Bali Royal Hospital),* à Denpasar, fréquenté aussi bien par expatriés que touristes *(☎ 361-247-499 ; ● baliroyalhospital.co.id/en/ ●).*

■ ***Police :*** *☎ 110.*

Divers

■ ***Alliance française :*** *13A jl. Raya Puputan I (derrière le poste de police de Renon), Renon-Sumerta Kelod. ☎ 23-41-43. ● afbali.org ●* Journaux, revues et la plus grande bibliothèque francophone de Bali *(lun-ven 10h30-12h30, 13h30-19h30).* Cours d'indonésien. Ciné-club le mercredi.

■ ***Indonesia Australia Language Foundation :*** *190 jl. Raya Sesetan. ☎ 22-52-43. ● ialf.edu ●* Cours d'indonésien, mais pour un public plutôt anglophone. Possibilité de loger en famille d'accueil.

■ ***Garuda*** *(plan A-B2,* ***6****)* ***:*** *2 jl. Kapt Mudita. ☎ 0804-1-807-807 (call center 24h/24). ● garuda-indonesia.com ● Lun-ven 8h-16h30, w-e 9h-15h. Autre bureau à l'aéroport de Ngurah Rai.*

Où dormir ?

Franchement, on ne dort pas à Denpasar. En moins de 30 mn, on peut séjourner à Kuta, Legian, Seminyak, Canggu ou Sanur. Aucun intérêt de passer la nuit ici.

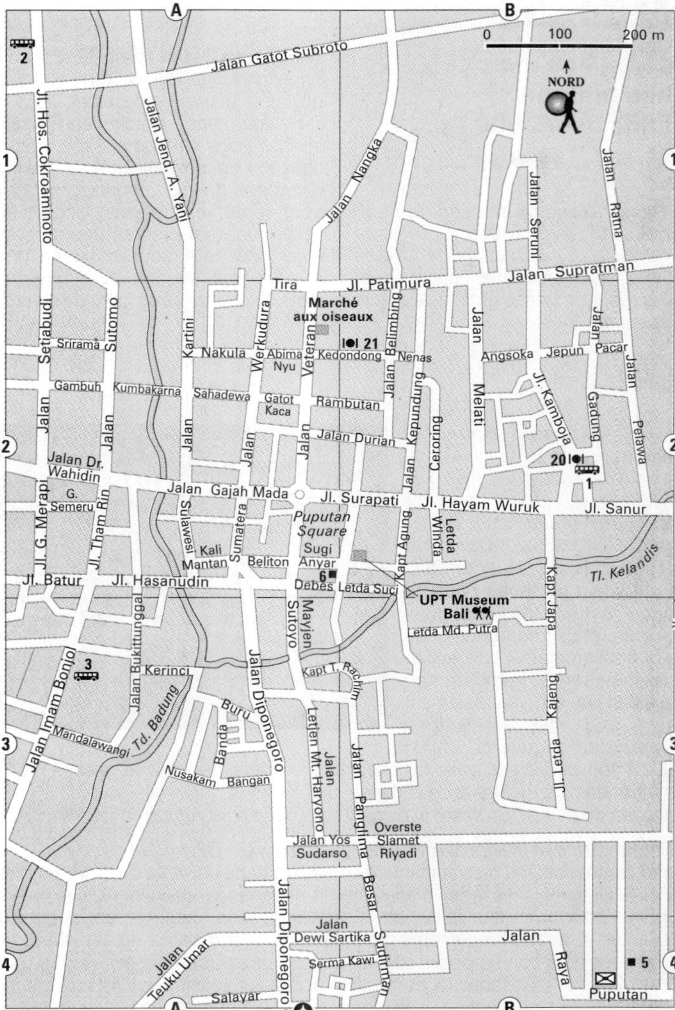

DENPASAR

■ **Adresses utiles**

- 1 Gare routière de Kreneng (B2)
- 2 Gare routière d'Ubung (A1)
- 3 Gare routière de Tegal (A3)
- 5 Kantor Imigrasi (immigration ; B4)
- 6 Garuda (A-B2)

Où manger ?

- 20 Pasar Kreneng (marché de nuit ; B2)
- 21 Warung Satria (B2)

Où manger ?

De très bon marché à bon marché (moins de 45 000 Rps, soit env 3 €)

|●| **_Pasar Kreneng_** *(marché de nuit ; plan B2, **20**)* **:** *sur jl. Rijasa, à l'angle de jl. Kamboja. À partir de 7h et jusqu'à 22h env.* Petites roulottes débitant *babi guling* (cochon grillé), gâteau à la noix de coco, etc.

|●| **_Warung Satria_** *(plan B2, **21**)* **:** *11A jl. Kedondong. Non loin du marché aux oiseaux. Warung* populaire, tout en carrelage blanc et tables en Formica, où l'on vous sert pour 3 fois rien de bons et copieux *nasi campur* (assiette complète de riz, légumes, *satay* et œuf), forcément relevés. Choisir son assortiment en pointant les gamelles en vitrine (tout pour le même prix). Accueil tout sourire, avec quelques mots d'anglais. Très propre de surcroît !

À voir

UPT Museum Bali *(Bali Museum ; plan B2)* **:** *jl. Mayor Wisnu. ☎ 22-26-80. Tlj 8h-16h (12h30 ven). Fermé pdt les vac « officielles ». Entrée : 50 000 Rps ; réduc.* Construit en 1932 par les Néerlandais, qui ont voulu présenter dans un espace restreint des répliques des principaux monuments de l'île, il constitue ainsi une excellente initiation à l'architecture locale dans un espace totalement rénové avec des expositions thématiques régulières. Ainsi peut-on trouver des explications riches dans un cadre bien mis en valeur à propos des offrandes, du théâtre et de la danse, des divinités... Très intéressant.

– Mitoyen du musée, un vaste et élégant temple, le *pura Agung Jagatratha Kota.*

LA GARDE MEURT MAIS NE SE REND PAS

Aujourd'hui transformé en square, le terrain situé face au Bali Museum fut le théâtre de l'ultime combat entre les envahisseurs hollandais et les guerriers balinais au début du XXᵉ s. Les Balinais préférèrent alors se suicider jusqu'au dernier, plutôt que de tomber vivants entre les mains de leurs ennemis et de connaître le déshonneur de la défaite.

Taman Budaya *(National Art Center ; hors plan par B2)* **:** *jl. Nusa Indah.* Grand centre culturel, disséminant ses pavillons dans un vaste parc arboré, dans lequel, le week-end, les futurs mariés, fardés et apprêtés, viennent se faire prendre en photo pour orner leur faire-part. Y sont organisés régulièrement spectacles en plein air et autres événements. Le bâtiment du fond abrite, lui, un intéressant petit ***musée*** d'art contemporain balinais et d'artisanat local *(lun-sam 7h30-15h30 ; entrée : 20 000 Rps).* Tableaux délirants, presque surréalistes tant ils sont chargés de détails ; grande collection de sculptures sur bois et *gamelans* dorés, quelques coiffes et masques, etc.

Longtemps se dressait de part et d'autre de la rivière *(plan A2)* le marché *Pasar Badung,* l'un des plus grands de l'île, malheureusement détruit par un incendie en 2016. Les travaux tardent à être terminés, et les marchands ont été répartis dans différents points de la ville, même si le quartier autour de l'ancien marché concentre toujours une certaine activité commerçante, avec notamment un regroupement des vendeurs de tissus sur jalan Sulawesi. Autre curiosité commerciale, le ***marché aux oiseaux*** *(plan A2 ; accès par jl. Veteran),* une paire de ruelles où se succèdent les échoppes de vendeurs de zoziaux gazouillant dans leurs cages. Également des singes, des serpents, etc. Propreté limite.

KUTA, LEGIAN, SEMINYAK ET CANGGU

IND. TÉL. : 0361

• Plan d'ensemble *p. 105* • Kuta (Bali) – Zoom *p. 107*
• Legian-Seminyak – Zoom *p. 109* • Canggu – Zoom *p. 111*

Au début des années 1960, Kuta, à 9 km au sud de Denpasar, était un endroit désert où l'on trouvait difficilement à se restaurer. Ceux qui voulaient y séjourner devaient se contenter de modestes chambres louées par les quelques habitants du village. Avec Katmandou et Kabul, c'était l'un des « 3 K » mythiques des routards. Quant à Legian (prononcer « Léguianne »), ce n'était qu'un hameau, à l'autre extrémité de cette plage, la plus belle de l'île, et que les Balinais connaissaient bien pour les couchers de soleil. Ils y venaient aussi en procession, pour disperser dans la mer les cendres d'un défunt.

Aujourd'hui, Kuta, Legian, Seminyak, et dorénavant Canggu ne forment plus qu'une seule et même ville s'étendant sur plus de 7 km du sud au nord. La route qui les relie est bordée de magasins, de restaurants et de bars. Les 1ers hippies qui découvrirent les lieux seraient complètement perdus dans ce qui est aujourd'hui devenu la plus grande station balnéaire de l'île. Entre la plage et l'hôtel, le piéton devra slalomer entre vendeurs de rue, motos et voitures qui monopolisent le macadam. Les sorties de plage à Kuta, c'est Saint-Trop' le 15 août à 18h !

« BANKRUT, BANKRUT ! »

Vous voici dans la mecque du shopping. La tentation est permanente et les prix souvent dérisoires. Mais, comme partout à Bali, le marchandage est de rigueur. Cependant, si vous y allez trop fort, les commerçants, souvent des femmes, vous regarderont et, dans un grand éclat de rire, s'exclameront « Bankrut, bankrut ! »*, ce qui a le mérite d'être explicite.*

Cette Babel du tourisme s'étend un peu plus chaque année. Si Kuta et Legian sont un peu la Côte d'Azur des Australiens, en beaucoup moins cher, les Européens nichent plutôt du côté de Seminyak et Canggu, plus sympa, et commencent même à lorgner vers Pererenan, encore un peu plus au nord-ouest. Les nantis s'y sont fait construire de très belles résidences bien surveillées, et les investisseurs font chauffer les pelleteuses pour faire sortir de terre des hôtels de grand luxe... Les businessmen en bermuda et les femmes d'affaires fashionistas ont flairé le filon et envahissent le paysage de boutiques de fringues chics, de magasins de déco et de restos design. À tel point que les bonnes tables de Seminyak et Canggu sont en passe de voler la vedette à Ubud.

Arriver – Quitter

En *bemo* et bus public

Pour les *bemos,* le point de ralliement est le ***Bemo Corner,*** sur jl. Raya Pantai Kuta, presque à l'angle de jl. Legian, à Kuta *(plan Kuta, B2).*

➢ *Bemos* réguliers en journée ***entre Kuta, Legian et Seminyak*** (même s'il tend à y en avoir de moins en moins avec l'explosion de la location de scooters et autres véhicules).

➢ ***Pour Denpasar :*** c'est la principale destination. Il y en a tout le temps.

➢ ***Pour les autres villes :*** on change à Denpasar (voir les différentes gares routières et les destinations dans la rubrique « Arriver – Quitter » à Denpasar).

En minivan privé

Il existe plusieurs compagnies privées qui desservent les villes et toutes les stations touristiques de l'île. Vous trouverez à tous les coins de rue des panneaux listant les destinations, les horaires et les prix. Comparez et faites-vous bien préciser tous les détails utiles : service de pick-up à votre hôtel, durée du trajet, etc. La *Perama* est la plus ancienne des compagnies et reste l'une des plus fiables, mais ce n'est pas la moins chère. Son site permet en tout cas de se faire une bonne idée des liaisons et de leurs fréquences.

■ ***Perama*** *(plan Kuta, B2,* ***1****)* **:** *bureau de vente 39 jl. Legian. ☎ 75-08-08 ou 75-18-75. • peramatour.com • Tlj 7h-22h.*
➢ ***Principales liaisons et fréquences moyennes de la Perama :*** pas de liaison aéroport-Kuta-aéroport. Pour *Sanur* et *Ubud,* 6 départs/j. Pour *Lovina,* 1 bus/j. (à 10h). Pour *Padangbai* et *Candi Dasa,* 4 bus/j. Pour *Tirtagangga* et *Tulamben-Amed,* 1 bus/j. (à 7h). Dessert aussi *Bedugul* et *Kintamani* (1 bus, à 10h). Également des liaisons pour *Lombok* (*Senggigi,* à 6h), pour les *îles Gili* (départ à 6h) et pour *Nusa Lembongan* (à 10h). On conseille de réserver ses places au plus tard la veille.

■ ***Kura Kura :*** *départ du* ***DFS Bus Bay,*** *au croisement de Sunset Rd et de la Bypass Ngurah Rai (hors plan Kuta par B2,* ***8****). 📱 081-139-600-777. • kura2bus.com •*
➢ Compagnie privée fonctionnant à la manière d'un réseau de bus publics. 7 lignes, effectuant un circuit dans *Kuta, Legian* et *Seminyak* et desservant également *Jimbaran, Sanur, Nusa Dua* (2 circuits) et *Ubud.* Passage 4 à 6 fois/j. selon ligne et horaires. Plan du réseau et horaires sur le site internet. Billet 20 000-80 000 Rps selon destination ; également des cartes avec trajets illimités valables 1, 3, 5 et 7 j. Trajets plus rapides depuis le rond-point de l'aéroport grâce à la trémie qui passe au-dessous.

Orientation

Il n'est pas toujours évident de trouver une adresse à Kuta, Legian, Seminyak ou Canggu vu l'anarchie de la topographie et le fouillis de ruelles labyrinthiques. Rues sans nom ou inconnues des chauffeurs, nouvelles dénominations pas encore entrées dans les usages, absence de numéros, vous aurez à faire preuve de patience ! D'autant que les distances, trompeuses, n'arrangent rien et que l'urbanisation n'arrête pas de s'étirer vers le nord.
On a essayé d'indiquer les lieux le plus clairement possible, mais ce n'est pas toujours évident ! Pour ceux qui auraient besoin de plus de précision, il existe un atlas de très bonne qualité (utile également pour le reste de l'île), le *Street Atlas Bali.* On peut l'acheter dans les librairies *Periplus,* situées dans le centre commercial *Matahari* à Kuta ou dans l'enceinte du *Made's Warung II,* à Seminyak.
Quelques repères : Bemo Corner *(plan Kuta, B2),* la gare des *bemos,* est le cœur de Kuta ; jalan Pantai Kuta conduit à la plage du même nom ; jalan Legian, filant parallèlement à la mer et environ 400 m à l'intérieur des terres, relie Kuta à Legian avant d'être rebaptisée jalan Seminyak dans ce quartier ; jalan Petitenget suit un parcours sinueux, grosso modo d'est en ouest, jusqu'à rejoindre jalan Oberoi près de l'océan.

Transports

« Transports ? » Un mot, associé au geste de tourner un volant, que vous n'avez pas fini d'entendre... Que ce soit pour les *ojek* (motos-taxis) ou les voitures, la course se négocie. Si vous ne souhaitez pas marchander,

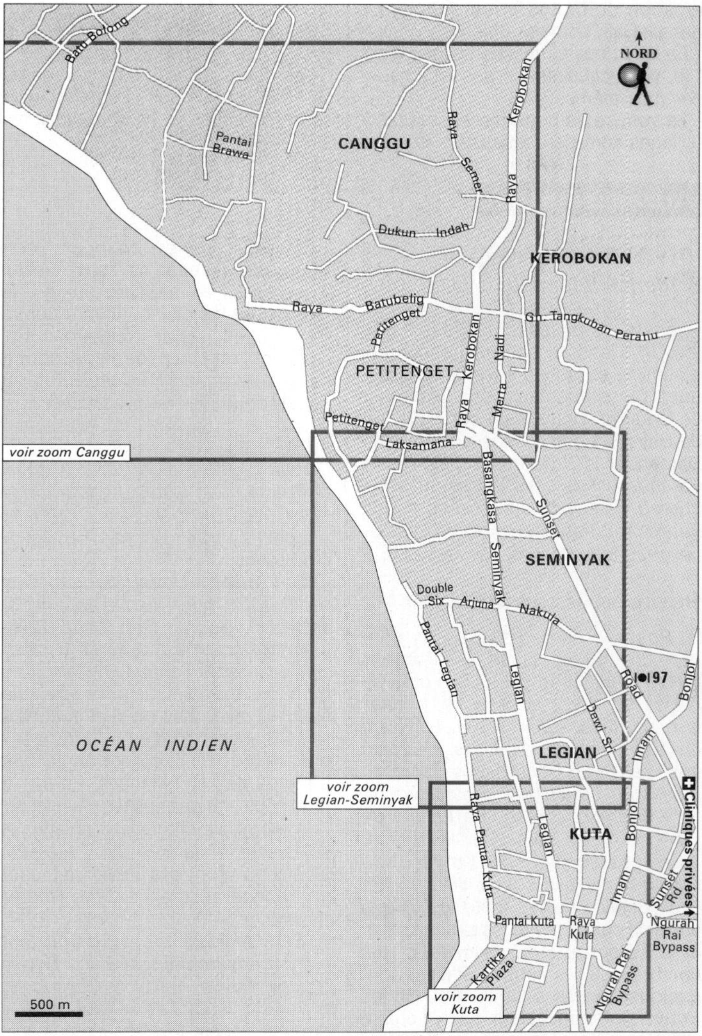

KUTA, LEGIAN-SEMINYAK ET CANGGU – PLAN D'ENSEMBLE

empruntez tout simplement un ***taxi à compteur.***

– ***Le scooter :*** c'est sans aucun doute le meilleur moyen de se déplacer. Il ne vous coûtera pas grand-chose (compter env 4-5 €/j., négociable selon la durée) et vous trouverez partout des loueurs. Toutefois, avant de vous décider, lisez bien notre rubrique « Transports. La location de motos et de scooters » dans « Bali, Lombok utile ».

– ***Le vélo :*** pas terrible dans ce coin de l'île, vu la circulation. Vous en jugerez par vous-même...

– ***La voiture :*** à proscrire. Les embouteillages sont permanents. Le soir, on peut mettre 1h pour traverser Kuta ! Sans compter qu'il n'y a pas de place pour se garer. À devenir dingue !

– ***Le bus :*** possibilité d'utiliser les bus de *Kura Kura* pour circuler dans la zone. Lire plus haut « Arriver – Quitter ».

Adresses utiles

Infos touristiques

Tourist Information *(plan Kuta, B2)* **:** *2 jl. Raya Kuta, à* ***Kuta,*** *juste avt le poste de police. ☎ 76-61-81. Tlj 9h-21h.* Dans un édifice qui manque d'humilité et pratiquement vide. Quelques renseignements sur le district de Badung. Donne une carte du sud de Bali. Pas grand-chose, à vrai dire. Demander le *Bali Tourist Guide* et le *Calendar of Events.* Aussi un autre bureau *Balawista* sur la plage *(plan Kuta, A2 ; jl. Pantai Kuta, dans l'immeuble des* Lifeguards *; ☎ 75-56-60).*

Poste et Internet

Postes : *plusieurs agences postales dans Kuta, Legian et Seminyak ; jl. Raya Kuta (plan Kuta, B2), près de l'office de tourisme. Faire 100 m dans la ruelle (fléchage « Pos »). Lun-sam 8h-17h. Autre adresse sur jl. Legian (plan Kuta, A-B1) ; tlj 8h-23h (19h dim). Également : Sari Dewi Postal Agent, 55 jl. Patimura (presque à l'angle de jl. Legian ; plan Kuta, A1). Tlj 9h-21h. À Seminyak enfin : 11 jl. Kunti II (plan Legian-Seminyak, B1). Tlj 8h-19h (18h dim).* Service fiable. Poste restante et envoi de colis à tarifs très raisonnables.

@ ***Téléphone et Internet :*** très nombreuses boutiques dédiées, dont quelques *Wartel* à l'ancienne. On les trouve notamment sur jalan Legian, jalan Raya Kuta, Melasti, etc. Généralement ouverts 9h-23h, voire plus pour certains. Prendre le temps de comparer les prix (à partir de 8 000 Rps/h).

Argent, banques, change

Distributeurs de billets *(ATM)* à tous les coins de rue, de Kuta à Seminyak. C'est ce qu'il y a de plus pratique et de plus sûr !

Nombreux *money changers* dans les rues animées. Ils sont susceptibles d'offrir de meilleurs taux que les banques et les distributeurs. Attention quand même aux entourloupes. Préférer les officines dédiées comme celles de la société *PT Central Kuta* aux petites boutiques multi-activités.

Urgences

Police *(plan Kuta, B2,* ***2****)* **:** *jl. Raya Kuta. ☎ 75-15-98 ou 75-21-10. Accueil 24h/24.* En cas de vol ou d'accident.

Bali International Medical Center *(BIMC ; hors plan d'ensemble)* **:** *jl. Bypass Ngurah Rai. ☎ 76-12-63. • bimcbali.com • À la sortie de Kuta, sur la route de Sanur. Ouv 24h/24.* Le *BIMC* est une clinique privée très bien équipée, avec des médecins compétents, souvent formés à l'étranger et parlant tous un excellent anglais. Il y a même des ambulances. En cas de gros pépin, ne pas hésiter, c'est ici qu'il faut aller. Cela dit, soyez prévenu : les soins sont chers, très chers. Réservés à ceux qui n'ont pas oublié de prendre une bonne assurance (type *Routard Assurance*).

SOS Medika International *(hors plan d'ensemble)* **:** *505X jl. Bypass Ngurah Rai. ☎ 72-01-00. Consultation tlj 8h-20h ; urgences 24h/24.* Clinique privée. Là aussi, très fréquentée par les expatriés. Personnel anglophone. Un peu moins cher que le *BIMC.*

Pharmacies : plusieurs petites officines dans les 4 villes.

Compagnie aérienne et agences de voyages

Garuda Office *(plan Kuta, A2,* ***3****)* **:** *au* Kuta Paradiso Hotel, *sur jl. Kartika*

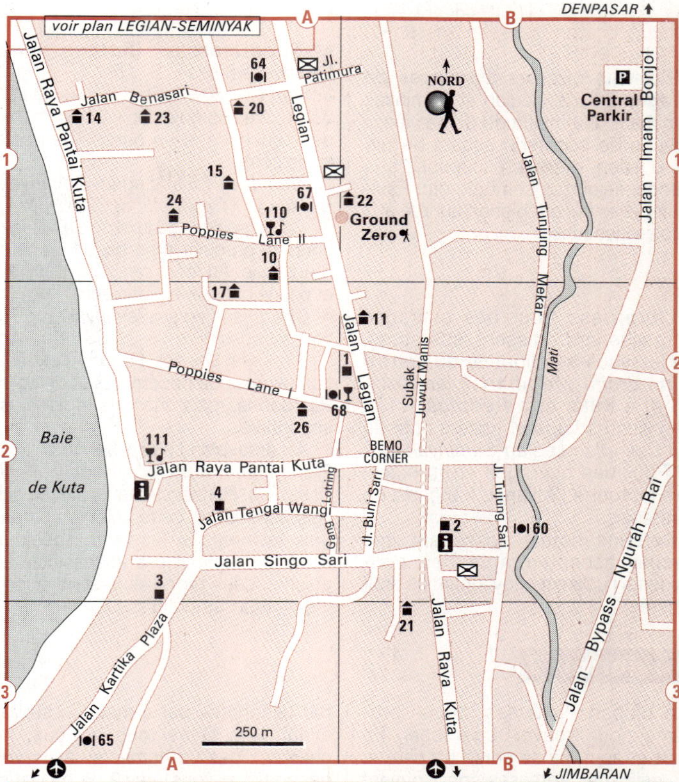

KUTA (BALI) – Zoom

■ Adresses utiles

- i Tourist Information (A-B2)
- **1** Perama (B2)
- **2** Police (B2)
- **3** Garuda Office (Kuta Paradiso Hotel ; A2)
- **4** Centre commercial Matahari (A2)
- **8** Kura Kura (hors plan par B2)

Où dormir ?

- **10** Ronta Bungalows (A1)
- **11** Aquarius Star Hotel (B2)
- **14** Komala Indah II Accomodation (A1)
- **15** Suka Beach Inn (A1)
- **17** Captain Goose et Hotel Sorga Cottages (A2)
- **20** Sidoi (A1)
- **21** Jesen's Inn II (B2-3)
- **22** Matahari Bungalows (B1)
- **23** Un's Hotel (A1)
- **24** Hotel Bounty (A1)
- **26** Poppies Lane Cottages (A2)

Où manger ?

- **60** Pasar Senggol (marché de nuit ; B2)
- **64** Kunti II (A1)
- **65** Kafé Batan Waru (A3)
- **67** Café Kopi Pot (A1)
- **68** Poppies (A-B2)

Où boire un verre ? Où sortir ?

- **110** Twice Bar (A1)
- **111** Hard Rock Café (A2)

Plaza. ☎ *361-761-414.* 📱 *0804-1-807-807* (call center). *Lun-ven 8h-16h30, w-e 9h-15h.*

■ Plusieurs dizaines d'***agences de voyages*** à Kuta, Legian et Seminyak proposant une multitude de services : location de scooters, achats de billets d'avion, de bus, excursions à la journée, séjours à Lombok, etc. Privilégier celles qui ont pignon sur rue aux simples kiosques.

Loisirs

■ ***Librairies :*** pour des ouvrages de qualité (art, artisanat, littérature), rendez-vous à la librairie du ***centre commercial Matahari*** *(plan Kuta, A2,* ***4****)* à Kuta, et à ***Periplus,*** 117X jalan Kunti à ***Legian,*** juste à côté du *Bali Deli (plan Legian-Seminyak, B1,* ***6****)*. Pour des ouvrages en français, faire un tour à l'Alliance française de Denpasar.

■ Certains hôtels possédant une ***piscine*** acceptent que des non-résidents l'utilisent, moyennant un droit d'entrée.

Divers

Supermarché Bintang *(plan Legian-Seminyak, B1,* ***5****) :* *17 jl. Raya Seminyak.* ☎ *73-05-52. Tlj 7h30-22h30.* Très complet, on y trouve même des souvenirs et un bureau de poste sur le côté.

Bali Deli *(plan Legian-Seminyak, B1,* ***6****) :* *117X jl. Kunti.* ☎ *73-86-86. Tlj 7h-22h.* L'épicerie de luxe de Bali. Beaucoup de produits importés d'Europe et d'Australie. Au fond, *salad bar* très frais et bonne pâtisserie. Patio aéré.

■ ***DHL*** *(plan Legian-Seminyak, B2,* ***7****) :* *451 jl. Legian.* ☎ *76-21-38. Lun-ven 9h-17h, sam 9h-13h.* Service d'expédition express de documents et de colis. Pas donné, mais quand la rapidité est impérative...

■ ***Air Asia*** *(plan Legian-Seminyak, B2,* ***7****) :* *23 jl. Sunset Rd.* ☎ *212-927-09-99. Tlj 8h-20h.* Renseignements et résa des vols affrétés par cette célèbre compagnie lowcost. Si les tarifs spéciaux « online » ne sont pas accessibles au guichet, ceux proposés restent quand même très compétitifs.

Où dormir ?

– La plupart du temps, aucun problème pour trouver à se loger. En juillet et août, ça se corse un peu, et les meilleures adresses sont souvent complètes. Par prudence, réservez par téléphone, par e-mail, ou arrivez avant 12h. Dans tous les cas, ne cherchez pas un *homestay* avec vos bagages ; si vous êtes 2, la meilleure solution consiste à ce que l'un des 2

■ **Adresses utiles**

- **5** Supermarché Bintang (B1)
- **6** Bali Deli et librairie Periplus (B1)
- **7** DHL et Air Asia (B2)

Où dormir ?

- **30** Senen Beach Inn (B2)
- **31** Sri Beach Inn (B2)
- **32** Suriwathi Beach Hotel (B2)
- **33** The Amala (B1)
- **35** Pearl (B2)
- **37** Baleka Beach Resort (B2)
- **38** Alam Kulkul (B2)
- **40** Ned's Hideaway (B1)
- **42** Ananda Resort & Spa (A1)
- **43** Raja Gardens (A1)
- **44** Villa Kresna (A1)
- **45** Bali Agung Village (A1)

Où manger ?

- **34** Mama San (B1)
- **35** Pearl (B2)
- **81** Legian Snacks (B2)
- **83** Monsieur Spoon (Oberoi ; A1)
- **84** Kuali Restaurant (A2)
- **85** Gosha Restaurant (B1)
- **86** La Lucciola (A1)
- **88** Warung Murah (B1)
- **90** Café Seminyak (B1)
- **92** Zula – Vegetarian Paradise (B1)
- **94** Café Moka (B1)
- **95** Warung Italia (B1)
- **98** Waroeng Asia (B2)
- **99** Pantarei (B1)

Où boire un verre ? Où sortir ?

- **112** The Legend (B2)
- **113** Billys Bar (B2)
- **117** Jaya Pub Bali (B1)
- **120** Santa Fe (B1)
- **122** Ku-De-Ta (A1)
- **123** La Plancha et Cocoon Beach Club (A1)

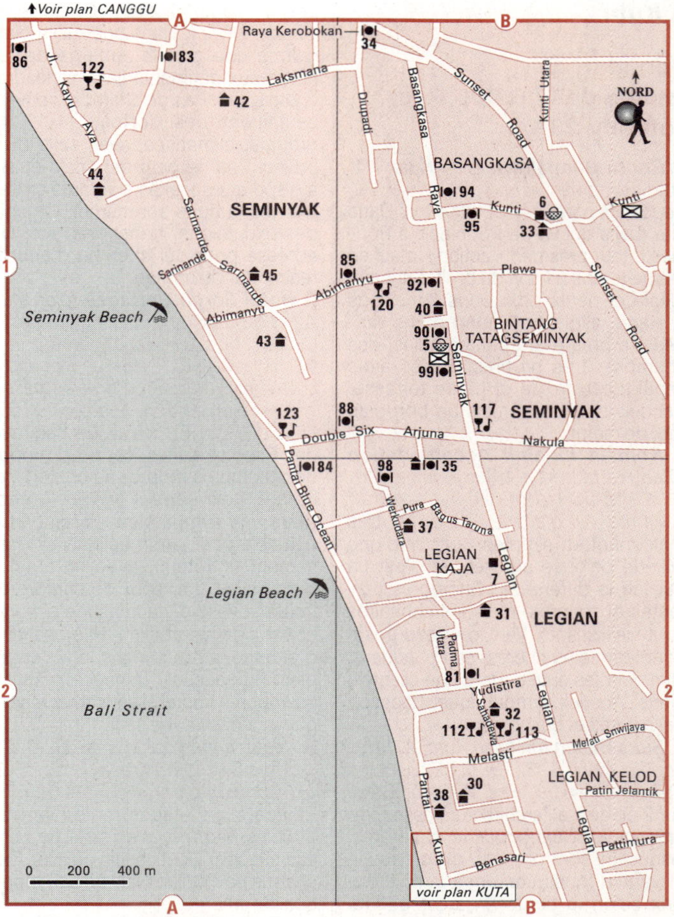

LEGIAN-SEMINYAK – Zoom

se pose dans un café avec tous les sacs, tandis que l'autre part à l'affût de l'adresse rare.

– Vérifiez toujours si les éventuelles taxes sont incluses dans le prix.

– Méfiez-vous des noms parfois très voisins que peuvent porter les établissements. Ainsi, ne confondez pas le *Mama Beach Inn* et le *Mama Beach Garden Inn* !

– Les prix varient parfois du simple au double selon la saison. Nous avons essayé d'en tenir compte dans nos fourchettes, mais des surprises sont toujours possibles. En basse saison, ils se négocient facilement. En haute saison, essayez...

– Comme d'hab, sauf mention contraire, le petit déj est toujours inclus.

À Kuta

Bon marché (moins de 350 000 Rps, soit env 23 €)

🏠 ***Ronta Bungalows*** *(plan Kuta, A1,* ***10****)* **:** *Poppies Lane II. ☎ 75-42-46. Doubles à partir de 190 000 Rps.* Dans une ruelle qui va de Poppies II à Poppies I, tout près de l'« action » mais en même temps à l'abri du bruit. Situation idéale et petits prix. Dans 2 maisons à étage, alignées le long d'une rangée d'arbres et de petites haies, des chambres très propres, toutes avec ventilo, eau froide et petite terrasse. Accueil indifférent, mais un bon plan tout de même.

🏠 ***Komala Indah II Accomodation*** *(plan Kuta, A1,* ***14****)* **:** *jl. Benasari. ☎ 75-42-58. L'hôtel est en retrait de la rue, avt d'arriver à la plage.* Des maisonnettes simples, autour d'une grande pelouse arborée, et c'est ça qui fait la différence. Chambres correctes et propres, mais les sanitaires sont vieillissants. Ventilo et eau froide pour les moins chères, eau chaude et clim pour les autres. Pour une clientèle jeune. Accueil sympathique. Location de voitures et de motos.

🏠 ***Suka Beach Inn*** *(plan Kuta, A1,* ***15****)* **:** *Poppies Lane II. ☎ 75-27-93. Doubles à partir de 130 000 Rps.* Petit complexe sur 2 étages, à l'architecture assez traditionnelle. Beaucoup de chambres, lesquelles sont propres, avec douche et ventilo (quelques-unes avec clim). Prix selon le confort. Jardin central agréable et petite piscine. Dans les chambres, pas de serviettes, ni papier toilette, ni savon, ce qui explique les prix bas. Très prisé des surfeurs australiens. Ambiance internationale bien agréable. Propose de nombreux services : location de motos, billets de bus, etc. Local à l'entrée où déposer sa planche de surf. Un peu ramassé et bruyant, c'est son seul défaut. Accueil souriant.

🏠 ***Captain Goose*** *(plan Kuta, A2,* ***17****)* **:** *dans une ruelle entre Poppies Lane I et II, tt près de Sorga Cottages. ☎ 475-20-47. 📱 081-239-708-033. • captaingoosebali@gmail.com • Nuitée en dortoir 150 000-230 000 Rps selon nombre de lits.* Dans une ruelle plutôt calme, une grosse auberge de jeunesse aux bâtiments flashy encadrant une piscine. Pas de chambres privées, seulement des dortoirs (4-12 lits), propres, climatisés, avec salle d'eau privée. Pas de petit déj, mais cuisine à dispo et pancakes à volonté toute la journée (à cuire soi-même). Organise des excursions, transports, etc. Une adresse pour qui cherche d'abord à rencontrer du monde.

🏠 ***Hotel Sorga Cottages*** *(plan Kuta, A2,* ***17****)* **:** *dans une ruelle située exactement entre Poppies Lane I et II. ☎ 75-18-97 ou 75-86-13. • contact@hotelsorgakuta.com • hotelsorgakuta.com • Selon confort, doubles 295 000-355 000 Rps.* En retrait de l'agitation des Poppies Lanes, cet hôtel propose des chambres propres au confort vieillissant mais correct (visitez !), encadrant une sympathique piscine et un agréable petit jardin balinais soigneusement entretenu, avec un autel en plein milieu. 3 niveaux de confort (eau froide et ventilo, eau chaude et ventilo et eau chaude et clim). Pas beaucoup d'espace autour, mais on s'y sent bien. Bon accueil. Transport gratuit de l'aéroport à l'hôtel si vous avez réservé, payant dans l'autre sens !

🏠 ***Jesen's Inn II*** *(plan Kuta, B2-3,* ***21****)* **:** *jl. Singo Sari, gang Kresek 7. ☎ 75-26-47. Doubles à partir de 280 000 Rps.* Édifice sur 2 étages renfermant des doubles propres, avec salle de bains, eau chaude, TV et ventilo ou clim. Sans charme particulier, mais un bon rapport qualité-prix.

Prix moyens (de 350 000 à 700 000 Rps, soit env 23 à 46 €)

🏠 ***Sidoi*** *(plan Kuta, A1,* ***20****)* **:** *jl. Benasari. ☎ 75-06-75. • sidoihotelkuta.com • Doubles 290 000-580 000 Rps.* Organisé autour d'une cour avec piscine, cet hôtel à l'architecture un peu lourde, inspirée de la tradition balinaise, propose des chambres d'une excellente tenue, toutes spacieuses et très bien équipées (clim, TV, frigo). Les *standard,* quelquefois un

CANGGU – ZOOM

Où dormir ?

- **50** Puri Madawi (B2)
- **52** Tugu Bali (A1)
- **53** Green Room (A1)
- **55** Frii Bali Echo Beach (A1)

Où manger ?

- **102** Warung Murah (B2)
- **103** Warung Sulawesi (B2)
- **104** Warung Sobat (B2)
- **105** Rustica (B2)
- **106** Sardine (B2)
- **107** Roti Canai et Monsieur Spoon (Canggu ; A1)
- **108** Warung Bu Mi (A1)
- **109** Warung Ithaka (A1)
- **110** Warung Dandelion (A1)
- **127** Warung Goûthé (B1)

Où boire un verre ? Où sortir ? Où danser ?

- **125** Restos-bars d'Echo Beach (A1)
- **126** Potato Head (B2)
- **128** Old Man's (A1)

Achats

- **112** Poule de Luxe (B2)

peu sombres, sont calmes, contrairement aux *deluxe,* tournées vers la grosse animation du quartier. Accueil charmant.

Un's Hotel *(plan Kuta, A1,* ***23****) : 16 jl. Benasari. ☎ 475-39-36. • unshotel.com • Doubles sans ou avec clim 380 000-490 000 Rps ; familiales 550 000-695 000 Rps ; bungalow 798 000 Rps.* Bel établissement typique, construit autour d'une piscine centrale de taille raisonnable et d'un joli jardin, dont le standing et le calme témoignent de l'ambiance générale.

Les chambres sont disposées dans 2 édifices d'un étage, tout en longueur, chacune avec sa part de large terrasse. Spacieuses et confortables, elles sont décorées avec des meubles balinais. Certaines avec salles de bains extérieures, bien agréables. Dommage que certaines chambres sans clim n'aient pas de moustiquaire. Clientèle plutôt familiale qui apprécie le bon rapport qualité-prix.

Aquarius Star Hotel *(plan Kuta, B2,* ***11****) : 116 jl. Legian. ☎ 75-65-73 ou 74. • aquariushotel@yahoo.com • Doubles 495 000-880 000 Rps selon saison.* En retrait de la rue, un hôtel contemporain, conçu autour d'une piscine biscornue épousant la forme des bâtiments. Les chambres les plus chères donnent directement sur l'eau, on s'immerge depuis sa terrassette... Le prix baisse ensuite à mesure que l'on monte dans les étages (2 niveaux), mais aménagement et confort restent les mêmes : lignes claires et modernes, clim, douche pluie, etc. Également des bungalows. Accueil inexistant, dommage.

De chic à plus chic (à partir de 700 000 Rps, soit env 46 €)

Matahari Bungalows *(plan Kuta, B1,* ***22****) : 210 jl. Legian. ☎ 75-16-16 et 75-44-17. • mataharibungalows.com • Double standard env 67 € (moins cher depuis Internet). Matahari* signifie « soleil », donc, bienvenue aux « bungalows du soleil » ! Plutôt que de bungalows, parlons davantage de maisonnettes à étages. Vaste complexe tout en longueur, qui s'achève par une piscine magnifique et une grande pelouse. Sur les côtés, des chambres bien tenues. Toutes avec eau chaude, TV et clim. Étonnamment silencieux malgré la proximité de la trépidante jalan Legian, mais il faut impérativement choisir une chambre au fond du jardin, proche de la piscine. Elles sont beaucoup plus jolies, agréables et calmes. Accueil indifférent.

Hotel Bounty *(plan Kuta, A1,* ***24****) : 18 jl. Segara Batu Bolong. ☎ 75-30-30. • bountyhotel.com • Doubles à partir de 30 €.* Au cœur des Poppies, tout près de la plage, un grand complexe hôtelier plutôt chic, spécial jeunesse dorée... et méga fiestas. Chambres tout confort bien aménagées, disséminées dans le jardin et autour des 2 piscines. Certaines sont plus au calme que d'autres, d'où l'importance de bien les choisir. Les plus agréables sont à l'étage. TV câblée, billard, table de ping-pong, bars, piscines, etc. Coffres-forts à la réception. Musique forte dès le matin, bière qui coule à flots... Une routine qui peut en barber certains.

Poppies Lane Cottages *(plan Kuta, A2,* ***26****) : Poppies Lane I. ☎ 75-10-59. • poppiesbali.com • Doubles à partir 120 €.* Dans un grand et paisible jardin, le proprio du resto du même nom a construit une vingtaine de superbes cottages bien séparés les uns des autres, au décor raffiné et d'un excellent confort : jolis tissus et tentures, belle salle de bains extérieure, chaîne stéréo, lecteur DVD, ventilo et clim... Pas franchement routard, mais vraiment charmant. Piscine divine, bordée de bougainvillées, de statues de pierre, avec webcam branchée dessus entre 15h et 18h (de quoi faire rêver les collègues de bureau !). Petites mares à nénuphars et cascades. Ce lieu n'est que calme et bon goût.

À Legian

Coincé entre la plage (jalan Pantai Legian) et la route (jalan Legian), Legian est innervé par 3 rues qui rejoignent la mer (jalan Melasti, Padma et Pura Bagus Taruna) et un axe nord-sud intermédiaire qui se fraie un passage avec difficulté. Même si Kuta et Legian ne font plus qu'un depuis longtemps, c'est un peu plus cool par ici.

Bon marché (moins de 350 000 Rps, soit env 23 €)

Ces 2 sympathiques adresses *old school* surnagent bravement parmi une foule de concurrentes qui n'ont plus l'énergie de rester à flot. Ambiance familiale, prestations minimales (faudra demander pour le ménage ; seulement du café ou du thé le matin), mais en accord avec le prix au ras des flots.

☗ ***Senen Beach Inn*** *(plan Legian-Seminyak, B2,* ***30****)* **:** *Camplung Mas Lane, à droite depuis le 25 gang Lebak Bene. ☎ 75-54-70. Doubles 120 000-170 000 Rps selon type.* Petits bungalows mitoyens autour d'un jardinet bien entretenu. Tous avec des gros fauteuils en rotin sur les terrasses. Ventilo et eau froide dans toutes les chambres, qui sont propres, équipées d'une douchette et d'un *mandi* dans les salles de bains. Ambiance simple, tranquille et familiale. Location de motos et de surfs. Le sympathique jeune patron parle 5 mots de français. Peut-être 6...

☗ ***Sri Beach Inn*** *(plan Legian-Seminyak, B2,* ***31****)* **:** *gang Legian Tengah. ☎ 75-58-97. Depuis jl. Legian, repérer le panneau entre jl. Padma/Yudistra et jl. Pura Bagus Taruna, puis suivre les indications parmi les ruelles (demander s'il le faut, tt le monde connaît). Selon type et saison, doubles 230 000-330 000 Rps.* 3 petites chambres mitoyennes et 2 plus grandes, avec coin cuisine rudimentaire, clim et eau chaude. Le tout de plain-pied, avec un jardin au milieu et un petit temple à l'entrée. Jeune manager très sympa, qui pourra vous trouver une mob pas chère, par exemple.

Prix moyens (de 350 000 à 700 000 Rps, soit env 23 à 46 €)

☗ ***Suriwathi Beach Hotel*** *(plan Legian-Seminyak, B2,* ***32****)* **:** *12 jl. Sahadewa. ☎ 75-31-62. • suriwathi.com • Doubles à partir de 565 000 Rps.* Chambres standard déjà assez agréables et calmes, à l'étage, au fond du jardin. Les *superior* et *deluxe*, avec clim, TV et frigo, sont aménagées dans des bungalows en dur le long d'une allée jardinée ou autour d'un carré de gazon qui manque d'intimité. Piscine et resto. Bon accueil. Mieux vaut réserver, car c'est souvent complet.

Chic (de 700 000 à 1 200 000 Rps, soit env 46 à 80 €)

☗ ***Baleka Beach Resort*** *(plan Legian-Seminyak, B2,* ***37****)* **:** *jl. Werkudara. ☎ 75-19-31. • balekaresort.com • Au nord de Legian, au bout de la plage. Doubles 60-120 € selon catégorie et saison.* Bel établissement, à 100 m de la plage et à l'écart de l'agitation. Maisonnettes de style balinais traditionnel, serrées les unes contre les autres dans un jardin tout en longueur. Très propre et correctement équipé (clim, TV, minibar et coffre). Les moins chères se trouvent tout au fond, en face de la piscine. Également des suites bien plus coûteuses sans que le confort proposé soit très différent. Jolie piscine et allées bordées d'arbustes fleuris. Bon établissement dans sa catégorie.

☗ ***Pearl*** *(plan Legian-Seminyak, B2,* ***35****)* **:** *jl. Arjuna-Double Six. ☎ 73-27-43. • balihotel-pearl.com • Doubles 65-85 € selon type et saison. N'accepte pas les enfants de moins de 15 ans.* Niché au bout d'un passage, ce boutique-hôtel d'une dizaine de chambres réparties dans des pavillons d'un étage entoure un paisible jardin avec piscine. Toutes disposent d'une terrasse ou d'un balcon – très vaste dans les *deluxe* – et sont bien dotées (TV satellite, clim, frigo, etc.). Mobilier aux lignes simples et, çà et là, quelques touches de couleurs vives. Gestion assurée par un couple de Français, dont le fils fait des prouesses côté resto (voir « Où manger ? »). Un bon choix pour qui veut du calme sans être loin de tout.

Plus chic (plus de 1 200 000 Rps, soit env 80 €)

☗ ***Alam Kulkul*** *(plan Legian-Seminyak, B2,* ***38****)* **:** *jl. Pantai Kuta. ☎ 75-25-20. • alamkulkul.com •* Le long de la grande plage de Kuta, un ensemble de villas de luxe : lits à baldaquin, petits objets de déco en osier, magnifiques salles de bains à ciel ouvert, grandes terrasses et tous les

BALI

attributs du grand confort moderne. 2 piscines : l'une pour barboter et l'autre pour nager. Salon de relaxation à côté du lobby. Loue aussi des appartements. Pour le prix demandé, on trouve quand même les allées des villas assez étroites et les maisons un peu les unes sur les autres, sans véritable dégagement.

À Seminyak

Une sorte de désert en matière d'adresses bon marché. On en indique quand même une pour dépanner !

Bon marché (moins de 350 000 Rps, soit env 23 €)

Ned's Hideaway *(plan Legian-Seminyak, B1,* ***40****)* **:** *3 gang Bima. ☎ 73-12-70. • nedshide@dps.centrin.net.id • Dans jl. Seminyak, en venant de Kuta-Legian, tourner à gauche au niveau du* Shisha Restaurant, *puis c'est sur la droite. Limite basse de la fourchette.* Bâtiment sur un étage, le long d'une courette où se situe le bar-réception avec une télé allumée jour et nuit. L'une des adresses les moins chères (ventilo ou clim et eau chaude), mais l'accueil laisse à désirer et les salles de bains sont assez vétustes. Demander une chambre à l'étage et loin de la réception, c'est plus calme. Entretien global moyen.

Chic (de 700 000 à 1 200 000 Rps, soit env 46 à 80 €)

Ananda Resort & Spa *(plan Legian-Seminyak, A1,* ***42****)* **:** *1001 jl. Oberoi (ou jl. Laksmana). ☎ 73-05-26. • ananda_resort@hotmail.com • Dans la rue des restos. Doubles à partir de 550 000 Rps.* On loge soit dans de petites maisons de style traditionnel à un étage, soit dans des bungalows assez luxe avec jardinet privé et terrasse. Toutes les chambres sont coquettes, avec clim, eau chaude, TV, d'énormes salles de bains et un petit salon. Attention cependant, certaines commencent à accuser le poids des ans. Belle piscine avec fontaine tout en arrondis, très engageante.

Raja Gardens *(plan Legian-Seminyak, A1,* ***43****)* **:** *jl. Abimanyu. ☎ 73-04-94 ou 934-89-57. • jdw@eksadata.com • Doubles avec ventilo ou clim, respectivement à partir de 560 000 et 780 000 Rps.* Belle et généreuse pelouse plantée de hauts arbres, au fond de laquelle se trouve une maisonnette de 2 chambres, puis, plus loin, une série de quelques chambres plus simples, le long d'une terrasse surélevée face à la piscine. Murs couverts de bambou tressé, lits en bois, salle de bains extérieure. Ensemble spacieux et lumineux, simple et de bon goût. Piscine de belle taille, avec quelques transats. Tenu par John, un sympathique Australien.

Plus chic (plus de 1 200 000 Rps, soit env 80 €)

Villa Kresna *(plan Legian-Seminyak, A1,* ***44****)* **:** *19 jl. Sarinande. ☎ 73-03-17. • villakresna.com • Dans une ruelle qui mène à la plage, à 100 m ; accès par jl. Abimanyu. Villas et suites à partir d'env 115 €. Réduc sur Internet.* Petit complexe hôtelier ayant pas mal de charme. On loge dans des suites ou villas lumineuses et confortables, à la déco soignée : terrasse spacieuse avec canapé de repos, vaste lit avec moustiquaire, belle salle de bains. Petite piscine de forme amusante qui sinue entre les espaces. Un petit havre de paix, pour ceux qui peuvent se l'offrir. Seul défaut, l'endroit est un peu confiné et il n'y a pas beaucoup d'espace autour. À quelques centaines de mètres, le *Villa Kresna Sunset Village* est encore beaucoup plus luxe et... cher.

Bali Agung Village *(plan Legian-Seminyak, A1,* ***45****)* **:** *jl. Abimanyu (presque au bout de la rue, accès sur la gauche, en suivant les indications). ☎ 73-03-67. • baliagung-village.com • Doubles avec clim à partir de 93 €.*

Chouette hôtel, au calme, qui propose des chambres dans de jolis bungalows en pierre de taille, entièrement sculptés, équipés d'un mobilier de style, l'ensemble respectant bien l'architecture balinaise. Différents niveaux de confort et de prix. Petite piscine. Malheureusement, le tout est un peu ramassé. De la terrasse et de certaines chambres, on aperçoit les rizières, juste derrière. Éviter les chambres dans les villas, plus grandes mais surtout beaucoup plus chères. Situées au cœur de l'ensemble, elles sont enserrées dans un trop petit espace. Sympathique mais sans aucun dégagement. Bon accueil.

The Amala *(plan Legian-Seminyak, B1,* ***33****) : jl. Kunti I. ☎ 300-10-13. • theamala.com • Studios à partir de 185 €. Interdit aux enfants de moins de 12 ans.* Un complexe hôtelier en retrait, très intimiste. Quelques studios (25 m²), certains un peu sombres, décorés avec goût dans un esprit zen et végétal, entourent la piscine. Chacun dispose de la clim et d'une douche en plein air. Pour les amateurs de grands espaces, une dizaine de villas avec piscine ou jacuzzi privatif. Panneaux solaires, murs végétaux, coton organique, yoga, spa holistique, etc. Bref, tout un concept poussé à l'extrême. Si ce n'est pas votre truc, passez votre chemin ! En tout cas, quiétude assurée.

À Canggu

Chic (de 700 000 à 1 200 000 Rps, soit env 46 à 80 €)

Frii Bali Echo Beach *(plan Canggu, A1,* ***55****) : 32 jl. Munduk Catu, Batu Bolong. • phm-hotels.com/friihotels/hotel/baliechobeach • À partir de 50 €.* Un peu en retrait de la plage, un immeuble hyper design et... un peu incongru en plein milieu des rizières ! On aime beaucoup les chambres du rez-de-chaussée avec piscine privée. Belle vue sur la région au sommet de la tour et du resto sur le toit. Tout confort. Parfait pour buller.

Plus chic (à partir de 1 200 000 Rps, soit env 80 €)

Green Room *(plan Canggu, A1,* ***53****) : Subak Catur. ☎ 846-91-86. • thegreenroombali.com • Doubles 64-212 €, lit en dortoir 32 €, cours de surf inclus.* À quelques encablures de la plage, un petit complexe où les surfeurs trouveront leur bonheur : chambre à partager avec d'autres fans de la glisse (mais aussi une villa ou des chambres *deluxe* pour plus de confort et d'intimité), avec cours de surf et petit déj inclus. Déco blanche avec touches colorées, le tout noyé sous la verdure. Bon rapport qualité-prix. Grande piscine, des bains de soleil pour paresser. Ambiance de grande colo !

Puri Madawi *(plan Canggu, B2,* ***50****) : jl. Petitenget, 68 gang Cendrawasih. ☎ 53-93-55-95. • madawi.com • Selon type et saison, doubles 100-135 €. Promos sur Internet.* Posé au milieu de vestiges de rizières peu à peu grignotées par le béton... Vous désiriez une entame plus romantique ? Mais c'est ça, la côte sud ! Cela dit, ce petit hôtel récent et loin des embouteillages offre des chambres confortables, dont les plus plaisantes encerclent une petite piscine nickel. Niché tout en long entre ses murs, on s'y sent plus dans un cocon protecteur que dans un espace confiné. L'agréable plage de Batubelig (rubrique « À voir ») est à quelques minutes de marche, le coin est plein de bons restos, et l'on peut facilement rejoindre le cœur de l'animation (2 € en taxi pour Seminyak, 3 € et des poussières pour Kuta). Bon petit déj à la carte, goûter offert. Accueil pro et souriant.

Tugu Bali *(plan Canggu, A1,* ***52****) : jl. Pantai Batu Bolong, Canggu Beach. ☎ 73-17-01. • tuguhotels.com • Doubles à partir de 245 €.* Au milieu des lotus, de superbes villas, très spacieuses, dans un cadre unique composé d'antiquités balinaises. On a un peu l'impression de vivre dans un grand musée asiatique ! L'idéal pour une escapade romantique, près de cette plage de pêcheurs, un peu à l'écart. Spa n'utilisant que des produits naturels, piscine superbe, restaurant, cours de cuisine ; le grand luxe, dans un cadre joliment verdoyant.

Où manger ?

À Kuta

Les restos sont nombreux et évoluent très rapidement à Kuta. Certaines de nos adresses seront peut-être périmées : il suffit que le patron ou le cuisinier change pour que tout se casse la figure. La plupart des établissements proposent de tout (plats indonésiens et européens) et à presque tous les prix. Cuisine en général correcte, mais vous trouverez généralement mieux à Legian, Seminyak et Canggu.

Bon marché (moins de 45 000 Rps, soit env 3 €)

🍽 ***Pasar Senggol*** *(marché de nuit ; plan Kuta, B2,* ***60****)* **:** *dans jl. Blambangan, à l'est de la ville. À proximité de l'office de tourisme. Seulement le soir, 18h-22h, mais quelques échoppes ouvrent aussi le midi ; d'autres servent dès 16h.* L'endroit le moins cher du coin. Le marché en lui-même n'existe plus, mais il reste tout de même plusieurs restos particulièrement bon marché autour d'une cour. On est certain d'y manger des plats indonésiens (*gado gado, babi guling, cap cay,* poisson) et d'inspiration chinoise, simples et frais. Très agréable de dîner dans cette ambiance, à la lumière des lampes à acétylène, bien loin de la faune du bord de plage.

Prix moyens (de 45 000 à 80 000 Rps, soit env 3 à 5,40 €)

🍽 ***Kunti II*** *(plan Kuta, A1,* ***64****)* **:** *2 jl. Benasari. ☎ 76-59-34.* Tout petit *warung* à la japonaise avec un *sushi bar* et des tabourets. Dans cette salle de poche ouverte sur la rue et zen, on s'assoit sur des coussins ou on s'installe à l'occidentale. Les *sushimen,* indonésiens, sont très doués dans la préparation de *sashimis sets* et des sushis. Plusieurs menus complets et à prix honorables. Portions copieuses et présentation soignée. Petit verre d'arak coupé d'un filet de citron en apéritif. Bon accueil.

🍽 ***Kafé Batan Waru*** *(plan Kuta, A3,* ***65****)* **:** *jl. Kartika Plaza. À côté du centre commercial* Discovery*.* Il s'agit de la succursale du resto du même nom à Ubud. Même type de carte avec plein de spécialités indonésiennes. Grande salle ouverte et bien aérée. L'ardoise propose 3 ou 4 plats du jour vraiment très bien, ainsi que des hamburgers, sandwichs et *wraps.* Goûter au *ginger ale fizz,* très rafraîchissant, et à l'*urap pakis,* des fougères tendres dans une sauce coco épicée.

De chic à plus chic (plus de 80 000 Rps, soit env 5,40 €)

🍽 ***Café Kopi Pot*** *(plan Kuta, A1,* ***67****)* **:** *139 jl. Legian. ☎ 75-26-14. Tlj 7h-23h. Compter 80 000-190 000 Rps.* Devant la grande rue, certes, mais espaces aménagés presque comme un jardin et ombragés par un grand arbre. Finalement assez cosy. On conseille les soupes, goûteuses, mais aussi tout simplement le *nasi campur,* succulent et complet. Le *gado gado* n'est pas mal non plus. En revanche, la salade niçoise est à revoir. Pour finir, toujours gagnant, le *home made cake.* Très bien également pour prendre un thé dans l'après-midi.

🍽 🍸 ***Poppies*** *(plan Kuta, A-B2,* ***68****)* **:** *Poppies Lane I. ☎ 75-10-59. Dans une ruelle piétonne très étroite, un peu plus loin que l'hôtel du même nom. Tlj 8h-23h. Catégorie « Plus chic ».* *Poppies,* qui fut le 1er resto (et cottage) de Kuta, est une véritable institution à Bali. Bien agréable pour y dîner, même s'il est très fréquenté et souvent complet (mieux vaut réserver). On vous sert dans un jardin envahi par les plantes tropicales. Une pièce d'eau égaie le tout. En entrée, goûter au poisson cru (sashimi). Excellents *soto ayam, lumpia* et *tongseng kambing.* Sinon, plats internationaux et *world* de manière générale (hamburgers, *spare-ribs* et *pepper steak*). Pour terminer, d'excellents yaourts. Essayer aussi la *piña colada,* servie dans une noix de coco sculptée.

À Legian

Bon marché (moins de 45 000 Rps, soit env 3 €)

|●| ***Legian Snacks*** *(plan Legian-Seminyak, B2,* ***81****) :* *77 jl. Padma Utara. ☎ 75-59-80. Tlj 9h-22h.* Pourra convenir pour le petit déj comme pour un repas léger. Longue carte de plats indonésiens et chinois, agrémentée de quelques propositions occidentales. On se contentera des plats locaux, très corrects, un peu plus chers que chez son voisin *Warung Yogya,* mais le cadre y est plus séduisant. Une vraie terrasse sur la rue, des nappes à carreaux, des lumières tamisées... Salle apprêtée tout en restant familiale.

Prix moyens (de 45 000 à 80 000 Rps, soit env 3 à 5,40 €)

|●| ***Kuali Restaurant*** *(plan Legian-Seminyak, A2,* ***84****) :* *jl. Pantai Blue Ocean. ☎ 73-02-45. Tlj 7h-23h.* Terrasse et salle de resto sous une paillote, les yeux presque dans le bleu, puisque la mer est de l'autre côté de cette rue, calme en journée et follement animée le week-end. À la carte, un peu de tout, mais un « tout » assez soigné : *pasta prawns, lambshop with lemongrass,* bœuf au poivre noir, soupe thaïe *tom yam, Indian chicken biryani, rijsttafel,* poissons et viandes grillées, ainsi que tous les classiques indonésiens. À l'heure du déjeuner, musique douce et ambiance tranquille, ainsi que d'intéressants *lunch special.*

|●| ***Gosha Restaurant*** *(plan Legian-Seminyak, B1,* ***85****) :* *jl. Camplung Tanduk. ☎ 73-87-01. Tlj jusqu'à 23h.* Resto surtout axé sur les produits frais de la mer, présentés dans une petite barque à l'entrée. Faites votre choix sans oublier de vous faire préciser le prix et d'indiquer le mode de cuisson souhaité : grillé, vapeur ou au court-bouillon. Cuisine ouverte nickel. On mange dans une grande paillote tout en longueur, un brin aseptisée, sur fond de musique passe-partout.

Plus chic (plus de 150 000 Rps, soit env 10 €)

|●| ***Pearl*** *(plan Legian-Seminyak, B2,* ***35****) :* *jl. Arjuna-Double Six. ☎ 73-27-43. Ouv le soir seulement.* Dans le jardin de l'hôtel éponyme (voir « Où dormir ? »), ce resto mettra du baume au cœur de ceux qui se languissent de la cuisine hexagonale. Confit de canard, mille-feuille d'agneau, bisque de homard, trio de chocolat... sont concoctés par le talentueux jeune chef français. Au mobilier contemporain un peu clinique de la salle, on préfère le romantisme des tables du jardin.

À Seminyak

On trouve ici une multitude de *warungs* et restaurants, pour tous les budgets, et quelques excellentes adresses pour les plus fortunés. Jalan Abimanyu (la « rue de la soif ») et surtout jalan Laksmana (la « rue de la faim »), également connue sous le nom d'Oberoi, permettent de faire un tour du monde culinaire sans quitter Bali !

Bon marché (moins de 45 000 Rps, soit env 3 €)

|●| ***Warung Murah*** *(plan Legian-Seminyak, B1,* ***88****) :* *99 jl. Arjuna-Double Six. ☎ 73-20-82.* Dans un petit local classique amplement ouvert sur

la rue, ce self typique est l'une des cantines préférées des autochtones, ainsi que des touristes et résidents de toutes nationalités. Si vous voulez vous initier à la cuisine locale, réelle et sans simagrées, c'est ici que ça se passe. Choisir riz blanc, jaune (*kuning,* cuit avec du *turmeric* et du lait de coco) ou brun, puis parmi les plats chauds sur le comptoir et exposés en vitrine pour composer votre assiette. Offre extrêmement variée : poulet, bœuf, poisson, légumes, soja *tempe* ou *tahu,* etc. Tout ça frit, en curry, en ragoût ou en soupe, mais toujours goûteux. Une fois installé, on vous apportera de petits cartons indiquant les prix des mets choisis. On parie que vous passerez à la caisse rassasié et avec le sourire. Pour d'autres adresses fonctionnant selon le même principe, voir à Canggu.

|●| ***Café Seminyak*** *(plan Legian-Seminyak, B1, **90**) : 17 jl. Raya Seminyak, juste devant le supermarché Bintang. ☎ 73-69-67. Fermé à 22h30.* Tenu par Patrick, un Marseillais qui prépare un bon jambon-beurre, des pans-bagnats, des crêpes et des viennoiseries. Le midi, des formules, et même des *Thai pancakes.* Mais aussi et surtout de vrais gâteaux : *chocolate cake, apple pie, almond croissant, lemon meringue tart, black forest...* De quoi se régaler.

Prix moyens (de 45 000 à 80 000 Rps, soit env 3 à 5,40 €)

|●| ***Monsieur Spoon*** (**Oberoi** *; plan Legian-Seminyak, A1, **83**) : 2 jl. Kayu Cendana, Oberoi. ☎ 878-628-088-59. Tlj 7h-21h.* Gâteaux, tartelettes, pains au chocolat, mais aussi salades et tartes. Pour grignoter ou pour le goûter. Très bons mueslis maison pour le petit déj aussi !

|●| ***Zula – Vegetarian Paradise*** *(plan Legian-Seminyak, B1, **92**) : 5 jl. Abimanyu. ☎ 73-27-23. Au début de la rue. Tlj 7h-23h.* Grandes tables en bois et couleurs douces composent une paisible atmosphère. Un mini-*warung* végétarien, comme son nom l'indique, qu'on pourrait qualifier de balino-bobo. Sandwichs falafels, soupes, *nasi goreng* au riz bio, *mediterranean platter,* lentilles, etc. Longue liste de jus de fruits. Bonne cuisine « autourdumondesque », dont la singularité est le caractère *organic* des produits. Une cuisine super saine, donc, servie dans une toute petite salle aux murs jaune et terracotta.

|●| ***Café Moka*** *(plan Legian-Seminyak, B1, **94**) : jl. Seminyak. ☎ 821-441-1312. Tlj 7h-21h.* Tenu par un couple de *Frenchies,* ce café propose d'excellents petits déj à prix raisonnables, un joli choix de pains, viennoiseries et gâteaux, des sandwichs, des salades, ainsi que des petits plats de « chez nous » et d'ailleurs. Largement fréquenté par les expats, qui savent très bien où retrouver le bon goût d'un millefeuille ou d'un croissant aux amandes après un long séjour en Indonésie... Panneau de petites annonces bien fourni ; maisons à louer, voitures à vendre, cours de yoga, etc. Intérieur clean, aseptisé, même ; mais, faute de chaleur, il reste les saveurs.

|●| ***Warung Italia*** *(plan Legian-Seminyak, B1, **95**) : 2 jl. Kunti. ☎ 73-74-37.* La vogue des *warungs* étrangers est ici déclinée à la mode... italienne. Les spécialités de la Botte sont présentées sous forme de buffet ou à la carte. Joli choix parmi de grands classiques : excellente *melanzane parmigiana,* raviolis, spaghettis, gnocchis, salades et plus de 40 pizzas... On allait oublier les quelques desserts bien ficelés, les *gelati, espressi* et *caffè latte.*

|●| ***Sushi Hana*** *(plan d'ensemble, **97**) : 239 jl. Sunset. ☎ 849-65-01. Tlj jusqu'à 22h30.* Petit resto japonais, déco épurée et très bonne cuisine. Poulet mariné au citron et à la sauce soja, sushis, sashimis, etc. Le *sashimi set* est à conseiller, tout comme les plats de *noodles.* Les photos vous aideront à faire votre choix et à goûter des plats, tous plus raffinés les uns que les autres.

|●| ***Waroeng Asia*** *(plan Legian-Seminyak, B2, **98**) : jl. Werkudara. ☎ 73-92-37. À 100 m de l'intersection avec jl. Arjuna-Double Six, sur la gauche, en retrait de la rue. Tlj 13h-23h.* Petit établissement simple mais soigné, qui s'agrandit le soir d'une mignonne terrasse au calme, profitant

de la fermeture des boutiques installées dans ce recoin de ruelles. Connu pour ses nombreuses spécialités thaïes (*pad thai, Thai fried rice,* salade de papaye *som tam,* etc.), dont de bons currys. Les classiques indonésiens n'y sont pas en reste pour autant, tout comme les grillades. Bonne tambouille, portions honorables et service sans chichis. Tous les ingrédients d'une bonne adresse.

Chic (de 80 000 à 150 000 Rps, soit env 5,40 à 10 €)

|●| ***Mama San*** *(plan Legian-Seminyak, B1,* ***34****) : 135 jl. Raya Kerobokan. 📱 081-339-423-033. Plats à partir de 85 000 Rps.* Un « *kitchen bar lounge* » très aéré, à l'ambiance coloniale britannique de Shanghai dans les années 1920 mêlé à une déco industrielle, avec le chef Will Meyrick aux manettes. Cuisine asiatique inventive aux saveurs bien relevées. Pour une cuisine plus élaborée encore, demander le *tasting menu* à l'étage servi sous forme de portions *(45 000-110 000 Rps)* pour apprécier les dernières créations du chef.

|●| ***La Lucciola*** *(plan Legian-Seminyak, A1,* ***86****) : jl. Kayu Aya. ☎ 73-08-38. Derrière un parking et l'hôtel* Samaya Bali. *Tlj 9h-23h.* En bord de mer, entre plage et étendue herbeuse, un *joglo* (grande demeure indonésienne traditionnelle) sur 2 étages. L'idéal en amoureux. Cuisine méditerranéenne un peu surfaite, mâtinée de saveurs asiatiques. Service guindé. Tenue correcte appréciée. Terriblement charmant, surtout à l'heure du coucher de soleil (tout le monde fait pareil, pensez à réserver).

|●| ***Pantarei*** *(plan Legian-Seminyak, B1,* ***99****) : 17 jl. Seminyak. ☎ 73-25-67. Tlj 10h-23h (23h45 jeu et sam, 23h30 ven).* Cuisine grecque de bonne qualité et service attentionné. Grand choix d'entrées *(plate of assorted greek mezze, tarama, bourek...),* de plats de viande et de poissons grillés. Plats classiques comme la moussaka, la *souzoukakia* (boulettes de viande...). Aussi des pâtes et plats orientaux. *Set menu* le midi à des prix intéressants, c'est bien plus cher le soir. La décoration, elle, suit la mode zen et branchée à la fois : bassins aux poissons, bois peint, pierre noire et lumière tamisée. Excellent service.

À Canggu

De bon marché à prix moyens (moins de 80 000 Rps, soit env 5,40 €)

|●| ***Roti Canai*** *(plan Canggu, A1,* ***107****) : 58 jl. Batu Bolong (50 m après Monsieur Spoon en allant vers la plage). Tlj 7h-22h (minuit dim).* Décor de brocante pour ce snack spécialisé dans les *rotis,* ces crêpes indiennes fourrées d'un large choix d'ingrédients salés ou sucrés, à tremper, pour les 1res, dans une délicieuse sauce au curry doux. Également quelques plats indonésiens, des petits déj, des cafés et d'onctueux smoothies et *lassis* pour accompagner. Vend aussi à emporter. Un plan simple et vraiment pas cher.

|●| ☕ ***Monsieur Spoon*** *(****Canggu*** *; plan Canggu, A1,* ***107****) : 55 jl. Batu Bolong. 📱 087-862-808-859. Tlj 6h30-21h.* Le matin, avant d'aller surfer, le midi ou pour le goûter, y a pas d'heure pour *Monsieur Spoon* ! Créée par des Français, une adresse parfaite pour un petit déj gourmand (granola maison), une salade fraîche et copieuse, une crêpe au Nutella (naturellement) et des tartes au chocolat extra. Jardin sympa pour paresser au cœur de l'animation de Canggu.

|●| ***Warung Bu Mi*** *(plan Canggu, A1,* ***108****) : 52 jl. Batu Bolong. 📱 081-337-949-676. Tlj 8h-22h.* Grande variété et fraîcheur assurées. Tout est conservé derrière une vitrine, on choisit et on emporte à la plage, ou l'on déguste sur les quelques tables à l'ombre, arrosé d'un jus de noix de coco tranché sous vos yeux. Ambiance cool.

|●| ***Warung Ithaka*** *(plan Canggu, A1,* ***109****) : 96A jl. Batu Bolong. 📱 081-239-325-317. Tlj 7h-23h.* Petite paillote de bord de route, carte hispano-indonésienne originale et une poignée de tables. Mélanges de saveurs et de

BALI

goûts osés mais délicieux. Légumes frits, poulet à l'orange ou encore *Ithaka combo,* où l'on retrouve l'aïoli. On a tout aimé ! Petits jus de fruits détox pour se remettre. Ne désemplit pas. Possible d'emporter.

Warung Goûthé *(plan Canggu, B1,* ***127****) : 7A jl. Pantai Berawa. 081-239-041-256. • warung-gouthe.business.site • Lun-sam 7h30-22h. Fermé dim.* Le spot préféré des expats et des routards de passage. Grande terrasse et canapés pour paresser. Ou pour jouer à la pétanque ! Terrain à proximité. L'idéal pour un petit déj ou un brunch. Plat unique le midi et brochettes le soir.

Warung Murah *(plan Canggu, B2,* ***102****) : au tt début de jl. Petitenget.* Voir son grand frère à Seminyak : même principe, même résultat ! Ne pas s'inquiéter du brouhaha dû au trafic incessant de la rue, il s'atténue comme par magie quand on déguste la cuisine simple mais goûteuse de ce self à l'indonésienne.

Warung Sulawesi *(plan Canggu, B2,* ***103****) : 57B jl. Petitenget. ☎ 74-63-052. 082-147-562-779. En retrait de la rue, par un chemin quasi en face d'une épicerie Circle K (panneau). Tlj 7h-20h.* Une fréquentation composite, rassemblant autochtones et expats du coin, est toujours un bon indice. Bingo sur ce coup, ce *warung* est une gemme ! Comme dans nos meilleurs plans dans cette catégorie, le choix se fait au comptoir parmi les plats exposés, et on paie à la fin en présentant les tickets récoltés. Ou comment faire venir l'eau à la bouche « par les yeux »... et ne pas être déçu, vu la tonalité particulièrement parfumée des mets proposés, venus tout droit des Célèbes (Sulawesi), tout comme la très gentille équipe en charge. Les sensibles aux épices demanderont conseil pour trouver leur bonheur sans problème. Moitié terrasse couverte, moitié cour jardinée et un petit côté rétro, voici de plus une atmosphère inhabituelle pour un petit *warung.*

Warung Sobat *(plan Canggu, B2,* ***104****) : 11A jl. Batubelig. ☎ 473-89-22. Tlj 11h-23h30 env.* Salle tout en brique additionnée de recoins, qui s'apparente plus à un resto classique qu'à une cantoche. *Special of the day* sur l'ardoise, plats indonésiens et balinais, dont des spécialités sur commande comme le canard *betutu* (canard fumé), poissons et viandes servis à la chinoise, sur des plaques de fonte, et recettes à l'occidentale souvent d'accent italien. Tout un programme pour une tambouille honorable plutôt qu'enthousiasmante, car elle manque un peu de caractère. Les prix restés raisonnables malgré le succès et le service agréable maintiennent cette adresse parmi les bonnes.

De chic à plus chic (plus de 80 000 Rps, soit env 5,40 €)

Warung Dandelion *(plan Canggu, A1,* ***110****) : 10 jl. Batu Bolong. 089-622-965-413. Tlj le soir, à partir de 17h.* Dans un superbe *joglo,* maison traditionnelle javanaise tout en bois, un resto raffiné. Déco chinée superbe, tables, serviettes, couverts, centres de table et service extra. Jardin agréable, bordé par des rizières, où d'énormes lapins se promènent en liberté ! Cuisine extra, où les viandes mélangent fruits de mer, herbes et épices. Une halte romantique à souhait.

Rustica *(plan Canggu, B2,* ***105****) : 1 jl. Batubelig. ☎ 473-78-12. Tt au début de la rue, derrière le porche de pierre, sur la gauche. Tlj 8h-minuit. À partir de 80 000 Rps pour un repas sans les boissons. Buffet très garni sam soir env 200 000 Rps.* Mamma a rejoint le fiston à Bali pour régler les fourneaux de cette trattoria-pizzeria à laquelle on ne pourra guère faire de reproches. Grand pavillon ouvert, juste embourgeoisé comme il faut à coup de nappes rouges, slogans et autres gimmicks. Délicieuses olives farcies et panées, une spécialité des Marches, la région d'origine de la famille. 6 types de pâtes au choix pour chaque « finition ». Four à bois pour les pizzas et assaisonnement de qualité à ajuster soi-même pour les salades. Le café est servi accompagné de cakes et *crostate* maison. Musique du pays. Service souriant et attentif, tout comme le patron, francophone.

|●| ***Sardine*** *(plan Canggu, B2, **106**) : 21 jl. Petitenget. ☎ 081-139-781-11 ou 081-139-783-33. Tlj 10h-1h (cuisine jusqu'à 23h). Résa conseillée. Plats principaux 160 000-290 000 Rps au déj, bien plus le soir.* Sous cette vaste paillote chic, il faut passer derrière le mur-écran pour profiter du décor de rizières peuplé de mannequins d'osier. Réputée pour la fraîcheur de ses poissons, dont des sardines, naturellement, la carte est moins extensive le midi que le soir, mais aussi plus abordable. Desserts sympa, parfois originaux, comme cette bonne glace au poivre. Atmosphère bobo où se côtoient touristes et expats, servis de manière très élégante.

Où boire un verre ? Où sortir ? Où danser ?

Aucun risque de se retrouver en rade, les adresses pullulent et se renouvellent sans cesse. La plupart des bars proposent des *happy hours* aux heures creuses (généralement 17h-19h), certaines diffusent matchs de foot et de rugby, d'autres accueillent des concerts. Beaucoup de reggae, un style élevé au rang d'Oum Papa tropicale dans ce coin du monde. *Sorry,* Bob, mais quelquefois on sature ! Pour tout savoir sur la vie nocturne, se procurer le petit magazine *The Beat,* disponible dans les bars et les boutiques.

À Kuta

L'animation se concentre essentiellement sur jalan Legian et jalan Pantai Kuta, qui fait un coude pour longer la plage. Dans beaucoup de bars, l'ambiance 3e mi-temps flirte parfois avec le vulgaire, tandis que quelques grosses usines de la nuit assurent la suite des hostilités. La prostitution plus ou moins déguisée est assez commune, également dans sa variante masculine-gigolo. À vrai dire, les bars et boîtes les plus branchés ont déserté les lieux depuis belle lurette. Difficile de conseiller une adresse plutôt qu'une autre.

🍸♪ ***Twice Bar*** *(plan Kuta, A1, **110**) : sur Poppies Lane II. Groupes mer-sam 21h-23h, bar jusqu'à 1h30 env.* Un petit lieu assez destroy, en tout cas un rien décalé. En effet, il accueille des groupes indonésiens qui chantent du rock pur jus. Et la clientèle est à 99 % locale. Incroyable, pas un Australien en vue ! Très sympa. Une des bières les moins chères du quartier. Les petites rues perpendiculaires accueillent aussi quelques adresses sympa, mais elles tournent trop vite pour les indiquer.

🍸♪ Pour ceux qui font la collection des tee-shirts ***Hard Rock Café,*** celui de Kuta se trouve au sud de la route qui longe la plage. *(plan Kuta, A2, **111** ; ouv jusqu'à 1h du mat – 2h ven-sam).* Énorme complexe hôtel-resto-bar-piscine. C'est cher et fréquenté surtout par les Asiatiques. Sur les murs de la gigantesque salle, beaucoup d'objets et souvenirs liés aux Beatles. Groupe tous les soirs à 23h. Allez tout au fond pour jeter un coup d'œil à l'étonnante piscine, gigantesque et frangée de sable. Assez étonnant.

💃 Sur jalan Pantai Kuta (le long de la plage), citons le ***Bounty*** et le ***Sky Garden Lounge,*** un poil au sud de *Ground Zero* (rubrique « À voir »).

À Legian

Saupoudrés parmi des établissements plus « balourds », on commence à trouver quelques bars cool par ici. Si vous voulez vous acclimater à l'atmosphère « balino-australienne », arpentez les jalan Pura Bagus Taruna, Sahadewa et Padma Utara *(plan Legian-Seminyak, B2),* et faites une pause, par exemple, dans l'une de nos deux 1res adresses.

🍸♪ ***The Legend*** *(plan Legian-Seminyak, B2, **112**) : 9 jl. Sahadewa. ☎ 75-53-76.* Le bon petit bar de base, rendez-vous des touristes australiens. Toujours un groupe le soir, qui y joue les immortels standards anglo-saxons dans une ambiance consensuelle.

🍸♪ ***Billys Bar*** *(plan Legian-Seminyak, B2, **113**) : 13 jl. Sahadewa. ☎ 76-71-86.* Fauteuils en gros bambous et bonne atmosphère pour boire une bière

BALI

en écoutant un petit groupe local qui donne rarement dans la finesse.

Pas mal de boîtes branchées à mort devant la plage de Legian. On se croirait à Ibiza !

Jaya Pub Bali *(plan Legian-Seminyak, B1, **117**)* **:** *2 jl. Seminyak.* ☎ *73-53-10. Tlj à partir de 17h (jusqu'à 2h en général). Entrée gratuite, sauf sam où une boisson payante à 40 000 Rps est imposée.* Pour écouter du jazz, des airs des années 1960, du blues et des chansons du Top 40. Désuet...

À Seminyak

Le « centre » de l'animation nocturne chic ou simplement branchée se situe toujours à Seminyak, même s'il glisse peu à peu vers Canggu, selon le mouvement ininterrompu vers le nord qui affecte la station depuis la fin des années 1980. De nombreux bars bordent notamment jalan Abimanyu (ou Dhyana Pura), autrement connue sous le nom de « rue de la soif » ! Il y en a pour tous les goûts : vieux rock, pop, musique latine, R'n'B, hip-hop, techno... Traquez les *flyers* pour savoir où se déroulent les soirées. Ici, pas de grosses beuveries. Il s'agit de grands clubs parfois très design, où l'on se trémousse quand l'ambiance est chaude.

La Plancha *(plan Legian-Seminyak, A1, **123**)* **:** *jl. Mesari Beach. Devant le* Mesari Beach Club. *Sur la plage.* Une paillote multicolore et une multitude de poufs et de parasols tout aussi bigarrés. On appuie sur son *buzzer,* on commande, on sirote. Musique sympa.

Santa Fe *(plan Legian-Seminyak, B1, **120**)* **:** *11 jl. Abimanyu.* ☎ *73-11-47. Ferme à 3h.* Un bar qui a traversé les époques et qui reste toujours une valeur sûre. Décor se situant entre le bar du Nouveau-Mexique et le pub. Grande salle. Clientèle mélangée et décontractée. Groupes de temps en temps. Fait aussi bar à vins à l'étage, cave bien fournie et ambiance plutôt chic. En face, ***The Bush Telegraph Pub*** est toujours prisé. Plein d'autres adresses dans la rue. Également 5 ou 6 bars gays, les uns à côté des autres. Parmi eux, le ***Mixwell Bar,*** avec spectacles de drag-queens et gogo-boys vers 22h30, dans une ambiance survoltée.

Ku-De-Ta *(plan Legian-Seminyak, A1, **122**)* **:** *au bout de Kayu Aya, en bord de plage.* ☎ *73-69-69.* Le bar-resto *lounge* des *beautiful people* ! Localisation absolument parfaite : devant la plage de Seminyak. S'il fallait jouer les branchés une fois dans votre séjour, ça pourrait être là. Beaucoup d'humour dans le nom de ce bar (prononcez « coup d'État »), mais l'atmosphère est assez guindée. Immense espace surplombant la plage : généreux transats pour l'après-midi, carré de verdure encadré de palmiers, bassin décoratif, tables de bois design pour l'apéro ou le dîner (évitez, c'est bien trop cher !). Le mieux est d'y aller pour le coucher du soleil, puisqu'on y a un magnifique point de vue sur la boule orangée qui descend dans les flots. Bons cocktails, à des prix *western...* De 17h à 19h, un DJ mixe en direct, puis il remixe à 23h. Excellente qualité musicale. Accueil snobinard. Bref, le même type de bar que l'on trouve à Barcelone, Los Angeles, Paris, Milan, Berlin... Amis radins ou fauchés : prenez un transat au bout de la terrasse et commandez... un café !

Cocoon Beach Club *(plan Legian-Seminyak, A1, **123**)* **:** *à l'extrémité de jl. Arjuna-Double Six, sur la droite, le long de plage de Seminyak.* ☎ *73-12-66.* • *cocoon-beach.com* • *Tlj 10h-minuit.* Ce club en jette niveau design, avec son resto-bar à l'intérieur et surtout sa piscine qui occupe l'essentiel de l'espace extérieur. Entourée de sofas (amphibies ?) et exhibée aux yeux des passants, elle change de couleur régulièrement. Un verre, une trempette, un nouveau verre au comptoir parmi d'autres convives en maillot de bain... Attention à l'hydrocution quand même. Atmosphère hédoniste qui culmine lors des parties *Splash* (consulter le site).

À Canggu

Les restos-bars d'Echo Beach *(plan Canggu, A1, **125**)* **:** plusieurs établissements ont colonisé ce petit surplomb, parfait pour contempler les surfeurs défiant l'un des célèbres breaks de la côte. On y apprécie de beaux couchers de soleil et l'ambiance se maintient grâce au dernier resto-bar sur la gauche, particulièrement populaire auprès des jeunes voyageurs. Prix élevés, mais les *happy hours* et formules buffet permettent d'éviter le crash.

Les routards adorent aussi aller aux **Deus, The Lawn, Tukan Beach Club** et **Finns Club.**

Old Man's *(plan Canggu, A1,* ***128****) : jl. Batu Bolong, sur la plage. ☎ 8469-159.* On s'installe au choix sous un régiment de paillotes ou les pieds dans le sable, pour prendre le pouls de cette institution d'Echo Beach. Tout le monde s'y retrouve, beaux garçons comme jolies filles, le soir ou en fin de semaine pour boire un verre (bons cocktails), chanter et danser en plein air. Possibilité de grignoter et de manger des glaces.

Potato Head *(plan Canggu, B2,* ***126****) : jl. Petitenget. ☎ 473-79-79. Donne sur la plage, un peu au sud de celle de Batubelig. Tlj à partir de 10h (et les places sont chères !).* On ne peut s'empêcher de scruter cette belle demi-lune rétro-contemporaine avec tous ces volets, le tout ouvert sur les flots quand on arpente la plage. Côté rue, contrôle de sécurité sérieux à l'entrée. Ambiance du tonnerre de Dieu, ambiance chill out, DJ, cocktails. Top !

BALI

Achats

De Kuta à Seminyak et Canggu, on trouve pratiquement de tout. Faire ses courses est ici une activité quasi incontournable, comme aller à la plage ou dîner au resto. Ne croyez pas que les prix soient élevés. Le débit est tel que le vendeur négocie auprès de son fournisseur des tarifs vraiment intéressants. Et il y a tellement de petites choses à prix incroyables qu'on a du mal à résister. Et de nombreux *concept stores* ont été créés. Voici nos préférés :

Deus Ex Machina *(plan Canggu, A1) : 4 jl. Batu Mejan. 081-138-83-15. • deuscustoms.com • Tlj 7h-minuit.* Fan de surf ? de skate ? de moto ? de fringues ? de vins ? et envie d'une ambiance cool ? Cet endroit est fait pour vous ! Autour d'un grand jardin avec des sofas, pour boire un verre, goûter un vin australien, assister à un concert live, entre 2 essais sur la rampe de skate, installez-vous. Pas mal de monde en fin de semaine.

Poule de Luxe *(plan Canggu, B2,* ***112****) : jl. Batubelig 16D. 084-754-14. Tlj 8h-23h.* Si vous voulez acheter des choux à la crème, un tee-shirt tendance ou une œuvre d'artiste contemporain, rendez visite à cette « poule de luxe » tout ce qu'il y a de respectable !

À voir

La plage : la plus vaste et la plus grandiose de l'île, elle s'étend sur des kilomètres et des kilomètres. ***Attention :*** la mer est dangereuse sur cette côte où les rouleaux sont traîtres, les lames de fond fréquentes et le courant sans merci. Les noyades sont courantes. Ne vous fiez pas aux exploits des surfeurs aguerris qui ont l'habitude et... une planche attachée à la cheville. Évitez aussi de suivre l'exemple de nombreux baigneurs francs-tireurs que les maîtres-nageurs tentent de ramener à coups de sifflet entre les drapeaux jaune et rouge des zones autorisées. Sachez enfin qu'en cas de pépin, les secours ont peu de moyens : ni bateau ni hélico !

– Le spectacle du ***soleil couchant*** commence vers 17h et dure 40 mn environ. C'est presque une cérémonie, sublime certains soirs ! Le soleil couché, la plage se vide, à l'exception des moustiques, qui dévorent tous les retardataires.

– ***Quelle plage pour faire quoi ?*** Lecteurs surfeurs, sachez que plus on va vers le nord, plus les vagues sont grosses et puissantes. Les loueurs de planches sont moins chers dans les rues juste derrière la plage que sur la plage. Ils abusent ! Et les profs ne sont pas très bons...

Kuta Beach : la plus bondée et la plus célèbre, son arrière-plan est malheureusement le plus urbanisé en hauteur. C'est l'un des meilleurs spots pour s'initier au surf.

Legian Beach *(plan Legian-Seminyak, A-B2)* **:** la concentration baisse un peu par rapport à la précédente. Pour le surf, assez facile au niveau du *Legian Beach Hotel,* mais attention aux courants, notamment au niveau de jalan Padma.

Seminyak Beach *(plan Legian-Seminyak, A1)* **:** comme ce quartier, elle est plus branchée. Son extrémité nord garde pas mal de charme, avec quelques réels bars de plage et plus de maudits murets. Bon coin pour surfer, car moins embouteillé.

Batubelig Beach *(plan Canggu, A2)* **:** pas de baignade (ou plutôt encore moins qu'ailleurs...), mais un océan puissant, le coucher de soleil, ainsi que quelques bars et restos dans un environnement encore faiblement bétonné.

Echo Beach *(plan Canggu, A1)* **:** *à moto, passer par jl. Batu Belig et prendre à droite juste avt cette plage. Par la route principale c'est bien plus loin.* Pas de vraie plage ici et une plateforme de béton pas très sexy. Pour surfeurs expérimentés et leurs admirateurs, mais aussi pour boire un verre au coucher de soleil, puis manger un morceau.

– ***Les vendeurs de plage :*** plus qu'ailleurs, Kuta et Legian sont le théâtre d'un ballet incessant de vendeurs de tout poil : lunettes, boissons fraîches, sculptures, sarongs, etc., etc., etc. Au mieux, on vous proposera quelque chose toutes les minutes, au pire toutes les 20 secondes, mais il y a du progrès depuis que les chalands ont théoriquement l'interdiction d'alpaguer le touriste sur une bande bordant la mer. Avant, c'était toutes les 10 secondes. S'énerver ne sert à rien si ce n'est à gâcher ses vacances... et puis, ce n'est pas si désagréable de trouver une boisson fraîche sans quitter sa serviette !

Ground Zero *(plan Kuta, A-B1)* **:** *sur jl. Legian (en face de l'angle avec Poppies Lane II).* C'est le mémorial dédié aux victimes de l'attentat d'octobre 2002, à l'endroit exact où il s'est produit. Un monument, une liste de noms par pays, et tout autour, des touristes qui se font prendre en photo.

La seule curiosité de Kuta est la ***pagode chinoise*** entourée d'un mur couvert de statuettes peinturlurées et de masques. Dans la rue derrière le marché.

À faire

– ***Location de surfs :*** partout où les vagues s'y prêtent, on trouve du matériel à louer. Pourquoi ne pas essayer ? Compter à partir de 30 000 Rps/j. Avec quelques conseils ou, encore mieux, des cours (plusieurs écoles existent), on peut se jeter à l'eau. Pour débuter, choisir une *long board* (longue planche) et se diriger vers une zone propice et surveillée (voir « Quelle plage pour faire quoi ? » plus haut). Dans tous les cas, bien se renseigner auprès des loueurs ou de vos collègues de planche.

– ***Massages :*** les masseuses travaillent à leur compte sur la plage, ou sont employées dans de petits centres de massage sur jalan Legian et les *gang* perpendiculaires, notamment. Petite précision : il s'agit de vrais massages, sans équivoque. Sur la plage, on reconnaît les masseuses à leur chapeau conique numéroté et à leur badge. Un massage à l'huile de coco, quand le soleil descend, reste un grand moment et fait partie intégrante de la culture de Kuta. Négocier le temps et le prix, et ajouter un bon 10 % si vous êtes satisfait. Compter environ 70 000 Rps pour un massage simple de 1h (il y a ensuite un tas de variantes). La masseuse essaiera de vous fidéliser. D'ailleurs, on y prend vite goût, d'autant que les femmes qui font ça sont adorables. C'est aussi un bon moyen de papoter un peu avec elles et d'en savoir plus sur Bali. Pendant qu'on vous masse, la cousine ou la sœur déboule pour essayer de vous fourguer un autre article. Dans les centres spécialisés (prix fixes affichés dehors), les masseuses sont patentées.

Parfois, ***spectacles de danse*** en fin de soirée. Impossible de les ignorer. Les billets vous seront proposés sur la plage et dans la rue.

LA PRESQU'ÎLE DE BUKIT

IND. TÉL. : 0361

• Carte Le sud de Bali *p. 127*

Grand morceau de terre calcaire rattaché au reste de l'île par un isthme étroit qui accueille l'aéroport, la presqu'île de Bukit alterne longues plages de sable clair et criques encaissées. 2 visages, pour 2 formes de tourisme. Au sud-est, le secteur de Nusa Dua fut désigné à la fin des années 1970 pour l'aménagement d'une zone d'hôtels de luxe. L'opération est un succès puisque des milliers de touristes restent parqués dans les 5-étoiles construits pour eux. Au sud-ouest, les criques d'Uluwatu, Balangan ou Padang Padang, malgré la multiplication des projets hôteliers altérant leur beauté jadis sauvage, restent encore et toujours la Mecque des surfeurs, venus des quatre coins du monde chevaucher leurs vagues furieuses.

– Quasiment pas de transports en commun dans cette zone. Mieux vaut avoir son propre véhicule.

JIMBARAN *(carte Le sud de Bali)*

Jimbaran se trouve à quelques kilomètres au sud de l'aéroport, dans le prolongement de la plage de Kuta. Son flanc ouest accueille une immense plage de sable blond en anse de panier et aux eaux relativement tranquilles, sauf durant la saison des pluies. Bien sûr, il y a des vagues, mais beaucoup moins fortes qu'à Kuta, ce qui permet une baignade plus sereine. À l'extrémité nord de la plage, le petit marché aux poissons s'anime tôt le matin et en fin d'après-midi, quand les barques colorées sont tirées sur le sable, au retour de la pêche. Le poisson est vendu surtout par des femmes musulmanes. Alignés tout le long de la plage, des dizaines de restos grillent au barbecue ce poisson fraîchement pêché, servi, le soir, dans une ambiance romantique aux chandelles, presque les pieds dans l'eau. Si vous séjournez à Kuta ou à Legian, Jimbaran constitue une petite excursion agréable pour une baignade et un dîner sur la plage. On peut éventuellement y faire étape 1 nuit ou 2, mais on a rapidement envie d'aller voir ailleurs.
Pour accéder à la plage depuis la rue principale, jalan Uluwatu, prendre, au milieu du village, au niveau du marché, jalan Pemilisan sur la droite.

Où dormir ?

De chic à beaucoup plus chic (plus de 700 000 Rps, soit env 46 €)

Hotel Puri Bambu *(carte,* **10***) : jl. Pengeracikan, à Kedonganan. ☎ 70-13-77. • hotelpuribambu.com • Selon type et saison, doubles 950 000-1 500 000 Rps.* Établissement agréable d'une cinquantaine de chambres, construit selon le style traditionnel autour d'un jardin luxuriant et d'une belle piscine en pierre de lave. Les *standard* sont un peu décevantes pour un prix qui reste élevé, tandis que les *superior* et *deluxe* sont grandes et confortables. Terrasse ou balcon, et bon niveau d'équipement pour toutes les options (immense douche, TV, minibar, clim, etc.). La plage est à 300 m. Resto. Accueil soigné.

Balquisse Heritage Hotel *(carte, **11**) : 18X jl. Uluwatu. ☎ 70-16-95. • balquisse.com • Réserver à l'avance. Doubles 179-336 US$ selon type et saison, transfert aéroport inclus. Quelques promos sur Internet.* Discret, le portique en retrait de la rue s'ouvre sur un espace d'une grande sérénité. S'y étendent, autour d'un grand jardin, 2 villas mitoyennes (3 et 5 chambres respectivement), possédant chacune sa piscine et partageant des coins détente. Mobilier extérieur privilégiant les matériaux et couleurs naturels, tandis que la déco des chambres mêle harmonieusement influence balinaise et quelques touches de baroque. À l'arrière, un 2d espace encore plus chic, niché dans une cocoteraie, répartit ses immenses chambres au luxe rétro entre de vastes bungalows en bois et une maison de style colonial. Partout se révèle un grand souci du détail. En complément, 2 restos, et une bibliothèque bien fournie, en français. Accueil pro. Une adresse exceptionnelle, pour routards tendance bobo, avec les poches bien pleines.

BALI

Où manger ?

Malgré des variations de styles allant du *warung* populo à l'établissement presque classieux, ***les restos qui se succèdent sur la plage de Jimbaran*** appliquent tous la même recette. Poissons et fruits de mer sont présentés dans de grands bacs à glace (méfiez-vous des surgelés) et parfois dans un vivier. Pour profiter du meilleur choix et du coucher de soleil, essayez d'arriver de bonne heure. Demandez le prix dès la pesée, car il varie beaucoup selon les espèces, et négociez en démarrant à 50 % de celui annoncé, souvent gonflé. Sinon, tentez au moins d'être dispensé des taxes, si elles ne sont pas incluses, tout en gardant un œil sur la balance. Certaines ont en effet le don de transformer 600 g en 1 kg...

Le plus dur étant fait, il n'y a plus qu'à s'attabler les pieds dans le sable, pendant que votre pêche cuit sur d'énormes barbecues, utilisant comme seul combustible les écorces de noix de coco. Ça s'appelle *Jimbaran style,* ça fume énormément mais le résultat est fabuleux. Les plats sont toujours servis avec du riz, parfois une petite soupe, des légumes et un petit assortiment de sauces. Si choisir et marchander vous paraît trop fastidieux, il existe également des formules de menus. Un peu cher, certes, mais sans comparaison avec les tarifs pratiqués en Europe pour le festin de langoustes, crabes et autres délicatesses que vous allez vous offrir. Malgré l'affluence touristique, l'atmosphère reste plaisante. On garde un petit faible pour les adresses au sud de la plage.

Autre option, plus populaire et sans pieds dans le sable celle-ci, acheter son poisson directement au marché (regardez-le dans l'œil pour jauger la fraîcheur), et le faire cuisiner dans les gargotes attenantes, à l'arrière côté rue, pour le dévorer ensuite au coude à coude avec les locaux.

|●| **Cuca** *(prononcer « Cucha » ; carte, **14**) : jl. Yoga Perkanthi. ☎ 70-80-66. • cucaflavor.com • Derrière l'hôtel* Puri Bali Belmond. *Tlj 12h-minuit. Plus chic.* Le chef canadien a fait ses classes chez *El Bulli,* en Espagne, le roi de la cuisine moléculaire. Cadre minimaliste aux accents scandinaves et seventies ou grand jardin pour déguster des tapas sous de magnifiques cocotiers. Un conseil : prenez le menu à 580 000 Rps, car la carte donne vite le vertige. Attention, c'est copieux. Ça croustille, ça froufroute et ça émoustille les papilles de bien des façons. Carte des cocktails tout aussi originale : les couleurs et les matières se mélangent harmonieusement. Service aux petits soins. Organise aussi des cours de cuisine. Une excellente adresse.

LE SUD DE BALI

Où dormir ? Où manger ?	
10	Hotel Puri Bambu
11	Balquisse Heritage Hotel
12	Flower Bud Bungalows, La Joya et les paillotes de la plage
13	Galih Homestay
14	Cuca
20	Yeye's Warung

Où boire un verre ?	
30	Rock Bar

Balique *(carte,* **15***) : Uluwatu, 39. ☎ 70-49-45 • balique-restaurant.com •* Un magnifique intérieur en bois dont la charpente évoque une maison californienne. Éclairage splendide le soir. Dans l'assiette, des plats aussi bien balinais *(rijsttafel)* qu'européens. Service parfait et souriant.

Où boire un verre ?

Rock Bar *(carte,* **30***) : jl. Karang Mas Sejahtera. ☎ 70-22-22. À l'intérieur de l'Ayana Resort (tenue correcte exigée). Tlj 16h-minuit (1h ven-dim).* On y accède par un ascenseur. L'idéal pour un dernier verre en plein air face au coucher de soleil à 14 m de hauteur. Tapas et DJ. Splendide !

ULUWATU, PADANG-PADANG, DREAMLAND-NEW KUTA BEACH, BINGIN ET BALANGAN

(carte Le sud de Bali)

Uluwatu désigne un temple perché face à l'infini, à la pointe sud-ouest de la presqu'île, mais aussi son voisin, Pantai Uluwatu, un spot de légende connu des surfeurs du monde entier. Plus au nord s'égrènent Padang-Padang, Dreamland-New Kuta Beach, Bingin et Balangan, qui offrent leur lot de vues spectaculaires, de vagues propices à un surf d'exception, et, cerise sur le gâteau, quelques étendues de sable blond où barboter en fonction des marées. Mis à part Pecatu, il n'y a pas de véritables villages dans cette zone.

Arriver – Quitter

Situé à 15 km de Jimbaran, Uluwatu est bien fléché tout le long de la bonne route du même nom qui se termine à l'entrée du temple. Là, une boucle côtière passe par Padang-Padang et dessert d'autres petites criques avant de rejoindre la route principale, jalan Uluwatu. En amont de cette jonction, on trouve le porche délirant qui mène à Dreamland-New Kuta Beach (d'où un raccourci praticable par les motos uniquement permet d'atteindre Balangan) et, plus au nord, la petite route bitumée qui conduit à Balangan.

➢ On peut théoriquement aller en *bemo* à Uluwatu depuis Jimbaran, mais ce service n'étant pas régulier, le plus sûr est d'avoir son propre véhicule (moto ou voiture) ou de chartériser un véhicule à plusieurs. Station de taxis aux différentes plages sinon.

Où dormir ? Où manger ?

Le secteur côtier compte de plus en plus d'hébergements, parfois superbement perchés sur les falaises surplombant l'océan. Cela dit, ce n'est pas la zone meilleur marché de l'île, loin de là, sauf du côté de Pantai Uluwatu, où une grappe de *homestays* héberge des surfeurs.

Plage de Balangan

À notre avis, c'est le coin le plus plaisant pour séjourner sur la presqu'île.

Flower Bud Bungalows (carte, **12**) : *jl. Balangan Beach.* ☎ *472-23-10.* *081-647-223-10 ou 085-100-088-35-60.* • *wellehnick@yahoo.com* • *flowerbudbalangan.com* • *Suivre la route qui mène à la plage de Balangan jusqu'au bout ; au-dessus de la falaise. Résa conseillée. Doubles 600 000-750 000 Rps selon taille.* Une vingtaine de bungalows, posés sur un agréable jardin avec piscine, certains pouvant héberger 6 personnes. Des constructions traditionnelles balinaises utilisant presque exclusivement le bambou, jusqu'aux tuyaux de douche des salles de bains extérieures et aux volets à bascule fermant les fenêtres sans vitre. Eau froide dans les moins chers, moustiquaire et ventilo pour tous. Entretien impeccable et tranquillité presque absolue. Petit resto à l'entrée avec une carte panachée de plats indonésiens et occidentaux bien préparés.

La Joya (carte, **12**) : *081-139-900-48.* • *la-joya.com* • *Voisin du Flower Bud Bungalows. Doubles à partir de 90 €.* On accède à sa chambre ou à son bungalow privatif (plus cher, bien sûr) par de petits chemins joliment empierrés. Hébergements très bien arrangés, offrant un confort impeccable, avec mobilier en bois massif alliant charme et design. Tous s'ouvrent sur un jardin clôturé de plantes. Belle piscine à débordement, avec panorama remarquable, doublée d'une 2de, sur l'arrière, jouxtant le terrain de pétanque et celui de volley. Dîner uniquement sur commande. Idéal pour les amoureux, qui seront vraiment coupés du monde, et pour les surfeurs argentés.

Les paillotes de la plage (carte, **12**) : *sur la plage, au pied des falaises.* Des cahutes à même la plage, rendez-vous des surfeurs et autres *beach bum* (« fadas de la plage ») pour siroter un verre ou grignoter un morceau. Certaines abritent quelques piaules spartiates et pas chères, pour qui désire l'union complète avec le sable et l'océan...

Uluwatu et environs

Les inconditionnels du coin trouveront quelques *homestays* au-dessus du célèbre spot.

Galih Homestay (carte, **13**) : *jl. Pantai Suluban, à 5 mn de la falaise d'Uluwatu (ne pas confondre avec le temple). 085-639-112-11. • galihhomestay@yahoo.com • Doubles avec ventilo ou clim 200 000-300 000 Rps.* Suffisamment d'espace, un poil de mobilier, un lit décent et du carrelage propre comme un sou neuf. Eau froide pour tout le monde, et alors ? Il fait tellement chaud ! Petit resto à l'entrée où l'on prend son petit déj, bungalows au fond du terrain. Accueil timide et gentil.

Près de Padang-Padang

Yeye's Warung (carte, **20**) : *jl. Labuansait, à 500 m de la plage de Padang-Padang en allant vers Uluwatu. ☎ 742-47-61. 081-238-078-92. Ouv 12h-23h. Prix moyens.* Vaste paillote couleur pêche, ouverte aux quatre vents. Jolie palette de plats indonésiens, asiatiques et occidentaux, à arroser d'onctueux jus de fruits frais. Musique et atmosphère bien plaisante.

BALI

À voir

Garuda Vishnu Kencana Cultural Park : *à 5 km au sud de Jimbaran. 125 000 Rps + parking payant.* Cette statue de Vishnu et de Garuda, l'oiseau protecteur, culmine à 121 m et est donc plus haute que la statue de la Liberté. Les européens qui ont les moyens de se payer l'entrée la trouvent de mauvais goût. Et c'est trop cher pour la plupart des hindous. Sans compter que le parc est loin d'être terminé (sauf les boutiques). On la voit de loin. Et c'est suffisant.

Pura Luhur Uluwatu : *au bout de la falaise. Ouv 9h-18h. Entrée : 50 000 Rps, prêt d'un sarong inclus ; réduc. Le billet pour le spectacle de danse de 18h (+ 10 000 Rps/pers) se prend sur la place centrale après l'entrée du site et après avoir descendu le petit chemin. Placement libre à partir de 17h30. Pas mal de monde. Parking payant.*

C'est, avec Tanah Lot, l'un des temples les plus importants de Bali. Dédié aux dieux de la Mer, le sanctuaire, minuscule, date du Xe s et n'a rien de folichon en lui-même, mais sa situation à flanc de falaise, au-dessus des flots, commande un panorama extraordinaire. Si on ne pénètre pas dans le temple lui-même, réservé aux seuls adeptes, des sentiers pavés circulent de part et d'autre au sommet des falaises, multipliant les points de vue spectaculaires. L'effet est à son comble au coucher du soleil, qui coïncide chaque jour avec une représentation de *kecak* organisée par les villageois de Pecatu. Les contours du temple et les silhouettes des danseurs se dessinant devant le ciel du crépuscule composent un tableau d'une beauté quasi irréelle. ***Moins idyllique est la présence de centaines de singes « pickpockets » qui ont élu résidence ici.*** Et ils n'hésitent pas à s'attaquer aux enfants. Cela peut être traumatisant. Ils dérobent tout ce qu'ils peuvent. Des lunettes sur votre nez ? Hop, plus de lunettes (c'est du vécu et, attention, ils les cassent) ! Une banane dans votre poche ? Hop, plus de banane ! Même si des personnes chargées de l'entretien du site ont quelques trucs pour vous en débarrasser, d'autres sont là pour les entraîner à voler un peu plus, contre « gagne-banane ». Conclusion : mieux vaut arriver léger pour ne pas repartir dépouillé.

Pantai Uluwatu (*également appelée pantai Suluban ou Blue Point Beach*) : *200 m avt d'arriver au temple, prendre la route sur la droite.* Un des sites de surf les plus fameux de l'île. Un lieu assez exceptionnel : une falaise offrant un point de vue étourdissant, bordée de petits *warungs* en avalanche ouverts aux quatre vents, où les surfeurs viennent boire un verre et se faire masser après l'effort (certains y passent même la nuit). On en trouve une vingtaine tout le long des escaliers qui descendent jusqu'à la faille. C'est de là que vous pourrez admirer les vrais surfeurs, les pros, ceux qui affrontent les vagues immenses, perchés sur leur petit bout de résine. Il n'y a pas moins de 7 *breaks* sur ce site, réservé aux spécialistes car beaucoup de coraux affleurent. N'oubliez pas votre appareil photo ni votre téléobjectif. Atmosphère étrange, car le site est étroit et la mer sévère. Pour accéder à l'eau, il faut descendre une volée de marches et pénétrer dans la faille qui donne accès à un minuscule bout de plage. À marée basse, possibilité de passer sous la roche (côté gauche) et de gagner une petite plage de l'autre côté. À marée haute, ne cherchez pas, il n'y a pas de plage. Les surfeurs, quant à eux, se mettent à l'eau dans la faille et rament pour sortir de l'étroit goulet. Ils vont chercher leur destinée dans ces montagnes de flotte qui s'enroulent dans un tonnerre d'écume, et qu'ils parviennent à narguer insolemment. Combien de gamelles, combien de dizaines de brassées, combien de centaines de tasses ont-ils avalées avant de parvenir au nirvana : marcher sur l'eau, danser avec les éléments l'espace de quelques secondes... et recommencer. Vraiment, chapeau ! Amis débutants, ne vous y frottez pas ; participer avec les yeux, ce n'est pas mal non plus.

***Padang-Padang Beach** (pantai Labuan Sait)* **:** *à quelques km au nord d'Uluwatu.* Un autre *break* très impressionnant et réservé aux pros. On y trouve quelques hébergements en bord de route, au-dessus de la plage. On peut aussi faire trempette depuis la minuscule crique de sable blond lovée en contrebas du pont, que l'on rejoint par un étroit goulet se faufilant entre les rochers. Bien sûr, comme tout beau spot qui se respecte, il attire une foule de touristes en journée *(accès : 10 000 Rps).*

Pecatu Indah Resort : *après Garuda Vishnu Park ; en voiture, parking payant obligatoire, puis navette pour accéder à la plage. Accès libre à scooter.* Difficile de manquer les statues grandiloquentes qui marquent l'entrée du projet immobilier délirant, initié dans les années 1990 par l'ancien président Suharto. Après la longue période de léthargie qui suivit sa destitution puis les attentats, les travaux ont été suspendus. Aujourd'hui, on est frappés par de gigantesques squelettes d'immeubles abandonnés. Poste de contrôle bien en place, avenues optimistes rythmées de multiples ronds-points, tout ça commence à prendre un sens sous l'égide de Tommy... Soeharto, le sulfureux fils de Mohamed Soeharto. Méga hôtels, parc aquatique, golf et autres bricoles sont vaporisés d'un vague vernis écorespectueux. En attendant, c'est bien moche, et ça gâche l'arrière-plan de la longue plage ondulant le long les falaises, qui fut d'abord connue sous le nom de Dreamland. Reste quand même ce beau sable blond et des vagues idéales à marée haute pour le bodyboard ou les surfeurs débutants.

Balangan : *2 manières d'y accéder ; voir « Arriver – Quitter » plus haut.* Un *break* difficile réservé aux bons, mais tout le monde se régalera de la beauté de cette longue plage de sable clair. Son extrémité accueille une communauté de restos-bars et de pensions rudimentaires qui profitent d'une incursion de verdure et de l'ombre de quelques cocotiers.

NUSA DUA (carte Le sud de Bali)

Chic et propre sur elle, cette station balnéaire fut créée de toutes pièces à la fin des années 1970 pour regrouper les grands hôtels *all inclusive,* à commencer par le *Club Med* qui n'a pas, suivant sa tradition, choisi le coin le plus moche. Protégée par un récif, aussi longue que belle, la plage se prête facilement à de pépères baignades. Les surfeurs auront besoin d'un bateau pour rejoindre le *break* qui est réservé aux plus expérimentés. On peut aussi y visiter un musée !

Museum Pasifika : *BTDC Area, block P, Nusa Dua. ☎ 77-49-35. • museum-pasifika.com • ♿ Tlj (sauf Puja Day) 10h-18h. Entrée : 100 000 Rps ; gratuit moins de 10 ans.* Un musée d'art contemporain, né d'un concept à la fois simple et riche de promesses. Bali étant un carrefour tant géographique que culturel entre la sphère asiatique et les vastes étendues du monde du Pacifique, nombre d'influences s'y rencontrent. La collection permanente fait ainsi le tour, en 2 ailes et 11 salles, de l'Indonésie vue par le biais des grands noms de la peinture balinaise, puis au travers du regard d'artistes occidentaux (hollandais surtout, mais aussi italiens ou français, principalement du début du XXe s).

Noter les gouaches enlevées de Léa Lafugie, une Française qui parcourut l'Asie dans les années 1930. Puis c'est au tour du continent asiatique et du Pacifique, toujours au travers des pinceaux européens principalement, d'être mis en valeur. En salle VIII, consacrée à l'Asie du Sud-Est au sens large (Japon, Inde, Birmanie, Malaisie, Philippines, Thaïlande, Chine), on retrouve le regard frais et non dénué d'humour de Léa, l'intrépide Française. Ne pas manquer, en salle IX, la belle collection de masques et totems du Vanuatu et des îles de l'Océanie, réunie à l'origine par 2 artistes franco-russes, Aloï Pilioko et Nicolaï Michoutouchkine (belles toiles de ces 2 peintres également). Quelques Français renommés en salle X, autour de la Polynésie : Gauguin (une lithographie) et Matisse (petites aquarelles). Au final, une balade intéressante. Cafét pour se rafraîchir.

TANJUNG BENOA *(carte Le sud de Bali)*

Ne pas confondre avec Port Benoa juste en face. Situé à la pointe de la presqu'île à laquelle il a donné son nom, Tanjung Benoa est un village étiré de part et d'autre d'une unique rue. Colonisé par de grands hôtels fréquentés par une clientèle essentiellement asiatique, le coin ne présente guère d'intérêt pour les voyageurs individuels. Certes, la plage de sable blond est baignable et pas mal, mais entre parachute ascensionnel, jet-ski et autres jeux nautiques, elle manque singulièrement de calme.

SANUR

IND. TÉL. : 0361

• Plan *p. 133*

Une fois n'est pas coutume, ce ne sont pas des surfeurs qui furent les 1ers Occidentaux à poser le pied ici, mais des artistes, à commencer par le peintre belge Le Mayeur, qui s'y installa dans les années 1930. À cette époque, l'endroit était désert, car les Balinais croyaient que le monstre marin habitant l'île voisine de Nusa Penida y étendait sa néfaste influence.

La station balnéaire prit son véritable envol dans les années 1960, lorsque fut construit, grâce aux dommages de guerre versés par les Japonais,

LE MYSTÈRE DE LA CHAMBRE 327

En 1993, un incendie ravagea l'hôtel Inna Grand Bali Beach. *Seule la chambre 327 fut miraculeusement épargnée. Elle est désormais placée derrière une porte vitrée, et les offrandes affluent. On craint aussi Ratu Kidul, reine des mers du Sud, dont la couleur est le vert. Sachez que ceux qui portent du vert en bord de mer risquent d'être emportés par une méchante vague... Alors, choisissez bien la couleur de votre maillot !*

l'*Inna Grand Bali Beach Hotel,* mastodonte de béton destiné à recevoir les touristes américains fortunés. Il inaugura une longue lignée d'hôtels luxueux qui valurent longtemps à Sanur la réputation d'endroit le plus chic de l'île. Aujourd'hui, l'ambiance bon enfant séduit une clientèle largement composée de familles et d'habitués. Il faut dire qu'on y trouve une tranquillité plutôt rare dans le sud de l'île. Et une certaine authenticité : les Balinais continuent d'y vivre ! On s'y sent bien. La plage, bordée d'une agréable promenade, résulte en grande partie d'aménagements artificiels mais bien conçus et spacieux, parfaits pour un verre en fin de journée ou une salade le midi. Elle est propice à la trempette, car protégée des vagues, mais pas vraiment à la baignade parce qu'elle manque de fond.
On y vient aussi pour son célèbre *Bali Kite Festival* (juillet), où des cerfs-volants, tous plus fous les uns que les autres, s'affrontent dans le ciel, et pour le kitesurf : 4 à 5 mois de vent avec force constante perpendiculaire à la côte. De quoi tirer des bords sur une eau calme dans la baie protégée par la barrière de corail ! Sanur est, enfin, le port d'embarquement à destination de Nusa Lembongan et Nusa Penida.

Arriver – Quitter

En taxi

➢ ***De/vers l'aéroport :*** pas de *bemo* direct, il faut prendre un taxi. Compter 45 mn-1h de trajet et 200 000 Rps.

En bus et en van privé

🚌 ***Avec la compagnie privée Perama*** *(plan A1) : 39 jl. Hangtuah.* ☎ *89-50-157 ou 158.* Le bureau se situe dans l'hôtel *Watering Hole 1.* Les bus partent de là.

➢ Depuis Sanur, *Perama* dessert ***Kuta*** (6 bus/j.) avec arrêt possible à l'***aéroport*** pour 3 d'entre eux, ***Ubud*** (6 bus/j.), ***Lovina*** (1 bus/j.), ***Bedugul*** (1 bus/j.), ***Candi Dasa*** (4 bus/j.), ***Padangbai*** (3 bus/j.), et ***Tulamben/Amed/Tirtagangga*** (1 bus/j.).

En bateau

Sachez qu'on embarque sur les bateaux directement depuis la plage, de l'eau jusqu'aux cuisses. Ne venez pas en smoking !

➢ ***Pour Nusa Lembongan :*** *kiosque tt au bout de jl. Hangtuah, face à la plage (plan A1).* Plusieurs types de bateaux :

– *public speedboat (bateau rapide) :* selon le lieu d'arrivée (Mushroom Bay ou Jungut Batu), jusqu'à 10 départs/j. (seulement 3 pour Jungut Batu), 8h30-17h30. Compter 200 000 Rps (350 000 Rps A/R en « open ticket » ; négociable) pour 30 mn de traversée.

– Également des *packages* comprenant l'A/R sur l'île, *snorkelling* et tour de la mangrove, vendus par une flopée de compagnies privées installées à touche-touche le long de la plage, au niveau du musée Le Mayeur (compter env 1 200 000-1 500 000 Rps). Proposent aussi des A/R secs, à peine plus chers qu'en bateau public, et incluant souvent le transfert jusqu'à votre hôtel sur l'île. Comparer, tarifs variables d'un guichet à l'autre, avec parfois de bonnes affaires.

➢ ***Pour Nusa Penida*** *(public speedboat) : même guichet que pour Nusa Lembongan.* Selon le lieu d'arrivée (Nyuh ou Buyuk), jusqu'à 9 départs/j. (2 seulement pour Buyuk), 7h-16h30. Arriver tôt, car il y a du monde. Compter env 200 000 Rps pour 30 mn de trajet (350 000 Rps A/R). Possible également avec des compagnies privées (plus cher).

Comment circuler à Sanur ?

➢ ***À 2-roues :*** le centre de Sanur s'étend sur 3 bons kilomètres. Arpenter à pied la rue principale peut s'avérer fatigant et monotone. Le terrain archiplat

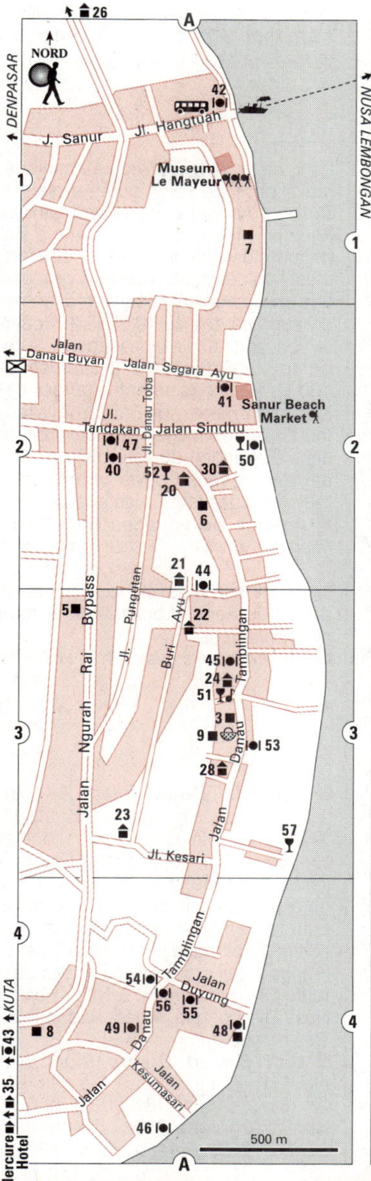

■ Adresses utiles

- Bateau pour Nusa Lembongan et Nusa Penida (A1)
- **3** Parapharmacie (A3)
- **5** André Sewatama Rent a Car (A3)
- **6** Agence de voyages Nick Tours (A2)
- **7** THAI Airways (A1)
- **8** Atlantis Dune (A4)
- **9** Supermarché Hardy's et librairie Periplus (A3)

Où dormir ?

- **20** Yulia 1 Home Stay (A2)
- **21** Bumi Ayu Bungalows (A2)
- **22** Keke Home Stay (A3)
- **23** Kembali Lagi Guesthouse (A3)
- **24** Flashbacks (A3)
- **26** Tropical Bali Hotel (hors plan par A1)
- **28** Taman Agung Hotel (A3)
- **30** Sari Sanur Resort (A2)
- **35** Puri Santrian (hors plan par A4)

Où manger ?

- **40** Marché de nuit (pasar Sindu ; A2)
- **41** Warung Made Weti (A2)
- **42** Warung Mak Beng (A1)
- **43** Sari Bundo Jaya (hors plan par A4)
- **44** Lilla Warung (A2-3)
- **45** Pregina Warung et Soya (A3)
- **46** Paillotes de la plage (A4)
- **47** Kayu Manis (A2)
- **48** Lilla Pantai (A4)
- **49** Massimo (A4)
- **50** Warung Amphibia (A2)
- **53** Café Batujimbar (A3)
- **54** Soul in a Bowl (A4)
- **55** Warung Kecil et Dusk Blue (A4)
- **56** Bali Buda (A4)

Où boire un verre ? Où sortir ?

- **50** Beach Café (A2)
- **51** Casablanca (A3)
- **52** Little Bird (A2)
- **57** Maya Resort Tree Bar (A3)

■ Massages

- **48** The Nest Beachside Spa (A4)

SANUR

se prête bien à la bicyclette, notamment sur la promenade qui longe la mer.

➢ ***En bemo :*** de rares *bemos* circulent le long de jalan Danau Tamblingan et s'arrêtent à la demande. Négocier ferme le prix. Nombreux taxis sinon.

Adresses utiles

Poste, banques, change

✉ ***Poste*** *(hors plan par A2)* **:** *jl. Danau Buyan 28. Lun-sam 7h30-18h (17h sam).*

■ Nombreux comptoirs de ***change,*** mais gare aux arnaques. S'adresser de préférence au réseau *PT Central Kuta* situé à 50 m du supermarché *Hardy's,* sur le trottoir d'en face en allant vers le nord, ou au guichet d'une banque (comparez les taux). Nombreux ***distributeurs automatiques*** tout le long de jalan Danau Tamblingan, devant *Hardy's* notamment.

Santé

✚ ***Bali International Medical Center*** *(BIMC)* **:** *100X jl. Bypass Ngurah Rai.* ☎ *76-12-63.* ● *bimcbali.com* ● *Peu avt Kuta, sur la droite de la route. Ouv 24h/24.*

De nouvelles adresses très efficaces également :

✚ ***BROS Hospital :*** *6 jl. Tantular, Renon, Denpasar Tim.,* ***Kota Denpasar.***

✚ ***RS Bali Mandala :*** *548 jl. Bypass Ngurah Rai, Sanur Kauh, Denpasar Sel.,* ***Kota Denpasar.*** Établissement récent, tout beau.

■ ***Parapharmacie*** *(plan A3,* ***3****)* **:** ***Kimia Farma,*** *Danau Tamblingan II, 77 jl. Danau Tamblingan.* ☎ *28-28-84. Tlj 8h-22h.*

■ ***Dentiste :*** ***Bali International Dental Center,*** *150 jl. Diponegoro, Pertokoan Genteng Biru Blok A/32.* ☎ *22-25-41.* ● *bidc-bali.com* ●

Location de voitures, agence de voyages et compagnie aérienne

■ ***André Sewatama Rent a Car*** *(plan A3,* ***5****)* **:** *330 jl. Bypass Ngurah Rai.* ☎ *28-83-59, 28-81-26 ou 28-97-44.* ● *andre-sewatama-bali.com* ● *À 1 km du McDo, en allant vers le sud, à droite de la route. À partir de 20 €/j.* Parc allant de la minijeep au minibus ; réduc possible selon durée et saison. Tenu par André Reich, un sympathique Allemand francophone installé à Bali depuis plusieurs décennies. Point fort : c'est l'un des seuls loueurs à proposer une assurance multirisque, moyennant un supplément de 10 %. Elle couvre la voiture (sauf les passagers) et les dommages aux tiers (franchise de 100 €). Peut également arranger des locations *one-way* de Bali à Yogyakarta (ou l'inverse), moyennant un *drop off* (frais d'abandon du véhicule) de 150 € environ, et vous trouver un chauffeur, toujours à des tarifs avantageux.

■ ***Agence de voyages Nick Tours*** *(plan A2,* ***6****)* **:** *68 jl. Danau Tamblingan.* ☎ *28-77-92.* ● *nicktours.com* ● Excursions et activités en tout genre au départ de Sanur. Location de voitures avec chauffeur.

■ ***THAI Airways*** *(plan A1,* ***7****)* **:** *à l'hôtel Inna Grand Bali Beach.* ☎ *28-81-41.* ● *thaiairways.com* ● *Lun-ven 8h30-17h.*

Plongée

■ ***Atlantis Dune*** *(plan A4,* ***8****)* **:** *96E jl. Bypass Ngurah Rai.* ☎ *28-41-31.* 📱 *081-238-057-67.* ● *balidiveaction.com* ● Voir la rubrique « Sports et loisirs. Plongée et *snorkelling* » en fin de guide, dans le chapitre « Hommes, culture, environnement ». Un gros centre de plongée tenu par Jérôme, un Français, qui propose des sorties dans toute l'île, notamment à Nusa Penida, Nusa Lembongan, Amed, Padangbai... Très compétent.

■ ***Bali Breizh Divers*** *(hors plan par A1)* **:** *70X jl. Bypass Ngurah Rai.* ☎ *28-12-01.* 📱 *081-338-732-713.* ● *balibreizhdivers.com* ● *Centre situé au nord de Sanur en direction d'Ubud, 500 m après le carrefour du KFC et du Donuts sur la droite. Tlj 7h-18h30 (18h dim).* Centre de plongée PADI 5 Stars géré par un couple de Bretons, Nadège et Guy Faisnel, proposant toutes les certifications PADI, du baptême à l'instructeur, des safaris plongées à différents budgets et des plongées à la journée. Nitrox gratuit pour les certifiés. Guides francophones. Et piscine pour s'entraîner !

■ ***Baliberty :*** *jl. Kutat Lestari.* 📱 *081-337-175-945.* • *baliberty.com* • Un club de plongée géré par un sympathique couple de Français, Alice et Renaud. Baptêmes, formations PADI, etc.

Divers

Supermarché Hardy's *(plan A3,* ***9****) : jl. Danau Tamblingan. Tlj 8h-22h.* On y trouve de tout, de la bouffe, des fringues, etc.

■ ***Librairie Periplus*** *(plan A3,* ***9****) : au rdc de* Hardy's. *Tlj 8h-22h.* Bonne librairie anglophone et intéressant choix de cartes.

Où dormir ?

Contrairement à Kuta, Sanur ne compte guère d'adresses bon marché. La spécialité du coin, se sont plutôt les immenses complexes chics en bord de mer, aux tarifs multipliant les millions de roupies ; ils se succèdent tout le long de la plage. On vous en cite 1 ou 2, parmi ceux encore abordables ou d'un meilleur rapport qualité-prix selon nous. Cela dit, les petits budgets trouveront quelques *homestays* dans les rues perpendiculaires à jalan Danau Tamblingan. Du côté opposé à la mer, évidemment... Comme d'hab, sauf mention contraire, le petit déj est toujours inclus.

Bon marché (moins de 350 000 Rps, soit env 23 €)

Yulia 1 Home Stay *(plan A2,* ***20****) : 38 jl. Danau Tamblingan.* ☎ *28-80-89. Doubles 250 000-400 000 Rps selon confort.* Nichant au calme en retrait de la rue, une excellente adresse familiale tenue par Ketuk, fana d'oiseaux, qui a disposé ses cages peuplées de piafs colorés et chanteurs dans un agréable jardin avec piscine autour duquel se répartissent les chambres. 3 catégories de prix, mais toutes avec terrasse, frigo et eau chaude, les plus chères avec clim, les autres avec ventilo. Bonne tenue générale et très propre.

Keke Home Stay *(plan A3,* ***22****) : 100 jl. Danau Tamblingan, gang Keke.* ☎ *472-06-14. Au fond d'une ruelle démarrant juste en face du resto italien* The Village. *Doubles 300 000-450 000 Rps.* Tenu par Yudi et sa femme, un charmant couple âgé, un petit *homestay* fringant, entassant sur 2 niveaux une quinzaine de chambres modernes et vraiment impeccables, avec terrasse, clim ou ventilo. Seules celles du rez-de-chaussée, encadrant le petit carré de gazon, n'ont pas été rénovées (moins chères, du coup). Un très bon rapport qualité-prix. Si c'est plein, plusieurs autres *homestays* dans cette ruelle tranquille.

Voir aussi ci-après les super chambres 1er prix du ***Flashbacks.***

Prix moyens (de 350 000 à 700 000 Rps, soit env 23 à 46 €)

Flashbacks *(plan A3,* ***24****) : 110 jl. Danau Tamblingan.* ☎ *28-16-82.* • *flashbacks-chb.com* • *Selon confort, doubles 290 000-600 000 Rps (1 suite à 795 000 Rps).* On croirait arriver chez des amis en entrant dans cette petite *guesthouse* de 7 chambres, organisée autour d'une piscinette d'eau salée et d'un douillet coin détente. La déco, différente dans chaque chambre, lui donne la personnalité qui manque à tant d'autres. Salles d'eau en pierre, omniprésence du bois, du bambou tressé et des couleurs chaudes. Spacieuses et bien dotées (coin salon, TV, clim), les doubles les plus chères squattent des bungalows. Les autres chambres, ventilées ou climatisées, réparties entre le rez-de-chaussée et l'étage d'une maisonnette au joli dallage, offrent moins d'espace sans renier le décor. L'étage compte aussi une belle suite, avec cuisine bien équipée et salon ouvert aux quatre vents. Également 2 chambres ventilées sans salle de bains privée mais avec kitchenette à dispo, installées dans une bâtisse en bois attenante où loge le chouette petit café de l'établissement. Accueil très pro, prix maîtrisés. Sans conteste notre meilleure adresse à Sanur.

Taman Agung Hotel *(plan A3,* ***28****) : 166 jl. Danau Tamblingan. ☎ 28-85-49. • tamanagung@yahoo.com • tamanagung-hotel.com • Doubles env 580 000-650 000 Rps.* Grand complexe de bungalows et petites bâtisses sur 2 niveaux, construits dans un très beau jardin où sont dispersées des statues de pierre. 2 piscines bleu profond, où l'on peut tranquillement esquisser quelques brasses. Chambres contemporaines top confort, avec clim, ventilo, terrasse ou balcon. L'ensemble est bien entretenu et le retrait de la route assure un calme parfait. Demander de préférence les chambres situées dans l'édifice qui longe la piscine. Celui du fond, plus récent, est plus étriqué. Intéressantes familiales pour 4 personnes, avec cuisine et salon. Chouette resto. Une belle adresse. Attention, contrairement à ce que laisse entendre le nom, pas d'accès direct à la plage.

Tropical Bali Hotel *(hors plan par A1,* ***26****) : jl. Pantai Padanggalak, 2 gang Penyu Dewata III. ☎ 28-25-24. • tropical-bali-hotel.com • Selon chambre et saison, doubles 400 000-730 000 Rps.* Dans un quartier excentré, presque champêtre, un bel hôtel de 10 chambres mangées par le vert, à l'écart du bruit et à 5 mn à pied de la mer. Sobres, élégantes, les chambres (sauf les 2 moins chères) sont prolongées d'une large terrasse donnant sur la piscine. Une adresse comme on les aime, tenue par un couple d'expats charmant (Audrey et Mathieu). Plein de tuyaux.

Kembali Lagi Guesthouse *(plan A3,* ***23****) : 36 jl. Kesari. ☎ 28-17-66. • kembalilagi.com • Selon taille, doubles 44-68 US$.* Coquette maison d'hôtes loin de l'agitation, dans une ruelle résidentielle. Seulement 7 chambres, à la déco soignée, organisées autour d'une petite piscine. Les *standard* sont un peu étroites, puis le prix grimpe avec la taille (terrasse dès la catégorie supérieure). Bon confort partout, bien sûr. Un point de chute paisible.

Plus chic (plus de 1 200 000 Rps, soit env 80 €)

Bumi Ayu Bungalows *(plan A2,* ***21****) : jl. Bumi Ayu. ☎ 28-91-01. • bumiayubungalows.com • Doubles à partir de 1 000 000 Rps.* Dans une ruelle calme, complexe de bâtiments en brique sur 2 niveaux, encadrant un vaste jardin luxuriant et sa – grande – piscine de rigueur. Chambres confortables (clim, minibar) et impeccables, toutes avec terrasse, les plus chères avec douche et baignoire. Clientèle plutôt familiale.

Sari Sanur Resort *(plan A2,* ***30****) : 27 jl. Danau Tamblingan. ☎ 28-15-55. • sarisanurresort.com • Doubles à partir de 1 300 000 Rps.* En retrait de la plage (accès direct), une vingtaine de charmants bungalows traditionnels et confortables (clim), bien qu'un peu vieillissants, entourent un joli espace très arboré et une petite piscine ronde avec fond yin et yang. Tranquillité et intimité sont assurées par la végétation séparant chaque maisonnette. Ni resto ni bar, le petit déj est servi sur votre terrasse. Un établissement chic et familial à la fois, ce qui est assez rare.

Puri Santrian *(hors plan par A4,* ***35****) : 35 jl. Cemara, à Semawang. ☎ 28-81-81. • santrian.com • À partir de 125 US$.* Pour qui voudrait s'offrir un hôtel de luxe en bord de plage, décor et accueil sans faute dans cet immense complexe hôtelier offrant différents types de chambres, dans des bungalows ou des bâtiments à étage. Toutes sont très bien équipées, et toujours aménagées avec beaucoup de classe. Les prix sont élevés, mais le cadre est assez exceptionnel : jardin luxuriant, plusieurs petits salons et restos, pas moins de 3 piscines. Plage aménagée avec des transats et de grands canapés posés directement sur le sable. Il y en a même installés sur l'eau ! Courts de tennis et spa.

Où manger ?

Bon marché (moins de 45 000 Rps, soit env 3 €)

🍽 ***Marché de nuit*** *(pasar Sindu ; plan A2,* ***40****)* **:** *accès par un passage au niveau du virage de jl. Danau Toba. Tlj 16h-22h.* À côté des stands de babioles, quelques roulottes fumantes, encadrées de petites tables éclairées au néon où l'on prendra un modeste repas. Fritures, poisson, brochettes... À chacune sa spécialité. Bon, popu et vraiment pas cher.

🍽 ***Bali Buda*** *(plan A4,* ***56****)* **:** *95 jl. Danau Tamblingan. ☎ 28-87-32. Tlj 7h-22h.* Une grande salle spacieuse et au frais pour goûter produits bio et *healthy* (sandwichs, salades, burgers) et quelques « mocktails ». Fait aussi épicerie bio. Histoire de casser une graine (saine) pour pas trop cher.

🍽 ***Warung Kecil*** *(plan A4,* ***55****)* **:** *1 jl. Duyung. ☎ 938-01-03. Tlj 8h-22h.* La petite adresse parfaite pour le déjeuner. Dès l'entrée, on est accueilli par un grand sourire et les nombreux plats qui mijotent sous nos yeux. On compose son assiette (viande, poissons, légumes) et on consomme sur place dans la petite salle proprette. Simple et pas cher !

🍽 ***Warung Made Weti*** *(plan A2,* ***41****)* **:** *jl. Segara Ayu, presque au bout de la rue, juste à droite du panneau « Beach Market Sanur I ». Tlj 8h-12h.* Minuscule kiosque sur le trottoir, doté d'à peine quelques bancs (même pas de table). Les habitants de Sanur s'y pressent au petit déj, pour dévorer dans un silence monacal (tout le monde a le nez dans son assiette) un copieux *nasi campur* facturé 3 fois rien. Parfait pour s'initier à la nourriture locale, avec de vrais bouts d'authenticité dedans. Très populaire.

🍽 ***Les paillotes de la plage*** *(plan A4,* ***46****)* **:** *dans la partie sud de Sanur, à droite au bout de jl. Kesumasari.* Installées directement sur la plage, une rangée de gargotes déploie ses terrasses dans le sable, à l'ombre d'arbres généreux. Au menu, orteils en éventail, petits plats balinais et poissons grillés, pas forcément du jour (prix fixes). Dans le genre, on peut tenter, par exemple, le *Jack Fish.*

🍽 ***Sari Bundo Jaya*** *(hors plan par A4,* ***43****)* **:** *jl. Danau Poso, à l'intersection avec jl. Sudamala. Ouv 24h/24.* À l'écart du circuit touristique, un bon et grand *padang,* sorte de snack servant des plats de Sumatra, à choisir directement dans les gamelles (voir la rubrique « Cuisine » dans « Hommes, culture, environnement »). Si l'on peut y manger à toute heure, on suggère de venir vers 11h ou 18h, quand la fraîcheur des préparations est maximale. Pour moins de 30 000 Rps, vous serez rassasié par une assiette pleine à ras bord. Typique et vraiment bon.

Prix moyens (de 45 000 à 80 000 Rps, soit env 3 à 5,40 €)

🍽 ***Soul in a Bowl*** *(plan A4,* ***54****)* **:** *180 jl. Danau Tamblingan. ☎ 472-00-63. Tlj 8h-23h.* Une petite terrasse où l'on joue des coudes, quelques banquettes à l'intérieur, des tablées colorées. On vient ici déguster la cuisine fusion du chef canadien, qui jongle entre plats occidentaux et asiatiques. Et c'est plutôt bien réussi. Les burgers ne sont pas mauvais du tout. Ça change un peu du riz ! Excellents jus de fruits et cocktails. Et pour prolonger l'expérience, ***Soul on the Beach,*** les pieds dans le sable *(jl. Pantai Sindhu, près de l'Inna Hotel),* et des assiettes toujours aussi réjouissantes et savoureuses ! Service sympa. Parfait pour le lunch ou le brunch.

🍽 🍸 ***Genius Café*** *(hors plan par A4)* **:** *Mertasari Beach, à côté du Mercure Hotel. 📱 081-138-885-68. • geniuscafebali.com • Longer la plage vers le sud. Tlj, du matin au soir.* Au bord de l'eau, les pieds dans le sable. Le lieu idéal pour paresser, prendre un verre, manger une salade ou un plat organique, en fonction de la carte riche. Les plats sont très graphiques, et surtout délicieux et

BALI

originaux. Jus de fruits, smoothies et décoctions variés. L'endroit est aussi le rendez-vous des geeks et autres nomades digitaux du monde entier. De quoi faire des rencontres sympa ! *Autre adresse jalan Pantai Masceti, Medahan.*

Warung Mak Beng *(plan A1,* ***42****) : 45 jl. Hangtuah. ☎ 28-26-33. Non loin du départ des bateaux pour Lembongan. Tlj jusqu'à 22h. Menu unique 45 000 Rps.* Historique, cette cantine fait le plein jour après jour depuis 1941. Son célèbre menu inclut soupe de poisson, poisson grillé et riz. Autant dire qu'ils ont eu le temps de roder la recette, tout comme celle du *sambal* (sauce épicée) maison ! Ne pas hésiter à se signaler au personnel, qui s'occupera de vous trouver une place, peut-être à la table d'employés du coin.

Warung Amphibia *(plan A2,* ***50****) : tt au bout de jl. Sindhu puis à droite, sur la plage. Tlj jusqu'à 22h. Prix au kg.* Une gargote toute bête, dispersant ses quelques tables dans le sable, la cuisine coincée sous une cabane de guingois. On choisit poisson et fruits de mer dans les bacs à glace, suit la pesée puis tout passe sur le petit barbecue fumant, avant d'être servi accompagné de riz ou de frites, de légumes et d'un assortiment de sauces. Un peu comme à Jimbaran, le charme de la modestie en plus. Pas de fioritures, seulement le ressac de la mer pour décor.

Pregina Warung *(plan A3,* ***45****) : 106 jl. Danau Tamblingan. ☎ 28-33-53. Tlj jusqu'à 23h.* Abrité sous un vaste auvent, ce *warung* affiche une élégance simple où dominent le bois et les touches vermillon. Veillant sur les convives, une photo ancienne de danseurs témoigne de l'attachement à la tradition balinaise, qui transparaît aussi dans la carte. Peu de concessions à la cuisine occidentale, mais un bel échantillon de plats savoureux typiques de l'île, légèrement allégés en piment malgré tout. Ambiance tranquille et service efficace.

Café Batujimbar *(plan A3,* ***53****) : 75A jl. Danau Tamblingan. ☎ 28-73-74.* Un de nos cafés préférés à Sanur. Terrasse avec parasols, ou intérieur design et climatisé, avec tasses à café... suspendues au plafond ! Goûter aux spécialités du jour affichées au tableau, au burger cuit sur pierre de lave, aux currys indiens, aux *satay.* Pour le dessert ou le quatre-heures, alléchant choix de pâtisseries maison. Un régal !

Lilla Warung *(plan A2-3,* ***44****) : 6 jl. Bumi Ayu. 📱 081-934-312-241. Fermé à 23h.* Service particulièrement agréable et décor coquet de bambou et bois patiné se conjuguent à une cuisine locale bien réalisée. Quelques plats occidentaux également. Un excellent point de chute pour qui veut se sustenter à prix doux dans un coin calme. La même équipe a ouvert une paillote sur la plage au bout de jalan Duyung, ***Lilla Pantai*** *(plan A4,* ***48*** *; 📱 082-144-579-142).* Même carte, mais les pieds dans le sable, le nez dans les barques de pêche.

Chic (de 80 000 à 150 000 Rps, soit env 5,40 à 10 €)

Kayu Manis *(plan A2,* ***47****) : jl. Tandakan. ☎ 28-94-10. Tlj 18h-22h. Résa conseillée.* Dissimulée dans une ruelle oubliée, sans doute la meilleure table de Sanur. Peu de couverts, un cadre épuré, une atmosphère presque recueillie, au service d'une cuisine fusion voguant entre notes françaises (confit), italiennes (risotto onctueux) et asiatiques. Soigné, créatif, sans jamais pour autant chercher à dérouter. Un joli moment gourmand. Service appliqué.

Massimo *(plan A4,* ***49****) : jl. Danau Tamblingan 228. ☎ 28-89-42. Tlj jusqu'à 23h. Résa conseillée le soir.* Belle terrasse en dénivelée avec des tables en teck sous les frangipaniers. Également une salle spacieuse et chic, ouverte aux quatre vents. Sur les murs, photos de Massimo avec des vedettes, Massimo avec des hommes politiques, Massimo avec des businessmen... C'est le resto italien du coin, tenu par Massimo, vous l'aviez compris. La carte est longue comme le bras, tout en réservant d'agréables surprises venues des

Pouilles, dont le chef est originaire. Quantité de pâtes agrémentées de manière originale, bonnes pizzas garnies de jambon cru, roquette ou artichauts, viandes (assez chères), etc. Très longue liste de vins.

Soya *(plan A3, **45**) : 47 jl. Danau Tamblingan. 084-978-30. Tlj 11h-23h.* C'est ici, derrière les portes rouges ajourées, que les férus de cuisine japonaise se retrouvent. C'est frais, c'est beau, et les plats sont généreux. Tataki, sushi, sashimi, etc., on y retrouve tous les classiques du Japon. Les assiettes sont élégamment dressées, et les assortiments variés à souhait. Cadre aéré, semi-ouvert et déco classique en terrasse, plus moderne à l'intérieur.

Dusk Blue *(plan A4, **55**) : 3 jl. Duyung. 081-113-985-611. Tlj 7h30-23h.* Bel espace aéré bleu et blanc aux allures de paillote marine avec terrasse. Plats traditionnels indonésiens et cuisine fusion. Assiettes élégamment présentées, peut-être un peu chiches, mais bien tournées. Belle carte des vins. Les desserts vous font de l'œil ? Craquez sans problème ! Excellent service souriant. À l'intérieur, fait aussi boutique déco, avec quelques souvenirs design à rapporter en attendant son plat !

Où boire un verre ? Où sortir ?

Bars : la plupart des restos font aussi bar. Ceux du bord de plage, le long de la promenade, sont évidemment les plus agréables, surtout le soir venu. Cela dit, Sanur est plutôt du genre à se coucher avec les poules (max 1h du mat).

Casablanca *(plan A3, **51**) : 120 jl. Danau Tamblingan. • casablancasanur.com • Tlj jusqu'à minuit (1h ven-sam). Concert ts les soirs à partir de 21h.* Le bar qui bouge à Sanur, bariolé en vert-jaune-rouge évidemment, tapissé de maximes marrantes et d'affiches de groupes mythiques. Billard dans le fond, scène à l'avant, avec un groupe différent chaque soir (rock, blues, soul, reggae, etc., en alternance). Et le vendredi, de 18h à 19h, *free flow,* soit 1h de bière gratos et à volonté, avec quelques contraintes tout de même, pour rendre ça plus rigolo : interdiction de sortir de l'espace désigné jusqu'au gong final, d'utiliser son portable et, surtout, d'aller vidanger aux toilettes. Qui enfreint une règle met fin au *free flow* pour tous, bonjour la pression ! Forcément, le bon plan est connu, il y a foule, et une mousse à la main, on entame vite la conversation. Cocktails pour ceux qui auront encore soif, un peu chers cependant.

Little Bird *(plan A2, **52**) : 34 jl. Danau Tamblingan. Tlj 11h-23h30.* Toujours plein, ce *warung* ! C'est vrai qu'il est marrant avec sa dégaine de paillote, son mobilier coloré, cérusé ou grossièrement poncé. L'usage excessif du glutamate de sodium et la lenteur du service font qu'on préfère goûter à cette chouette atmosphère en se contentant d'un verre. D'autant que le choix de cocktails est vaste, avec même des recettes à base d'alcool de palme local. Petit live de temps à autre. Louent aussi des VW safari (*Kubelwagen* et *Combi*) pour des tours au parfum rétro.

Genius Café *(hors plan par A4) : Mertasari Beach, à côté du Mercure Hotel. Voir aussi « Où manger ? ». 081-138-885-68. Tlj du mat au soir.* Pour s'installer sur un pouf sur le sable, ou à une table, face à la mer. Cocktails et jus variés. Musique le soir sous les lampions.

Pour un drink romantique entre étoiles et ressac, on aime bien le style du **Beach Café** *(plan A2, **50**),* avec ses banquettes allongées sur la plage au bout de jalan Pantai Sindhu, sur la droite. Le *rooftop* pas bien grand du **Maya** *(plan A3, **57** ; **Tree Bar,** entrée jl. Danau Tamblingan, tt droit vers la plage, 1er étage ; ☎ 849-78-00)* avec son *happy hour* entre 18h et 19h a de sérieux atouts pour rivaliser !

Nombreux ***spectacles de danse*** organisés par les hôtels chics du bord de plage (mais c'est ouvert à tous) ou par certains restos.

Massages

■ ***The Nest Beachside Spa*** *(plan A4, 48)* **:** *au bord de l'eau.* ☎ *938-15-23.* • *thenestbeachsidespa.com* • Dans un cadre élégant, lumineux et propre. Des soins de qualité (manucure, pédicure, coiffure et surtout massages !), le tout face à la mer... Zen.

À voir. À faire

***La plage* :** bordée d'une promenade piétonne, longue et peu profonde, elle est entièrement artificielle. Près de 2 ans de travaux ont été nécessaires pour remplacer la plage originelle, disparue sous l'assaut des vagues que n'arrêtait plus la barrière de corail en partie détruite par l'homme. Le résultat n'est pas mal, la plage est plus large, régulière, mais le sable qui vient du large n'a plus la finesse d'antan. Absolument aucun danger pour les enfants, mais quasiment impossible de nager, surtout à marée basse, la mer se retirant alors assez loin au large. Attention, à certains endroits de la plage, il y a des tapis d'herbes marines avec oursins et morceaux de corail : prévoir des sandales. Très jolies barques de pêcheurs à balancier, les *prahus,* à bord desquelles il est possible d'effectuer des promenades en mer, guidé par d'anciens pêcheurs qui ont trouvé plus lucratif de balader les touristes. En déroulant votre serviette, vous aurez droit au traditionnel défilé des vendeurs ambulants : lunettes, montres, sarongs, boissons et massages. Tout cela dans une ambiance bon enfant.

SACRÉS CERFS-VOLANTS !

Tous les étés, Sanur accueille un grand concours de cerfs-volants. Ils peuvent atteindre jusqu'à 80 m de long (avec la queue tout de même), et il n'est pas rare de se retrouver bloqué dans un embouteillage pour laisser passer ces monstres volants portés par une dizaine d'hommes. Un divertissement, certes, mais surtout une façon d'amadouer le dieu Rare Angon pour obtenir de meilleures récoltes.

Museum Le Mayeur *(plan A1)* **:** *au bord de la plage.* ☎ *28-62-01. Suivre jl. Hang Tuah jusqu'à la mer, puis prendre à droite et longer la plage à pied. Tlj 8h-15h30 (8h30-12h30 ven). Entrée : 50 000 Rps.*
Pour imaginer l'atmosphère du Sanur de l'entre-deux-guerres, il faut rendre une petite visite à cette maison que le peintre belge Adrien-Jean Le Mayeur se fit bâtir en bord de plage, dans un petit jardin veillé par des statues de pierre. D'un style typiquement balinais, elle se compose de plusieurs pavillons couverts de panneaux de bois ou de pierre délicatement ouvragés. Arrivé à Bali au début des années 1930, l'artiste déjà quinquagénaire tomba amoureux de l'un de ses modèles, la très jeune et sublime danseuse de *legong* Ni Pollock. Plus généralement, il succomba à l'envoûtante beauté des Balinaises, qui furent sa principale source d'inspiration jusqu'à sa mort, en 1958. En quelques traits doux et sereins, il a immortalisé leur grâce

CACHEZ CE SEIN

Dans les années 1930, la maison du peintre Le Mayeur et de son épouse Ni Pollock faisait figure d'étape presque obligée pour qui visitait Bali. Pour distraire ses hôtes, madame esquissait alors, seins nus, quelques pas de legong *au son des gamelans. Une tenue bien peu chrétienne aux yeux du prude gouverneur hollandais de l'époque, qui menaça d'expulser le couple de l'île. Il fallut l'intervention du roi de Belgique en personne auprès de la reine des Pays-Bas pour que ce père la pudeur cessât de les importuner.*

BALI

dans des scènes de jeux, des danses ou des moments de détente (*Five women playing on the pool side, Ni Pollok near the window, A women dancing,* entre autres). À voir aussi, des huiles évoquant les voyages du peintre en Europe et en Inde.
Le Mayeur travailla sur différents supports, notamment des sacs de jute qu'il utilisa, faute de toile, alors qu'il était assigné à résidence pendant l'occupation japonaise. Malheureusement, les œuvres n'ont pas été protégées des outrages du temps et du climat, et beaucoup sont en piteux état. Vraiment dommage que le gouvernement ne prenne pas plus soin de ce patrimoine qui lui a été légué à la disparition de Ni Pollock en 1985.

Sanur Beach Market *(plan A2)* **:** *au bout de jl. Segara Ayu, sur la droite. Tlj 9h-22h.* Sympathique petit marché de bibelots en bord de plage.

➢ Nombreuses ***balades à vélo*** possibles dans la campagne environnante.

LES ÎLES : NUSA LEMBONGAN ET NUSA PENIDA

Nusa Lembongan et Nusa Penida sont réputées pour leurs fonds marins et leurs plages et criques spectaculaires, bien qu'elles soient rarement baignables, faute de fond suffisant ou à cause des vagues et des courants.
Pour les Balinais, ce sont les îles des démons. Longtemps, ils n'y vinrent que pour les amadouer avec des offrandes... et encore, en vitesse, pour éviter d'y passer la nuit ! Les constructions sont donc assez récentes et souvent financées par des non-hindouistes. Même si les choses ont évolué, ces puissances diaboliques ont eu le mérite d'épargner à ces îles les dérives d'un développement trop débridé. Et si Lembongan a fait depuis quelque temps déjà son coming out touristique, Penida émerge tout juste sur la check-list des visiteurs étrangers.

Où plonger ? Où faire du *snorkelling* sur les îles ?

Nusa Penida et Nusa Lembongan offrent de superbes spots de plongée (entre 5 et 40 m), parmi les plus réputés de l'archipel. Les courants, plus froids qu'ailleurs, ont préservé du blanchiment les coraux mous et durs. Toutes sortes de poissons tropicaux naviguent dans ces eaux, avec en bonus des requins, des tortues et 2 « spécialités locales », les raies mantas et l'énigmatique (et énorme) *mola-mola* (poisson-lune), que seuls verront ceux habilités à plonger profond. La visibilité est excellente toute l'année, mais bien sûr, en pleine saison, on partage le spectacle avec pas mal de paires de palmes. Savoir quand même que certains spots sont réservés aux plongeurs expérimentés, car balayés de courants forts et imprévisibles.

TÊTE DE POISSON

Pesant, en moyenne, 1 t pour près de 2 m d'envergure, le mola-mola fascine. Surtout pour sa forme, toute ronde, presque plate, quasi sans queue, comme s'il n'était qu'une énorme tête de poisson. De quoi lui valoir son nom de mola (« meule » en latin) ou poisson-lune. Pas à une contradiction près, les anglophones le nomment plutôt sunfish, *puisqu'il aime faire la planche au soleil pour se débarrasser de ses parasites.*

Quant au *snorkelling*, c'est pour tout le monde, mais n'espérez rien voir de la plage, il faut prendre un bateau. Compter environ 200 000-250 000 Rps par personne pour une excursion en groupe, balayant 3 spots (en général, Manta Bay, Crystal Bay et Mangrove Wall).

Les meilleurs spots

Crystal Bay : le site le plus fameux de Nusa Penida, car la mascotte locale, le fameux *mola-mola* (poisson-lune), y prend ses quartiers de juillet à fin octobre, période de courants froids qui attire des espèces que l'on ne retrouve pas ailleurs à Bali. Visibilité excellente. Le site, une baie située au sud du chenal entre Penida et Ceningan, se prête, selon les zones, aussi bien aux plongeurs confirmés que débutants (bouées). Pas mal aussi pour le *snorkelling.*

Manta Point : comme son nom l'indique, l'attraction majeure de ce site ce sont les raies mantas, qui viennent se faire « déparasiter » à faible profondeur (environ 7-12 m), dans des stations de nettoyage riches en plancton. Situé au sud de Nusa Penida, le site est assez éloigné de Lembongan (surplus pour le carburant) mais s'atteint par une belle navigation le long des falaises de sa grande voisine, creusées de fabuleuses criques.

Mangrove Wall : au large de cette végétation qui coiffe Nusa Lembongan au nord. Très bien pour le *snorkelling* (accroché au bateau !). On peut coupler avec un tour dans la mangrove.

Toyapakeh : situé à l'entrée de la passe entre Nusa Penida et Lembongan. Une plongée dérivante, offrant bonne visibilité et vie marine très développée. Dans les régions plus profondes, requins, poissons-lunes, mais aussi des bancs de thons. D'une manière générale, les plongées au nord de Penida présentent une plus grande variété de coraux (mais pas de raies mantas, on ne peut pas tout avoir !). Courants difficiles en revanche ; pour plongeurs confirmés.

Les clubs de plongée

Voir les coordonnées du club ***Atlantis Dune*** dans la rubrique « Adresses utiles. Plongée » à Sanur. Sur l'île :

■ ***Dive Concepts Bali :*** ☎ *0813-3923-5440.* • *diveconcepts.com* •. *Réduction de 10 % pour les résas directes sur présentation de ce guide.* Club sérieux, avec instructeurs francophones certifiés PADI et SSI et, pour ne rien gâcher, des tarifs plutôt compétitifs. Piscine pour s'exercer. Plusieurs formules proposées (initiations, safaris plongées, plongées nocturnes, cours de plusieurs jours).

■ ***French Kiss Divers*** *(plan Nusa Lembongan,* ***14****)* ***:*** *sur la partie nord de la plage de Jungut Batu, à l'hôtel* Puri Nusa. *081-353-339-407.* • *plongee-indonesie.com* • Rejeton d'un club français très pro déjà établi en Thaïlande et aux Philippines, *French Kiss* revendique, en plus de son sérieux, son esprit convivial. Est d'ailleurs prévue l'ouverture d'un centre avec bar-resto tout au nord de jalan Jungut Batu, sympa pour boire un coup après la plongée ! Pas le club le moins cher de l'île, mais prestations de qualité : piscine de formation, équipement adapté pour les enfants (à partir de 8 ans) et, pour les plus expérimentés, des plongées techniques.

Où surfer sur les îles ?

Les vagues se fracassant sur la barrière de corail font le bonheur des surfeurs, en particulier à ***Mahana Point,*** sur Nusa Ceningan. Les *breaks* sont praticables surtout en saison sèche et peuvent être dangereux.

NUSA LEMBONGAN (*IND. TÉL. : 0366*)

• Plan *p. 145*

Si cette île de 4 km de long n'est plus le paradis oublié qu'elle fut, elle reste, avec sa petite sœur Nusa Ceningan, une étape agréable et plus tranquille que la zone sud de Bali, pour quelques jours de farniente, de plongée, de découverte de la mangrove et d'un chapelet de criques et plages de sable blanc des plus photogéniques (mais rarement baignables). Restera, comme ailleurs, à s'accommoder de la circulation grandissante à scooter (à laquelle vous participerez sûrement !) et de l'inflation du nombre d'hôtels, en particulier dans le secteur de Mushroom Bay. Sachez enfin qu'à catégorie égale, les hébergements y sont un peu plus chers que dans la conurbation de Bali sud.

Se repérer. Se déplacer

On débarque le plus souvent au village de *Jungut Batu,* qui s'étire au nord en retrait d'une longue plage et propose un large éventail d'hébergements et restos. Vers le sud, la route grimpe sur les collines, traverse le village principal, *Lembongan,* hérissé de temples, puis continue à l'ouest vers la belle anse sablonneuse encombrée de bateaux de *Mushroom Bay,* où se regroupent de plus en plus d'hôtels, plutôt chics, investissant parfois les criques alentour. Plus au sud-ouest encore, la route s'effiloche en chemins caillouteux, filant vers de belles criques. Au sud-est, elle rejoint le pont (Yellow bridge) reliant l'île à sa petite voisine sèche et sauvage, *Nusa Ceningan,* où ont aussi fleuri quelques hébergements. Au nord-ouest, elle se perd dans la mangrove.
La meilleure façon de parcourir cette île de 12 km de circonférence est de ***louer un scooter*** (routes en bon état). Malgré le plein offert, suffisant pour faire un tour complet, bien négocier les prix annoncés, 2 fois plus élevés qu'à Kuta-Legian *(compter 65 000-100 000 Rps/j.).* Ceux qui ne craignent ni le relief ni la chaleur trouveront des vélos à louer à Jungut Batu... mais gare à la grimpette au sud du village !

Arriver – Quitter

Au cours de la traversée entre Bali et Nusa Lembongan, on franchit la *ligne Wallace,* frontière imaginaire délimitant l'Asie et l'Océanie.
Quelle que soit l'option choisie, on embarque de la plage, de l'eau jusqu'à mi-cuisse.
➢ ***De/vers Sanur :*** voir aussi cette même rubrique à Sanur.
– Pour Jungut Batu : 3 *public fastboats*/j., vers 9h, 14h et 17h (8h, 10h30 et 16h depuis Jungut Batu). Compter 200 000 Rps (350 000 Rps A/R en « *open ticket* ») et 30 mn de trajet. Du débarcadère *(plan, **1**),* pour rejoindre votre hôtel, marche, scooter ou taxi (des pick-up bâchés avec banquette à l'arrière ; 50 000-100 000 Rps ; jusqu'à 150 000 pour le Yellow bridge).
Autre option, passer par l'une des compagnies privées débarquant à différents points sur la partie sud de la plage. C'est presque 2 fois plus cher, mais le transfert de/vers votre hôtel est en général inclus (à Bali sud et sur Lembongan). Réduc si l'on prend un A/R (billets ouverts possibles). Les 2 compagnies les plus importantes sont *Scoot Fast Cruises* *(plan, **3** ; tt au sud de la plage ; ☎ (0361) 28-55-22 ; • scootcruise.com • ; 3 bateaux/j., 9h30-17h de Sanur, 8h30-16h30 dans l'autre sens)* et *D'Camel* *(• dcamelfastferry.com • ; 3 bateaux/j. aux mêmes horaires).*
– Pour Mushroom Bay : une dizaine de *public fastboats*/j. Même tarifs que pour Jungut Batu.
➢ ***Padangbai et Kusamba :*** pas de bateau public direct, il faut négocier

avec des pêcheurs, soit pour chartériser un *prahu,* soit pour profiter d'un qui se rendrait sur l'île apporter des marchandises. Autre solution, de Padangbai seulement, prendre le bateau public vers Nusa Penida, puis un *bemo* ou taxi de Buyuk à Toya Pakeh (env 20 mn), et enfin un autre bateau vers Nusa Lembongan... Une expédition !

➢ ***Nusa Penida** (Toya Pakeh)* **:** bateau « public » (des hors-bords collectifs de 10 passagers, douche assurée selon l'état de la mer) à prendre au niveau du Yellow bridge *(plan,* ***2****).* Prix fixe (billet à acheter à la cahute à droite au pied du pont) : 50 000 Rps. Bateau ttes les 30 mn-1h selon affluence, à partir de 7h. Dernier retour de Penida à 17h. Trajet : env 15 mn. Inutile d'acheter à l'avance un A/R, c'est le même prix et vous seriez contraints d'attendre le même bateau pour revenir.

➢ ***Lombok et les Gili Islands :*** la compagnie *Scoot Fast Cruises (plan,* ***3*** *; • scootcruise.com •)* fait directement la liaison vers Lombok (Senggigi) et les 3 Gilis (Trawangan, Meno et Air). Départ à 10h45 (mais horaire variable, vérifier). Trajet 2h-2h30. Compter env 750 000 Rps/pers (transfert depuis votre hôtel inclus).

Adresses et infos utiles

Le wifi est disponible partout.

■ ***Banque et change :*** il y a des distributeurs, notamment près du quai d'embarquement et à Mushroom Bay, mais attention, ***ils ne prennent pas la carte*** **Visa** ***et sont souvent vides !*** Mieux vaut donc débarquer sur l'île avec assez d'argent pour le séjour... et le retour ! Si besoin, quelques changeurs, notamment ***WTC,*** sur la rue principale de Jungut Batu, côté nord *(plan,* ***12*** *; tlj 8h-22h).* Taux correct (mais moins favorable qu'à Bali) et possibilité d'obtenir du liquide contre un paiement par carte bancaire (com' de 6 %).

Où dormir ?

Le long de de la plage de ***Jungut Batu*** et en retrait de celle-ci s'aligne un grand choix d'hébergements à tous les prix, alternant avec des clubs de plongée, des restos et des petits *warungs* locaux. Le coin est assez central, l'atmosphère encore un peu village, et l'on est proche des embarcadères. On a été moins séduits, en revanche, par les hôtels (chers qui plus est) encastrés les uns dans les autres à flanc de colline tout au sud de la plage.

Autre zone très fréquentée, ***Mushroom Bay,*** au sud-ouest, compte de plus en plus d'adresses, plutôt chics, souvent collées-serrées, dans une atmosphère plus proprement balnéaire qu'insulaire. Vous l'aurez compris, on lui préfère Jungut Batu.

Enfin, l'offre se développe aussi sur la petite et paisible ***Nusa Ceningan,*** notamment dans le secteur du Blue Lagoon.

Sauf mention contraire, le petit déj est toujours inclus.

À Jungut Batu

De bon marché à prix moyens (moins de 700 000 Rps, soit env 46 €)

⌂ |●| *Nyoman Guesthouse* *(plan,* ***12****)* **:** *jl. Jungut Batu (côté droit de la route). 081-797-965-25. Doubles 200 000-400 000 Rps.* À l'avant, un *warung* ombragé, familial et pas cher, où l'on sort, le soir, le barbecue sur le trottoir. Derrière, dans le joli jardin et encadrant la piscine, de grands bungalows privatifs, en bois ou en dur, simples et impeccablement tenus, avec eau chaude, clim ou ventilo. Accueil sympa. Un bon plan.

⌂ *A. One House* *(plan,* ***14****)* **:** *dans la partie nord de la plage. 081-236-154-22. • a.onehouse.lembongan@gmail.*

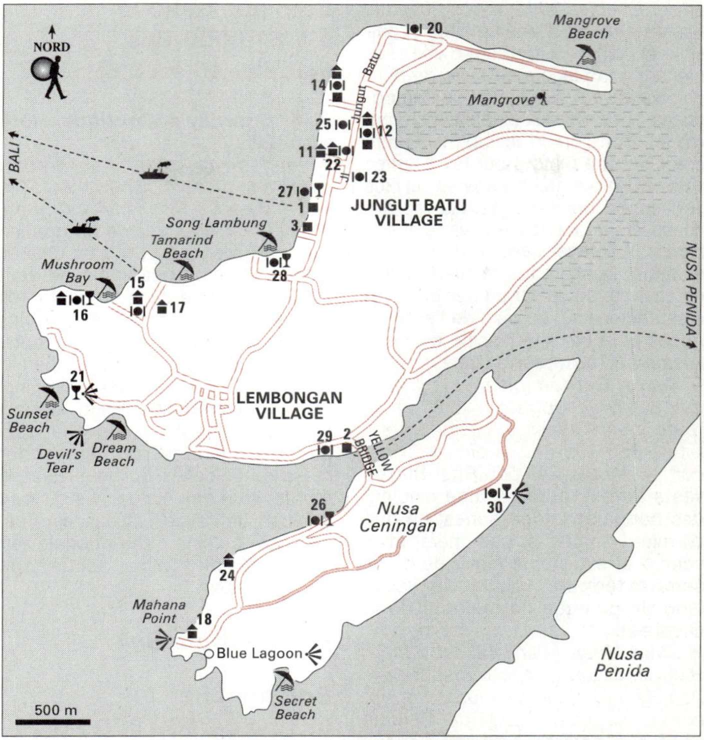

NUSA LEMBONGAN

■ Adresses utiles

1 Quai d'embarquement pour Sanur *(public fastboats)*
2 Bateaux pour Nusa Penida
3 Scoot Fast Cruises
12 Changeur WTC
14 French Kiss Divers

Où dormir ?

11 Secret Garden
12 Nyoman Guesthouse et Suka Nusa
14 A. One House et Ketut Losmen
15 Adi Bungalow & Warung
16 Naturale Villas & Huts et Mola Mola House
17 Rigils Lembongan Bungalows & Spa
18 Secret Point Huts
22 Tigerlilly's Boutique Hotel
24 Le Pirate Beach Club

Où manger ? Où boire un verre ?

14 Ginger & Jamu et Indiana Kenanga
15 Adi Bungalow & Warung
16 Mola Mola House
20 Warung Bambu et Nyoman's Warung
21 The Beach Club at Sandy Bay
23 Bu Candra
25 Bali Eco Deli et Lemongrass
26 Sea Breeze Warung
27 Bunga Bungalow
28 The Deck
29 Warung Putu
30 Ceningan Cliffs

com • Doubles 300 000-350 000 Rps. Pas de petit déj. Dans un jardinet paisible et soigné en bordure d'une allée menant à la plage, une paire de bungalows en dur aux lignes contemporaines, sur 2 niveaux (une chambre par étage). Bon confort (clim), mais notre cœur penche plutôt pour les 2 huttes voisines en bois (moins chères qui plus est), façon grenier à riz. Au rez-de-chaussée, une terrasse ouverte et son hamac. À l'étage, lovée sous un toit de chaume, la chambre (ventilo), pleine de charme, ouvre sur un balcon. Salle d'eau extérieure, au pied de l'escalier. Accès possible à la piscine du *Ketut Losmen,* à 100 m, sur la plage.

🏠 ***Secret Garden*** *(plan,* ***11****)* **:** *jl. Jungut Batu, à gauche le long de la route (pas d'accès direct à la mer). 📱 081-353-136-861. • bigfishdiving.com • Double 250 000 Rps.* Sur un vaste terrain, autour d'une piscine, des bungalows tout jaunes, en dur, carrelés, simples et pas chers, avec ventilo et eau froide (salle de bains semi-extérieure). Salle de yoga, club de plongée (la majorité de la clientèle).

🏠 ***Suka Nusa*** *(plan,* ***12****)* **:** *jl. Jungut Batu (côté droit de la route). 📱 081-238-840-378. • sukanusa@yahoo.com • Double 600 000 Rps.* Comme beaucoup d'autres, cet hôtel a donné à ses bungalows la forme de *lumbung* (greniers à riz), ces constructions encapuchonnées de chaume, fixées sur un châssis de bambou. Toilettes au rez-de-chaussée, pas facile pour les envies nocturnes ! Ils encadrent un jardin bien peigné hérissé de cocotiers. Belle piscine. Entretien moyen en revanche.

🏠 ***Ketut Losmen*** *(plan,* ***14****)* **:** *sur la plage, côté nord. 📱 081-337-846-555. • ketut.net • Doubles 450 000-700 000 Rps (voire plus pour ceux avec vue mer).* Le long d'un étroit jardin aboutissant à la plage, une rangée de gros bungalows en dur sur 2 niveaux (une chambre par étage), nickel et confortables, habillés d'un style traditionnel (portes sculptées, tableaux...) certes un peu chargé mais qui leur donne du caractère. Salles d'eau plutôt basiques en revanche. Piscine en bord de mer.

Chic (de 700 000 à 1 200 000 Rps, soit env 46 à 80 €)

🏠 🍴 ***Tigerlilly's Boutique Hotel*** *(plan,* ***22****)* **:** *jl. Jungut Batu, à gauche le long de la route (pas d'accès direct à la mer). 📱 087-761-741-486. • tigerlillyslembongan.com • Compter 60-80 US$.* Une dizaine de greniers à riz en bois verni et toit de chaume aménagés avec beaucoup de goût, à touche-touche dans un petit jardin très fleuri, autour d'une belle piscine. Chacun compte 2 vastes chambres l'une sur l'autre (on entend un peu les voisins). Ambiance gipsy-chic (linge de lit, déco étudiée), clim, douche extérieure (au rez-de-chaussée pour les chambres du haut) et terrasse (pour celles du bas). Essayer d'obtenir un des bungalows du fond, à l'écart de l'excellent bar-resto servant une cuisine internationale tendance *healthy.* Super accueil, pro et chaleureux.

À Mushroom Bay

Bon marché (moins de 400 000 Rps, soit env 27 €)

🏠 🍴 ***Adi Bungalow & Warung*** *(plan,* ***15****)* **:** *300 m avt d'arriver à Mushroom Bay, sur la droite. 📱 081-237-168-482. Doubles 250 000-400 000 Rps.* À 300 m de la plage, ce *warung* (lire plus loin « Où manger ?... ») a cédé à la jolie mode des bungalows en forme de greniers à riz. Se tenant les uns à côté des autres sur l'arrière, dans un jardin, tous ont l'eau chaude, ventilo ou clim. Piscine. Ambiance familiale agréable.

🏠 ***Rigils Lembongan Bungalows & Spa*** *(plan,* ***17****)* **:** *sur le chemin vers Tamarind Beach. 📱 087-861-634-747. Doubles 250 000-400 000 Rps.* Un ensemble de greniers à riz et de bungalows modernes percés de grandes baies vitrées font la ronde autour d'une belle piscine. Une adresse un peu à l'écart, parfait pour se reposer. Possibilité d'y manger.

De prix moyens à chic (moins de 1 200 000 Rps, soit env 80 €)

Naturale Villas & Huts *(plan,* ***16****) : en surplomb de Muhsroom Bay (par le chemin à gauche de la plage quand on regarde la mer). 082-145-861-136. • naturalevilla.com • Doubles 500 000-750 000 Rps.* Posée en retrait et pourtant à deux pas de la mer, une de nos adresses préférées dans le secteur. Décorés avec soin, 8 bungalows en bois joliment patiné, avec petite terrasse, s'enroulent à l'arrière d'une piscine. Également des bungalows familiaux avec vue magnifique sur la baie. Massages. Repas sur commande. Mieux vaut être motorisé (ou pas, pour rester coincé là toutes les vacances !).

Mola Mola House *(plan,* ***16****) : au bord de la plage de Mushroom Bay. 082-247-543-947. • molamolalembongan.com • Double env 800 000 Rps.* Posée presque sur la plage, une double rangée d'élégants et confortables greniers à riz (clim et moustiquaire, salle d'eau extérieure), escortés d'un régiment de poufs et de transats. Idéal pour qui veut buller sans s'éloigner de la mer. Fait aussi resto (lire plus bas « Où manger ?... »).

À Nusa Ceningan

Pas de transfert direct possible depuis les débarcadères de Lembongan, le Yellow bridge qui relie les 2 îles étant trop étroit pour permettre le passage d'une voiture. Du port, il faut donc prendre un taxi jusqu'au pont *(env 150 000 Rps).* Les hôtels viennent en général vous récupérer gratuitement sur l'autre rive. Autre option, pour qui n'est pas trop chargé, louer un scooter en débarquant.

De prix moyens à un peu plus chic (moins de 800 000 Rps, soit env 54 €)

Le Pirate Beach Club *(plan,* ***24****) : le long de la côte (à droite après le pont). ☎ 845-27-80. • lepirate.com • Doubles 600 000-700 000 Rps.* « Beach box » miniatures en bois, avec salle d'eau semi-extérieure, clim, ventilo et petite terrasse, l'ensemble immaculé, comme posé au bord de l'eau, face aux derniers champs d'algues cultivés dans la passe. Pas mal pour jouer les Robinsons dans le hamac. Piscine, bar, resto (prix moyens) et... farniente.

Secret Point Huts *(plan,* ***18****) : à la pointe ouest de l'île. 085-954-124-593. • secretpointhutsceningan.com • Doubles 400 000-800 000 Rps.* Étendu dans un grand jardin en surplomb de la mer, au pied du cap de Mahana Point, un petit complexe de charme proposant, au choix, de coquets bungalows en bois patiné avec terrasse, clim et salle d'eau extérieure, ou, plus chers, des greniers à riz avec vue sur la mer. 2 piscines, et un resto panoramique regardant l'océan se fracasser sur les rochers. De quoi se laisser aller à ne rien faire...

BALI

Où manger ? Où boire un verre ?

La plupart des établissements cités dans la rubrique « Où dormir ? » disposent aussi d'un resto. Côté sorties à Lembongan, on se couche tôt. À 22h, rideau !

À Jungut Batu

Pour un petit plat local et pas cher, on trouve plusieurs petits *warungs* tout simples, fréquentés par les gens du coin, le long de la rue principale (jalan Jungut Batu). Dans le genre, on a bien aimé le ***Bu Candra*** *(plan,* ***23****),* sorte de cantine sympathique et populaire, située juste après le virage à droite en venant du port *(ferme à 21h).*

Prix moyens (de 45 000 à 80 000 Rps, soit env 3 à 5,40 €)

Bali Eco Deli *(plan,* ***25****) : jl. Jungut Batu, à gauche le long de la route.*

Tlj 7h-21h. Une grande paillote, des tables en bois. Ici, tout est bio et respecte l'environnement (on peut remplir sa bouteille d'eau). L'idéal pour un petit déj ou un déjeuner plein de vitamines, avec des mueslis, des fruits insolites, des plats et salades aux mélanges savoureux, voire... inconnus !

Bunga Bungalo (plan, **27**) **:** *au bord de la plage, près du port.* En surplomb de la plage, une chouette petite terrasse à la déco de bois de récup colorée, que les vagues tentent d'effleurer en se fracassant en contrebas. On y boit les excellents cocktails préparés par Louis, le patron français, ancien barman. Côté solide, bonnes pizzas, sélection de plats indonésiens, poisson grillé... et crêpe au Nutella ! Loue également des chambres, mais elles nous ont moins convaincus.

Lemongrass (plan, **25**) **:** *jl. Jungut Batu, à gauche le long de la route. 081-238-089-99. Tlj 8h-22h.* Grande salle ouverte contemporaine, assez design, avec tables ou canapés en rotin pour grignoter, écouter de la musique (live certains soirs) ou goûter une cuisine soignée, tendance internationale (pizza, pâtes, bœuf bourguignon, *nasi goreng*). Ambiance conviviale. Service un peu long.

The Deck (plan, **28**) **:** *sur la colline au sud de la plage. Tlj jusqu'à 22h.* Agrippée à flanc de colline, une terrasse aux 1res loges pour profiter du panorama sur la baie et ses bateaux. Carte variée de *world food* bien ficelée, grand choix de boissons, alcoolisées ou non, et atmosphère gentiment branchouille pour se poser à toute heure, du petit déj à l'apéro.

Chic (80 000-150 000 Rps, soit env 5,40-10 €)

Ginger & Jamu (plan, **14**) **:** *dans la partie nord de la plage. Tlj 7h30-21h.* Les pieds dans le sable face à la mer, sous les arbres et les guirlandes de lampions. Un décor très vacances (il y a même des transats), pour une cuisine qui joue à fond la carte *healthy,* aime les thés, les légumes crus et les smoothies, préfère garnir ses burgers de *sate ayam* et de *mahi-mahi* que de steak haché. Original et bien mené, mais un peu cher quand même, la rançon du cadre et du concept. Sert aussi des petits déj dans le même esprit, et des pancakes toute la journée.

Indiana Kenanga (plan, **14**) **:** *dans la partie nord de la plage. ☎ 559-63-71. 081-907-547-932.* Les pieds dans le sable, les yeux dans l'eau, un resto chic tenu par des Français. Cuisine française donc (foie gras, vins et tout le toutim), des burgers aussi, le tout de qualité mais pas franchement donné. Un peu moins cher le midi, avec aussi des crêpes. Loue également des villas sur l'arrière (très chères).

Sur la route menant à la mangrove

Warung Bambu (plan, **20**) **:** *au nord de l'île, à 5 mn de scooter du village. Tlj 8h-22h. De bon marché à prix moyens.* Atmosphère des plus relax sous l'auvent de bambou de ce *warung*-paillote les pieds dans le sable, face à la mer où des villageois viennent, la nuit à marée basse, pêcher des crustacés à la lampe frontale. Au menu, du poisson grillé, et des plats locaux aussi frais que parfumés. Un bon moment.

Nyoman's Warung (plan, **20**) **:** *au nord de l'île, à 5 mn de scooter du village (ne pas confondre avec le Nyoman du village). 082-236-293-577. Pick-up gratuit le soir. Tlj 10h-22h. Prix moyens.* Face à la mer, petite paillote familiale soignée, réputée (à juste titre) pour ses poissons fraîchement pêchés, dont le célèbre *jacket fish.* À plusieurs, on peut profiter des intéressantes formules buffet à partager. Organise aussi des activités, dont des tours dans la mangrove.

À Mushroom Bay

Adi Bungalow & Warung (plan, **15**) **:** *voir « Où dormir ? ».* Sympathique petit *warung* familial aux prix encore serrés, tranquille et moins tape-à-l'œil que les restos du front de mer.

Mola Mola House *(plan,* **16***)* **:** *sur la plage de Mushroom Bay (voir « Où dormir ? »). Prix moyens.* Les pieds dans le sable, parfait pour boire un verre en regardant la baie, ou se taper un *healthy bowl* ou un plat végétarien tendance cuisine du monde. Également des plats *western,* plus classiques (et plus carnés).

À Sunset Beach

The Beach Club at Sandy Bay *(plan,* **21***)* **:** *en surplomb de la plage de Sunset Beach.* Bien installé à de belles tables, on y attend le coucher de soleil. Consos pas données cela dit (et l'on ne vous parle même pas des plats !).

À Nusa Ceningan et alentours

Warung Putu *(plan,* **29***)* **:** *au bord de la passe côté Lembongan, à 300 m du Yellow bridge. Tlj 11h-21h. De bon marché à prix moyens.* Savoureuse cuisine familiale (*beef rendang, goreng* et toute la smala), dans ce petit *warung* les yeux dans le bleu, sa terrasse suspendue au-dessus de la passe séparant Lembongan de Ceningan. Un spot extra, après ou avant avoir exploré la petite sœur de la grande. Accueil adorable.

Sea Breeze Warung *(plan,* **26***)* **:** *sur Ceningan, en longeant la côte à droite après le pont. Tlj jusqu'à 23h. Prix moyens.* Une adresse les pieds dans l'eau, au bord de la passe, face à Lembongan. Petits plats indonésiens, cocktails et jus de fruits au top. Et même une petite piscine ! De quoi rester des heures sans voir le temps passer.

Ceningan Cliffs *(plan,* **30***)* **:** *sur la côte sud de Ceningan. 082-144-430-807. Tlj 8h-20h. De bon marché à prix moyens.* Paumé sur la côte sud de l'île, qu'on atteint par d'étroites routes défoncées grimpant sur les hauteurs, un modeste *warung*-bar panoramique, perché au sommet d'impressionnantes falaises dominant la mer et Nusa Penida, juste en face. Bordant la terrasse, une piscine à débordement semble se jeter dans le vide. Waouh !

BALI

À voir. À faire

– **Plongée, snorkelling et surf :** Lembongan est bénie en la matière. Pour le surf, on va plutôt sur Ceningan. Voir la rubrique « Où plonger ? Où faire du *snorkelling* sur les îles ? » plus haut.

Les plages et points de vue : le voilà, le beau sable blanc qui manque à Bali ! Et la baignade, nous direz-vous ? Possible sur la longue plage de Jungut Batu et dans la mignonne Mushroom Bay, mais dommage que tant de bateaux y mouillent. On lui préfère la discrète crique de ***Song Lambung,*** nichée dans la végétation un peu plus à l'est, que l'on rejoint par une route étroite à prendre au sommet d'une colline, entre un temple et un cimetière. On peut aussi y aller à pied, de Jungut Batu, par le chemin circulant sur le flanc de la colline au sud de la plage. Trempette possible également depuis le sable blond de ***Mangrove Beach,*** à l'extrémité nord-est de l'île, encore peu fréquentée et bordée de palétuviers.
Sur les autres plages, il faudra se contenter du ***panorama*** (mais quels panoramas !), soit qu'il n'y ait pas de fond jusqu'à la barrière de corail, soit que les vagues soient trop puissantes. ***Sunset Beach,*** avec son écrin de falaises cognées par les flots, attire les visiteurs au... coucher de soleil. Au sud-ouest, la crique de ***Dream Beach,*** assurément l'une des plus belles, est dominée par un complexe hôtelier bien trop cher (bar, pour profiter de la vue). Tout près, les vagues viennent se fracasser sur la pointe découpée de ***Devil's Tear,*** autre spot prisé pour le *sunset.*
Ne manquez pas, aussi, de traverser l'étroit pont suspendu (Yellow bridge), où l'on se croise à peine à 2 scooters, pour explorer la petite Nusa Ceningan, plus rurale, plus sauvage, même si le tourisme s'y développe aussi. À son extrémité

ouest, passage obligé par le ***Blue Lagoon,*** ample crique très fermée dans laquelle les eaux d'un bleu éclatant viennent caresser les blanches falaises. 200 m plus loin, voilà le cap rocheux de ***Mahana Point,*** chahuté par le ressac. À ses pieds s'exercent les surfeurs, dont on pourra jauger du *ride* depuis un bar panoramique judicieusement perché sur le rocher. Quant à la bien nommée *Secret Beach,* elle a été malheureusement privatisée par un hôtel (accès en consommant au bar ; pas de baignade possible).

La ***mangrove*** occupe tout le quart nord de l'île. En poursuivant la route au nord de Jungut Batu jusqu'au bout, on tombe sur une série de cahutes proposant des tours en pirogue à perche parmi les palétuviers, pour espérer observer, entre autres choses, ces drôles de petits crabes rouges ou turquoise, dotés d'une pince démesurée par rapport à leur corps. Prix à négocier en fonction du temps *(compter env 100 000-150 000 Rps pour 30 mn de pirogue ou 1h de kayak – sans guide dans ce cas).* On peut aussi traverser la mangrove à scooter, jusqu'à rejoindre le Yellow bridge par l'est.

NUSA PENIDA *(40 000 hab.)*

Cette grosse île de 20 km de long vit principalement de la pêche et de la culture des algues, destinées à la fabrication de cosmétiques. On peut ainsi voir sur la côte nord des champs d'algues immergés, entre la plage et la barrière de corail, et c'est assez joli.

Traditionnellement, certains Balinais s'y rendent quand ils ont des mauvais esprits à calmer ou à repousser, des temples y étant dédiés à des démons et autres mauvais génies. Depuis quelques années, ils sont rejoints par de plus en plus de visiteurs étrangers, venus découvrir ses plages de carte postale et plonger (la plupart des spots que l'on explore depuis Lembongan sont en fait situés au large des côtes de Penida ; lire en début de chapitre « Où plonger ?... »). Reste que l'île étant très étendue, les sites dispersés et ses routes encore en partie très mauvaises, Penida ne se livre pas aussi facilement que son indolente voisine. Il faut prévoir du temps.

L'ANTRE DU DÉMON

L'île de Nusa Penida n'a pas bonne réputation car, d'après la légende, elle aurait servi de refuge au monstre Jero Gede Mecaling, qui cherchait à détruire Bali. Ce qui est sûr, en revanche, c'est que l'îlot, peu hospitalier, servit aux rois de Gelgel pour y déporter leurs ennemis.

Comment venir et se déplacer sur l'île ?

Pour rejoindre Penida, le plus simple (et le moins cher) est de s'y rendre par le bateau public de Padangbai ou de Sanur (voir les chapitres correspondants). Compter environ 1h de trajet. Autre option, prendre un hors-bord depuis Lembongan (lire plus haut la rubrique « Arriver – Quitter » de cette île), à seulement 15 mn de navigation.

On débarque soit à ***Sampalan*** (débarcadère de Buyuk pour les bateaux publics ; pontons privés pour les autres compagnies), au nord-est, la « capitale » de l'île, grosse bourgade affairée comptant un pittoresque marché ; soit à ***Toya Pakeh*** (débarcadère de Nyuh), au nord-ouest, sorte de village informel étiré le long de la route. Choisissez bien, il y a une petite dizaine de kilomètres entre les 2 !

La plupart des hébergements et clubs de plongée s'égrènent entre ces 2 points, le long de la côte nord. Une foule de *warungs* aussi, et quelques *beach-clubs.* Moyen de transport indispensable (scooter – en location partout – ou véhicule avec chauffeur). Si la route du nord a été refaite, celles au sud sont en revanche souvent dans un état déplorable, et ce sont elles qui desservent les sites les plus courus. Compter par exemple environ 1h à scooter (pour les pilotes aguerris seulement) jusqu'à Kelingking Beach depuis Toya Pakeh ; 20 mn de plus depuis Sampalan.

Pour les pressés, des agences de Lembongan proposent des excursions sur Penida à la journée, comprenant bateau + véhicule pour environ 400 000-500 000 Rps par personne. Évidemment, dans un temps aussi contraint, on ne voit qu'une partie de l'île (nord ou sud, au choix).

Où dormir ?

L'île ne s'étant que récemment ouverte au tourisme, l'hébergement y est encore peu cher.

Bon marché (moins de 350 000 Rps, soit env 23 €)

La Nusa : *à **Toya Pakeh,** au bord de la route principale. 081-237-112-868. Du débarcadère, prendre à gauche, c'est 500 m plus loin sur la droite. Doubles env 200 000-300 000 Rps.* Serrées autour d'un joli petit jardin, des chambres en dur, avec terrasse, impeccables et climatisées mais sommaires côté salle d'eau (on se douche sur les w-c, à l'eau froide). Plus confort et à peine plus chers, d'agréables bungalows aux boiseries travaillées, avec une vraie salle de bains. Accueil sympa.

Mertasari Bungalow : *jl. Raya Ped, Buyuk, à mi-chemin entre Toya Pakeh et Sampalan (fléché depuis la route principale). 085-237-373-680. Double env 300 000 Rps.* À l'orée d'une forêt de bambous et de cocotiers, dans un secteur encore rural où chante toujours le coq, 2 rangées de grands bungalows en bois et en dur, mignons et impeccables (clim, eau chaude) encadrant un jardin coloré. Bon accueil, familial.

Gus Mank Stay : *53 jl. Nusa Indah, dans le secteur de **Sampalan,** entre le débarcadère de Buyuk et la ville (fléché sur la droite). 085-738-639-036. Double env 350 000 Rps.* En retrait de la route, une bâtisse moderne plutôt élégante avec ses toits recourbés style traditionnel. Elle abrite des chambres étroites mais modernes, tenues au cordeau et bien équipées (douche chaude, clim). Piscine dans le jardinet. Accueil appliqué.

Wabitaka Bungalow : *à **Toya Pakeh.** 081-246-887-250. Du débarcadère, prendre la route principale à gauche, c'est fléché 300 m plus loin sur la droite. Double env 270 000 Rps.* Dans un jardin au calme, en retrait de la route, une poignée de bungalows en dur, propres et climatisés, avec terrassette et salle d'eau vitrée.

BALI

À voir

Le temple Goa Giri Putri : *à env 10 km à l'est de Sampalan, entre Karangsari et Sewena. Entrée : env 20 000 Rps. Prévoir une lampe de poche.* Encore très fréquenté par les fidèles balinais, ce temple loge dans une immense grotte à laquelle on accède par un étroit boyau. La grotte compte plusieurs salles, par endroits tapissées de chauves-souris.

La côte nord est certes bordée d'une longue plage, mais les plus impressionnantes sont situées sur les côtes ouest et sud, découpées de falaises tombant à pic dans la mer. Parmi les plus célèbres, ***Kelingking Beach*** (la favorite des instagrameurs...), que beaucoup se contentent sagement de contempler d'en haut tant la descente (ou plutôt l'escalade !), le long du sentier aussi raide que casse-gueule, est physique (voire dangereuse). Autre incontournable, ***Broken Beach,*** cirque dans lequel la mer s'engouffre par une très photogénique arche rocheuse. Tout près, la piscine naturelle d'***Angel's Billabong.*** Cette partie de l'île, pratiquement inhabitée, est de loin la plus spectaculaire de Nusa Penida, mais l'on trouve aussi de très belles plages, moins fréquentées, sur la côte est, notamment ***Atuh Beach*** et ***Diamond Beach,*** que l'on rejoint par des escaliers creusés dans les blanches falaises...

LES ROUTES DU CENTRE ET DU NORD

BATUBULAN

À seulement 8 km de Denpasar, Batubulan est l'un des plus grands villages de sculpteurs de pierre de l'île. On s'en aperçoit très vite, puisque la rue principale est bordée de chaque côté d'ateliers et de boutiques qui présentent des centaines de sculptures d'animaux fantastiques, de démons et de divinités rangées sagement. Ce sont tous des dieux protecteurs des autels que les Balinais achètent pour orner leur temple personnel. La pierre de la région est idéale pour la sculpture : résistante et tendre à la fois. En visitant quelques boutiques, vous aurez l'occasion de voir les jeunes garçons manier le ciseau, parfois dès leur plus jeune âge, avec une habileté surprenante. Souvent, plusieurs sculpteurs travaillent ensemble à la même œuvre ; ils se relaient comme s'il s'agissait d'un travail à la chaîne.

Terminal des *bemos* pour l'est et le centre de Bali : Amlapura, Semarapura, Bangli, Gianyar, Padangbai (ferry pour Lombok), Ubud, Kintamani, Selat.

À voir. À faire

Quelques beaux temples, dont le ***pura Puseh,*** à 150 m de l'entrée du village. Porte principale magnifique, avec tout un panthéon de divinités hindoues voisinant avec un *Bouddha en méditation.* Si vous souhaitez le visiter entièrement, il vous en coûtera 10 000 Rps (prêt d'un sarong inclus).

Spectacles de danse : Batubulan est surtout connue pour ses spectacles de danse *barong* qui se déroulent chaque matin à 9h30, dans 3 endroits différents. Ils sont tous sur la droite de la route, dans le centre du village qui s'étire tout en longueur. Durée : 1h. Prix identiques : 100 000 Rps. 3 lieux proposent aussi chaque jour à 18h30 des danses *kecak* et *fire dance* (pour 80 000 Rps), mais on a préféré le *barong* du matin. Il s'agit de spectacles destinés aux étrangers et qui n'ont pas, bien entendu, l'authenticité de ceux que l'on pourrait voir (avec un peu de chance) dans un village, lors d'une fête de temple. En contrepartie, vous serez confortablement installé et vous pourrez photographier un spectacle donné par des habitants qui troquent pendant 1h leur vêtement de travail pour se transformer en sorcière, princesse, clown ou singe, dissimulant leur véritable visage derrière des masques.
Il est recommandé d'arriver une petite demi-heure avant pour avoir une bonne place. Les billets sont vendus à l'entrée. On vous délivre un feuillet d'explication sur le déroulement de la danse, dans toutes les langues.

SUKAWATI, BATUAN, MAS, BONA, GIANYAR ET BANGLI

SUKAWATI

Un petit arrêt s'impose dans ce village pour son marché (le matin surtout), très prisé des Balinais eux-mêmes. Sukawati est également connu pour son école de danse, son école de *wayang Kulit,* son tressage de paniers et ses fabriques de petits objets en bois. Le marché se situe dans des constructions en dur de chaque côté de la route. On ne peut pas le louper, il y a plein de monde. Des montagnes de textiles (chemises, shorts, tee-shirts), peintures, sculptures sur bois... Animé et sympathique. Montez aussi au dernier étage du bâtiment à droite de la route en venant du sud : fruits et légumes, pas de touristes, vraiment à voir.

BATUAN

À 2 km après Sukawati, ce village est spécialisé dans le tissage, mais possède aussi des écoles de danse et une école de peinture importante. Il existe un vrai style Batuan, très chargé, réalisé sur papier, avec énormément de détails, en couleurs ou en noir et blanc. Cela explique le nombre de boutiques et d'ateliers tout au long de cette route. On remarquera aussi le beau temple au portail couvert de monstres, avec une enfilade de cours et des *merus* à 3 niveaux.

Après Sakak, la route franchit une rivière maudite. D'après la légende, l'eau avait été empoisonnée par les dieux et, jusqu'au début du XXe s, on se gardait de l'utiliser, même pour l'irrigation des rizières. Toute la région est marquée par les forces secrètes de la magie, puisque le ***temple de Blahbatuh*** abrite une monstrueuse tête de pierre, celle de Kebo Iwa, un géant qui aurait construit de nombreux temples dans l'île avant d'être exécuté par les troupes javanaises lors de la conquête de l'île en 1343.

MAS

Sur la route d'Ubud. À l'entrée du village, un énorme bébé en pierre au carrefour. En continuant tout droit, la route se dirige vers Mas et Ubud. À droite, elle bifurque vers Bona, Gianyar et Bangli. Les habitants de Mas sont des descendants directs des brahmanes venus de l'île de Java au XVe s et dont les ancêtres ont influencé l'hindouisme balinais. Ils travaillent tous le bois. Beaucoup de masques, mais aussi de très grosses pièces. Au départ, leurs sculptures avaient une fonction religieuse. La totalité de leur production est désormais réservée aux touristes, à l'exportation et aux boutiques de Kuta, Sanur et Ubud.
Il est intéressant de voir les sculpteurs œuvrer sous le contrôle du maître, en faisant sauter les copeaux avec de petits burins, après que la masse de teck ou d'ébène a été dégrossie à la hache. Les plus beaux bois, notamment l'ébène, viennent de Sulawesi. Certaines pièces sont magnifiques, et les prix raisonnables compte tenu de la finesse de leur exécution. On trouve aussi d'innombrables babioles en bois peint sans intérêt artistique, mais qui peuvent faire des petits cadeaux rigolos et bon marché. Certains artistes se consacrent uniquement à la réalisation de masques de théâtre peints destinés aux spectacles de *topeng* ou de *barong.* À Mas, c'est assez simple, plus les boutiques sont fastueuses, plus elles sont chères. Chaque côté de la route est bordé de dizaines d'ateliers-boutiques.

➢ Si vous voulez vous rendre directement à Ubud, poursuivez la route au nord de Mas. Sinon, possibilité de faire un détour par Bona, Gianyar... et Bangli pour ceux qui veulent continuer vers le lac Batur.

BONA

Entre Blahbatuh et Gianyar, juste à mi-chemin, un centre important de vannerie et de tressage de paniers et du travail des meubles en bambou. C'est ici qu'on fabrique une bonne partie du mobilier de terrasse des hôtels et *guesthouses.*

GIANYAR

Ville sans grand intérêt, propre et très fleurie. C'est surtout un nœud routier et un lieu de passage très fréquenté. En fait, ne passent par ici que ceux qui veulent aller visiter l'école de sculpture.

À voir

Le puri : *sur la place centrale.* Bel exemple d'architecture traditionnelle.

Les tissages Cap Togog : *11 jl. Astina Utara. ☎ 94-30-46. En entrant dans la ville en venant de Denpasar, c'est sur la droite. Ouv 8h-15h.* L'une des plus grandes filatures de l'île. Plus de 50 personnes travaillent, sous un hangar, utilisant des métiers à tisser archaïques. Vous y verrez comment on fabrique les *ikats* : tissage, teinture, séchage... Très beaux *ikats,* mais les conditions de travail nous ont laissés pantois. Vente de tissus dans la boutique au-dessus des ateliers.

Le ***marché*** vaut vraiment le coup. On y vend un tas de fruits et un tas d'aliments. Avec un peu de chance, vous rencontrerez l'étal du sorcier qui vend des fioles au mélange appétissant (crapauds, lézards...). Préférez le matin tôt, car c'est là que la nourriture est la plus fraîche.
En face du marché, traversez la rue principale. Là, quelques échoppes en plein air où l'on vend les meilleurs *babi guling* (cochons grillés) de l'île. Seulement le soir.

BANGLI

De Gianyar, on peut reprendre la route vers l'ouest pour Bedulu et Ubud. On peut aussi poursuivre au nord vers Bangli et, de là, continuer vers le lac Batur. La route passe par ***Sidan,*** où ceux qui n'ont pas encore leur indigestion de temples peuvent s'arrêter au *pura Dalem,* c'est-à-dire au « temple des Morts ». La tour du *kulkul* (cloche) possède un bas-relief représentant des malfaiteurs punis par des géants. 10 km plus au nord apparaît Bangli, ancienne capitale de la puissante dynastie des Gelgel. La ville en soi n'est pas du tout excitante (routard, passe ton chemin si tes jours sont comptés), et, comme on est déjà en altitude, il commence à faire plus frais. Pas loin (4 km), ***Penglipuran,*** village peuplé de Bali Aga, Balinais des origines. Particularité : les toits disposent de tuiles en bambou. Ça tombe bien : juste à côté, forêt de bambous sur 76 ha pour 76 familles qui composent le village.
Terminal des bus qui desservent tous les villages de la région : Ubud, Gianyar, Kintamani...

À voir

Pura Kehen : *à la sortie nord de la ville, sur la route de Kintamani. Entrée : 30 000 Rps. (Attention ! On essayera peut-être de vous vendre des sarongs hors* *de prix dès votre arrivée sur le parking ! Les sarongs sont prêtés à l'entrée du temple en général, moyennant un petit pourboire...)* Grand sanctuaire en terrasses, l'un des plus vénérés de Bali. Monumental escalier orné de sculptures en pierre volcanique, donnant accès à une porte splendide dominée par une tête de démon. Ses mains terrifiantes sont prêtes à saisir les mauvais esprits qui tenteraient de franchir le seuil. Des assiettes chinoises sont incrustées sur les murs. Vendeurs ambulants aux abords du temple, comme d'habitude. Si vous avez besoin d'explications, le « gardien du temple » sera ravi, moyennant une obole (la fameuse donation au temple), de vous renseigner en anglais et avec quelques mots de français.

➢ La route, après Bangli, conduit en 20 km au site de Penelokan, au bord du lac Batur en passant par Bangklet et Pengotan.

UBUD

8 000 hab. (env 34 000 hab. agglo comprise) IND. TÉL. : 0361

• Plan d'ensemble *p. 156-157* • Zoom *p. 159*
• Carte Les environs d'Ubud *p. 183*

Ubud fut découverte par les artistes occidentaux dans les années 1920, alors qu'elle n'était encore qu'un gros bourg. Devenue, à partir des années 1980, une étape très prisée des globe-trotters, elle s'est fondue avec les villages alentour et apparaît désormais sous les traits d'une véritable petite ville. Reconnue par les Balinais comme un grand centre de médecine traditionnelle – c'est d'ailleurs le sens même de son nom –, Ubud s'affiche aujourd'hui comme la mecque du ressourcement spirituel et physique. Pourtant, Ubud est avant tout le foyer de l'art balinais et le conservatoire des traditions de l'île. Le *legong* y est né et se danse chaque soir au son des gamelans. Peintres, sculpteurs et artisans y sont encore nombreux. Il faut dire que les paysages de rizières et la nature exubérante aux portes de la ville sont des sources d'inspiration inépuisables.
On s'en doute, autant d'attraits aimantent les foules, poussant beaucoup de visiteurs à choisir cette étape, d'où il est facile de rayonner, comme port d'attache pour l'essentiel de leur séjour. Cette explosion touristique a généré l'éclosion de centaines de boutiques, hôtels et restaurants de tous styles. On n'est donc jamais seul à Ubud, en particulier en juillet-août. Cela dit, l'atmosphère reste à mille lieues des excès de la côte sud, surtout si l'on choisit de loger à l'écart du centre.

Arriver – Quitter

En van privé

Les 3 principales compagnies présentes à Ubud desservent à peu près les mêmes destinations. On peut acheter les billets directement auprès de leurs bureaux, mais aussi à l'office de tourisme et dans une multitude de petites agences, sans supplément de prix. Le service de pick-up à votre hôtel est inclus.

■ ***Perama*** *(plan d'ensemble, C5,* ***1****) : jl. Raya Pengosekan.* ☎ *90-80-470 ou 97-33-16.* • *peramatour.com* • Liaisons avec Kuta, Sanur, Padangbai, Candi Dasa, Tirtagangga, Amed, Tulamben et Lombok. Pour plus de détails, consulter la rubrique correspondante pour chacune de ces destinations.

■ ***Padma :*** *13 jl. Kajeng.* ☎ *97-72-47.* Mêmes destinations que *Perama.*

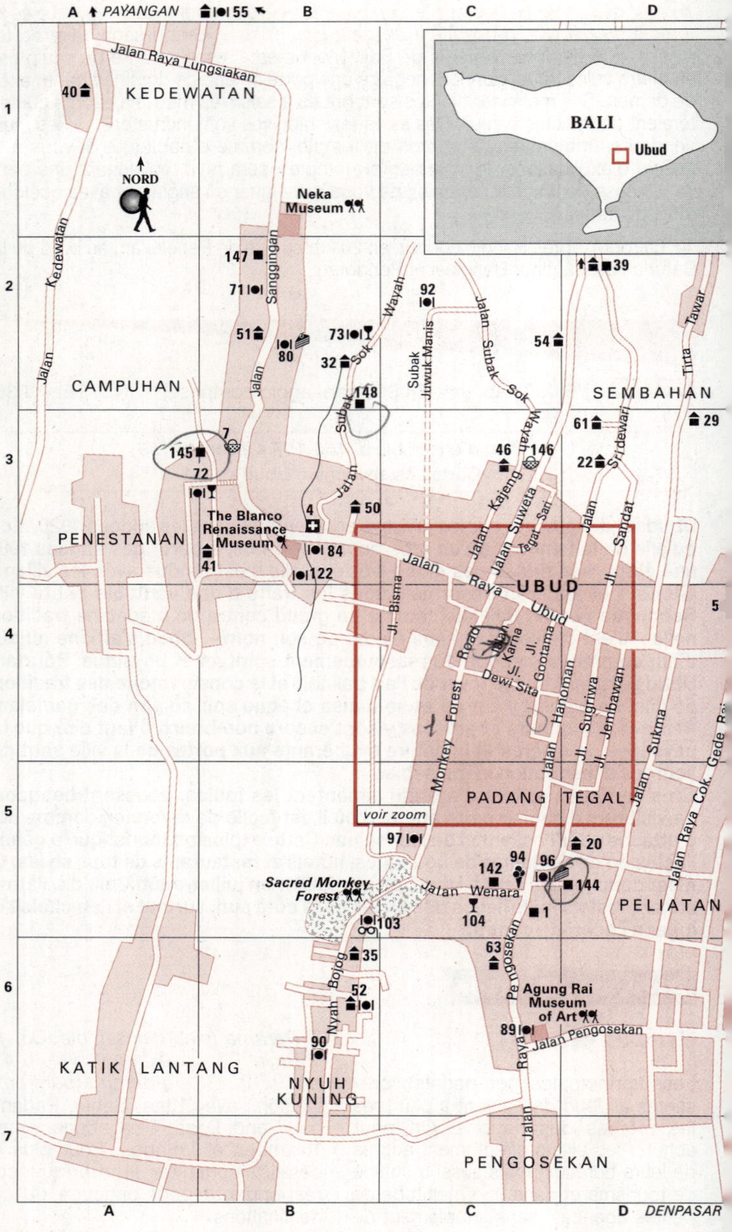
PAYANGAN
55
40
KEDEWATAN
Jalan Raya Lungsiakan
NORD
Neka Museum
BALI
Ubud
Jalan Kedewatan
147
71
51
80
Jalan Sanggingan
73
32
148
92
Jalan Sok Wayah
Subak Juwuk Manis
Jalan Subak Sok Wayah
39
54
Jalan Tirta Tawar
CAMPUHAN
SEMBAHAN
61
29
22
Jalan Sri dewari
145
7
72
46
146
PENESTANAN
The Blanco Renaissance Museum
4
50
84
41
122
Jalan Raya Ubud
UBUD
Jalan Kajeng
Jalan Suweta
Tegal Sari
Jalan Sandat
Jl. Bisma
Monkey Forest Road
Jalan Karna
Jl. Gootama
Jl. Dewi Sita
Jalan Hanoman
Jl. Sugriwa
Jl. Jembawan
Jalan Sukma
Jalan Raya Cok. Gede Rai
PADANG TEGAL
voir zoom
97
20
94
142
96
144
Sacred Monkey Forest
Jalan Wenara
104
1
PELIATAN
103
35
63
Jalan Bojog
52
Nyah
Agung Rai Museum of Art
89
Jalan Pengosekan
Jalan Raya Pengosekan
90
KATIK LANTANG
NYUH KUNING
PENGOSEKAN
DENPASAR

Adresses utiles

1 Perama (C5)
4 Ubud Clinic (B3)
5 Pharmacie Dwi Sandhi Apothik (D4)
6 Poste de police (E4)
7 Bintang Supermarket (B3)

Où dormir ?

20 Teba House (D5)
22 Omah d'Taman (D3)
29 The Purist Villas & Spa (D3)
32 Dragonfly Village (B2)
35 Mawa House (B6)
39 Pajar House et Blue Karma Resort (hors plan par D2)
40 Uma by COMO (A1)
41 Gerebig (B3)
43 Amori Villa (F5)
46 Gusti's Garden Bungalows (C3)
50 Abangan Bungalows (B3)
51 Ananda Cottages (B2)
52 Swasti Eco Cottage (B6)
54 Wapa di Ume (C-D2)
55 Alila Ubud (hors plan par B1)
56 Tejaprana (hors plan par E3)
61 Secret Garden (D3)
63 Tegal Sari (C6)

Où manger ?

71 Warung Pulau Kelapa (B2)
72 Lala & Lili Warung et Made's Warung (A-B3)
73 Sari Organik (B2)
80 Indus (B2)
82 Mangga Madu (E4)
83 Warung Mina (E4)
84 Murni's Warung (B3)
89 Batubara (C6)
90 Mother (B6)
92 Sweet Orange Warung (C2)
96 Monsieur Spoon (C5)
97 Maha Restaurant (C5)
103 Laka Leke (B5)
122 Bridges (B3)

Où faire une pause gourmande ?

80 Indus (B2)
94 Gelato Secrets (C5)
96 Monsieur Spoon (C5)

Où boire un verre ?

73 Cafe Pomegranate (B2)
104 Tropical View Café (C5)

Achats

146 Boutique de la Kupu Kupu Foundation et Threads of Life, Indonesian Textile Arts Centre (C3)

À faire

39 Pyramids of Chi (hors plan par D2)
142 Venezia (C5)
144 Yoga Barn (C-D5)
145 Intuitive Flow (A-B3)
147 Bali Botanica (B2)
148 Ubud Yoga House (B2)

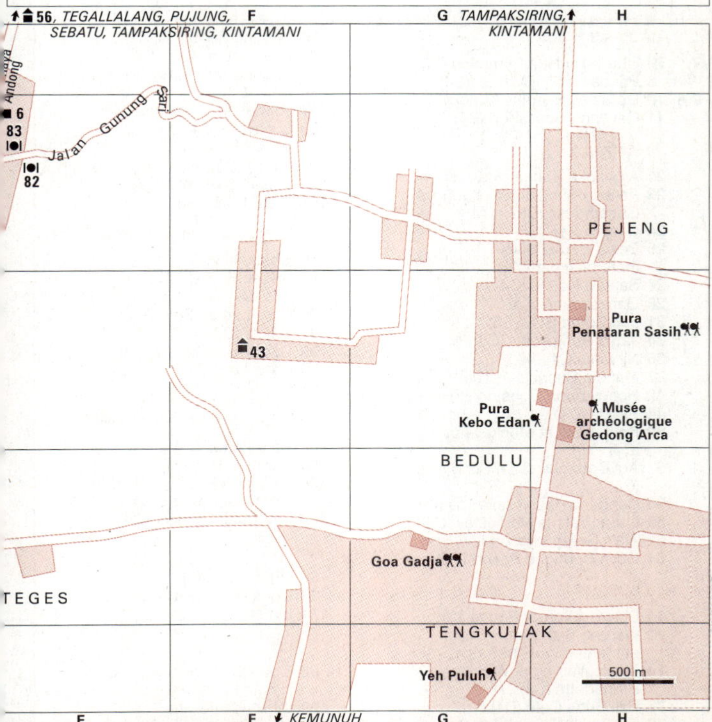

UBUD – Plan d'ensemble

BALI

■ ***CV. Gora Bali :*** *jl. Monkey Forest, 4B Arjuna Lane.* ☎ *97-10-02.* Dessert, en plus des destinations de la *Perama,* Munduk et Kintamani (départs à 11h).

En *bemo*

Ils stationnent devant le marché d'Ubud *(zoom C3-4).* Nombreuses liaisons le mat, beaucoup moins l'ap-m. Moins chers mais plus lents que les vans privés, car ils s'arrêtent partout, ils sont l'unique moyen d'atteindre certains villages en transports publics. Principales destinations :

➢ ***Vers Gianyar, Klungkung (Semarapura) et Candi Dasa :*** ttes les heures, 6h-17h.
➢ ***Vers Batubulan (Denpasar) :*** ttes les heures.
➢ ***Vers Kintamani :*** de là, correspondances pour Singaraja et Lovina.
➢ ***Vers Tegallalang.***

Adresses utiles

Infos touristiques

🛈 ***Ubud Tourist Information*** *(zoom C3)* **:** *à l'angle des jl. Monkey Forest et Raya Ubud, face au marché.* ☎ *97-32-85. Tlj sauf certains j. de fêtes 8h-21h.* Ce petit comptoir fournit gratuitement la liste des spectacles (vente de billets), les coordonnées des principales compagnies de transports avec

■ **Adresses utiles**

- 🛈 Ubud Tourist Information (C3)
- **8** Pandawa Mini Market (C4)
- **9 et 10** Librairies Periplus (C3 et C4)
- **11** Ganesha Bookshop (D4)

Où dormir ?

- **21** Argasoka Bungalows (C5)
- **23** Pelangi Bungalows et Jungut Guesthouse (C3)
- **24** Candra Asri (C5)
- **25** Dewa House Bisma (hors plan par C3)
- **27** Sania's House (C4)
- **28** Ganesha Inn (C5)
- **31** Jati Home Stay (C5)
- **34** Jati 3 Bungalows (C5)
- **36** Nirvana (C4)
- **37** Mandia Bungalows (C4)
- **42** Honeymoon Guesthouse (C3)
- **44** Rouge (C3)
- **49** Komaneka at Monkey Forest (C4)
- **57** Adi Cottages et Sri Bungalows (C5)
- **58** Cendana Resort and Spa (C4)
- **59** Indra Prastha Homestay (C5)
- **62** Ala's Green Lagoon (C4)
- **64** Goya Boutique Resort (C5)

Où manger ?

- **44** Burger Shop et Rouge (C3)
- **70** Warung Biah Biah et Melting Wok Warung (C4)
- **74** Dewa Warung et Waroeng Bernadette (C4)
- **75** Bali Buda Café (D4)
- **76** Fair Bale Warung (D3-4)
- **77** Ibu Rai (C4)
- **78** Café Wayan (C4)
- **79** Warung Sopa (D5)
- **81** Kafe Batan Waru (C4)
- **85** Warung Makan Bu Rus (C3)
- **86** Kafe (C5)
- **87** Tutmak et Nusantara (C4)
- **88** Locavore (C4)
- **91** Arang Saté Bar (C3)
- **93** Miro's (C3)
- **102** Pissari Bali Café (C5)
- **108** Clear Café (D4)

Où faire une pause gourmande ?

- **36** Ubud Raw (C4)
- **94** Gelato Secrets (C3, C4 et C-D4)
- **95** Confiture de Bali (C4)
- **98** Tukies (C3-4)
- **99** Daily Baguette (C3)
- **100** Casa Luna (C3)

Où boire un verre ? Où écouter de la musique ?

- **101** Café Lotus (C3)
- **105** Bamboo Bar (C4)
- **106** Laughing Buddha Bar (C4)
- **107** The Good Mantra Café (C5)
- **109** The Night Rooster (C4)

Achats

- **36** Ubud Raw (C4)
- **95** Confiture de Bali (C4)
- **124** Marché d'Ubud (C3-4)

■ **À faire**

- **36** Cours de batik à la pension Nirvana (C4)
- **100** Cours de cuisine chez Casa Luna (C3)
- **141** The Bodyworks Centre (C5)
- **143** Lily Spa (C4)

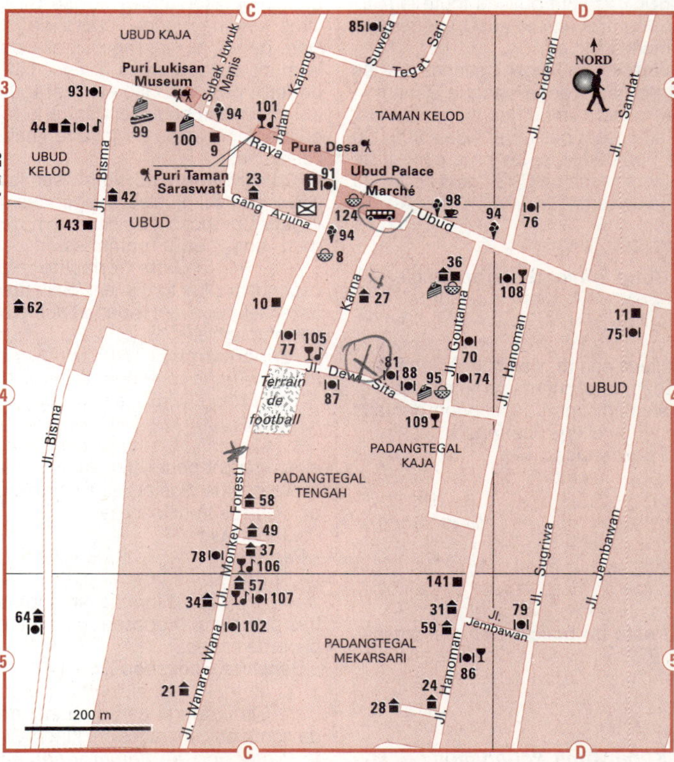

UBUD – Zoom

horaires et tarifs, des infos sur les fêtes et cérémonies, ainsi que le livret mensuel *Ubud Community* listant quelques infos pratiques intéressantes. Propose diverses formules d'excursions à la journée, combinant plusieurs sites à des tarifs intéressants.

Poste et télécommunications

✉ ***Poste*** *(Pos Giro ; zoom C3-4) : jl. Arjuna. Lun-sam 9h-18h, dim 9h-17h.* Également plusieurs *postal agents* dans différents coins d'Ubud.

■ ***Expédition de colis :*** on achète tellement de belles choses ici qu'il faut bien les envoyer au pays. De nombreuses agences se chargent de ce service. Elles sont pour la plupart sérieuses et efficaces. Comparez les prix avant d'en choisir une. Le tarif est basé sur un calcul poids-volume.

Banques, change

La plupart des changeurs et distributeurs *ATM* s'égrènent le long de la jalan Raya Ubud *(zoom C-D3-4)*, avec notamment plusieurs banques autour du croisement avec jalan Hanoman. Les changeurs officiels sont signalés par un écusson vert estampillé « Authorized money changer » ou « PVA

Berizin » et sont ouverts toute la journée, contrairement aux banques qui ferment à 14h ou 15h.
Pour retirer de l'argent, sachez que les distributeurs de la banque Danamon sont généralement les plus généreux en autorisant des retraits de 2 000 000 à 2 500 000 Rps. Le plus central se trouve en face du *Café Lotus* (voir « Où boire un verre ?... »).

Santé, urgences

■ ***Ubud Clinic*** *(plan d'ensemble, B3,* ***4****)* **:** *36 jl. Raya, Campuhan. ☎ 97-49-11. Ouv 24h/24. La consultation de base coûte env 20 €.* Probablement le meilleur centre médical de la région. Médecins et infirmiers anglophones. Également une consultation dentaire *(17h-20h)* et une pharmacie.

■ ***Pharmacies : Dwi Sandhi Apotik*** *(plan d'ensemble, D4,* ***5****), 12 jl. Raya Andong. ☎ 97-54-65. Sur la route de Tegallalang, 800 m après le carrefour d'Ubud, sur la gauche. Tlj 7h-21h. Au centre, la* ***pharmacie de la Ubud Clinic*** *(voir ci-avant) et quelques officines moins bien approvisionnées.*

■ ***Poste de police*** *(plan d'ensemble, E4,* ***6****)* **:** *jl. Andong, sur la route de Tegallalang et Kintamani. ☎ 97-53-16.*

Divers

■ ***Kupu Kupu Foundation :*** *082-145-855-102 (par tél ou WhatsApp). • balikupu@yahoo.com • kupubali@yahoo.com • kupukupufoundation.org • Voir aussi « Achats ».* Begonia, de la Kupu Kupu Foundation, peut organiser toutes sortes d'activités (*legong dance,* cours de cuisine, de yoga, massages, treks pour le mont Batur, sorties à vélo, billets de ferry pour les Gili, etc.), et toutes les commissions reviennent à la fondation. L'occasion de joindre l'utile à l'agréable.

■ ***Confirmation de vols :*** sur jalan Raya Ubud, plusieurs agences de voyages proposent ce service moyennant une petite commission *(env 10 000 Rps).* Cette formalité n'est cependant plus forcément obligatoire, se renseigner avant le départ auprès de sa compagnie.

■ ***Supermarchés : Bintang Supermarket*** *(plan d'ensemble, B3,* ***7****), jl. Campuhan.* On y trouve de tout. ***Pandawa Mini Market*** *(zoom C4,* ***8****), jl. Monkey Forest, dans le centre.* Choix plus restreint pour l'alimentation, mais avalanche de bibelots souvenirs et CD de musique traditionnelle.

■ ***Librairies :***

– ***Periplus :*** *23 jl. Raya Ubud (zoom C3,* ***9****). Autre adresse jl. Monkey Forest (zoom C4,* ***10****).* Librairie anglophone très complète, proposant un excellent choix de cartes.

– ***Ganesha Bookshop*** *(zoom D4,* ***11****)* **:** *à l'angle de jl. Raya Ubud et Jembawan.* Choix fourni de bouquins, dont de nombreux ouvrages sur l'Indonésie.

■ ***Protection de l'environnement :*** devant l'ampleur des dégâts causés par le trop grand nombre de bouteilles en plastique, plusieurs hôtels et restos proposent de remplir vos bouteilles d'eau filtrée. Repérez les affichettes.

Comment circuler à Ubud ?

La ville s'étend sur plusieurs kilomètres dans toutes les directions. Si l'on flâne dans le centre à pied, au-delà, on s'épuise vite et l'on ne va pas bien loin. Les nombreux chauffeurs et motos-taxis en stand-by sur les trottoirs du centre le savent bien et vous proposeront inlassablement leurs services. En fin de journée, le centre n'est plus qu'embouteillages. Une fois encore, la meilleure solution pour se balader librement sans grever son budget est de louer un 2-roues.

– ***Le scooter :*** la meilleure option pour rayonner autour d'Ubud. Compter 50 000-60 000 Rps/j. Bien vérifier freins, pneus et l'éclairage, et n'oubliez pas le casque. Location dans la majorité des hébergements.

– ***Le vélo :*** une option pour les plus sportifs, sachant qu'il y a du relief dans le coin. Attention aux axes principaux où la circulation entre 2-roues et 4-roues peut tourner à l'expérience désagréable, voire dangereuse.

– ***Les navettes publiques :*** gratuites, desservant une petite dizaine d'arrêts, elles font un grand tour du centre, effectuant un circuit Monkey Forest-marché via jalan Monkey Forest, puis retour à la case départ via jalan Hanoman. Passage ttes les 15 mn env, 9h-21h. Pratique en cas de coup de pompe.

Où dormir ?

Parmi la multitude d'hébergements de toutes catégories que compte Ubud, beaucoup se concentrent naturellement au cœur de la ville, le long de la boucle formée par les jalan Monkey Forest et Hanoman. Victimes de cette promiscuité, les jardins y sont souvent riquiqui, voire inexistants, et les horizons régulièrement bouchés par des constructions à touche-touche. Pour profiter de plus d'espace et de nature, il suffit de sortir du centre sans pour autant faire des kilomètres. Dans un rayon de 15 mn à pied on déniche déjà de nombreux hôtels sympa et maisons à louer, postés au milieu des rizières et de la végétation tropicale. Des adresses bucoliques qui ont tendance à se multiplier, profitant d'un cadre enchanteur qu'elles contribuent dans le même temps à défigurer, les nouvelles constructions grignotant chaque année un peu plus le paysage...

Si vous envisagez un séjour en haute saison (juillet-août et fêtes de fin d'année), réservez longtemps à l'avance pour être sûr de loger où vous voulez, et reprenez contact quelques jours avant votre arrivée, histoire d'éviter les mauvaises surprises. Sachez aussi qu'à ces périodes toute tentative de négociation se heurte à un « *no discount* » sans appel. Hors saison, tout se discute !

À de très rares exceptions près (signalées dans le texte), les prix incluent le petit déjeuner. La majorité des adresses ont une connexion wifi et proposent une foule de services (laverie, location de scooters, vente de billets de bus et de spectacles, massages, etc.).

Un conseil pour finir : n'oubliez pas votre lampe de poche pour rentrer sans encombre de vos virées nocturnes. L'éclairage est parcimonieux ou inexistant dans les petites rues et allées.

Bon marché (moins de 350 000 Rps, soit env 23 €)

🏠 ***Pelangi Bungalows*** (*zoom C3*, ***23***) : *gang Arjuna. ☎ 97-07-92. 📱 081-999-318-722. Passer sous le porche de la* Jungut Guesthouse *puis prendre l'allée de gauche, c'est au fond (pas de panneau). Double env 150 000 Rps.* Encadrant une courette familiale abondamment fleurie, parfaitement au calme et pourtant tout proches de l'animation du centre, ces bungalows simples en brique et bambou hébergent quelques petites chambres au confort modeste, avec clim et salle de bains (eau froide). Accueil chaleureux. Si c'est plein, même genre de piaules chez le voisin, ***Jungut Guesthouse,*** donnant sur un temple de quartier (*☎ 97-82-37*).

🏠 ***Teba House*** (*plan d'ensemble, D5*, ***20***) : *59 jl. Sugriwa. ☎ 97-11-79. 📱 081-236-016-33. • ubudtebahouse.com • Doubles 180 000-250 000 Rps.* Dissimulée derrière un temple dans un secteur populaire de la ville, une *guesthouse* familiale, installée dans une maison traditionnelle encadrant une cour jardinée. Chambres simples, un peu défraîchies mais bien tenues, toutes avec salle d'eau et terrassette privée. Les plus chères, avec clim, sont logées dans une bâtisse sur 2 niveaux. Accueil vraiment gentil. Un plan tranquille et pas cher.

🏠 ***Jati Home Stay*** (*zoom C5*, ***31***) : *jl. Hanoman, tt au fond d'un passage perpendiculaire à la rue principale. ☎ 97-77-01. • asa_dewa2000@yahoo.com • Doubles 250 000-300 000 Rps ; familiale.* Petit *homestay* d'une dizaine de chambres installées dans une structure d'un étage, face à une petite rizière en friche. Vous êtes ici dans l'atelier en plein air du peintre Made

Jati, dont les œuvres sèchent dans la cour, à l'arrière. Chambres en bambou tressé, soignées et charmantes (malgré une isolation phonique pas géniale), avec eau chaude, ventilo, moustiquaire et petite terrasse donnant sur la rizière. Une de nos adresses préférées, sereine et centrale à la fois. Accueil plaisant et petit déj différent tous les jours.

Candra Asri *(zoom C5, **24**) : 43 jl. Hanoman. ☎ 97-05-17. Double env 200 000 Rps. Guesthouse* familiale sur 2 étages, un peu en retrait de la rue, dont on entend tout de même la rumeur. Chambres spacieuses, avec eau chaude, clim et ventilo. Évitez les 2 du bas, un peu confinées. Tout en haut, chambre avec terrasse privative et vue sur les rizières et les toits.

Ganesha Inn *(zoom C5, **28**) : 43 jl. Hanoman. ☎ 97-05-45. • ganeshaubudinn.com • Doubles env 250 000-350 000 Rps.* Au fond de cette allée qui accueille plusieurs *losmen*, celui-ci est on ne peut plus paisible. Planté dans un jardin soigné, il compte seulement 6 chambres, tournées vers les rizières, et en partie installées dans des bungalows sur 2 niveaux, une chambre par étage, avec clim et belle vue depuis celles du haut. Un excellent rapport qualité-prix.

Sania's House *(zoom C4, **27**) : 7 jl. Karna. ☎ 97-55-35. • sania_house@yahoo.com • Juste derrière le marché. Doubles 300 000-400 000 Rps.* Derrière l'entrée de pierre sculptée et le joli temple familial, des chambres de taille correcte, avec terrasse, réparties entre de petits immeubles de 2 étages (préférer les plus hautes !) et une poignée de pavillons individuels traditionnels (plus chers, avec clim), à l'aménagement intérieur soigné (lits en bois sculpté, vasques en pierre...). Le tout est un peu décati mais honnêtement tenu. Petite piscine, un peu trouble. Accueil gentil. Attention, quelques cafouillages dans les réservations ; pensez à reconfirmer avant votre arrivée !

Omah d'Taman *(plan d'ensemble, D3, **22**) : 53 jl. Sridewari. ☎ 97-40-24. • omah-dtaman.ubudhotelsbali.net • Prévoir 250 000-350 000 Rps.* 4 chambres. Nos préférées : les *twins* nos 3 et 4, au fond du jardin, face à la jungle. Déco simple. Petite terrasse carrelée, clim. Propre. Accueil sympa du proprio.

Argasoka Bungalows *(zoom C5, **21**) : jl. Monkey Forest. ☎ 97-09-12. • argasokabungalows.com • Doubles 250 000-400 000 Rps.* Légèrement en retrait de la rue, des chambres dans une poignée de pavillons individuels, ou, plus au calme (et plus cher), dans de petites bâtisses d'un étage, disséminés dans un vaste jardin dégringolant vers la rivière. Eau chaude, ventilo et petit balcon pour tout le monde ; clim pour les plus chères. Piscine.

Gusti's Garden Bungalows *(plan d'ensemble, C3, **46**) : 27 jl. Kajeng. ☎ 97-33-11. • gusti_garden@yahoo.com • Doubles 300 000-350 000 Rps.* Chambres propres et carrelées, ventilées ou climatisées, toutes avec terrasse, réparties dans 2 bâtisses, soit au cœur soit en surplomb d'un grand jardin touffu bordé par la forêt. Piscine assez grande, et même un petit resto. Pas vraiment l'envie de bouger, du coup !

Ala's Green Lagoon *(zoom C4, **62**) : jl. Bisma, dans un dédale qui part sur la droite après Rouge. ☎ 97-04-76. 📱 081-239-626-87. • alagreenlagoon.com • Impossible d'y aller en voiture. Double env 350 000 Rps.* Une petite dizaine de chambres avec vue superbe depuis le 1er étage. Chambres assez vastes, lumineuses et bien décorées, avec des pierres et mobilier indonésien en bois. Propre. Il y a même une piscine. Accueil familial très sympa.

Dewa House Bisma *(hors zoom par C3, **25**) : suivre le fléchage depuis jl. Bisma. ☎ 97-19-71. 📱 081-999-343-964. Double env 350 000 Rps ; familiales.* On chemine le long des allées cimentées d'un quartier encore villageois au milieu de rizières pour rejoindre cette grosse maison sur 2 niveaux. Elle abrite seulement une poignée de chambres, sobres et plus toutes jeunes mais honnêtement tenues, avec clim. Préférer celles de l'étage, plus claires. Au pied de la bâtisse, une jolie piscine, dominant un vallon touffu. Bon accueil.

Prix moyens (de 350 000 à 700 000 Rps, soit env 23 à 46 €)

■ ***Tegal Sari*** *(plan d'ensemble, C6,* ***63****) : 30A jl. Hanoman. ☎ 97-33-18. • tegalsari-ubud.com • Doubles 390 000-850 000 Rps ; villas 1 150 000-1 550 000 Rps ; petit déj en sus. Navette gratuite pour le centre.* Un complexe qui cache bien son jeu et... toutes ses surprises. Il occupe une langue de terre encadrée de rizières et de jardins potagers, et accueille différentes catégories de chambres, toutes sobres, modernes et confortables, la plupart profitant d'une vue enchanteresse. Nos préférées sont en bois, sur pilotis, avec lits à baldaquin, terrasse et l'impression d'être presque seul au monde. Un peu moins chères et disposées autour d'un jardin ouvert sur la campagne, les *standard,* avec balcon, sont déjà très agréables. 2 piaules bon marché logent quant à elles dans une tourelle aux allures de château d'eau. Terriblement charmant ! Seules les chambres les plus récentes, dans des immeubles de 3 étages, certaines sans vue, nous ont moins convaincus, même s'il n'y a rien à redire côté espace et confort. Et tout le monde profite de la belle piscine le nez dans les rizières, doublée d'une 2de, en *rooftop.* Enfin, des villas, chères mais hyper design, avec jardin et piscinettes privées. Salles de yoga, massages et accueil adorable.

■ ***Jati 3 Bungalows*** *(zoom C5,* ***34****) : jl. Monkey Forest. ☎ 97-32-49. • jati3_ubud@yahoo.com • jati3bungalows.com • Double 500 000 Rps.* Au fond d'une impasse réservée aux piétons et aux 2-roues, les chambres, réparties dans 3 petits corps de bâtiment à étage, donnent sur la piscine ou sur la Monkey Forest. Clim partout, et balcon pour la plupart. Également des familiales. Calme et central.

■ ***Mandia Bungalows*** *(zoom C4,* ***37****) : au fond d'une petite allée donnant sur jl. Monkey Forest. 📱 085-792-196-955. • mandiabungalows@gmail.com • Compter env 500 000 Rps.* Petits groupes de bungalows dans un jardin à la pelouse proprette, ce qui donne le sentiment, parfois rare, d'un peu d'espace. Léger effort de déco dans les chambres, avec ventilo, moustiquaire et eau chaude. Très propre. Bon accueil. Boisson chaude offerte à l'arrivée.

■ ***Indra Prastha Homestay*** *(zoom C5,* ***59****) : 40 jl. Hanoman, à côté de Jati Home Stay. ☎ 97-55-49. • indraprastha_homestay@yahoo.com • Doubles 350 000-500 000 Rps.* Dans un jardin bien entretenu, une petite adresse très propre et toute mignonne avec ses chambres en bois logées dans des bâtisses style traditionnel. Déco sympa et choix élégant des tissus des couvre-lits. Les plus chères ont même un réchaud et un frigo ! Une bonne adresse.

■ ***Nirvana*** *(zoom C4,* ***36****) : 10 jl. Goutama. ☎ 97-54-15. • nirvanaku.com • Doubles 350 000-500 000 Rps.* 4 chambres seulement, confortables (ventilo, eau chaude) et coquettes, avec terrasse décorée de jolis meubles peints. Agréable jardin plein de cages d'oiseaux... ça roucoule dans tous les coins ! Au fond, l'atelier de l'artiste I Nyoman Suradnya, qui enseigne la technique du batik (voir la rubrique « À faire »). Beau choix de livres à emprunter dans la bibliothèque. Ambiance paisible et familiale.

■ ***Abangan Bungalows*** *(plan d'ensemble, B3,* ***50****) : jl. Raya Ubud, sur la droite en allant vers le pont (fléché). ☎ 97-59-77. • abanganbungalow@yahoo.com • Double 650 000 Rps env.* Alignés entre rizières et végétation tropicale, une quinzaine de bungalows en bambou, avec eau chaude, et pour certains la traditionnelle toiture de paille. Quelques-uns ont la clim. Salle de bains en bas et chambres claires avec vue sur les rizières en haut. Piscine riquiqui.

■ ***Gerebig*** *(plan d'ensemble, B3,* ***41****) : à Penestanan. ☎ 97-45-82. Prendre la petite route qui monte en épingle juste après le musée Blanco et la suivre jusqu'au panneau sur la droite ; accès par un petit chemin bordant les rizières. Selon type et durée de séjour, doubles 350 000-580 000 Rps.* Ensemble de bungalows individuels et 2 grandes maisons avec plusieurs chambres et salon qui peuvent accueillir jusqu'à

BALI

8 personnes. Kitchenette équipée dans tous les cas. Plein d'espaces jardinés, une grande piscine et tout autour, les rizières de la famille. Une bonne alternative à l'hôtel et à la location de villa, propice aux séjours prolongés. Accueil attentionné.

Secret Garden *(plan d'ensemble, D3,* ***61****) : 63X jl. Sriwedari. 081-756-44-86. • secret-garden-ubud.ubudhotelsbali.net/fr • Au fond d'une impasse, derrière l'hôtel* Rumah Taman. *Doubles 400 000-500 000 Rps. Pas de petit déj.* 4 grands cottages pour 2 personnes en enfilade, noyés sous la végétation, avec petite terrasse devant chacun (cadre pas extra). Mais l'essentiel est à l'intérieur, avec salon, salle de bains semi-extérieure, cuisine, et, en étage, vue superbe sur la jungle alentour depuis votre lit. Accueil gentil.

Pajar House *(hors plan d'ensemble par D2,* ***39****) : Kelabang Moding, à env 3,5 km au nord du centre (pick-up gratuit). ☎ 90-06-50. • pajarhouse@gmail.com • pajarhouse-ubud.com • Doubles 650 000-850 000 Rps selon confort.* Coup de cœur pour cette adresse enchanteresse, adossée à un temple, dans une zone rurale à l'écart de l'agitation. Seulement une quinzaine de bungalows individuels à l'architecture traditionnelle, dispersés dans un petit jardin avec piscine. Excellent confort (clim, minibar, etc.), terrasse privée où prendre son petit déj, et magnifiques salles d'eau semi-extérieures. Navette gratuite pour le centre à la demande (on vous fournit un téléphone), prêt de vélos, location de scooters, excursions. Loue également, quelques kilomètres plus loin, 7 grandes et belles chambres à prix plus chics, dans une villa isolée au milieu des rizières. Un paysage envoûtant avec, se découpant au loin, les silhouettes des monts Agung et Batukau.

Chic (de 700 000 à 1 200 000 Rps, soit env 46 à 80 €)

Adi Cottages *(zoom C5,* ***57****) : jl. Monkey Forest. ☎ 97-52-31. Doubles 500 000-1 300 000 Rps.* Une vingtaine de cottages de plain-pied ou en étage, dans un jardin luxuriant, autour d'une piscinette. Plein de charme, confort à tous les étages, calme, et pourtant à deux pas de l'animation. Bon accueil.

Ananda Cottages *(plan d'ensemble, B2,* ***51****) : dans le quartier de Campuhan (assez excentré). ☎ 97-53-76. • ananadaubud.com • Réserver longtemps à l'avance. Doubles à partir de 60 € selon catégorie.* Un admirable ensemble de bungalows aux belles portes sculptées, astucieusement répartis de façon à donner l'impression d'être dans un petit hôtel, alors que l'établissement dispose d'environ 80 chambres. Les moins chères (avec ventilo) permettent de profiter du lieu sans trop dégarnir son porte-monnaie. Une vraie adresse à cheval entre le charme et le luxe, à l'élégance et au style raffinés. Splendide aménagement intérieur, toujours très personnalisé, et pour certaines chambres, salle de bains extérieure. Il se dégage de ce lieu beaucoup de sérénité, et on s'y sent vite comme chez soi. 3 jolies piscines nichées dans des espaces verdoyants, avec vue sur les rizières. Généreux petit déj que l'on prend devant un bassin aux fleurs de lotus. Balade sympa par les rizières (à certaines époques) pour rejoindre Ubud. Prévoir sa lampe électrique pour rentrer le soir. Cours de yoga (tout le monde a son tapis !), mais aussi de cuisine, de danse, de gamelan, et même de confection d'offrandes ! Accueil adorable de toute l'équipe.

Sri Bungalows *(zoom C5,* ***57****) : jl. Monkey Forest. ☎ 97-53-94. • sribungalows.com • Doubles 560 000-840 000 Rps selon catégorie.* Un hôtel très plaisant, caché derrière une entrée qui ne paie pas de mine. Chambres spacieuses avec terrasse, distribuées dans des pavillons d'un étage. Ventilo, clim, frigo et baignoire pour toutes, TV satellite dans les *deluxe*. Vue sur le beau jardin fleuri, et pour les plus chères, sur les rizières. Petite piscine tranquille et spa.

Honeymoon Guesthouse *(zoom C3,* ***42****) : jl. Bisma. ☎ 97-32-82. • casalunabali.com • Résa conseillée. Doubles à partir de 750 000 Rps env.* C'est la *guesthouse* des proprios du *Casa Luna,* à la tête d'un petit empire gastronomico-hôtelier ! La maison est belle, tout comme le jardin, qui accueille une multitude de statues hindoues et une jolie piscine. Chambres décorées à la balinaise, avec frigo, moustiquaire, salle de bains à ciel ouvert parfois, et toujours une terrasse. Certaines communiquent entre elles, pratique pour les familles. Excellent petit déj avec pain maison. Tout cela en fait une adresse assez fréquentée, pas forcément idéale pour ceux qui rêvent de s'isoler en amoureux, malgré son nom ! Organise aussi des cours de cuisine (voir la rubrique « À faire »).

☗ |●| ***Swasti Eco Cottage*** *(plan d'ensemble, B6, **52**)* **:** *Nyuh Kuning. ☎ 97-40-79. ● baliswasti.com ● Accès piéton (compter 10 mn) ou en 2-roues en traversant Monkey Forest (l'étroit chemin démarre à gauche de l'entrée) ; en voiture, passer par jl. Raya Pengosekan. Selon saison et type, doubles 700 000-1 200 000 Rps.* Vaste propriété-jardin avec piscine d'eau salée empreinte d'une douce sérénité, le *Swasti* abrite une quinzaine de chambres, réparties dans des pavillons multichambres (clim ou ventilo) et de vénérables et pittoresques maisons de bois brut, remontées pièce par pièce. Toutes sont différentes, mais partout domine le bois, les immenses salles de bains en pierre, le soin apporté au cadre comme aux détails. Familiales vraiment chouettes également. Côté cuisine, on s'installe sous une belle grande paillote pour déguster d'excellents petits déj et des mets volontiers végétariens voire *gluten free,* composés avec les produits bio du potager. C'est indubitablement sain et bien servi plutôt que gourmet. Dans le jardin, on trouve aussi lapins, chèvres, poules et autres animaux de basse-cour. Les enfants adorent ! Parfait en famille.

☗ ***Dragonfly Village*** *(plan d'ensemble, B2, **32**)* **:** *jl. Subak Sok Wayah. 📱 085-100-451-689. ● dragonfly-village.com ● Double env 1 000 000 Rps.* Au milieu des rizières (dépêchez-vous, ça construit sec !), une dizaine de bungalows en bois, avec parquet épais, moustiquaires et déco simple, piscine et sauna (en fin de semaine, et surtout *silent sauna* le jeudi). Joli jardin organique pour apprendre à connaître herbes et autres plantes, et cours de cuisine à la clé. Resto.

☗ ***Mawa House*** *(plan d'ensemble, B6, **35**)* **:** *jl. Nyuh Bojog (au sud de la Monkey Forest). ☎ 97-40-59. ● mawahouseubud.com ● Double 975 000 Rps (plus cher en hte saison).* Dans une zone légèrement excentrée, en développement mais encore tranquille, une mignonne adresse intime, à la gestion familiale. On traverse la partie habitée pour atteindre, isolée derrière une enceinte ouvragée, la partie hôtel, groupant ses bâtiments de 2 niveaux aux toits formant un auvent autour d'une piscine lovée dans un jardin modeste mais touffu. Seulement une dizaine de chambres, vastes, contemporaines et de bon confort (clim et brasseur d'air, douche pluie), la plupart avec terrasse et de jolies portes en bois peint ouvrant sur la salle d'eau. Accueil tout en douceur.

☗ Voir aussi plus haut dans « Prix moyens » les chambres les plus chics du ***Tegal Sari*** *(plan d'ensemble, C6, **63**).*

Plus chic (plus de 1 200 000 Rps, soit env 80 €)

☗ ***Cendana Resort and Spa*** *(zoom C4, **58**)* **:** *Monkey Forest Rd. ☎ 97-32-43. ● cendanaresort-spa.com ● Doubles 60-120 US$.* Le meilleur rapport qualité-prix de sa catégorie. Lobby d'accueil pas très gai, mais l'essentiel est derrière ! Salué par les mainates à l'entrée, vous voilà au calme, tout en étant au cœur de l'animation. Les 1res chambres autour de la piscine sont correctes, mais les plus agréables sont situées au fond de la propriété, également à proximité d'une piscine, avec vue sur les rizières. Chambres spacieuses, tout confort (clim), joliment décorées, avec petite terrasse. Jardins bien entretenus, spa, resto.

☗ ***Wapa di Ume*** *(plan d'ensemble, C-D2, **54**)* **:** *jl. Suweta, banjar Sambahan. ☎ 97-31-78. ● wapadiume.com ● Un peu excentré, au nord du centre. Doubles à partir de 150 € ; villas à partir de 220 €.* Niché au milieu des rizières (superbe vue !), un splendide ensemble de bungalows multichambres et de villas, certaines avec piscine privée ! Confort princier, décoration impeccable, services nombreux et attentionnés : assiette de fruits frais tous les jours, *afternoon tea* accompagné de sucreries balinaises, et navette gratuite jusqu'à Ubud. Intimité et sérénité sont au rendez-vous. Très jolie piscine, sise en pleine nature, et vue plongeante sur les rizières depuis presque tous les bungalows. Si vous voulez vous payer une folie, c'est ici !

Spécial coup de folie !

🏠 🍽 ***Rouge*** *(zoom C3,* ***44****) : jl. Bisma.* ☎ *908-07-95.* • *rougebali.com* • ♿ *À droite, juste après Miro's Garden. Doubles à partir de 210 US$ selon saison. Promos sur Internet.* Un boutique-hôtel tendance, proposant seulement 6 chambres indépendantes (certaines avec extension pour les familles), réparties de part et d'autre d'un bassin de 30 m de long. Déco épurée, où le bois blond, le beige et le rouge s'allient parfaitement. Excellent confort, bien sûr, avec de l'espace, des lits à baldaquin, une petite terrasse privée et des salles de bains semi-extérieures. Propose aussi un *sushi bar* et *lounge bar.* Excellent accueil en français de Laurent et Dominique. Propose aussi des villas plus luxueuses en dehors du centre-ville (voir « Louer une villa à Ubud »).

🏠 🍽 ***Alila Ubud*** *(hors plan d'ensemble par B1,* ***55****) : au nord d'Ubud.* ☎ *97-59-63.* • *alilahotels.com/ubud* • *À partir de 230 € sur Internet.* Niché sur les contreforts de terres volcaniques, au bord d'une rivière, cet hôtel plein de charme propose des chambres à la déco sobre et design, avec force bois et carrelage, tout confort, naturellement. Certaines profitent de vues panoramiques à couper le souffle. De quoi retrouver la paix rapidement ! Les plus chères ont même une petite piscine perso et une salle de bains à ciel ouvert. Cuisine traditionnelle au resto. Spa, bien sûr, et piscine extra donnant la sensation de nager en suspension dans la végétation environnante. On aime !

🏠 🍽 ***Goya Boutique Resort*** *(zoom C5,* ***64****) : jl. Bisma.* ☎ *908-33-68.* • *goyaboutiqueresorts.com* • *Doubles à partir de 3 500 000 Rps.* Cadre idyllique pour des villas au calme, réparties de part et d'autre d'un long chemin au bout duquel se trouve une piscine à débordement avec vue directe sur la végétation luxuriante. Le rêve ! Et comme pour vivre heureux, il suffit de vivre caché, chaque villa est ceinte d'un mur, cachée derrière un petit jardin. Certaines disposent d'une piscine privée. Tout confort, grandes baignoires, espaces lumineux, déco simple et chaleureuse. Resto excellent. Une belle surprise avec possibilité de rejoindre le centre-ville à pied.

🏠 ***Tejaprana*** *(hors plan d'ensemble par E3,* ***56****) : jl. Raya Sapat.* ☎ *908-09-39.* • *tejaprana.com* • *Au nord de la ville. Doubles à partir de 3 500 000 Rps.* Une adresse de charme à la balinaise, avec ses villas et leurs piscines privées, construites en étages. Certaines donnent sur la végétation foisonnante, d'autres ont des toits de chaume. Dans tous les cas, pièces spacieuses, mêlant déco traditionnelle, avec des touches contemporaines. Piscine, resto, spa. De quoi paresser tranquille...

🏠 ***Blue Karma Resort*** *(hors plan d'ensemble par D2,* ***39****) : jl. Suweta.* ☎ *335-04-71.* • *bluekarmaresort.com* • *Doubles 2 500 000-3 700 000 Rps.* Un peu dehors et au nord du centre-ville. Mais quel bonheur que cette adresse perdue au cœur d'un relief vallonné, vert à souhait, et terriblement reposant. Ensemble de maisons plus ou moins grandes, décorées avec un grand soin, charmantes et spacieuses, réparties en étages. Et l'étrange impression d'être seul au monde. Notamment dans la piscine à débordement. Grande salle pour le yoga. Resto. Parfait pour déconnecter !

🏠 ***The Purist Villas & Spa*** *(plan d'ensemble, D3,* ***29****) : jl. Tirta Tawar, banjar Kutuh Kaja.* ☎ *97-44-54.* • *thepuristvillas.com* • *À quelques dizaines de mètres au nord du centre-ville. Suites à partir de 200 €.* Que le monde extérieur semble lointain dans ce petit paradis... À l'intérieur comme à l'extérieur, des lignes simples, des formes pures et des matériaux bruts invitent au rêve. Chaque suite est climatisée et dotée d'une terrasse privative (certaines donnant sur la rivière) et d'une salle de bains en plein air. Quelques villas (les plus chères) disposent même de leur propre piscine. À partager, sinon, une piscine à débordement avec vue superbe. Spa zen à souhait, prêt de vélos et resto sur place. Personnel professionnel et souriant.

Komaneka at Monkey Forest *(zoom C4,* ***49****) : jl. Monkey Forest. ☎ 479-25-18. • komaneka.com • À partir de 3 300 000 Rps.* Une belle adresse de charme, d'une vingtaine de chambres, en plein cœur d'Ubud. Superbe piscine à débordement donnant sur la forêt. Chambres décorées avec soin, dans les tons beiges, certaines avec baldaquin, d'autres avec salle de bains extérieure. *Afternoon tea* autour de la piscine. Charmant et accueil délicieux. D'autres adresses à Ubud, dans le centre ou au nord-est de la ville, tout aussi agréables.

Uma by COMO *(plan d'ensemble, A1,* ***40****) : jl. Raya Sanggingan, banjar Lungsiakan, à* ***Kedewatan.*** *☎ 97-24-48. • comohotels.com/umaubud • Navettes gratuites quotidiennes de/vers Ubud ; sinon, 30 mn à pied. Doubles à partir de 300 €.* Luxe, calme et volupté dans ce havre de paix, où des pierres millénaires vous accueillent. Tradition indonésienne et design contemporain semblent avoir trouvé ici le compromis idéal. Une quarantaine de chambres et de suites, toutes climatisées, spacieuses, lumineuses et décorées avec goût, rivalisant d'élégance. Piscine agréablement ombragée par la nature environnante. Il y a même des cours de yoga pour les difficiles qui n'arriveraient pas à se détendre !

Amori Villa *(plan d'ensemble, F5,* ***43****) : banjar Dukuh Kawan, à* ***Pejeng.*** *☎ 898-77-99. • amorivilla.com • À 6 km d'Ubud. Navettes gratuites quotidiennes de/vers Ubud. Suites à partir de 240 €.* À flanc de colline, cet hôtel 5 étoiles surplombe la vallée de la rivière Petanu et les rizières. En tout, une petite dizaine de chambres et de villas, toutes spacieuses et très bien équipées (clim, ventilo, etc.). Belle piscine à débordement et jacuzzi, où l'on se perdrait bien quelques heures à admirer la végétation luxuriante et les singes taquins... Spa zen et vélos à disposition pour explorer la campagne et les villages alentour. Pour les casaniers, bon resto sur place. Personnel affable.

Louer une villa à Ubud

Comme les artistes du siècle passé, de nombreux visiteurs choisissent de résider à Ubud pendant tout leur séjour balinais. C'est vrai que la ville possède toutes les qualités d'une bonne base arrière. Culture, bien-être, shopping, rizières et nature toute proche, belles excursions faisables dans la journée vers les montagnes ou la côte sont autant d'atouts qui plaident en sa faveur quand on a envie de profiter de l'île et de souffler un peu.

Intimement lié à la vie artistique locale et, depuis quelques années, au yoga et autres activités de bien-être, le village de Penestanan (*plan d'ensemble, A-B3* ; pour l'accès, voir *Lala & Lili Warung* dans la rubrique « Où manger ? ») offre pas mal d'opportunités de locations, à partir de 1 semaine de séjour. En cherchant un peu, on y trouvera une villa au milieu des rizières et de la végétation tropicale. Selon le nombre de personnes, la durée du séjour et le confort, du plus rudimentaire au tout équipé avec piscine, compter environ 200 000 à 500 000 Rps/j., voire beaucoup plus. Si vous êtes en fonds, n'hésitez pas, et essayez de louer l'une des 3 villas privées de *Rouge (à Keliki Kawan, 15 mn en dehors d'Ubud, dans les rizières, chauffeur à disposition et service extra ; 082-147-073-501 ; • rougebali.com •).* Accueil en français chaleureux. Dans tous les cas, bien se renseigner sur ce qui est compris avant de s'engager. Difficile de vous conseiller une adresse plutôt qu'une autre car l'offre est morcelée, et parce que de nouvelles villas ne cessent de pousser. Le mieux est de se promener pour repérer panneaux et annonces. Munissez-vous d'un téléphone.

Où manger ?

Les restos sont si nombreux à Ubud qu'il y a de quoi en avoir le tournis. Du *warung* familial à l'adresse chic, de la cuisine traditionnelle à l'international fusion, on y mange souvent très bien et dans un cadre généralement soigné. L'une des spécialités les plus réputées du coin, présente sur la plupart des cartes, est le *bebek betutu,* du canard farci et cuit à l'étouffée dans des feuilles de bananier (à commander la veille). Délicieux !

Attention, sauf exception, les restos ferment à 22h.

Bon marché (moins de 45 000 Rps, soit env 3 €)

🍽 ***Nasi Ayam Kedewatan*** *(hors plan d'ensemble par A1) : jl. Kedewatan. ☎ 97-47-95. À 30 mn à pied du Neka Museum. Plats 20 000-30 000 Rps.* Pour manger au milieu des Indonésiens. Vaut surtout le coup le dimanche pour la sortie en famille. On s'installe au milieu des temples. C'est immense. Cuisine simple, pas chère et épicée. Tentez le *nasi campur* et les brochettes de *satay lilitt.* Miam !

🍽 ***Warung Biah Biah*** *(zoom C4,* ***70****) : 13 jl. Goutama. ☎ 97-82-49. Tlj 11h-23h.* Petite adresse sympa pour casser une graine pas cher. À l'abri d'un temple, petite musique en sourdine, service souriant, spécialités balinaises comme l'*urutan,* mets de choix pour les fêtes, et autres gourmandises sucrées ou salées. Plats plus internationaux également. Jus de fruits extra. Parfait à toute heure de la journée. On peut aussi partager sa table et faire de chouettes rencontres. Attention, victime de son succès, il faut souvent attendre !

🍽 ***Dewa Warung*** *(zoom C4,* ***74****) : jl. Goutama. 📱 081-337-268-550.* En surplomb de la rue, dans une salle ouverte, on s'installe à de grandes tables facilitant les rencontres entre routards du monde entier, venus profiter d'une cuisine locale à prix plancher. Du coup, les conversations durent souvent bien après le repas, et les retardataires peinent à trouver une place.

🍽 ***Sweet Orange Warung*** *(plan d'ensemble, C2,* ***92****) : Subak Juwuk Manis ; perdu dans la campagne, à 20 mn à pied du centre par jl. Kajeng, puis suivre le fléchage. Tlj 9h-21h.* Une simple cabane, posée au milieu des rizières, délicieuse étape au cours d'une balade à travers champs. Enveloppé du bruissement du vent, du ruissellement de l'eau et des caquètements des poules, c'est à peine si l'on ose encore parler, tant le lieu impose sa sérénité. L'agitation d'Ubud-ville semble bien loin... Courte carte d'une honnête cuisine locale nourrie aux légumes du potager attenant et, surtout, délicieux cocktails de fruits frais, le tout à prix riquiqui. Si c'est plein, 100 m avant, un autre *warung,* le *Dicarik,* profite du même cadre.

🍽 🍸 ***Lala & Lili Warung*** *(plan d'ensemble, A-B3,* ***72****) : Penestanan. ☎ 97-48-90 ou 97-77-16. Emprunter les escaliers entre le musée Blanco et le supermarché* Bintang *; en haut, continuer tt droit sur 100 m env, c'est sur la droite (env 15 mn de marche depuis le centre). À moto, prendre la route en épingle à cheveux qui monte juste après le musée. Cuisine jusqu'à 21h env selon affluence. Haut de la fourchette.* Tous les résidents de Penestanan connaissent ce délicieux *warung* qui s'est agrandi d'un pavillon entouré d'un bassin de lotus. Dommage que ça se soit construit juste en face. Ainsi va le Bali des villas contre celui des rizières... Mais revenons à nos moutons, ou plutôt à la collection maison de *goreng* (poulet, riz, crevettes) soigneusement mitonnés, aux pâtisseries maison et aux boissons revigorantes aux fruits et au gingembre. Fini le petit coup de spleen !

🍽 ***Made's Warung*** *(plan d'ensemble, A-B3,* ***72****) : Penestanan. ☎ 97-78-85. Depuis* Lala & Lili*, continuer la descente sur env 100 m. Cuisine jusqu'à 21h env selon affluence.* En surplomb du chemin, plusieurs pavillons en dur sur différents niveaux constituent le repaire de *Made's.* Excellent et copieux curry de thon et très bon jus de curcuma *(turmeric),* citron et miel. Parmi la carte assez fournie, on trouve aussi du poulet grillé-frites et une interprétation locale, mais tout à fait acceptable, des spaghettis carbonara. Petits gâteaux offerts en fin de repas. Accueil familial aux petits oignons.

|●| ***Mangga Madu*** *(plan d'ensemble, E4,* ***82****)* **:** *1 jl. Gunung Sari. Au rond-point à la statue, prendre tt droit dans la petite rue ; sur la droite. Tlj 9h-22h.* Ce resto établi dans une petite propriété reçoit une clientèle assidue, à laquelle se mêlent quelques touristes informés par le bouche-à-oreille. Sa formule est simple : recettes indonésiennes, balinaises et d'inspiration chinoise bien servies, honorablement cuisinées et à prix plancher. Spécialités du jour à étudier en priorité. L'endroit a le charme de la simplicité et de la franchise. Quelques plantes et places en tailleur sous un pavillon annexe. Service poli. Le bon plan.

|●| ***Warung Mina*** *(plan d'ensemble, E4,* ***83****)* **:** *2 jl. Gunung Sari.* ☎ *97-65-04. En face du* Mangga Madu. En bas, un resto classique. Autant rejoindre les *bale* (pavillons) au milieu d'un espace jardiné en surplomb, où l'on s'installe en tailleur ou carrément allongé sur des coussins. Spécialisé en poissons d'eau douce, comme le *gurami* (carpe) ou l'*ikan mas* (poisson-chat), préparés de plusieurs manières : *goreng* (frit), *bakar* (grillé) ou *tepung* (pané), à chaque fois accompagnés de diverses sauces. Également du *cumi cumi* (calamar), du poulet et des crevettes. Cuisine soignée, l'endroit est populaire auprès des locaux. Penser quand même à une petite entrée car les portions ne sont pas énormes. Les offres spéciales déjeuner et les *paket* (repas complets), proposés aux petits groupes, sont particulièrement intéressants.

|●| ***Warung Sopa*** *(zoom D5,* ***79****)* **:** *36 jl. Sugriwa. Tlj jusqu'à 21h30.* On s'installe autour de tables basses, sur la terrasse couverte, dans ce modeste *warung* exclusivement végétarien. Jolie sélection de petits déj, de thés, de jus, et de soupes du jour et petits plats d'ici et d'ailleurs (Vietnam, Japon, etc.). Agréable et rafraîchissant.

Prix moyens (de 45 000 à 80 000 Rps, soit env 3 à 5,40 €)

|●| ***Sari Organik*** *(plan d'ensemble, B2,* ***73****)* **:** *jl. Subak Sok Wayah (dite jl. Sari Organik !).* ☎ *97-20-87. Fermé le soir (20h).* Même s'il est accessible à scooter, il est bien plus agréable de rejoindre ce petit resto après une promenade apéritive d'une quinzaine de minutes sur un sentier sillonnant à travers les rizières. Installé dans une grande maison de bambou ouverte sur ce paysage serein, le *Sari* propose une cuisine bio préparée avec les légumes goûteux et croquants à souhait qu'il cultive juste à côté. Également des pizzas et de très bons jus. Parfait pour oublier l'agitation de la ville.

|●| ***Waroeng Bernadette*** *(zoom C4,* ***74****)* **:** *jl. Goutama.* 📱 *082-147-424-779. Tlj 11h-23h. Résa conseillée.* Drôle de *warung* brocante rétro et convivial, au décor étudié de ferraille et bois patiné et pour cause, il fait aussi magasin de déco ! Mais la vraie bonne affaire est dans l'assiette, un savoureux panel de plats de toute l'Indonésie, vraiment copieux, parfumés, relevés juste ce qu'il faut pour ne pas trop heurter les palais occidentaux. Goûter par exemple au *rendang* de bœuf, cuit 12h durant dans un mélange d'épices et de lait de coco.

|●| ***Monsieur Spoon*** *(plan d'ensemble, C5,* ***96****)* **:** *jl. Hanoman, à côté de* Bebek Begil. ☎ *973-263.* 📱 *081-999-710-384. Tlj 7h-21h.* On devient vite accro à cette chaîne créée par des *Frenchies.* Cadre moderne, terrasse à l'arrière, pour un petit déj gourmand (muesli, croissants et pâtisseries maison), une salade copieuse, une crêpe (y a même du Nutella !), une quiche ou un sandwich. Excellents cafés. Et, pour le quatre-heures, c'est pas mal non plus. D'autres adresses à Seminyak et à Canggu.

|●| ***Maha Restaurant*** *(plan d'ensemble, C5,* ***97****)* **:** *à 2 mn de l'entrée de la Monkey Forest.* ☎ *97-31-96. Tlj 8h-minuit.* Salle ouverte sur la rue, mais on préfère les tables à l'arrière dans le jardin fleuri sous les arbres au milieu des lapins en liberté (ça change des

BALI

singes !). Jus de fruits frais originaux, plats indonésiens et thaïs ou internationaux (pâtes, pizzas). Simple, rapide et bon rapport qualité-prix.

|●| *Fair Bale Warung* *(zoom D3-4, **76**) : 6 jl. Sridewari. ☎ 97-53-70. Tlj 9h30-23h.* Tout se passe à l'étage, entre 2 bâtisses et au milieu des temples et des fleurs. On s'assoit à genoux autour des tables, on déguste les bons petits plats maison, cuits au feu de bois (filet de *mahi mahi, king prawns,* etc.), les petits riz au curry, les inévitables *nasi goreng* et autres fruits frais... Et pendant ce temps, on fait une bonne action puisqu'une partie du personnel et des revenus de ce *warung* vient en aide à un hôpital développé par ce couple indo-suisse. N'oubliez pas d'inscrire votre nom sur le livre d'or, très particulier... On vous laisse découvrir !

|●| 🍸 *Kafe* *(zoom C5, **86**) : 44B jl. Hanoman. 📱 081-117-934-55. Tlj 7h30-23h.* Rejeton de la galaxie *Yoga Barn* (lire « À faire »), une de nos adresses préférées à Ubud pour un café à la cool. Une gorgée de jus par-ci, une bouchée par-là, et on traînasse tout l'aprèm ! Nourriture déclinée en *wrap,* sandwich ou *bowl* et boissons saines répondent à toutes les tendances actuelles de la cuisine qui fait du bien partout. Les larges baies vitrées, les plateformes avec coussins, la véranda et la musique *lounge* s'unissent pour créer une atmosphère relax, qui se paie un peu (sans même parler des taxes en plus, pas vraiment bio...). À la question « Peut-on trouver la sérénité dans un endroit bondé ? », certaines mines épanouies qu'on aperçoit ici répondent « oui ! ».

|●| *Melting Wok Warung* *(zoom C4, **70**) : 13 jl. Goutama. 📱 082-144-174-906. Un peu en hauteur par rapport à la rue. Tlj sauf lun 10h-22h. Résa conseillée.* Une adresse sympa, aérée, sous les ventilos, avec une belle vue sur l'animation et les temples. Tenue par un couple franco-laotien, avec la chaleureuse « Guéraldin' » (à la balinaise) en salle. Spécialités de woks, donc, et de curry. Copieux, assiettes et bols pleins de saveurs, avec viande, crabe, *tempe* (sorte de tofu) et autres accompagnements. Fréquenté par des habitués. Et on les comprend !

|●| *Warung Pulau Kelapa* *(plan d'ensemble, B2, **71**) : jl. Raya Sanggingan (à côté du resto* Mozaic*). ☎ 97-18-72. Plats 50 000-70 000 Rps.* Belle demeure en bois en bord de route mais assez calme. Petite terrasse avec grandes tablées. Et à l'arrière, en enfilade, ils ont leur propre champ de légumes et d'épices. On ne peut plus local ! On choisit ses légumes et ses épices, qu'on fait ensuite préparer. Cuisine indonésienne traditionnelle et copieuse. Bons jus de fruits frais. Terriblement romantique le soir, avec toutes ces petites lanternes éclairées. Bon rapport qualité-prix.

|●| *Bali Buda Café* *(zoom D4, **75**) : 1 jl. Jembawan. ☎ 97-63-24. En face de la poste.* Au rez-de-chaussée, une boutique de produits bio (bananes séchées, pain, gâteaux, etc.), et à l'étage, ouvert sur la rue, un très joli café orange et violet. Peinture contemporaine aux murs. Quelques tables et un espace surélevé avec coussins, qui a notre préférence. Atmosphère relaxante. Au menu, superbes salades, sandwichs copieux, pâtes et quelques plats indonésiens. On peut aussi y boire plusieurs sortes de *jamu,* ces fameuses boissons « médicinales ». Il y en a pour tout : pour rendre les femmes plus jolies, les hommes plus forts, pour soulager l'estomac, avoir moins chaud... Il suffit d'y croire ! En tout cas, cela ne coûte rien (ou presque) d'essayer !

|●| 🍸 *Clear Café* *(zoom D4, **108**) : 8 jl. Hanoman. 📱 087-862-197-585. Tlj 8h-23h.* Aller tout en haut pour avoir une très belle vue. Cuisine internationale, mais aussi spécialités balinaises (noix de coco, poissons, salades fraîches).

|●| 🍸 *Tutmak* *(zoom C4, **87**) : jl. Dewi Sita. ☎ 97-57-54.* Vaste restaurant aménagé sur 3 niveaux donnant sur la rue ou le terrain de foot. Sa belle carte réunit des recettes des quatre coins du monde, du pâté de foie de canard à l'assiette du Moyen-Orient, en passant naturellement par quelques spécialités balinaises ; on ne l'a pas vu faire un faux pas. Ses cafés sont également très réputés.

|●| *Warung Makan Bu Rus* *(zoom C3, **85**) : 9 jl. Suweta. 📱 085-238-951-669.*

Tlj 9h-22h. Ne vous fiez pas à l'entrée : tout se passe à l'arrière dans un joli jardin avec maisons traditionnelles où l'on s'installe à même le sol, à l'ombre. Cuisine et plats traditionnels au bon rapport qualité-prix. Accueil simple.

|●| ☂ *Pissari Bali Café* *(zoom C5, **102**) : jl. Monkey Forest. ☎ 97-07-43. Tlj 9h-22h.* Au bout d'un couloir, une terrasse modeste et tranquille donnant sur un morceau de rizière qui résiste encore et toujours à l'envahisseur. Au menu, on zappe vite les options *world food* pour se concentrer sur les spécialités locales, copieuses et parfumées ce qu'il faut, le tout à prix encore contenus. La recette d'un *warung* sans prétention, format familial, ce qui n'est plus si courant dans le centre d'Ubud. Donne aussi des cours de cuisine.

Chic (de 80 000 à 150 000 Rps, soit env 5,40 à 10 €)

|●| *Burger Shop* *(zoom C3, **44**) : jl. Bisma. ☎ 908-07-94. Juste à côté de Rouge.* Minuscule échoppe préparant un large choix de hamburgers (du plus classique au Rossini), avec accompagnements variés de pommes de terre et de salades. Ça change des *nasi goreng* !

|●| *Arang Saté Bar* *(zoom C3, **91**) : 8 jl. Raya Ubud. Tlj 11h-23h. Menus midi 65 000-75 000 Rps ; plus cher le soir.* Grande salle tout en longueur avec belle terrasse, aux allures industrielles. Belle déco noir et blanc. La spécialité ici, ce sont les brochettes : légumes, viandes, poissons, fruits de mer. Produits bio des environs. Carte des cocktails sympa.

|●| ☂ *Kafe Batan Waru* *(zoom C4, **81**) : jl. Dewi Sita. ☎ 97-75-28.* Salle ouverte de type bistrot tropical. Cuisines *western,* indonésienne, et salades rafraîchissantes. À juste titre très fréquenté pour la qualité de ses plats, délicieux et inventifs. Bons milk-shakes.

|●| *Café Wayan* *(zoom C4, **78**) : jl. Monkey Forest. ☎ 97-54-47.* Un lieu ravissant faisant partie des adresses qui comptent à Ubud. Cuisine généreuse, et le cadre enchanteur vaut à lui seul d'y passer un moment. Les tables (basses ou hautes) sont disposées sous des pavillons ouverts, éparpillés dans un long et vaste jardin aux allures de forêt tropicale où ça sent bon le jasmin. Préférer ceux au fond du jardin. Superbe. Cours de cuisine (demander).

|●| ☂ *Murni's Warung* *(plan d'ensemble, B3, **84**) : jl. Raya Ubud, juste avt le pont, à Campuhan ; bien indiqué depuis la route. ☎ 97-52-33.* On vient d'abord pour le cadre, élégant, et pour la cascade de terrasses sur plusieurs niveaux (bien choisir son ambiance). La plus charmante se situe 2 étages plus bas, suspendue au-dessus de la rivière et de l'épaisse végétation. Côté cuisine, plats indonésiens et grillades à l'occidentale sont réalisés avec brio. Excellents hamburgers. Également de belles pâtisseries, pour le dessert comme le goûter. À partir de 19h, le patron peut aller chercher et raccompagner ses clients dans le centre-ville. Cher pour le pays tout de même.

|●| *Miro's* *(zoom C3, **93**) : jl. Raya Ubud, angle jl. Bisma. ☎ 97-33-14.* Quelques marches à gravir pour arriver dans l'un des plus jolis recoins pour dîner. Jardin délicieux, cuisine traditionnelle, avec *nasi campur,* brochettes de viande ou poisson aux légumes, ou la spécialité maison, l'*ayam Miro's,* poulet mariné au lait de coco et au curry. Classe mais pas trop. Service adorable.

|●| *Indus* *(plan d'ensemble, B2, **80**) : jl. Raya Sanggingan, à Campuhan. ☎ 97-76-84. Tlj 8h-23h.* Grande salle ouverte aux quatre vents d'où l'on bénéficie d'une vue panoramique et plongeante sur la vallée, les rizières et les cocotiers. Également une salle en bas ; jolie vue aussi et c'est là que sont présentés les gâteaux. Belle carte, qui fait le tour du monde. Côté boissons, on se délecte d'un *lassi,* d'une boisson ayurvédique, d'un vin australien ou balinais. Service de pick-up gratuit depuis le resto *Casa Luna* (mêmes proprios). Concerts certains soirs.

|●| *Ibu Rai* *(zoom C4, **77**) : 72 jl. Monkey Forest. ☎ 97-34-72.* Ce resto-terrasse complètement ouvert sur la rue sert une cuisine internationale très appréciée. Pas mal de spécialités balinaises aussi, légèrement adoucies pour les palais occidentaux. De vraies vacances pour les papilles qui s'affolent à la moindre épice ! Service attentif et bonne atmosphère. Très populaire auprès des touristes, donc souvent plein.

Laka Leke *(plan d'ensemble, B5, **103**) : Nyuh Kuning (l'allée qui longe la Monkey Forest). ☎ 97-75-65. Tlj jusqu'à 23h. Buffet les soirs de spectacle (non obligatoire) 180 000-200 000 Rps. Ajouter 25 % de taxes à l'addition (15 % quand il n'y a pas de spectacle).* Ouverts aux quatre vents, une grappe de pavillons traditionnels, dispersés dans un immense et ravissant jardin impeccablement tondu, peuplé de bassins et d'essences variées. On y sert une cuisine balinaise soignée, assagie en piments pour s'accommoder aux palais étrangers, ainsi que quelques plats thaïs, pâtes et grillades pour satisfaire tous les estomacs. 5 soirs par semaine (relâche les dimanche et mardi), on y donne des spectacles de danses traditionnelles (à 20h) et l'on peut alors opter pour le buffet à volonté.

MOTHER *(plan d'ensemble, B6, **90**) : jl. Nyuh Bulan, à Nyuh Kuning, face au terrain de foot (à ne pas confondre avec celui du centre d'Ubud). 081-236-962-663. Tlj 7h-17h.* Un grand espace ouvert sur la rue, au rez-de-chaussée et à l'étage. On adore cette adresse, généreuse et gourmande. Le midi, cuisine simple et copieuse. Le soir, la chef vénézuélienne, passée chez Michel Bras, s'amuse aux fourneaux pour concocter des assiettes gastronomiques à prix doux. Elles fleurent bon les recettes d'antan, savamment retravaillées et qu'on picore entre amis. Un régal ! Démarche écolo et organique des proprios charmants. Une adresse terriblement familiale en effet.

Plus chic (plus de 150 000 Rps, soit env 10 €)

Batubara *(plan d'ensemble, C6, **89**) : 108 jl. Raya Pengosekan. ☎ 908-42-49. Juste derrière l'Agung Rai Museum. Tlj 18h-minuit.* On passerait presque devant sans l'apercevoir ! Quelle erreur ! Dans un cadre simple mais charmant, près d'un temple, une terrasse couverte, où l'on vient apprécier la viande du chef argentin Elias, qui peaufine la cuisson du morceau commandé sous vos yeux. Les viandards seront comblés (200 g minimum, entre 200 000 et 240 000 Rps la pièce de bœuf). Belle carte des vins pour accompagner et *empanadas* pour bien commencer ! Une belle soirée en perspective.

Locavore *(zoom C4, **88**) : jl. Dewi Sita. ☎ 97-77-33.* Cadre chic et sobre, tout blanc, avec des touches de déco scandinave, banquettes et cuisine ouverte. Chefs balinais et hollandais aux commandes, avec brigade de cuisine internationale. Le concept est simple : de la gastronomie, avec des produits locaux à 95 %. Cuisine originale, où les saveurs s'entremêlent, tout comme les textures. Une découverte culinaire originale à Bali ! Service un peu lent, mais accueil chaleureux.

Rouge *(zoom C3, **44**) : jl. Bisma. ☎ 97-14-24. • rougebali.com • À droite, juste après Miro's Garden.* Un lieu unique à Ubud. Superbe bar, tout en beige et rouge, immenses volumes, lignes épurées. Au centre, le piano, rouge évidemment. Autour, des tables basses, des banquettes. Concert jazz 3 soirs par semaine. Idéal pour un verre – belle sélection de cocktails –, doublé d'un *sushi bar.* Le chef a fait ses armes (et ses couteaux) dans un des plus grands restos japonais d'Indonésie. Fraîcheur garantie. Le soir, dans le jardin en contrebas, assis à côté d'un jeu d'échecs géant, c'est un régal. Hôtel à l'arrière, pour prolonger le plaisir. Et à côté, une échoppe entièrement dédiée aux burgers. Vous n'allez pas quitter *Rouge* de sitôt !

Nusantara *(zoom C4, **87**) : jl. Dewi Sita. ☎ 97-29-73. Tlj 12h-14h, 18h-21h30. Résa conseillée.* Le nouveau bébé de l'équipe du *Locavore.* Sur la terrasse, on annonce la couleur avec les fours à bois prêts pour les grillades. Cadre élégant pour apprécier les trésors de la cuisine des quatre coins de l'Indonésie (Sulawesi, Florès, Java...). Au choix, petits plats à partager ou plats plus copieux de poisson, de bœuf, et même pour végétariens. Service un peu guindé. Attention, c'est épicé ! Bons cocktails originaux pour faire passer.

Bridges *(plan d'ensemble, B3, **122**) : jl. Campuhan (près du musée Antonio Blanco). ☎ 97-00-95. Tlj 11h-23h30. Plats 125 000-290 000 Rps.* L'un des restos les plus charmants de la ville. 2 étages, terrasses ouvertes aux quatre vents, déco élégante et soignée, l'idéal pour fêter une belle occasion autour d'un bon dîner. Assiettes tout aussi distinguées. Viandes et poissons sont accompagnés de condiments, d'épices et d'autres légumes joliment transformés pour une cuisine fusion extra. Gastronomes, à vos fourchettes ! Fait aussi bar à vins et caviste. Sélection large et originale de breuvages (ah ! les vins australiens !).

Où faire une pause gourmande ?

Gelato Secrets *(zoom C-D4, **94**) : jl. Raya Ubud.* On adore ces glaces, soit à l'italienne, soit aux parfums de Bali. Découvertes assurées ! Quelques places assises. *Autres adresses à travers la ville, notamment près du Puri Lukisan Museum (zoom C3), sur jalan Monkey Forest (zoom C4) et à l'angle de jalan Hanoman et jalan Wenara (plan d'ensemble, C5).*

Tukies *(zoom C3-4, **98**) : 14 jl. Raya Ubud.* Des noix de coco et rien d'autre, sous toutes leurs formes, en jus, séchées ou en glace. Un régal rafraîchissant.

Daily Baguette *(zoom C3, **99**) : 27 jl. Raya Ubud, en face du musée Puri Lukisan. Tlj 7h-20h30.* Si une furieuse envie de chausson aux pommes, baguette de pain, croissants, miel ou fromage vous prend, n'hésitez plus, voici l'adresse idéale. Quelques sandwichs aussi, pas mauvais du tout. Quelques places à l'ombre et à l'étage.

Ubud Raw *(zoom C4, **36**) : 8 jl. Goutama. 📱 081-338-939-080. Tlj 10h-22h.* Une des boutiques de ce chocolatier 100 % balinais. On achète du chocolat en barre. Un délice ! *Autre adresse sur jalan Raya Sayan.*

Monsieur Spoon *(plan d'ensemble, C5, **96**) : jl. Hanoman, à côté de Bebek Begil. Tlj 7h-21h.* Pâtisseries maison, croissants, pains au chocolat... On trouve tout cela chez *Monsieur Spoon*. Voir « Où manger ? », plus haut.

Pour trouver une belle palette de gâteaux et pâtisseries, les gourmands mettront le cap sur jalan Raya Ubud, à l'une de ces adresses : **Indus** *(plan d'ensemble, B2, **80** ; voir également « Où manger ? »)* ou **Casa Luna** *(zoom C3, **100**).*

Confiture de Bali *(et les crêpes ! ; zoom C4, **95**) : 26 jl. Goutama.* Une petite échoppe, avec plein de confitures aux parfums connus (fraise-rhubarbe) et moins connus (*kepundung*... on vous laisse goûter !).

Où boire un verre ? Où écouter de la musique ?

La vie nocturne (façon de parler !) d'Ubud n'a rien à voir avec celle de Kuta ou Seminyak. Certes, pas mal de petits groupes se produisent dans les bars, mais les concerts se terminent en général vers 22h. Pas le moindre bar de nuit ni la plus petite boîte à l'horizon, alors, pour l'*after,* c'est direction dodo !

The Night Rooster *(zoom C4, **109**) : 18B jl. Dewi Sita, mais entrée au 1er étage de jl. Goutama, sur le côté. Tlj 16h-23h. Cocktail 130 000 Rps.* Le bar à cocktails tendance d'Ubud. Déco de bois flotté au plafond, lumières tamisées, couleurs chaleureuses, assises confortables, grand comptoir et petite terrasse pour grignoter les cacahuètes caramélisées maison en attendant son breuvage. Carte restreinte, mais choix originaux. Une belle adresse.

Cafe Pomegranate *(plan d'ensemble, B2, **73**) : jl. Subak Sok Wayah, avt Sari Organik. 📱 087-860-803-632. À 20 mn du centre à pied. Tlj 9h-21h.* Une tente, une terrasse, et une vue sereine sur les rizières alentour. On peut aussi grignoter quelques plats bien tournés. Que demander de plus ?

Tropical View Café (plan d'ensemble, C5, **104**) : jl. Monkey Forest. ☎ 97-40-40. Désuète, cette grande paillote au-dessus de la rue réserve la surprise d'une vue très étendue sur les rizières. Une halte reposante pour siroter un jus de fruits et se remettre des sollicitations constantes de la journée.

Café Lotus (zoom C3, **101**) : jl. Raya Ubud. ☎ 97-56-60. Tlj jusqu'à 22h30. Une adresse très touristique qui se distingue surtout par sa vue exceptionnelle sur l'élégant bassin au lotus et le temple Puri Taman Saraswati, magnifiés par la lumière des fins d'après-midi. Fait aussi resto, mais mieux vaut se contenter d'y boire un verre. Juste à côté, une enseigne *Starbucks*. De la terrasse, on peut voir les spectacles de danse du palais à 19h. Mélange des genres !

Bamboo Bar (zoom C4, **105**) : jl. Dewi Sita. Pas prétentieux pour un sou, ce petit bar accueille presque tous les soirs vers 20h30 des musiciens en herbe versés dans la pop et le reggae. Rien de révolutionnaire, mais une chouette ambiance, loin du jeu des apparences.

Laughing Buddha Bar (zoom C4, **106**) : jl. Monkey Forest. Happy hours 16h-19h sur une sélection de cocktails (2 verres au prix d'un). Concert ts les soirs à partir de 20h. Jolie salle safran avec mezzanine. Consos un peu chères (privilégier les *happy hours*, bien recompter sa note) et service moins souriant que le bouddha de l'enseigne. Mais si l'on veut voir ceux qui aiment être vus et être vus de ceux qui... Bref, c'est l'une des adresses les plus bondées les soirs de concert.

The Good Mantra Café (zoom C5, **107**) : jl. Monkey Forest. Happy hours en début de soirée. Un petit cocon douillet, à l'ambiance brocante rustico-chic plutôt inhabituelle sous ces latitudes. Lové dans des banquettes fleuries, on y écoute certains soirs des airs de guitare. Propose aussi quelques plats fusion sympa, à prix moyens. Terrasse tranquille à l'arrière.

Achats

À Ubud et dans les environs, les magasins sont tellement nombreux qu'il est difficile de les recenser. Mais il est certain que, au gré de vos balades, vous tomberez sur LA boutique qui vous fera craquer !

Boutique de la Kupu Kupu Foundation (plan d'ensemble, C3, **146**) : jl. Kajeng (dans le virage). 082-145-855-102 (par tél ou WhatsApp). • balikupu@yahoo.com • kupubali@yahoo.com • kupukupufoundation.org • Tlj 10h-18h. Pour acheter utile, et surtout faire une action humanitaire, car cette boutique de la Kupu Kupu Foundation permet de venir en aide aux enfants handicapés qui ne bénéficient sinon d'aucune prise en charge. Tous les objets à vendre ont été réalisés par des enfants de la fondation, créée par l'énergique et très sympathique Begonia Lopez. Cerfs-volants, bougies, peintures, tapis, etc., une vraie caverne d'Ali Baba !

Au **marché d'Ubud** (zoom C3-4, **124**), on trouvera une grande sélection d'objets d'artisanat et bibelots souvenirs, de plus ou moins bonne qualité, les étals débordant largement sur la ruelle à l'arrière. Paniers tressés, objets en bois de coco, mobiles colorés, bijoux, etc. À l'étage, échoppes de fringues, et moins de chalands, pour négocier plus tranquillement.

Ubud Raw (zoom C4, **36**) : 8 jl. Goutama. 081-338-939-080. Tlj 10h-22h. Impossible de résister à ce chocolat fait à Bali.

Threads of Life, Indonesian Textile Arts Centre (plan d'ensemble, C3, **146**) : 24 jl. Kajeng. ☎ 97-21-87. • threadsoflife.com • Ouv 10h-19h. À la fois galerie et magasin, *Threads of Life* présente de très belles pièces de tissage et de vannerie en provenance de différentes îles de l'archipel. Pièces uniques et prix en conséquence.

Confiture de Bali *(zoom C4, **95**) : 26 jl. Goutama.* Histoire de rapporter des cadeaux originaux au goût franco-balinais. Confitures classiques (pomme, orange, fruits de la passion...), mais aussi de fruits inconnus. Demander une petite cuillère pour goûter.

À voir

***Agung Rai Museum of Art** (ARMA ; plan d'ensemble, C6) : jl. Pengosekan (au sud d'Ubud). ☎ 97-66-59. Tlj 9h-18h. Entrée : 100 000 Rps. Réduc au café avec le ticket d'entrée.* Cette fondation, créée en 1996 dans le but de promouvoir la culture balinaise, est établie dans 2 grands et beaux pavillons dans le plus pur style balinais.

– Le 1er pavillon (le plus petit), le *Bale Dauh,* regroupe des œuvres du XXe s et fait également une petite place à l'art moderne. Artistes balinais et étrangers qu'on retrouve dans les autres musées d'art de Bali : Rudolf Bonnet, Le Mayeur, Gerard Hofker, Affandi, Walter Spies. Exposition assez disparate, pas vraiment de thème précis par salle.

– Le 2d pavillon, le *Bale Daja,* présente davantage de cohésion. Peintures naïves d'artistes balinais sur les thèmes de la vie quotidienne, les travaux des champs, le bain dans les rivières... Thèmes mythologiques : on peut notamment voir *Barong Dance Drama,* une toile représentant le *barong,* la danse que les touristes peuvent voir en spectacle à Bali, et notamment à Ubud. Puis des peintures traditionnelles d'artistes balinais, comme Ida Bagus Made Nadera, Anak Agung Gde Sobrat, et une série de reproductions de tableaux de Walter Spies. Près de l'escalier, peintures sur bois de style Kamasan. Quelques tissus sous cadre et costumes du *barong.* À l'étage de ce pavillon, œuvres d'Ida Bagus Nyoman Rai, quelques remarquables dessins de Lempad (mort à 116 ans !) et des peintures traditionnelles balinaises du XXe s.

Enfin, librairie et café (réduc avec le ticket). Présente également des spectacles de danse, généralement de *kecak* et de *legong* (voir « Spectacles traditionnels » dans la rubrique « À faire »).

***Neka Museum** (plan d'ensemble, B1-2) : à env 3 km au nord-ouest du centre, après le pont de Campuhan. ☎ 97-50-74. • museumneka.com • Tlj 9h-17h. Entrée : 75 000 Rps.* Ce musée ouvert en 1982 propose, dans de grandes salles réparties dans des pavillons au milieu d'un jardin, une riche collection d'œuvres d'artistes locaux ou de peintres étrangers de renom. Même si le lieu est assez décati et l'accrochage sommaire (nombreuses explications en anglais, tout de même), l'ensemble constitue une excellente initiation à la peinture de l'île.

– Le 1er pavillon, le *Balinese Painting Hall,* présente la peinture classique de la région. On y trouve quelques toiles représentatives du *Puppet style (wayang),* avec des scènes épiques du XVIIe s très colorées. Suit le très foisonnant *Ubud style* (XXe s), présentant des scènes de la vie quotidienne, de danses et d'offrandes dans lesquelles le végétal et l'humain se mêlent étroitement. Enfin, le *Batuan style* affiche une densité de personnages assez incroyable, façon *Où est Charlie ?* Noter l'absence totale de perspective et la présence de touristes dans le paysage de temps à autre.

– Le 2e pavillon abrite les œuvres du peintre néerlandais Arie Smit (1916-2016), qui réinterpréta la peinture balinaise avec beaucoup d'indépendance, entre naïveté des sujets et force des couleurs. On y verra aussi d'intéressants travaux de contemporains.

– Le 3e pavillon est consacré à la photographie, avec des œuvres en noir et blanc du photographe américain Robert Koke, réalisées dans les années 1930. Intéressantes photos de danses traditionnelles ou de crémations, témoignages sur la culture balinaise.

– Un petit pavillon est consacré à des dessins de Nyoman Lempad, mort à l'âge canonique de... 116 ans. Noter la précision du trait, la force du rendu dans ces scènes du quotidien ou allégoriques, dont une ébouriffante fresque orgiaco-démoniaque tirée du *Rāmāyana*.
– Dans le *Contemporary Balinese Art Hall* trônent de superbes portraits de femmes balinaises. On note les influences de Klimt, de Paul Klee, de l'orientalisme. D'Abdul Aziz, voir notamment le touchant *Mutual attraction* (en 2 panneaux).
– Le pavillon *East-West Art Annex* élargit le cercle pictural en présentant des artistes indonésiens en général et des peintres étrangers ayant été influencés par Bali. Les portraits de Dullah ne peuvent laisser insensible, tandis que les travaux de D'Affandi explosent d'énergie, de violence même. Widayat impressionne quant à lui par son souci du détail, presque maniaque (fascinant *Cherry Blossom Trees,* notamment).
À l'étage, un fourmillement d'artistes étrangers : Arie Smit évidemment, Rudolf Bonnet *(Temptation of Arjuna),* Antonio Blanco, Chang Fee-Ming... Les styles sont très différents, mais, à chaque fois, on sent le souffle d'amour qui est passé entre Bali et l'artiste. On s'arrêtera encore sur les toiles de Willem Gerard Hofker pour ses délicats portraits au pastel sur papier. Certains tableaux rappellent les œuvres de Delacroix. Quel talent !
En bas, une salle est dédiée au conservateur du musée qui s'est fait tirer le portrait sous tous les angles par de nombreux artistes. On termine la visite par des salles d'expos temporaires.

Puri Lukisan Museum (zoom C3) **:** *jl. Raya Ubud. ☎ 97-51-36 ou 97-11-59. • museumpurilukisan.com • Accès au fond d'un parking. Tlj 9h-18h. Entrée : 85 000 Rps (comprend une boisson gratuite). Possibilité de prendre un ticket à 125 000 Rps qui inclut un repas.* Fondé en 1954, ce musée renferme une intéressante collection, provenant en partie d'une donation de Rudolf Bonnet. Ce peintre néerlandais s'installa à Ubud en 1929 et eut, comme d'autres artistes européens, une grande influence sur l'art balinais. Pour en prendre la mesure, autant faire la visite dans l'ordre chronologique.
Commençons par le pavillon de droite qui présente quelques peintures du style *wayang,* prédominant jusqu'au début du XXe s et traitant exclusivement de thèmes mythico-religieux. Certaines pièces, très rares, ont plusieurs siècles.
La visite se poursuit au fond du jardin, dans une salle dédiée aux pionniers de l'art moderne balinais. Si les sujets traditionnels sont toujours présents, notamment dans l'œuvre unique de Lempad ou le monde féerique de Deblog, la vie quotidienne et la luxuriance de la nature apparaissent progressivement, chez Nadera par exemple. Encouragés par les peintres étrangers à développer un art plus personnel, certains artistes explorent des voies surprenantes. Ainsi Rundu, très marqué par l'art singulier d'Escher, et Binatang atteignent presque l'abstraction dans la répétition d'un même motif. À voir aussi, quelques sculptures en bois, comme la filiforme déesse Pertiwila entourée d'un serpent ou la gironde *Femme endormie,* du maître Ida Bagus Nyana.
Dans le 3e pavillon, place à une nouvelle génération qui, tout en reprenant d'une manière très personnelle les thèmes abordés par ses aînés, introduit dans les années 1960 une composante nouvelle : la couleur. On passerait des heures à scruter ces œuvres foisonnantes et à s'amuser des détails cocasses qui s'y cachent. De l'art naïf peut-être, mais plein de secrets et de talent.

The Blanco Renaissance Museum (plan d'ensemble, B3) **:** *juste après le pont suspendu de Campuhan, sur la gauche en venant du centre. ☎ 97-55-02. • blancomuseum.com • Tlj 9h-17h. Entrée : 100 000 Rps ; gratuit moins de 10 ans. Le ticket donne droit à un rafraîchissement à la sortie.* Cette maison particulière pour le moins étonnante fut celle du peintre hispano-américain Antonio Blanco. Le maître est mort en juillet 1999, mais sa présence est intacte. Il vécut aux États-Unis, travailla à Hollywood et fut anobli par le roi d'Espagne, qui le fit « Don » (l'équivalent de « Sir » en Angleterre). Puis il vint vivre et peindre à Bali, où il épousa une danseuse de *legong*. Excentrique, le personnage était surnommé le Dalí de Bali, une comparaison un rien excessive. Mégalo et loufoque, il aimait à dire que le sens de la vie se résumait à « croquer dans une mangue de la main droite, et promener sa main gauche sur le corps de son modèle »... sans préciser si celle-ci était consentante. Logiquement, les femmes, toujours nues, occupent une grande place dans sa peinture. Aujourd'hui, on peut rencontrer son fils, artiste peintre également.

– ***Le musée :*** il jouxte la maison du peintre, dans une sorte de pseudo palais italien aussi kitsch que grandiloquent. Tout autour, dans le beau jardin, plein d'oiseaux, notamment des perroquets et des toucans. À l'entrée de l'édifice, un monument assez improbable de 15 m de haut en marbre vert d'Italie reproduit la signature symbolisée de l'artiste. L'intérieur est à la fois moderne et baroque, comme les toiles d'Antonio. Des danseuses, beaucoup de danseuses, des nus on l'a dit, des portraits aussi. Noter l'importance des cadres, tous créés par l'artiste comme une prolongation naturelle de ses toiles. Une salle du rez-de-chaussée, l'*Erotic Room,* expose des collages cochons, pour ne pas dire graveleux, voisinant avec un patchwork (chaste, celui-ci) où figure Michael Jackson, ami du peintre.

– ***Le studio :*** c'était l'atelier d'Antonio Blanco. On y voit essentiellement des toiles de son fils, des chevalets, des palettes. Intéressante atmosphère.

Puri Taman Saraswati *(zoom C3)* **:** *jl. Raya Ubud (accès par le Café Lotus).* Élégant sanctuaire dédié à Dewi Saraswati, la déesse du savoir, de la Sagesse et des Arts, et précédé d'un bassin gorgé de fleurs de lotus. On n'entre pas dans le temple lui-même. Plusieurs autres temples sur la même rue, notamment l'immense ***pura Desa*** voisin, et sa forêt d'autels coiffés d'un toit de chaume. S'y tiennent parfois des combats de coqs. Pas toujours accessible aux touristes cela dit, pour préserver la tranquillité des adeptes, mais on le voit déjà bien de l'extérieur.

WALK OF FAME

Il y a quelques années, des habitants ont lancé une souscription pour financer les travaux de rénovation de certaines rues du centre, notamment jalan Kajeng et le gang Arjuna. En échange, chaque plaque de ciment au sol a été signée par l'un des donateurs. On se croirait sur Hollywood Boulevard... sauf qu'on ne reconnaît personne.

Sacred Monkey Forest *(plan d'ensemble, B-C5)* **:** *au sud de jl... Monkey Forest. Tlj 8h30-18h (dernier ticket à 17h30). Entrée : 80 000 Rps ; réduc. Compter au moins 30 mn pour en faire le tour.*

Dans un vallon encaissé, cette épaisse forêt, traversée par des chemins dallés, tient naturellement son nom de la communauté de macaques qui l'habite. Comme le singe est vénéré dans la religion hindoue, notamment à travers le dieu Hanuman, le site est sacré. Il compte d'ailleurs 3 temples datant du milieu du XIVe s.

Les singes évoluent en toute liberté, assis nonchalamment au bord des allées ou se baladant de branche en branche. Beaucoup se bornent aujourd'hui à attendre les cacahuètes des touristes, voire à se servir directement dans leurs poches. Ne rien apporter à manger est la meilleure façon d'échapper à leur gloutonnerie et, parfois, à leur agressivité. Évitez également de laisser balancer vos sacs en bandoulière ou de porter un sachet à la main, ça attire l'œil de ces morfals qui peuvent pousser l'audace jusqu'à vous les piquer. Rien de tel qu'un bon sac à dos collé au corps... ou rien du tout. Dernier rappel pour profiter pleinement de la balade, les singes ne sont pas des joujoux. Ne cherchez pas à tout prix à les approcher ou à les toucher, car ils peuvent se sentir menacés et se défendre avec leurs canines acérées. Même les petits sont toujours surveillés du coin de l'œil par leur clan. Évitez de faire la visite avec un bébé, soyez vigilant avec des enfants et tout ira bien ! Des gardes veillent et peuvent aider si besoin.

À faire

La palette d'activités proposées à Ubud devrait contenter les plus actifs de nos lecteurs ! Même après avoir écumé toutes les adresses de la rubrique « À voir », il reste largement de quoi occuper ses journées. D'abord, Ubud est l'endroit idéal pour prendre soin de son corps et de son esprit, comme l'atteste le nombre de spas et de centres de yoga. On peut aussi profiter de son séjour pour s'initier à la cuisine balinaise ou à la peinture traditionnelle. Et il y a bien sûr plein de chouettes balades à faire dans les environs. Non, vraiment, impossible de s'ennuyer ici, sauf en y mettant beaucoup de mauvaise volonté.

Spa

Ubud est très réputée pour la qualité de ses spas. Tous proposent des massages traditionnels, avec exfoliation et bains aux fleurs, aux épices ou au lait, si vous le souhaitez, et plus largement toute une palette de soins esthétiques (pédicure, manucure, épilation...). Également des packages d'une demi-journée pour faire peau neuve.

■ ***Bali Botanica*** *(plan d'ensemble, B2,* ***147****) :* *jl. Raya Sanggingan. ☎ 97-67-39. • balibotanica.com • Un peu à l'extérieur, au nord-ouest de la ville, mais service de taxi A/R gratuit. Massages à partir de 190 000 Rps.* Dans un cadre très zen, dans la verdure, des massages énergiques mais rassérénants. On peut même faire une cure d'une journée complète, repas inclus *(1 350 000 Rps)* ! Service extra. Très propre.

■ ***The Bodyworks Centre*** *(zoom C5,* ***141****) :* *25 jl. Hanoman. ☎ 97-57-20. • ubudbodyworks.com • Rdv recommandé. Massages à partir de 120 000 Rps.* Créé il y a 25 ans, ce centre occupe la maison familiale, typiquement balinaise, du médecin traditionnel Ketut Arsana. S'il ne possède pas l'aménagement raffiné et high-tech des spas à la mode, il dispense des soins toujours loués pour leur qualité. Propose aussi des séances de yoga et de méditation.

■ ***Venezia*** *(plan d'ensemble, C5,* ***142****) :* *jl. Monkey Forest. ☎ 97-57-15. • veneziadayspa-ubud.com • Massages à partir de 115 000 Rps.* Dans un bel environnement (jardin, bassins), tout est raffiné et propre. Personnel très aimable. Thé et brochettes de fruits offerts.

■ ***Lily Spa*** *(zoom C4,* ***143****) :* *jl. Bisma. ☎ 927-76-25. Massages à partir de 80 000 Rps.* Ce petit centre en bordure de la tranquille jalan Bisma propose plein de soins de qualité à des prix très abordables. La douceur de l'accueil ajoute au charme de cette petite adresse où l'on se sent tout de suite à l'aise.

Cours de yoga et de méditation

Devenue l'une des mecques de cet exercice physique et spirituel intimement lié à l'hindouisme, Ubud compte de nombreux centres spécialisés.

■ ***Intuitive Flow*** *(plan d'ensemble, A-B3,* ***145****) :* *à Penestanan. ☎ 97-78-24. • intuitiveflow.com • En haut des escaliers situés entre le musée Blanco et le supermarché* Bintang *(ceux qui mènent également à* Lala & Lili Warung *et* Made's Warung *; voir « Où manger ? »), prendre le petit chemin à droite. Si vous êtes motorisé, suivre la route en épingle à cheveux qui part sur la droite juste après le musée.* Plongé dans une luxuriante végétation, ce petit centre dispense des cours en groupe restreint dans une belle salle vitrée qui fait corps avec la nature. Linda Madani, sa créatrice, est francophone, ce qui rendra son enseignement accessible aux moins anglophones d'entre vous !

■ ***Yoga Barn*** *(plan d'ensemble, C-D5,* ***144****) :* *jl. Sukma Kesuma (ou « Tebsaya »), au fond d'une impasse. ☎ 97-12-36. • theyogabarn.com •* La « Grange du Yoga » fait plutôt penser à un moulin, tant elle voit passer de monde. Il faut dire que la brochette de cours proposés est impressionnante, voire déconcertante pour le néophyte : yoga Pranayama, Adi Shakti, Anusara, Iyengar et l'on en passe... beaucoup. Également des séances de *biodanza* et d'*ecstatic dance* qu'on n'a malheureusement pas eu le temps de tester pour vous ! Avec tout ça, la grange tourne un peu à « l'usine à bien-être », mais si ça marche, c'est que ça plaît.

■ ***Ubud Yoga House*** *(plan d'ensemble, B2, **148**)* **:** *niché au milieu des rizières.* 📱 *082-114-418-10-58.* Rien que le lieu rend zen !

■ ***Pyramids of Chi*** *(hors plan d'ensemble par D2, **39**)* **:** *jl. Suweta, en face du* Blue Karma Resort. ☎ *900-07-17.* ● *pyramidsofchi.com* ● *Prévoir 25 US$.* Un lieu étrange et unique. 2 grandes tentes pyramidales posées au milieu de la nature et de bassins d'eau. On y vient à 11h ou à 15h pour 1h30 de méditation au son du gong, sagement allongé sur un tapis à même le sol. L'expérience surprend, les réactions personnelles tout autant.

BALI

Spa et Méditation

■ ***Breathing Cold :*** ● *breathingcold.com* ●. *Consultez la page Facebook pour le planning des sessions hebdomadaires, normalement le jeudi tte la journée.* Pour se débarrasser du stress ! L'art de maîtriser sa respiration, de se dépasser afin de se redynamiser, de prendre soin de son corps (et de sa peau) et même d'améliorer sa confiance en soi. On a essayé et on a adoré ! Comment prendre une douche froide... sans plus jamais avoir froid ! Dans un cadre incroyable, vous allez non seulement explorer le fonctionnement de votre corps et de votre cerveau mais aussi découvrir comment créer une nouvelle routine pour débuter la journée du bon pied. Le tout avec une expérience dingue dans un temple secret... On n'en dit pas plus. Une activité différente qui fait du bien !

Cours de cuisine

Vous rêvez de devenir un *master chef* en cuisine balinaise et d'offrir à vos amis un dîner presque parfait sans risquer le cauchemar en cuisine ? Facile, plein de restos sont prêts à partager leurs petits secrets. Le déroulement des cours est partout le même : marché en début de matinée, préparation d'un repas complet (menu différent chaque jour) et dégustation au déjeuner. Voici une adresse d'où s'échappent des odeurs particulièrement alléchantes :

■ ***Casa Luna*** *(zoom C3, **100**)* **:** *jl. Raya Ubud.* ☎ *97-32-82.* ● *casalunabali.com* ● *Rens et inscriptions au resto, cours dispensés à* Honeymoon Guesthouse *(voir « Où dormir ? »). Prix : 400 000-500 000 Rps/pers selon menu.* C'est de loin le cours de cuisine le plus réputé d'Ubud, voire de l'île. Du coup, ça se bouscule au portillon et il est parfois nécessaire de réserver des jours à l'avance. Bonne chance !

Balade nature pour fabriquer ses produits de beauté

■ ***Nadis Herbal :*** *15 jl. Suweta.* 📱 *081-238-160-24.* Super concept. On part le matin 3h en balade dans la nature environnante avec un guide qui nous explique (en anglais) les noms et vertus des plantes, et on rentre dans la boutique fabriquer ses crèmes, onguents et autres trésors de beauté. On peut aussi passer à la boutique acheter savons, crèmes, etc. Tout est bio.

Cours de batik

■ ***Nirvana*** *(zoom C4, **36**)* **:** *10 jl. Goutama.* ☎ *97-54-15. Voir aussi « Où dormir ? ». Tlj sauf dim 10h-14h. Cours 1-5 j. 450 000-485 000 Rps/j. par pers selon formule choisie.* Natif d'Ubud, I Nyoman Suradnya enseigne les techniques du batik, qu'il a apprises à Yogyakarta, LA capitale indonésienne de cet art. Depuis son retour à Bali, il a produit nombre d'œuvres souvent inspirées des scènes de la vie quotidienne. Ce personnage haut en couleur et fervent défenseur de la culture locale initie ses élèves aux différentes méthodes de dessin et de teintures et les assiste dans la réalisation de leurs propres pièces.

Spectacles traditionnels

Un peu partout dans le centre et ses environs, tlj. Débutent, selon les lieux, entre 18h et 20h. Billets en vente au Tourist Information, *auprès des hébergements et des vendeurs de rue... ou sur place. Compter 75 000-100 000 Rps (prix fixes) selon lieu et type de représentation. Se procurer le programme complet et détaillé auprès du* Tourist Information. *Legong, kecak, wayang Kulit* (marionnettes en ombre chinoise), *barong, jegog* (gamelan de bambou), près d'une dizaine de spectacles se donnent chaque soir. De quoi s'en mettre plein les mirettes ! Beaucoup (pas tous) sont d'excellente qualité. Pour vous aider à faire votre choix, sachez que danseurs et musiciens de l'*Ubud Palace* sont tous remarquables. Également des spectacles à l'*Agung Rai Museum of Art* (consulter la rubrique « À voir »). Bonne nouvelle, des navettes gratuites sont affrétées du centre-ville jusqu'aux scènes les plus éloignées. Petits conseils pour finir : les places n'étant pas numérotées, les 1ers arrivés sont les mieux servis. Soyez, donc, sur place au moins 30 mn en avance. Et essayez d'obtenir le livret du spectacle, histoire de tenter de comprendre ce qu'il se joue...

Randonnées à vélo ou à pied

Il y a des dizaines, voire des centaines de balades à faire à pied ou à vélo. Vous en trouverez quelques exemples sur la carte *Bali Pathfinder,* en vente un peu partout. Voici quelques propositions, mais le mieux est de suivre votre propre instinct. En admirant une belle lumière danser sur une rizière, en découvrant un petit chemin qui longe un cours d'eau, en se laissant aspirer par un sentier de forêt, c'est là que vous créerez vous-même vos plus belles balades. Le mieux est vraiment de louer un vélo, ça permet de rayonner sur un axe plus grand et d'abandonner sa petite reine pour poursuivre la balade à pied, à son rythme. La sensation de pédaler au milieu des rizières est assez irréelle. Pour pousser toujours plus loin, on peut aussi opter pour un scooter.
Ci-dessous, quelques suggestions de circuits, parmi d'autres.

À pied

Difficile d'indiquer un itinéraire en particulier ; les chemins se ressemblent et il n'y a pas d'indications. Cela dit, pour se mettre l'eau à la bouche, on peut déjà, au départ du centre, effectuer une jolie boucle à travers les rizières en remontant jalan Kajeng pour ensuite redescendre en ville par Subak Juwuk Manis (compter environ 1h). Autre possibilité, le *Campuhan Ridge Walk,* un chemin dallé grimpant pendant 2 km sur une arête dominant 2 vallées couvertes de jungle (et mitées de *resorts...*). Au bout, des rizières, et un café pour profiter de la vue. Redescendre par le même chemin ou continuer pour faire une boucle, mais on marche alors sur la route... Compter environ 1h30. Départ du sentier un peu avant le Blanco Museum *(plan d'ensemble, B3)* : tourner à droite à l'hôtel *Ibah,* traverser la rivière puis longer le grand temple sur sa droite. Ensuite, c'est tout droit.

À vélo ou à scooter

➢ ***Singakerta :*** partir par Campuhan et la maison d'Antonio Blanco, et passer par les villages de Katik Langtang, Nyuh Kuning, Pengosekan (spécialisé dans la sculpture sur bois), Lodh Tunduh et Mas. Revenir à Ubud en *bemo* si vous êtes à vélo.

➢ ***Keliki :*** sortir d'Ubud toujours par le pont de Campuhan. Cet itinéraire traverse les villages de Bangkiang Sidem, Keliki, Sebali, après être passé par des rizières. Revenir par Payagan où vous prenez le *bemo* pour Ubud si vous avez choisi l'option vélo.
➢ ***Pejeng :*** très chouette balade en passant par les rizières. On peut y aller aussi par la route qui démarre en face du carrefour près du panneau « Pharmacy », sur la gauche quand on quitte Ubud pour Denpasar. Route étroite mais bonne. Ça monte par moments (voir le texte consacré à Bedulu et Pejeng plus loin).

Ecocycling Tour : *☎ 97-55-57. 081-337-420-420. • baliecocycling.com • À partir de 2 000 000 Rps.* Différents tours organisés dans les environs d'Ubud. Découverte des rizières, et même des volcans alentour. Repas prévus. Sans oublier l'arrêt dans quelques boutiques, mais rien d'insistant.

Rafting

Plusieurs agences proposent les descentes en rafting. En voici une que les routards apprécient :

■ ***Ubud Rafting Aventures :*** *jl. Suweta. Compter 200 000 Rps/pers.* Propose lunch, bateau de 6 personnes maxi et accompagnateur. Cela plaît aux petits comme aux grands !

BALI

DANS LES ENVIRONS D'UBUD

La région juste à l'est d'Ubud compte plusieurs sites religieux dont on daterait l'origine entre les Xe et XIIIe s. Beaucoup de légendes et encore plus d'incertitudes flottent autour de ces lieux récemment découverts. C'est pourquoi les explications sont parfois un peu farfelues. Tout ce coin se visite idéalement à vélo.

BEDULU

Elle fut la capitale d'un empire très puissant, ce qui explique les vestiges de son passé historique que l'on peut trouver dans le coin. Toute la région est riche en légendes. À Bedulu, le dernier roi de la dynastie, avant l'arrivée des armées javanaises, possédait des pouvoirs surnaturels, entre autres celui de se faire couper la tête et de la replacer sans dommage (quelle bonne pub pour la colle Machin !). Par malheur, un serviteur fit un jour tomber la tête dans le ruisseau et ne put la récupérer. Il se précipita alors sur un porc qui passait, le décapita et posa le groin sur les épaules royales. Le monarque ordonna aussitôt, par édit, de ne plus lever la tête vers son auguste personne. Un enfant ne put résister et clama partout que le roi était devenu *Beda Ulu,* c'est-à-dire celui qui change de tête, d'où le nom de la région.

À voir

Goa Gadja *(grotte de l'Éléphant ; plan d'ensemble, G6)* ***:*** *on gagne sans problème ce site, bien signalé sur la droite de la route, à quelques km d'Ubud. Tlj 8h-17h. Entrée : 80 000 Rps, prêt de sarong inclus. Vaste parking (payant) et des dizaines de boutiques de souvenirs à l'entrée.* Le site a été mis au jour en 1923. Son nom reste une énigme puisqu'il n'y a jamais eu d'éléphants dans l'île. Situé en contrebas, on y accède par une volée de marches. Prévoir un sarong pour la visite. Sinon, on peut en louer un sur place. L'endroit a beaucoup de charme quand il n'y a pas de touristes (ce qui est rare !). Venir plutôt en fin d'après-midi.
Dans un bassin, 6 statues de femmes laissent échapper un mince filet d'eau de leur vasque. Cette partie-là ne fut mise au jour qu'en 1954. Cette eau est censée

conserver votre jeunesse. N'hésitez pas à vous mouiller le visage comme tout le monde le fait... Nous avons essayé, ça marche (voir notre photo au début du guide) ! À côté des bassins, la grotte de l'Éléphant, un ancien ermitage creusé à même la roche. L'entrée de cette grotte figure une monstrueuse tête sculptée représentant un démon dont la gueule ouverte est prête à avaler les visiteurs. Feuillages et têtes bizarres ornent la façade. À l'intérieur, de part et d'autre du passage, 2 autels, dont l'un abrite une sculpture de Ganesh. On y voit aussi les 3 *lingams* (symboles de Brahma, Vishnu et Shiva) et des petites niches vides. Ce bel exemple d'art balinais datant du XIe s a beaucoup influencé les artisans contemporains de l'île, principalement les sculpteurs. En contrebas d'une volée de marches, on peut voir des restes de gros rochers sculptés et effondrés qui abritaient des statues du Bouddha. Ce qui est frappant ici, c'est le mélange des références bouddhiques et hindoues.

Yeh Puluh *(plan d'ensemble, G7)* **:** *on parvient à ce site depuis la grotte de l'Éléphant (2 km). On peut s'y rendre en reprenant la route principale (en s'éloignant d'Ubud) en prenant à droite au 1er carrefour, puis tt droit au niveau du grand virage vers la gauche ; Yeh Puluh est indiqué un peu plus loin sur la gauche. Tlj 8h-17h. Entrée : 15 000 Rps. Parking payant.*
Il s'agit d'une étrange fresque qui déroule sur plus de 25 m des scènes n'ayant rien d'épique ni de religieux, mais qui évoque la vie quotidienne. Les figures sont assez abîmées, mais la visite vaut vraiment le coup, car ce type de fresques en bas relief est particulièrement original. On y voit, par ordre d'entrée en scène, un homme portant des paniers, un guerrier à cheval, d'autres combattant un animal féroce ; plus loin, une femme semble tirer la queue d'un cheval ; tout au bout, un Ganesh. Étonnant et situé dans un cadre de rizières paisible et beau. Une petite dame toute fripée et au généreux sourire est parfois là, près du Ganesh, pour vous bénir de quelques fleurs et de son sourire... contre quelques milliers de roupies.

Yeh Pulu Café **:** *sur le sentier piéton qui mène à la fresque de Yeh Puluh, sur la droite.* *081-236-602-78.* Un petit *warung* tout simple, familial et impeccable, au milieu des rizières, dans un site enchanteur où l'on s'assoit autour des quelques tables sculptées. La souriante proprio a aménagé son bout de terrasse avec amour et vous propose notamment un *ayam bumbu Bali* d'excellente tenue et à la présentation soignée. Son *black rice pudding* est à tomber le nez dans la rizière. Sur le chemin de la fresque ou au retour, une halte adorable, même juste pour prendre un quatre-heures.

Le musée archéologique Gedong Arca *(plan d'ensemble, H5)* **:** *côté droit de la route.* Petit musée assez modeste. Vestiges préhistoriques, sarcophages d'avant notre ère, etc. Hélas, les belles pièces sont mal éclairées ou peu mises en valeur.

PEJENG

Pura Penataran Sasih *(plan d'ensemble, H5)* **:** *juste au nord de Bedulu. Donation libre.* C'est dans ce temple qu'on trouve l'un des plus grands tambours de bronze au monde. Surnommé « Lune de Pejeng », il se trouve dans la dernière cour, sur la gauche. Malheureusement, on ne le voit pas très bien, puisqu'il est couché sur un autel à plusieurs mètres du sol. Il aurait été façonné avec un morceau de météorite, au IIIe s av. J.-C., ce qui prouverait qu'on maîtrisait déjà des techniques de pointe à l'âge du bronze. Les experts le rattachent à la mystérieuse culture Dong Son, qu'on retrouve du sud-ouest de la Chine jusqu'au fin fond de l'Indonésie, où ce type de tambour est encore offert en dot. Mais les Balinais ont bien sûr une belle légende pour expliquer sa présence insolite au milieu de leur village. Ce serait la 13e lune (on en connaît 12), tombée un jour du ciel dans un arbre. Elle brillait tellement dans les branches que les voleurs s'enfuirent, effrayés. Les pierres, rassemblées dans l'enclos du temple, seraient des étoiles mortes que la lune aurait entraînées dans sa chute.

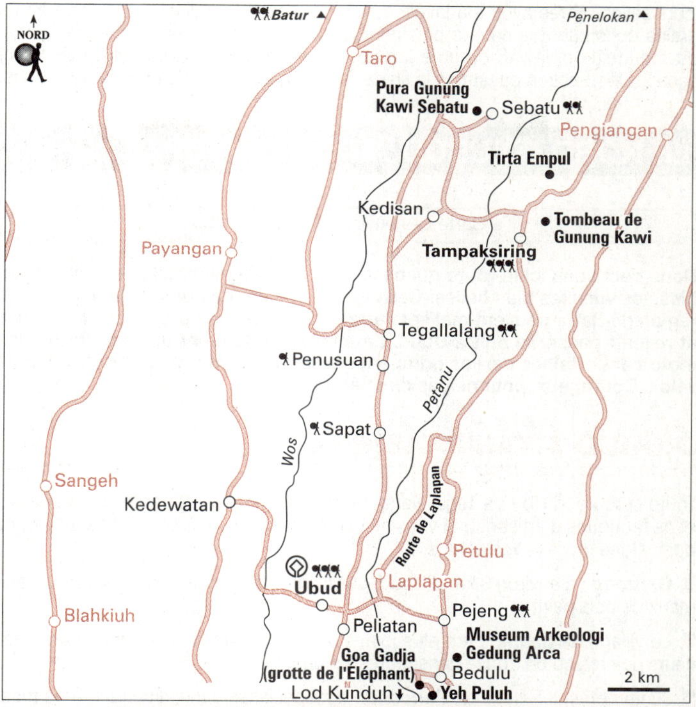

LES ENVIRONS D'UBUD

Pura Kebo Edan *(le « Taureau fou » ; plan d'ensemble, H5)* est un autre temple qui abrite une statue de près de 4 m de haut. Est-ce Bima, Shiva ou un démon dansant ?

Les villages environnants possèdent plusieurs autres ***temples*** importants sur le plan historique, à défaut d'être notables sur le plan purement architectural et esthétique.

KEDEWATAN

À 5 km au nord-ouest d'Ubud. Sur cette route qui mène d'Ubud à Kedewatan, nombreuses galeries de peinture. Franchir le pont de Campuhan, passer devant l'école d'art Sesri et devant le musée Neka et, au carrefour, tourner à droite en direction de Payangan, puis prendre le chemin de gauche. Vous surplombez la vallée d'or de la rivière Ayung. On se croirait dans une peinture balinaise avec la cascade de terrasses verdoyantes descendant vers le lit de la rivière. Avec un peu de chance, vous y verrez des paysans au travail. Et ce tableau s'animera.

■ ***Teba Sari Agrotourism :*** *ce « spice garden » est à 6 km au sud d'Ubud, en allant vers Mengwi, dans le village de* ***Lodtunduh****. ☎ 62-361-908-58-00. Ouvert tlj.* Un guide vous conduira dans un petit chemin pour découvrir le poivre, la vanille (une orchidée), le caféier, le cocotier. Sur la route, vous croiserez quelques civettes ou mangoustes en cage (elles mordent !). Ce sont elles qui ingèrent les grains de café, qui se retrouvent ensuite dans leurs selles. Après avoir été lavés, ces grains constituent le café le plus cher du monde (kopi lawah ou café... à la caca !). Dégustation payante à la fin de la visite. À vrai dire, rien de bien transcendant. On aimerait plutôt redonner leur liberté à ces bestioles qui préfèrent ingurgiter des fruits et quelques souris.

LE NORD : D'UBUD AU LAC BATUR

• Carte Les environs d'Ubud *p. 183*

Nous décrivons ici la route qui passe par les villages et sites les plus notables, les vues les plus belles. Ceux qui ne veulent pas passer la nuit dans la région de Batur peuvent réaliser cette balade (ou une partie) dans la journée et revenir passer la nuit à Ubud. Le mieux est de louer une voiture ou une moto car certaines parties grimpent sévèrement. On a vu certains le faire à vélo... Courageux, pour ne pas dire héroïque !

D'UBUD À TAMPAKSIRING

Toute la route, d'Ubud à Tegallalang, et même au-delà, est bordée de magasins et de fabriques d'artisanat. Si vous ne faites pas une overdose, cela peut être une bonne idée d'y faire vos achats.

Gentong : à environ 3 km d'Ubud, ce village est spécialisé dans les petits animaux de bois peint.

Le village de ***Sapat,*** 1 km plus loin, s'occupe à réaliser une bonne partie des fleurs peintes qu'on trouve dans toutes les boutiques.

Juste après, le village de ***Penusuan*** est spécialisé dans la sculpture de masques en bois et de statuettes. Dans les arrière-cours, on peut voir les jeunes sculpteurs à l'œuvre.

Au bout du village de ***Tegallalang,*** juste à la sortie, beau panorama de rizières en terrasses, façon carte postale, sur la droite. En principe, l'accès coûte 15 000 Rps, mais il n'y a pas de guichet, seulement si vous tombez sur un gardien... C'est là que Julia Roberts vient se ressourcer dans *Mange, prie, aime.* Elle a bon goût !

Kampung Café : *peu après le centre du village, à droite en contrebas (c'est indiqué). ☎ 90-12-01. • kampungtari.com • Doubles 180-225 €. Réduc sur Internet.* Belle maison à flanc de coteau, avec une vue superbe sur les rizières en terrasses et les cocotiers. Terrasse en surplomb, décoration intérieure très élégante. Cuisine raffinée. Également plusieurs chambres, à la décoration du meilleur goût. Sobriété et raffinement. Chambres immenses, salon, salle de bains magnifique avec baignoire de star... Le prix est évidemment très élevé mais honnête pour la beauté des lieux.

Après Tegallalang, prendre à droite vers ***Pakudui.*** Une petite route grimpe joyeusement sur un tout petit kilomètre. C'est dans ce village qu'on fabrique les gros *Garuda* de bois et autres sculptures mythologiques. On peut visiter (gratuitement) l'atelier du sculpteur Made Ada et prendre un cours pour tailler le buis, le teck ou l'hibiscus *(450 000 Rps).* La route se poursuit jusqu'à Pujung, situé environ 3 km plus loin.

Sebatu : un modeste village de cultivateurs, juste au-dessus de Pujung. Chaque foyer abrite au moins un artiste. S'ils vivent des produits de leur terre, les habitants de Sebatu consacrent une partie de leur temps à la production de statuettes à sujets phalliques et... à la musique. Leur gamelan a acquis une célébrité mondiale depuis que le musicologue français Jacques Brunet enregistra une série de disques pris sur le vif en 1972. Ce fut une révélation. Pour eux, la musique est une chose naturelle. Maintenant, leur troupe parcourt le monde, mais ça n'a changé en rien leur vie quotidienne lorsqu'ils reviennent au village.

TAMPAKSIRING

Au nord d'Ubud, à environ 30 mn de route, le long de laquelle s'égrènent les plantations de *kopi luwak,* soi-disant le café le plus cher du monde (voir « Boissons » dans la partie « Hommes, culture, environnement »). Cette petite ville tranquille et plutôt banale reçoit aussi la visite de centaines de pèlerins qui viennent voir la source de Tirta Empul et le temple de Gunung Kawi.

BALI

À voir

La source de Tirta Empul : *entrée 50 000 Rps (attention, les prix changent très régulièrement, à la hausse comme à la baisse !). Sarong et ceinture obligatoires ; loc sur place, payante. On peut même louer un sarong étanche pour se baigner dans l'eau. Parking payant également. Essayer d'y être pour la pleine lune de sept, cérémonie grandiose.*
Cette source sacrée, créée selon la légende par le dieu Indra, attire chaque jour des dizaines de cars de pèlerins qui viennent se purifier dans les eaux miraculeuses de ce Lourdes local.
On pénètre dans un ensemble de temples disséminés dans des cours successives, agrémentées de bassins où coulent les eaux sacrées. C'est du fond du grand bassin que sourd la source par petits bouillonnements. C'est cette arrivée par le sol qui confère en quelque sorte la dimension divine à cette source. Et c'est vrai que l'effet est saisissant. L'eau sortant de l'eau ! Cette source aurait été utilisée à partir du Xe s. Depuis plusieurs centaines d'années, la tradition veut que les habitants de la région viennent ici nettoyer une pierre une fois par an avec l'eau de la source sacrée. Les différentes phases de cette cérémonie étaient décrites précisément sur une pierre qu'on retrouva récemment. Aujourd'hui, les habitants viennent se laver dans les bassins annexes d'où l'eau jaillit par des bouches. Quelques bassins accueillent de petits poissons.
Les eaux de Tirta Empul passent pour avoir des pouvoirs magiques de guérison et de survie. Après avoir déposé leurs offrandes sur les nombreux autels bariolés, les hommes et les femmes vont se baigner chacun de leur côté. On rappelle qu'il est interdit de prendre des photos. L'endroit est d'autant plus populaire que le président Sukarno y avait choisi le site d'une ancienne villa néerlandaise pour établir ici sa résidence secondaire. Cette bâtisse (années 1950), malheureusement sans aucun charme, a été construite en haut d'une volée d'escaliers, dans un cadre verdoyant, au-dessus de Tirta Empul. On la voit sur la gauche à travers les arbres. En quittant le site, on ne peut pas repasser par l'entrée. Un petit circuit vous contraint de traverser un labyrinthe d'échoppes et de boutiques où vous serez sollicité par des marchands. Des marchands du temple, en quelque sorte.

Pura Gunung Kawi Sebatu : *à* ***Sebatu.*** *Tlj 8h-17h. Entrée : 50 000 Rps. Sarong prêté. Parking payant (5 000 Rps).* À ne pas confondre avec son presque homophone et voisin. Sources d'eau sacrée, temple, belles sculptures florales, et une partie des bains réservée aux locaux (ne pas entrer). Un temple en action, moins touristique.

Gunung Kawi : *dans la rue principale de Tampaksiring. Tlj 7h-17h. Entrée : 50 000 Rps. Ceinture prêtée contre donation. Parking payant.* Encastré dans une jolie vallée où s'étagent les rizières, en bas des 230 marches d'un escalier de galets, ce mystérieux temple se compose de 2 rangées de pagodes identiques, hautes d'environ 5 m. Elles se font face de part et d'autre de la rivière Pakrisan. Taillées dans le roc et encastrées dans des niches, elles rappellent les temples rupestres d'Ajanta, en Inde, et dateraient du Xe s. Nul ne connaît leur vocation exacte. Certains y voient les tombes du roi Udayana et de sa famille, tandis qu'une légende prétend que le géant Kebo Iwa les cisela avec ses ongles. À voir aussi, le curieux monastère composé de cellules également creusées dans la roche, d'où s'écoule une eau sacrée. On raconte que le roi Anak Wungsu vint ici finir ses jours au XIe s, loin des fastes de sa Cour.

LE LAC BATUR

• Carte *p. 187*

La route grimpant vers le lac Batur dévoile un Bali plus rural, dont la végétation évolue avec l'altitude. Plus de rizières, mais des cultures maraîchères, des vergers d'orangers. À 1 400 m d'altitude, l'arrivée au lac se fait par le village de Penelokan (accès payant) qui n'est qu'un lieu-dit exclusivement consacré au tourisme (quelques hôtels et restaurants), mais d'où l'on jouit d'un point de vue grandiose sur le volcan et le lac (par beau temps). On n'évite pas non plus les vendeurs de sarongs, de divinités en os et autres jeux d'échecs. Pour autant, on ne se lasse pas de la vue sur le volcan Batur (1 717 m) et sur le volcan Abang (2 152 m), avec le lac en contrebas. Une route sinueuse de 8 km descend à Kedisan, 500 m plus bas, au bord du lac dont les eaux changent avec le temps et la couleur du ciel. Ce lac de cratère aurait plus de 10 km de diamètre.

Le volcan Batur est au repos, mais ses réveils sont parfois cruels. En 1917, la lave arriva jusqu'au village, mais s'arrêta devant le temple. Il était temps, car elle avait déjà fait plus d'un millier de victimes. En 1926, le volcan éternua de nouveau, mais moins fort. Les habitants décidèrent de s'établir sur les hauteurs des falaises de Kintamani et emportèrent avec eux les autels du temple Ulun Danu, devant lequel la lave avait stoppé miraculeusement (voir « Kintamani »).

Tout le secteur du lac Batur est très fréquenté par les touristes, mais la plupart se contentent d'admirer la vue de Penelokan et de déjeuner dans l'un des restos. Quelques vols ont été signalés dans la région du lac : méfiance, donc.

PROPRIÉTÉ PRIVÉE

Ce serait Shiva lui-même qui aurait choisi Bali pour planter les 2 volcans, Agung et Batur, en ces lieux divins. Ce dernier abriterait donc des dizaines de dieux et déesses que les croyants préfèrent ne pas déranger. Seuls les touristes et quelques guides locaux prennent ce risque. Une attitude assez incompréhensible pour les Balinais...

PENELOKAN

C'est le 1er village qu'on aborde en arrivant dans la région du lac. *Penelokan* signifie « l'endroit d'où l'on regarde ». On ne s'est, certes, pas trop foulé les méninges pour trouver ce nom, mais au moins, c'est explicite.

– Accès payant à l'entrée du village : 30 000 Rps/pers, 5 000 Rps en sus pour un véhicule.

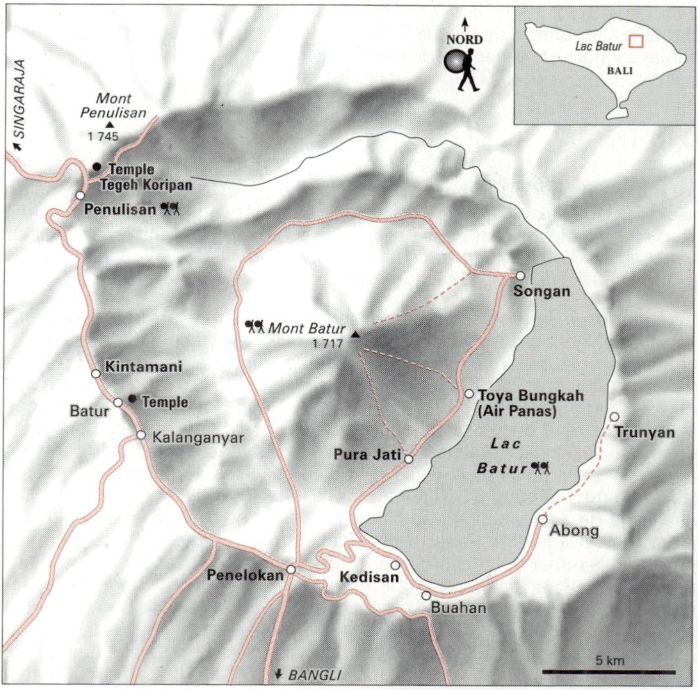

LE LAC BATUR

Où dormir ?

N'oubliez pas d'emporter votre petite laine : vous êtes à 1 450 m, et les nuits peuvent être vraiment fraîches. Pour dormir, préférer Kedisan, le village au bord du lac sur la rive sud, ou encore Air Panas (Hot Springs), le village sur le flanc ouest du lac (voir ci-après).

KEDISAN

C'est le village en contrebas de Penelokan, au bord du lac. On y accède par une route sinueuse, au trafic incessant de camions qui remontent du sable volcanique destiné à la construction. En bas, rien de bien particulier si ce n'est la présence du lac. On peut éventuellement y dormir.

Où dormir ? Où manger ?

🏠 🍴 ***Hotel Segara :*** *sur la gauche en allant vers Toya Bungkah.* ☎ *(0366) 511-36.* 📱 *081-353-155-560.* ● *hotelsegara@hotmail.com* ● *segara-id.book.*

direct • Chambre env 200 000 Rps. Bar et buffet. Ensemble fatigué. Possibilité d'organiser l'ascension du mont Batur ici *(compter 900 000 Rps pour un groupe 1-4 pers).* Les prix annoncés sont négociables, surtout si l'on est en groupe.

À faire

➢ ***Balade à pied ou à moto :*** de Kedisan, on peut aller soit à pied, soit en véhicule jusqu'aux villages de Buahan, et même d'Abong (compter 1h à pied). Si vous êtes à moto, n'hésitez pas à aller jusqu'à Abong, village minuscule et champêtre, au bord du lac. Depuis ce point, petite route jusqu'au village de Trunyan (compter 30 mn de plus). Elle longe le lac sur tout le parcours.

➢ ***Balade en bateau :*** après des années d'arnaque et de véritable racket, l'organisation des balades en bateau sur le lac semble s'être régulée, et les prix sont désormais fixes et affichés au kiosque de l'embarcadère *(en moyenne, compter 300 000 Rps par personne).* On vous y propose une balade de 2 à 3h sur une frêle embarcation à moteur pouvant contenir 7 passagers. Le prix est fixe et dégressif en fonction du nombre de personnes. Seul ou à 2, ça revient assez cher, mais à 5 ou 6 c'est très abordable. La balade comprend a priori 3 arrêts (mais même s'ils sont bien spécifiés au guichet, la durée de la balade peut dépendre de l'humeur du capitaine, souvent mauvaise) : un 1er au village de Trunyan, un 2e au cimetière de Trunyan (situé un peu plus loin) et un 3e au village d'Air Panas (Hot Springs ou Toya Bungkah), de l'autre côté du lac. Puis retour à Kedisan. On peut aussi choisir de descendre à Air Panas pour ceux qui veulent y séjourner et grimper sur le mont Batur. Bon, on le répète, vous ne manquez pas grand-chose si vous décidez de ne pas faire cette promenade. On vous la déconseille même carrément (voir les explications plus bas sur Trunyan et la visite du cimetière). Pour ceux qui insistent quand même, les bateaux fonctionnent entre 8h et 17h. Le prix du bateau comprend l'entrée au village de Trunyan et celle du cimetière. Ne payez pas une *rupiah* de plus !

TRUNYAN

Ce petit village sur la rive est du lac n'est accessible qu'à pied ou en bateau partant de Kedisan. Voir nos explications plus haut.

Comme Tenganan, Trunyan est un village de Balis Agas, c'est-à-dire de « Balinais d'origine », complètement isolé au bord du lac, si bien que les influences hindoues n'ont pu agir jusqu'à ces dernières années. Les habitants sont encore fidèles à leurs anciennes croyances et ne pratiquent pas la crémation. Les morts, déposés à même le sol du cimetière, se décomposent rapidement, protégés par une sorte de cage triangulaire en feuilles de palme tressées. Les touristes se précipitent pour voir quelques ossements jonchant la terre de l'enclos. En fait, joli attrape-nigaud pour voyageurs morbides. On déconseille vivement la visite du cimetière.

On peut tout à fait venir voir le village, mais vraiment, laissez tomber le cimetière, même si le ticket du bateau comprend l'entrée au village et à celui-ci. C'est de plus un prétexte pour vous réclamer sans cesse de l'argent. Car, autant vous le dire, les habitants sont peu accueillants et cherchent avant tout à tirer le profit maximum de leur notoriété. Si ce n'était que par la vente d'artisanat... Quand nous sommes passés, on voulait à tout prix nous pousser à venir jeter un œil sur une mamie nonagénaire en état de décomposition. Non merci ! Les habitants gardent secrètement la plus grande statue de l'île qui aurait 4 m de hauteur et qui représenterait leur dieu protecteur. À part ça...

TOYA BUNGKAH (AIR PANAS OU HOT SPRINGS)

Situé sur la rive ouest du lac, à 4 km de Kedisan environ. De Penelokan, vous pouvez trouver un *bemo* pour vous y conduire. De Kedisan, il n'y en a pas beaucoup, mais on peut y aller à pied (compter 1h à 1h15) ou en stop. La route étroite, tout en virages, traverse un paysage curieux et triste, bordé de coulées de lave refroidies. On voit ici et là des fondations de maisons. Le gouvernement a interdit la poursuite de leur construction à cause des risques d'éruption du volcan. Elles n'ont jamais dépassé le rez-de-chaussée.
Le petit village d'Air Panas, somme toute fort banal, est très fréquenté, car c'est le point de départ le plus pratique pour l'ascension du mont Batur. C'est à Kedisan, mais encore plus à Air Panas, que vous serez littéralement submergé par des propositions de guides qui voudront tous vous accompagner au sommet du Batur. C'est souvent un peu lourd, même très lourd, comme ne cessent de nous le faire remarquer nos lecteurs...
À Air Panas, comme son nom l'indique, il y a des sources d'eau chaude d'origine volcanique. On peut s'y baigner avec les Balinais qui viennent faire leurs ablutions dans un bassin aménagé. Bon, le bassin est franchement dégoûtant. Petit droit d'entrée. Juste à côté a été construit un complexe avec une grande piscine et des baignoires individuelles, alimentées par les eaux des sources chaudes. Truc à touristes vraiment *too much*. Il n'y a d'ailleurs jamais grand monde. Et puis, il y a les bassins aménagés pour les touristes, plus propres et bien chauds. Les habitants d'Air Panas ne sont pas très accueillants (c'est un euphémisme), même si c'est un peu mieux qu'à Trunyan. Ça a, cependant, tendance à s'arranger depuis quelque temps. Tant mieux pour tout le monde. *Entrée 200 000 Rps avec serviette, snack, boisson et cadenas.*

BALI

Où dormir ? Où manger ?

Pour ceux qui veulent faire l'ascension du mont Batur, c'est le meilleur endroit pour dormir. Quelques petits hôtels simples et pas trop chers. Dans les restos, goûtez le poisson du lac, servi avec de l'ail.

🏠 🍽 ***Under the Volcano I :*** *dans une impasse à gauche, juste après le resort des sources chaudes* Toya Devasya. *☎ 511-66. Selon confort, compter 100 000-150 000 Rps.* Une dizaine de chambres économiques. L'extérieur des maisonnettes est en pierre volcanique. Fait aussi resto, proposant une cuisine locale simple. ***Under the Volcano III*** propose à quelques pas des bungalows avec vue sur le lac, plus agréables et pas plus chers. Ce dernier organise aussi des treks *(autour de 300 000-400 000 Rps).*

🏠 ***Hotel Puri Bening Hayato :*** *à la sortie du village. ☎ 512-34. Doubles 400 000-550 000 Rps.* Pour ceux qui veulent beaucoup plus de confort. Dans un vaste bâtiment blanc, de très grandes chambres avec balcon, vue sur le lac et jardin avec bassins.

🏠 ***Black Lava :*** *jl. Pendakian Gn. Batur. 📱 081-337-558-998. Double 430 000 Rps.* Sur les hauteurs d'Air Panas. Une adresse qui plaît beaucoup aux routards. 4 chambres dans de petites maisons en pierre grise, salles de bains correctes. Dortoir de 6 personnes également. Personnel très gentil. Belle vue sur les montagnes. Possibilité de repas, pas mauvais du tout. Propose aussi d'excellentes excursions dans les environs, notamment le mont Batur, bien sûr !

🏠 🍽 ***The Lakeside Cottage :*** *jl. Raya Toyabunkah, à* ***Toya Bungkah.*** *☎ 366-512-42. Après les* Volcano II *et* III. Belle vue sur les volcans et l'eau. Prix corrects au resto.

L'ascension du mont Batur

Les grimpettes les plus faciles se font d'Air Panas et du temple Jati. Il y a plusieurs sentiers possibles. La montée dure environ 2h ; prévoir un peu moins pour la descente.

Des dizaines de guides vous aborderont pour vous conduire là-haut. ***Sachez qu'il y a une véritable mafia locale qui n'hésite pas à agresser ou à racketter les touristes lors de l'ascension, si vous faites celle-ci sans guide.*** Dans tous les cas, ce n'est pas prudent. Nous n'arrêtons pas de recevoir des lettres de lecteurs se plaignant de ce harcèlement, donc mieux vaut être prévenu ! Il est souvent préférable de prendre ***un guide dans votre hôtel*** (au moins, vous serez tranquille). Si l'on vous demande un prix exorbitant, n'hésitez pas à négocier fermement.

Il faut partir très tôt, vers 4h, pour arriver en haut au moment du lever du soleil. En général, on vient vous chercher vers 4h30, à votre hôtel, en voiture, pour vous éviter une marche inutile ; ensuite, belle grimpette, d'environ 1h, jusqu'au sommet, puis redescente après le lever du soleil, beaucoup plus facile, pour être à l'hôtel à 8h. Pour le guide, le transport en voiture et le petit déj, compter environ 30 € par personne (minimum 2 personnes).

Il existe désormais un centre d'information pour les guides, sur la route, après l'hôtel *Under the Volcano I* (☎ 523-62). Panneaux avec des prix affichés (un peu plus cher que les hôtels). Le tarif s'entend par groupe de 1 à 4 personnes. Pour la rando de base (de facile à modérée ; durée 4h), compter autour de 350 000 Rps et environ 500 000 Rps pour l'exploration (un peu plus dure ; départ de Trunyan à minuit, retour vers 10h) des 2 cratères + balade en forêt + tour du lac. Là-haut, on vous fera peut-être cuire des œufs ou des bananes sur les fumerolles du volcan, en guise de petit déj. Tout le long du chemin, on vous proposera des boissons à prix élevés ; il faut dire que les gamins ont trimbalé leurs boissons jusque là-haut. Le mieux est d'apporter son petit en-cas et sa bouteille d'eau.

Il existe ***plusieurs sentiers,*** mais nous n'en indiquerons que 3, puisque ce sont de toute façon ceux empruntés par les guides. Sur la fin de l'ascension, la grimpette est très raide. Là-haut, panorama admirable sur le lac. Pendant les 4 mois de la saison des pluies, le sommet est parfois encombré de nuages dès 9h-9h30. Donc, si vous partez à la lumière du jour, tâchez tout de même de démarrer vers 6h, à la fraîche.

Pour grimper tranquille, avoir de ***bonnes chaussures fermées,*** une ***petite laine, un imperméable*** et éventuellement un pull de rechange si vous y êtes en saison des pluies, une lampe de poche, et surtout de l'eau (ou du thé) et quelques fruits ou gâteaux secs. Sinon, aucune difficulté particulière. Simplement, une fois en haut, on peut se balader au bord du cratère principal et descendre vers les cratères secondaires. Là, il convient d'être très prudent, une glissade est vite arrivée. On peut grimper par un sentier et redescendre par un autre.

➢ ***Sentier partant d'Air Panas :*** l'étroit chemin démarre exactement en face de chez *Nyoman Pangus Restaurant,* dans le centre. Montée en 1h30 environ.

➢ ***Sentier partant du pura Jati :*** le départ de ce sentier se situe à environ 200 m sur la droite après le *pura Jati,* petit temple situé à 2,5 km d'Air Panas en allant vers Kedisan. Un petit panneau indique « *Welcome to Mt. Batur, please climb from here* ». Buvette. Petit bureau avec les prix. De nombreux guides attendent les touristes au point de départ, impossible d'échapper au harcèlement ; réserver plutôt l'excursion la veille. La montée s'effectue en 1h30 environ. Du pura Jati, on peut aussi effectuer des grimpettes jusqu'aux cratères secondaires. Là, comme ailleurs, aucun sentier balisé.

➢ ***Sentier de Songan :*** pas vraiment conseillé. Songan est le village situé 3 km après Air Panas. Le chemin pour entamer la grimpette n'est pas facile à trouver. Bon, une fois dans le village, prendre à gauche au T. Faire encore 1,5 km. Un panneau indique « *Welcome to Mt. Batur, one hour climbing* ». Suivre le chemin carrossable sur la gauche. Le sentier démarre un peu plus loin sur la droite et monte tout droit sur le Batur. Pas évident de trouver le bon, mais il y aura toujours quelqu'un pour vous l'indiquer. C'est le parcours le plus long.

➢ Plein d'autres sentiers possibles. Sur la route d'Air Panas, on voit parfois des panneaux indiquant le démarrage d'un chemin. C'est surtout pour vous inciter à garer votre véhicule (payant) et à prendre un guide. Comme on vous l'a déjà conseillé, préférez prendre un guide la veille à votre hôtel ou au bureau des guides, ça vous évitera d'être harcelé.

KINTAMANI

IND. TÉL. : 0366

La route passe par Penelokan et Batur-village, où le *pura Ulun Danu* fut transporté après l'éruption de 1926. Depuis, ce temple dédié à la déesse des Eaux *(entrée : 35 000 Rps)* **a été reconstruit. L'ensemble a de l'allure avec les 2 grands portails qui ouvrent sur des cours spacieuses où s'élèvent des *merus* et un *Bale Gedong* contenant une cloche en or et quelques reliques. Harcèlement des vendeurs particulièrement redoutable.**

À voir

Le marché : *dans le village de* ***Batur,*** *juste avt Kintamani.* Il se déroule tous les 3 jours et s'avère particulièrement intéressant. Il permet de voir les gens de la région, très différents de ceux du sud de l'île. Beaucoup de fruits, car ils poussent en nombre dans la région : fruits de la passion, *manggis, salak,* etc.

DANS LES ENVIRONS DE KINTAMANI

Penulisan : *à quelques km après Kintamani, sur la route de Singaraja.* Niché dans une pinède, ce lieu est surtout célèbre pour son temple, le plus élevé de l'île, le *pura Tegeh Koripan,* perché à 1 750 m d'altitude *(entrée : 30 000 Rps).* Les plus courageux pourront gravir l'escalier de 345 marches pour voir les statues des rois et des divinités de Bali. Certaines remontent au XIe s. Ce temple est parfois dans les nuages et, la végétation ayant envahi ses abords, la vue sur la région est limitée. Assez peu de *bemos* sur cette route, et ils sont souvent complets.

LES ROUTES DE L'EST

• Carte *p. 192-193*

KLUNGKUNG (SEMARAPURA)

IND. TÉL. : 0366

À 40 km de Denpasar, cette ancienne capitale royale, l'une des plus prestigieuses de l'île, est une ville très animée et bruyante, également connue sous le nom de Semarapura. C'est le passage obligé pour tous ceux qui se rendent vers Besakih et sur la côte est de l'île. On y fait aussi une halte pour visiter les différents monuments qui subsistent et appartiennent à la dynastie Gelgel.

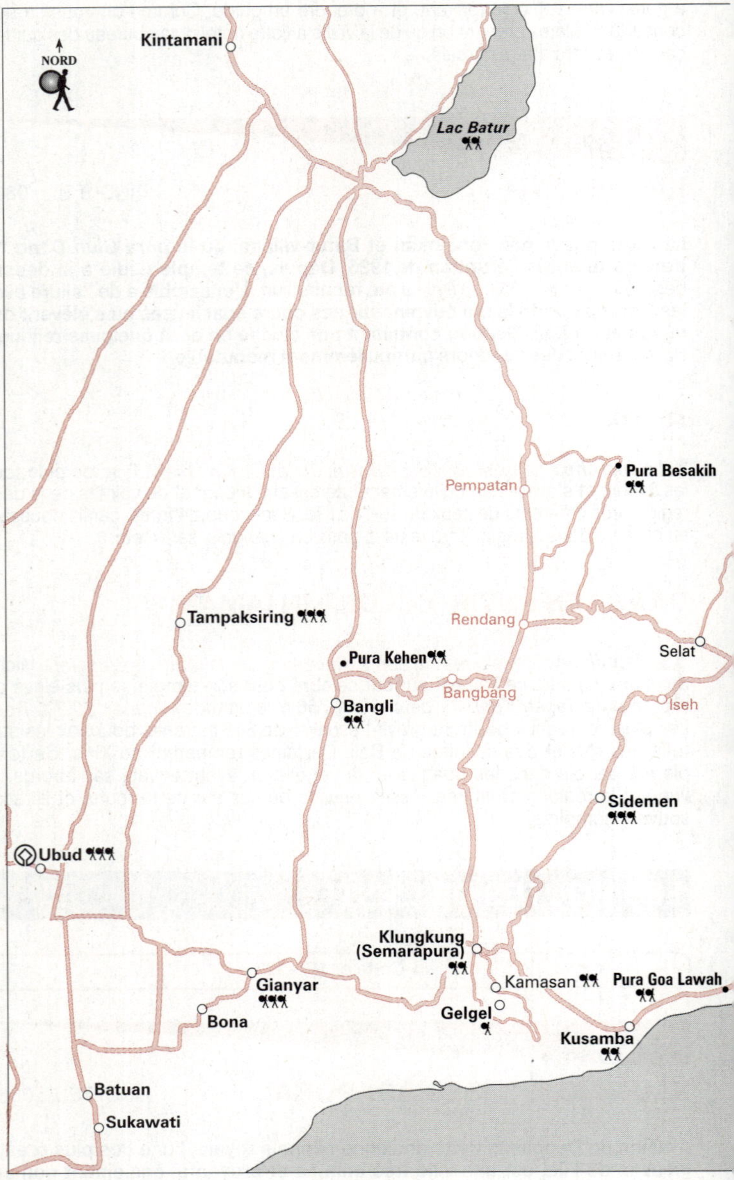
Kintamani
NORD
Lac Batur
Pura Besakih
Pempatan
Tampaksiring
Rendang
Selat
Pura Kehen
Bangbang
Bangli
Iseh
Sidemen
Ubud
Klungkung
(Semarapura)
Kamasan
Pura Goa Lawah
Gianyar
Gelgel
Bona
Kusamba
Batuan
Sukawati

LES ROUTES DE L'EST

Où dormir ?

On ne conseille guère Klungkung pour une étape de nuit, la ville est bruyante et les bonnes petites adresses inexistantes. Continuez la route jusqu'à Sidemen (voir un peu plus loin), tout près et nettement plus agréable.

Où manger ?

Sumber Rasa : *dans la rue à droite après celle du marché (jl. Nakula).* Pour une « pause Bintang » bien fraîche après la visite. Cantine de quartier avec petite carte de plats chinois et indonésiens.

À voir

Le palais de justice, le pavillon flottant et le Klungkung Museum : *à côté du Semarajaya (le carrefour indiquant les 4 points cardinaux), près de l'arrêt des bemos, en plein centre-ville. Ouv 8h-17h. Ticket commun pour la visite de l'ensemble : 15 000 Rps (gratuit parfois selon l'humeur !).*

– Le ***palais de justice*** *(Kerta Gosa)* est situé dans l'angle, à droite. *Bale* ouvert aux quatre vents, construit au XVIIIe s pour arbitrer les conflits et rendre la justice. Le tribunal se composait de 3 brahmanes qui devaient juger des cas un peu complexes n'ayant pas trouvé de solution au niveau de la juridiction locale. L'affaire incombait alors au district. Sur les plafonds, refaits il y a une cinquantaine d'années, représentations superbes et réalistes des supplices que les coupables pouvaient subir. En revanche, les innocents pouvaient profiter des fresques représentant le paradis. Là, tout n'est que paix et bonheur. C'est le style de la peinture locale qui a été utilisé pour la restauration, et c'est très réussi.

– Le ***pavillon flottant*** *(Bale Kambang)* se trouve au milieu du jardin. Entouré d'eau sur laquelle flottent nénuphars et lotus. Pour y accéder, passerelle bordée de sculptures en pierre. Ce pavillon devait servir de salle de repos aux membres de la famille royale. Les peintures du plafond racontent l'histoire du prince Sutasoha, une émanation du Bouddha.

– Enfin, le ***Klungkung Museum,*** tout près du Bale Kambang, offre surtout un aperçu de la peinture locale, mais aussi des photos de la famille royale au début du XXe s. Intéressante peinture représentant la dernière bataille de l'armée de Klungkung contre les troupes néerlandaises.

Le marché : *sur le côté droit de jl. Diponegoro, à côté du palais de justice.* Animé, plein de couleurs et d'odeurs.

DANS LES ENVIRONS DE KLUNGKUNG

Kamasan : *à 2 km de Klungkung, sur la route de Gelgel.*

C'est un village de peintres. Ils travaillent encore comme leurs ancêtres, les Sangging, qui étaient au service des souverains de Gelgel. Ce sont des artistes de Kamasan qui ont restauré les fresques du palais de justice. Ils utilisent une technique très ancienne, inspirée de l'art indo-javanais. Les visages sont toujours reproduits en demi-profil, de sorte que l'on voit les 2 yeux et le torse de face, mais les jambes et les pieds de profil, ce qui donne au personnage une impression de mouvement. Les peintures se composent d'épisodes racontés chronologiquement, comme dans une bande dessinée. On y voit les personnages évoluer d'une scène à l'autre, selon l'action. Chacune de ces scènes est cloisonnée par un décor de motifs (pierres, montagnes, flammes, nuages, etc.).

Après l'achat de sa toile, l'artiste la fait bouillir, l'amidonne avec de la farine de riz, puis il la polit. Son 1er croquis est exécuté avec du charbon de bois et avec une plume de bambou trempée dans une encre de Chine. Les couleurs traditionnelles étaient toujours obtenues par de savants mélanges de plantes. De nos jours, la peinture chimique est souvent utilisée, mais on retrouve en permanence le jaune, le brun-jaune, et surtout le vermillon qui donne tant d'éclat à la peinture *wayang.* Lors de la finition, et pour obtenir plus de réalisme, le peintre dessine avec une plume très fine le système pileux des personnages. Le pinceau n'est rien d'autre qu'un bambou écrasé dont on a séparé les fibres.
Kamasan est aussi un centre important de calendriers muraux astrologiques, les *palalintangan,* qui obéissent à des règles très strictes de composition et sont très décoratifs. Ne pas hésiter à en acheter, même si on ne sait pas les déchiffrer.

Gelgel : en poursuivant encore pendant 4 km, on atteint Gelgel, l'ancien chef-lieu de la région, dont le temple royal a échappé miraculeusement à l'éruption de 1963. Ses *merus,* les plus grands de l'île, semblent avoir poussé directement dans la lave.

➢ ***Balade à moto :*** prendre la direction de Besakih et tourner à droite à Rendang en direction d'Amlapura. Cette portion de route traverse des rizières en terrasses à perte de vue. Grandiose. D'Amlapura, retour à Klungkung par la route côtière.

BALI

SIDEMEN

IND. TÉL. : 0366

Le majestueux mont Agung compose l'arrière-plan de vallées sculptées de rizières et de plantations de maïs, de piments et de girofliers de cette région qui attira les artistes dans les années 1930. Walter Spies y peignit ses plus beaux paysages. Rien n'a fondamentalement changé depuis, et Sidemen reste une bonne étape pour découvrir la campagne balinaise. Le village s'est depuis spécialisé dans l'*ikat.* On trouve plusieurs ateliers en se promenant dans les rues. Attention, en voiture, c'est l'enfer.

Comment y aller ?

➢ ***Depuis Klungkung (Semarapura) :*** suivre la rue principale (jalan Diponegoro) vers l'est. Après avoir passé la rivière, tourner à gauche vers Satria Pakse. Une fois atteint ce village, prendre à gauche jusqu'à Talibeng, passer le petit pont et suivre la route jusqu'à Sidemen. Compter env 30 mn de trajet. Quelques *bemos* empruntent également cet itinéraire, depuis le terminal de Klungkung.

Où dormir ? Où manger à Banjar Tebola ?

Attention, la majorité de nos adresses se trouvent à Banjar Tebola. Pour rejoindre cette vallée en arrivant du sud, prendre la bifurcation à gauche dans Sidemen, signalée par une collection de petits panneaux indicateurs. Un peu plus loin, vous atteindrez une fourche. À la fourche, l'adresse suivante est la seule à droite.

Villa Karma Loka : *085-205-110-916. Prendre la branche droite de la fourche ; c'est à env 100 m sur la gauche. Selon type et saison, bungalows 500 000-650 000 Rps.* Une dizaine de chambres installées dans des maisons balinaises traditionnelles. Les bungalows les moins chers sont cependant spacieux, avec ventilo et eau chaude. Le reste de l'ensemble est coquet mais bien plus cher, on paie vraiment la vue ! Les bungalows familiaux offrent un meilleur rapport qualité-prix. Chacune des chambres est dotée d'une terrasse. Resto. Bon accueil.

Les autres adresses sont sur la gauche de la fourche à l'entrée du village.

Sawah Indah Villa : *☎ 555-11-09. • sawahindahvilla.com • Doubles 500 000-1 400 000 Rps selon confort et saison.* Notre adresse préférée à Sidemen. Une dizaine de chambres réparties dans des villas au milieu d'un jardin bien entretenu où se nichent des citations « bien-être » ! Chambres bien décorées, même pour les plus simples. Les portes d'entrée ouvragées sont splendides. Salles de bains semi-ouvertes. Certaines chambres ont même une terrasse privée. On peut également profiter du spa et faire du yoga. Bon resto surplombant les rizières. Bon accueil.

Kubu Tani Home Stay : *☎ 530-05-19. • kubutani.com • Prendre la branche gauche de la fourche et passer le hameau ; c'est un peu plus loin sur la droite. Maison env 650 000 Rps (réduc à partir de 3 nuits).* 3 maisons (l'une un peu en contrebas) en pierre de lave, aménagées de façon ravissante, avec d'agréables terrasses devant les rizières et le mont Agung. Confort excellent. Chambre à l'étage avec balcon ; le rez-de-chaussée accueille salon, cuisine équipée et salle de bains à ciel ouvert digne d'un spa. Parfait pour ceux qui recherchent ce type d'hébergement.

Surya Shanti Villa : *085-237-345-574. • suryashantivilla.com • Prendre la branche gauche de la fourche et suivre la route jusqu'au bout. Doubles 145-165 US$ selon vue et saison.* Étagées dans les rizières, les chambres de ce boutique-hôtel sont réparties entre des pavillons en dur d'un étage, tournés vers la vallée (2 aménagés en mezzanine, 2 autres avec chambres indépendantes) et une villa regardant le mont Agung. Si les salles de bains (douche et baignoire) diffèrent – grandes et classiques dans la villa, tandis que les baignoires des bungalows sont à ciel ouvert ou dans la chambre –, l'élégance est partout. Couleurs et matériaux naturels s'harmonisent à merveille avec l'environnement. Pas de clim, mais ventilo pour relayer la petite brise, pas de TV pour mieux oublier le quotidien. Au programme, baignade dans l'une des 2 piscines à débordement, massages, balade dans la nature, goûter, cours de cuisine et, surtout, détente absolue. Plein d'activités proposées sur place.

Subak Tabola Inn : *081-138-661-97. • subaktabolavilla.com • Doubles 120-200 US$.* Un avant-goût du paradis ! Au milieu des rizières et des nénuphars, des villas tout confort, superbement aménagées, avec le mont Agung pour toile de fond. Très lumineux. Jardin, petite rivière et resto.

Warung Ayu's : *à Sidemen, prendre la branche gauche de la fourche ; c'est après le village, au niveau du panneau « Nirarta ».* Si ce mini-*warung* a un nom, il le cache bien ! Toute une série de petits plats, dont des spécialités locales rarement proposées ailleurs. Et, bien sûr, une vue qui donne envie d'y traînasser des heures.

Warung Ida : *en face du Kubu Tani. 081-236-473-84.* Un petit *warung* tenu par Ida et sa famille. Terrasse ombragée et tables nappées. Riz frits, *chicken satay* et autres currys. Apprécié des routards de passage.

BESAKIH

À 62 km de Denpasar et à 22 km de Klungkung (Semarapura) se dresse le plus grand temple de Bali et le plus vénéré, au pied du mont Agung. Malheureusement, le harcèlement des guides et autres vendeurs peut ternir quelque peu la visite (voir plus loin).

Si vous allez à Besakih à moto, prenez un pull et un imper, « au cazou ». On est tout de même à 950 m d'altitude. En été, il pleut assez souvent en fin de journée. Entre Klungkung et Besakih, s'arrêter à *Bukit Jambul.* Très peu de *bemos* y montent l'après-midi, sauf les jours de marché, c'est-à-dire 1 jour sur 3, certains *bemos* déposant les Indonésiens au marché.
Si l'on a un peu de temps (ce sont les vacances, oui ou non ?), on peut aussi aller de Klungkung à Besakih par une jolie route secondaire, moins fréquentée mais un peu plus longue. Du centre de Klungkung, prendre la direction Candi Dasa. Environ 1 km après le pont, emprunter une petite route à gauche. À partir de là se succèdent de très beaux paysages de rizières, et on est presque tout seul. À Duda, prendre à gauche vers Selat, puis Muncan et Rendang. On retrouve la route principale à Pringalot. Prendre à droite, Besakih n'est plus très loin. Cet itinéraire est tout aussi agréable dans le sens Besakih-Klungkung.

Arriver – Quitter

➢ ***Liaisons avec Denpasar :*** en venant de la capitale de l'île, il faut changer de *bemo* à Klungkung. Attention pour le retour : pas de *bemo* après 13h, sauf le jour du marché. Le mieux est de faire le trajet le matin et de revenir vers la fin de la matinée.

À voir

Le temple de Besakih : *au pied du mont Agung, que l'on peut voir par temps clair. Donation : 65 000 Rps. Prêt de sarong. On vous dirige jusqu'au temple et vous guide pdt la visite.* Y aller très tôt le matin (avant 8h30) pour éviter les touristes et surtout pour éviter les gardiens qui vous empêchent d'entrer (sinon grosse négociation en perspective...). Avoir les jambes couvertes. Autour du grand parking, nombreuses échoppes et de gentils *warungs* populaires pas chers du tout : *soto ayam, nasi goreng, cap cay, gado gado.*
Aujourd'hui, il est impossible de se balader librement dans le temple. En effet, dès que l'on sort de la voiture, des pseudo « gardiens du temple », aussi pénibles qu'insistants, vous expliquent qu'à cause de la cérémonie spéciale qui a lieu aujourd'hui (comme par hasard !), ils doivent impérativement vous guider... ce qui ne sert à rien, car les touristes ne peuvent pas entrer dans l'enceinte, on ne peut que faire le tour du temple et apercevoir de l'extérieur des scènes de vie quotidienne. Ils demandent parfois des sommes hallucinantes et sont particulièrement insistants. Vous ne pourrez qu'être frustré de ne pouvoir pénétrer à l'intérieur.
L'ensemble a été restauré après la terrible éruption de 1963, qui se produisit pendant la fête de l'Eka Dasa Rudra (voir plus bas le texte sur le mont Agung). Ce temple est dédié aux 3 grandes divinités hindoues : Brahma (feu, créateur), Vishnu (eau, protecteur), Shiva (vent, destructeur), et à bien d'autres plus mineures. Le temple secondaire se compose d'une série de terrasses sur lesquelles s'élèvent plusieurs temples composés eux-mêmes de nombreux autels. À remarquer à l'entrée : le grand escalier avec, à droite, les esprits du Mal (aux figures patibulaires), et, à gauche, les esprits du Bien représentés par des statues au visage doux et serein. Les pagodes possèdent un certain nombre de *merus* (toits successifs) en chaume, dont le nombre varie en fonction des castes. Ainsi, une pagode à un *meru* est le lieu où vient prier la caste la plus basse, alors que les pagodes à 11 *merus* sont réservées aux familles princières.

LE MONT AGUNG (GUNUNG AGUNG)

Culminant à 3 142 m, il domine tout le paysage de l'est de l'île. Sa forme parfaitement conique, coiffée d'un vaste cratère, en impose aux visiteurs comme aux locaux, d'ailleurs, qui le respectent et le craignent. Et pour cause ! En 1963, le 8 mars, le jour précis de la célèbre fête de l'*Eka Dasa Rudra,* cérémonie qui n'a lieu qu'une fois par siècle, le mont Agung sortit de sa torpeur et entra dans une colère noire. Pendant la cérémonie du temple de Besakih, les 1ers grondements se firent entendre, mais c'est une dizaine de jours plus tard que la catastrophe survint. Une phénoménale éruption ensevelit plus de 1 500 personnes dans un linceul de lave incandescente, tandis que des dizaines de milliers d'autres perdaient leur maison. L'éruption, suivie d'un tremblement de terre, plongea l'île dans un nuage de poussière et de lave qui s'étendit jusqu'à la ville javanaise de Surabaya.
Rebelote en 2017 et en 2019. Près de 75 500 personnes furent évacuées dans des gymnases alentour en prévision. Le volcan est toujours sous haute surveillance.

BIZARRE ? VOUS AVEZ DIT BIZARRE ?

Les habitants et les autorités religieuses interprétèrent l'éruption du mont Agung de 1963 comme une manifestation divine destinée à les punir de leurs péchés. Les spécialistes s'interrogent encore aujourd'hui sur l'incroyable coïncidence qui fit exploser le volcan lors de la fête de l'Eka Dasa Rudra, qui n'a lieu, faut-il le rappeler, qu'une fois par siècle. Mais était-ce vraiment le hasard ?

BALI

Comment grimper sur le mont Agung ?

Il existe 2 voies principales pour le mont Agung : l'une part de Selat, l'autre du temple de Besakih. Dans un cas comme dans l'autre, il faut partir tôt, très tôt, avant le lever du jour. Ainsi, on arrive en haut avant que les brumes matinales ne bouchent la vue, ce qui ne manque pas d'être le cas vers 8h30-9h, parfois même avant. Et il fait froid là-haut ! Guide indispensable : ne pas s'aventurer seul, car à certains endroits, les sentiers sont invisibles (un Italien, pourtant habitué à la montagne, n'a jamais été retrouvé malgré les secours importants mis en œuvre). Prix à négocier fermement. Bien se faire préciser ce que le prix inclut.
- ***Important :*** une bonne condition physique (voire un entraînement préalable) est nécessaire, car la dénivelée est importante (environ 2 000 m), et il est conseillé d'entreprendre l'ascension en saison sèche (plutôt entre juillet et octobre). Avoir de bonnes chaussures de marche avec des semelles antidérapantes, un pull chaud, un bonnet et un coupe-vent (il fait très froid à l'aube), une lampe de poche par personne, une gourde et des provisions.

➢ ***De Selat :*** c'est à notre avis le meilleur parcours. À 7 km de Sidemen. Se présenter au poste de police de Selat avant de partir. On peut également essayer d'y trouver un guide. De Selat, une route carrossable permet de grimper jusqu'à Sebudi, et même de pousser jusqu'au temple de Pasar Agung. De là, l'ascension prend environ 3h à 3h30, un peu moins pour les bons marcheurs. Partir à 4h est un bon horaire. Pour ceux qui n'ont pas de véhicule, on peut trouver des *bemos* de Selat pour Sebudi. Tâcher de louer un *bemo* à Selat, qui vous fera faire le trajet dans la nuit pour être prêt à démarrer avec votre guide à 4h là-haut. La descente du sommet jusqu'au temple peut prendre jusqu'à 3h. Allez-y mollo pour la descente, c'est cette partie-là qui est la plus casse-margoulette.

■ ***Gung Bawa Trekking :*** *☎ (0366) 243-79. 📱 081-238-781-68. • info@gungbawatrekking.com • Compter env 550 000 Rps/pers.* À Selat, un des guides propose un forfait tout compris avec une nuit sur place dans un *homestay* basique, le petit déj, les snacks et les boissons au cours de la grimpette, et une partie de l'équipement (coupe-vent...). L'appeler au plus tard la veille ou, encore mieux, 2 jours auparavant, avant 19h. Tarifs a priori un peu élevés pour 2 personnes mais beaucoup plus abordables si on est plus nombreux, et puis on peut tenter de négocier. Un peu dur pour les lève-tard, ce guide démarre en général vers 2h du mat !

➢ ***De Besakih :*** c'est le parcours le plus long et le plus difficile. Compter au moins 5h pour la montée et 4h minimum pour la descente. Guide indispensable pour ne pas se perdre, surtout au début, où le sentier n'est pas évident du tout. On peut dormir la veille au soir à Besakih (chambres chez l'habitant). Il faut savoir qu'il y a quand même 2 200 m de dénivelée entre Besakih et le sommet. Pas de la tarte, donc. Partir entre 4h et 5h, mais pas plus tard. Des *warungs* sont ouverts le soir, où vous pourrez acheter eau, fruits secs et petits gâteaux. Ce parcours au départ de Besakih permet de grimper jusqu'au sommet du cratère (ce que ne permet pas le circuit depuis Selat). Mais le problème reste que, comme l'ascension est bien plus longue au départ de Besakih, même en démarrant très tôt, quand on arrive là-haut, bien souvent la vue est bouchée. Sinon, évidemment, vue sublime, ce qui récompense quelque peu des durs efforts. Bien prévoir son emploi du temps pour être redescendu avant la tombée de la nuit. Voilà ! Allez, bon courage...

KUSAMBA

À 8 km de Klungkung (Semarapura), au bord de la mer. Village surtout connu pour sa récolte de sel, qui est séparé de l'eau par évaporation dans des troncs de cocotiers creusés, posés tout le long de la plage. Dans les cahutes de chaume, les villageois raffinent ce sel selon une méthode qui n'a pas changé depuis des siècles. Sur la plage de sable noir, voir les embarcations effilées des pêcheurs, les *prahus,* minutieusement peintes, dotées de balanciers et d'une voile triangulaire.
Kusamba peut faire office de point de départ vers Nusa Penida et Nusa Lembongan. Voir la rubrique « Arriver – Quitter » de ces îles.

À voir

Les salines : *au bout du village, à 100 m à gauche du point d'embarquement pour Nusa Penida. • fleurdesel.wayan.bali@gmail.com • Visites guidées gratuites 7h-17h.* Ces salines font aujourd'hui l'objet d'un projet de tourisme responsable développé par les paludiers et de jeunes Français au sein de l'association « Terima Kasih ». Le but est de faire découvrir et de pérenniser des techniques ancestrales, mais aussi de vendre un coffret fort bien conçu sur la fleur de sel pour financer des travaux qui amélioreront les conditions de vie très précaires des villageois.

DANS LES ENVIRONS DE KUSAMBA

Goa Lawah : à 3 km de Kusamba, sur le côté gauche de la route, un temple, et une grotte qui abrite des milliers de chauves-souris. On raconte (mais on dit tant de choses) que la grotte communique par des souterrains avec le mont Agung. On ne risque pas de manquer l'endroit. Tous les conducteurs de véhicules s'arrêtent pour déposer leur obole. Location obligatoire d'une ceinture jaune et d'un sarong jaune *(10 000 Rps).* À voir surtout les jours de fête, lorsque les grands prêtres sont là, ainsi que les centaines de croyants qui viennent déposer leurs offrandes. Comme vous devez rester derrière les fidèles, vous ne verrez pas les chauves-souris, car on ne pénètre pas dans la grotte. Vous pouvez aussi passer votre chemin, ce n'est pas une obligation.

PADANGBAI

IND. TÉL. : 0363

• Plan *p. 201*

À 2 km de la route principale reliant Klungkung (Semarapura) et Candi Dasa, le tranquille petit village de pêcheurs de Padangbai est surtout connu comme port d'embarquement pour Lombok et les îles Gili. Les hôtels et restos s'enchaînent face à la plage de sable blanc où des *prahus* colorés sont ancrés. Mais on ne peut guère s'y baigner tant le va-et-vient est intense dans la baie. L'activité se calme dans l'après-midi, heureusement. De fait, Padangbai peut constituer une petite étape sympa pour une nuit, avant d'embarquer pour les îles. On peut lézarder sur les petites plages voisines de *Pantai Kecil,* à 10 mn de marche à l'ouest, ou de *Blue Lagoon,* à l'est, au-delà du promontoire rocheux dominé par un temple.

Arriver – Quitter

De nombreux kiosques vendent des billets de bateaux, de bus et de minibus, combinés ou pas. Les prix affichés sont tous les mêmes, mais rien n'empêche de marchander. Pour les îles, inutile de prendre un A/R comme on peut parfois vous inciter à le faire. Cela vous bloquera pour rien.

De/vers Bali

Shuttle bus *(plan A1)* **:** *dans le centre.* Port principal pour Lombok, Padangbai est bien relié au reste de l'île par des *shuttle bus* qui vont dans toutes les directions. En général, ces minibus sont liés à l'arrivée des bateaux rapides provenant des îles Gili.

■ Dans les 2 rues du village, ***nombreuses petites agences*** qui revendent des billets. Les tarifs sont indiqués à l'extérieur mais bien se refaire préciser les prix et horaires. En général 3-4 liaisons/j. (vers 9h, 13h30 et 16h) pour Kuta, Denpasar, Sanur, Candi Dasa, Ubud et l'aéroport ; et 1 liaison seulement pour Amed et Lovina. Les tarifs oscillent entre 75 000 et 100 000 Rps/pers selon les destinations.

■ ***Taxis et voitures privées*** *(plan A1,* **1) :** *on en trouve partout, notamment sur le petit parking central.* Liaisons pour toutes les parties de l'île. Compter entre 300 000 et 350 000 Rps (4 pers max) pour Ubud, Sanur, Kuta, l'aéroport, Jimbaran, Amed, Tulambem et un peu moins pour Sidemen. Env 150 000 Rps pour Candi Dasa et 750 000 Rps pour Lovina.

■ ***Compagnie de bus Perama*** *(plan A1,* **2) :** *guichet à l'entrée du Dona's Café, tt près du port. ☎ 414-19. • peramatour.com •* Même nombre de liaisons que pour les *shuttle bus.*

De/vers Lombok

Pour les ***Gili Islands,*** voir cette même rubrique sous cette destination.

➢ ***Ferry pour Lembar :*** les ferries partent normalement ttes les 1h30 env, 24h/24. Compter 4-5h en moyenne et 45 000-50 000 Rps/pers. Apportez votre en-cas. Achetez

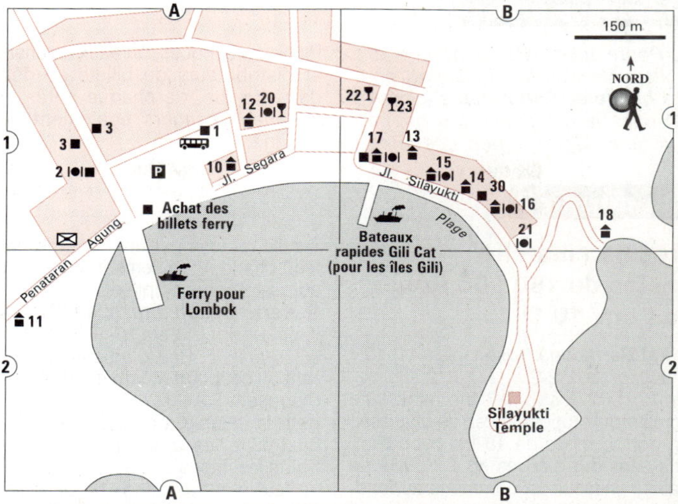

PADANGBAI

Adresses utiles

- **1** Taxis et voitures privées (A1)
- **2** Compagnie de bus Perama (A1)
- **3** Change et distributeurs (A1)

Où dormir ?

- **10** Fat Barracuda Hostel (A1)
- **11** Bamboo Paradise Guesthouse and Dorm (A2)
- **12** Dharma Homestay (A1)
- **13** Made Homestay (B1)
- **14** Kerti Beach Inn (B1)
- **15** Hotel Puri Rai (B1)
- **16** Padangbai Beach Resort (B1)
- **17** OK Divers Resort and Spa (B1)
- **18** Bloo Lagoon Village (B1)

Où manger ? Où boire un verre ?

- **2** Dona's Café (A1)
- **17** Colonial (B1)
- **20** Ozone Café (A1)
- **21** Topi Inn (B1)
- **22** Babylon Bar (B1)
- **23** Omang-Omang (B1)

Clubs de plongée

- **17** OK Divers (B1)
- **30** Gecko Dive (B1)

votre billet directement au kiosque de l'embarcadère *(plan A1)*, évitez les intermédiaires, c'est inutile et plus cher. Prenez votre passeport, il est parfois demandé. Le ferry est intéressant uniquement pour ceux qui se rendent à Lombok (et non aux îles Gili). De Lembar (port d'arrivée), quelques rares minibus publics, seulement pour la grande gare routière de Mandalika (où l'on n'a guère de raison de se rendre, sauf si l'on se dirige vers une autre île). Taxis sinon. Plus simple, passer par une agence de Padangbai, qui organisera le trajet bateau + *shuttle* jusqu'à votre ville de destination sur Lombok.

De/vers Nusa Lembongan et Nusa Penida

➢ ***Nusa Lembongan :*** voir le chapitre consacré à cette île.

➢ ***Nusa Penida :*** un ferry ttes les heures environ. Vente de billets sur le port. Compter env 50 000 Rps. Durée : env 1h30. Sinon, 1 ou 2 *speedboats* partent le mat quand ils sont pleins. Compter alors env 75 000 Rps (mais ça change vite).

Adresses utiles

✉ **Poste** *(plan A1)* **:** *dans la rue à droite, juste avant les barrières du port.*
■ ***Change et distributeurs*** *(plan A1,* ***3****)* **:** *dans la rue principale, qui part tout droit depuis le port des ferries.* Plusieurs banques, bureaux de change et distributeurs de billets au début de cette rue, de chaque côté. 1 ou 2 *money changers* également vers la plage.

Où dormir ?

Très bon marché (moins de 150 000 Rps, soit env 10 €)

■ ***Fat Barracuda Hostel*** *(plan A1,* ***10****)* **:** *jl. Segara.* ▯ *082-237-971-212. Compter 120 000 Rps le lit.* Une minuscule adresse qui propose en rez-de-chaussée un dortoir mixte de 10 lits, avec clim. Lits dans des alcôves en dur. Salle de bains minuscule et commune au fond. Très propre. L'aubaine pour ceux qui voyagent seuls. Également une chambre double à l'étage (ventilo), que l'on gagne par un étroit escalier métallique.
■ ***Bamboo Paradise Guesthouse and Dorm*** *(plan A2,* ***11****)* **:** *jl. Penataran Agung.* Cette adresse possède aussi un dortoir pour 4, pas cher (voir « Bon marché »).

Bon marché (moins de 350 000 Rps, soit env 23 €)

■ ***Dharma Homestay*** *(plan A1,* ***12****)* **:** *dans le centre, dans une ruelle juste à gauche de l'Ozone Café.* ▯ *081-999-270-900.* • *pondokwisata_dharma@yahoo.com* • *Doubles 170 000-300 000 Rps. Homestay* simple, propre et au calme, dans un édifice en dur sur 3 niveaux. Une douzaine de chambres tenues par une gentille famille, avec ventilo ou clim.
■ ***Made Homestay*** *(plan B1,* ***13****)* **:** *jl. Silayukti, face à la plage.* ☎ *414-41. Doubles 180 000-250 000 Rps.* Un hôtel à l'indonésienne, correct dans son genre, qui se niche dans une petite cour derrière une agence de transport. Plein de bonzaïs à l'entrée, mieux soignés que les chambres. Réparties sur 2 niveaux, elles offrent toutes ventilo (ou clim) et une salle de bains (eau chaude). Seulement si les autres adresses sont complètes.
■ ***Kerti Beach Inn*** *(plan B1,* ***14****)* **:** *jl. Silayukti.* ☎ *413-91. Double 350 000 Rps.* Peu d'adresses exploitent à ce point l'espace dont elles disposent ! Au rez-de-chaussée du petit immeuble à gauche de l'entrée, on trouve les chambres ventilo-eau froide les moins chères. Puis une allée se faufile entre 2 rangs de bungalows à touche-touche, donc des chambres un peu sombres, fonctionnelles et sans charme, avec eau chaude et ventilo ou clim pour aboutir à une micropiscine au fond. Le *Kerti* a l'avantage d'offrir un éventail d'options abordables. Resto à l'étage, face à la mer, touristique et un peu cher.
■ ***Bamboo Paradise Guesthouse and Dorm*** *(plan A2,* ***11****)* **:** *jl. Penataran Agung.* ▯ *082-266-304-330.* • *bambooparadisebali@hotmail.com* • *Lit en dortoir env 130 000 Rps ; doubles avec clim 260 000-360 000 Rps.* Un peu à l'écart du centre mais à 5 mn à pied du port, agréable *guesthouse* tenue par la charmante Ayesha, suisso-hollando-indonésienne, qui parle parfaitement le français et pourra vous donner plein d'infos sur le secteur. Un dortoir pour 4 personnes et 3 chambres avec ventilo ou clim, propres et au calme. Grand salon extérieur avec de longues tables de bois et un coin fauteuils pour s'affaler.

Prix moyens (de 350 000 à 700 000 Rps, soit env 23 à 46 €)

■ I●I ***Hotel Puri Rai*** *(plan B1,* ***15****)* **:** *7X jl. Silayukti.* ☎ *413-85.* • *puriraihotels.com* • *Doubles*

550 000-700 000 Rps. Chambres confortables avec clim, dans un bâtiment en dur, ou des bungalows coquets dans le style balinais, sur une vaste pelouse arborée comptant 3 piscines. Bien au calme. Bon équipement général : frigo, eau chaude, grande terrasse ou balcon. À l'entrée, resto d'un bon rapport qualité-prix.

De chic à plus chic (plus de 700 000 Rps, soit env 46 €)

Padangbai Beach Resort *(plan B1,* ***16****) : jl. Silayukti. ☎ 420-88. • absolutescubabali.com • Doubles 700 000-1 100 000 Rps.* L'hôtel s'organise sur 2 niveaux. Mobilier de bois sombre dans les chambres, clim, minibar, eau chaude, coffre, TV satellite... À l'étage, les *deluxe.* Kiosque pour se relaxer et jardin à l'arrière. Agréable piscine. Également club de plongée.

OK Divers Resort and Spa *(plan B1,* ***17****) : 6 jl. Silayukti. 081-138-588-30. • okdiversresort.com • Double env 1 000 000 Rps.* Élégant hôtel, sans doute l'un des meilleurs rapports qualité-prix du secteur dans sa catégorie. Une trentaine de chambres, toutes avec clim et balcon, qui donne sur une courette agrémentée de palmiers et d'une adorable piscine, avec son îlot central et un vieux *prahu* coloré pour la déco. On est au cœur du village et juste face à la plage. Chambres chics et lumineuses pour celles à l'étage, vraiment charmantes. Tout confort et excellent matelas. N'hésitez pas à fréquenter le *Colonial,* le resto de l'hôtel. La cuisine ratisse large, mais ratisse bien. L'hôtel abrite également un bon club de plongée, *Ok Divers.*

Bloo Lagoon Village *(plan B1,* ***18****) : au bout de la baie, sur les hauteurs. ☎ 412-11. • bloolagoon.com • Doubles 105-130 €. Promos sur le site internet.* Au sommet du promontoire rocheux séparant la baie de Padangbai de celle de Blue Lagoon Beach, cette résidence profite d'une vue infinie sur le large. Les chambres, véritables pavillons individuels, sont toutes tournées vers l'une des baies. Pour chacune, coin salon, et pour certaines, une véranda équipée d'un lit de repos. Déco contemporaine et chaleureuse en bleu et blanc, pour mieux se fondre dans le ciel et la mer. Magnifique piscine et vaste paillote. Adresse écoresponsable : tri des déchets, compostage, purification naturelle de l'eau de la piscine...

BALI

Où manger ? Où boire un verre ?

Pas grand-chose dans le secteur, mis à part les restos des hôtels.

Dona's Café *(plan A1,* ***2****) : à l'entrée du port, sur la droite. C'est là qu'on peut acheter les billets de bus* Perama. *Ferme vers 17h.* Carte simple. Parfait pour se remplir le ventre en attendant un bus.

Ozone Café *(plan A1,* ***20****) : en bordure de la place, au centre de la baie. ☎ 438-14-66. 081-747-085-97.* Une des plus anciennes adresses du village. Snacks, plats classiques indonésiens, pizzas, burgers et quelques plats internationaux. Un rendez-vous classique des routards. Cadre sympa comme tout, bien pour prendre un verre aussi.

Topi Inn *(plan B1,* ***21****) : jl. Silayukti, tt au bout. ☎ 414-24. Sert jusque tard.* Ça vaut le coup d'aller jusqu'au bout de la plage pour profiter de ce lieu joliment arrangé, soigné même, dont la carte offre de belles assiettes, qu'elles soient locales (*nasi goreng,* soupes, poisson...) ou européennes (pizzas et pâtes), tout cela exécuté avec talent.

Colonial *(plan B1,* ***17****) : le resto de l'hôtel* OK Divers Resort and Spa. Bonne table à la cuisine internationale et locale.

Babylon Bar *(plan B1,* ***22****) : dans le centre.* Bar minuscule, tout en longueur et ouvert sur la rue. Groupe live les mardi, jeudi et samedi à 20h30. Sympa si vous passez dans le coin. En face, le ***Omang-Omang*** *(plan B1,* ***23****),* dans le même genre, ainsi que le ***Sunshine,*** à deux pas dans la même rue.

Où plonger entre Padangbai et Candi Dasa ?

Entre Padangbai et Candi Dasa s'ouvre la vaste échancrure d'***Amuk Bay,*** au large de laquelle on trouve 3 petites îles, *Gili Mimpang, Gili Tepekong* et *Gili Biaha,* autant de sites pour de superbes plongées. Beaux canyons où l'on peut observer raies mantas, *molas-molas,* requins et autres espèces des grandes profondeurs. Toutes ces plongées sont réservées aux plongeurs expérimentés, car les courants peuvent être forts.

Nos meilleurs spots

Gili Tepekong : petite île connue pour ses canyons et la richesse de sa vie aquatique : mérous, requins, et quelquefois un poisson-lune *(mola-mola).* Eau un peu fraîche (15-20 °C), mais claire comme du cristal. Courants importants.

Gili Mimpang : îlot situé non loin de Tepekong et mêmes caractéristiques que cette dernière. C'est LA plongée aux requins par excellence (pointe blanche ou noire). Intéressante combinaison de tombants et de petites collines de coraux.

Gili Biaha : entre 15 et 30 m. L'île la plus éloignée, mais aussi la plus belle. Tombant couvert de corail et grotte aux requins.

Blue Lagoon : juste au nord-est de Padangbai. Faune variée et luxuriante. Idéal pour apercevoir des requins-nourrices et requins-chats sur fond de sable blanc.

Clubs de plongée

Plusieurs centres de plongée. Bien comparer les tarifs et la qualité du matériel.

■ **Geko Dive** *(plan B1,* ***30****) : jl. Silayukti, sur le front de mer.* • *gekodivebali.com* • Les pieds dans le sable, un club tenu avec sérieux par un Français, Cédric.

■ ***OK Divers*** *(plan B1,* ***17****) : 6 jl. Silayukti.* 📱 *081-138-588-30.* • *okdiversresort.com* • *Dans le OK Divers Resort and Spa.* Du sérieux là encore. Pas toujours de moniteur parlant le français, en revanche.

MANGGIS BEACH

IND. TÉL. : 0363

Ce lieu-dit se situe 5 km avant Candi Dasa. Contrairement à cette dernière, ici la plage a été épargnée par la main de l'homme, mais le sable noir est jonché de galets. Quelques bouts de plagettes blondes tout de même, à chercher à la loupe. Coin tranquille, ambiance reposante.

Où dormir ? Où manger ?

Lumbung Damuh : *jl. Raya Buitan.* ☎ *415-53.* • *damuhbali.com* • *Doubles 360 000-450 000 Rps.* Petit ensemble charmant de bungalows dans un jardin au bord de la plage. Tania est néerlandaise, son mari Lempot est balinais... et surfeur. Les bungalows sont d'adorables maisons dans le style des anciens greniers à riz, sur 2 étages, avec espace ouvert en bas et chambre en haut, sous un toit de paille, avec moustiquaire. Les moins chers sont tout petits. 2 chambres également à l'étage de la maison principale, avec salle de bains à partager. Bon petit déj avec pain maison. Propose du *snorkelling* et du surf. Esprit routard très sympa.

Alila Manggis : *jl. Raya Buitan.* ☎ *415-53.* • *alilahotels.com/manggis* • *Doubles à partir de 140 €.* Une adresse chic qui combine le style traditionnel avec un design contemporain fait de lignes sobres et claires.

Une cinquantaine de chambres tout confort, située dans 4 ensembles au toit de paille, soit de plain-pied avec terrasse sur le jardin ou la piscine, soit à l'étage (chambres *deluxe*), avec balcon et petit canapé pour lézarder. Vaste pelouse soignée, plantée de superbes palmiers et généreuse piscine carrée. Spa, cours de cuisine et tous les services pour ravir les amoureux d'un soir ou les familles.

Plusieurs *warungs* le long de la ruelle qui mène vers la plage, au *Lumbung Damuh.* Citons notamment le ***Taman Sari*** et le ***Warung Made.***

CANDI DASA

IND. TÉL. : 0363

• Plan *p. 206-207*

À 13 km à l'ouest de Karangasem (Amlapura), Candi Dasa (prononcer « Tchandi Dasa ») fut, bien malgré elle, l'exemple à ne pas suivre. Dans les années 1980, sa jolie plage de sable blanc et ses coraux attirent de plus en plus de monde, et on la sélectionne pour alléger un peu Kuta et Legian. Le corail qui protégeait la côte des vagues est consciencieusement miné, puis concassé pour servir à la construction d'hôtels et de restos. Mais la nature se venge. Libéré de ses entraves, l'océan efface progressivement jusqu'au souvenir de la plage. Alors l'homme, qui n'a plus que les yeux pour pleurer sur l'air de « Adieu jolie... Candi », imagine un système de digues en épi pour amadouer les flots et faire revenir le limon. Celui-ci n'apparaît aujourd'hui que timidement, et seulement à marée basse. Les esprits les plus positifs y voient comme de petites plages privées, les autres... rien du tout !
Si cette petite station balnéaire n'a connu qu'un bref âge d'or, elle offre de jolis panoramas, du calme et la proximité de sites intéressants, ainsi que quelques adresses sympa. Du coup, elle compte encore pas mal de fidèles.

Adresses et infos utiles

✉ ***Poste*** *(plan C1)* **:** *à côté du resto* Kubu Bali. *Tlj 9h-18h30.*

■ ***Bureaux de change et distributeurs automatiques*** *(plan C1, **2**)* **:** plusieurs *money changers* et distributeurs en plein centre.

Location de vélos et motos : aucun problème pour en trouver sur la rue principale.

Perama Bus Service *(plan B1)* **:** *à l'entrée ouest de la ville, jl. Raya Candidasa, Sengkidu, à côté de l'hôtel* Rishi Candidasa Beach. ☎ *411-14 ou 15.* Bus 3 fois/j. vers Kuta, Padangbai, Sanur, Ubud et autres. Un seul *shuttle* pour Amed.

■ D'autres petites ***agences*** se chargent également de vendre des billets de *shuttle bus* et des excursions dans les environs.

Où dormir ?

Bon marché (moins de 350 000 Rps, soit env 23 €)

Ida's Homestay *(plan C1,* ***10****)* **:** *jl. Raya Candi Dasa.* ☎ *410-96.* *082-341-819-480.* • *jsidas1@aol.com* • *Doubles 250 000-350 000 Rps.* Passé la petite porte bordant la rue, on découvre avec ravissement une immense cocoteraie presque sauvage que se partagent 6 bungalows traditionnels en matériaux locaux, tous

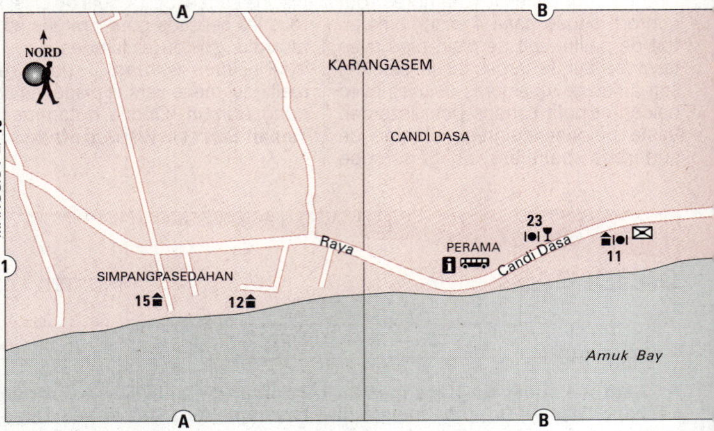

Adresses utiles	Où dormir ?
Perama Bus Service (B1)	10 Ida's Homestay (C1)
2 Bureaux de change et distributeurs automatiques (C1)	11 Temple Café and Seaside Cottages (B1)
	12 Bali Santi (A1)

avec ventilo. Les plus grands, avec un balcon à l'étage, sont particulièrement prisés, mais tous affichent la même simplicité (ventilo, salle de bains à ciel ouvert avec eau froide) et sont suffisamment espacés pour préserver l'intimité de chacun. Tout au bout, quelques *bale* surplombent la mer qui découvre à marée basse une plage minuscule. L'accueil de Madame Ida ajoute encore au charme de cette excellente adresse, centrale et pourtant hyper paisible et bien dans son jus.

Temple Café and Seaside Cottages *(plan B1, **11**)* **:** *dans la rue principale, en face du Water Garden. ☎ 416-29. • balibeachfront-cottages.com • Doubles avec ventilo ou clim à partir de 250 000 Rps, et jusqu'à 560 000 Rps pour les plus chères.* Au fond du resto *Temple Cafe* part une étroite allée bordée de bungalows simples, assez petits mais plutôt mignons, avec eau chaude (sauf pour la catégorie de base). Au bout, de jolis bungalows, plus spacieux, donnent directement sur la mer et un bout de pelouse. Un excellent rapport qualité-prix.

Prix moyens (de 350 000 à 700 000 Rps, soit env 23 à 46 €)

Bali Santi *(plan A1, **12**)* **:** *jl. Raya Candi Dasa. ☎ 416-11. • balisanti.com • Double env 650 000 Rps.* Une vingtaine de petits bungalows modernes et indépendants, éparpillés jusqu'au bord de la mer dans un jardin bien entretenu, le long de 2 allées perpendiculaires à la mer. Tous avec clim et ventilo, moustiquaire et salle de bains (eau chaude). Confortables et vraiment bien tenus. Piscine à débordement tout au bout. Pas de plage.

Amarta Beach Cottage *(hors plan par A1, **13**)* **:** *à **Sengkidu,** à 1,5 km à l'ouest du centre. ☎ 412-30. • amartabeachcottages.com • Doubles*

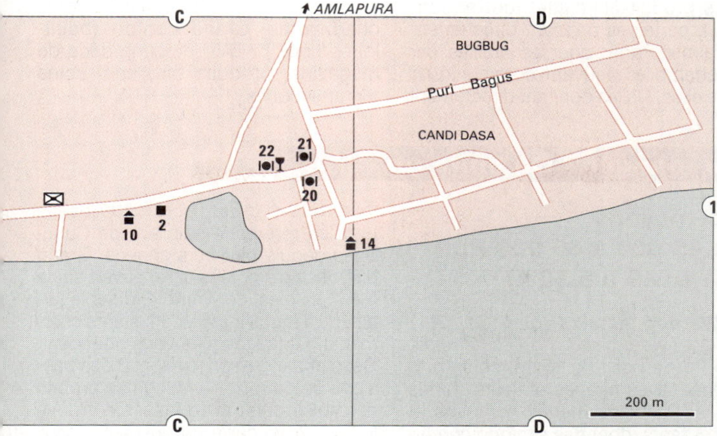

CANDI DASA

13 Amarta Beach Cottage et Anom Beach Hotel (hors plan par A1)
14 Aquaria (C-D1)
15 Lotus Bungalows (A1)

Où manger ? Où boire un verre ?

20 Warung Astawa (C1)
21 Candi Agung (C1)
22 Vincent's (C1)
23 La Rouge (B1)

500 000-600 000 Rps. Quelques bungalows traditionnels, séparés de la mer par un jardin et une bande de pelouse pour installer son transat. Chambres impeccables, toutes équipées de ventilo et moustiquaire (quelques-unes avec clim). Salles de bains à la balinaise. Les terrasses donnent sur le chouette jardin et offrent toutes une vue sur la mer. Pas de plage devant mais il y en a une à deux pas. Piscine petite mais agréable. Bon resto face à la mer, proposant des plats végétariens, balinais et indonésiens. Une adresse tranquille.

Anom Beach Hotel *(hors plan par A1,* ***13****) : à* ***Sengkidu,*** *à 1,5 km à l'ouest du centre, face à l'Amarta Beach. ☎ 419-02. • anom-beach.com • Doubles 500 000-1 000 000 Rps.* L'hôtel donne sur la mer mais les bungalows sont situés sur l'arrière, de part et d'autre d'une allée. Bungalows sur 2 niveaux, avec murs de paille tressés et toits de chaume. Les *standards* avec ventilo et d'autres avec clim. Piscine minus, en forme de haricot, dans la végétation.

Plus chic (plus de 1 200 000 Rps, soit env 80 €)

Lotus Bungalows *(plan A1,* ***15****) : jl. Raya (rue principale). ☎ 411-04. • lotusbungalows.com • Doubles à partir de 110 €.* Excellent établissement de luxe, donnant sur la mer (mais pas de plage devant), aux bungalows disséminés dans un jardin soigné et ouvert sur une jolie piscine à débordement. Bungalows de grand confort, avec terrasse, clim et coffre. Salle de bains extérieure charmante.

Aquaria *(plan C-D1,* ***14****) : jl. Puri Bagus. ☎ 411-27. • aquariabali.com • Doubles 1 200 000-1 500 000 Rps.* Un hôtel différent des autres, très design, résolument moderne, tendance zen chic. Les chambres (avec ou sans clim) sont distribuées autour d'une piscine (sans produit chimique) tout en longueur, certaines donnant directement sur la mer. Parfait pour les familles, car les chambres peuvent communiquer entre elles. Celles donnant directement sur la mer sont évidemment les plus charmantes. Grand confort (bouilloire, frigo, TV-DVD et clim), déco de magazine, produits bio, spa, soins thérapeutiques.

Où manger ? Où boire un verre ?

Prix moyens (de 45 000 à 80 000 Rps, soit env 3 à 5,40 €)

BALI

Warung Astawa *(plan C1, **20**) : jl. Raya Candi Dasa. ☎ 413-63.* Jolie paillote de bord de route, colorée et soignée, avec nappes et fleurs sur les tables. Plusieurs menus complets et intéressants, dont des *seafood combination* de bon aloi. Même les plats balinais classiques les moins chers sont traités avec égards. Service gentil comme tout.

Candi Agung (plan C1, **21**) : *jl. Raya Candi Dasa, peu après Vincent's en direction d'Amed. ☎ 416-72.* Salle ouverte sur la rue. Longue carte de pizzas, currys, viandes et plats indonésiens pour plaire à tout le monde. Bonnes crêpes Suzette, pour terminer sur du sucré.

Chic (de 80 000 à 150 000 Rps, soit env 5,40 à 10 €)

Vincent's (plan C1, **22**) : *dans la rue principale, face au 48 Zen & Happy Resort. ☎ 413-68. Tlj de 10h30 jusque tard.* La référence culinaire de Candi Dasa depuis plusieurs années. Grand bistrot chic aux tons ocre, ouvert sur la rue mais c'est sur l'arrière, dans le jardin, qu'il faut s'installer. Plusieurs charmants petits kiosques vous attendent. Déco et bande-son révèlent 2 des passions du patron : Van Gogh (le proprio est hollandais) et le jazz. On trouve ici une vraie carte de brasserie internationale, capable de satisfaire tous les goûts et tous les appétits. Belles salades, superbes viandes, plats végétariens, spécialités indonésiennes et méditerranéennes, ainsi qu'une ribambelle de desserts (hmm, les gâteaux au chocolat !). Tout est joliment présenté et savoureux. On peut aussi s'y arrêter pour un café ou l'apéro. Concert de jazz chaque jeudi.

La Rouge (plan B1, **23**) : *dans la rue principale. ☎ 419-91.* Ce resto étagé sur plusieurs niveaux de terrasses joue la carte du chic baroque. Lustres en verrerie, fauteuils de velours rouge, le tout sous des paillotes balinaises. Cuisine indonésienne (*fish curry* et *prawns sate* notamment) et internationale de bonne facture. Musique live le vendredi (19h).

Où planter du corail ?

Ocean Gardener : *• oceangardener.org •* Si vous avez envie de découvrir une ferme à corail, c'est cette association qu'il faut contacter. Parfait pour s'initier à ce patrimoine de nos mers en danger. On peut même participer à une « plantation » de corail au cours d'une sortie en mer (peu profonde). Hyper intéressant et très prisé des routards.

DANS LES ENVIRONS DE CANDI DASA

Candi Dasa est le point de départ de quelques excursions dans des endroits très fréquentés comme Tenganan, mais aussi vers d'autres sites comme celui de Putung.

Le village animiste de Tenganan *(Bali Aga Village ; hors plan par A1) : à 500 m du centre de Candi Dasa en allant vers l'ouest, prendre à droite juste avt le petit pont ; c'est env 4 km plus loin. Sans véhicule, on s'y rend à pied ou en* ojek *(moto-taxi, négocier le prix) depuis le carrefour. Donation à faire à l'entrée (à partir de 5 000 Rps, mais on donne ce que l'on veut). Parking payant (2 000 Rps). L'endroit est très touristique et regorge de boutiques d'artisanat. Conseil : en hte saison, venir impérativement avt 9h, avt l'arrivée des cars de touristes ; vous aurez le village à vous tt seul ! Toilettes à l'entrée, sur la droite.*
Ce village, entièrement piéton, authentique et touristique tout à la fois, est isolé dans un cul-de-sac et protégé par un mur de pierre. Dans les 2 rues principales, les habitations s'étagent en terrasses successives, toutes construites en matériaux traditionnels. La plupart ont été transformées en boutique-atelier-maison.
Tenganan est surtout célèbre pour son système communautaire : les biens appartiennent à tout le monde. Le village possède 1 000 ha d'excellente terre. Bizarrement, les habitants ne l'ont jamais cultivée eux-mêmes, préférant laisser ces pénibles tâches à des métayers du voisinage. Le produit de ces fermages est distribué à l'ensemble de la communauté, puis réparti par le conseil du village en fonction des besoins de chacun. Voici un véritable communisme (au sens premier du terme), qui fonctionne harmonieusement depuis des siècles, même si le partage des biens se fait uniquement sur la production agricole.
Le village lui-même est construit selon une architecture très particulière. Les maisons, toutes semblables, sont édifiées le long de rues en paliers successifs, mais aussi dans des ruelles perpendiculaires. Au milieu sont érigés les bâtiments communs : grange, salle du conseil, salle des fêtes... N'hésitez pas à quitter les 2 longues rues principales pour déambuler dans les autres ruelles. Les maisons sont moins traditionnelles (les parpaings ont remplacé les feuilles de palme tressées), mais on peut y entrevoir la vie du village, l'intérieur des maisons, les gamins dans les ruelles... Peu de touristes et bonne atmosphère. Un peu partout, poules, canards, lapins et coqs de combat sous des cloches de paille tressée.
Tenganan est réputé pour ses tissus de coton, *geringsing,* fabriqués selon le procédé du double *ikat* dans lequel les fils sont teintés à l'avance, suivant le dessin que l'on veut obtenir. Le résultat donne des pièces très coûteuses mais qui préservent du mauvais sort et éloignent les maladies. Un tissu magique ! On y trouve aussi de la belle vannerie, des fabriques de gamelans et également des ciseleurs de scènes du *Rāmāyana* sur feuilles de palmier séchées. Très délicat.
Les avis sont partagés sur ce village victime du tourisme. Rien à voir avec le Tenganan des années 1970, où quelques Balis Agas (population originelle de Bali) vivaient encore protégés derrière le mur de pierre. Le Tenganan d'autrefois a progressivement disparu, les 300 habitants ayant vite compris le profit qu'ils pouvaient tirer de l'exploitation touristique. Qui peut leur en faire grief ? En venant à 8h du matin, vous évitez la foule. Et si vous revenez le soir, vous constaterez que le village continue à vivre sa vie, à sa manière, sans avoir modifié ses habitudes.

Putung : *accès par Manggis, d'où une petite route sinueuse en diable grimpe vers le village sur env 12 km.* Depuis Putung et de la route qui y mène, on jouit de l'une des plus belles vues de toute l'île sur la côte et l'océan en contrebas avec, au loin, Nusa Lembongan et Lombok. Superbe, lorsque le ciel est bien dégagé, soit surtout le matin, sachant qu'il pleut beaucoup dans la région. Joli aussi le soir, avec toutes les loupiotes à l'horizon.

Pondok Bukit Putung : plats indonésiens à prix modérés. Panorama depuis la terrasse.

➢ Après Putung, la route passe par Selat, où il y a quelques belles rizières. Aller jusqu'à Rendang. Si on tourne à droite, on monte à Besakih, et à gauche on regagne Klungkung.

Pantai Putih : *à env 8 km de Candi Dasa. Pour y accéder, prendre la route d'Amlapura jusqu'au village de Prasi. Bifurquer à droite sur jl. Gilli Layu (panneau « Virgin Beach » ou « White Sand Beach »), puis piste d'env 1 km qui vous mène à la plage. Parking (10 000 Rps/pers) puis 5 mn de marche par un chemin caillouteux. Même sans voiture, on vous demandera de payer un petit quelque chose, hélas. En contrepartie, les transats sont gratuits.* Superbe plage de sable blanc, la plus belle de tout le secteur en vérité, où les touristes se pressent depuis quelques années. Site absolument superbe, entouré de hautes collines verdoyantes ! Attention, la mer est plus dangereuse qu'elle n'y paraît. Se baigner avec prudence. Petits *warungs* pour déjeuner. Ambiance sympa.

KARANGASEM (AMLAPURA)

À 80 km à l'est de Denpasar. Ancienne capitale du royaume de Gelgel, qui fut l'un des plus riches de l'île au XVIIIe s, et aujourd'hui cité la plus importante du district du même nom. 2 vieux palais sans intérêt particulier le rappellent. Marché couvert. Bon, on y passe sans s'éterniser. En revanche, les environs sont plus intéressants.

DANS LES ENVIRONS DE KARANGASEM

Bali Asli : *à **Gelumpang,** en sortant de Karangasem. 082-236-909-215. • baliasli.com.au • Tlj 10h-12h (petit déj), 12h-16h (déj), 15h-19h (afternoon tea et cocktails).* Cuisine balinaise authentique qui n'utilise que des produits locaux. Lieu splendide, sous une grande paillote avec vue magnifique sur le mont Agung. Cours de cuisine également (sur réservation).

Ujung Water Palace : *tlj 7h-19h. Entrée : 50 000 Rps.* C'est l'ancien palais d'été du dernier souverain de Karangasem, construit avec l'aide des Néerlandais vers les années 1920 et entièrement rénové. Le palais eut son heure de gloire. Il était entouré de moult bassins et jets d'eau. Il rappelle certains palais hindous du Rajasthan. La coulée de lave de 1963 avait autrefois pratiquement tout anéanti. C'est aujourd'hui un grand parc bien entretenu, où les familles se promènent tranquillou et les sportifs courent en fin d'après-midi. Au centre du grand bassin, petit pavillon avec quelques photos des anciens rois de la province. Balade agréable.

Puisque vous êtes là, il faut à tout prix aller faire un tour sur la ***plage*** inconnue des touristes, située à 300 m du palais, sur laquelle reposent des dizaines de *prahus* colorés, ornés de gueules de monstres. La plage a été « fixée » par de gros blocs de pierre pour en stopper l'érosion. Lorsque tous les pêcheurs sortent leurs embarcations en même temps, le spectacle est étonnant.

TIRTAGANGGA

IND. TÉL. : 0363

À environ 10 km au nord-ouest de Karangasem (Amlapura), sur la route de Culik, la paisible bourgade de Tirtagangga (littéralement « eau du Gange ») est réputée pour ses sources sacrées et le Water Palace, que construisit tout

autour le dernier raja de Karangasem, à la fin des années 1940. On fait aussi le détour pour admirer ses paysages de rizières, parmi les plus beaux de Bali.
– ***Distributeur de billets :*** *à côté du parking du Water Palace.*

Où dormir ?

Prix moyens (de 350 000 à 700 000 Rps, soit env 23 à 46 €)

Pondok Batur Indah : *☎ 223-42. En arrivant du sud, suivre la route au-delà du parking du Water Palace. 2 km plus loin, prendre à gauche (direction Besakih). Faire env 500 m et de nouveau à gauche (panneau). Doubles 350 000-450 000 Rps.* 5 chambres, dont une familiale et 2 plus petites que les autres (mais au même prix). Eau chaude et ventilos portatifs. Lit de repos sur chaque terrasse. Pas de déco ni d'ameublement particulier, mais une vue superbe sur la vallée, les rizières et un calme total. Café-resto. Ensemble familial bien tenu.

Plus chic (plus de 1 200 000 Rps, soit env 80 €)

Tirta Ayu Hotel and Restaurant : *à l'intérieur même du Water Palace. ☎ 225-03. • hoteltirtagangga.com • Doubles à partir de 100 €.* Pour de romantiques promenades au clair de lune dans les allées désertes du Water Palace, il n'y a pas meilleure adresse. Seulement 5 chambres et 2 *pool villas* (bien plus chères), toutes dans un charmant style balinais (avec clim). Même si les chambres sont très confortablement aménagées, les bungalows sont un peu serrés les uns contre les autres à l'arrière du resto, dans un jardinet avec piscine en forme de cacahuète. Pas de vue directe sur le palais. Pour cela, il faut aller au resto.

Villa Gangga : *081-337-143-228. À env 2 km après le parking du Water Palace en direction d'Amed ; prendre la route vers Besakih et faire env 1 km. Panneau sur la gauche puis encore 300 m. Sinon, appelez et l'on viendra vous chercher. À partir de 84 € la double en ½ pens.* Superbe adresse de charme et vrai coup de cœur de nombreux lecteurs. Immergés en pleine campagne, 4 pavillons indépendants et super confortables se partagent un grand parc et une belle piscine. Déco raffinée et soignée, balinaise sur le fond, avec des touches européennes bien senties et de beaux objets. Les hôtes, Ani et son mari Jacques, français et photographe (ses œuvres ornent les murs), proposent des balades dans les environs. Pas mal ! On est à 5 mn à pied du Water Palace. Et pour ne rien gâcher, un terrain de pétanque... et du pastaga.

Où manger ?

Good Karma Restaurant : *sur le parking du Water Palace. ☎ 224-45.* Cadre agréable et cuisine de qualité. Une dizaine de tables où déguster des plats végétariens, des currys à la viande et des plats indonésiens. Quelques chambres spartiates également, mais sans charme.

Genta Bali Warung : *en face du parking du Water Palace.* Plats indonésiens, chinois et occidentaux. Puis des sandwichs, soupes, pancakes... De quoi se sustenter, sans plus.

À voir

Water Palace : *en arrivant du sud, à gauche de la route. Ouv 7h-19h (mais le bassin qui fait office de piscine ferme à 18h). Entrée : 40 000 Rps (ajouter*

20 000 Rps pour l'accès à la piscine) ; réduc. Parking. Le site, endommagé par l'éruption de 1963, a retrouvé son charme après une rénovation soignée. Le parc est habité par une foule de statues bordant les allées ou émergeant des superbes bassins. Partout des carpes géantes réclament leur pitance. On peut même marcher sur l'eau, ou presque, et jouir de cet environnement superbe en profitant de la « piscine » royale, 2 grands bassins rendus accessibles à la baignade. Tous les gamins du coin s'y baignent et vous partagerez un moment délicieux avec eux, dans un cadre fabuleux. On adore. Juste au-dessus du bassin de baignade, un café-resto chic, le *Tirta Ayu,* d'où le panorama s'étend jusqu'à la mer, voire, par temps clair, jusqu'à Lombok. On peut se contenter d'y boire un verre.

Les rizières : on aperçoit déjà de petites terrasses dans les champs, en arrivant à Tirtagangga. Les plus belles (et les plus photographiées de Bali) sont plus loin, sur la route qui continue vers l'est de l'île, un peu après Abang, en direction de Culik, dans un grand virage. Très agréable d'y faire de grandes balades à pied. Les rizières en terrasses sont autant de bassins bordés de vert, dans lesquels se reflètent les nuages. Elles couvrent plusieurs collines. Spectacle vraiment étonnant. On peut voir les paysans balinais y travailler dans la journée.

DANS LES ENVIRONS DE TIRTAGANGGA

Lempuyang Temples : *poursuivre la route sur env 10 km après le Water Palace, puis fléché sur la droite. Faire encore 4,5 km par une route qui grimpe. Tlj 7h-17h. Entrée sur donation. Loc de sarong : 20 000 Rps.*
Voici un ensemble de 8 temples assez méconnus, disséminés sur une vaste colline. Le tour entier (à pied !) prend environ 4h, mais la plupart des touristes visitent surtout le temple principal, voire celui situé un peu au-dessus de celui-ci.
Le 1er temple, pura Pensimpenan, se situe en contrebas du parking et n'est pas ouvert aux touristes. Le 2e, le pura Penataran, est le plus grand et le plus visité. Facilement accessible par une volée de marches. On dit qu'il fut édifié au Ier s, mais reconstruit plusieurs fois au fil du temps. On pénètre par la porte de gauche ou de droite, mais pas par celle du centre, réservée aux cérémonies. Pour accéder à la terrasse, une autre série de marches encadrées par des monstres protecteurs. Leur corps qui ondule sert d'ailleurs de rampe. De la terrasse supérieure, ceinte par des murets, superbe vue sur la vallée. On y trouve plusieurs templions souvent couverts d'offrandes. Le 3e temple, pura Telaga Sawang, est accessible après encore 30 mn de marche (depuis le 2e). Le 4e, pura Lempuyang Madya, est un peu au-dessus. Hardis gaillards, les temples suivants sont encore bien plus haut.

LA ROUTE CÔTIÈRE DE L'EST

Une route étroite et sinueuse fait le tour complet du Gunung Seraya, contourne les flancs du volcan voisin du mont Agung, traverse des villages authentiques et longe les côtes du détroit de Lombok. Elle traverse une succession de paysages superbes où les palmiers et les bananiers découpent leurs silhouettes sur le bleu de la mer. N'hésitez pas à l'emprunter.

AUTRE EXEMPLE D'ITINÉRAIRE

Un véhicule est indispensable pour cette balade qui peut s'effectuer en une demi-journée, mais il est probable que vous ne résistiez pas à une halte dans des endroits encore préservés du tourisme de masse. Voici un circuit possible parmi d'autres.

➢ De Candi Dasa, monter à Karangasem par la route classique de Jasri ou, mieux, tourner à Perasi Tengah, à gauche (2 bornes de pierre à l'entrée de la route, de la largeur d'une voiture), pour passer par Bungaya, Papung et Bebandem, par des routes secondaires. En obliquant sur la gauche, vous allez sur Putung, l'un des plus beaux points de vue de l'île ; en tournant à droite, au niveau de Desa Tengah, vous passez à Tirtagangga (voir plus haut). Après Tirtagangga, la route passe à Abang, traversant une succession de rizières en terrasses qui sont parmi les plus belles de cette partie de l'île.

AMED

IND. TÉL. : 0363

• Plan *p. 215*

À 30 mn de Tirtagangga, Amed est le village le plus à l'est sur la route étroite et spectaculaire, qui épouse tant bien que mal le relief tourmenté de la pointe orientale de l'île. Par facilité, tout le monde a pris l'habitude d'englober sous ce nom la dizaine de kilomètres qui s'étend jusqu'à Aas au sud-est. Mais en fait, on trouve plusieurs hameaux tout le long de la route, qui ont de plus en plus tendance à se fondre les uns dans les autres avec l'urbanisation rapide et rampante. Malgré de nombreux touristes, surtout des plongeurs et des amateurs de *snorkelling,* cette section de côte est restée, à bien des égards, plus traditionnelle que le sud de Bali et encore bien moins dévorée par le béton.

Il pleut beaucoup moins par ici que dans le reste de l'île, d'où ces hauteurs asséchées donnant au coin un petit air méditerranéen. Ici et là, de spectaculaires champs de roches volcaniques semblent narguer l'homme qui s'obstine à les terrasser. Séparées par des promontoires, de superbes petites plages de sable noir, quelquefois de galets, servent de port aux *jukung* (ou *prahus*), ces élégantes pirogues à balanciers aux noms de guerriers. Levez-vous avec le soleil pour en voir des dizaines rejoindre le rivage. Avec leurs voiles triangulaires aux couleurs d'arc-en-ciel, on dirait un vol de papillons.

Dans une île victime de sa popularité, la topographie accidentée de la région d'Amed devrait lui permettre de garder encore un certain temps son charme singulier. Tant mieux, parce que Amed, on aime.

Arriver – Quitter

En van privé

➢ ***Bali :*** quasiment plus de *bemos* réguliers dans le secteur. De nombreux vans privés font la liaison avec les stations touristiques balinaises : Candi Dasa et Padangbai (env 100 000 Rps) ; Ubud, Sanur et Lovina (env 160 000 Rps) ; Kuta (env 180 000 Rps) ; Airport (env 200 000 Rps). Si vous comptez plonger à Tulamben, les clubs s'occupent du transfert depuis Amed.

➢ ***Les Gili Islands :*** voir cette même rubrique sous cette destination.

Se déplacer

Louer un scooter s'avère le plus pratique. Rouler prudemment et ne jamais circuler de nuit.

Adresse utile

■ ***Distributeurs de billets :*** dans pratiquement tous les hameaux de la côte. Notamment à Amed, à Jemeluk et à Lipah. Quelques ***bureaux de change*** également.

Où dormir à Amed et dans les environs ?

D'Amed à Aas (environ 10 km d'une extrémité à l'autre), en passant par les anses de Jemeluk, Bunutan, Lipah, Lehan et Selang, on a l'embarras du choix en matière d'hébergement. La plupart des hôtels font resto, et louent palmes, masques et tubas. Le petit déj est systématiquement inclus dans le prix.
La région d'Amed étant de plus en plus prisée, les tarifs grimpent singulièrement en haute saison, parfois de manière démesurée.

De très bon à bon marché (moins de 350 000 Rps, soit env 23 €)

🏠 ***Fab Dive*** *(plan A1,* ***11****) : à l'entrée nord d'Amed, par un petit chemin à l'écart de la route principale.* 📱 *082-237-092-601. • balifabdive.com • Compter env 80 000-150 000 Rps le lit en petits dortoirs ; chambres env 300 000 Rps.* Bonne nouvelle, le dortoir est gratuit pour ceux qui plongent avec le club ! Ce sont essentiellement les plongeurs qui se donnent rendez-vous dans ce club tenu par Fabien (un Français), mais la maison est ouverte à tous. On séjourne dans une petite villa bien retapée, au calme et avec jardin. Les dortoirs sont petits mais impeccables. Salle de bains commune et cuisine à dispo. Bonne atmosphère. Un lieu sympa, que l'on soit plongeur ou non.

🏠 ***Bo's Bungalows*** *(plan B1,* ***12****) : à* ***Bunutan.*** 📱 *081-339-649-131. Doubles 150 000-250 000 Rps.* Reconnaissable à son escalier peint en turquoise, qui mène à 3 bungalows simples et indépendants, situés au-dessus de la route. On ne peut donc échapper au bruit dans la journée (calme le soir). Les prix sont particulièrement doux, les chambres plutôt spacieuses. Eau froide et ventilo, mais pas de moustiquaire. Propre. Resto en contrebas.

🏠 ***Teman Teman Bungalows & Café*** *(plan A1,* ***13****) : à* ***Jemeluk.*** 📱 *081-338-693-608. • ketutdugles@yahoo.com • Doubles 200 000-350 000 Rps (les plus chères côté plage, les autres côté route).* 2 chouettes bungalows posés sur la plage de galets, avec baie vitrée et terrasse, eau froide et ventilo. Pas super tranquille en journée, puisque la route passe juste derrière, mais le silence s'installe à la nuit tombée. Encore moins cher, 3 bungalows au fond d'un jardinet côté terre. Juste à côté, le sympathique café-resto (voir « Où manger ? »). Service moyen.

🏠 🍴 ***Bamboo Bali*** *(plan A1,* ***14****) : à* ***Jemeluk.*** ☎ *234-78. • bamboo_baligd@yahoo.com • Doubles 200 000-350 0000 Rps.* Une grosse dizaine de bungalows individuels en dur, bois et bambou, accrochés à flanc de colline. Le prix augmente légèrement avec l'altitude, comme la beauté du panorama sur la grande bleue. Ceux du bas sont un peu plus bruyants (route à proximité). Chambres simples mais plaisantes, avec ventilo (2 avec clim), moustiquaire, petite terrasse, hamac et mobilier en bambou. Également quelques-uns côté plage. Bon resto de plage. Un honorable rapport qualité-prix puisqu'en plus, cerise sur le pompon, on pourra profiter de la piscine du *Ganeshamed* situé à proximité (même proprio) !

🏠 ***Bundaku Homestay*** *(plan A1,* ***23****) : à Amed.* 📱 *087-860-915-320. Double env 320 000 Rps.* Ambiance pension de famille pour cette adresse tenue par des proprios franco-indonésiens. 5 chambres, propres, simples et confortables avec ventilo, clim et eau chaude. Salles de bains semi-ouvertes. Cuisines pour préparer son repas. Petit déj et dîner sur commande. On peut louer scooter, vélo, matériel de *snorkelling.* Joli jardin. Démarche écologique (lessive, sacs en tissu, etc.).

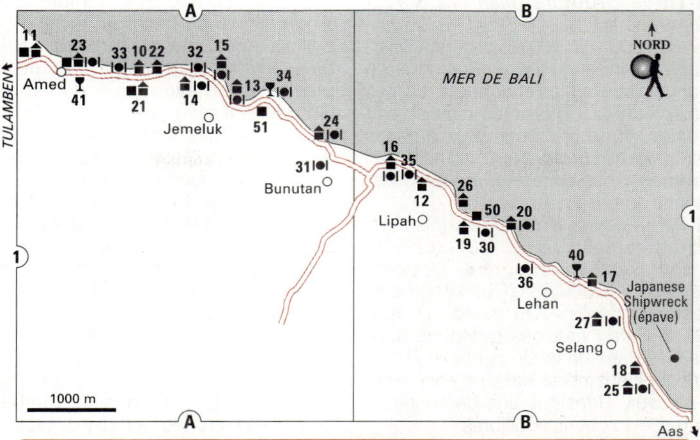

AMED

	Où dormir ?
10	Three Brothers (A1)
11	Fab Dive (A1)
12	Bo's Bungalows et Villa Bukit Segara (B1)
13	Teman Teman Bungalows & Café (A1)
14	Bamboo Bali (A1)
15	Sama Sama Bungalows (A1)
16	Waeni's Sunset View Bungalows (B1)
17	Good Karma (B1)
18	Eka Purnama (B1)
19	Le Jardin (B1)
20	Pondok Vienna Bungalows (B1)
21	Pondok Bukit Bungalows (A1)
22	Ganeshamed (A1)
23	Hotel Uyah et Bundaku Homestay (A1)
24	Santai et Rising Star (A1)
25	Kawi Karma Beach Bungalows et Baliku (B1)
26	Hidden Paradise Cottages (B1)
27	Blue Moon Villas (B1)

	Où manger ?
13	Teman Teman Bungalows & Café et Warung Pantai (A1)
15	Green Leaf Amed et Sama Sama Café (A1)
23	Warung Enak (A1)
30	Wayan's Warung (B1)
31	Titi Sedana (A1)
32	Sunrise Café (A1)
33	Warung Bobo (A1)
34	Sunset Point (A1)
35	Gusto Resto (B1)
36	Sails Restaurant (B1)

	Où boire un verre ?
34	Sunset Point (A1)
40	Imbuh (B1)
41	Pacha Bar (A1)

	Clubs de plongée
11	Fab Dive (A1)
21	Jukung Dive Bali (A1)
23	Abyss Dive Center (A1)
50	Euro Dive (B1)
51	Eco Dive (A1)

Prix moyens (de 350 000 à 700 000 Rps, soit env 23 à 46 €)

Ganeshamed *(plan A1,* ***22****) : à* ***Jemeluk****. 085-935-162-475. • ganeshamed.com • Doubles 300 000-650 000 Rps.* Légèrement en retrait de la route, les chambres sont réparties dans 2 grandes maisons traditionnelles, vraiment charmantes, et 2 bungalows encadrant un jardin. Toutes avec eau chaude et frigo, ventilo ou clim. De celles de l'étage, vue dégagée sur le large. Piscine en bord de plage (que les clients du *Bamboo Bali* – même proprio – peuvent utiliser).

Three Brothers (plan A1, **10**) : à **Jemeluk.** 081-916-525-177. Compter 350 000-450 000 Rps. Dans un jardin tout en longueur, une poignée de bungalows simples et corrects, calmes et agréables. Tous avec clim et eau froide. Même prix pour ceux proches de la plage (profitez-en !). Chambres propres, spacieuses et impeccables. Bonne adresse pour le prix.

Sama Sama Bungalows (plan A1, **15**) : à **Jemeluk.** 081-337-382-945. • samasamaamed.com • Doubles 250 000-550 000 Rps. Outre l'agréable restaurant (voir « Où manger ? »), le *Sama Sama* propose quelques bungalows dans un jardin agréable et soigné, et 4 chambres dans un édifice sur 2 niveaux. Constitue une bonne petite adresse aux tarifs équilibrés.

Waeni's Sunset View Bungalows (plan B1, **16**) : au sud de la plage de **Bunutan.** 085-237-474-716. • waenis.com • Doubles 350 000-500 000 Rps. 3 chambres doubles avec clim et eau chaude, donnant sur la terrasse du resto. En dessous, 2 familiales dans des structures en dur, certaines avec vue sur la mer. Sans oublier la chambre tropicale (ventilo), en matériaux locaux et au calme. Depuis la terrasse, superbe vue sur la plage de Bunutan. À mentionner également, le resto à la bonne cuisine indo-internationale, soignée. Légumes grillés et *gibungan* (plat traditionnel). Également un bel endroit pour un verre.

Good Karma (plan B1, **17**) : à **Selang.** 081-337-531-133. Double 500 000 Rps. L'entrée est encadrée de beaux banians. Bungalows de style traditionnel joliment conçus, en matériaux naturels tressés, tous en bord de plage et sur pilotis. Différents types de chambres, certaines pouvant accueillir jusqu'à 6 personnes. Ventilo et douche (eau froide) pour toutes et salles de bains un peu rustiques. Miniterrasses devant les bungalows, idéales pour fainéanter sur les coussins. Chouette cadre et ambiance relax. Une adresse vraiment sympa, parfaite pour le prix.

Eka Purnama (plan B1, **18**) : à **Selang.** 082-837-226-42. • eka-purnama.com • Doubles 450 000-550 000 Rps. Seulement 5 bungalows en bambou, à flanc de colline, avec vue plongeante sur la baie. Préférer ceux éloignés de la piscine pour avoir plus d'intimité. Grande terrasse avec fauteuils de bois. Chambres simples et très correctes, lits équipés de moustiquaires, ventilo, eau chaude et terrasse privée pour chacune. Petit resto sur place. Dites coucou à Pedro, l'adorable chien. Petit spot de *snorkelling* juste en face, sur l'épave d'un petit bateau japonais (Japanese shipwreck). Quelques ratés côté propreté.

Le Jardin (plan B1, **19**) : à **Lipah.** ☎ 235-07. • amed-lejardin.jimdo.com • Doubles 400 000-500 000 Rps. Tenus par une Française tombée amoureuse d'Amed, voici 5 jolis bungalows dispersés dans un jardin fleuri et tranquille. On apprécie beaucoup cette adresse où les hébergements ne sont pas collés les uns aux autres. Enfin un peu d'espace ! Chacun peut accueillir 4 personnes, grâce à une mezzanine très appréciée des enfants. Avec ventilo et clim. Resto ouvert très plaisant dans ce beau jardin. Petite bibliothèque de bouquins en français. On s'y sent vite comme chez soi.

Pondok Bukit Bungalows (plan A1, **21**) : à **Jemeluk.** ☎ 234-69. 081-797-426-87. • amedpondokbukitbungalows.com • Attenant au club de plongée Jukung Dive Bali (même proprio). Compter 170 000-220 000 Rps/pers en bungalow partagé (3 pers), 500 000-670 000 Rps pour 2. Une dizaine de jolis bungalows, spacieux et confortables, avec eau chaude. Déco soignée, lit à baldaquin et moustiquaire partout. On préfère largement les bungalows situés dans la partie haute, plus calme et offrant plus de dégagement. Ceux du bas sont un peu encaissés. 2 petites piscines (là encore celle du haut est plus agréable). C'est aussi un bon club de plongée (Jukung Dive).

Rising Star (plan A1, **24**) : à **Bunutan,** juste en face de la plage. Chambres et salles de bains spacieuses. Grandes terrasses et piscine. Calme et propre. Plein de petits services (location de scooters). Personnel aimable. Petit resto sympa juste à côté : *Warung Tidi Sedana.*

Chic (de 700 000 à 1 200 000 Rps, soit env 46 à 80 €)

Hotel Uyah *(plan A1, **23**)* : *à Amed.* ☎ *234-62.* • *hoteluyah.com* • *Doubles 600 000-900 000 Rps.* Le gros avantage de ce lieu est l'espace qu'il offre. Vaste parc central autour duquel sont distribués les bungalows en épis. Belles chambres meublées et décorées avec goût. Ventilo, clim et eau chaude. Les plus chères sont situées près de la plage, normal. Jolie piscine au milieu. Resto assez populaire.

Pondok Vienna Bungalows *(plan B1, **20**)* : *à **Lipah.*** ☎ *234-94.* • *viennabeach-bali.com* • *Double 940 000 Rps (même prix tte l'année).* Dans un petit immeuble d'un étage bordant la plage de sable noir. Les chambres, dans des édifices en dur mais aux allures traditionnelles, profitent toutes de la vue sur la mer depuis leur terrasse ou balcon. Simples et spacieuses, avec clim et eau chaude, le *Pondok Vienna* est l'un des plus anciens hôtels de Lipah et s'avère toujours fidèle au poste, ne faisant pas exploser ses prix en haute saison (ils sont rares !). Petite bande de pelouse sur le devant et agréable resto au-dessus de l'eau. Bon service général. Point fort : situé pile en face d'un bon spot de *snorkelling (Coral Garden).* Location de masques sur place.

De chic à plus chic (plus de 1 000 000 Rps, soit env 67 €)

Santai *(plan A1, **24**)* : *à **Bunutan.*** ☎ *234-87.* • *santaibali.com* • *Compter 60-150 €.* Coquets bungalows en bois et bambou, sur pilotis, disséminés dans un jardin luxuriant. Devant chacun, une terrasse-salon avec canapé et fauteuils avec vue sur la mer ou le jardin. Tous avec clim, jolie salle de bains, coffre... Thé servi le matin à 6h sur votre terrasse. Éviter les chambres situées côté route, plutôt bruyantes. Petite piscine entourée de transats et beaucoup de bougainvillées. Très bon resto (soirées danses balinaises les mardi et vendredi).

Kawi Karma Beach Bungalows *(plan B1, **25**)* : *à **Selang.*** 📱 *087-860-602-928. Double env 72 €.* 4 superbes bungalows reprenant l'architecture des *lumbung,* ces maisons à riz balinaises sur 2 niveaux (salon chic au rez-de-chaussée et chambre à l'étage), plantés sur la plage de galets, face au site de *snorkelling* de l'épave japonaise. Tout confort naturellement, carrelés, avec TV, clim, salles de bains élégantes, à la balinaise. Grande terrasse et jardin privé devant chaque bungalow. À moins que vous ne restiez calé dans votre lit, pile dans l'axe de la mer...

Baliku *(plan B1, **25**)* : *à **Selang.*** ☎ *430-18-71.* • *balikudiveresort.com* • *Après l'*Eka Purnama*, juste en face de l'épave japonaise. Doubles 1 000 000-1 500 000 Rps.* Une dizaine de chambres, belles et tout confort, dans des bungalows indépendants, disséminés le long de la colline. Attention, ça grimpe sec ! Petit coin cuisine et terrasse dominant un paysage mer et montagne à couper le souffle. Blancheur immaculée de la literie, déco moderne, calme total. Piscine avec vue stupéfiante. Bon et élégant resto.

Hidden Paradise Cottages *(plan B1, **26**)* : *à **Lipah.*** ☎ *235-14.* • *hiddenparadise-bali.com* • *Selon saison, 1 000 000-1 250 000 Rps.* La double rangée de bungalows en brique, spacieux et confortables (clim, eau chaude bouilloire, frigo), s'étire depuis la route jusqu'à la plage de sable gris, entre des arbres dont vous connaîtrez enfin les noms. Charmante piscine au milieu du jardin. Piscine et resto côté mer, joliment décoré mais cuisine moyenne.

Blue Moon Villas *(plan B1, **27**)* : *à **Selang.*** ☎ *214-28.* • *bluemoonvilla.com* • *Après le* Good Karma*. Doubles 75-115 € selon confort.* Élégants bungalows accrochés à une colline escarpée, dans un coin plutôt isolé. Les chambres sont très belles, circulaires, toutes avec moustiquaire, clim et eau chaude. Un défaut tout de même : on se sent un peu les uns sur les autres. Petite piscine à débordement en forme de haricot, plus pour se rafraîchir que pour faire des longueurs, mais quelle vue ! Resto.

BALI

Villa Bukit Segara *(plan B1,* ***12****) : jl. Raya Bunutan, à* ***Bunutan.*** *☎ 230-12. • villabukitsegara.com • Doubles 125-150 € ; familiales.* Belle villa de bord de mer les pieds dans l'eau. Piscine superbe à débordement dans un beau jardin. 5 chambres tout confort, avec meubles asiatiques. Service sympa. Dîner possible sous une grande terrasse couverte. Pour une pause au calme.

Entre Amed et Tulamben

Batu Belah Bungalows *(hors plan par A1) : 081-805-552-387. • eastbaliresort.com • À mi-chemin entre Amed et Tulamben ; panneaux depuis la route puis env 500 m. Bungalow 65 €.* Superbe coin devant les rochers avec vue sur le volcan Rinjani. 5 bungalows séparés par de petites pelouses impeccables, tous avec vue et au joli mobilier en bois de cocotier. Tout confort : clim et ventilo, frigo et coffre-fort. Piscine devant la mer avec vue des contreforts du volcan Agung. Accès à de petites anses de sable noir qui jouxtent la propriété et une vraie plage à 5 mn à pied, d'où l'on part faire du *snorkelling* autour des rochers volcaniques. Accès à l'eau juste en contrebas de l'hôtel. Cuisine sans relief et service parfois nonchalant, notamment quand les patrons sont absents. Dommage.

Où manger ?

La plupart des adresses citées dans « Où dormir ? » font aussi de la restauration.

Bon marché (moins de 45 000 Rps, soit env 3 €)

Wayan's Warung *(plan B1,* ***30****) : à* ***Lipah.*** Côté terre, une maisonnette verte et familiale, qui abrite une terrasse dominant légèrement la route. Plein d'habitués s'y retrouvent pour déguster une agréable cuisine familiale. Beaucoup de produits de la mer (c'est la région...), et les habituels *gado gado, cap cay, nasi goreng* et *nasi campur.* Excellent *vegetable curry* et *vegetable tempura.*

Titi Sedana *(plan A1,* ***31****) : à* ***Bunutan.*** *085-239-129-603. Facile pour se repérer : la couverture du* Routard *et l'article sont en façade au bord de la route !* Minuscule salle surplombant la route : 4 tables et un petit comptoir... L'*ikan santan* (au lait de coco) est divin. Autres classiques de la cuisine balinaise et quelques propositions moins exotiques mais tout aussi généreuses (pâtes à l'italienne). Il y a même de la mousse au chocolat ! Une adresse discrète et familiale.

Sunrise Café *(plan A1,* ***32****) : à* ***Jemeluk.*** *☎ 234-77.* Des cages à oiseaux pour vous accueillir et les prix les plus bas d'Amed. Carte de snacks et plats balinais, plus les inévitables pizzas et spaghettis. Salle face à la plage, les pieds dans l'eau.

Warung Bobo *(plan A1,* ***33****) : à Amed. 087-762-365-366.* Adresse toute mignonne avec sa salle rouge et vert ouverte sur la mer. Demander les plats du jour (souvent du poisson, *of course*). Sinon, plats traditionnels indonésiens. Bon rapport qualité-prix. Gentil accueil.

Green Leaf Amed *(plan A1,* ***15****) : à* ***Jemeluk.*** Un spot pour les fans d'apnée et de yoga. Ambiance cool et très relax. On a aimé la *Thai green papaya salad* et le gaspacho. On vous laisse goûter le *burrito organic* ! Bons cafés, snacks genre *wraps,* jus de fruits frais et *apple pudding,* à déguster allongé sur des poufs et des nattes en regardant l'horizon...

Sama Sama Café *(plan A1,* ***15****) : à* ***Jemeluk.*** *081-337-382-945.* Un petit resto au bord de l'eau, et même une table presque sur la plage. Pizzas, jus de fruits et brochettes de poisson, goûteux barracuda grillé sauce balinaise et poulet au *satay,* sans oublier le *budur injin,* pudding de riz noir, en dessert.

Teman Teman Bungalows & Café *(plan A1,* ***13****) : à* ***Jemeluk.*** *Voir « Où dormir ? ».* Sandwichs, crêpes salées et spaghettis en plus des habituels plats indonésiens, tournés vers le produit de la pêche. Pour manger sur la plage, simplement et tranquillement.

Sunset Point *(plan A1, **34**) : à la pointe sud de **Jemeluk,** sur la colline.* Sans doute le plus bel endroit pour admirer le coucher du soleil. Quelques tables posées sur un terre-plein dominant la baie de Jemeluk et à l'arrière-plan le mont Agung. Vue extra et moment exceptionnel à vivre en descendant une *Bintang* à petites gorgées. On peut aussi y dîner de quelques grillades et de petits plats simples.

Warung Pantai *(plan A1, **13**) : à **Jemeluk.** 081-916-680-480.* Un petit *warung* les pieds dans le sable. Propose aussi quelques chambres au besoin.

De prix moyens à chic (de 45 000 à 150 000 Rps, soit env 3 à 10 €)

Gusto Resto *(plan B1, **35**) : côté route, à **Bunutan.** 081-338-981-394 ou 081-237-075-631.* Pour changer du *nasi goreng,* cette accueillante terrasse-paillote avec vue offre de belles perspectives : *hungarian gulash, pumpkin soup* (soupe de citrouille), *Indian dhal,* et bien entendu de belles pizzas. Un vrai grand écart culinaire. Déco sympa.

Warung Enak *(plan A1, **23**) : à Amed. 081-915-679-019. Résa impérative.* Une adresse idéale le soir, avec les petites bougies. Bien aérée, pas mal non plus en journée. Cuisine un peu plus élaborée que les traditionnels *warungs.* Salades, barbecue, cuisine internationale, et plats traditionnels.

Sails Restaurant *(plan B1, **36**) : à droite de la route en arrivant à **Lehan.** ☎ 220-06. Tlj 10h-22h.* Sans doute l'un des restos les plus chics-branchés de cette partie de la côte. Une large terrasse immaculée et moderne, dépouillée, avec vue extra sur la mer. Beaux poissons et superbes viandes assez chères. Mais les excellentes *garlic prawns* ou *seafood pasta* permettent de calmer l'addition. Laissez tout de même une place à la bien nommée *heavenly crêpe,* un régal.

Où boire un verre ?

Sunset Point *(plan A1, **34**) : à la pointe sud de **Jemeluk,** sur la colline.* Comme son nom l'indique, un site parfait pour admirer le coucher de soleil, avec le mont Agung en toile de fond.

Imbuh *(plan B1, **40**) : entre les plages de Lehan et celles de Selang, sur la colline, juste au niveau du col.* Minuscule *warung* en terrasse, avec vue surplombant Lehan, organisé en une improbable terrasse de bois. Vue extra pour un cocktail le soir.

Pacha Bar *(plan A1, **41**) : au cœur d'Amed. 081-936-495-309. Tlj jusqu'à 1h. Groupes mar et ven (20h30 en général).* Vaste bar aux couleurs reggae qui attire en fin de semaine la jeunesse touristique d'une partie de la côte. Bonne atmosphère.

Plusieurs bars de plage ouvrent (puis ferment...) sur la plage d'Amed, aux endroits pas encore urbanisés.

À voir

Le retour de la pêche : tôt le matin, on peut assister au retour des pêcheurs sur la plage. Où que vous logiez, vous pourrez apercevoir ce rituel. Aux environs de 7h, les voiles colorées apparaissent à l'horizon. C'est un ballet de couleurs quand les 1res embarcations, frêles, aux voiles décousues, recousues, accostent.

Les salines : à côté d'Amed, où le sel est recueilli par évaporation dans des troncs de palmiers creusés.

BALI

Où plonger ?

La côte de la région d'Amed est magnifique pour faire de la plongée. Nombreux clubs, dont certains tenus par des Français. L'atout de cette zone, c'est de pouvoir partir du bord de la plage avec masque, tuba et matériel de plongée. Préférer le matin, la visibilité est meilleure.

Nos meilleurs spots sur cette côte

Tulamben : 2 sites de renommée mondiale, l'épave du *USS Liberty* (on en parle plus longuement à Tulamben) et le magnifique tombant.

The Wall *(le tombant)* ***:*** un mur qui plonge à 75 m avec le même type de faune que sur l'épave du *Liberty.* Beaucoup de bancs de maquereaux.

Épave du Bogo à Kubu *(20-36 m. Niveau 2)* ***:*** beau site de sable noir et coraux mous autour d'un bateau coulé pour créer un spot de plongée. On rentre dans l'épave. Idéal pour la photographie.

Batu Kelebit *(20-40 m)* ***:*** des rochers émergeant au large (pinacles) souvent visités par des poissons pélagiques. On gagne le site en bateau. Courants fréquents.

Seraya *(10-15 m)* ***:*** paradis du *muck diving.* Départ de la plage. Plongée sur des fonds de sédiments (parfois un peu vaseux), dans lesquels se cachent des organismes de petite taille souvent rares et étonnants. Idéal pour la photo macro.

Amed : mur de corail qui plonge vers 40 m, avec un beau récif artificiel en forme de pyramides. Départ d'Amed en bateau. Des matériaux métalliques ont été coulés pour former des massifs coralliens artificiels.

Jemeluk : pente de sable encadrée de 2 murs ; l'un descend jusqu'à 35 m. Départ de la plage.

Bunutan *(30-40 m)* ***:*** plongée dérivante pleine d'émotion. On accède au site en bateau. Requins et bancs de barracudas. Plongée technique et courants assez forts.

Japanese Shipwreck *(épave)* ***:*** *devant l'*Eka Purnama *et le* Baliku. Belle petite épave à quelques brasses seulement de la côte et à 5 m de profondeur, avec une pente corallienne pleine de raretés. Au-delà de la visite de l'épave, très beau site, riche en faune et en flore.

Gili Selang : le plus beau jardin de corail de Bali. Accès en bateau. Courant très fort et parfois descendant. Plongée très technique, réservée aux plongeurs expérimentés.

Nager et faire du *snorkelling*

Pour la location de matériel, compter 35 000-40 000 Rps pour la journée, mais vous devrez rester sur le même site (pas pratique). Préférez louer du matériel auprès de votre hôtel, vous pourrez ainsi aller où vous voulez. Voici les sites les plus connus et faciles d'accès. Il en existe d'autres, moins faciles d'accès.

– ***Jemeluk*** *(plan A1)* ***:*** *au niveau du* Teman Teman, *sur la droite de la plage.* Plage de galets. Jolis fonds et beaux coraux. Magnifique. On y trouve même une boîte aux lettres sous-marine, malheureusement plus active.

– ***Japanese Shipwreck*** *(plan B1)* ***:*** *devant l'*Eka Purnama *et le* Baliku. *Accès : 20 000 Rps (jus de fruit frais inclus).* Là aussi, plage de galets. Vous verrez l'épave aussi bien que les plongeurs puisqu'elle est située entre 3 et 5 m. Et également de beaux coraux.

– ***Lipah Beach*** *(plan B1)* ***:*** *au niveau de l'hôtel* Vienna. Sable noir, poissons multicolores, mais coraux blanchis. Sur la droite, charmant *Coral Garden.*

– ***Aas*** *(hors plan par B1)* ***:*** *au niveau du* Meditasi. Plage de galets. Fonds pas mal, en palmant un peu. On y trouve un autre *Coral Garden.*

BALI

Les clubs de plongée

Les prix proposés par les clubs de plongée sont tous équivalents grosso modo : compter environ 50-55 € pour un baptême (environ 85 € pour 2 baptêmes, à la demi-journée) et entre 55 et 65 € pour 2 plongées loisirs dans la même journée selon les clubs et le fait qu'on prenne un bateau ou non. Tous proposent des formations à tous les prix, en fonction du type de plongée. Comparez les tarifs et le sérieux des clubs avant de vous décider. En général, ils peuvent venir vous chercher à votre hôtel.

■ ***Dive Concepts** : dans l'enceinte du* Arjuna Homestay *(plan A2, **21** ; lire plus bas « Où dormir ? » à **Pemuteran.**).* ☎ *081-237-666-971.* • *diveconcepts.com* •. *Réduc de 10 % pour les résas directes sur ts les produits de plongée sur présentation de ce guide.* Club sérieux, avec instructeurs francophones certifiés PADI et SSI et, pour ne rien gâcher, des tarifs plutôt compétitifs. Piscine pour s'exercer. Plusieurs formules proposées (initiations, safaris plongées, plongées nocturnes, cours de plusieurs jours).

■ ***Abyss Dive Center** (plan A1, **23**) : à Amed.* • *abyssdivecenter-bali.com* • Baptême, explorations, formations. Il suffit de demander ! Club sollicité par les routards. Super accueil (notamment en français). Certification française utilisable internationalement.

■ ***Eco Dive** (plan A1, **51**) : à **Lipah.*** ☎ *234-82.* • *ecodivebali.com* • Un club tenu par un Canadien. Et les petits repas concoctés par la femme du patron sont très appréciés par les routards.

■ ***Jukung Dive Bali** (plan A1, **21**) : à Amed.* 📱 *081-797-426-87.* • *jukungdivebali.com* • Tenu par un Français. Bureau au *Pondok Bukit Bungalows.*

■ ***Euro Dive** (plan B1, **50**) : à **Lipah.*** ☎ *236-05.* • *eurodivebali.com* • Centre de plongée très professionnel, établi depuis une dizaine d'années et disposant de moniteurs francophones.

■ ***Fab Dive** (plan A1, **11**) : juste à l'entrée d'Amed.* 📱 *082-237-092-601.* • *balifabdive.com* • Accueil en français.

TULAMBEN

IND. TÉL. : 0363

• Plan *p. 223*

Seuls les plongeurs trouveront un intérêt à dormir à Tulamben. Même pas un village, tout au plus un lieu-dit, à une quinzaine de kilomètres au nord d'Amed. Mais c'est ici que se cache une petite merveille. À proximité de la plage de gros galets noirs et un peu triste, distante d'à peine 50 m du bord, dans quelques mètres de fond, gît l'épave d'un cargo devenue le paradis de myriades de poissons multicolores, de toutes les tailles, dont on peut observer l'incessant ballet au milieu de bouquets de coraux extraordinaires. Chaussez vos palmes, embouchez vos tubas, ajustez vos masques et plongez à la découverte d'un monde merveilleux ! Pour les plongeurs avec bouteilles, le spectacle sera en 3 dimensions.

UN PEU D'HISTOIRE

Le 11 janvier 1942, le monde est en guerre. Le Japon occupe l'Indonésie. Ce jour-là, le *Liberty,* un cargo américain de 120 m transportant du caoutchouc et des rails de chemin de fer, traverse le détroit de Lombok. Un sous-marin japonais vise le cargo 2 fois : boum ! boum ! Torpillé, celui-ci ne peut poursuivre sa route. 2 destroyers viennent alors lui porter secours et tentent de le tirer jusqu'à Singaraja. Mais le bateau montre des signes de faiblesse, et on l'échoue sur la plage de Tulamben avant qu'il ne se brise. La cargaison est récupérée. Le bateau, pour sa part, commence sa vie d'***épave.*** Mais elle ne devait pas s'arrêter là.

En mars 1963, lors de l'éruption du mont Agung, de fantastiques coulées de lave dévalent du cratère jusqu'à la mer et repoussent le bateau dans l'eau. Incroyable ! Celui-ci s'immerge doucement et se couche sur le flanc, la proue à 4 m de fond, tandis que la poupe s'enfonce à 29 m. Sa carcasse se brise alors, fatiguée.

20 années passèrent sans que personne ne s'intéressât à lui. Les routards des années 1970 circulaient plus à la surface que sous l'eau, et il fallut attendre la fin des années 1980 pour que des clubs de plongée se préoccupent de l'épave. Pendant 20 ans, la ferraille en décomposition constitua un support extraordinaire aux ***coraux et algues*** qui se développèrent de manière étonnante. Des ***centaines d'espèces de poissons*** différentes prirent l'habitude de venir se servir dans ce garde-manger gigantesque. C'est ainsi qu'aujourd'hui le *Liberty* n'a pas encore achevé sa destinée, puisqu'il est devenu ***l'une des grandes attractions de l'île pour les plongeurs*** (voir plus loin). Étonnant, non ?

BALI

Où dormir ? Où manger ?

Avec la notoriété grandissante du site de plongée, plusieurs hôtels se sont construits. Chacun avec son petit club attenant. Tous proposent des plongées pour les débutants comme pour les confirmés, ainsi que la simple location de palmes, masques et tubas. Si vous voulez éviter la foule (surtout en haute saison), il peut être judicieux de dormir ici ou à Amed. Cela dit, tous les clubs d'Amed plongent sur l'épave assez tôt le matin pour éviter la foule qui arrive vers 10h de tous les coins de l'île.

Bon marché (moins de 350 000 Rps, soit env 23 €)

🏠 ***Dive Concepts*** *(plan,* ***10****)* **:** *côté route. 📱 081-236-845-440. • diveconcepts.com • Standard ou chambres avec clim 150 000-600 000 Rps (même prix tte l'année).* Même si elle n'est pas côté plage, voici une chouette adresse, sans doute la plus sympathique du secteur, spécialement dédiée aux plongeurs. Sur l'arrière, quelques bungalows en dur à touche-touche, simples, avec ventilo ou clim et eau chaude. Bonne ambiance et club de plongée *(Dive Concepts)* très sérieux.

Prix moyens (de 350 000 à 700 000 Rps, soit env 23 à 46 €)

🏠 ***Matahari Tulamben Resort*** *(plan,* ***11****)* **:** *côté plage. ☎ 229-16. • divetulamben.com • Standard ou chambres avec clim 300 000-600 000 Rps.* Le long d'une bande étroite, bordée par un jardinet d'un côté et les hébergements de l'autre, serrés les uns contre les autres, à dominante bleu et blanc. Ventilo et eau froide pour certains, clim et eau chaude pour les autres. Coin hamac au milieu du jardin. Au bout, une petite piscine étroite avec fontaine, tout en longueur, et au-dessus, une mezzanine-resto et une plateforme avec quelques transats. On a exploité l'espace au max ! Plage de galets noirs au bout. L'épave du *Liberty* est à 300 m.

🏠 🍽 ***Paradise Palm Beach Bungalows*** *(plan,* ***12****)* **:** *à droite de la route, à l'entrée du village ; fléché. ☎ 229-10. • tulambenparadise@yahoo.co.id • Doubles 350 000-500 000 Rps (mêmes prix tte l'année).* Propose une vingtaine de chambres dans des bungalows plutôt coquets, à la balinaise, en dur et en bambou pour les plus simples, en pierre pour les plus chers, distribués de part et d'autre d'une allée étroite et tout

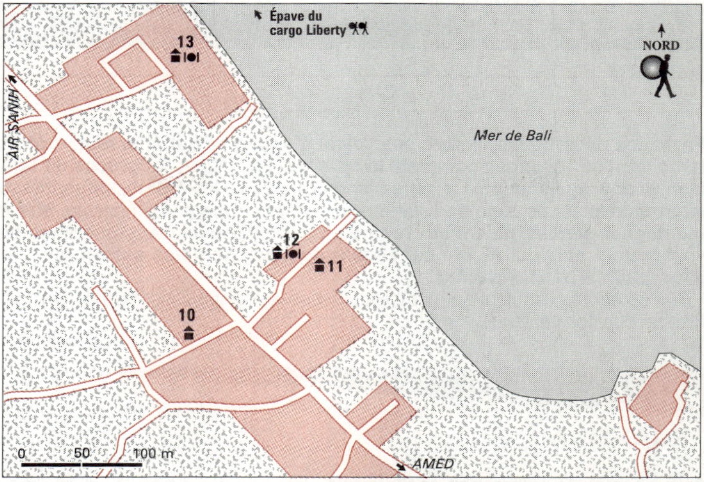

TULAMBEN

Où dormir ? Où manger ?	
10 Dive Concepts	**12** Paradise Palm Beach Bungalows
11 Matahari Tulamben Resort	**13** Tauch Terminal

en longueur menant à la mer. Chacun dispose d'une terrasse et d'une salle de bains (ventilo ou clim). Préférer ceux proches de la plage. Petite piscine et terrasse en bois avec transats. Bon resto.

De chic à plus chic (plus de 1 000 000 Rps, soit env 67 €)

Tauch Terminal *(plan,* ***13****) : accès par une petite route qui descend vers la mer ; bien indiqué. ☎ 77-45-04. • tauch-terminal.com • Doubles à partir de 70 € env ; deluxe plus chères.* Superbe ensemble d'une vingtaine de chambres situées dans 2 édifices sur 2 niveaux, très luxe et tout blanc, décorées avec soin, disposant de bien jolies terrasses prolongées par un jardin soigné. Toutes donnent sur la mer. Ventilo, clim, lit à baldaquin, hamacs, 2 piscines, petites fontaines... Propose des formules hébergement et plongée intéressantes. Resto face à la mer.

Où plonger ?

L'épave du cargo Liberty *(shipwreck en hors plan)* : *vers l'ouest de Tulamben ; descendre une route à droite.* Grande attraction de Tulamben, elle fait l'unanimité parmi les plongeurs (voir l'intro). Gros avantage : on peut y accéder depuis la plage. Plongeur débutant, ce sera pour vous l'occasion d'un ***baptême*** extra. De plus, l'épave convient à tous les niveaux, puisqu'elle gît par 3 à 29 m de fond. Les clubs de plongée de toute l'île emmènent leurs clients plonger ici tous les matins. Tout ce petit monde débarque vers 9h30-10h.

LA CÔTE NORD

• Carte *p. 225*

Paysages désertiques, arrière des volcans Agung et Batur, la route côtière remontant de Tulamben contraste avec le reste de l'île. À l'approche de Tejakula, le paysage change. La route s'engouffre entre les arbres, longeant une interminable succession de villages-rues s'étirant jusqu'à Singaraja. Mer et montagnes se dissimulent aux regards. Un itinéraire souvent ignoré par les voyageurs, mais qui recèle cependant quelques temples extravagants et sites naturels peu fréquentés.

– Peu de *bemos* circulent sur cette route (ligne Amlapura-Singaraja). Mieux vaut disposer de son véhicule.

TEJAKULA

À mi-chemin de Tulamaben et Singaraja, Tejakula n'est pas un village mais un district, étiré sur une quinzaine de kilomètres le long d'une bande de terre coincée entre montagne et mer. Dissimulés derrière la forêt, une série de *resorts* y ont élu domicile, dispersés de loin en loin au bord d'une étroite plage de sable noir. Pas de bourg, rien à faire, seulement buller dans son hôtel, entre piscine et océan, et, éventuellement, papillonner à la découverte des sites de la région. Même principe quelques kilomètres plus à l'ouest à Bondalem, village au large duquel les autorités ont récemment recréé un récif artificiel.

Où dormir dans le coin ?

Villa Selina : *à* ***Bondalem.*** *081-805-482-938. • villa-selina-bali.com • Doubles 430 000-830 000 Rps selon confort et saison.* Ambiance relax et familiale dans ce petit établissement planté dans un jardin en bord de plage, et tenu par un Australien et sa femme balinaise. Seulement 3 chambres et autant de bungalows, nickel et confortables (clim), dotés de belles salles d'eau semi-extérieures. Également un bungalow familial. Petite piscine, planches de surf en libre-service, et un spot de *snorkelling* juste en face (matos à louer sur place). Au resto, que du frais (on commande quelques heures à l'avance), de la pêche du jour à la coco pilée maison pour assaisonner les currys. Si la sauce prend, la soirée se termine autour de la guitare. Ça sent bon les vacances.

Poinciana Resort : *lieu-dit* ***Tembok,*** *Tejakula. 081-339-523-458. • poincianaresortbali.com • Double env 110 US$.* Atmosphère lune de miel dans ce complexe de bungalows en dur semés en bord de plage. Excellent confort, mais pas de TV, ce tue-l'amour, sauf supplément pour les irréductibles... 2 piscines, un spa et, à seulement quelques brasses, un petit récif pour le *snorkelling* (matos fourni). Attention, l'océan peut être agité. Le soir, tranquillité absolue, à peine troublée par les bruissements de la nuit. Resto moyen, dommage.

DE TEJAKULA À SINGARAJA

Yeh Mampeh Waterfall : *au lieu-dit* ***Les,*** *entre Tembok et Bondalem, tourner vers les montagnes (fléché) sur 2 km. Accès : 20 000 Rps.* Du parking, gentille

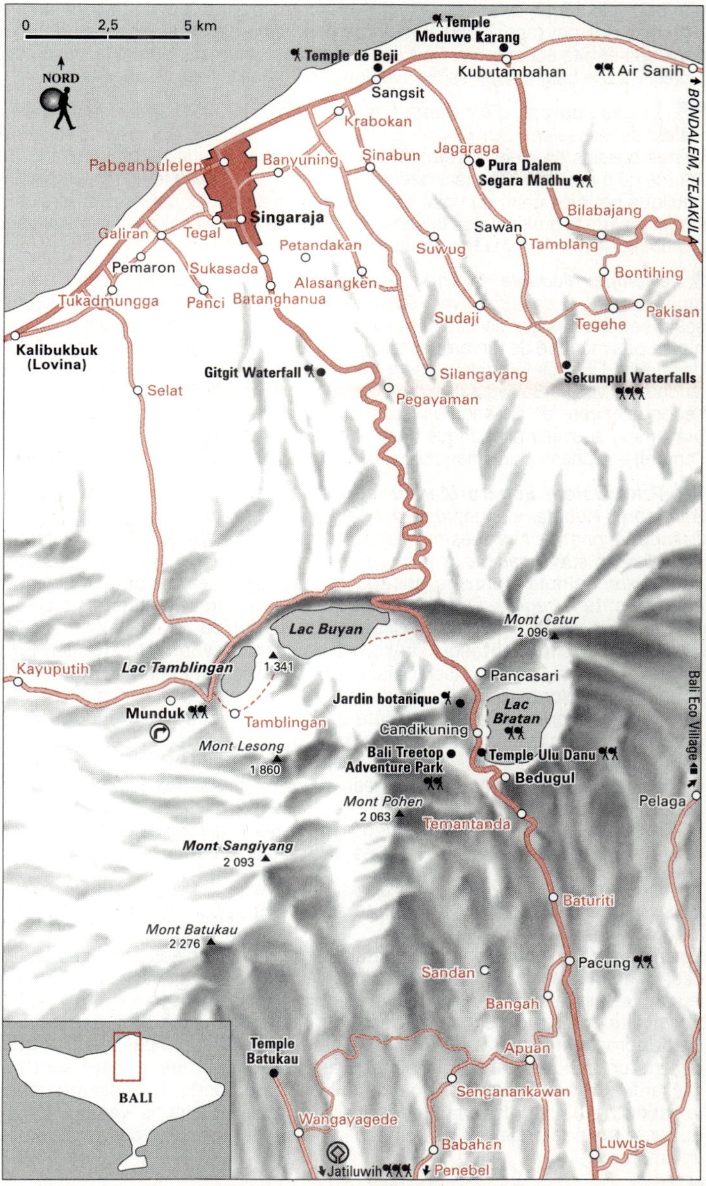

LE NORD DE BALI

grimpette de 15 mn à travers la jungle grignotée par les lopins de bananiers et d'ananas des paysans, jusqu'à atteindre une chute d'eau dégringolant de 40 m dans une étroite échancrure. Plus impressionnant, bien sûr, durant la saison des pluies. Pas de baignade possible. Quelques gargotes le long du chemin.

Les sources d'Air Sanih : *dans le village du même nom, env 10 km à l'ouest de Bondalem. Ouv 8h-18h. Entrée : env 10 000 Rps. Apporter sa serviette.* Vastes bassins en plein air, emplis d'une eau douce cristalline provenant d'une source de montagne. Donnant directement sur la mer, le lieu fait office de piscine publique pour les gens du coin. Une pause bien agréable, paisible et rafraîchissante, malgré la proximité de la route. *Warungs* de l'autre côté de la route, en surplomb, pour ceux à qui la trempette a creusé l'estomac.

Le temple Meduwe Karang : *à* ***Kubutambahan,*** *5 km après Air Sanih, sur la droite. Sarong et donation (env 5 000 Rps) obligatoires.* Temple couvert de scènes sculptées dédiées aux divinités de la terre. Sur le flanc gauche, votre esprit curieux n'aura pas manqué de remarquer ce cycliste juché sur un vélo dont les roues sont des fleurs. D'après le guide présent devant le temple, ce serait un routard néerlandais qui visitait Bali au début du XXe s, à bicyclette. Les touristes étaient rares à l'époque et ceux à vélo encore plus, si bien que les artistes locaux décidèrent de graver son souvenir allégorique dans la pierre. Sinon, fleurs, dragons, Garuda (à l'arrière) et Ganesh (sur le flanc droit) se partagent les panneaux sculptés.

Pura Dalem Segara Madhu *(ou pura Dalem Jagaraja)* **:** *à* ***Sawan.*** *Env 3 km après Kubutambahan, juste avt Sangsit, prendre sur la gauche la route de Sekumpul, grimpant vers les montagnes à travers champs et rizières. Le temple est à 3,5 km sur la gauche, à l'entrée du village. Entrée : 15 000 Rps et sarong obligatoire.* Temple étonnant, qui possède peut-être les décorations les plus démentes de la région. Détruit par les Hollandais durant la guerre de colonisation, il fut reconstruit par les villageois au début du XXe s. Selon un guide local, ceux-ci choisirent alors de l'orner de scènes évoquant l'invasion pour, en quelque sorte, les exorciser. Déjà, gardant l'entrée, sur la droite, noter la silhouette d'un soldat hollandais, avec ses belles bacchantes et son uniforme. Plus surprenant encore, sur la façade, côté gauche, une voiture du début du XXe s, des pêcheurs, un avion qui s'abîme en mer... Toujours en façade, côté droit, une autre voiture. Vraiment le délire. À l'intérieur, en observant bien, on verra de gros démons marins s'en prendre à un bateau et une multitude de sculptures, comme posées là en vrac.
Le village de ***Sawan*** est par ailleurs réputé pour ses forgerons de gongs de gamelans – les meilleurs de l'île, dit-on. On peut se faire conduire dans un atelier.

Sekumpul Waterfalls : *7 km après Sawan, en poursuivant toujours tt droit. Accès : 20 000 Rps pour juste la vue et... 200 000 Rps pour descendre au plus bas avec un guide.*
Émergeant de la jungle, un cirque naturel, strié d'un chapelet de chutes vertigineuses dégringolant de plusieurs dizaines de mètres de haut dans le vacarme de leur toute-puissance. On les découvre d'en haut, majestueuses.
Possibilité ensuite de dévaler un escalier jusqu'à la rivière d'où des sentiers s'en approchent au plus près. Pour rejoindre celles du fond, pas d'autre option que de crapahuter dans le lit de la rivière ; attention, les rochers sont très glissants. Un peu l'arnaque. Dommage ! Compter 30 mn de descente depuis le parking, plus pour la remontée, sacrément raide. Quelques *warungs* le long du trajet. Ne pas y aller s'il pleut (chemin glissant et le niveau de la rivière peut vite monter).

Le temple de Beji : *à* ***Sangsit,*** *dans les faubourgs de Singaraja, 1 km à l'ouest de l'embranchement pour Sekumpul (panneau discret sur la droite). Sarong et donation (15 000 Rps) obligatoires.* Sur le chemin qui mène à la plage, un temple paisible dans le plus pur style « rococo des Années folles ». Joli mais surchargé !

SINGARAJA

À 85 km de Denpasar. Grande cité carrefour du nord de l'île, Singaraja (le « roi lion » en sanskrit) fut, durant la domination néerlandaise, le port principal et la capitale administrative de Bali. Seuls vestiges de cette époque révolue, quelques bâtisses coloniales décrépies et, dominant le port désormais abandonné, une gigantesque statue pointant un doigt explicite vers le large, pour indiquer aux Hollandais le chemin du retour.
Si son marché reste encore important, la ville, brouillonne et bruyante, ne présente guère d'attraits pour le voyageur de passage, hormis pour qui se déplace en *bemo* ou doit faire prolonger son visa au bureau de l'immigration. Peu d'hôtels ici, puisque Singaraja n'est pas touristique.

Adresse et infos utiles

La ville compte ***3 terminaux de bus et bemos.*** Celui de ***Banyuasri*** dessert l'ouest de Bali (Gilimanuk, via Lovina et Pemuteran) ; celui de ***Penarukan*** (à l'est de la ville), l'est et le centre ; celui de ***Sangket,*** à 5 km au sud de la ville, Denpasar. Penarukan et Sangket sont reliés à Banyuasri par des *bemos* de ville. Départs des bus et *bemos* le matin uniquement.

■ ***Kantor Imigrasi :*** *jl. Seririt. Lun-ven 8h-16h (16h30 ven).*

À voir à Singaraja et dans les environs

Gedong Kirtya : *jl. Veteran, dans l'enceinte du Buleleng Museum, à la sortie de la ville direction Bedugul et Gigit. Tlj 8h-17h. Entrée : 5 000 Rps.* Modeste bibliothèque abritant, dans de longs étuis de bois, une collection de manuscrits anciens appelés *lontar.* Dessins et caractères en ancien balinais étaient gravés avec un stylet sur des feuilles de palme, qu'on frottait ensuite avec de la noix de macadamia grillée pour faire apparaître les lettres. Les employés pourront vous faire une démonstration. Dans le musée poussiéreux adjacent, quelques photos et objets évoquent le défunt royaume de Buleleng, dont Singaraja était la capitale. On ne vient pas exprès, mais halte possible sur la route.

Les chutes d'eau de Gitgit : *à 8 km au sud de Singaraja, sur la route de Bedugul, sur la droite ; c'est indiqué. Accès : 20 000 Rps.* Court chemin bordé d'échoppes, menant en un petit quart d'heure au pied d'une large cascade, la plus connue du coin mais pas la plus impressionnante. Vaut une étape sur la route, pas plus. D'autres chutes plus modestes se succèdent en remontant la vallée (guide indispensable, si vous y tenez...).

En cas de fringale, bon resto à prix moyens au-dessus du parking, le ***Spice Paradise,*** servant currys indiens et spécialités balinaises délicieusement parfumés. Pour accompagner, jus de fruits de la passion, cueillis directement sur la treille de la terrasse...

BEDUGUL

IND. TÉL. : 0368

Cette station d'altitude, au bord du lac Bratan, côté sud, est à 29 km au sud de Singaraja et à 51 km de Denpasar. On est ici en montagne, et les écarts

de plus de 10 °C avec la plaine sont fréquents. Cette région a plus de succès auprès des Indonésiens que des étrangers. Les prix sont aussi plus élevés. On trouve au bord du lac un petit parc de loisirs avec activités nautiques, etc. Mais l'endroit a quelque chose d'un peu triste et n'est pas toujours propre. La route entre Singaraja et Bedugul a été refaite à neuf, mais ça grimpe ! Compter 1h30 de trajet de Lovina. Nombreuses familles de singes tout au long de la route.

Où dormir ?

Quelques *losmen* et plusieurs hôtels chers. Le niveau de prix général des établissements nous a semblé surestimé vu l'état des chambres, et l'on ne voit pas trop l'intérêt de dormir ici. On vous conseille plutôt de poursuivre votre route jusqu'à Munduk, tout près et nettement plus agréable. Voir un peu plus loin le chapitre consacré à ce village.

À voir. À faire

Le ***lac Bratan*** et 2 autres lacs de moindre importance occupent une partie de cet ancien cratère. L'endroit est touristique, et on accède au lac en payant l'entrée pour Ulu Danu. L'accès aux rives du lac est payant : 10 000 Rps par personne. Location de bateaux et activités nautiques. Joli paysage au pied d'une montagne.

Le jardin botanique *(Kebun Raya)* **:** *après le marché, prendre la 1re rue à droite ; le parc (ouv 8h-18h) se trouve à 1,5 km. Entrée : 12 000 Rps/voiture et 20 000 Rps/pers.* Sur plus de 150 ha, des centaines d'arbres et de plantes, dont une superbe collection d'orchidées sauvages. Nombreuses espèces européennes... parfois banales à nos yeux.

Bali Treetop Adventure Park : *dans le jardin botanique. ☎ (0361) 934-00-09. • balitreetop.com • Entrée : 28 US$; réduc avt 10h30 et si résa à l'avance.* Un couple franco-indonésien a eu la bonne idée d'ouvrir ce circuit accrobranche très complet, le 1er du genre en Asie. Les 5 parcours font évoluer petits (à partir de 4 ans) et grands dans les gigantesques arbres du jardin botanique, de 1 à 20 m du sol. Très bien fait, bon esprit et sympa comme tout.

DANS LES ENVIRONS DE BEDUGUL

Le temple Ulu Danu : *à* ***Candikuning,*** *3 km avt Bedugul, sur la gauche en venant de Singaraja. Ouv 8h-18h. Entrée : 50 000 Rps.* Avec son *meru* à 11 toits, ce temple est dédié à la déesse des Eaux. Calme et sérénité dans un joli paysage. Chose étonnante, un stûpa, un peu à l'écart de l'entrée sur la gauche, laisse supposer une influence bouddhique. Sur la colline, en arrière, vous apercevrez aussi une imposante mosquée ! Quand il n'y a personne, avec une belle lumière, l'ambiance est formidable. Avec des cars de touristes, c'est moins zen, c'est sûr.

Pour ceux qui veulent se rendre à Batukau depuis Bedugul, redescendre par Baturiti jusqu'à ***Pacung*** (prononcer « Pachung »). De là, prendre une petite route à droite en direction de Penebel ; 500 m après cette bifurcation, magnifiques paysages de rizières. On peut s'arrêter au grand resto à la terrasse en surplomb. Repas moyen (buffet) et un peu cher, mais vue exceptionnelle, à condition qu'il n'y ait pas de brume. Après Apuan, tourner à droite et suivre la petite route qui passe par Senganankanginan, Gunungsari, Jatilhuih et Wangayegede où l'on retrouve la route principale pour Batukau. Tout au long de cet itinéraire, nombreuses rizières et paysages magnifiques.

Où dormir dans les environs ?

Bali Eco Village : *près de **Pelaga** (Plega), à 45 km au nord-ouest d'Ubud. 081-353-382-797. • baliecovillage.com • Coordonnées GPS : - 8.27258 115.24674. Double 700 000 Rps ; familiale 1 400 000 Rps.* Des bungalows complètement intégrés à la nature environnante, aux toits tout en arrondis. Déco extra-ethnique balinaise. Les chambres *standard* ont moins de charme, mais quel cadre ! Idyllique et parfait pour s'intégrer dans la jungle, voir des cascades d'eau, profiter du spa les yeux dans le vert ou pratiquer des séances de yoga.

BATUKAU

Batukau est un temple à l'écart du circuit touristique *(entrée 20 000 Rps ; prêt de sarong).* **Ambiance zen et sereine. Son *meru* (pagode) principal de 7 étages est dédié à Mahadewa, l'ouest des points cardinaux. De Bedugul, emprunter la route vers le sud. À Pacung, prendre à droite direction Penebel. Quelques kilomètres plus loin, de nouveau à droite vers Senganankanginan et Wangayagede. De là, prendre à droite pour Batukau. Beau parcours, mais scrutez bien le ciel avant tout : le mont Batukau, en forme de noix de coco (d'où son nom), qui culmine à 2 276 m, est souvent pris dans les brumes. Il fait alors plus frais et vous ne bénéficierez pas de la vue exceptionnelle sur l'ensemble de l'île.**

Où dormir ? Où manger ?

Prana Dewi Mountain Resort : *à 2 km de Batukau et à 700 m d'altitude. 823-4154-55-00. • balipranaresort.com • Bungalows 68-110 US$ selon taille (+ 20 % en juil-août).* 14 bungalows avec 15 chambres, répartis dans un jardin qui est un paysage à lui tout seul. Fougères géantes, palmiers, cacaotiers et autres façonnent cet environnement vallonné où l'on déambule par des sentiers de pierres posées sur un sol escarpé. Petites mares devant chaque bungalow. Dans les intérieurs, le bois est omniprésent avec des lits en teck recyclé. Chambres claires, avec plusieurs fenêtres et de belles peintures. On sent une harmonie parfaite entre la nature et le confort rustique. La proprio, allemande, est prof de yoga (cours de yoga, qi gong, taï-chi et méditation). Fait aussi resto ; cuisine allégée à dominante naturelle, mais pas exclusivement végétarienne.

DANS LES ENVIRONS DE BATUKAU

Les rizières de Jatiluwih *(« magnifiques » en balinais, et c'est justifié !)* **:** *à 3 km à l'est de Batukau à vol d'oiseau ; bifurcation indiquée sur la route du temple. Entrée de la zone des rizières : 40 000 Rps.* Sur une petite vingtaine de kilomètres, le panorama sur les champs en terrasses est tellement beau qu'il a intégré les trésors de l'Unesco. L'excursion est proposée depuis toutes les stations touristiques de l'île. Si vous aimez le scooter, possibilité de faire cette escapade en boucle depuis Ubud. Compter 2h pour arriver sur le site, sans les arrêts. Partir tôt. Droit d'accès pour circuler à travers les rizières *(env 5 000 Rps)* !

MUNDUK

IND. TÉL. : 0362

Depuis Bedugul, partir vers le nord, puis obliquer à l'ouest en direction de Gobleg, Mayong et Munduk. La route de crête surplombe les lacs Buyan et Tamblingan, offrant des vues plongeantes magnifiques sur la vallée et les lacs. Pause photos obligatoire !

***Munduk* signifie « entre plaine et montagne », ou « piémont » si vous préférez. Du coup, si vous vous perdez dans le lacis des petites routes du coin et demandez votre chemin, ne soyez pas surpris si votre interlocuteur hésite à vous indiquer une direction ! Pas de panique, vous finirez toujours par trouver quelqu'un qui vous comprendra. Construit en serpentin sur une crête à environ 800 m d'altitude, le village offre des vues et couchers de soleil superbes, mais n'a en lui-même rien de remarquable. En revanche, c'est un lieu de villégiature idéal pour explorer la région alentour, qui fait l'objet d'un programme de protection de l'environnement et de la culture. Munduk, c'est la garantie de s'immerger dans la Bali rurale et faire de belles balades à travers villages, rizières, cascades, plantations de café, cacao et girofliers.**

– Petit avertissement à l'intention des automobilistes qui arrivent de nuit depuis Bedugul : la route à double sens à l'entrée du village est très étroite et bordée de fossés traîtres, suffisants pour planter son véhicule.

Où dormir ? Où manger ?

Le village est tout en pente. En arrivant de Bedugul (direction utilisée pour situer nos adresses), on l'aborde par sa partie haute.

Karang Sari Guesthouse & Restaurant : *jl. Kayu Putih. 082-144-844-844. 1re adresse en arrivant de Bedugul, sur la droite. Doubles 300 000-500 000 Rps ; hors saison, réduc de 15 % à partir de la 2e nuit.* En contrebas de la route, les chambres impeccables avec terrasse ou balcon (au 1er) donnent sur un jardin magnifique. Certaines communiquent entre elles, pratique pour les familles. Toit aménagé pour admirer l'embrasement des rizières au coucher du soleil. En descendant quelques marches supplémentaires, options un peu moins chères, notamment dans la maison construite à l'époque coloniale par le grand-père. Rétro et un peu sombre, elle n'est pas dénuée de charme avec ses hauts plafonds et ses murs épais garantissant un peu de fraîcheur. Accueil familial tout sourire. Un bijou de petite adresse !

Villa Dua Bintang : *jl. Batu Galih. 081-237-005-593. • villaduabintang.com • 1re adresse à gauche en arrivant de Bedugul, par un petit chemin en coude. Doubles 950 000-1 115 000 Rps.* Au calme, 7 grandes chambres spacieuses, dans de grandes demeures traditionnelles balinaises en dur, avec salles de bains extérieures et vastes baies vitrées ouvertes sur les monts voisins. Spectaculaire et reposant ! Mieux vaut être motorisé. Familial.

Melanting Cottages & Restaurant : *en haut du village, sur la droite. 085-100-005-266. • desamelanting@gmail.com • melantingcottages.com • Selon période et durée de séjour, bungalows 1 000 000-1 250 000 Rps. Plats 40 000-80 000 Rps.* Un village de chalets individuels sur pilotis, étagé sur un terrain en forte déclivité garantissant des vues plongeantes sur la forêt. Bois sombre, balcon génial, ni ventilo ni clim, mais la fraîcheur est garantie. Lits confortables, bouilloire et café. Accueil et apéro à l'arrivée. On vous explique même tout ce qu'il y a à faire dans les environs ! Spécialités indonésiennes (poisson mariné cuit dans une feuille de bananier, *baby pork ribs* en sauce, etc.) et quelques plats de pâtes.

Puri Alam Bali : *en haut du village.* ☎ *081-246-598-15.* • *purialambali.com* • *Doubles 450 000-1 000 000 Rps.* Chambres bien aménagées, assez confortables et joliment décorées, avec vue splendide sur la montagne environnante. Bungalows en contrebas (plus chers), parfait entre amis ou en famille, mais la vue est moins chouette. Petite piscine. Attention, ça monte et ça descend sacrément. Accueil charmant des proprios. Resto. Location de scooters.

Puri Lumbung Cottages : ☎ *081-238-740-42.* • *purilumbung.com* • En plein cœur des rizières. Le rêve ! 2 types d'hébergement : les cottages en bois sur pilotis sont les plus charmants. L'idéal pour les amoureux ou un voyage de noces ! En contrebas, un entrelacs de cottages en dur, communicants, avec des vues sublimes sur les montagnes environnantes. Resto extra, petit café pour un dernier verre avant le coucher de soleil, cours de cuisine et spa. De quoi oublier d'aller randonner !

Atres Villa : *Banjar Dinas Kelod,* ***Banyuatis Village.*** ☎ *085-739-464-443.* • *atresvillas.com* • *Doubles 650 000-1 000 000 Rps.* Une adresse pleine de charme. Des maisons au milieu des rizières pour une poignée de chambres, spacieuses, propres et lumineuses. Clim, ventilo, machine à laver, petit déj et resto sur place. Mais surtout, la piscine, avec cette vue splendide ! Possibilité de louer des scooters (plutôt pratique dans le coin !). Super accueil.

Sanak Retreat : ☎ *081-139-77-58.* • *secret-retreats.com* • *Doubles 150-200 US$.* En dehors du village, suivre les panneaux d'indication. On est accueilli par un tunnel de bambous. Sensation d'être seul au monde, au milieu des rizières. Petite structure pleine de charme, avec des *lodges* sur pilotis, tout en bois, tout confort, avec déco raffinée (les têtes de lit !), aux couleurs chaleureuses. Coup de cœur pour les larges baies vitrées. On en prend plein les yeux ! Les *lodges* familiaux permettent même d'apprécier et le lever et le coucher du soleil ! Piscine, espace yoga au cœur de la nature, resto et spa. Une vraie retraite.

BALI

À voir. À faire

➢ ***Balades et randos :*** c'est comme si toutes les plantes de la Création s'étaient donné rendez-vous pour pousser par ici. Plusieurs programmes sont proposés : cascades, cultures en terrasses, d'un village à l'autre, lacs, etc. Compter de 1h à 6h de marche et 150 000 à 400 000 Rps à diviser par le nombre de participants. Tous les hébergements peuvent vous organiser des randonnées. N'hésitez pas pour autant à comparer et à marchander.

Jolie ***cascade*** : accessible sans risque de la manquer en prenant le chemin qui longe *Melanting Cottages* par la droite. À 500 m environ.

Excursion vers Pupuan : rizières magnifiques sur le site même, mais aussi dans les environs innervés par de délicieuses petites routes. Nécessite d'être motorisé.

LOVINA

IND. TÉL. : 0362

• Plan *p. 234-235*

Démarrant dès la sortie ouest de Singaraja, coincée entre une route au trafic dense et la mer, Lovina est une plage de sable noir d'environ 7 km de

long que se partage une succession de villages. Comparé aux plages du Sud, l'océan est plus calme et la foule moins dense. Malheureusement, la propreté n'est pas toujours au rendez-vous et la mer n'est pas aussi claire qu'ailleurs. Quant à vos chances d'échapper aux constantes sollicitations des vendeurs ambulants, elles sont proches du zéro... Mais alors, qu'est-ce qu'on fait là ? Certains apprécient l'ambiance assurément plus familiale que « picole et bikini » de cette station balnéaire désuète, et la possibilité, tout en logeant en bord de mer, d'irradier facilement vers les montagnes sans subir les embouteillages de la côte sud. Et puis il y a de beaux couchers de soleil et les dauphins. À vous de juger !

Arriver – Quitter

➢ Pour regagner le sud de Bali, si vous êtes motorisé, 2 itinéraires possibles : passer par Singaraja et prendre la route sud qui passe par Bedugul et le lac Bratan, ou se rendre à Seririt (env 10 km à l'ouest de Lovina) et prendre la route sud qui passe par Pupuan puis Tabanan (voir plus loin « De Lovina à Gilimanuk »). Beaucoup moins de monde sur ce dernier itinéraire.

En *bemo*

Les *bemos* s'arrêtent le long de la rue principale et transitent systématiquement par Singaraja (sauf ceux poursuivant vers l'ouest, direction Gilimanuk). Voir cette même rubrique à Singaraja pour plus de détails.

Adresse et info utiles

– Le centre de Lovina se trouve à Kalibukbuk *(plan B1),* au niveau de la rue perpendiculaire à la route, direction la plage. Là et dans les rues adjacentes se concentrent hôtels, restos et services pour voyageurs : bureaux de change, distributeurs automatiques, cybercafés, vélos, scooters et voitures à louer, agences de voyages.

✉ ***Poste*** *(plan A1)* **:** *sur la route, à la sortie de Lovina en allant vers Gilimanuk. Lun-jeu 7h30-15h, ven-sam le mat seulement.*

Où dormir ?

Demandez toujours à visiter les chambres avant de vous décider, et négociez, quelle que soit la saison.

Bon marché (moins de 350 000 Rps, soit env 23 €)

☗ ***Gede Homestay*** *(plan C1,* ***11****)* **:** *à* ***Amturan.*** *☎ 415-26. Doubles 150 000-330 000 Rps selon confort.* 2 rangées de bungalows modestes et usés mais propres. Les piaules se réduisent au strict minimum, un lit au milieu d'une pièce carrelée, un ventilo, une salle de bains fatiguée (eau froide), rien de plus. Terrasse-resto juste devant la jolie plage et ses quelques bateaux de pêche hissés sur le sable. Ambiance bien cool, esprit routard. La même famille tient aussi le *Puspa Rama* voisin. Conditions similaires, mais sans accès direct à la mer.

☗ ***Puri Bali Bungalows*** *(plan B1,* ***14****)* **:** *jl. Mawar, Ketapang, à* ***Kalibukbuk.*** *☎ 414-85. Doubles 350 000-500 000 Rps selon confort.* Bien situé et calme. Les hébergements (pavillon multichambres pour les catégories supérieures, bungalows pour les autres) s'ordonnent autour d'un grand jardin avec piscine. Les chambres les moins chères sont déjà très correctes, puis les prix grimpent en fonction des options (clim, TV, etc.). Resto simple et plutôt pas mal, avec une petite bibliothèque. Un plan honnête.

De prix moyens à chic (de 350 000 à 1 200 000 Rps, soit env 23 à 80 €)

Rambutan (plan B1, **16**) : *jl. Mawar, Ketapang,* ***Kalibukbuk.*** ☎ *413-88.* • *rambutan.org* • *Selon saison et type, doubles 450 000-1 100 000 Rps ; villas 950 000-2 000 000 Rps (réduc de 10 % dès la 3e nuit, de 15 % à partir de 1 sem).* 2 complexes en 1, en quelque sorte, puisque cette grande et belle propriété se compose d'une 1re partie réservée aux bungalows les moins chers (brasseurs d'air), et d'une 2de, plus familiale, dédiée aux plus luxueux, avec clim et différents types de confort, jusqu'aux villas grandes et chics. Dans les 2 cas, aménagement élégant, belle piscine, grands espaces verdoyants et accès au salon-bibliothèque, jeux pour les enfants, resto, ping-pong, billard, etc. Une réussite, pour tous les budgets et tous les goûts. Une de nos meilleures adresses.

1 000 Dream (plan D1, **15**) : *sur la plage de* ***Pemaron.*** ☎ *330-21-90. À mi-chemin entre Lovina et Singaraja, par la petite route qui mène au* Puri Bagus. *Selon période, doubles 750 000-1 100 000 Rps.* Le « Mille Rêves » ferait un très bon hôte pour qui se poserait un peu à Lovina. De là à y rester 1 001 nuits ? Non ! Juste que cette petite affaire familiale borde un morceau de côte photogénique (petite jetée, bateaux), qu'elle est bien jardinée, qu'elle compte une jolie piscine, un resto plaisant, et qu'elle vous accueille avec le sourire. On oubliait presque les coquets bungalows, situés sur l'arrière mais toujours avec vue sur l'océan, clim et salles de bains balinaises, équipées d'amusantes baignoires artisanales en forme de poissons.

BALI

Où manger ?

Contrairement à d'autres coins de Bali, la qualité générale n'est pas formidable à Lovina. Tous les hôtels ont leur petit resto. On en trouve sinon une tripotée sur jalan Mawar, la rue menant à la grande plage de Kalibukbuk *(plan B1).* On peut, par exemple, s'attabler dans la rangée de *warungs* alignés dans des cabanes juste avant la plage. Cuisine locale honnête de l'un à l'autre et, si ça vous a plu, les mêmes enseignes disposent chacune d'un 2d resto, plus grand, un peu plus bas dans la même rue !

Bon marché (moins de 45 000 Rps, soit env 3 €)

Warung Rasta (plan C1, **20**) : *pas loin du* Puri Mandhara. *Ferme à 23h.* Peinte aux couleurs de la Jamaïque, cette petite terrasse couverte en bord de plage, face aux *prahus* des pêcheurs, rappelle que le reggae à Bali, c'est un folklore en soi. Et que Bob Marley est toujours « the king of the guinguette » ! Cuisine honnête à prix doux, avec pas mal d'options végétariennes.

JB's Warung (plan B1, **22**) : *jl. Mawar, Ketapang, à* ***Kalibukbuk.*** ☎ *077-45-91. Tlj jusqu'à 22h.* Juste un préau, des brasseurs d'air, peut-être un guitariste torturant quelques standards. Surtout, un bon *rijsttafel,* copieux assortiment pour 2 d'une demi-douzaine de plats balinais plutôt bien tournés, à prix très démocratique. Même le café est inclus, et la *banoffee pie.* Plats à la carte sinon, et pizzas.

De prix moyens à plus chic (plus de 45 000 Rps, soit env 3 €)

Spice Beach Club (plan B1, **21**) : *sur la plage de* ***Asah Beach Kaliasem,*** *indiqué depuis la route principale.* Posé sur la plage, le *beach-club* de Lovina, un rien m'as-tu-vu avec sa piscine, ses colonnades à la grecque et ses banquettes immaculées. Cuisine internationale, cocktails, et DJ les mardi, samedi et dimanche en principe.

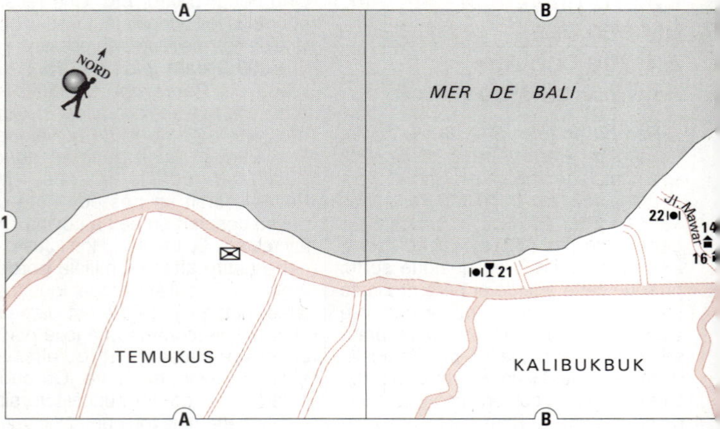

Où dormir ?	
	14 Puri Bali Bungalows (B1)
	15 1 000 Dream (D1)
11 Gede Homestay (C1)	**16** Rambutan (B1)

À voir. À faire

> **FLIPPER UN PEU FLIPPÉ...**
>
> *Face à la demande des visiteurs, tous les pêcheurs de Lovina ou presque se sont reconvertis dans les* dolphin tours. *Est-ce à cause de toutes ces pirogues à leurs trousses que les dauphins ne montrent parfois que le bout de leur queue ? On les comprend... Un conseil : laissez-les tranquilles !*

➢ ***Aller à la rencontre des dauphins :*** *compter 300 000 Rps/pers (prix fixes). Adressez-vous directement aux pêcheurs si vous préférez qu'ils touchent l'intégralité de la somme.* Le truc de Lovina, difficile d'y échapper ! Les excursions sont toutes les mêmes : on vient vous chercher à l'aube, puis vous naviguez 1h en assistant généralement à un superbe lever de soleil sur les environs, avec les volcans en toile de fond. Ensuite arrivent des dizaines et des dizaines de pirogues, chargées de touristes (une vingtaine en basse saison, plus de 50 en haute saison). Au début, ce rassemblement de *prahus* polychromes a une certaine allure. Mais quand apparaît au loin un banc de dauphins, le safari commence... On est presque certain d'apercevoir le bout de la queue de quelques mammifères, mais rarement plus. Autant le savoir, beaucoup reviennent mal à l'aise, avec certes la satisfaction d'avoir aperçu les dauphins, mais surtout l'impression d'avoir participé à une chasse à courre...

– De nombreux clubs de Lovina organisent des sorties ***plongée*** autour de l'île de Menjangan, aux alentours de Pemuteran (lire plus loin « L'ouest de Bali »). Un site effectivement exceptionnel mais que l'on vous conseille plutôt d'explorer directement depuis Pemuteran : ça vous coûtera moins cher et l'atmosphère y est, de notre point de vue, plus sympa qu'à Lovina.

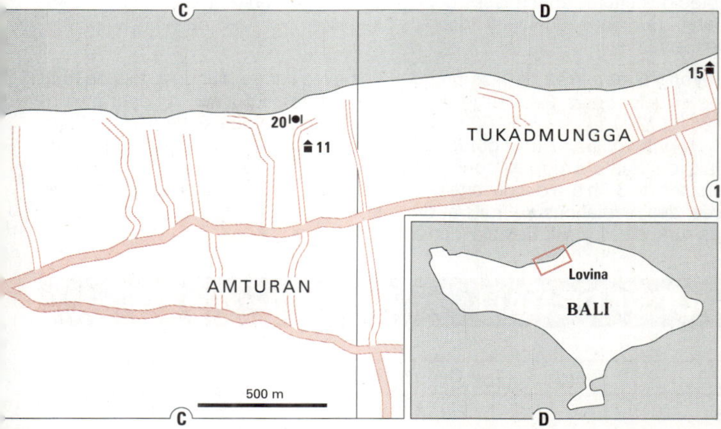

LOVINA

Où manger ?	
20 Warung Rasta (C1)	21 Spice Beach Club (B1)
	22 JB's Warung (B1)

DANS LES ENVIRONS DE LOVINA

Air Panas (Hot Springs) de Banjar : *env 8 km à l'ouest de Lovina ; prendre à gauche à la pancarte « Air Panas », puis suivre les indications. Ceux qui n'ont pas de véhicule peuvent toujours y aller en bemo de Lovina ; celui-ci les laissera à l'embranchement de la route pour Banjar ; après, on marche (env 1 km). On trouve parfois des motos-taxis. Ouv 8h30-17h30. Entrée : 20 000 Rps ; réduc. Jacuzzi privé 15 000 Rps. Parking et vestiaires payants.*
Entourés de grands arbres et de beaux palmiers, 3 bassins aménagés, encaissés dans le lit d'une source d'eau chaude (32 °C) légèrement soufrée, ce qui lui donne cette couleur bronze. Si elle n'est pas limpide, elle est pourtant propre. Dans le grand bassin, l'eau s'écoule en hauteur à la manière d'une douche. Resto en surplomb. Un lieu fréquenté par les locaux, bien agréable et d'atmosphère détendue, quand il n'y a pas trop de monde...

Le monastère bouddhique Brahma Vihara Arama : *même direction que les Air Panas de Banjar, mais prendre à gauche juste avt le marché, puis à droite en haut d'une côte et continuer sur env 1,5 km. Entrée : 20 000 Rps (comprend le prêt du sarong et une bouteille d'eau).* On vous l'indique car c'est le seul monastère bouddhique de Bali. À part ça, la visite n'est pas vraiment indispensable. Belle vue sur la mer au loin depuis la terrasse où se dresse le stûpa.

➢ À ***Seririt,*** situé sur la route reliant Lovina à Pemuteran, 2 solutions : continuer vers l'ouest par la route qui longe la côte vers Pemuteran (voir plus loin), ou regagner le sud de l'île en passant par Tabanan via Antosari. Cette dernière route permet de découvrir la région de Pupuan et peut-être les plus beaux paysages de rizières et cocoteraies balinais. À faire sans se presser. Pour qui voudrait juste s'offrir une courte incursion dans les montagnes, superbe panorama sur une vallée sculptée de cultures en terrasses depuis le village de ***Mayong,*** à seulement 9 km de Seririt. Sur place, quelques adresses organisent des treks dans la campagne. En voici une :

■ ***Mayong Green Trek :*** *à la sortie du village en allant vers Pupuan.* 📱 *087-865-251-112. Trek env 250 000 Rps/pers, repas inclus.* Putu guide en anglais de petits groupes pour des excursions de 3-4h à la découverte des rizières, des plantations de fruits et du village rural de Munduk Bestala (rien à voir avec l'autre Munduk), tapi au fond de la vallée. Pour qui voudrait prolonger le séjour, loue également 2 chambres modestes et mignonnes, avec ventilo et salle d'eau *(200 000 Rps, petit déj inclus).* Joli panorama depuis le jardin.

L'OUEST DE BALI

• Carte *p. 238-239*

DE LOVINA À GILIMANUK

La région aride du Nord-Ouest déroule l'une des côtes les plus tranquilles et naturelles de Bali. Surtout constitué de véhicules transitant entre le nord de l'île et Java, le trafic est modeste et la route est bonne. Le pied ! Mais vous n'êtes pas venu pour faire un relevé cartographique, et vous constaterez qu'il y a peu de raisons de s'arrêter. À un incontournable près : le parc national de Barat qui englobe l'île de Menjangan, célèbre pour ses superbes fonds marins, et la paisible station de Pemuteran qui lui sert de base idéale.

PEMUTERAN

IND. TÉL. : 0362

• Plan *p. 241*

Lovée dans un écrin de montagnes verdoyantes, cette petite baie charmante fait le bonheur de ceux qui y séjournent pour sa plage de sable gris, tranquille et propre, où l'on se baigne en toute sécurité, seulement ballotté par le ressac.

Pas réellement de village, les quelques hôtels et restos focalisent les amateurs de plongée, *snorkelling* et randonnée, attirés par le parc national de Barat et l'île de Menjangan, située 15 km à l'ouest et dominée, au loin, par les silhouettes des volcans de Java que l'on peut aussi explorer au départ de Pemuteran.

Y A DU JUS

Comment redonner des couleurs aux coraux, abîmés par la pêche au cyanure et à la dynamite ? Grâce à un ingénieux système mis au point au début des années 2000 par 2 Occidentaux, des cages métalliques alimentées en courant de faible puissance (9 volts). Miracle ! Les poissons sont attirés, et les coraux grandissent 4 fois plus vite. Le récif de Pemuteran est sauvé, et les pêcheurs sont associés au projet. Belle idée, non ?

Arriver – Quitter

➢ *Bemos* fréquents le matin sur la route principale (ligne Singaraja-Gilimanuk), beaucoup plus rares l'après-midi. Mieux vaut disposer de son propre véhicule.

Adresses utiles

✉ **Poste** *(plan A2)* **:** *sur la route principale, à côté de* Badini. *Lun-sam 7h30-15h (13h ven, 12h sam).*

■ ***Distributeurs de billets*** **:** seulement 2, un à côté de l'hôtel *Suka Sari Cottages (plan A2,* ***1****),* l'autre devant l'hôtel *Adi Assri (plan B2,* ***1****).*

Où dormir ?

Peu d'adresses bon marché à Pemuteran. Tous les hôtels ou presque disposent de leur resto et de leur club de plongée. Comme d'hab, sauf mention contraire, le petit déj est toujours inclus.

Bon marché (moins de 350 000 Rps, soit env 23 €)

🏠 ***Putu Guesthouse*** *(plan A1,* ***20****)* **:** *dans une ruelle partant vers la plage, peu avt le* Taman Sari *(fléché).* ☎ *(+ 361) 844-63-12.* ● *putuguesthousepemuteran@gmail.com* ● *Doubles 300 000-400 000 Rps.* Dans une ruelle paisible à 100 m de la plage, sympathique *guesthouse* familiale aux chambres modernes et impeccables (clim, salle d'eau extérieure), groupées dans de petites unités autour d'étroites allées jardinées. Piscine. Accueil chaleureux.

🏠 ***Pondok Lebih*** *(plan A2,* ***26****)* **:** *jl. Raya Seririt.* 📱 *081-805-667-132. Compter 250 000-300 000 Rps.* Chambres spacieuses, clim, salle de bains avec douches extérieures. Bien entretenu. Super petit déj et belle vue. Personnel très aimable.

Prix moyens (de 350 000 à 700 000 Rps, soit env 23 à 46 €)

🏠 🍽 ***Suka Sari Cottages*** *(plan A-B2,* ***22****)* **:** *sur la route principale, au « centre » de Pemuteran.* 📱 *085-738-315-069.* ● *sukasaricottages.com* ● *Doubles 500 000-700 000 Rps selon confort.* Réparties autour d'un grand jardin avec piscine, une dizaine de chambres récentes et confortables (clim, bon matelas) avec salles de bains extérieures, la plupart logées dans de mignons bungalows. Excellent accueil, pro et jovial. Resto, excursions, etc.

🏠 🍽 ***Arjuna Homestay*** *(plan A2,* ***21****)* **:** *jl. Arjuna (fléché sur la gauche, juste après* Badini*).* 📱 *081-236-351-739.* ● *arjuna-homestay.com* ● *Selon saison, doubles 350 000-600 000 Rps.* Légèrement en retrait mais à seulement 10 mn à pied de la plage, une adresse tenue par une Française, adossée à un club de plongée sérieux, le *Dive Concepts,* avec instructeurs français lui aussi. Ses chambres, vastes et claires, logent dans une bâtisse moderne d'un étage bordant une longue piscine cernée d'arbres. Salles d'eau, moustiquaire et terrasse pour tous, clim ou ventilo selon catégorie. Intéressantes familiales également. Visiter sa chambre avant. Resto.

De chic à plus chic (plus de 700 000 Rps, soit env 46 €)

🏠 ***Bali Oase Resort*** *(hors plan par A2,* ***23****)* **:** *à 5 km à l'ouest de Pemuteran ; prendre la route de Gilimanuk, puis fléché à droite après 2 km.* 📱 *081-338-603-796.* ● *bali-oase-resort.com* ● *Doubles 900 000-1 400 000 Rps*

selon taille et saison. Repas sur résa. Isolé au bout d'une piste cahoteuse bordée des champs et maisonnettes des paysans, un lieu d'une tranquillité absolue, pour qui recherche une retraite en marge du monde. Seulement 4 bungalows, dont 2 pour les familles, dispersés sur un immense jardin taché de fleurs et d'arbres fruitiers (cueillette encouragée...), et venant mourir sur une plage de sable noir. Au loin, les volcans de Java.

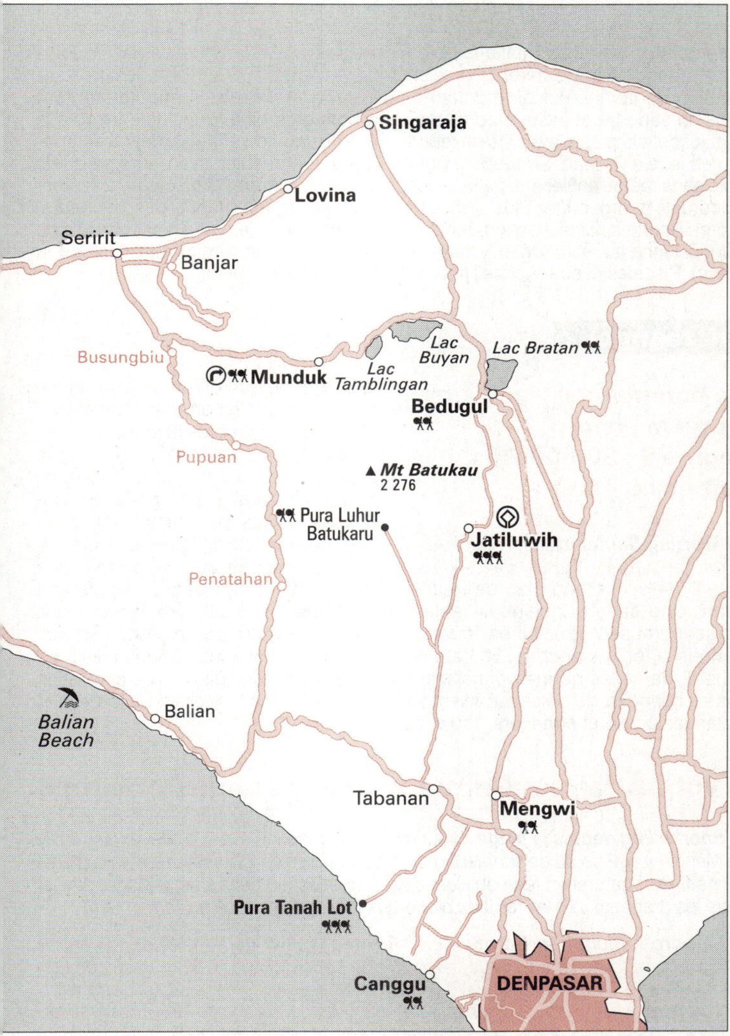

L'OUEST DE BALI

Sur la gauche, un modeste village de pêcheurs javanais. Les proprios, un couple germano-suisse, possèdent leur propre bateau pour sortir plonger (récif au large de l'établissement). Ils peuvent organiser le transfert jusqu'au *resort,* mais mieux vaut disposer de son véhicule.

Taman Sari Bali Cottages *(plan A1,* ***24****)* **:** *ferme la baie côté ouest, là où la plage est la plus agréable et la plus propre.* ☎ 932-64. • tamansaribali@

yahoo.com • tamansaribali.com • Doubles à partir de 1 200 000 Rps. Un ensemble de pavillons multichambres et de bungalows à différents prix en fonction de la vue mer ou montagne, dans un superbe et vaste parc s'étendant jusqu'à la plage, avec lits de repos semés face à l'océan. *Snorkelling* possible sans même enfiler ses palmes, les biocoraux bourgeonnent juste devant l'hôtel. Bonne cuisine *western,* thaïe et indonésienne au resto (de prix moyens à chic). Piscines et spa. Accueil pro.

Adi Assri *(plan B2,* ***25****) : à l'extrémité est de la baie. ☎ 948-38. • adiassribeachresorts.com • Doubles à partir de 1 000 000 Rps (promos sur Internet).* Terrain méticuleusement arboré et jardiné, qui s'étire jusqu'à la mer. Bungalows individuels très spacieux et agréables avec leurs parquets de bois sombre. 3 piscines, 2 restos. Accueillant les *prahus* des pêcheurs, ce secteur de la plage n'est pas le plus propre, mais on rejoint l'ouest de la baie en 5 mn à pied.

BALI

Où manger ?

De bon marché à prix moyens (moins de 80 000 Rps, soit env 5,40 €)

Warung Santai *(plan A1,* ***30****) : dans la rue menant au Taman Sari. Tlj jusqu'à 21h env.* Le bon plan de Pemuteran. Une cahute, quelques tables, de savoureuses spécialités indonésiennes à prix plancher. Et l'atmosphère, de celles qui ne connaissent pas les horloges, de celles qui voient se mélanger locaux et étrangers. Toujours une guitare, quelqu'un pour en jouer, d'autres pour l'emprunter... Loue également des chambres basiques.

Badini *(plan A2,* ***31****) : sur la route principale, au « centre » de Pemuteran.* Pour qui souhaite faire quelques économies, un bon petit resto, proposant une cuisine indonésienne honnête, quelques sandwichs, et surtout une large gamme de viandes et poissons au barbecue. Bonne ambiance, relax. Fait aussi hôtel bon marché. Service agréable et souriant. Attention, au bord de la route, donc pas mal de circulation selon le moment choisi de la journée.

À voir. À faire à Pemuteran et dans les environs

Snorkelling depuis la plage : pour régler son masque avant d'aller explorer l'île de Menjangan, 2 spots de *snorkelling* sont accessibles en 2 brasses depuis la plage. Un petit récif naturel en face du *Reef Seen Aquatics* (au centre de la plage, passer entre les drapeaux). Et les fameux biocoraux *(bio rock)* en face du *Taman Sari.*

Le parc national de Barat : *à env 15 km à l'ouest de Pemuteran. 2 centres d'accueil possibles dans le parc : le principal se trouve à Cekik, à 3 km au sud de Gilimanuk (ouv 7h-14h) ; l'autre (ouv 7h-16h), plus pratique pour les visiteurs, est situé à l'est du parc, à Labuhan Lalang, point d'embarcadère pour l'île de Menjangan (épicerie et petits restos sur place). Selon zone et durée de l'excursion (2-7h), tarifs (incluant le droit d'entrée et le guide obligatoire) : 1 000 000-1 900 000 Rps pour 2 pers.*
La partie terrestre du parc est divisée en 2 zones, côté montagne (savane ou forêt dense) et côté péninsule (mangrove). La 2de zone est la plus intéressante, c'est là que l'on a le plus de chances d'apercevoir des animaux (singes gris et noirs, cerfs, iguanes, écureuils, sangliers, buffles, serpents...). C'est aussi la plus chère car on y accède par la mer, en bateau. Côté montagne, aucune assurance de rencontrer des bébêtes, dans une forêt qui subit toujours des coupes illégales. Dans les 2 cas, les départs ont lieu tôt le matin. Noter cependant que traverser tout Bali uniquement pour visiter ce parc ne vaut pas forcément le coup, le risque de repartir déçu existe : animaux pas aussi visibles qu'on le laisse entendre, guides

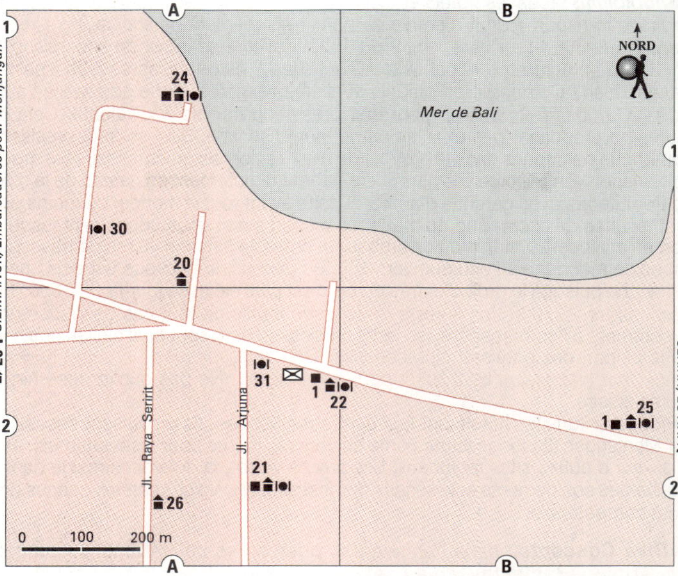

PEMUTERAN

■ Adresses utiles

- **1** Distributeurs (A2 et B2)
- **21** Dive Concepts (club de plongée ; A2)
- **24** Bali Diving Academy (club de plongée ; A1)

Où dormir ?

- **20** Putu Guesthouse (A1)
- **21** Arjuna Homestay (A2)
- **22** Suka Sari Cottages (A-B2)
- **23** Bali Oase Resort (hors plan par A2)
- **24** Taman Sari Bali Cottages (A1)
- **25** Adi Assri (B2)
- **26** Pondok Lebih (A2)

Où manger ?

- **30** Warung Santai (A1)
- **31** Badini (A2)

pas toujours très compétents. En le couplant aux fonds marins de l'île de Pulau Menjangan (obligatoire !), on aura toutefois la certitude de ne pas avoir fait le trajet pour rien. Dans ce dernier cas, pour ne pas payer 2 fois l'entrée du parc, s'organiser (avec votre hôtel ou club de plongée à Pemuteran) pour tout faire le même jour : *snorkelling* ou plongée le matin, balade dans la mangrove en fin d'après-midi, avec retour en bateau au coucher du soleil. Le droit d'entrée au parc représente, en effet, une part importante du prix total : 200 000 Rps par personne et par jour (300 000 Rps les dimanche et jours fériés).

L'île de Pulau Menjangan *(« l'île du cerf »)* **:** *à env 15 km à l'ouest de Pemuteran. Embarcadère principal à Labuhan Lalang. 2d embarcadère, plus petit, à Banyumandi (4 km avt en venant de Pemuteran ; tourner au niveau du Mimpi Resort).* Spot réputé pour la plongée et le *snorkelling,* cette petite île sauvage couverte de mangrove recèle de superbes tombants de plus de 30 m, patrouillés par une variété exceptionnelle de coraux, poissons et invertébrés multicolores. Fabuleux !

– ***Snorkelling :*** tous les hôtels et clubs de plongée de Pemuteran organisent un package transport + droit d'entrée du parc + équipement de *snorkelling* + repas. Départ à 8h30, retour vers 14h30 ou 15h30, avec 2 séances de *snorkelling* de 1h-1h30 au programme, et pause repas entre les 2. Au retour, après 2-3h à palmer, on dort bien ! Comparer les prix, ils sont très variables d'une adresse à l'autre *(500 000-900 000 Rps/pers),* pour une prestation parfois équivalente. Cela dit, toutes ne proposent pas exactement le même service. Bien se faire préciser le nombre de personnes dans le groupe (de 2 à 10 selon les prestataires) et le moyen de transport. En principe, les plus chers partent directement en bateau de la plage de Pemuteran, avec garantie d'arriver sur site avant tout le monde, du moins pour la 1re séance de *snorkelling* du matin. La plupart sinon vous conduisent jusqu'au port en minibus (20 mn), d'où on embarque pour l'île (environ 40 mn de traversée). On ne se met donc à l'eau que vers 10h. En général, le package est plus cher le dimanche puisque le droit d'entrée du parc est plus élevé ce jour-là *(300 000 Rps/pers, contre 200 000 Rps le reste de la sem).* Inutile en tout cas de vous rendre directement à l'embarcadère, les tarifs officiels du parc sont plus élevés que ceux de la plupart des hôtels et clubs en ville *(1 400 000 Rps/pers ; le tarif, dégressif, ne devient intéressant qu'à partir de 5 participants).* Ne pas oublier tee-shirt ou crème solaire.
– ***Plongée :*** tous les hôtels ont leur centre de plongée. Ils organisent des sorties sur Menjangan (2 plongées par sortie en général, même pour les baptêmes), mais aussi sur d'autres sites régionaux. Les prix se valent, la différence réside dans la qualité des équipements et le sérieux des instructeurs. Voici 2 centres connus pour leurs compétences :

■ ***Dive Concepts :*** *dans l'enceinte du Arjuna Homestay (plan A2,* ***21*** *; lire plus haut « Où dormir ? »). 📱 081-237-666-971. • diveconcepts.com • Réduc de 10 % pour les résas directes sur ts les produits de plongée sur présentation de ce guide.* Club sérieux, avec instructeurs francophones certifiés PADI et SSI et, pour ne rien gâcher, des tarifs plutôt compétitifs. Piscine pour s'exercer. Accès au parc de Menjangan *(13-20 € l'entrée).*

■ ***Bali Diving Academy :*** *sur la plage, dans l'enceinte du Taman Sari (plan A1,* ***24*** *; lire plus haut « Où dormir ? »). ☎ 27-02-52 ou 877-600-485-43. • scubali.com •* Plongées pour certifiés ou débutants, sur tous les sites de la région (à Pemuteran, sur l'île de Menjangan, etc.). Instructeurs anglophones.

La plage de sable blanc (pantai Pasir Putih) **:** *à 9 km à l'ouest de Pemuteran par la route de Gilimanuk puis à droite en direction du* Mimpi Resort *; ensuite, suivre le fléchage (env 1 km de piste). Parking : 5 000 Rps/pers.* Paisible baie protégée cernée par la mangrove, et bordée d'une étroite plage de sable plus blond que blanc. Un joli spot farniente et *snorkelling,* aux portes du parc mais dans un secteur libre d'accès. Location de matos sur place et de kayaks pour s'enfoncer plus avant dans la baie. *Warung,* hôtel. Le 2d embarcadère pour Menjangan, Banyumandi, est tout près.

Jayaprana : *quelques centaines de mètres après l'embarcadère de Labuhan Lalang en allant vers Gilimanuk, sur la gauche. Donation obligatoire.* Un sanctuaire plus intéressant pour sa légende que pour son décor, assez banal. Ici reposent Jayaprana et Layonsari, les Roméo et Juliette balinais. Il était une fois Jayaprana, fils adoptif du roi et époux de la belle Layonsari. Si belle, que le roi la voulut pour lui, et chargea un sbire d'assassiner son héritier. Guerrier valeureux, le prince aurait aisément pu vaincre son agresseur, mais, informé que le souverain lui-même avait exigé sa mort, il se rendit sans combattre. Apprenant le meurtre de son mari, Layonsari refusa pourtant de se soumettre au désir du roi et choisit de se donner la mort.
Les statues de ce couple mythique veillent de part et d'autre de l'entrée du temple, au sommet d'une volée de marches. Derrière le sanctuaire, un sentier s'enfonce dans la forêt sur 1 km, jalonné d'autels dédiés aux rites de purification.

Le centre de préservation des tortues : au Reef Seen Divers Resort. *Entrée : 25 000 Rps/pers, valable 1 sem.* On peut voir les bassins des jeunes tortues qui grandissent et assister à leur libération sur la plage au petit matin.

Pura Pulaki : *à env 5 km à l'est de Pemuteran, direction Lovina. Donation obligatoire.* Construit face à la mer dans les années 1980, ce temple ne présente guère d'intérêt en lui-même, si ce n'est pour la colonie de singes qui l'habite. Des primates du genre chapardeur, si bien que tous les autels du sanctuaire ont dû être grillagés ! Le coin, avec ses falaises qui poussent quasiment la route dans la mer, est en tout cas mignon.
Pour qui aime se perdre dans la campagne, poursuivre quelques centaines de mètres de plus direction Lovina, puis tourner à droite après l'*ATM,* au niveau du camp militaire, pour musarder sur une petite route bucolique circulant entre vignes et cocoteraies. Tout au bout, après environ 2,5 km, un interminable escalier « brûle-poumons » grimpe jusqu'à un minuscule temple accroché à flanc de falaise et seulement veillé par quelques singes, lui aussi. Harassant, mais beau panorama sur la vallée, les montagnes et la mer.

BALI

Atlas Pearls : *à une dizaine de km à l'est de Pemuteran, sur la route de Lovina. 081-238-770-12 ou 73-27-69. • atlaspearls.com.au • Tlj 8h-17h.* Une ferme d'huîtres perlières, appartenant à une compagnie australienne. Vidéo de 10 mn détaillant tout le processus (avec un accent australien assez incompréhensible), puis démonstration de l'insertion dans la gonade d'une huître de la bille qu'elle enrobera patiemment de nacre. Une opération presque chirurgicale ! Il faut compter 4 ans pour obtenir une perle, 2 pour l'élevage de l'huître elle-même, puis autant pour qu'elle façonne la perle. Boutique sur place, pas donnée bien sûr, mais bien moins chère qu'en Europe où est envoyée 95 % de la production. Si vous souhaitez acheter, sachez que la valeur d'une perle se mesure à sa taille, sa forme (la plus ronde possible), son lustre (reflète-t-elle bien la lumière, et dans quels tons ?), la qualité de sa surface (la plus lisse possible).

L'ascension du Kawah Ijen *(à Java)* **:** tous les hôtels de Pemuteran organisent sur une journée l'excursion vers le « cratère vert » et ses gaz souffrés. Départ en milieu de nuit, ferry à Gilimanuk, 4x4 jusqu'au volcan puis ascension à pied (environ 1h30). Retour à Pemuteran en fin d'après-midi. Compter autour de 1 800 000 Rps pour 2. Ceux qui souhaitent voir les *blue fire* (fumerolles bleues) partiront un peu plus tôt de Pemuteran, en fin de soirée, pour pouvoir faire l'ascension de nuit. Lire aussi plus loin dans la partie « Java » le chapitre dédié au Kawah Ijen.

DE GILIMANUK AU SUD DE BALI

La route qui relie Gilimanuk au sud de Bali est l'axe principal entre Denpasar et Java. Tous les camions acheminant des marchandises entre Java, Bali et les îles de la Sonde y passent. Vous l'aurez compris, vous ne serez pas seul à taquiner l'asphalte !
Pas de stations balnéaires, des plages de sable noir aussi belles que dangereuses (baignade fortement déconseillée) : cet itinéraire délaissé par les grands flux touristiques est seulement connu de quelques surfeurs attirés par les vagues furieuses de Medewi et Balian.
Pourtant, à qui sait sortir des sentiers battus, cette côte révèlera d'étonnants secrets. Des courses de buffles à Negara, une impressionnante flotte de bateaux bariolés à Perancak, un superbe temple dominant l'océan, le pura Rambut Siwi, aussi majestueux que Tanah Lot mais tellement plus serein, puisqu'ignoré des foules. Et, reliant un site à l'autre, des chapelets de mosquées (proximité de Java oblige) et de vastes étendues de

rizières, grimpant d'un côté vers les montagnes, venant, de l'autre, mourir sur la plage. Çà et là, quelques hôtels, repaires de surfeurs ou adresses de charme dont le 1er atout est souvent l'isolement. Pour explorer le coin, véhicule indispensable.

Arriver – Quitter Gilimanuk

Pas de village à Gilimanuk, seulement un ***port.*** Départ des ferries pour Java en continu (env 6 000 Rps pour un piéton, 138 000 Rps pour une voiture). ***Gare routière*** à 200 m de l'arrivée des ferries, en suivant le passage couvert à droite de la sortie. Bus et *bemos* pour le Sud (Denpasar via Tabanan ; env 40 000 Rps), le Nord (Singaraja via Pemuteran et Lovina ; env 40 000 Rps) et l'Est (Padangbai et Amlapura ; env 80 000 Rps). Ne pas se laisser influencer par les rabatteurs qui essaient de vous vendre des voitures particulières ou même le bus local pour vous tout seul...

Où dormir ? Où manger sur cette côte ?

Les adresses sont citées du nord au sud.

Mai Malu : *jl. Pantai Medewi, à* ***Medewi.*** *081-916-171-045. Doubles 200 000-280 000 Rps.* Petite *guesthouse* proposant 8 chambres très simples à l'étage, avec salle de bains et ventilo. Basique mais propre, conviendra aux surfeurs désargentés. Resto au rez-de-chaussée, avec une carte variée et des prix honnêtes. Pour un peu plus de confort, direction le voisin, ***Medewi Beach Inn,*** et ses chambres plus récentes groupées sur 2 niveaux autour d'un patio-jardin, les plus chères avec clim *(081-238-824-38 ; doubles 350 000-500 000 Rps, petit déj en sus).*

Gajah Mina Beach Resort : *plage de* ***Balian,*** *Suraberata. 081-138-60-52. • gajahminaresort.com • Selon saison, doubles 90-160 US$.* Tenu par des Français (Dominique et Jeannine), surplombant la mer et entouré de champs où ruminent d'élégantes vaches balinaises, le *resort* propose un petit nombre de très beaux bungalows, meublés et décorés avec des touches chinoises et marocaines. Tous disposent d'une jolie terrasse et d'une belle salle de douche à ciel ouvert. Clim, lits extraconfortables, etc. Jolie piscine, dominant une étroite crique chahutée par l'océan. Plage en contrebas, longue de plusieurs kilomètres et quasi sauvage. Bon resto. Une retraite parfaite pour profiter d'un calme rare et précieux.

Pondok Pisces : *plage de* ***Balian,*** *Suraberata ; proche du Gajah Mina. 081-387-797-722. • pondokpiscesbali.com • Compter 580 000-990 000 Rps pour 2.* Une poignée de bungalows, simples, confortables (eau chaude, moustiquaire, brasseur d'air) et joliment arrangés, pouvant accueillir de 2 à 4 personnes. Le moins cher d'entre eux, en panneaux de bois sculptés et toit en *alang-alang,* offre déjà un bon confort. Le bungalow familial dispose de sa propre cuisine. Également, à l'étage d'une petite bâtisse, 2 chambres s'ouvrant sur une terrasse dominant l'océan. Accueil sympathique de Tom Wilson, d'origine australienne, qui propose aussi d'autres bungalows un peu plus bas, près de la rivière. Resto. Sinon, quelques *warungs* en surplomb du spot de surf de Balian.

Puri Dajuma : *à* ***Pekutatan*** *(fléché sur la droite env 2 km après Medewi). 081-138-87-09. • dajuma.com • Doubles à partir de 1 700 000 Rps (un peu moins en hiver).* Tenu par des Français, un superbe établissement, isolé sur un promontoire s'enfonçant dans l'océan. Enfouis dans la végétation tropicale, les bungalows, tournés vers le large ou le jardin, sont aussi vastes qu'élégants avec leur mobilier en rotin, et tout le confort évidemment. 2 piscines dominant la plage, la plus belle conçue sur 2 niveaux. Resto soigné étonnamment abordable et foule d'excursions pour découvrir les environs (rizières, plantation d'hévéa, courses de buffles, etc.). Service au top.

À voir entre Gilimanuk et Tanah Lot

Les sites ci-dessous sont présentés par ordre d'arrivée au départ de Gilimanuk.

Les courses de buffles de Negara : *à 30 km de Gilimanuk.* La grosse bourgade de Negara est la capitale du *Makepung,* compétition locale de courses de buffles, mobilisant chaque année plusieurs centaines de ces placides bestiaux. Attelés par 2 à une charrette sur laquelle est juchée un jockey maniant le fouet, les buffles, parés de soie et de cloches en bois, s'affrontent sur des parcours d'un peu moins de 2 km. Même si l'équipage change d'une course à l'autre, la compétition, qui remonte aux années 1960-1970 et célébrait alors la saison des récoltes, oppose invariablement 2 mêmes équipes, les verts et les rouges, représentant chacune une des 2 communautés rurales installées de part et d'autre du fleuve traversant Negara. Chaque victoire rapporte quelques millions de roupies, à répartir entre les membres de la communauté. Quant aux buffles vainqueurs, ils voient leur valeur marchande bondir. Les compétitions se déroulent un dimanche sur 2 entre juillet et novembre, débutent tôt le matin et s'étalent sur près de 5h, avec une succession de courses par catégories (on en compte 4). Si on tombe la mauvaise semaine, on peut toujours assister aux entraînements, qui ont lieu également le dimanche, toute l'année.

JOB D'ÉTÉ

Les équipes de Negara ont de plus en plus de mal à recruter de nouveaux jockeys pour leurs courses de buffles, si bien que l'âge des cavaliers ne fait qu'avancer, entraînant une hausse du nombre d'accidents, certains jockeys dépassant allègrement les 60 ans. Avis aux amateurs !

Les bateaux bugis de Perancak *(prononcer « Pérantchak ») :* *à l'embouchure de la rivière du même nom, au sud-est de Negara. Env 6 km après Negara, tourner à droite direction Dlod Brawah puis poursuivre sur encore une dizaine de km. On traverse d'abord une immense plaine rizicole. Pas de panneaux ensuite ; demander.* Étonnant spectacle que cette flotte de majestueux bateaux bariolés aux allures de drakkars, rangés au mouillage le long de l'estuaire. Uniques à Bali, ces bateaux de pêche sont appelés *bugis boats,* du nom de leurs bâtisseurs, une communauté de l'île de Sulawesi dont certains membres fuirent vers Bali lors de l'invasion hollandaise. Voguant toujours par 2, les *bugis boats* tendent d'une coque à l'autre de longs filets, entre lesquels se faufilent de plus petits *prahus* à balanciers chargés de récolter les poissons ainsi emprisonnés. Noter le fauteuil fiché au sommet d'un mât : c'est là que siège le capitaine. Évidemment, le spectacle est encore plus saisissant le matin, au retour de la pêche.

Le centre de préservation des tortues Kurma Asih : *tt près de l'embouchure de la rivière Perancak, rive est (demander son chemin). 081-338-410-898. • kurmaasih@gmail.com • kurma-asih.weebly.com •* Modeste centre de préservation des tortues fondé en 1997 par un chasseur repenti, et désormais géré par son fils, Komang. Aidé d'une quinzaine de bénévoles, il recueille les œufs de tortue dans le sable de la plage pour les mettre à l'abri dans un enclos. Après éclosion, les bébés tortues sont conservés dans un bassin jusqu'à ce qu'ils soient suffisamment solides pour être relâchés (au bout de 1 mois au maximum). Mignon : les visiteurs de passage peuvent alors leur rendre eux-mêmes la liberté. Le centre ne vivote que grâce aux dons, le vôtre sera donc bienvenu...

Pura Rambut Siwi : *une quinzaine de km après Negara, sur la droite. Entrée : 20 000 Rps. Prêt de sarong : 10 000 Rps.* Juché au sommet d'une falaise, ce temple côtier fondé au XVIe s jouit d'une situation exceptionnelle, dominant d'un côté l'océan et ses vagues puissantes, de l'autre une vaste étendue de rizières ennoyées, seulement séparées de la mer par une mince plage de sable noir. Un tableau sublime, en particulier au coucher du soleil, et personne, ou presque, pour en profiter. Le temple se prolonge sur la plage, où plusieurs autels nichent dans la roche.

Medewi : *une dizaine de km après le pura Rambut Siwi.* Village de pêcheurs, célèbre auprès des surfeurs pour sa « longue gauche » (les spécialistes apprécieront !). Quelques *guesthouses* pour qui est venu chevaucher l'océan (lire plus haut « Où dormir ?... »). Les autres contempleront le spectacle depuis la côte, l'océan est bien trop dangereux pour oser faire trempette. Belles balades possibles dans les rizières de l'arrière-pays.

BALI

Bunut Bolong : *env 2 km après Medewi, à Pekutatan, tourner à gauche en direction de Pupuan (fléché), puis rouler env 8 km sur une petite route en lacet.* Petit crochet vers les hauteurs pour découvrir cette curiosité naturelle : un majestueux banian formant une arche végétale enjambant la route. On s'en doute, le lieu est sacré. En poursuivant 7 km de plus, on atteint de modestes chutes d'eau, les *Jeruk Manis Waterfall.* Compter environ 30 mn de marche en descente depuis le parking.

Balian : *env 30 km après Medewi.* Un autre spot de surf réputé, dans un cadre plus sauvage que Medewi (pas de village, mais des hôtels et *warungs* ; lire plus haut « Où dormir ?... »). Là aussi, baignade déconseillée. Ensuite, la route fait un coude vers l'intérieur pour rejoindre la petite ville de ***Tabanan,*** siège d'un grand marché couvert uniquement fréquenté par les locaux. Fringues, vannerie, nécessaires à offrandes, montagnes de fruits tropicaux...

TANAH LOT

Sur la côte, à environ 10 km de Tabanan et à une trentaine de kilomètres à l'ouest de Denpasar. Dressé, à la manière d'un mont Saint-Michel en miniature, sur un rocher posé à même la plage. Diablement photogénique, en particulier au coucher du soleil, le temple de Tanah Lot est l'un des sites les plus célèbres de Bali. Conséquence, la foule est évidemment des plus dense. Donc ceux qui veulent être tranquilles viendront le matin.

Arriver – Quitter

Pas vraiment de transports en commun pour rejoindre le site, sauf à changer plusieurs fois de *bemo* (passage obligatoire par Denpasar avec changement de gare routière, puis nouveau changement à Tabanan). Du sud, le mieux est donc de chartériser un taxi à plusieurs (marchandage obligatoire), ou de louer un vélo ou une moto et de continuer la route de Legian en passant par Kerobokan et Sempidi. De là, prendre à gauche. On évite ainsi le vacarme de Denpasar et l'on traverse de paisibles villages et de jolies rizières.

Où dormir ?

Dharma Oasis : *Unnamed Road, Selemadeg, Tabanan Regency. 082-112-400-188. • dharmaoasis.com • Doubles 60-120 € avec petit* *déj.* Nichée entre rizière et jungle, cette jolie adresse vous permet de partir à la découverte de la vie balinaise ancestrale. Dandy, indonésien, décorateur et instructeur de Yoga, assisté de Nico, un français fort sympathique qui connaît l'île comme sa poche et qui se met en 4 pour ses hôtes, vous reçoivent avec chaleur et simplicité. On est ici dans une *guesthouse* chic et cool à la fois, à l'image des chambres, impeccables et décorées avec goût. La maison s'inspire des couleurs du Maroc où se mêlent les influences balinaises. Mention spéciale pour la case de bambou, vraiment adorable. Petite piscine pour se rafraîchir, belle pelouse et salon avec vue sur les rizières. Une belle harmonie. De la douce musique à la déco, voici un lieu différent où l'on aime à séjourner plusieurs jours sans voir le temps passer. Espace méditation à disposition.

Maison Simba : *7 jl. Pantai Kedungu, dans le village de* ***Pacung.*** *087-862-171-920. • maisonsimba.com • À 4 km de Tanah Lot. Doubles 120-140 € ; 2 nuits min.* Très élégante maison d'hôtes à la déco d'inspiration coloniale singapourienne (les proprios sont de là-bas) et gérée par le délicieux décorateur européen. 3 suites aux noms sud-asiatiques avec terrasse privée et, notre coup de cœur, une maison en teck javanais indépendante avec jardin privé et cuisine équipée. Vue superbe des chambres, certaines donnant même sur les rizières, toutes décorées différemment avec beaucoup de goût et des meubles, des tissus et des objets chinés en Asie et très raffinés. Tout confort naturellement. Accueil exquis. Piscine. Petit déj extra, et dîner possible *(320 000 Rps/pers).* Un moyen de locomotion est indispensable.

BALI

À voir

Le temple : *ouv jusqu'à la tombée de la nuit. Entrée : 60 000 Rps. Parking : 5 000 Rps.* C'est, comme tout le monde, un peu avant le coucher du soleil que vous viendrez ici. Et vous bénéficierez, comme tout le monde, de la plus belle des lumières. La forme harmonieuse du rocher, sa couleur sombre, les petits toits superposés du temple, les vagues qui le battent à marée haute et cette lumière en clair-obscur confèrent à l'endroit quelque chose d'étrange et d'assez fascinant (si on fait abstraction de la masse touristique). On dit que le temple est habité par des serpents, dont on peut admirer un spécimen, sacré, bien entendu, moyennant un petit billet...

Le temple se situe sur un rocher noir isolé dans la mer. Il aurait été bâti au XVIe s sur l'ordre du prêtre Nirartha, qui venait méditer sur ce rocher. On construisit tout d'abord un autel et, petit à petit, le temple s'agrandit et devint un lieu sacré pour la méditation. À Tanah Lot, on vénère surtout les esprits de la mer, ce qui n'a rien d'étonnant, finalement !

Après avoir garé son véhicule, on traverse un dédale d'une centaine d'échoppes avant d'accéder à l'entrée principale proprement dite. À marée basse, il est possible d'accéder jusqu'à la base du temple et de pénétrer sous la grotte où coule l'eau sacrée, utilisée pour les cérémonies (ça aussi, c'est payant !). À marée haute, on l'observe de la falaise, et les vagues s'écrasant contre cet îlot désolé offrent un spectacle impressionnant. Dans tous les cas, on ne pénètre pas dans le sanctuaire lui-même, réservé aux cérémonies.

Pour avoir la meilleure vue, obliquez à droite après l'entrée. Un sentier mène à une petite plateforme aménagée. Sur la droite, belle plage sauvage où déferlent les rouleaux, fermée par une arche naturelle au bout de laquelle est juché un autre sanctuaire, le *pura Batu Bolong.* On a aussi une très belle vue sur l'ensemble en grimpant, à gauche après l'entrée, en haut du promontoire où se sont installées de nombreuses buvettes en terrasse, qui proposent des cocktails de fruits dans des noix de coco qu'on a trouvés bien chers et pas formidables. Une fois la nuit tombée, les moustiques attaquent.

MENGWI

Peu après Tabanan en direction de Denpasar, prendre à gauche à un embranchement. Capitale jusqu'au XIXe s du puissant royaume de Mengwi, la bourgade mérite aujourd'hui une halte pour son temple Taman Ajun, élégant témoin de cette grandeur passée.

Où dormir dans le coin ?

Puri Taman Sari : *dans le village d'**Umabian,** à env 2 km au nord de Mengwi, dans les terres. ☎ 894-53-97. • puritamansari.com • Doubles à partir de 45 € ; suites 100-117 €.* Un lieu atypique, à la fois demeure particulière et hôtel chic, égaré dans un village rural auquel il est en partie intégré. Sa conception est due à un prince local, qui vit toujours dans l'enceinte de l'établissement. Maison et temple familial voisinent avec les chambres des clients, alors que dans la cour de la réception les femmes de la famille tressent les paniers à offrandes du jour. On a l'impression de vivre dans un temple cerné par les rizières en terrasses. Installées pour la plupart dans des bungalows, la vingtaine de chambres, à l'élégant style traditionnel, sont aussi spacieuses que confortables (clim, immense salle d'eau extérieure), même si certains éléments ont un peu vieilli. Des détails, largement compensés par la qualité de l'accueil, la beauté du site, la sérénité de l'atmosphère. Piscine, spa, restaurant et, régulièrement, des spectacles de danse assurés par les villageois.

À voir

Le temple Taman Ajun : *au centre du village. Au grand carrefour, prenez à droite (panneau invisible) si vous venez du sud. Entrée : 30 000 Rps. Parking payant.* Entouré d'eau, très vaste et d'une harmonie parfaite, ce temple, bâti au XVIIe s, fut conçu comme une représentation microcosmique de l'univers : l'étang symbolise la mer, ses jardins la terre et les hauts *merus,* belles tours dressées dans la dernière cour, le monde divin. À voir au coucher du soleil, lorsque la foule est repartie. Début août, festival de *barong.* En repartant tout droit vers le sud, un peu avant d'arriver au carrefour, grand marché aux bestiaux, actif les mercredi et dimanche.

SANGEH

À 30 km de Denpasar et à 12 km de Mengwi. Possibilité d'y accéder par Mengwi ou par Sempidi (voir ci-après). Si l'on vient de Bedugul, plutôt que de prendre le « raccourci », il vaut mieux faire le détour par Mengwi. À moto, route assez dangereuse.
Sangeh possède une belle forêt plantée de muscadiers, habitée par une grande colonie de singes qui trouve son origine dans la grande histoire du *Rāmāyana.* Ils seraient venus ici pour tuer le démon Rāvana. Ils y vivent encore. Attention, ils sont particulièrement agressifs et voleurs (ils adorent les lunettes). Ne pas les provoquer, ils peuvent mordre ou griffer. Accidents

assez fréquents quand on les excite. C'est l'attraction à touristes du coin : vous devez passer devant des dizaines de boutiques sans grand intérêt. Le seul temple digne d'être visité est fermé ! Les étudiants qui vous proposent de vous accompagner pour bavarder sont en fait des guides qui attendent quelques roupies en retour. La forêt étant considérée comme sacrée, il est interdit d'y cueillir quoi que ce soit.
Pour revenir vers Denpasar, prendre la route à droite du village ; elle est superbe.

KAPAL, SEMPIDI ET LUKLUK

Ces 3 villages les uns à la suite des autres, sur la route de Denpasar, sont intéressants pour leurs temples qui ne sont pas sans évoquer ceux du nord de l'île. Le plus intéressant est le *pura Sada* de Kapal. Ce serait aussi l'un des plus anciens, puisqu'il aurait été fondé au XIIe s. Ceint de murs de brique et orné de décorations de pierre. Bucolique et agréable. Juste en face, à l'extérieur de l'enceinte, un énôôôrme banian. Le village de Kapal est par ailleurs un grand centre de fabrication de temples familiaux. La route principale est occupée par des dizaines de boutiques et artisans. On verra 3 autres temples à Sempidi. À Lukluk, le *pura Dalem* mérite une halte. Il se trouve à 300 m de la route principale. Architecture assez travaillée. Porte fendue et têtes de dragons en façade.

LOMBOK (NUSA TENGGARA)

• Carte *p. 252-253*

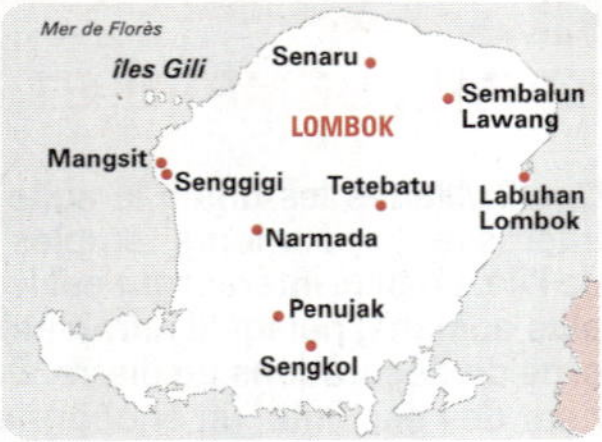

Depuis quelques années, Lombok (nom qui signifie « piment » en javanais), qui appartient à l'archipel des petites îles de la Sonde (Nusa Tenggara), attire ceux qui considèrent que Bali est trop pressante, trop bondée. Si le tourisme s'y est développé plus lentement, c'est aussi parce que le charme de Lombok ne se livre pas aussi spontanément que celui de sa voisine. Pas autant de cérémonies, pas d'offrandes à tous les coins de rue, et pour cause, Lombok est la terre des *Sasaks,* musulmans plutôt qu'hindouistes, et encore largement majoritaires.

Sa beauté générale est sans doute moins démagogique qu'à Bali mais ses plages sont bien plus belles, notamment sur la côte nord-ouest, autour de Senggigi, et plus encore au sud, dans les environs de Kuta, croqués de fabuleuses baies prisées des surfeurs. Quant à l'intérieur des terres, encore profondément rural, il vit paisiblement au rythme du chant du muezzin et des récoltes du riz, en particulier dans la région de plateaux verdoyants autour de Tetebatu, étendus au sud du majestueux mont Rinjani.

D'une manière générale, moins densément peuplé que Bali, ne subissant pas son trafic insensé, Lombok voit sa tranquillité encore préservée, à l'exception des Gili Islands qui semblent aujourd'hui plus balinaises que lombokiennes.

Bali et Lombok possèdent ainsi des charmes différents mais complémentaires. La rusticité de Lombok combinée à la simplicité du mode de vie fait qu'on la quitte touché. Ceux qui choisissent Bali comme pôle principal feraient une erreur de ne pas pousser jusque-là, au moins quelques jours, ne serait-ce que pour découvrir 2 facettes d'un même pays.

En août 2018, des tremblements de terre ont frappé le nord de l'île. Si de nombreux habitants ont vu leur frêle maison détruite, la vie a vite repris le dessus et la reconstruction est en passe de s'achever.

AUTREFOIS TRÈS PAUVRE, DEMAIN RICHE EN TOURISTES ?

Historiquement, Lombok est plus pauvre que Bali et, si l'on mange à sa faim dans le Nord, cela n'a pas toujours été le cas dans le Sud, bien plus aride, où la famine de 1966 fit près de 50 000 victimes. L'île n'est autosuffisante en riz que depuis 1975. Elle en exporte aujourd'hui, tout comme du tabac, principalement vers l'est de l'archipel. Malheureusement, Lombok expédie aussi beaucoup de produits de la mer, comme les ailerons de requin notamment, et continue de pratiquer la pêche au cyanure ou à l'explosif. Une catastrophe écologique.

À la fin des années 1990, les projets immobiliers se multiplient, et Senggigi Beach est alors en passe de devenir une alternative à Kuta-Legian (de Bali). Mais la crise économique, les attentats balinais de 2002 et 2005, ainsi que l'effet psychologique du tsunami freinent les investissements, abandonnant la station dans un costume de béton désormais trop grand pour elle. La 2e décennie du XXIe s marque pourtant le retour de Lombok sur l'agenda touristique international, à la suite de l'ouverture du nouvel aéroport, fin 2011. Mais c'est désormais vers Kuta que lorgnent les promoteurs, tandis que les Gilis Islands ont vu leur fréquentation exploser avec la mise en place de liaisons directes en *fastboat* depuis Bali.

POPULATION

Lombok compte environ 3,4 millions d'habitants, dont 80 % environ de *Sasaks* musulmans. Les 20 % restants se partagent entre les Balinais, les Chinois, et même des Arabes immigrés à Lombok depuis la nuit des temps. Lombok, découpée en 5 districts, dépend administrativement de la province de Nusa Tenggara Ouest *(Nusa Tenggara Barat),* qui englobe également l'île de Sumbawa. La population de Lombok étant majoritairement musulmane, la période de ramadan est, de fait, particulière, ce qui ne manque pas pour autant d'intérêt, malgré quelques perturbations logistiques (pas mal de restos fermés).

MAGIE NOIRE ET TOURISTES BLANCS

Les Balinais, qui, jadis, peinèrent à coloniser Lombok, dressent souvent un tableau sombre de cette île et de sa population, qui se livrerait à quelque magie noire ! La raison en est plus... économique. Les Balinais craignent que l'essor touristique de la petite sœur ne vienne faire de l'ombre à l'hégémonie jusqu'alors indiscutée de Bali. Quant à la magie noire, ce sont des bali... vernes !

LES MEILLEURS SPOTS DE L'ÎLE

On dénombre 5 centres d'intérêt majeur :
- les îles de ***Gili Air, Gili Meno*** et ***Gili Trawangan,*** au nord-ouest, facilement accessibles depuis Bali, qui constituent le point touristique principal pour leur ambiance festive (sauf à Gili Meno) et leurs spots de plongée ;
- la station balnéaire de ***Senggigi,*** au nord-ouest, riche de belles plages bordées de grands hôtels ;
- les plages de ***Kuta*** et ses environs, au sud, qui séduisent les surfeurs et les amateurs d'ambiance plus *roots,* même si le secteur a amorcé son développement immobilier ;
- le pays *sasak,* notamment le village de ***Tetebatu,*** au centre, très tranquille et propice à quelques jolies balades dans la campagne ;
- le ***mont Rinjani,*** qui attire les amateurs de rando (et de cascades).

HÉBERGEMENT ET BANQUES

En moyenne, les *homestays* (hôtels pas chers) et autres *guesthouses* sont moins nombreux qu'à Bali et le confort global moins élevé. Moins de charme aussi. On trouve quelques belles adresses de luxe aux Gili et dans le secteur de Senggigi. À confort égal, l'hébergement est un peu plus cher qu'à Bali en haute

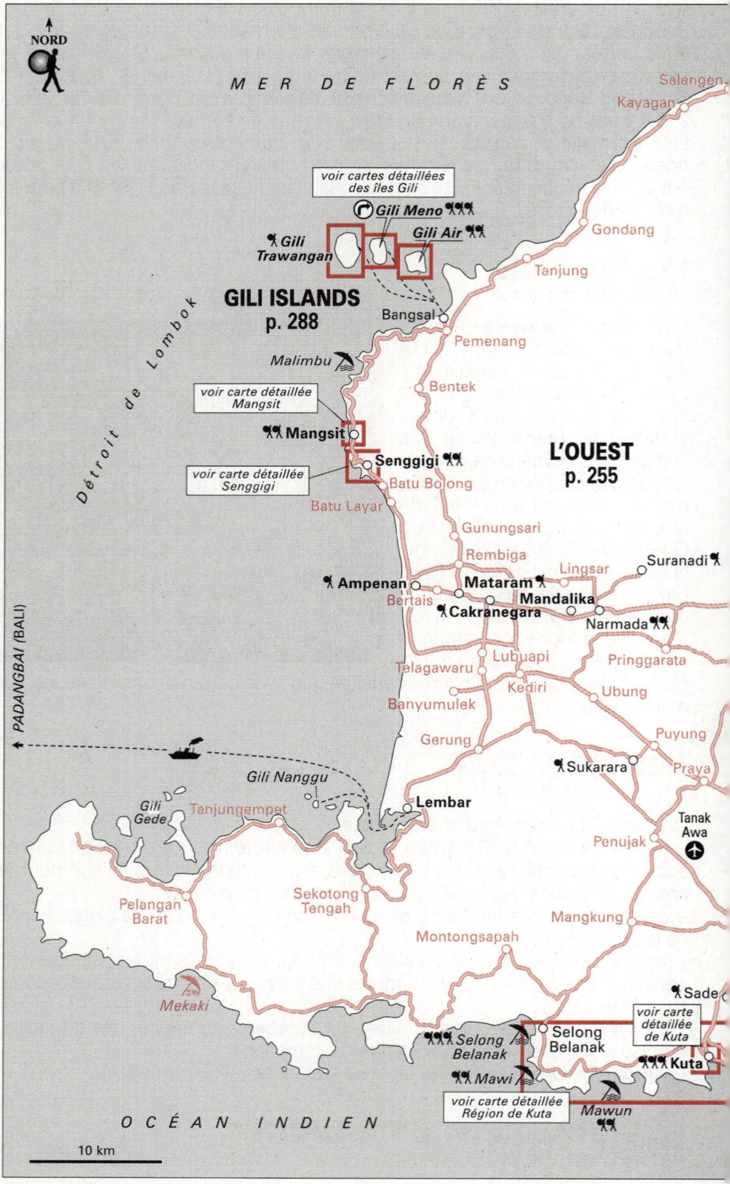
NORD
MER DE FLORÈS
Selengen
Kayagan
voir cartes détaillées des îles Gili
Gili Meno
Gili Air
Gili Trawangan
Gondang
Tanjung
GILI ISLANDS p. 288
Bangsal
Pemenang
Détroit de Lombok
Malimbu
Bentek
voir carte détaillée Mangsit
Mangsit
Senggigi
L'OUEST p. 255
voir carte détaillée Senggigi
Batu Bolong
Batu Layar
Gunungsari
Rembiga
Suranadi
Lingsar
Ampenan
Mataram
Bertais
Cakranegara
Mandalika
Narmada
Lubuapi
Pringgarata
Telagawaru
Kediri
Ubung
Banyumulek
PADANGBAI (BALI)
Gerung
Puyung
Sukarara
Praya
Gili Nanggu
Lembar
Gili Gede
Tanjungempet
Tanak Awa
Penujak
Pelangan Barat
Sekotong Tengah
Mangkung
Montongsapah
Mekaki
Sade
Selong Belanak
voir carte détaillée de Kuta
Kuta
Mawi
voir carte détaillée Région de Kuta
Mawun
OCÉAN INDIEN
10 km

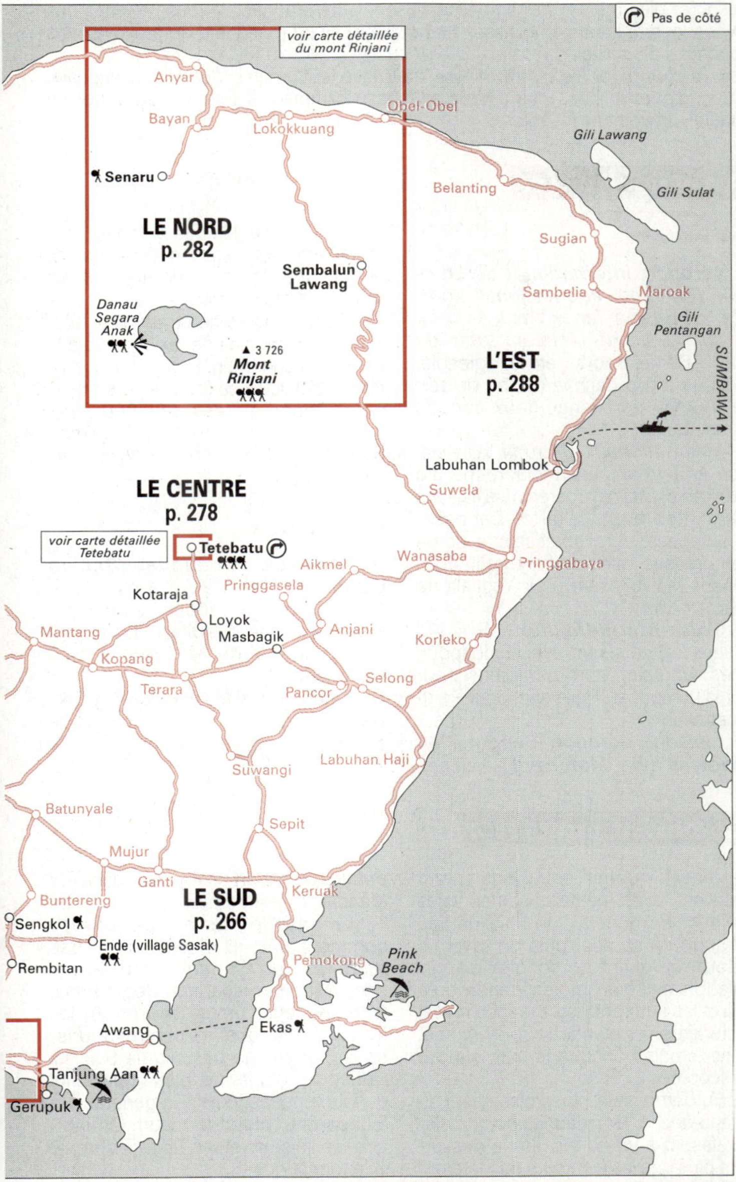
Pas de côté
voir carte détaillée du mont Rinjani
Anyar
Bayan
Lokokkuang
Obel-Obel
Senaru
LE NORD
p. 282
Sembalun Lawang
Danau Segara Anak
3 726
Mont Rinjani
Gili Lawang
Gili Sulat
Belanting
Sugian
Sambelia
Maroak
Gili Pentangan
SUMBAWA
L'EST
p. 288
Labuhan Lombok
Suwela
LE CENTRE
p. 278
voir carte détaillée Tetebatu
Tetebatu
Aikmel
Wanasaba
Pringgabaya
Pringgasela
Kotaraja
Loyok
Masbagik
Anjani
Mantang
Kopang
Korleko
Terara
Pancor
Selong
Labuhan Haji
Suwangi
Batunyale
Sepit
Mujur
Ganti
Keruak
LE SUD
p. 266
Buntereng
Sengkol
Ende (village Sasak)
Rembitan
Pemokong
Pink Beach
Ekas
Awang
Tanjung Aan
Gerupuk

LOMBOK

saison et bien moins cher en basse saison. Côté pratique, si vous ne tenez pas à vous lever à l'aube, choisissez un hôtel loin d'une mosquée, ou prévoyez vos bouchons d'oreilles...
Pour ***le change et les distributeurs,*** on trouve tout ce qu'il faut dans la capitale, à Senggigi et à Kuta. Plus difficile ailleurs (notamment à Tetebatu et autour du Rinjani), prévoir des réserves.

Arriver – Quitter

En avion

✈ ***Aéroport international de Lombok*** *(Bandara Internasional Lombok, ou BIL)* ***:*** *à* ***Tanak Awu,*** *à 30 km au sud-ouest de Mataram, près de Praya.* Bel aéroport, aéré et agréable. Kiosque d'info dans le couloir de sortie. Bureau de change (taux correct) et distributeurs.
➢ ***Vols nationaux :*** *Garuda, Air Asia, Lion Air* (et dans une moindre mesure *Batik Air* et *Citilink*) opèrent des liaisons fréquentes avec Jakarta, Denpasar et Surabaya, et, avec escale, avec de nombreuses villes de l'archipel. Également 2-3 vols/sem pour Yogyakarta avec *Air Asia.*
➢ ***Vols internationaux :*** *Silk Air* assure 2-3 vols/sem avec Singapour. Avec *Air Asia,* vols quotidiens pour Kuala Lumpur et 4 vols/sem pour Perth (Australie).
➢ ***Liaisons aéroport-Senggigi en navettes (via Mataram) :*** liaisons fréquentes avec les bus *Damri* (compter 40 000 Rps, env 1h40 de trajet). Fonctionne du 1er au dernier vol. La solution la moins chère.
🚕 ***Taxis :*** à la sortie du terminal, plusieurs compagnies de taxis (on paie la course au comptoir). Pour Kuta, compter env 90 000 Rps (pour 4 pers max) ; pour Senggigi, env 200 000 Rps ; pour Mangsit, env 225 000 Rps ; pour Bangsal (port pour les Gilis), env 285 000 Rps.

En bateau

➢ ***Ferry de Padangbai (Bali) à Lembar*** *(27 km de Mataram)* ***:*** voir cette même rubrique à Lembar (ci-après, dans le chapitre « La région ouest, autour de Mataram ») et à Padangbai.
➢ ***Bateaux rapides vers les îles Gili :*** voir « Arriver – Quitter » dans la partie consacrée à ces îles.

Comment circuler ?

Le réseau routier est globalement excellent, avec même quelques voies rapides. En général, on relie un lieu à l'autre en *shuttle,* puis on rayonne autour en louant un scooter. La circulation est bien moins dense qu'à Bali et les automobilistes un peu moins téméraires. Prudence tout de même, et ne jamais conduire la nuit, surtout en scooter.
➢ ***En bemo :*** avec l'accroissement du niveau de vie, les antiques *bemos* disparaissent à vue d'œil. Ils ne desservent plus que les alentours de Mataram et Senggigi. On achète un scooter, que la famille se partage, quand ce n'est pas toute la famille qui monte dessus. Pour relier une ville à l'autre, ***minibus publics*** au départ de la gare routière de Mandalika (Mataram).
➢ ***En shuttle bus et van privés :*** comme à Bali, ils vivent du flot des touristes, et coûtent relativement cher. Avec la disparition des *bemos,* les chauffeurs privés se frottent les mains. Dans tous les centres touristiques, on trouve des *shuttle bus* qui rallient les points les plus importants de l'île tous les jours. En général, 1 à 2 départs/j., plutôt le matin. On indique les liaisons et les tarifs à chaque ville touristique.
➢ ***En taxi :*** on ne trouve des « vrais » taxis qu'à la capitale et à Senggigi. *Bluebird* est la compagnie la mieux implantée *(☎ 0370-62-70-00).* Pour

une moto-taxi, on peut passer par l'appli *Gojek.*
➢ ***En cidomo*** *(charrette)* **:** seul moyen de locomotion publique sur les îles Gili. Bien que sympathique, ça revient assez cher. Il est préférable de louer un vélo.

LA RÉGION OUEST, AUTOUR DE MATARAM

C'est dans l'Ouest que se concentre une bonne partie de la population de l'île, dans l'agglomération confuse de Mataram, la capitale locale, tandis que plus au nord s'étirent les longues et belles plages de la station balnéaire un peu désuète de Senggigi.

LEMBAR

Les ferries réguliers venant de Padangbai (Bali) accostent ici. Pas grand-chose de notable, juste un point de débarquement.

Arriver – Quitter

En minibus

Pour attraper un minibus public pour la grande gare routière de Mandalika (45 mn de trajet pour env 20 000-30 000 Rps), sortir du port et rejoindre la route principale, à env 400 m. De Mandalika, on peut rayonner vers toute l'île au prix de pas mal d'attente... Plus simple : tout plein de transporteurs privés assurent des liaisons combinant route et bateau au départ de Bali et des villes touristiques de Lombok.

En bateau

➢ ***Padangbai (Bali) :*** les ferries partent normalement ttes les 1h30 env, 24h/24. Compter 4-5h en moyenne et 45 000-50 000 Rps/pers. Voir aussi cette même rubrique à Padangbai.
➢ Pour ***Java,*** pas de liaison directe en bateau (passer par Bali), mais on peut acheter un billet de bus incluant bus + bateaux à la gare routière de Mandalika (lire plus loin).

DANS LES ENVIRONS DE LEMBAR

Lembar se trouve sur la route rejoignant la région de Sekotong, d'où l'on peut notamment embarquer pour la minuscule île de ***Gili Nanggu.*** Belle plage de sable blanc où les tortues viennent pondre. Intéressant spot de *snorkelling.* Cela dit, attention, il n'y a rien d'autre à y faire. Autour de ce petit paradis, 2 autres îles, ***Gili Sudak*** et ***Gili Tangkong,*** la plus grande. Et un confetti, ***Gili Kedis,*** où l'on vient barboter quelques heures dans les eaux cristallines et buller sur la plage. Si vous ne comptez pas passer la nuit sur place (un seul hébergement, à Gili Nanggu), le mieux est d'acheter une excursion à la journée depuis Senggigi ou Kuta.
Plus à l'ouest encore, on peut rejoindre en bateau public la grosse île de ***Gili Gede,*** où l'on circule à scooter (plusieurs hôtels).
Globalement, la pointe sud-ouest de Lombok est encore assez peu fréquentée par les voyageurs étrangers. De belles découvertes en perspective...

AMPENAN, MATARAM, CAKRANEGARA ET MANDALIKA

IND. TÉL. : 0370

La capitale de l'île est constituée de 3 agglomérations qui forment un tout : *Ampenan,* l'ancien port hollandais, *Mataram,* la ville administrative, et *Cakranegara,* la ville commerçante. On peut ajouter *Mandalika,* la grande gare routière de l'île, située à 10 km à l'est d'Ampenan. La population d'Ampenan est assez cosmopolite : *Sasaks,* Balinais, Arabes, et des Chinois qui tiennent le commerce en main. C'est aujourd'hui une cité brouillonne et un modeste port sans grand intérêt, dans lequel les pêcheurs amarrent leurs *prahus* devant leur modeste masure, le long d'un bras de rivière rejoignant la mer. Capitale administrative de la province de Nusa Tenggara Barat (Ouest), Mataram est quant à elle étonnamment aérée. Cakranegara, enfin, fut la capitale de Lombok du temps des rajas balinais. Elle n'en a pas conservé grand-chose.

Arriver – Quitter

Gare routière de Mandalika : là où transitent tous les bus longue distance, *bemos* et minibus. Les rares *bemos* sont dans la petite rue qui longe le côté de la gare et n'assurent que quelques liaisons. Les bus longue distance et les minibus sont à l'intérieur de l'enceinte. Pour connaître les horaires, éviter les rabatteurs et aller au bureau d'information *(Informasi).*
En fait, si l'on vient ici, c'est surtout pour les liaisons longue distance. Sinon, chaque station balnéaire propose son lot de *shuttle bus* pour toutes les destinations, bien plus pratique que de repasser par la gare routière.

Quelques exemples de liaisons en minibus

Les 1ers minibus partent vers 8h, les derniers vers 17h. Pas d'horaires, ils partent quand ils sont pleins et se remplissent en général plus vite le matin. Côté tarifs, compter 15 000-40 000 Rps selon la distance, à négocier. Les durées de trajet ci-dessous sont données à titre indicatif ; tout dépend du trafic et du nombre d'arrêts en route pour prendre ou déposer des passagers.

➢ ***Lembar :*** minibus fréquents. Durée : 30-40 mn env. Ils poursuivent ensuite vers **Sekotong** (1h30 de route).

➢ ***Kuta :*** minibus pour Praya, puis changement pour Sengkol et enfin pour Kuta. Durée : env 5h en comptant les changements. Pas franchement pratique.

➢ ***Tetebatu :*** minibus jusqu'à Kotaraja (destination Lendang Nangka), à env 1h30 de route. De là, reprendre un minibus pour Tetebatu ou une moto-taxi *(ojek).* Durée : env 3h.

➢ ***Senaru :*** minibus pour Bayan/Anyar, puis nouveau minibus ou une moto-taxi pour Senaru.

➢ ***L'est de l'île :*** env 3 minibus/j. pour Labuhan Lombok. Compter 3h min, souvent plus, après de nombreux arrêts.

➢ ***Sembalun Lawang :*** prendre un minibus pour Labuhan Lombok, changer à Aikmel (à env 2h de route). Également 1 bus *Damri* direct pour Sembalun Lawang tlj vers 6h (compter 2h30 de trajet).

Bus longue distance

Les tarifs incluent une *lunch box,* voire le repas du soir pour les plus longs trajets.

➢ ***Denpasar** (Bali)* ***:*** 4 bus/j., vers 11h-12h incluant le bus, le ferry (qu'on prend à Lembar) et le bus jusqu'à Denpasar. Compter env 250 000 Rps. Durée : env 4h.

➢ ***Surabaya et Jakarta** (Java)* ***:*** 4 départs/j. en bus climatisés (les mêmes qui desservent Denpasar), incluant les trajets en ferry. Durées approximatives : 20h pour Surabaya (env 350 000 Rps) et 48h pour Jakarta (env 750 000 Rps).

➢ ***Yogyakarta*** *(Java)* **:** 1 bus/j., vers 9h. Durée : env 36h. Compter env 580 000 Rps.

➢ ***Sumbawa Besar*** *(Sumbawa)* **:** 3 bus directs/j. (bus, ferry, bus) vers 9h, 14h et 15h. Durée : 7h. Env 180 000 Rps. Ils continuent vers ***Bima*** (env 12h).

Gare routière d'Ampenan : appelée ***Kebon Roek,*** elle se trouve sur jl. Adi Sucipto, dans la partie nord de la ville, au niveau du grand marché couvert, à l'intersection de la route qui vient de Senggigi. Ses *bemos* desservent seulement Senggigi et parfois Mangsit. Ils ne vont pas plus loin. De cette gare, *bemo* jaune pour rejoindre celle de Mandalika.

Adresses utiles

■ ***Banques, distributeurs :*** *nombreux distributeurs à **Mataram** et **Ampenan.***

✉ ***Poste centrale :*** *jl. Sriwijaya, à **Mataram.***

■ ***Bureau d'immigration*** *(Kantor Imigrasi Klas Mataram)* **:** *jl. Udayana, à **Mataram.** ☎ 63-25-20. En face de la nouvelle mosquée. Lun-ven 8h-16h.* Pour les extensions de visa, monter au 1er étage. Avoir son passeport, une copie de celui-ci et de son visa et son billet aller-retour. Et pour entrer, se couvrir les épaules et les jambes et porter des chaussures fermées (mais c'est du racisme anti tongs ma parole !).

■ ***Silk Air :*** *dans l'hôtel* Lombok Raya, *à **Mataram.** ☎ 62-23-88-88. ● singaporeair.com ● Lun-ven 9h-17h.*

■ ***Bidy Tour :*** *17 jl. Ragigenep, à **Ampenan.** ☎ 63-21-27. 📱 081-805-765-600. ● bidytour-lombok.com ● Lun-sam 7h30-20h, dim 8h-14h.* Agence de voyages sérieuse, qui représente toutes les compagnies aériennes indonésiennes et la plupart de celles du Sud-Est asiatique.

■ ***Garuda :*** *jl. Majapahit, à **Ampenan.** ☎ 64-99-99. ● garuda-indonesia.com ● Lun-ven 8h-17h, sam 9h-15h.* Distributeur juste à côté.

✚ ***Hôpital international Rumah Sakit Harapan Keluarga :*** *9 jl. Ahmad Yani, à **Mataram.** ☎ 617-70-00.* L'hôpital le plus important de l'île. C'est là qu'il faut se rendre en priorité en cas de pépin.

Où manger ?

|●| ***Mie Ayam Jakarta :*** *2 jl. Yos Sudarso, à **Ampenan,** à l'entrée de la « vieille ville » (Kota Tua). Ouv 8h-22h. Bon marché.* Petite cantine chinoise, très propre. Plats classiques, avec notamment d'excellentes soupes faites devant vous. On n'y parle pas l'anglais, mais les photos des plats scotchées aux murs permettent de se faire une idée. Pas touristique du tout et délicieux.

À voir

À Ampenan

Le grand cimetière chinois : *au nord de la ville, vers Senggigi.* Immense, abandonné aux herbes folles, il aligne des centaines de tombes en forme de tertres gravées d'idéogrammes.

Le marché couvert de Kebon Roek : *jl. Adi Sucipto (dans la partie nord de la ville). Tlj 5h-19h (plus animé le mat).* Vaste et crasseux, entassant une foule d'étals, parfois à même le sol, un marché très vivant, riche en couleurs et en odeurs. On y trouve toute la nourriture typique de Lombok : piments et légumes, fruits de toutes tailles et toutes formes, poissons frais ou séchés, viandes qui attirent autant de clients que de mouches...

À Mataram

> **À EN PERDRE SON LATIN**
>
> *Avant l'uniformisation de l'écriture avec l'adoption, au début du XXe s, de l'alphabet latin, chaque île ou presque de l'archipel indonésien comptait son propre alphabet. Ils s'influençaient les uns les autres, et s'y superposaient encore l'arabe malais – une variante de l'arabe littéral – puis, avec la colonisation hollandaise, l'alphabet latin. Un casse-tête chinois !*

Museum Negeri – Nusa Tenggara Barat *(Musée ethnographique)* **:** *jl. Panji Tilar Negar. Tlj 8h-16h. Entrée : 7 000 Rps.* Petit mais intéressant musée, aux collections bien mises en valeur, exposées dans une vaste et unique salle. Vitrines classées par thèmes, avec pour chacune des explications en anglais. Un effort à saluer. Petite section géologique d'abord, schéma des plaques tectoniques de la région, maquette des volcans. En face, une section faune et flore, avec quelques bestioles naturalisées (énorme croco !), coquillages, papillons. Suivent des objets funéraires, maquettes de temples (Borobudur), costumes traditionnels, outils et objets usuels (agriculture, chasse, pêche – voir ces étonnantes lunettes de plongée artisanales). Également des instruments de musique, tambours de bronze, marionnettes, vannerie, tissus très anciens de Lombok et Sumbawa, porcelaines, vieux manuscrits en alphabet *sasak*. Des vitrines religieuses aussi : plusieurs exemplaires de Coran du XVIIe s, objets hindouistes. Au fond sur la droite, le trésor : objets d'art en or ciselé, bijoux, ceintures, magnifiques *kriss...*

La grande mosquée – Islamic Centre *(Masjid Raya Hubbul Wathan)* **:** *jl. Udayana. Pour entrer, se couvrir épaules et jambes (et tête pour les femmes). Accès minaret : env 5 000 Rps.* Bâtie en 2016, fragilisée par le séisme de 2018, c'est l'une des plus grandes mosquées du pays. Hormis ses dimensions pharaoniques, rien de vraiment remarquable, son style pâtissier n'étant pas des plus digeste. On peut, en revanche, grimper (en ascenseur !) au sommet de son minaret culminant à 99 m (comme les 99 noms d'Allah, qu'on admet ne pas tous connaître de tête). Large panorama, évidemment.

À Cakranegara

Les gardiens des sites de Cakranegara pratiquent des tarifs prohibitifs sans fournir de ticket en échange. C'est, vous dit-on, pour financer les rénovations... Ben voyons !

Water Palace and Mayura Garden *(Taman Mayura)* **:** *à la sortie de la ville en direction de Narmada. Ouv en continu. Entrée : 50 000 Rps (en principe...).* Petit pavillon entouré d'un lac artificiel, il date de 1744 et faisait partie de l'ancien palais du royaume balinais de Lombok. Bon, pas très excitant.

Pura Meru **:** *même rue que le Taman Mayura. Tlj 8h-17h. Entrée : 50 000 Rps (voire plus...).* C'est le plus grand temple de Lombok. Construit en 1720 sous le patronage d'un prince balinais pour la réunification de tous les petits royaumes de l'île. Ce temple, symbole de l'univers, est dédié à la trinité hindoue. Belle porte d'entrée sculptée de scènes allégoriques. On peut s'en contenter, l'intérieur du temple ne compte qu'un *meru* (tourelle symbolisant le mythique mont Meru, « centre » de l'univers dans la cosmologie hindouiste). Superposant 11 étages de toits de paille, il est flanqué de 2 *merus* plus petits (des alevins, peut-être). Vite vu et bien cher payé !

L'atelier de tissage Perusahaan Tenut Ikat **:** *jl. Tenun, ruelle en face du Taman Mayura. Tlj 8h-18h. Atelier actif sam-dim seulement, 9h-14h.*

Beaux tissus et vêtements (robes, chemises) mais prix élevés, de quelques centaines de milliers de roupies à plusieurs millions pour les étoffes en soie. Le week-end seulement, demander à voir les artisans qui s'activent sur leurs vénérables métiers, dans le hangar derrière la boutique.

DANS LES ENVIRONS DE LA « CAPITALE »

Taman Narmada : *à* ***Narmada,*** *à env 10 km à l'est de Cakranegara, par la route principale pour Labuhan Lombok. Tlj 7h-18h. Entrée : 15 000 Rps.*
Le nom Narmada fait référence à une rivière sacrée d'Inde. Quant au *Taman Narmada,* il s'agit d'un grand et beau parc bien entretenu, aménagé en terrasses et ponctué de grands bassins. Il y a 2 siècles, le roi de Mataram le conçut comme une réplique en miniature du sommet du mont Rinjani avec son lac de cratère, le Segara Anak. Dans le pavillon de l'entrée *(bale Terang),* bien conservé et joliment peint en vert et or, le roi se prélassait, paraît-il, en contemplant les princesses en train de se baigner dans le grand bassin en contrebas... En face, dans le *pura Kalasa,* un temple balinais, se déroule chaque année une fête en l'honneur du dieu qui règne sur le mont Rinjani.
Le parc est agrémenté d'une vaste ***piscine*** de dimensions olympiques, équipée de vestiaires et de douches, où les gamins batifolent le week-end *(entrée : 7 000 Rps).* Apportez votre maillot, éclate assurée ! Derrière la piscine, en surplomb d'un étang, une modeste cantine abritée sous une bâche bricole une petite cuisine locale *(ayam satay),* à déguster assis sur des tapis. En résumé, un bel endroit, où l'on traîne volontiers tout l'après-midi.

Suranadi : *à env 5 km au nord de Narmada.* Au creux de la forêt, un temple, parmi les plus vénérés de Lombok et probablement le plus vieux de l'île (1708). S'il est très fréquenté par la population locale, il n'offre que peu d'intérêt sur le plan architectural, mise à part sa porte d'accès sculptée. Tout a été peint en noir. Ceinture obligatoire (donation) pour pénétrer dans l'enceinte. À l'intérieur, quelques templions. Autour, des singes.

SACRÉE ENTOURLOUPE !

Les morceaux d'œufs que l'on jette (sur demande à l'entrée) dans le bassin de la cour du temple de Suranadi sont destinés à nourrir des « serpents sacrés », qui normalement sortent de leur cachette lorsqu'on tape sur le bord du bassin. La belle affaire ! En fait, il s'agit d'une sorte de long poisson (rien à voir avec un serpent) qui montre sa tête quand ça lui chante...

Le long du temple, la rivière fait office de lavoir et de bains publics, tandis que de l'autre côté de la route a été aménagée une ***piscine*** d'eau naturelle, où il est possible de faire trempette *(tlj 7h-17h ; entrée : 10 000 Rps).* Le secteur est très populaire, surtout le week-end, et compte tout un régiment de mini *warungs* alignés autour du parking. Sympathique.

SENGGIGI ET MANGSIT

IND. TÉL. : 0370

• Plan Senggigi *p. 261* • Plan Mangsit *p. 263*

Assez chic et pourtant un peu passée de mode, Senggigi est une grosse station balnéaire trop étirée le long d'une route assez passante, et surtout

fréquentée par une clientèle entre 2 âges. Question animation, les jeunes lui préfèrent largement Kuta, au sud. Ils ont raison. Il faut avouer que si les environs égrènent, de cap en cap, sur une quinzaine de kilomètres, de superbes plages bordées de cocoteraies, la station elle-même, avec son urbanisme décousu et ses larges esplanades bétonnées en partie désertées, n'est pas des plus conviviale. En basse saison, c'est même carrément la déprime.
Pour plus d'harmonie, direction Mangsit, longue plage voisine ponctuée de quelques grands complexes de luxe et semi-luxe. Pas vraiment de village en revanche, on reste à l'hôtel.

Arriver – Quitter

➢ ***Aéroport de Lombok :*** liaisons assurées par des bus *Damri.* Arrêt sur la route principale *(plan Senggigi, A1).* Départ en principe ttes les heures à l'heure pile, 3h-20h. Compter 40 000 Rps et env 1h40 de trajet. Les bus *Damri* desservent aussi Mataram.

➢ ***Padangbai*** *(Bali)* **:** de nombreuses agences proposent des *shuttle bus* incluant le passage en ferry. Notamment, 1 départ/j. avec la compagnie *Perama (plan Senggigi, B2,* ***2*** *; ☎ 75-18-75 ; ● peramatour.com ●).* Compter 150 000-175 000 Rps l'aller en ferry (par Lembar), 400 000 Rps en *fastboat* (par Bangsal).

➢ ***De Senggigi à Ampenan*** *(marché de Kebon Roek)* **:** quelques *bemos* directs. Compter 5 000 Rps.

➢ ***Kuta et autres destinations sur l'île de Lombok :*** pas de transports publics pour ces destinations. Soit on va à la gare routière de Mandalika, soit, plus simple et beaucoup plus rapide, on profite des liaisons en *shuttle* ou taxi proposées par un tas d'agences le long de la route principale : compter env 100 000 Rps pour Lembar, 125 000 Rps pour Kuta, 120 000 Rps pour l'aéroport, 200 000 Rps pour Tetebatu, 225 000 ®ps pour Senaru (accès au parc du mont Rinjani).

➢ ***Gili Islands :*** pas de *bemo* de Senggigi à Bangsal. Taxis ou *shuttle* (env 30 mn de trajet pour 50 000 Rps). Depuis Bangsal, pour la traversée, voir les détails dans la partie « Au nord-ouest, les Gili Islands », rubrique « Arriver – Quitter ». Quelques agences proposent de partir en bateau directement de la plage de Senggigi, mais c'est très cher alors que le port n'est qu'à 30 mn de route...

Adresses utiles

■ ***Distributeurs*** *(plan Senggigi, A1 et B1-2,* ***1****)* **:** nombreux distributeurs automatiques, notamment au niveau du marché artisanal et dans la ruelle menant à la *Plaza.* Quelques changeurs également. À Mangsit, distributeurs le long de la route principale *(plan Mangsit,* ***1****).*

■ ***Location de scooters :*** *nombreux loueurs sur la rue principale. Votre hôtel peut aussi vous en louer. Compter env 50 000 Rps/j.*

Supermarché Fresh Market *(plan Senggigi, B1,* ***3****)* **:** *tlj 7h-23h.* Pratique et bien achalandé, avec même un rayon viennoiseries et pâtisseries. Si vous partez en trek sur le Rinjani, c'est ici que vous pourrez vous approvisionner.

■ ***Rinjani Trekking Club*** *(plan Senggigi, B2,* ***4****)* **:** *jl. Raya Senggigi, juste à côté du Bale Tajuk Café (voir « Où manger ?... »). ☎ 69-32-02. ● info2lombok.com ● Tlj 8h-22h.* Tarifs corrects mais les prestations et les guides sont très variables. Pas mal de routards ont apprécié le ***Rinjani Trekking Centre,*** qui a un bureau presqu'en face, dans le virage *(plan Senggigi, B1,* ***5*** *; 📱 081-907-411-211 ; ● rinjanitrekcentre.com ●).* Comparer. Voir aussi nos adresses plus loin dans le chapitre « Le nord de l'île. Le mont Rinjani ».

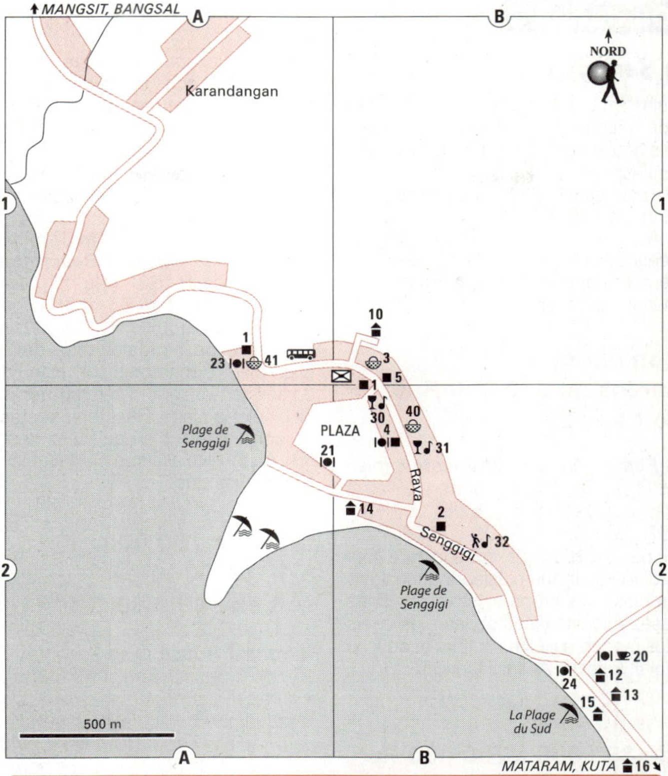

SENGGIGI

Adresses utiles

- Navette *Damri* pour l'aéroport (A1)
- **1** Distributeurs (A1 et B1-2)
- **2** Perama (B2)
- **3** Supermarché Fresh Market (B1)
- **4** Rinjani Trekking Club (B2)
- **5** Rinjani Trekking Centre (B1)

Où dormir ?

- **10** Family Garden Homestay (B1)
- **12** Batu Bolong Cottages (B2)
- **13** Café Wayan et Cottages (B2)
- **14** Oyo 1508 – Mascot Beach Hotel (B2)
- **15** Sunset House (B2)
- **16** Ibludan Hotel (hors plan par B2)

Où manger ? Où goûter ?

- **4** Bale Tajuk Café (B2)
- **20** Temptations (B2)
- **21** Warung Plaza (A-B2)
- **23** Lotus Bayview et Spice (A1)
- **24** Café Alberto (B2)

Où sortir ? Où écouter de la musique ?

- **30** Happy Café (B2)
- **31** Papaya Café (B2)
- **32** Marina Café (B2)

Achats

- **3** Bayan Lombok Gallery (B1)
- **40** Sudirmanshop (B2)
- **41** Pasar Seni – Marché artisanal (A1)

LOMBOK

Où dormir ?

À Senggigi

Senggigi compte très peu d'adresses bon marché (aucune en bord de mer). Les hôtels chics ont tendance à squatter l'espace.
On peut aussi opter pour le secteur de Mangsit, quelques kilomètres plus au nord, dont la plage, paisible, dégage beaucoup de cachet. Mais ça se paie.
Le petit déj est toujours compris, sauf mention contraire.

Bon marché (moins de 350 000 Rps, soit env 23 €)

☗ ***Family Garden Homestay*** *(plan Senggigi, B1,* ***10****)* **:** *au centre, côté terre (fléché dans le virage).* 📱 *081-803-600-897. Doubles 150 000-250 000 Rps.* Au pied de la colline, cette longue cour jardinée distribue plusieurs bungalows simples mais propres, les moins chers assez anciens (ventilo), les plus chers plus modernes (clim, minibar et douche pluie). Piscine. Accueil familial.

Prix moyens (de 350 000 à 700 000 Rps, soit env 23 à 46 €)

☗ ***Café Wayan et Cottages*** *(plan Senggigi, B2,* ***13****)* **:** *dans la partie sud de la station, au-delà du petit cap en venant du centre.* ☎ *69-30-98.* 📱 *087-713-902-802. • cafewayancottages.com • Doubles 350 000-450 000 Rps.* Côté terre, réparties dans 2 petites bâtisses bien au calme le long d'un jardinet touffu, de coquettes chambres de style balinais, spacieuses et confortables, en brique et palme. Jolie piscine. Bon rapport qualité-prix.

☗ ***Batu Bolong Cottages*** *(plan Senggigi, B2,* ***12****)* **:** *jl. Raya.* ☎ *69-31-98. • batubolongcottages.com • Dans la partie sud de la station, au-delà du petit cap en venant du centre. Réception côté terre. Doubles 350 000-700 000 Rps.* Petit complexe hôtelier aux chambres situées de part et d'autre de la route. Côté terre, les *standard garden room,* un peu datées mais honnêtement tenues, s'alignent dans des bungalows sur les flancs d'un jardin tout en longueur. On préfère les *beachside,* installées dans des maisons traditionnelles d'un étage habillées de bambou tressé, face à la piscine et à la mer. Éviter celles de bord de route.

☗ ***Oyo 1508 – Mascot Beach Hotel*** *(plan Senggigi, B2,* ***14****)* **:** *16 jl. Raya Senggigi.* ☎ *69-33-65. • oyorooms.com • Doubles 350 000-500 000 Rps.* Ensemble de bungalows en dur, de plain-pied (2 chambres par unité), dispersés dans un grand parc qui rejoint la piscine et la plage. Chambres vastes et de bon confort, bien qu'assez désuètes. Tranquillité assurée mais ambiance un peu tristoune.

Chic (de 700 000 à 1 200 000 Rps, soit env 46 à 80 €)

☗ ***Sunset House*** *(plan Senggigi, B2,* ***15****)* **:** *66 jl. Raya Senggigi.* ☎ *69-20-20. • sunsethouse-lombok.com • Dans la partie sud de la station, au-delà du petit cap en venant du centre. Doubles 630 000-1 100 000 Rps.* Jolie adresse en bord de mer, offrant plusieurs types de chambres cossues, style colonial, réparties dans des pavillons d'un étage. Équipement complet et tenue impeccable. Les *deluxe sea view* bordent la belle piscine à débordement. Moins chères, certaines *superior* profitent tout de même d'un bout de vue sur la mer. Pelouse bien entretenue et quelques *berugak* et chaises longues face à l'océan. Également, dans un petit immeuble annexe de l'autre côté de la route *(The Inn),* des chambres banales mais pas bien chères *(env 350 000 Rps),* qui profitent tout à la fois de leur propre piscine et de celle de la plage.

À Mangsit

À environ 4 km au nord de Senggigi, la belle plage de Mangsit est bordée

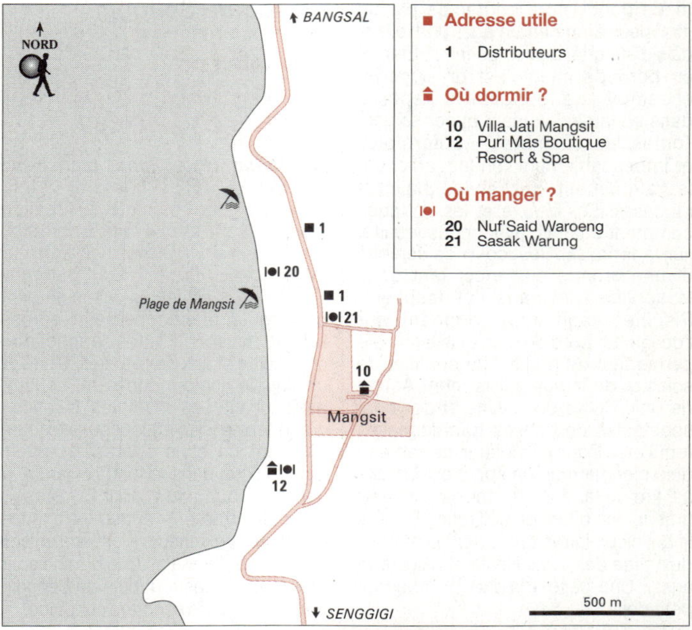

MANGSIT

d'hôtels plutôt luxueux. 2 ou 3 *warungs* sympathiques également.

De prix moyens à un peu plus chic (de 500 000 à 900 000 Rps, soit env 33 à 60 €)

Villa Jati Mangsit *(plan Mangsit,* ***10****) : à l'arrière de la route principale. 081-339-642-550. • villajatimangsit.com • Doubles 580 000-900 000 Rps.* Tenue par la sympathique Antonella (une Italienne parlant parfaitement le français) et son mari indonésien, cachée en bordure du hameau de Mangsit, une jolie adresse, assez chic mais sans ostentation, qui manquait dans ce coin agréable et tranquille. 5 chambres y nichent dans 3 confortables bungalows à la jolie déco locale (certains sur 2 niveaux), tous avec clim, ventilo et eau chaude. Bon matelas, posé sur une plateforme de bois, et mobilier de qualité. Piscine dans le jardin soigné et ombragé de cocotiers. Cuisine disponible pour les longs séjours. Calme total et bonne atmosphère.

Plus chic (plus de 1 200 000 Rps, soit env 80 €)

Puri Mas Boutique Resort & Spa *(plan Mangsit,* ***12****) : dans la partie sud de la plage. ☎ 69-38-31. • purimas-lombok.com • Doubles à partir de 123 €. Attention, cette adresse n'accepte pas les enfants de moins de 12 ans.* L'adresse la plus charmante du secteur, sans conteste, tenue depuis fort longtemps par un monsieur d'un certain âge, un Hollandais distingué, ancien danseur. Étendu en bord de mer, c'est un superbe ensemble de bungalows répartis dans un jardin luxuriant hyper soigné. Toutes les chambres, confortables et impeccablement tenues, affichent le raffinement des styles balinais ou *sasak*. Les *deluxe* et les cottages comptent un 2d lit, avec moustiquaire, sur la terrasse. Beaucoup de sérénité et une grande élégance, tant dans le service que dans l'atmosphère. Piscine magnifique, donnant sur l'océan. En bord de mer, plusieurs *bale* permettent de profiter du coucher de soleil et de la vue sur le mont Agung de Bali. Cours de cuisine et de yoga, spectacles de danses traditionnelles réguliers. Pour compléter ce tableau déjà bien flatteur, un spa s'est installé à 2 km de là, dans les terres (transfert gratuit, en voiture de collection !), dans le délicieux jardin où se tient la maison du maître des lieux. Resto et piscine ici aussi. Une belle adresse, et un super petit déj.

LOMBOK

Au sud de Senggigi

Prix moyens (de 350 000 à 700 000 Rps, soit env 23 à 46 €)

Ibludan Hotel *(hors plan Senggigi par B2,* ***16****)* **:** *à env 5 km au sud de Senggigi, sur la route de Mataram. 081-836-40-35. • ibludanlombok@gmail.com • ibludanlombok.com • Double env 500 000 Rps ; bungalow 700 000 Rps.* Située au calme en retrait de la route, une bonne petite adresse format maison d'hôtes, impeccable, charmante et aux prix étudiés, tenue par un couple anglo-indonésien. Le jardin est luxuriant. Les chambres, fraîches et confortables (clim et douche extérieure), affichent un style sobre et contemporain. Lové dans le fond du jardin, un immense bungalow pour 2 – presque une petite maison – entremêle espaces intérieurs et extérieurs (dont une cuisine) avec un goût certain. Jolie piscine enfin. Évidemment pas tout près de Senggigi, mais location de scooters sur place.

Où manger ? Où goûter ?

À Senggigi

Prix moyens (de 45 000 à 80 000 Rps, soit env 3 à 5,40 €)

Warung Plaza *(plan Senggigi, A-B2,* ***21****)* **:** *Senggigi Plaza. Sert très tard.* Une modeste cantine au fond de cette place un peu triste. Quelques tables en terrasse, et intérieur climatisé. Petits plats en vitrine, vraiment pas chers, servis avec riz et légumes. Sert aussi du vin.

Bale Tajuk Café *(plan Senggigi, B2,* ***4****)* **:** *jl. Raya Senggigi, km 8 (dans le « centre »).* On aime bien ce *warung* pour sa déco soignée et son accueil tout en douceur. Bonne cuisine locale, agrémentée de quelques plats internationaux, thaïs, et d'un peu de balinais, avec un set *nasi begadang* (œufs, poisson, poulet, légumes) bien exécuté.

Temptations *(plan Senggigi, B2,* ***20****)* **:** *dans la partie sud de la station, au-delà du petit cap en venant du centre, dans une rue perpendiculaire à la route. Tlj 8h-22h.* Épicerie-boulangerie où acheter pains, gâteaux, viennoiseries... Sert aussi petits déj, sandwichs et tout un tas de plats locaux ou internationaux à croquer sous l'auvent ou sur la terrasse à l'étage, *De Upper Deck,* qui ouvre en fin de journée.

Chic (de 80 000 à 150 000 Rps, soit env 5,40 à 10 €)

Si vous logez un peu loin de ces restaurants, il suffit d'un coup de fil pour qu'ils vous envoient une voiture et vous raccompagnent après le repas.

Lotus Bayview *(plan Senggigi, A1,* ***23****)* **:** *accès par la plage ou au fond du marché artisanal. ☎ 69-37-58. Tlj* *jusqu'à 23h.* Sur la plage, une élégante terrasse, avec ses tables nappées éclairées aux photophores, au milieu de quelques porcelaines chinoises. Service et cuisine sont à la hauteur du décor. Tenu par des Napolitains, on y prépare bien sûr des pâtes fraîches et de bonnes pizzas au feu de bois. Excellents *ikan* à la Jimbaran aussi et *satay* de poissons. Mousse au chocolat au top. Un de nos restos préférés à Senggigi, plus cher qu'ailleurs mais nettement au-dessus du lot. Bonne table également chez son voisin de plage, ***Spice*** *(☎ 619-87-01 ; tlj 11h-23h),* où l'on sert dans un décor immaculé une cuisine soignée s'offrant un petit tour du monde culinaire, complété de plats indonésiens généreux en saveurs. Menu en français.

🍽 ⛱ ***Café Alberto*** *(plan Senggigi, B2,* ***24****) : en bord de mer, dans la partie sud de la station, au-delà du petit cap. ☎ 69-30-39. Tlj 7h-minuit.* Resto de plage dans une structure design assez bétonnée (dommage), où l'on vient se régaler de pâtes aux fruits de mer, *tagliatelle al ragù,* poisson à la Jimbaran, pizzas au feu de bois (le soir)... tout en profitant de la piscine. Cuisine et service de qualité à prix somme toute raisonnables. Propose également quelques chambres, mais chères et un peu froides.

À Mangsit

De bon marché à prix moyens (moins de 80 000 Rps, soit env 5,40 €)

🍽 ⛱ ***Nuf'Said Waroeng*** *(plan Mangsit,* ***20****) : sur la plage, côté nord. Tlj jusqu'à 20h30.* Une longue paillote bricolée pour faire face à la mer, ses tables en bois grossier plantées dans le sable noir. Le spot idéal pour un poisson simplement grillé, à prix très raisonnable. Sur commande, du crabe et de la langouste.

🍽 ***Sasak Warung*** *(plan Mangsit,* ***21****) : en bord de route, en face du Quinci Villas. Tlj 10h-22h. Bon marché.* Un *warung* de bord de route pour des plats 100 % indonésiens, à des tarifs indonésiens (excellents *cap cay*). Bande son internationale, en revanche, mais bien choisie.

LOMBOK

Où sortir ? Où écouter de la musique ?

À Senggigi

🍷 ♩ ***Happy Café*** *(plan Senggigi, B2,* ***30****) : jl. Raya Senggigi (dans le « centre »). ☎ 69-39-84. Ouv 10h (13h sam)-1h.* Un des bars préférés des noctambules, complètement ouvert sur la rue. Tous les soirs, concerts de petits groupes locaux fort sympathiques. Atmosphère variable, de festif à moribond, selon le jour et la saison. Même concept au ***Papaya Café,*** presque en face *(plan Senggigi, B2,* ***31****).*

💃 ♩ ***Marina Café*** *(plan Senggigi, B2,* ***32****) : jl. Raya Senggigi. ☎ 69-31-36. Tlj 19h-3h. Entrée : env 40 000 Rps.* LE club du secteur. Vaste salle avec 2 mezzanines, entre la paillote et l'hacienda. Fait bar et boîte à la fois. Live ou DJ selon les soirs.

Achats

🧺 ***Pasar Seni – Marché artisanal*** *(plan Senggigi, A1,* ***41****) : jl. Raya Senggigi.* Sur une sorte de grande place un peu désolée, quelques kiosques proposent un éventail de la production artisanale locale : objets en bois, poterie, vannerie, tissus, etc. Ce ne sont pas des artisans, juste des revendeurs (négocier). Dans le même genre, on peut aussi aller faire ses emplettes au ***Bayan Lombok Gallery*** *(plan Senggigi, B1,* ***3****),* une sorte de supermarché du souvenir offrant pas mal de choix (et des prix fixes), situé en bord de route, un peu après le virage en allant vers le sud.

Sudirmanshop *(plan Senggigi, B2, **40**) : jl. Raya Senggigi, sur la route principale, au centre.* Objets artisanaux de toute l'Indonésie et surtout de Lombok, principalement en bois (masques, sculptures coffrets...). Du beau, mais le beau, ça se paie.

Les plages

La plage de Senggigi : son sable gris s'étend de part et d'autre de la presqu'île *(plan Senggigi, B2)*, ce qui permet à qui veut bronzer de changer de plage avec le soleil. Reste qu'en pleine saison certaines portions manquent sérieusement de sérénité (surtout aux abords des hôtels). On peut lui préférer la ***plage du Sud*** *(plan Senggigi, B2)*, plus calme, située au-delà d'un petit promontoire. Nous y indiquons plusieurs hébergements et restos.

La plage de Mangsit : à 3 km au nord de Senggigi, elle est plus jolie et plus tranquille, bien qu'en grande partie privatisée par des *resorts* de semi-luxe. Possibilité de faire des promenades en mer à bord d'un *prahu* et de pratiquer le *snorkelling* (location du matériel sur place). À marée basse, attention aux coraux. Mangsit est aussi le meilleur spot pour admirer le coucher de soleil avec, dans le coin de l'œil, le mont Agung de Bali.

Les plages entre Mangsit et Bangsal : cette superbe route côtière, semée de formidables points de vue et bordée d'immenses cocoteraies (pas encore dévorées par les hôtels), déroule quelques plages remarquables, anses désertes de sable blond ou gris. Une belle balade, à faire à scooter. Les fans de Pamela (et d'Arlette) ne manqueront pas de marquer l'arrêt sur la généreuse baie de Malimbu. Attention, sur certaines plages déferlent de puissantes vagues. Baignade parfois dangereuse.

VERS LE SUD

Bien moins irrigué que le centre de l'île, le sud voit ses collines virer du vert à l'ocre à mesure qu'avance la saison sèche. Une terre pas toujours généreuse donc, sur laquelle se groupent encore quelques villages traditionnels *sasaks*, tandis que la côte, dans la région de Kuta, déroule une guirlande de plages merveilleuses, paradis des surfeurs comme des contemplatifs, encore préservées des délires immobiliers.

SUR LA ROUTE DE KUTA

En descendant de Mataram vers Kuta, plusieurs haltes possibles, dans des villages traditionnels ou d'artisans, ou pour plonger dans l'effervescence d'un grand marché local.

Sukarara : *à 24 km au sud de Mataram.* Ce village assez épars abrite plusieurs centres de tissages traditionnels, doublés de grandes boutiques. Les cars de tourisme s'arrêtent dans les plus connus. L'un des plus fréquentés est la *Patuh Cooperative.* On y trouve de belles pièces fabriquées sur place, à prix d'autant plus convenables que tisser un sarong exige plus de 1 mois de travail (prix négociables dans la limite du raisonnable). D'autres

boutiques ne sont que des revendeurs, et certaines de leurs pièces ne sont pas issues de l'artisanat local mais des usines textiles de Java. Rien à redire à cela, à condition de le savoir.
Plus intéressant, sur l'arrière de la route, se regroupent de petits ***quartiers*** déshérités, dans lesquels les femmes sont, par tradition, toutes tisserandes. Elles travaillent en plein air, assises sous des *berugak*, sur de vénérables métiers artisanaux qui fonctionnent merveilleusement. Accueil souriant des habitants, qui ont l'habitude de voir passer du monde. L'un de ces microvillages se trouve sur la droite de la route en allant vers le sud, au niveau du panneau *Seret Penginang*, mais il y en a d'autres (demander). Il y a toujours un jeune qui se proposera de vous y guider en échange d'un petit billet, avant de vous conduire inévitablement vers une boutique.

Le marché de Sengkol *(pasar Sengkol)* **:** *à 40 km au sud de Mataram et 10 km au nord de Kuta.* Venir le jeudi matin (et dans une moindre mesure le lundi) pour arpenter ce grand marché, l'un des plus importants de l'île, pas touristique pour un sou. La plupart des chalands et des marchands viennent des villages *sasaks* alentour.

***Les villages sasaks d'Ende et Sade* :** *Ende se situe sur la route entre Sengkol et Kuta, à 8 km de celle-ci. Sade est 2 km plus loin. Entrée sur donation pour le village (plus un billet pour le guide).* Tout proches de Kuta, voici 2 villages parmi les derniers de l'île à avoir conservé leur habitat traditionnel *sasak*, ensemble d'étables, greniers à riz et maisons au sol de torchis, cloisons de bambous et toits de chaume, entre lesquels circulent des allées de terre impeccablement balayées. Les maisons, qui conservent remarquablement la fraîcheur, ne comptent que 2 pièces, l'une ouverte sur l'extérieur, l'autre fermée. Traditionnellement, les hommes dorment à l'avant, les femmes dans la partie intérieure. Si monsieur veut consommer, il toque à la porte... Restés en partie fidèles à leur mode de vie séculaire, les villageois y pratiquent essentiellement l'agriculture (riz et élevage des bœufs) et le tissage.
Ende (autrefois *Rembitan*) est un village déplacé, reconstruit récemment sur ce site. Certains le considèrent pour cela moins authentique. Ce n'est pas notre avis. Encore très peu visité, il abrite une trentaine de familles. Un guide se débrouillant en anglais est toujours disponible pour vous faire visiter. Maisons, greniers, étables, halle publique, quelques *berugak* où officient des tisserandes..., le bourg affiche une remarquable unité. Une petite boutique expose des étoffes tissées sur place.
Plus grand (environ 750 habitants), le village de ***Sade*** est bien plus touristique puisque tous les cars y font halte. C'est même un peu l'overdose, la plupart des 150 maisons traditionnelles faisant désormais aussi office de boutique (beaucoup de pacotille, mais aussi de beaux tissages). On y verra la mosquée (de l'extérieur), des greniers, des tisserandes, les tambours et gongs de l'orchestre du village. Là aussi, guide obligatoire.

KUTA

IND. TÉL. : 0370

• Plan *p. 269* • Carte La région de Kuta *p. 276-277*

Au sud de Lombok, à environ 50 km de Mataram, Kuta fut longtemps un simple village de pêcheurs et d'agriculteurs lové autour de sa plage et isolé du reste de l'île. La difficulté d'accès a laissé ce coin de paradis à l'écart du développement économique. Seuls quelques découvreurs solitaires

profitaient de la beauté du site. Il s'est doucement ouvert au tourisme dans les années 1990, avant que son évolution ne soit freinée par la chute de Suharto, les attentats de Bali, la crise économique... Autant de raisons pour lesquelles Kuta n'a pas – encore – perdu sa personnalité et conserve son aspect éclaté de petite bourgade où aucune construction ne dépasse un étage. Il y a bien de nombreux hôtels, *homestays, warungs* et restos, ainsi que quelques paillotes à sarongs et autres tee-shirts, mais rien n'altère sérieusement le rythme de vie local. Le Kuta de Lombok est à l'image de ce qu'était le Kuta de Bali il y a 30 ans. Les sublimes plages de sable blond et blanc en plus.

Le village, qui s'étire sur 2 km, se résume à quelques rues, 2 perpendiculaires et 2 parallèles à la plage. L'animation – relative – est principalement le fruit de grappes de surfeurs de tous pays. De chaque côté de la plage principale, de grands rochers semblent sortis d'une estampe chinoise, tandis qu'au large, une barrière de corail apaise l'océan. Mais si la plage de Kuta est jolie, celles qu'on découvre dans un rayon de 20 km aux alentours sont tout simplement merveilleuses, parmi les plus belles qu'on connaisse. Et là, celles de Bali peuvent se rhabiller !

Mais le temps de l'insouciance touche peut-être à sa fin. Des projets de méga-hôtels cherchent à sortir de leurs cartons, et des travaux ont commencé pour tracer, à l'est du village, dans la zone spéciale de Mandalika, un circuit de moto GP promis pour être l'un des plus grands d'Asie (inauguration annoncée pour 2021). On connaît mieux pour assurer le repos des vacanciers... S'il en faudra plus pour brusquer la nonchalance des plages les plus éloignées, le visage du village risque en revanche d'en être radicalement changé...

UN PROJET DÉMENT RESSUSCITÉ

C'est l'histoire d'un vaste projet immobilier, le *Mandalika Resort,* prévoyant la construction d'une quinzaine d'hôtels de luxe dans la région de Kuta. Les fils Suharto, investisseurs dans le projet, se remplirent les poches en revendant très cher des terres saisies à quelque 2 000 pêcheurs locaux, dédommagés des clopinettes. Mais la crise asiatique de 1998, le renversement du clan Suharto et les attentats de Bali avaient envoyé ce monstre aux oubliettes. Achevé en 1997, juste avant que le vent tourne, le *Novotel* a longtemps été le seul des méga-hôtels à avoir vu le jour, et fait à ce titre un peu figure de verrue.

Mais en octobre 2011, l'ex-président indonésien annonce la reprise du projet. Côté village, le front de mer est réaménagé en une pompeuse promenade, tandis que des doubles voies sont tracées pour relier le bourg à la zone spéciale de Mandalika, à une paire de kilomètres à l'est. Elles ne desservent pour l'instant pas grand-chose, mais la mise en chantier du circuit de moto GP dans le même secteur pourrait brutalement accélérer le calendrier... Espérons tout de même que la région ait encore quelques années devant elle avant l'éruption de ces constructions qui sonneraient le glas du mode de vie de Kuta.

Arriver – Quitter

➢ ***Shuttle bus et voitures privées :*** pas de transports publics directs pour Kuta, mais de nombreux kiosques proposent des *shuttle bus* pour toutes les destinations de l'île et, au-delà, pour les îles alentour, traversées en bateau incluses. En principe, on compte 2 départs/j. (vers 8h et 12h) de *shuttles* remontant vers Bangsal et les Gilis, via l'aéroport, Mataram et Senggigi. Si vous êtes plusieurs (jusqu'à 4 pers), les voitures privées peuvent aussi être intéressantes (on part quand on veut et l'on partage les frais).

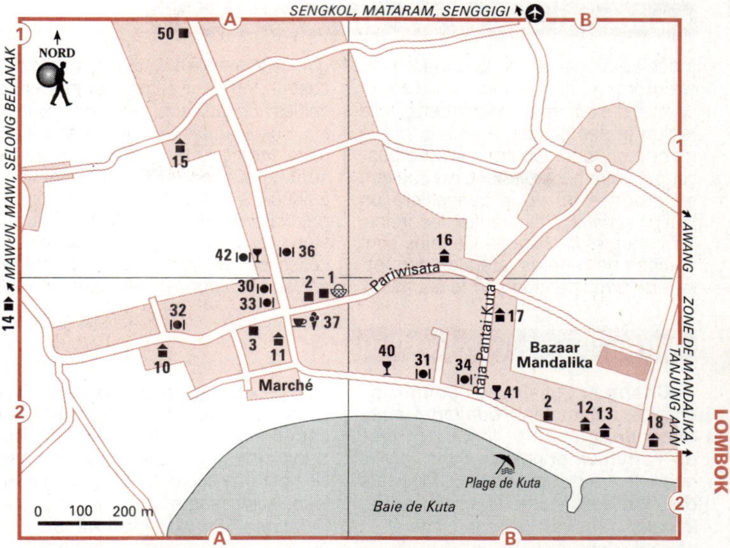

KUTA (LOMBOK)

Adresses utiles

- 1 Hidayah Money Changer et supermarché Fresh Market (A2)
- 2 Distributeurs (A2 et B2)
- 3 Medical Service (A2)

Où dormir ?

- 10 XX Surf (A2)
- 11 Kutabay Homestay (A2)
- 12 Sekar Kuning – Yellow Flower (B2)
- 13 Oyo 1096 – Anda Bungalow (B2)
- 14 La Bangkat Homestay (hors plan par A1-2)
- 15 Yuli's Homestay (A1)
- 16 Kuta Baru Hotel (B1)
- 17 Bombora Bungalows (B2)
- 18 Puri Rinjani (B2)

Où manger ? Où goûter ?

- 30 Soul Munchies (A2)
- 31 Warung Bule (B2)
- 32 Sonya (A2)
- 33 El Bazar (A2)
- 34 Ketapang (B2)
- 36 Lalapan Santai (A1)
- 37 Le Too Much (A2)

Où boire un verre ?

- 40 Surfer Bar (B2)
- 41 Rasta Beach Bar (B2)
- 42 Milk Expresso (A1)

Où faire un bon spa ?

- 50 Matcha Spa (A1)

Quelques exemples de tarifs moyens : pour Senggigi, Mangsit et Bangsal, env 100 000 Rps/pers en *shuttle* et 300 000 Rps en voiture privée ; pour les Gili Islands, env 130 000 Rps/pers en *shuttle,* 350 000 Rps en voiture privée. Pour Tetebatu et Senaru (mont Rinjani), pas de *shuttle,* seulement des voitures privées (env 250 000-300 000 Rps). Possibilité également d'acheter des liaisons directes pour Padangbai, Kuta-Bali, Sanur, Ubud, etc.

➢ ***Aéroport de Lombok :*** en *shuttle,* env 60 000 Rps/pers. En voiture privée (minivan ou taxi), à la demande, compter env 100 000 Rps (pour 2 pers).

➢ ***Mandalika*** *(gare routière de la capitale de l'île)* **:** pour les liaisons, voir cette même rubrique à Mandalika.

LOMBOK

Comment se déplacer dans la région ?

Indéniablement, c'est la ***location de scooters*** qui offre le plus de liberté et permet d'explorer au mieux cette belle région et ses plages. Presque tout le monde en loue. On conseille de passer par votre hébergement, qui souvent en propose ou vous conseillera un loueur sérieux. Bien vérifier les freins, les pneus et l'éclairage. Certains sont équipés de ferrures latérales permettant de trimbaler son surf (c'est mieux que de le mettre sur sa tête). Mettez un casque, on tient à vous, et prudence, car les hôpitaux sont vraiment très loin ! Ne roulez jamais de nuit, c'est dangereux, même si les routes principales sont très bonnes. Compter environ 50 000-70 000 Rps pour 24h (vraiment pas cher !). Pour le plein, foule de stands en bord de route qui vendent de l'essence au litre, dans des bouteilles en verre (environ 10 000 Rps/l).

Adresses et infos utiles

■ ***Change :*** quelques points de change, notamment ***Hidayah Money Changer*** *(plan A2, **1** ; tlj 8h-21h),* près du carrefour principal, dans la rue parallèle à la plage. Bon taux. Plusieurs ***distributeurs*** aussi *(plan A2 et B2, **2**)* dans la rue qui longe la plage et sa parallèle dans le centre.

Supermarché Fresh Market *(plan A2, **1**) : près du carrefour principal, dans la rue parallèle à la plage. Tlj 7h-23h.* Bien achalandé.

■ ***Location de surfs et cours :*** nombreux *surf shops* dans les rues centrales et sur certaines plages. On trouve de tout, des boutiques sérieuses, d'autres moins. Se renseigner auprès de vos collègues de planche. Pour un cours débutant (plusieurs heures), compter de 350 000 à 750 000 Rps selon la saison, et selon que vous passiez par une école du village ou par un jeune sur la plage.

■ ***Medical Service*** *(plan A2, **3**) : près du carrefour principal, dans la rue parallèle à la plage. 📱 081-835-33-43. Urgences 24h/24. Autre antenne dans la rue principale qui remonte vers le nord.* Petit centre médical où un médecin parle l'anglais. Pour les petits bobos et 1res urgences.

– ***Marché*** *(plan A2) : seulement dim mat (7h-11h), près de la plage.* Sympa et populaire.

Où dormir ?

Pas d'adresses de charme et bon marché à la fois. En cas de besoin, nombreux petits *homestays* à la sortie du village, sur la route des plages de l'Ouest. Le petit déj est toujours inclus, sauf mention contraire.

Bon marché (moins de 350 000 Rps, soit env 23 €)

Certains hôtels de catégorie moyenne disposent de chambres bon marché en basse saison.

Sekar Kuning – Yellow Flower *(plan B2, **12**) : sur la promenade de la plage. 📱 087-865-587-679. Doubles 180 000-280 000 Rps.* Au calme, bien en retrait de la promenade du front de mer, quelques pavillons d'un étage un peu décatis sont répartis de part et d'autre d'une allée verdoyante. Grandes chambres carrelées avec moustiquaire, eau froide et ventilo pour les moins chères, clim pour les autres. Sanitaires un peu vieillots pour certaines (en voir plusieurs). Tenue générale honorable. Une adresse routarde, gérée par un personnel bien sympa, et qui ne fait pas exploser ses prix en saison.

XX Surf *(plan A2, **10**) : dans la rue principale, parallèle à la plage, côté ouest. 📱 081-997-775-546. Double 150 000 Rps.* Tenus par des jeunes bien sympa, enfouis dans un jardin foisonnant, un trio de bungalows sommaires et adorables, entièrement en bambou et toit de paille, avec ventilo, moustiquaire et salle d'eau extérieure (eau froide, évidemment). Fait aussi resto, et donne des cours de surf, entre autres activités.

Kutabay Homestay *(plan A2, **11**) : dans la rue principale qui descend vers le marché et la plage. 087-864-409-555. Doubles 150 000-350 000 Rps.* Pas le coup de foudre, mais une adresse tranquille et centrale à prix très compétitifs, et honnêtement tenue. Au choix, des chambres basiques mais correctes, avec clim et eau chaude, dans 2 petits immeubles, et d'autres vraiment rudimentaires (eau froide, ventilo et moustiquaire) dans d'antiques bungalows en bois au toit de tôle. Piscine dans la cour, mais pas un brin d'herbe.

Prix moyens (de 350 000 à 700 000 Rps, soit env 23 à 46 €)

En pleine saison, les prix des chambres les plus chères peuvent déborder sur la catégorie suivante.

Yuli's Homestay *(plan A1, **15**) : dans une ruelle perpendiculaire à la route principale. 081-917-100-983. • yulishomestay.com • Doubles 400 000-600 000 Rps selon saison.* Beaucoup d'espace et une atmosphère bien agréable dans cette adresse très au calme, qui organise ses belles pelouses plantées de cocotiers en 3 secteurs, chacun disposant de sa propre piscine, ce qui assure une certaine intimité. Autour se répartissent des chambres spacieuses au décor soigné et à la tenue impeccable. Bons lits, terrasse, mais pas d'eau chaude (seulement disponible dans des douches communes). Cuisine commune également.

Bombora Bungalows *(plan B2, **17**) : jl. Raya Pantai Kuta. ☎ 650-25-71. • bomborabungalows@yahoo.com • Doubles 450 000-650 000 Rps.* En bordure de la grande rue qui mène à la plage mais pourtant au calme, une adresse de semi-luxe, fort agréable. Les 8 bungalows entourent la piscine, la pelouse et quelques palmiers. Les matériaux traditionnels dominent (murs couverts d'un treillis de paille, toit de palme, terrasses en bois...). Quant aux prix, raisonnables, ils varient avec le confort (les chambres les moins chères sans clim ni eau chaude). Sur le devant, bon resto logé sous une paillote. Accueil top.

Kuta Baru Hotel *(plan B1, **16**) : jl. Pariwisata (la rue parallèle à la plage). 081-930-577-78 ou 081-917-374-440. Doubles 350 000-800 000 Rps.* Sises dans un élégant jardin clos aéré et soigné, auquel on accède par une allée couverte de bougainvillées, une vingtaine de chambres climatisées blanches et lumineuses, dont le prix varie selon la taille et le décor (éviter les moins chères, vraiment étroites et basiques, avec salle d'eau vitrée). Elles donnent toutes sur la piscine bordée de transats. Ambiance zen et accueil pro.

La Bangkat Homestay *(hors plan par A1-2, **14**) : à la sortie du village en direction des plages de l'Ouest (à env 1 km du carrefour principal). 081-237-400-202 ou 087-865-796-842. Doubles 200 000-750 000 Rps.* Encadrant un jardin et sa jolie piscine, 3 séries de chambres, toutes impeccablement tenues. Les moins chères, ventilées, sont au fond, les murs couverts de bambou tressé. Sur les côtés, les climatisées, avec salle d'eau extérieure, les plus chères un peu plus personnalisées et avec eau chaude. Un ensemble très honnête, et même une vraie aubaine en basse saison.

Kuta Cabana Lodge *(carte La région de Kuta, **20**) : à env 1,5 km de Kuta, sur la route d'Awang, puis à gauche sur une petite butte. 085-337-426-515. Doubles 300 000-800 000 Rps.* Évidemment, on n'est pas en bord de mer ! Certains pourront toutefois apprécier cette adresse accrochée à flanc de colline, dont les multiples terrasses embrassent un large panorama sur les collines alentour et un bout d'océan. Tout en bois, pierre et bambou, l'ensemble dégage une bonne atmosphère,

LOMBOK

distillée par le proprio français et sa femme indonésienne. Chambres climatisées, plus ou moins grandes selon le prix, et des bungalows pour 4-5 personnes. Agréable resto-bar ouvert sur la vue (cuisine internationale). Dommage qu'on entende la rumeur de la route en contrebas (pas de trafic la nuit) et que les prix fassent la culbute en haute saison. Scooter obligatoire.

Oyo 1096 – Anda Bungalow *(plan B2,* ***13****) : sur la promenade de la plage. 081-805-783-810. • oyorooms.com • Doubles 450 000-800 000 Rps.* En retrait de la plage, une série de bungalows en béton, clean et modernes, accolés le long d'une cour jardinée et de sa belle piscine. Resto à l'avant, à l'étage d'un bâtiment assez vilain mais avec vue sur la mer. Quand même bien cher en pleine saison.

Chic (de 700 000 à 1 200 000 Rps, soit env 46 à 80 €)

Puri Rinjani *(plan B2,* ***18****) : sur la promenade de la plage. ☎ 615-48-49. 081-757-069-36. • therinjanikutalombok@gmail.com • Doubles 600 000-850 000 Rps.* Autour d'un beau et grand parc arboré avec piscine, 2 catégories de chambres, toutes confortables. Les *premium* sont particulièrement spacieuses et parfaitement entretenues. Moins chères et un peu plus petites, les *superior* sont sans frigo mais tout aussi bien. Les choisir, de préférence. Service prévenant. Une bonne adresse aux prix équilibrés, si ce n'est le petit déj, décevant, que l'on prend dans une salle sans atmosphère, sur le devant de l'hôtel.

Où manger ? Où goûter ?

Étonnant, on mange très bien à Kuta ! Certains hôtels cités plus haut font aussi resto et se débrouillent pas mal.

Bon marché (moins de 45 000 Rps, soit env 3 €)

À l'arrière de la plage a été bâtie une immense structure en semi-plein air, le ***Bazaar Mandalika*** *(plan B2),* prévue pour accueillir des dizaines de *warungs* de poche (seulement un comptoir et une paire de tables), accolés les uns aux autres sous des préaux, façon *food market.* Le tout est pour l'instant bien vide, mais on y compte tout de même quelques adresses servant une cuisine locale à prix écrasés. Dans le genre, on a bien aimé ***Nana's Warung,*** pour ses petits plats comme pour son accueil.

De bon marché à prix moyens (moins de 80 000 Rps, soit env 5,40 €)

Soul Munchies *(plan A2,* ***30****) : dans la rue principale perpendiculaire à la plage, presque au niveau du carrefour. Tlj jusqu'à 22h.* Le décor est soigné, les assiettes aussi. Pas étonnant que l'on se presse dans cette adresse ouverte sur la rue pour déguster des préparations goûteuses et copieuses, concoctées par un couple franco-indonésien. Quoique l'on choisisse sur la carte, c'est bonne pioche : plats indonésiens ou indiens, currys au lait de coco, bons *satay,* salades, sandwichs, tout plein de desserts aussi... Le soir, c'est carrément un festival de saveurs, avec l'alléchant buffet à volonté, facturé le prix d'un bon gros plat.

Lalapan Santai *(plan A1,* ***36****) : dans la rue principale perpendiculaire à la plage. Tlj jusqu'à 22h.* Un *warung* sans prétention, avec ses tables en bois rangées sous un toit de tôle. On vient y goûter pour pas bien cher les spécialités du pays *sasak,* notamment les *long eggplants,* des aubergines aux faux airs de courgettes, et la *lalapan* bien sûr, sorte de salade de crudités servie avec du riz.

Warung Bule *(plan B2,* ***31****) : dans la ruelle face à la plage.* Dans un secteur tranquille le soir, un petit resto ouvert aux quatre vents, pour une cuisine éclectique, élaborée mais pas compliquée pour autant : *Italian pasta, mahi-mahi* en sauce, *ayam lalapan* ou *bebek goreng.* Également des menus complets pour les grosses faims, et des plats *western* pour les gros porte-monnaie. Service familial.

Sonya (plan A2, **32**) : *sur la grande rue parallèle à la plage.* Ce *warung* à la carte classique dans la journée propose le soir un bel étal de poissons frais (*grouper snapper, mahi-mahi,* perroquet...). On pèse, on négocie, on établit un prix et l'on vous fait griller la bête sur le barbecue.

El Bazar (plan A2, **33**) : *au carrefour principal. Tlj jusqu'à 22h.* Encore une belle adresse. Pour celle-ci, direction le Maroc ! *Chicken tajine,* copieuse assiette de falafels, *veg mezze platter* de qualité, kebab... Tout est soigné, réussi et servi généreusement. Choix de vins au verre et, le midi, menus complets vraiment abordables. Tout au fond, une atmosphère venue d'ailleurs, dans un patio tout bleu, avec fontaine. On aime.

Ketapang (plan B2, **34**) : *à l'angle de la rue de la plage.* Grande salle ouverte, rendez-vous des voyageurs de tous pays. Classiques indonésiens, spécialités de Lombok, pâtes et pizzas voisinent avec des *seafood plate* ou *fishermen basket,* le tout ayant passé l'épreuve des estomacs étrangers avec succès.

Le Too Much (plan A2, **37**) : *au carrefour principal. Tlj 11h-21h.* Glaces, viennoiseries et belles pâtisseries, pour une rassénérante pause sucrée après trop de gamelles en surf.

LOMBOK

Où manger (et où boire un verre) dans les proches environs ?

Ashtari Café (carte La région de Kuta, **35**) : *à 2 km de Kuta, sur la route des plages de l'Ouest, au sommet de la côte, sur la gauche. Tlj 12h (8h sam-dim)-21h. Prix moyens.* Perchée sur un promontoire dominant la baie de Kuta, sise dans une belle maison de pierre, une grande terrasse couverte au décor léché et à l'ambiance zen, pour déguster tout autant la vue, impressionnante, qu'un verre en fin d'après-midi ou qu'une excellente cuisine indo-internationale fraîche et goûteuse. Le dimanche soir, musique live et barbecue.

Où boire un verre ?

Surfer Bar (plan B2, **40**) : *dans la ruelle en bord de mer.* Dans un coin encore peu développé, un bar ouvert aux quatre vents, les pieds dans le sable, flanqué d'un long comptoir. Groupes le vendredi soir en principe, mélangeant joyeusement les genres musicaux. L'ambiance joue le yoyo selon l'affluence.

Rasta Beach Bar (plan B2, **41**) : *sur la promenade du bord de mer.* Vaste paillote bricolée en plein air, à l'ambiance inégale. Plein et animé certains soirs, un peu vide d'autres.

Milk Expresso (plan A1, **42**) : *dans la rue principale, perpendiculaire à la plage. Tlj jusqu'à 22h.* Une sorte de *lounge* tropical, avec terrasse sur le toit, où l'on donne tous les soirs, du mercredi au dimanche, des petits concerts, de styles variés (reggae, pop, jazz, etc.). Pour accompagner, planches de fromages ou de *mezze, bowls,* pâtes et burgers à prix moyens.

Où faire un bon spa ?

■ **Matcha Spa** (plan A1, **50**) : *dans la rue principale perpendiculaire à la plage. 082-339-050-182. Tlj 10h-19h30.* Massages traditionnels, suédois ou autres, relaxation... Impeccable et très pro.

À voir. À faire

La ***plage,*** tout simplement. Celle de Kuta est jolie mais, curieusement, assez peu fréquentée, et bordée d'une promenade dallée bien trop large pour avoir du cachet. Il faut dire aussi qu'il y en a de bien plus belles dans les environs. Sur celle-ci, des aménagements (toilettes, douches, jeux pour enfants) ont été réalisés, en prévoyance de son développement. D'ailleurs, un énorme hôtel s'apprête à sortir de terre...

DANS LES ENVIRONS DE KUTA

Pour explorer les environs, aucun transport public. Faites comme tout le monde, louez un scooter. Les routes sont excellentes, mais la prudence s'impose. Portez un casque, roulez doucement et jamais la nuit. ***Le stationnement sur chaque plage est payant*** *(10 000 Rps/scooter).*
– ***Avertissement :*** quelques vols ont été signalés. Ne pas venir avec des objets de valeur, on ne vous volera rien. Et si vous louez un transat, faites surveiller vos affaires par votre loueur quand vous vous baignez.

À l'ouest de Kuta (carte La région de Kuta)

L'ouest de Kuta déroule une côte absolument magnifique et encore préservée, ponctuée de promontoires rocheux encadrant de mystérieuses criques. On l'explore le long d'une bonne route qui joue à saute-mouton avec les collines, traverse des hameaux besogneux bordés de champs de maïs et de tabac, avant de bifurquer sur de courtes pistes cahoteuses direction la mer, sous le regard placide des buffles et dans le piaillement des poules. Se révèlent alors quelques merveilles de plages, vastes, harmonieuses et tranquilles. Certaines s'adressent plus particulièrement aux surfeurs, qui y trouvent des droites et des gauches de belle facture. D'autres raviront les amateurs de coins paradisiaques aux eaux calmes. Nous les décrivons ci-après dans l'ordre d'arrivée.

La baie d'Are Guling : *à env 6 km de Kuta.* Assez aride, ce n'est pas la plus belle plage du coin, mais elle ravira les surfeurs, car on y trouve l'une des vagues les plus régulières du secteur (de novembre à mai).

La plage de Mawun : *à 8 km de Kuta, prendre une petite route qui bifurque sur la gauche, et la suivre pdt 1 km.* L'arc de cercle parfait que décrit cette splendide plage n'a d'égal que sa tranquillité. Eaux limpides et turquoise, presque calmes puisque la baie est très fermée, encadrée par de hautes collines. Top pour une baignade paradisiaque avant de se sécher sur le sable blond et moelleux. Bon surf par grosse houle seulement ; les autres jours, c'est une vraie piscine. Quelques modestes *warungs* avec des transats à louer. Tout au bout, sur la gauche, c'est le coin des pêcheurs, avec les barques colorées posées sur le sable.

RUÉE VERS L'OR

Sur la route de Mawun, la colline est quelque peu entamée. C'est qu'on y a trouvé de l'or ! Enfin, de la poudre d'or. Les compagnies américaines n'ont pas considéré le site exploitable et ont laissé tomber. Alors les bulldozers locaux se sont mis à creuser, remplissant les camions de terre aussitôt achetés par des familles locales qui les fouillent, dans l'espoir de trouver un peu de poudre... de perlimpinpin.

Où dormir beaucoup plus chic ?

Mawun Raya Resort *(carte La région de Kuta,* ***23****) : à 2 km après l'embranchement de la plage de Mawun, sur une colline. 087-862-736-869 (par WhatsApp). • mawunrayaresort.com • Doubles 1 600 000-2 000 000 Rps, transfert aéroport A/R compris.* Même s'il n'est pas en bord de mer, cet établissement, tenu par un adorable couple franco-indonésien, Ralph et son épouse, est un petit coin de paradis. Depuis les 7 bungalows de luxe dispersés à flanc de colline (spacieux, tout confort, avec terrasse et baie vitrée), on domine un paysage de plages et collines merveilleux quoique de plus en plus aride à mesure qu'avance la saison sèche. Belle literie et jolie déco, sobre et élégante à la fois. Tranquillité totale, superbe piscine et, pour le soir, une table de qualité faisant le grand écart entre des plats locaux et une cuisine bien française.

La plage de Tampah : *à 12 km de Kuta.* Une longue et paisible plage de sable doré, qui prend le nom de Lancing dans sa partie la plus à l'ouest (moins jolie). Mer d'huile mais pas mal de récifs, surtout à marée basse, tandis que les vagues viennent se briser sur les rochers, au loin. *Warung,* pour profiter.

La plage de Mawi : *à env 18 km de Kuta, prendre le chemin à gauche sur 3 km qui, rapidement, devient particulièrement mauvais, même si l'on passe en roulant doucement.* On traverse de beaux champs de tabac et des prairies où paissent les buffles avant d'atteindre cette plage essentiellement fréquentée par les surfeurs aguerris, des vagues puissantes et régulières s'y enroulant harmonieusement. Avantage : il y a des vagues toute l'année, et l'on est abrité du vent. Amateurs s'abstenir. Jonchée de nombreux cailloux (surtout à marée basse), la plage n'est pas du tout adaptée à la baignade. Superbe tableau en revanche que cette crique étroite recroquevillée au creux d'une baie fermée, dans laquelle émerge une grappe de pitons rocheux. 2 ou 3 petits *warungs* pour le repos des surfeurs.

La plage de Selong Belanak : *à env 20 km de Kuta.* Le genre de plage qu'on garderait bien pour nous, mais bon, on est comme on est, partageurs. Rares sont les plages aussi généreuses, le sable aussi fin, les eaux aussi limpides, que peu de vagues viennent froisser. Large baie protégée par d'ondulantes collines, Selong Belanak est aussi un village de pêcheurs composé d'habitations traditionnelles, en bambou et toit de chaume, regroupées sur la gauche, au bout de la plage. Garés en double file, des dizaines de *prahus* colorés, embarcations frêles, étroites et solides à la fois, ponctuent de quelques touches de couleurs cette délicieuse harmonie. Parfois, le soir, rentrent par la plage des troupeaux de buffles. Magique. Baignade sereine, mais également bien adaptée pour les surfeurs débutants, qui peuvent louer un *longboard* et prendre des cours avec des jeunes du coin. Au point de parking des scooters, une dizaine de *warungs*. Location de transats. Sur la droite (en regardant la mer), le chic café-resto *Laut Biru.*

Où dormir dans le coin ?

Selong Belanak Hotel *(carte La région de Kuta,* ***22****) : à l'arrière de la plage. 081-938-668-270. Double env 300 000 Rps.* Pour qui serait tombé amoureux du coin (comment ne pas l'être ?) et voudrait prolonger le séjour, voilà une grappe de bungalows simples et proprets (ventilo, douche extérieure, eau froide) alignés dans un grand jardin à l'arrière de la plage et du village. Atmosphère indolente, à l'image du site.

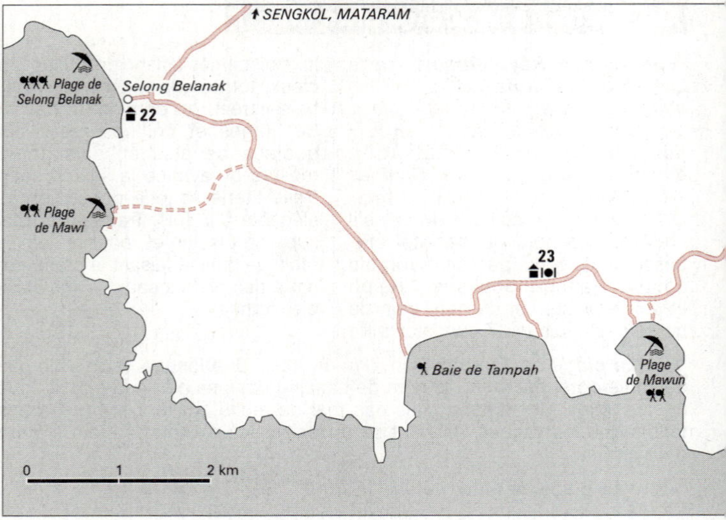

Où dormir ? Où manger ? Où boire un verre ?	
20	Kuta Cabana Lodge
22	Selong Belanak Hotel

À l'est de Kuta *(carte La région de Kuta)*

La partie est de Kuta compte également son lot de sites intéressants, même si les plus belles plages se situent à l'ouest. Les surfeurs y trouveront leur compte, notamment vers Gerupuk. 2 routes desservent ce secteur : l'ancienne, au plus près du littoral mais complètement défoncée après la plage du *Novotel,* et la nouvelle, excellente, qui passe un peu plus haut dans les terres.

La plage de Tanjung Aan : *à env 5 km de Kuta.* Protégée, au loin, par une barrière de récifs, une ample baie au sable presque blanc, délicieusement arquée et fermée par 2 promontoires. On peut grimper sur celui côté ouest pour un panorama sur la côte. Quelques *warungs,* transats et parasols de paille, pour buller entre 2 baignades. Pas d'ombre sinon. Sur l'arrière, un projet de grand hôtel pointe son nez. Quant au futur circuit de moto, il devrait vrombir juste derrière les collines... Aïe ! Aïe !

Le village de Gerupuk : *au-delà de la plage de Tanjung Aan vers l'est, à env 10 km de Kuta.* Un modeste village de pêcheurs, ni beau ni moche, au fond d'une baie ponctuée de petits bassins d'élevage de langoustes. L'autre activité économique du coin c'est le **surf,** qui draine pas mal de monde (cours et location du matos sur place). Les 2 spots les plus fameux, *Inside Gerupuk* et *Outside Right,* ne sont pas directement accessibles depuis le port, il faut prendre un bateau *(compter env 200 000 Rps pour le trajet A/R et 2h sur place – à partager à plusieurs).* Belles vagues d'école, mais bien aussi pour les confirmés les jours où « ça rentre ».

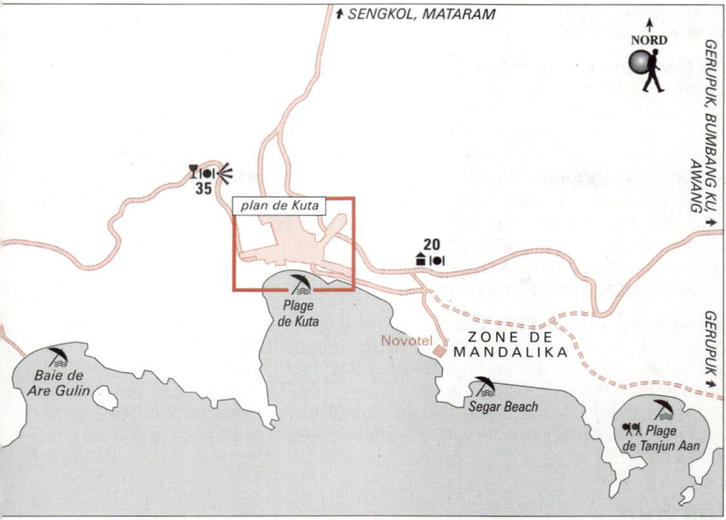

LA RÉGION DE KUTA

23 Mawun Raya Resort	**35** Ashtari Café

Où dormir ? Où manger ?

Surf Garden : *tt au bout de la baie, à la sortie du village. 085-337-527-721. Double env 350 000 Rps.* Agrippés au petit cap rocheux fermant la baie, une paire de bungalows en bois, simples et frais, avec ventilo et eau froide. Jolie vue. Également une grande villa à louer (5 chambres). École de surf sur place (la *Mojo Surf School, • mojosurf.com •).*

Spear Beach House : *au centre du village, dans l'enceinte du Gerupuk Surf Café. 081-805-725-679. Double env 400 000 Rps.* Dans un banal petit bâtiment blanc dominant le port, des chambres simples mais clean et lumineuses, toutes avec clim, eau chaude et balcon côté mer. Familiales également. Juste à côté, le ***Edo Homestay*** *(réception au Gerupuk Surf Café ; 081-339-357-992 ; double env 200 000 Rps)* : parmi les moins cher du coin, mais tout juste correct (clim et eau chaude tout de même). Préférer les chambres à l'étage, un peu mieux. Pas de vue.

Gerupuk Surf Café : plats simples (*pad thai, grilled fish, nasi goreng,* pizzas, burgers...) à croquer en compagnie d'une poignée de surfeurs, l'œil sur le petit port.

La plage de Bumbang Ku : *à env 15 km de Kuta en poursuivant la route vers l'est puis fléché sur la droite.* Entre 2 langues rocheuses, mer limpide et bande de sable blond impeccable, ponctuée de chaises longues en bambou et de parasols en paille. À l'horizon, pas la moindre antenne relais, pas un gramme de béton, seulement une flottille de barques de pêcheurs et leurs cahutes, rangées sous les cocotiers. Vous la voyez maintenant, la scène paradisiaque ?

Où dormir ?

Bumbang Ku Cottages & Restaurant : *pile sur la plage ; bonne route d'accès. 085-237-176-168 ou 081-337-077-207. • bumbangkulombok.com • Doubles 300 000-700 000 Rps.* Envie d'un coin de paradis, loin, très loin de la circulation, des bars... de tout, quoi ? Vous y voilà ! Nichant sous les arbres, en bord de plage, 2 rangées de petits bungalows en bambou et toit de chaume, avec ventilo (moustiquaire sur demande). Tout simples, parfaits. Salle de bains minimaliste, à l'extérieur (eau froide). Également quelques *deluxe* dans un pavillon en rez-de-chaussée et en dur, tout confort (clim, eau chaude) et spacieuses, mais dommage que le muret empêche de voir la mer depuis la terrasse. Sur la plage, quelques *berugak.* Et pour seule nuisance, le va-et-vient du ressac.

Le village et la baie d'Ekas : *accès depuis* ***Awang,*** *un gros village de pêcheurs désolé situé à env 21 km à l'est de Kuta.* On embauche un pêcheur (il y en a toujours qui attendent à l'entrée du quai) pour traverser la baie jusqu'à Ekas *(30 mn de bateau pour env 400 000 Rps jusqu'à 3 pers, 100 000 Rps/pers au-delà, attente sur place incluse).* Là-bas, on est loin de tout, et le site n'est pas plus beau qu'ailleurs. On y vient surtout pour le surf, avec des vagues d'école et belle *outside Ekas* pour les pros !

LOMBOK

Plus loin

➢ ***Excursion à Pink Beach :*** toutes les agences du village proposent l'excursion jusqu'à cette plage de sable rose, paumée à la pointe sud-est de Lombok. Si vous voulez tenter l'aventure, sachez qu'il y en a pour 2h de mauvaise route, et qu'à l'arrivée la plage n'est pas toujours aussi fabuleusement rose qu'on l'aurait rêvé (ou que le laissent imaginer les photos sur Internet...). Tant qu'à vouloir en voir de toutes les couleurs, autant coupler l'excursion avec un tour en bateau autour de 2 îlots du même secteur (*snorkelling* possible). Cher, évidemment *(env 1 200 000 Rps le transport voiture + bateau, sans le lunch),* mais on peut se grouper pour partager les frais *(jusqu'à 4 pers).* Pour Pink Beach seule, compter environ 500 000 Rps pour le véhicule.
Parmi les autres excursions lointaines proposées partout, possibilité d'aller explorer ***Gili Nanggu*** et le chapelet d'îles voisines (lire plus haut « Les environs de Lembar » dans « La région ouest »).

LE CENTRE DE L'ÎLE

Étendue au pied du versant sud du mont Rinjani, cette région verdoyante et fertile, encore peu fréquentée, déploie de beaux paysages de champs et de rizières ponctués de bourgades et hameaux, où musarder à la rencontre de la vie rurale et de ses activités artisanales. Ça change de la côte.
À partir de mi-août, toute la région vit au rythme des traditionnels combats *sasaks* (voir encadré), dont les plus

DES COMBATS *SASAKS* ET SAIGNANTS

Durant un combat traditionnel sasak, *des groupes de guerriers s'affrontent torse nu, armés d'un bouclier et de bâtons de bois recouverts de chanvre, au son d'une musique lancinante. Le public exalté hurle, transpire, s'échauffe. La violence des combats est intense, et ils ne s'arrêtent que lorsqu'un des guerriers saigne de la tête ! Petites natures s'abstenir.*

célèbres ont lieu à *Masbagik* et *Kotaraja,* villages situés au sud de Tetebatu, sur la route principale. Droit d'entrée symbolique. Quelques touristes, spectacle et ambiance garantis.

TETEBATU

• Plan *p. 281*

On aime bien cette halte de mi-altitude, située à environ 45 km de Mataram et 55 km de Kuta, où l'on se laisse bercer par le rythme indolent de la vie locale. Pas vraiment de village, en dehors d'un croisement où se regroupe une poignée de boutiques et *warungs,* mais plutôt un patchwork de hameaux, dispersés dans un paysage enchanteur de rizières et de champs de tabac, au pied du mont Rinjani. Peu de touristes, et pourtant, on y a déniché quelques bonnes adresses. Une étape idéale pour randonner, prendre le frais, découvrir la vie rurale de Lombok en explorant les villages alentour, ou ne rien faire. On peut se promener seul dans les rizières en demandant son chemin, se faire guider par un jeune local ou suivre de chouettes balades organisées par les hébergements du coin.

Arriver – Quitter

➢ De ***Kuta,*** prendre une voiture privée à partager à plusieurs. De ***Mataram*** (gare routière de Mandalika), transport public possible, mais c'est très long.

Pour les détails, se reporter aux rubriques « Arriver – Quitter » des chapitres correspondants.

Où dormir ?

On est un peu en altitude, clim inutile ! Certains soirs, il fait même un peu frisquet. Certaines de nos adresses sont situées dans le hameau de *Kembang Kuning,* à environ 1 km à l'est du croisement. La plupart des *homestays* et hôtels font aussi resto.

De très bon marché à bon marché (moins de 350 000 Rps, soit env 23 €)

Pondok Indah Bungalows *(plan A1,* ***10****)* **:** *jl. Monkey Forest, à env 400 m au nord du croisement. 087-761-722-576 ou 081-917-703-098. Doubles 100 000-160 000 Rps.* En retrait de la route, encadrées de rizières et de cultures de piments, une poignée de huttes en bois et bambou tressé, aussi mignonnes que sommaires, juchées sur pilotis pour ne rien perdre du paysage. Seulement un matelas, un ventilo, une moustiquaire et, pour certaines, un hamac, dodelinant sur leur microterrasse. Génial ! Salle d'eau privée au rez-de-chaussée pour les plus « chères » (façon de parler !), sanitaires communs pour les autres. Côté resto, joli panel de spécialités locales. Accueil adorable enfin, avec balades guidées dans les rizières, à la Monkey Forest, etc.

Green Heaven *(plan B1,* ***12****)* **:** *à Kembang Kuning. 087-863-873-886. Doubles 200 000-250 000 Rps.* Dans une courette fleurie, une minuscule adresse de 2 bungalows en dur (et un familial), à la façade recouverte de paille qui leur donne des airs traditionnels. Ventilo et eau froide. Simple, pas cher et familial. Tenu par Bul (mais rassurez-vous, son prénom n'est pas Pitt !). Coin resto sous une paillote.

De bon marché à prix moyens (moins de 700 000 Rps, soit env 46 €)

Hakiki Inn Bungalows *(plan B1,* ***11****) : à Kembang Kuning. 081-803-737-407. Doubles 150 000-400 000 Rps.* Une petite dizaine de bungalows de style local, tous différents, en brique et toit de chaume, au milieu des rizières et des champs de tabac, avec une superbe vue sur le Rinjani. Confort rudimentaire (eau froide ou chaude). Certains, sur 2 niveaux, sont un peu plus spacieux. Resto sous un *bale* en avancée au milieu d'une rizière. Bonne atmosphère le soir.

Les Rizières *(plan B1,* ***13****) : à Kembang Kuning. 085-903-138-111. • les-rizieres.com • Transfert possible depuis ailleurs dans l'île (250 000-400 000 Rps selon destination). Petites chambres 200 000-300 000 Rps ; doubles 400 000-600 000 Rps ; suites 800 000-1 100 000 Rps.* Une chouette adresse, agréable maison au milieu d'un jardin tranquille, tenue par Thomas et Katie, un couple de Français tombé amoureux de la région. Petite mare aux poissons et sympathique terrasse surélevée en bambou, donnant directement sur les rizières. Dans la maison, 2 chambres, simples et coquettes, avec ventilo et salle d'eau (chaude), et 2 autres plus petites, partageant une salle de bains, chacune avec 2 lits superposés. Également, logées dans une bâtisse en brique, ancien séchoir à tabac, 2 grandes suites à prix chics qui peuvent jouer les familiales, la plus chère le nez dans les rizières. Le soir, autour du repas, il fait bon s'installer sur la terrasse et écouter le chant des grenouilles, dans une atmosphère sereine et conviviale, esprit maison d'hôtes. Propose d'intéressantes balades accompagnées dans le village et les environs, et fournit un plan gratuit pour une promenade à faire par soi-même.

Mountain Resort *(plan A2,* ***14****) : au « centre », à 100 m du croisement. 085-337-540-777 ou 087-763-044-447. • mountainresorttetebatu.com • Doubles 450 000-600 000 Rps ; familiales.* Autour d'une grande cour jardinée avec piscine, des bungalows en brique et toit de chaume, banals mais correctement équipés (eau chaude) et bien tenus. Resto. Pas le charme fou, mais une adresse sérieuse, qui organise aussi des excursions (*panorama tour, snorkelling* autour d'îlots du Nord-Est, trek au Rinjani).

Où manger ?

Bon marché (moins de 45 000 Rps, soit env 3 €)

Rumah Daun *(plan A2,* ***20****) : au « centre », à 100 m du croisement, sur la droite. Tlj 7h-22h.* Une simple paillote de bord de rue, régulière et pas chère. Assiettes bien garnies et service adorable. *Gado-gado, olah-olah, urap-urap...* tout ça est bienbon-bienbon.

Lesehan Cahaya *(plan A2,* ***21****) : au « centre », à 150 m du croisement, sur la droite.* Autour de 3 bassins d'élevage de poissons, quelques *bale* traditionnels où l'on mange assis par terre, en toute intimité. Plats traditionnels et poissons d'eau douce, grillés ou frits. Pas très raffiné mais simple, original et plutôt bon. Pour info, un plat égale 4 petits poissons.

À faire

➢ ***Balade dans les rizières :*** le village est entouré de rizières. N'hésitez pas à emprunter les sentiers qui les longent et à vous balader le nez en l'air.

LOMBOK

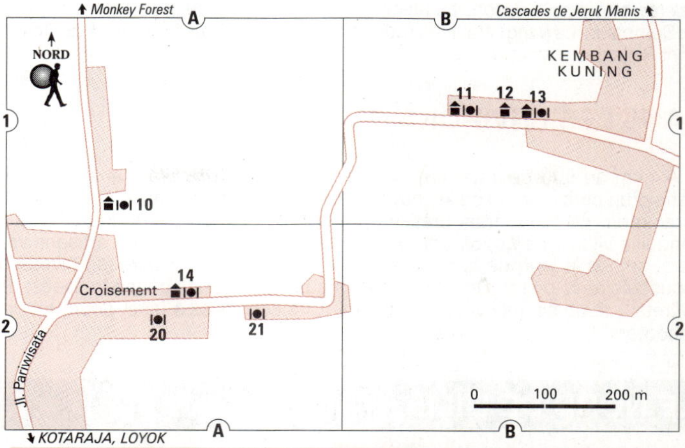

TETEBATU

Où dormir ?	Où manger ?
10 Pondok Indah Bungalows (A1)	**20** Rumah Daun (A2)
11 Hakiki Inn Bungalows (B1)	**21** Lesehan Cahaya (A2)
12 Green Heaven (B1)	
13 Les Rizières (B1)	
14 Mountain Resort (A2)	

Il y aura toujours quelqu'un pour vous sourire, vous guider, vous montrer son travail. Chouette lumière tôt le matin et pas d'inquiétude, impossible de se perdre.

➢ ***Monkey Forest :*** *à 5-6 km au nord du village. Accès libre.* Si vous voulez vraiment profiter de cette forêt, on conseille de prendre quelqu'un pour vous guider afin de ne pas vous perdre. Des singes, oui, mais pas toujours visibles. Belle balade en forêt cependant.

➢ ***Excursions organisées :*** la plupart des hôtels en proposent. Avec l'hôtel *Les Rizières* (voir « Où dormir ? »), balade guidée à la journée dans la campagne (retour vers 15h), avec passage par la Monkey Forest, via une cascade dans laquelle on peut se baigner, et visite à un petit producteur de café *(150 000 Rps/pers, repas non inclus).* Également une demi-journée de découverte de l'artisanat local dans les villages alentour (vannerie, tissage, etc.), en voiture avec chauffeur *(250 000 Rps/pers).* Agréable et instructif. Propose aussi des sorties *snorkelling* autour d'îlots à l'est de Lombok.

➢ ***Cascade de Jeruk Manis*** *(waterfalls ; hors plan par B1)* **:** *sur la route des... waterfalls, à env 6 km du village. On y accède à scooter, tt au bout de la route qui part à gauche au carrefour de Kembang Kuning. Entrée : 150 000 Rps !* Cette cascade de 35 m qu'on atteint en 1h de marche fait désormais partie du *parc national du Rinjani* et, à ce titre, l'entrée est hors de prix (le tarif d'entrée du parc). On compte, dans les proches environs, ***d'autres cascades*** bien moins chères (renseignez-vous auprès de votre hébergement).

➢ On peut organiser au départ de Tetebatu un trek (2 jours/1 nuit) jusqu'à la caldeira du ***mont Rinjani,*** par le versant sud. Se renseigner auprès des hôtels *Les*

Rizières et *Moutain Resort*. Les tarifs sont identiques à ceux pratiqués à Senaru ou Sembalun Lawang. Pour plus de détails, lire ci-après « Le nord de l'île. Le mont Rinjani ».

DANS LES ENVIRONS DE TETEBATU

À 4 km au sud de Tetabatu, le gros bourg de ***Kotaraja*** s'anime chaque matin d'un petit marché où les paysans du coin viennent vendre leurs produits, notamment du tabac frais présenté en bottes. Environ 3 km plus au sud, le tranquille village de ***Loyok*** abrite quelques ateliers-boutiques d'artisans vanniers, semés le long de la route et de la petite perpendiculaire (au niveau du minuscule rond-point). On y trouve de beaux paniers, des boîtes tressées, des coffrets... et un accueil vraiment sympa. Une escapade à faire, pourquoi pas, à scooter.

LE NORD DE L'ÎLE

Peu peuplé et relativement isolé du reste de Lombok, le nord, région d'altitude, est le domaine réservé du majestueux volcan Rinjani.

LE MONT RINJANI

• Carte *p. 283*

Culminant à 3 726 m, dépassant d'une tête le mont Agung de Bali (3 142 m), ce volcan est le point d'orgue d'un parc national établi sur ses pentes, et labellisé Géoparc par l'Unesco. Si le panorama depuis son sommet est, on s'en doute, formidable, s'y hisser au prix d'une rando assez éprouvante n'est officiellement plus possible, depuis que le tremblement de terre d'août 2018 a emporté une partie des chemins (cela dit, les conditions pourraient évoluer, se renseigner sur place). En compensation, on peut toujours grimper jusqu'à la crête de la spectaculaire caldeira, au fond de laquelle niche le lac de Segara Anak. Là-haut, on bivouaque pour la nuit, pour mieux découvrir, à l'aube, la silhouette du Rinjani, avant qu'il ne replonge dans les nuages. Pour se mettre en jambes, gentilles balades vers de rafraîchissantes cascades du côté de Senaru. Durant l'arrière-saison, de janvier à avril, le parc n'est pas accessible.

MONTAGNE... DE POUBELLES

Durant l'ascension, les randonneurs auront l'occasion de croiser des ordures qui jonchent les sentiers. Malgré la pression des touristes et le travail réalisé par quelques – très rares – agences, les guides continuent à laisser derrière eux déchets, bouteilles et sacs en plastique en tout genre. Seule la pression exercée par les clients-randonneurs pourra faire évoluer cette situation. Essayez de partir avec une agence qui rapporte vraiment ses ordures. Sinon, boycottez. De votre côté, pensez à apporter un sac en plastique pour ne rien laisser derrière vous.

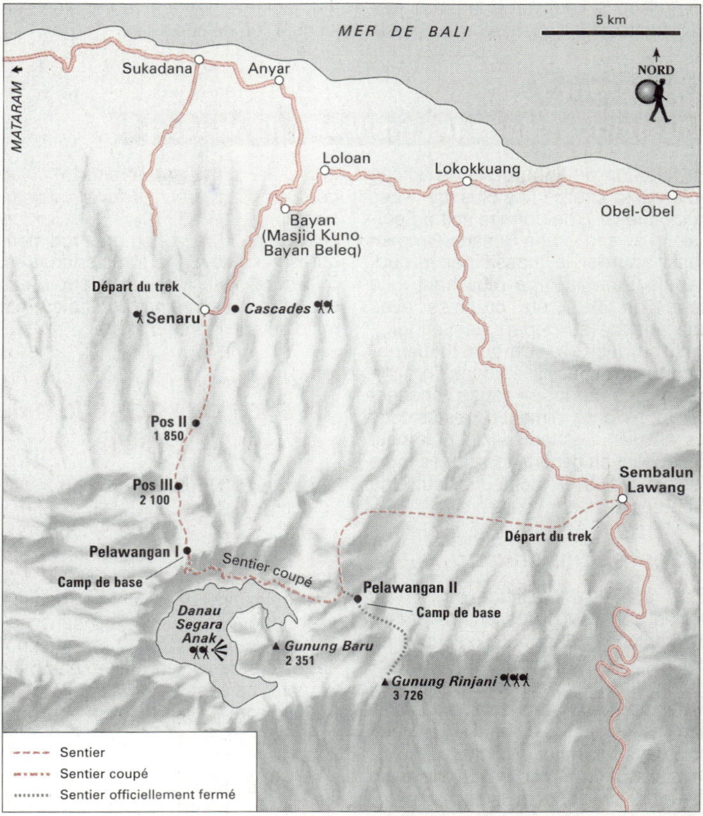

LE MONT RINJANI

Arriver – Quitter

En transports publics

Très long, avec départ de Mandalika (où il faut déjà se rendre...) et des changements.

➢ ***Liaisons avec Sembalun Lawang par le sud :*** quelques minibus partent de Mandalika en direction de Labuhan Lombok. On change à Aikmel (2h de route) pour Sembalun Lawang. Également un bus *Damri* direct depuis Mandalika pour Sembalun Lawang vers 6h (compter 2h30 de trajet).

➢ ***Liaisons avec Senaru par le nord :*** de Mandalika, minibus jusqu'à Bayan/Anyar, puis nouveau minibus (ou moto-taxi) pour Senaru.

En voiture privée

Beaucoup plus simple ! De nombreuses agences proposent la liaison avec Senaru en véhicule confortable, depuis Senggigi (env 225 000 Rps/pers), Kuta (env 300 000 Rps/pers), et même depuis les Gilis (traversée en bateau comprise). Si vous faites la rando jusqu'à la caldeira, l'agence organisant le trek inclut en général le transfert A/R jusqu'à l'un de ces 3 lieux.

Où dormir ? Où manger dans les environs du volcan ?

En fonction de l'approche du volcan qu'on aura choisie (lire plus loin « Les randonnées »), on dormira soit à Sembalun Lawang, soit à Senaru. On peut aussi aborder le massif par le sud, depuis Tetebatu (lire plus haut « Le centre de l'île »), ou l'organiser avec une agence au départ de Senggigi, Kuta ou des Gilis. Certains hébergements sont spécialisés dans l'organisation des randos et tous proposent des repas (pas vraiment de restos dans les villages). Les tarifs incluent le petit déj et sont en général identiques toute l'année. On est en montagne, inutile de prendre une chambre avec clim.

À Sembalun Lawang

Établi à 1 600 m d'altitude, au pied du volcan, dans une plaine fertile encadrée de montagnes pelées où l'on cultive ail, patates, oignons, tomates et fraises, ce village sans grand attrait est le point de départ de la rando vers le sommet. Rares sont les touristes qui y dorment. La plupart partent très tôt de Senggigi ou de Kuta (vers 5 ou 6h) et démarrent la rando dès qu'ils arrivent, vers 8h du matin.
En venant de Senggigi, dans le village de Bayan, sur la gauche, petit arrêt pour jeter un œil à la ***masjid Kuno Bayan Beleq*** (donation demandée), une des plus anciennes mosquées de l'île, tout en bois et murs en bambou tressé. Elle daterait du XVIIe s, et semble comme posée sur un soubassement de grosses pierres de lave. Seuls les musulmans peuvent accéder à l'intérieur, et encore, seulement pour de rares cérémonies.

Bon marché (moins de 350 000 Rps, soit env 23 €)

■ |●| ***Pondok Sembalun :*** *prendre à droite au niveau de la nouvelle mosquée, c'est exactement au pied des 2 grandes antennes de télécommunications. ▯ 085-338-848-565. Double env 250 000 Rps.* Chambres rudimentaires, logées dans 2 maisonnettes. Salles de bains vieillottes (pas d'eau chaude), mais jardinet agréable. Petit resto qui a le mérite d'exister.

Prix moyens (de 350 000 à 700 000 Rps, soit env 23 à 46 €)

■ ***Lembah Rinjani :*** *un peu après le* Pondok Sembalun, *sur le même chemin. ▯ 081-803-652-511 ou 082-235-079-977. ● lembahrinjani@gmail.com ● Compter 350 000-450 000 Rps.* Une quinzaine de chambres banales et fonctionnelles, avec ou sans eau chaude, réparties dans des maisonnettes crème et vert dispersées dans un parc. La gestion est aléatoire mais les gars sont sympa et l'ensemble tranquille et aéré.

À Senaru

Pas à proprement parler un village, Senaru, situé à 600 m d'altitude seulement, a vu une douzaine d'hébergements se développer le long d'une route menant à des cascades, à un petit hameau traditionnel *sasak* et au point de départ du sentier vers les crêtes. L'ensemble, étiré sur une arête, profite d'un joli panorama sur le Rinjani et sur une vallée verdoyante plongeant vers la mer.

De bon marché à prix moyens (moins de 700 000 Rps, soit env 46 €)

■ ***Sinar Rinjani :*** *un des 1ers établissements, sur la droite. ▯ 081-836-66-89.*

• *sinarrinjani.com* • *Compter 200 000-400 000 Rps.* Une dizaine de chambres dans une maison moderne, et à l'arrière de celle-ci, les moins chères avec ventilo et eau froide (clim et eau chaude pour les autres). Grands lits et bons matelas. Simple, dépouillé et nickel.

Rinjani Lighthouse : *presque au bout de la route, un peu avt le village traditionnel, sur la gauche. 085-337-076-655.* • *rinjanilighthouse.com* • *Double env 400 000 Rps ; également une familiale.* Posée dans un grand jardin arboré et fleuri, cette élégante bâtisse en matériaux traditionnels (brique et bambou) abrite une poignée de chambres semi-ouvertes (moustiquaire) au cachet certain. Un lieu familial et charmant, tenu par le sympathique Ari (un Allemand) et Emas, qui organisent aussi des randos et proposent des tours dans le village traditionnel et dans les rizières, vers les chutes d'eau, etc. Une de nos adresses préférées.

Pondok Senaru : *sur la route principale, au niveau de l'accès aux cascades. 081-803-624-129.* • *tiwi.pondoksenaru@yahoo.com* • *Double env 500 000 Rps.* Accroché à flanc de colline, dominant superbement la vallée et le Rinjani, l'établissement disperse chambres et terrasses-pavillons dans un jardin étagé sur plusieurs niveaux. En dur, les piaules n'ont pas grand caractère mais elles sont vastes, propres et bien équipées (eau chaude), les plus sympa avec vue.

Chic (de 700 000 à 1 200 000 Rps, soit env 46 à 80 €)

Rinjani Lodge : *sur la route principale, à gauche. 081-907-384-944.* • *rinjanilodge.com* • *Double env 1 100 000 Rps.* Suspendu à flanc de colline, face au panorama sur la vallée, le Rinjani et la mer, voilà certainement le plus bel établissement du village. Les chambres sont superbes, toutes profitant de la vue extra et s'ouvrant sur un beau jardin. Logées dans des bungalows individuels, elles sont sobres et élégantes, dotées de tout le confort, de grandes baies vitrées et de salles d'eau semi-extérieures. Lit généreux placé au milieu de la pièce et détails de déco bien sentis. Les 2 piscines à débordement sont de véritables enchantements, encadrées de plusieurs terrasses gazonnées, équipées de transats. Excellent service. Le resto n'est pas en reste : classe, cuisine goûteuse (*pasta*, asiatique ou local) et joliment présentée. Et si vous ne venez ici que pour manger, n'oubliez pas votre maillot, car vous pourrez profiter des piscines !

Conseils et équipement pour la rando

– ***Préparer son trek :*** plusieurs solutions. La grande majorité des randonneurs passent par une agence de Senggigi, Kuta, ou même Bali. C'est une solution pratique, mais on peut aussi parfaitement organiser le trek sur place, à partir de Senaru, Sembalun Lawang ou Tetebatu. Mieux vaut alors prévoir d'arriver au moins 1 jour avant, afin d'organiser les choses et de faire le tour des différentes agences pour comparer services et tarifs. En pleine saison (juillet-août), mieux vaut s'y prendre un peu à plus à l'avance. Choisir son agence sur place permet aussi de vérifier l'état et la qualité de l'équipement fourni. Assurez-vous aussi que le taille du groupe avec lequel vous partirez soit réduite. Au-delà de 4-6 participants, l'excursion peut devenir pénible (logistique plus lourde, différence de rythmes de marche, etc.). Enfin, ayez en tête que prévoir son trek en période de ramadan peut être plus compliqué, avec moins de guides et porteurs disponibles.

■ ***Bureaux du parc national :*** sur la route principale de Sembalun Lawang et au départ du sentier à Senaru se trouvent les bureaux des rangers du *Taman Nasional Gunung Rinjani (TNGR)*. Ils donnent des infos sur l'état des chemins et peuvent vous orienter vers une agence mais n'organisent pas eux-mêmes de trek. C'est aussi là que l'on signe le registre (prendre son passeport) avant d'entamer la montée.

Quelques agences

■ ***Sembalun Rinjani Trek :*** *à **Sembalun Lawang,** sur la route principale.* ☐ *081-918-177-443.* Une agence sérieuse, qui dispose d'une licence officielle et de matériel propre et de qualité. Leur tarif inclut une nuit dans leur hôtel (sommaire) la veille du départ.

■ ***John's Adventure :*** *à **Senaru,** dans la montée vers le village.* ☐ *081-757-880-18.* • *rinjanimaster.com* • Une des plus anciennes agences du secteur (depuis 1982), offrant des services de qualité régulière. Bien se faire préciser les prestations incluses (le tarif inclut en principe une nuit à l'hôtel la veille du départ).

■ ***Rinjani Trekking Club :*** *à **Senggigi.*** ☎ *69-32-02.* • *info2lombok.com* • Pour plus d'infos, voir les « Adresses utiles » à Senggigi.

– ***Entrée du parc :*** compter 150 000 Rps/j. et par personne.
– ***Idée de tarifs des randos :*** comparez les tarifs dans plusieurs agences. Attention, la moins chère n'est pas la meilleure. Il faut disposer d'un excellent duvet, d'un bon matelas de sol et de repas copieux. Bien se refaire préciser tout ce qui est inclus et demander à voir le matériel. Certaines agences aux prix d'appel alléchants fournissent des duvets de piètre qualité. Et il fait froid là-haut ! Pour la rando de 2 jours/1 nuit jusqu'à la crête de la caldeira, compter autour de 1 800 000 Rps par personne sur la base de 2 personnes (dégressif si l'on est plus nombreux), quel que soit le point de départ. Le prix comprend le transport jusqu'au village de base (si vous partez de Senggigi, par exemple), le guide, les porteurs, la nourriture, l'équipement et le droit d'entrée au parc.
– ***Matériel :*** l'agence qui prépare votre trek aura normalement prévu tout le matériel. À savoir, duvet chaud, nourriture (riz, pâtes, etc.), eau, tente, etc. Si vous souhaitez apporter des extras, ravitaillez-vous à Senggigi ou à Kuta, dans les villages de départ on ne trouve pas grand-chose. De votre côté, prévoir de bonnes chaussures de marche (obligatoire), un pantalon et une veste (pour le soir) et une lampe frontale (les agences peuvent sinon en fournir).
– On rappelle que l'accès au parc est fermé pendant la saison des pluies, de début janvier à mi-avril environ.

Les randonnées

– ***Avertissements :*** beaucoup de monde sur les sentiers en juillet-août, autant le savoir. Si vous voyagez avec des enfants, l'ascension n'est pas pour eux !
Depuis le séisme de 2018 qui a endommagé certains chemins, ***il n'est officiellement plus possible de monter jusqu'au sommet du volcan*** (mais certains le font quand même ; lire plus loin). On ne peut plus non plus descendre jusqu'au lac Segara Anak. Impossible donc de relier Sembalun Lawang à Senaru via le lac, comme cela se faisait avant. Il faudra partir de l'un des 2 villages (ou de Tetebatu) et revenir par le même chemin. Dans les 2 cas, on grimpe, mais pas du même côté, jusqu'à la crête de la caldeira, immense cirque formé lors d'une lointaine éruption, pour un panorama majestueux sur le Rinjani (à l'aube, avant qu'il ne disparaisse dans les nuages) et le lac, qui scintille au fond du cirque.
Même s'il n'y a pas pour l'instant de travaux programmés pour rebâtir les chemins, les conditions d'accès pourraient tout de même évoluer. Se renseigner sur place.
➢ ***De Sembalun Lawang,*** départ tôt le matin pour 7 à 8h de grimpette (1 000 m de dénivelée) dans un paysage de montagnes arides, encore accentué par un incendie survenu en 2019. Ascension assez raide les 2 dernières heures, jusqu'à atteindre la crête *(Pelawagan II),* où l'on établit le campement, à 2 600 m d'altitude. Vue splendide ! Possibilité ensuite de marcher 1h de plus, jusqu'à 3 000 m, pour un panorama encore plus vertigineux.

C'est de ce campement que démarrait, avant le séisme, le dernier tronçon jusqu'au sommet du Rinjani. Très endommagé, le sentier est officiellement fermé. Sa dernière portion, dans les éboulis et balayée par un vent violent, n'emprunte plus qu'un étroit passage d'à peine 1,50 m bordé d'à-pics. Certains entreprennent tout de même l'ascension, à leurs risques et périls, agences comme rangers déniant toute responsabilité en cas d'accident. Pour ajouter à la difficulté, l'ascension, très exigeante physiquement, se fait de nuit (départ vers 2-3h du mat), à la lampe frontale, pour arriver à l'aube, et la redescente est éminemment casse-gueule. À vous de voir, mais pas sûr que le jeu en vaille la chandelle. Et ne comptez pas sur un hélicoptère pour venir vous chercher...

➢ ***De Senaru,*** départ tôt le matin également pour 7h de montée (2 000 m de dénivelée) à travers la forêt tropicale puis la savane, jusqu'à atteindre la crête et le lieu de bivouac *(Pelawagan I)* dominant le lac, à 2 600 m d'altitude également.

À voir. À faire

Le village traditionnel de Senaru : *tt au bout de la route, au point de départ du sentier.* Avant que ne se développent quelques hébergements le long de la route, Senaru n'était qu'un petit hameau *sasak,* devenu un village traditionnel protégé que l'on peut visiter (donation demandée). Soit une trentaine de jolies maisons au toit de chaume et murs de bambou tressé, bordées de ruelles de terre tracées au cordeau, balayées tous les jours comme un dimanche matin. Possibilité de se faire accompagner par un habitant du village qui parle un peu l'anglais, pour en apprendre un peu plus sur la culture *sasak.*

Les cascades de Senaru : *accès dans la montée, env 1 km avt le village traditionnel.* On atteint en 15 mn de marche par un chemin dallé (ça descend) la belle cascade ***Sendang Gile,*** dégringolant de 35 m au milieu de la végétation. De quoi prendre une bonne douche ! Elle est encadrée de cascadettes secondaires, créées par le séisme de 2018. Une escapade fraîcheur populaire auprès des villageois le week-end... parfois rejoints par des bandes de singes que les vendeurs de fruits chassent à coups de lance-pierre *(accès : 10 000 Rps ; pas besoin de guide).* 25 mn de marche plus loin à travers la forêt émerge, dans un décor plus sauvage encore, une 2de cascade, haute de 30 m, ***Tiu Kelep.*** On pouvait jadis y nager, mais la piscine naturelle creusée à ses pieds a été en partie comblée par le séisme. Guide obligatoire cette fois (à négocier). Compter environ 2h de balade en tout.

Le lac Segara Anak : à l'origine circulaire, le lac est aujourd'hui en forme de croissant à cause du cône volcanique *(Gunung Baru)* qui s'est formé il y a des siècles et dont les flancs dessinent une étrange avancée tentaculaire dans l'eau. Ses flancs ont grossi et sa bouche s'est ouverte lors d'une éruption en 1994, où le cône a craché des milliers de tonnes de scories et de cendres. Lombok, Bali et Sumbawa sont restées 2 mois dans un nuage de cendre.
Depuis le séisme de 2018, on se contente de contempler le lac d'en haut, depuis la crête de la caldeira. Lorsqu'on pouvait encore y descendre, on profitait de plusieurs sources d'eau chaude à ses abords, auxquelles *Sasaks* et Balinais attribuent des vertus curatives.

UN LAC POUR TOUTES LES RELIGIONS

Le dieu Dewa Betara a, selon la tradition hindoue, élu domicile dans le lac Segara Anak. De quoi en faire un lieu de pèlerinage que l'on pourrait qualifier d'œcuménique. En effet, avant que le séisme de 2018 n'emporte le chemin, les musulmans sasaks et les hindous balinais venaient y prier ensemble et y jeter de l'or, en une offrande au même dieu.

L'EST DE L'ÎLE

Rares sont les touristes qui s'aventurent par là. Il faut dire qu'il n'y a pas grand-chose, si ce n'est le port de Labuhan Lombok.

LABUHAN LOMBOK

Point de départ des ferries pour l'île de Sumbawa. Liaisons directes au départ de Mandalika. Rien à faire sur place. Départ des ferries réguliers pour le port de Poto Tano à Sumbawa.

AU NORD-OUEST, LES GILI ISLANDS

Ourlés de jolies plages de sable blanc, prisés pour le *snorkelling* et la plongée (et la fête !), les 3 petits atolls de Gili Trawangan, Gili Air et Gili Meno sont situés au nord-ouest de Lombok, auquel ils sont rattachés administrativement. Ils constituaient autrefois une destination exigeante nécessitant d'interminables trajets. Dorénavant reliés directement à Bali, ils apparaissent davantage comme une étape dans un itinéraire plus large que comme un but de voyage en soi.
Gili Trawangan est devenue l'île des fêtards : musique, alcool et autres substances y sont légion. L'île est surpeuplée en haute saison et les prix sont déments à cette période. Gili Meno, minuscule et paisible, est la plus épargnée des 3. Quant à Gili Air, le tourisme s'y développe à vitesse grand V, les hôtels et grosses soirées aussi.
Ah, au fait, on n'y circule qu'en carriole à cheval *(cidomo),* à pied ou à vélo ! Pour info, Lombok compte d'autres chapelets d'îles Gili, au sud-ouest et au nord-est.

CHOISIR SON ÎLE

Bien choisir son île est essentiel car chacune affiche une personnalité distincte.
– ***Gili Trawangan*** est la plus développée touristiquement, totalisant un nombre incalculable d'hôtels, restos, bars, clubs de plongée, dans une ambiance jeune et festive autour du débarcadère, plus chic ailleurs, où s'étalent de grands *resorts*. Les prix en haute saison relèvent du grand n'importe quoi. À peine le temps de les noter dans notre guide et hop, ils ont encore grimpé ! On vient ici pour teuffer ou pour plonger. Ou pour plonger dans la teuf, au choix.
– ***Gili Air*** s'est glissée dans les pas de sa grande sœur et a vu le nombre d'hôtels enfler ces dernières années. Plus petite, elle reste tout de même un poil plus peinarde (et moins densément peuplée en saison), et si l'on peut y faire la fête, on peut aussi l'éviter.
– ***Gili Meno*** conviendra à ceux qui fuient l'animation. En fait, mis à part quelques hébergements et des plages superbes, on y trouve... une paix royale. Balades à vélo, et tortues à 2 coups de palmes de la plage. Les promoteurs l'ont sans doute oubliée. Tant mieux !

HÉBERGEMENT ET URBANISME SUR LES ÎLES

La construction va bon train sur ces îles minuscules et, même si les hôtels ne dépassent pas le niveau des cocotiers, leur nombre commence à rendre Gili T

(comme on surnomme Gili Trawangan) et, dans une moindre mesure, Gili Air un rien surpeuplées. Le béton grignote les plages et, combiné aux phénomènes climatiques, celles-ci disparaissent par endroits complètement à marée haute. Quant aux villages des habitants d'origine, ils font, surtout sur Gili T, presque figure de camps retranchés, assaillis par les infrastructures touristiques. Bref, autant vous dire que ça ne va pas dans le bon sens ! Seule Gili Meno semble (pour l'instant ?) rester à l'écart de la fièvre immobilière.
On trouve des établissements à tous les prix, mais en haute saison (surtout juillet-août), le moindre boui-boui pas bien folichon se loue au prix d'un palace. En gros, les prix peuvent doubler, voire tripler à ces périodes. Réservation à l'avance vivement conseillée.
Côté confort, sachez que les coupures de courant sur les îles sont monnaie courante. Les adresses un peu chics possèdent leur groupe électrogène, ce qui n'est pas forcément le cas des moins chères.

CHANGE ET DISTRIBUTEURS

On trouve de nombreux bureaux de change et distributeurs à Gili T et Gili Air. Taux de change pratiquement identique qu'à Bali. Cela dit, en haute saison, il est préférable d'assurer ses arrières et de venir avec du liquide. Pour Gili Meno, c'est même indispensable.

Arriver – Quitter

De/vers Bali

– ***Les bateaux rapides*** *(fastboats)* **:** les îles Gili sont connectées directement à Bali depuis Padangbai, Amed et Sanur par une flottille de compagnies privées. Ça coûte assez cher, mais on gagne beaucoup de temps (pas besoin de faire le détour par le port de Lembar, à Lombok). On peut acheter des billets à partir de n'importe quelle ville de Bali. Dans ce cas, le transfert vers le port d'embarquement est toujours compris dans le prix. Pour le retour, le billet inclut en général le transfert jusqu'à votre hôtel sur Bali (zone sud et Ubud), un bus desservant dans l'ordre tous les hôtels des passagers (ça peut durer des plombes...). Ce service n'existe pas sur les Gili, où seuls circulent des *cidomos* (charrettes à cheval).
Contrairement à ce que l'on vous dit parfois, il est inutile (et absolument pas obligatoire !) d'acheter un aller-retour. Ce n'est pas moins cher et ça vous bloque. Attention, les conditions de sécurité sur certains bateaux ne sont pas toujours assurées (vitesse excessive, matériel défaillant). Essayez de vérifier le sérieux de la compagnie avant d'acheter votre billet. Si vous êtes déjà à votre point de départ (Padangbai, Sanur ou Amed), achetez vos billets directement auprès de la compagnie choisie. Même principe pour le retour. Ne pas passer par une agence intermédiaire (commission).
Toutes les compagnies desservent Gili Trawangan, Gili Air et Bangsal (Lombok) mais la plupart ne s'arrêtent pas à Gili Meno (il faut changer de bateau sur l'une des 2 autres).
➢ ***Padangbai :*** compter env 250 000-300 000 Rps pour l'aller, le double pour l'A/R. Comparer les prix. Traversée en 1h30-2h. En général, 2 départs/j., vers 9h30 et 13h30, de Padangbai (10h30 et 14h30 env dans l'autre sens, variable selon l'île). Nombreuses compagnies. Parmi les plus fiables (mais ça peut changer...), citons *Blue Water Express* *(☎ 972-347-56-14 ; • bluewaterexpress.com •)* et *Mahi Mahi Dewata* *(☎ 361-849-15-41).* Également *Eka Jaya* *(📱 081-934-378-970 ; • baliekajaya.com •),* plus cher (350 000 Rps), mais on emprunte un plus gros bateau, plus confortable, avec clim et possibilité de monter sur le toit. C'est par ailleurs l'une des seules compagnies

à desservir Gili Meno. 3 départs/j., à 9h, 11h et 13h (retour vers 8h30, 11h et 12h30).

➢ ***Amed :*** une seule liaison/j., vers 9h30, avec *Free Bird Express* (☎ *081-999-242-600 ; • freebird-express.com •*). Retour vers 10h45 de Gili T, 11h15 de Gili Air et 11h30 de Bangsal. Ne dessert pas Gili Meno. Compter 350 000 Rps aller pour 1h30 de traversée.

➢ ***Sanur, via Nusa Lembongan et Senggigi** (Lombok)* **:** avec *Scoot Fast Cruises* (☎ *081-919-285-522 ; • scoot cruise.com •*). Départ à 9h30 de Sanur. Retour vers 12h30-13h selon île. Dessert Gili Meno. Compter 750 000 Rps pour 3h de traversée.

De/vers Lombok

Port de Bangsal : *à env 20 km au nord de Senggigi.* Pas de *bemo* pour se rendre à Bangsal, qui est le port « historique » pour les Gili Islands. Les seuls minibus publics qui passent dans le coin sont ceux reliant la grande gare routière de Mandalika à Bayan/Anyar (au nord de l'île). Demander à descendre au carrefour de Pemenang, à 1 km de Bangsal. De là, on finit à pied ou en *cidomo* (env 15 000 Rps). Sinon, on peut venir en taxi, mais c'est cher, ou en *shuttle* depuis Senggigi (env 50 000 Rps) ou Kuta-Lombok (env 100 000 Rps). Des ***agences*** proposent aussi des packages *shuttle* + bateau public depuis ces villes (env 100 000 Rps depuis Senggigi et 100 000-130 000 Rps de Kuta ; idem dans l'autre sens).

Sur la route, à 100 m avant d'arriver au port, sur la droite, le ***Lombok Café*** sert une nourriture convenable. Quelques chambres pas chères si vous êtes bloqué au port.

Si vous n'avez pas pris un package auprès d'une agence, pour acheter vos billets de bateau public, évitez les revendeurs à la sauvette et allez directement au ***Ticket Sale Service,*** seul bureau officiel, situé juste avt le quai, sur la gauche, dans une petite maison blanche. Inutile d'acheter un aller-retour. Compter 25-45 mn de traversée en *slowboat* et 10-20 mn en *fastboat* selon l'île où vous allez.

➢ ***En public slowboat :*** compter env 12 000-15 000 Rps selon l'île. En principe, 1er bateau aux alentours de 7h30-8h (mais ça peut être plus tard) et dernier vers 17h (idem depuis les îles). Il faut attendre qu'il y ait une quarantaine de passagers pour partir. Pas d'attente en haute saison. En basse saison, ça peut durer un peu. Pour Glii Meno, seulement 1 *slowboat* le mat et 2 en début d'ap-m.

➢ ***En public fastboat :*** achat des billets au même guichet. 8 *fastboats*/j., 9h-16h20 (10h-17h25 dans l'autre sens selon l'île), qui desservent tour à tour les 3 îles. Tarif : 85 000 Rps. L'intérêt n'est pas tant d'aller plus vite que de partir à heure fixe.

Liaisons inter-îles

La compagnie ***Islands Hopping*** assure la liaison entre les 3 îles avec de petits bateaux. S'adresser aux *Boat Ticket Office* du débarcadère de chaque île et, comme d'habitude, éviter les agences qui rajoutent une commission. En général 2 rotations/j. entre les îles : de Gili Trawangan (horaires indicatifs), départs à 9h30 et 16h vers Gili Meno (arrêt rapide) puis Gili Air ; depuis Gili Air, départs à 8h15 et 15h vers Gili Meno puis Gili Trawangan ; depuis Gili Meno, départs à 8h40 et 15h20 pour Gili Trawangan et à env 10h15 et 16h15 vers Gili Air. Tarifs : 35 000-40 000 Rps la traversée selon destination.

On peut aussi utiliser le ***public fastboat*** qui assure 8 fois/j. la liaison entre Bansgal et les 3 îles (lire plus haut). Plus cher (85 000 Rps), mais plus de fréquences.

Pour affréter un bateau privé, compter env 200 000 Rps.

– ***ATTENTION :*** ne tentez jamais de nager d'une île à une autre ! Les distances sont bien plus importantes que ce qu'il n'y paraît, et ***les courants à mi-chemin*** peuvent entraîner même les nageurs les plus expérimentés.

Plongée et *snorkelling*

Pour les plongeurs, fonds sous-marins superbes, avec des eaux limpides et une incroyable variété de poissons et coraux. Protégés par une barrière de corail, parfait pour les débutants comme pour les confirmés, tous les sites sont situés entre 5 et 15 mn en bateau. Dernier point non négligeable, l'eau est en permanence entre 27 et 30 °C ! L'essentiel des plongées s'effectue autour de Gili Trawangan, et quelques-unes sur les 2 autres îles. Mais peu importe l'île sur laquelle on réside, on plonge indifféremment sur les sites des 3.
Concernant le *snorkelling,* on sera plus mesuré : la surpopulation des îles (et donc l'évacuation des eaux usées), les va-et-vient incessants des bateaux, le réchauffement des eaux et les effets d'El Niño font que les coraux situés à l'intérieur des barrières de corail sont très mal en point. Morts, pour la plupart. Si la baignade reste agréable, ne comptez pas voir des fonds exceptionnels depuis la plage, sauf, dans une certaine mesure, à Gili Meno. En revanche, belles découvertes en participant à une excursion *snorkelling* en bateau à la demi-journée (lire plus loin).

Nos meilleurs spots de plongée

En tout, une petite trentaine de sites. Il y en a pour tous les goûts et de toutes les couleurs. Voici quelques incontournables.

Gili Trawangan

Deep Turbo *(4-30 m)* **:** 6 patates de corail qui dessinent de petits canyons. Requins pointe blanche, raies, coraux multicolores, nudibranches, et parfois des poissons-perroquets à bosse. Courants assez puissants.
Coral Fan Garden *(ou* ***Halik*** *; 6-30 m)* **:** des vallées où l'on rencontre des requins, aussi bien pointe blanche que noire, ainsi que des tortues vertes et tortues imbriquées.
Shark Point *(7-30 m)* **:** corail mou, tortues et requins pointe noire. Bancs de maquereaux, *red snappers,* pieuvres, poissons-pierres. Courant parfois assez fort.
Manta Point *(ou* ***Sunset reef****)* **:** cette plongée permet parfois de s'approcher des requins d'assez près. Barracudas, thons et parfois raies mantas (de décembre à mars). Tortues et poissons-pierres.

Gili Air

Moins de plongées autour de Gili Air. La plus belle :

Han's Reef : plongée tranquille dans un véritable aquarium. Luminosité exceptionnelle. Beaucoup de petites espèces rares : nudibranches, *frog fish* (poisson-grenouille), minuscules anguilles.

Gili Meno

Meno Wall : mur de 20 m avec beaucoup de poissons, murènes, nudibranches, poissons-clowns. Tortues à l'occasion et raies léopards. Courant moyen.
Meno Slope : grande variété de nudibranches et de corail mou. Poissons-scorpions, tortues et raies *Jankins.* Le courant peut être assez fort.
Bounty Wreck *(5-20 m)* **:** une sorte de ponton métallique qui s'est effondré dans quelques mètres d'eau et qui s'est transformé au fil du temps en auberge pour de nombreuses espèces. Plongée dérivante facile : pente douce avec beau corail mou, tortues, *eagle rays.*
Turtle Heaven : un pinacle autour duquel les tortues font la ronde. On enchaîne avec un tombant abritant une faune très riche (même des poulpes, avec un peu de chance). Pour tous niveaux.

Spots pour le *snorkelling*

Le meilleur moyen d'observer les fonds sous-marins est de ***participer à une sortie en bateau*** couvrant les meilleurs sites des 3 îles, pour la plupart impossibles à atteindre depuis les plages. Toutes les excursions sont conçues sur le même moule : départ vers 9h30-10h sur des bateaux embarquant jusqu'à 30 passagers, arrêt sur 3-4 spots avec pause déjeuner dans un *warung* (non inclus dans le tarif) sur Gili Meno ou Gili Air. Retour au bercail vers 15h. Comptez environ 150 000-200 000 Rps par personne.
Sur les sites, on palme en suivant le guide de son bateau et, vu que tous vont sur les mêmes spots, en saison, y a du monde ! Ne perdez pas votre guide ni votre bateau... Parmi les incontournables, *Turtle Point,* à Gili Trawangan (tortues, donc) et une ronde de statues immergées au large de Gili Meno, autour desquelles gravitent un essaim de *snorkellers* pour tenter de les prendre en photo...
Penser à prendre de l'eau, de quoi grignoter, à vous tartiner régulièrement de crème solaire voire, mieux, à porter dans l'eau un vieux tee-shirt. Sachez par ailleurs que les courants peuvent être forts. Si vous n'êtes pas à l'aise, enfilez un gilet de sauvetage (fourni). ***Pour du snorkelling depuis la plage,*** à Gili Trawangan, le seul spot se situe vers le nord-est (tortues). Idem à Gili Air. Gili Meno compte plus de sites accessibles depuis la plage (lire le chapitre consacré à cette île), qui correspondent en partie à ceux sur lesquels s'arrêtent les tours en bateau. Quelle que soit l'île, on trouve à louer l'équipement nécessaire (masque, tuba et palmes) au niveau de chaque spot *(autour de 50 000 Rps/j.).* Pensez à vous équiper de chaussures en plastique pour marcher sur les débris de coraux.

Les clubs de plongée

Très nombreux clubs, les plus importants comptant une antenne sur chacune des îles. En fait, peu importe où l'on réside, on plongera indifféremment sur tous les sites. Compter environ 550 000 Rps pour un *fun dive* (tarifs similaires partout), auxquels s'ajoutent 150 000 Rps d'écotaxe (qu'on paie seulement à la 1re plongée), reversée en partie aux pêcheurs et pour financer les récifs artificiels. Tous types de cours également.

Gili Trawangan

■ ***Blue Marlin Dive Center*** *(zoom Gili Trawangan, B2,* ***15****) : ☎ (370) 613-24-24.* • *bluemarlindive.com* • Le plus ancien club de l'île, créé par un Anglais. Piscine pour commencer en douceur. Toujours un instructeur parlant le français. Encadrement très sérieux, plongées loisirs, cours techniques de haut niveau et plongées profondes. Ambiance un peu usine à plongeurs, mais très pro et bien équipé.

■ ***Manta Dive*** *(zoom Gili Trawangan, B1,* ***18****) : 081-237-889-378.* • *manta-dive.com* • Un autre gros club aux prestations de qualité.

Gili Air

■ ***Blue Marlin Dive*** *(carte Gili Air,* ***6****) : sur la côte nord-ouest. 081-139-16-36.* • *bluemarlindive.com* • Mêmes prestations qu'à Gili T.

■ ***Manta Dive*** *(carte Gili Air,* ***16****) : côte est de l'île. ☎ (370) 629-366.* • *manta-dive-giliair.com* • Club sérieux, avec piscine pour les cours et instructeurs francophones.

Gili Meno

■ ***Blue Marlin Dive*** *(carte Gili Meno,* ***3****) : au débarcadère. 085-339-136-246.* • *bluemarlinedive.com* • Mêmes prestations qu'à Gili T.

■ ***Gili Meno Divers*** *(carte Gili Meno,* ***2****) : sur la côte sud-est. 087-864-595-490.* • *gilimenodivers.com* • Fondé par un Français, un petit club pro, avec toujours un instructeur francophone. Les cours en piscine se font sur Gili Air (transfert inclus). Propose aussi des *freedives.*

GILI AIR

IND. TÉL. : 0370

• Carte *p. 295*

L'île la plus proche de Lombok. Verdoyante et couverte de cocotiers, on en fait facilement le tour à pied, en 1h30 environ. Suivant le (mauvais) exemple de sa grande sœur Gili Trawangan, Gili Air a vu en quelques années le nombre de ses hôtels exploser, et certaines portions de côte (le sud-ouest en particulier) se muer en QG pour fêtards. Si l'atmosphère générale reste, cela dit, encore vraiment relax, si l'on se plaît, dans l'intérieur, à flâner de sourire en sourire au hasard des plus petites ruelles du village et de leurs activités quotidiennes, il est désormais bien difficile d'accéder à la plage sans passer par un bar. Et celle-ci disparaît par endroits quasi totalement à marée haute, la faute aux constructions. Le sable est, lui, toujours aussi blanc, et quelques coins restent baignables. Pour ce qui est des coraux en revanche, comme ailleurs sur l'archipel, ils sont morts, mais les plongeurs trouveront sans peine à se faire plaisir à quelques minutes de bateau.

➢ Pour rejoindre ou quitter Gili Air, voir « Arriver – Quitter » dans l'intro générale des îles.

Adresses et infos utiles

■ ***Transport dans l'île :*** l'unique moyen de transport est le *cidomo,* la charrette à cheval. Sympa, mais ces taxis locaux pratiquent des tarifs déments : 100 000-150 000 Rps pour la moindre course. On en fait les frais à peine débarqué du bateau. Négociation ferme indispensable.

Location de vélos : *compter env 50 000 Rps/j.* On trouve des vélos à louer partout, notamment dans la plupart des hôtels. Vraiment le mode de locomotion idéal pour explorer l'île, malgré des passages sableux difficiles sur toute la moitié ouest de la côte.

■ Plusieurs ***distributeurs de billets*** tout le long de la rue principale et de la côte. Quelques changeurs également (taux à peine moins bon qu'à Bali).

Clinic du Dr Sahrun (carte, **1**) **:** *dans le village, à gauche à la grande intersection. 081-907-292-882 (docteur). Tlj 8h-22h.* Le médecin est souvent présent sur place. En cas de gros problème, évacuation vers Bangsal en bateau rapide, puis ambulance vers Mataram *(International Hospital).*

■ ***Clubs de plongée :*** voir cette même rubrique dans l'intro sur les îles Gili.

Où dormir ?

Nombreux hôtels un peu partout sur l'île, sur la côte comme dans les terres. Avant de choisir, ayez en tête que le nord-ouest, et surtout le sud-ouest, sont assez, voire très animés le soir. Pas les secteurs les plus indiqués pour qui recherche la tranquillité, donc. Quant aux tarifs, ils ont très variables selon la saison (du simple au double le plus souvent). Nous indiquons une fourchette de prix qui couvre toutes les périodes. Le petit déj est toujours inclus dans le prix, sauf mention contraire.

Bon marché (moins de 350 000 Rps, soit env 23 €)

Begadang Backpackers (carte, **11**) **:** *au nord-ouest de l'île, à l'intérieur* *des terres et à quelques mn à pied de la plage. 081-353-960-730. • begadangbackpackers@gmail.com • Lit en dortoir (4 pers) 130 000-150 000 Rps (ventilo ou clim) ; doubles 150 000-400 000 Rps. Réserver !* Chouette ambiance et beaucoup d'espace dans cet *hostel* vraiment convivial. Autour d'un vaste terrain ouvert et verdoyant s'est déployé un bouquet de mignonnes petites huttes traditionnelles, plantées sur pilotis, certaines minuscules et pas chères, sans salle d'eau (super sanitaires communs, ingénieusement conçus), d'autres avec salle d'eau privée (c'est le cas pour les dortoirs). Au centre, jolie piscine, terrasse en bois et généreux *gazebo* pour se rassembler, jouer de la gratte, papoter, ne rien faire. Terrain de volley, *slack,* ping-pong... Et pour manger, une paire de *warungs* presque en face.

Ina Gili Guesthouse *(carte,* ***10****) : au cœur du village, en remontant tt droit depuis le port. 082-114-182-093. Doubles 250 000-350 000 Rps.* Accueil en or dans cet immense jardin hérissé de manguiers qui se confond avec la concession familiale. On est reçu plein sourire par Ina et les femmes de la maison, comme si Gili Air n'était encore qu'un village au tourisme balbutiant. Côté hébergement – on est aussi venus pour ça ! –, plusieurs bungalows en dur, banals mais vastes et bien propres, avec clim. Modeste *warung* côté rue. Un petit bout d'Indonésie.

Lagi Homestay *(carte,* ***12****) : sur la côte est, dans une rue perpendiculaire à la mer, à 200 m de la plage. 081-907-687-575. Doubles 200 000-350 000 Rps.* Au bord d'un chemin, dans un petit jardin clos et touffu parcouru d'allées cimentées, une poignée de bungalows en dur, simples (eau froide, clim) et impeccables. Conviendra à qui recherche calme et intimité.

Balengku Homestay *(carte,* ***14****) : au nord-est, dans une rue perpendiculaire à la mer, à 200 m de la plage. 081-907-870-508. Doubles 250 000-350 000 Rps.* Une adresse familiale, ensemble de grands bungalows en dur groupés dans une cour, plus tout jeunes mais au confort très honorable pour le prix (clim, frigo, mais eau froide seulement). Il y a même une piscine !

Prix moyens (de 350 000 à 700 000 Rps, soit env 23 à 46 €)

En très haute saison (Noël et juillet-août), les prix de certaines adresses peuvent grimper jusqu'à la catégorie « Chic ».

Banana Cottages *(carte,* ***13****) : sur la côte est, dans une rue perpendiculaire à la mer, à env 100 m de la plage. 081-915-962-884. Bungalows 300 000-700 000 Rps.* Ça vaut le coup de quitter (un peu) le rivage pour découvrir ce genre d'adresse. Une douzaine de bungalows, nichés autour d'une piscine, dans un jardin abondamment fleuri et parfaitement au calme. Le bambou domine, tant pour le resto-paillote que pour les hébergements, tous avec coffre, frigo et hamac sur la terrassette. Et puisqu'on est là pour buller, l'adresse fait aussi bouquiniste. Super accueil enfin, pro et sympa. Un bon rapport qualité-prix.

Ananda B & B *(carte,* ***17****) : au centre-est de l'île. 081-747-211-77. Doubles 300 000-450 000 Rps.* Une adresse atypique, égarée au hasard des chemins de terre, et tenue par Elaine, une Écossaise. Elle propose, noyés dans la végétation et perchés haut sur leurs pilotis, une grappe de bungalows en bois au décor étudié, bien isolés les uns des autres, confortables ce qu'il faut (clim pour les plus chers), et dégageant pas mal de cachet avec leurs grandes vérandas. Bouchons d'oreilles à dispo pour qui ne veut pas se lever avec le muezzin...

Gili Matiki *(carte,* ***19****) : au centre de l'île (tt droit en remontant du débarcadère, puis au bout à gauche). 081-917-086-929. Doubles 500 000-800 000 Rps.* Abrité derrière une palissade en bambou, un jardin tranquille, ses hamacs, son coin bar et ses quelques bungalows, autour d'une grande piscine. Ils sont mignons et confortables, en bois, bambou et pierre noire, avec belle salle d'eau extérieure. Accueil adorable. Une bonne option pour qui recherche calme et confort, et la plage n'est pas si loin.

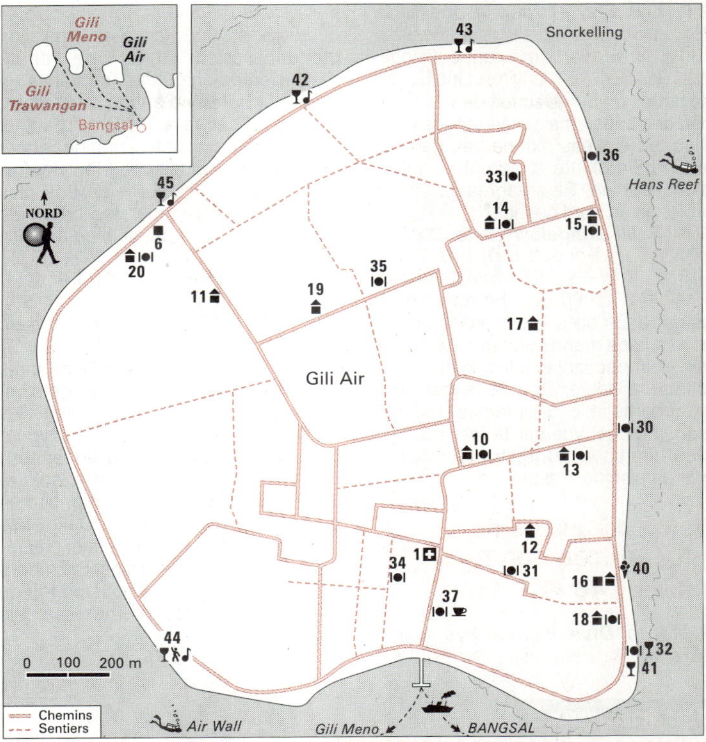

GILI AIR

Adresse utile

1 Clinic du Dr Sahrun

Où dormir ?

10 Ina Gili Guesthouse
11 Begadang Backpackers
12 Lagi Homestay
13 Banana Cottages
14 Balengku Homestay
15 Oyo 1127 – Orong Village
16 Manta Dive Bungalows
17 Ananda B & B
18 Sunrise Resort
19 Gili Matiki
20 Salili Bungalow

Où manger ?

30 Warung Sasak
31 Ruby's Café
32 Chill Out
33 Pachamama Organic Café
34 Classico
35 Warung Sunny
36 Le Bistro
37 Breadelicious

Où manger une glace ou une crêpe ?

37 Breadelicious
40 Scooperific

Où boire un verre ? Où sortir ?

32 Chill Out
41 Zippbar
42 Pura Vida
43 Legend
44 Beach Bars
45 Boogils

Clubs de plongée

6 Blue Marlin Dive
16 Manta Dive

🏠 🍽 ***Oyo 1127* – *Orong Village*** *(carte,* ***15****) : sur la côte nord-est.* 📱 *081-933-150-668.* • *oyorooms.com* • *Bungalows 350 000-650 000 Rps.* Une dizaine de huttes en dur avec toit de palme, un peu anciennes mais bien tenues (clim, frigo, salle d'eau extérieure), dans un jardin bien planté et adorable, autour d'une piscine. Resto agréable, qui se prolonge en bord de mer.

🏠 🍽 ***Salili Bungalow*** *(carte,* ***20****) : sur la côte nord-ouest.* 📱 *081-805-252-218 ou 081-917-974-825. Doubles 500 000-900 000 Rps.* En retrait de la plage, dans un secteur assez animé, une série de grands bungalows modernes et impeccables (clim, coffre, salle d'eau extérieure, etc.), style greniers à riz, répartis le long de larges parterres bien jardinés. Vue sur la mer pour les plus chers. Au fond, tranquille, une grande piscine. Resto.

De chic à plus chic (plus de 700 000 Rps, soit env 46 €)

🏠 ***Manta Dive Bungalows*** *(carte,* ***16****) : sur la côte est.* ☎ *62-93-66.* • *manta-dive-giliair.com* • *Doubles 600 000-900 000 Rps.* Ce centre de plongée sérieux abrite une variété d'excellentes chambres, certaines en forme de huttes, d'autres, modernes, isolées au calme à l'arrière, d'autres encore communicantes, pratiques pour qui voyage à plusieurs. Bon confort partout. 2 piscines sur le devant, plus une 3e à l'arrière pour les cours de plongée. Bar côté plage. Une adresse de qualité.

🏠 🍽 ***Sunrise Resort*** *(carte,* ***18****) : sur la côte est, à env 10 mn du débarcadère.* 📱 *081-916-010-360.* • *sunrisegiliair.com* • *Doubles à partir de 110 US$ (promo sur Internet).* Distribués dans un jardin soigné, les bungalows, top confort, se répartissent entre les *deluxe* avec patio privé, et les *signature suite,* sur 2 niveaux, avec terrasse et hamac à l'étage, chambre, sofa et belle salle de bains avec baignoire en bois au rez-de-chaussée. Délicieuse piscine entourée de palmiers et palétuviers. Bar agréable et transats en bord de mer. Très bon resto sous un toit de canisses blanches. Une adresse chic et charme.

Où manger ?

De nombreux hôtels font aussi resto, et on en trouve un tas d'autres tout le long du littoral, beaucoup proposant, le soir, du poisson frais, grillé au barbecue. Toujours sympa ! Également, dans les terres, des *warungs* plus traditionnels et quelques adresses originales.

Bon marché (moins de 45 000 Rps, soit env 3 €)

🍽 ⛱ ***Warung Sasak*** *(carte,* ***30****) : sur la côte est.* Une gargote de bord de plage, servant des plats lombokais tout simples et pas chers, à déguster sous des *gazebos.*

🍽 ⛱ ***Warung Sunny*** *(carte,* ***35****) : au centre de l'île (tt droit en remontant du débarcadère, puis au bout à gauche). Tlj jusqu'à 21h.* Au bord d'un chemin, sous une belle et grande paillote de bambou, ce modeste *warung* mitonne, en plus des incontournables *goreng* et autres *gado-gado,* quelques plats venus d'ailleurs dans l'archipel indonésien (Sulawesi, Florès, Sumatra). Une cuisine format familial qui n'oublie pas d'être savoureuse, de quoi élargir pour pas cher ses horizons culinaires. Donne aussi des *cooking classes.*

Prix moyens (45 000-80 000 Rps, soit env 3 à 5,40 €)

🍽 ***Ruby's Café*** *(carte,* ***31****) : à l'intérieur des terres, à 3 mn de la plage à pied par une ruelle.* 📱 *085-238-910-841. Tlj 12h-21h30.* Planquée dans une ruelle, sous un grand auvent de tôle, sans aucun doute la meilleure adresse de Gili Air, tenue par un couple indo-anglais et qu'on se refile de bouche à oreille. Plats inventifs d'Indonésie ou d'ailleurs, délicats et parfumés. La carte tourne au gré des saisons mais distille toujours son lot de pépites *(pumpkin curry, penne meatballs...)*. Une réussite de bout en bout.

Pachamama Organic Café (carte, **33**) **:** *au nord-est, à l'intérieur des terres (fléché). Tlj sauf dim 10h-22h.* Il en fallait bien un ! Et bien voici LE resto végétarien-vegan-*gluten free* de l'île, tenu par un couple nordico-indo-australien. On n'y travaille que du frais, du bio, et du bon. Cuisine inventive et espiègle *(eggplant burrito, bowls, falafels...)*, mais les surprises sont toujours bonnes. Petite entorse au végétarisme, un hamburger à la vraie viande s'est faufilé sur la carte ! Du choix côté bar aussi, puisqu'il n'y a pas de mal à se faire du mal... Cadre intime, dans une courette adorable aux allures de cabane. Prix un rien plus élevés que la moyenne, mais c'est justifié.

Chill Out (carte, **32**) **:** *sur la côte est, en bord de plage. 081-803-798-554.* Avec ses chaises longues sur la plage, la paillote est bien agréable. Bonnes pizzas au feu de bois, salades et quelques plats indonésien. Poissons frais et brochettes au barbecue.

Breadelicious (carte, **37**) **:** *à 150 m du débarcadère par la rue principale. Tlj 7h30-23h.* Une terrasse sous une tonnelle et une grande salle vitrée, esprit industriel, comme un – lointain – air de New York égaré aux Gilis. On ne vient pas ici manger local, mais croquer une quiche, une bruschetta, un burger ou un sandwich à composer soi-même. Aussi des crêpes, des pâtisseries. Pratique en attendant le bateau.

Classico (carte, **34**) **:** *dans une ruelle du village. 081-916-043-357. Ouv seulement le soir, à partir de 18h. Fermé lun. Résa recommandée.* Des pizzas, des pizzas et encore des pizzas, copieuses et cuites au feu de bois, pâte fine et taille allongée, format flammekueche. Peu de choix mais qu'importe, on peut composer la sienne à son goût. Longues tables de bois en plein air et toujours plein de monde venu se perdre dans cette étroite ruelle. Pas un hasard ! Sert du vin au verre.

Le Bistro (carte, **36**) **:** *sur la côte nord-est.* Resto-paillote où l'on vient prendre un petit déj, un panini, une crêpe au Nutella, ou goûter une cuisine éclectique présentée avec soin, du burger au poisson grillé en passant par le tartare.

LOMBOK

Où manger une glace ou une crêpe ?

Scooperific (carte, **40**) **:** *sur la côte est, en bord de plage. Tlj 7h30-23h30.* Un comptoir de poche monté par un *Frenchy*, où l'on déguste des glaces maison, mais aussi de jolies crêpes si le temps devient breton. Pas donné cela dit.

Pour une pause sucrée, arrêt possible également devant la vitrine du **Breadelicious** *(carte, **37**)*, cité plus haut dans « Où manger ? ».

Où boire un verre ? Où sortir ?

Les beach bars de la côte sud-ouest *(carte, **44**)* **:** stratégiquement placés à l'angle sud-ouest de l'île, côté *sunset*, une dizaine d'immenses *beach bars* étalent tables et poufs sur la plage. Si l'on vient y voir le soleil plonger dans la mer, on ne se couche pas avec lui, puisque quand descend la nuit montent les watts, avec DJ ou groupe, selon le lieu et le jour. Dans le genre, on pourra s'attabler au ***Mowie's,*** où l'on mange par ailleurs plutôt bien, ou aller se faire un billard chez son voisin le ***Saparis.*** De quoi se mettre en jambes avant d'aller danser dans le sable jusqu'à l'aube le vendredi au ***Cheeky Monkey.***

Rebelote sur *la **côte nord-ouest,*** en moins tape-à-l'œil et en un peu plus sage. On commence au ***Legend*** *(carte, **43**)*, tout de blanc drapé, poufs sur la plage et balançoire les pieds (voire les fesses) dans l'eau. Choix de cocktails et de vins blancs, live ou DJ de temps en temps. Un peu plus à l'ouest, ambiance vert-jaune-rouge, le ***Pura Vida*** *(carte, **42**)*, avec, en principe, groupe reggae le dimanche soir. Et ça continue jusqu'au bruyant ***Boogils*** *(carte, **45**)*, au croisement avec l'allée bétonnée retournant au port.

La pointe sud-est de l'île concentre aussi plusieurs bars-paillotes les yeux dans l'eau, plus pépères ceux-ci, d'autant que de ce côté-là on ne risque pas de se trémousser sur la plage, il n'y en a plus ou presque, elle a été grignotée par le béton. Le ***Zippbar*** *(carte, **41**)*, non loin du débarcadère, est l'un des plus couche-tard. À côté, le ***Chill Out*** *(carte, **32**)*, dans le même genre (voir « Où manger ? »).

Où plonger, faire du *snorkelling*, nager ?

La partie sud-est de l'île est l'endroit où la mer reste accessible à toute heure du jour, même à marée basse. Les autres plages sont accessibles à marée haute seulement, et certaines pas du tout.
Pour du **snorkelling depuis la plage,** un seul spot, à la pointe nord-est. On est proche du site de *Han's Reef,* avec de bonnes chances d'apercevoir des tortues. Location du matos sur place *(compter 50 000 Rps).* Se munir de chaussures en plastique pour ne pas se blesser sur les débris de coraux. Sinon, pour les tours *snorkelling* en bateau et la plongée, voir la rubrique « Plongée et *snorkelling* » au début du chapitre sur les Gili Islands.

LOMBOK

GILI MENO

IND. TÉL. : 0370

• Carte *p. 299*

À cause de son petit lac salé infesté de moustiques (mais plutôt esthétique à la tombée du jour), Gili Meno a longtemps souffert de sa réputation de zone impaludée. Mais le risque d'y attraper la malaria semble aujourd'hui bien plus faible qu'autrefois. En saison sèche, les moustiques n'y sont pas plus nombreux qu'ailleurs, tandis qu'il suffit, en saison des pluies, de bien se protéger.
De même superficie que Gili Air (on en fait le tour à pied en 1h30), Gili Meno est la moins touristique, et donc la plus préservée des 3 îles. Dotée du sable le plus fin, l'indolente Meno est donc une aubaine pour qui recherche la tranquillité. Sa pointe sud et l'Ouest tendent même vers la robinsonnade, malgré des vestiges d'aménagement balayés par le séisme de 2018. De fait, qui recherche un peu d'animation en sera pour ses frais. À part une visite à la faune sous-marine, rien à faire ou presque, et c'est pour ça qu'on vient.
➢ Pour y arriver et quitter Gili Meno, voir cette même rubrique dans l'intro générale des îles.

Adresses et infos utiles

■ ***Transport sur l'île :*** comme sur les autres Gili, l'unique moyen de transport est le *cidomo,* la charrette à cheval. Très cher : 100 000-150 000 Rps pour la moindre course.

Location de vélos : *compter env 50 000 Rps/24h.* On en trouve partout, notamment dans la plupart des hôtels. Sympa pour parcourir Meno, malgré pas mal de passages sablonneux sur la

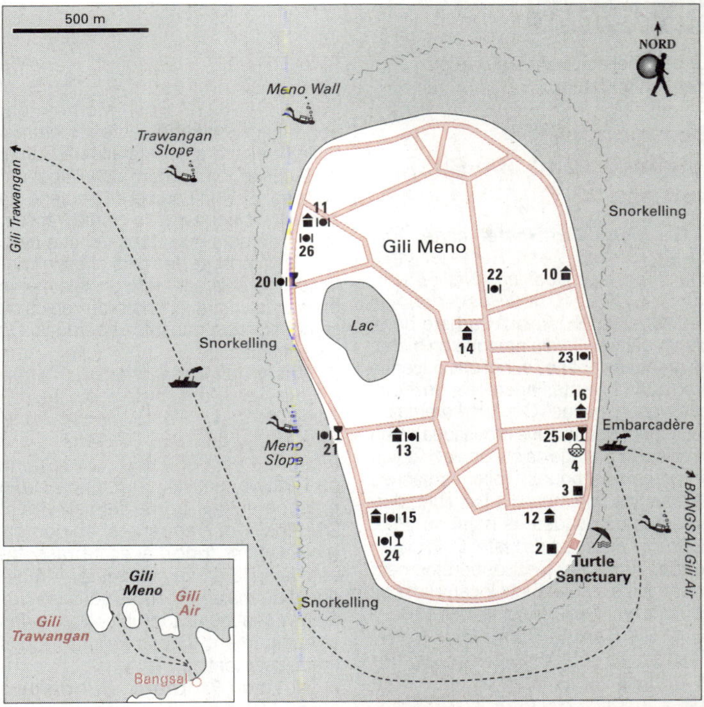

GILI MENO

Adresse utile

- **4** Épicerie

Où dormir ?

- **10** Gili Meno Eco Hostel
- **11** Gili Garden Bungalows
- **12** Jepun Bungalows
- **13** Kampung Meno Bungalows
- **14** This-Kon
- **15** Two Brothers Bungalows
- **16** Karma Reef

Où manger ? Où boire un verre ?

- **20** Café Diana
- **21** Sasak Café
- **22** Jizzy Warung
- **23** Ya Ya Warung
- **24** Café Gili
- **25** Jali Café
- **26** Mahamaya

Clubs de plongée

- **2** Gili Meno Divers
- **3** Blue Marlin Dive

côte (faudra pousser !). On peut sinon opter pour un *fatbike* (plus cher).

■ On trouve à l'embarcadère une paire de ***distributeurs*** pas toujours approvisionnés et un ***bureau de change.*** Mieux vaut venir les poches pleines.

Épicerie *(carte, **4**) :* *au port, derrière le Rust Warung.* La plus approvisionnée de l'île.

■ ***Clubs de plongée :*** voir cette même rubrique, commune aux 3 îles, plus haut, au début du chapitre « Au nord-ouest, les Gili Islands ».

Où dormir ?

Le petit déj est inclus dans le prix, sauf mention contraire.

Bon marché (moins de 350 000 Rps, soit env 23 €)

Gili Meno Eco Hostel (carte, **10**) : *sur la côte nord-est. Résas et infos seulement sur Booking. Lits en dortoir 100 000-110 000 Rps ; doubles 200 000-250 000 Rps.* À l'arrière de la plage, dans un jardin presque en friche, de grandes cabanes sur pilotis ouvertes aux quatre vents, bricolées en bois, bambou et palme. Confort sommaire, seulement des lits, une moustiquaire, un ventilo. On partage sa cabane à 4, ou on en prend une pour 2. Toilettes sèches et douches communes à l'air libre, derrière des palissades de bambou. Petit déj inclus mais pas de resto. Cela dit, un *warung* (le *Aloha*) s'est opportunément ouvert juste à côté. Plats locaux (un poil chers) à manger l'œil sur la mer.

Gili Garden Bungalows (carte, **11**) : *sur la côte nord-ouest, légèrement dans les terres. 085-338-683-820. Doubles 200 000-350 000 Rps.* À 100 m de la plage, dans un petit jardin fleuri et soigné, une poignée de grands bungalows face à face, les plus chers assez récents et climatisés, les autres plus anciens, en bois, avec ventilo. Bonne tenue partout et accueil gentil. Petit resto sous une paillote.

Jepun Bungalows (carte, **12**) : *à 200 m du débarcadère, dans les terres. 081-917-394-736. • jepunbungalows.com • Doubles 250 000-400 000 Rps.* Dans le village, au cœur d'un généreux jardin, une série de grands bungalows en bois façon grenier à riz, avec salle d'eau extérieure. Piscine, un peu usée mais toujours rafraîchissante. Excellent accueil. Un bon rapport qualité-prix.

Prix moyens (de 350 000 à 700 000 Rps, soit env 23 à 46 €)

Kampung Meno Bungalows (carte, **13**) : *au centre de l'île. 081-907-877-632. • kampung.meno.bungalows@gmail.com • Doubles 350 000-600 000 Rps.* Montée par une Française, cette petite structure à taille humaine s'est installée à 300 m de la plage, en bordure du village, sur un terrain jardiné semé d'une série de bungalows couverts de palme tressée, tous différents mais tous conçus avec goût et simplicité, les plus chers climatisés. Agréable bar-resto dans le même esprit, piscinette, et nombreux coins où se poser, entre transats et *berugak*. On s'y sent bien.

This-Kon (carte, **14**) : *au centre de l'île, par la « route » qui la traverse du sud au nord (fléché sur la gauche). 087-865-333-467. Doubles 320 000-500 000 Rps.* Voisin de l'enclos familial, un mignon jardin presque vivrier, bordé de seulement 2 bungalows, modernes et confortables (clim, frigo), avec terrassette et jolie salle d'eau extérieure. Atmosphère de maison d'hôtes sous les tropiques et accueil adorable, avec vélos et équipement de *snorkelling* fournis gracieusement.

Two Brothers Bungalows (carte, **15**) : *sur la côte sud-ouest. 081-933-153-019. Doubles 500 000-700 000 Rps.* Presque sur la plage, côté coucher de soleil, une grappe de bungalows modernes au toit conique, confortables (clim, frigo) et impeccables. Resto les pieds dans le sable, face à la mer et à Gili Trawangan.

Spécial coup de folie !

Karma Reef (carte, **16**) : *sur la côte est, à droite du débarcadère. ☎ 848-22-02. • karmagroup.com • Doubles à partir de 200 €.* Une adresse de rêve, les pieds dans l'eau. Une dizaine de bungalows, dans le sable, qui reprennent la forme des *lumbung*, ces grands greniers à riz, en toiture naturelle. Chaque bungalow est superbement équipé, plein de charme (vasque en pierre de lave dans les salles de bains, vue sur la mer depuis les lits bien moelleux, décor de bambou très esthétique). Tous possèdent une petite terrasse-cuisine, sofa design, TV et clim. Également, un peu moins cher, de grandes tentes safari version luxe, avec vue sur la mer ou sur l'arrière. Excellent resto. Plage avec transats et poissons juste en face dans le grand bocal. Le rêve !

Où manger ? Où boire un verre ?

Un chapelet de *warungs* modestes et décontractés s'égrène de loin en loin tout le long du littoral. On en cite quelques-uns, mais il y en a d'autres. Ceux côté ouest profitent du superbe coucher de soleil sur la mer, Gili Trawangan qui s'illumine juste en face et le mont Agung de Bali qui s'embrase à l'horizon. Le soir, pour une ambiance – relativement – animée, direction le nord-ouest de l'île, dans le secteur du *Mahamaya.* Rien à voir avec l'activité des 2 îles voisines, et c'est justement ce qui fait le charme de Meno.

De bon marché à prix moyens (moins de 80 000 Rps, soit env 5,40 €)

Café Diana *(carte,* ***20****)* **:** *sur la côte ouest.* Près d'un site de *snorkelling,* une grande paillote de bois, posée sur la plage, les yeux dans le bleu, au milieu des coraux usés. Atmosphère relax, bercée de reggae. Cuisine locale exclusivement. Même genre, un peu plus au sud, au ***Sasak Café*** *(carte,* ***21****).*

Jizzy Warung *(carte,* ***22****)* **:** *dans les terres, au bord de la « route » qui traverse l'île du sud au nord. Tlj 9h-22h.* Pour varier un peu des adresses du front de mer, une épicerie-gargote familiale, abritée sous un auvent de tôle, au bord du chemin. Cuisine du pays bien sûr, assez variée, et accueil tout sourire 100 % féminin.

Ya Ya Warung *(carte,* ***23****)* **:** *sur la côte est.* Une gargote de plage, près d'un spot de *snorkelling.* Même principe qu'ailleurs, en plus artisanal et vraiment décontracté. Un peu d'attente.

Café Gili *(carte,* ***24****)* **:** *sur la côte sud-ouest.* Top pour un jus de fruits face au coucher de soleil. Il y a même une piscine (et des transats). Cuisine indo-internationale.

Jali Café *(carte,* ***25****)* **:** *au débarcadère.* Une terrasse couverte, devant le débarcadère. Pratique pour siroter un jus en attendant le bateau. Carte classique.

Chic (de 80 000 à 150 000 Rps, soit env 5,40 à 10 €)

Mahamaya *(carte,* ***26****)* **:** *sur la côte nord-ouest. Tlj 12h-22h.* Considéré comme le meilleur resto de l'île. Côté coucher de soleil, des tables blanches, dispersées au bord de l'eau dans les débris de coraux, sous des photophores caressés par la brise. Large choix d'alcools et de cocktails, et une carte réduite mêlant spécialités indonésiennes et cuisine du monde. De beaux desserts, aussi. Copieux et bien fait, mais tout de même cher pour le pays.

Où plonger, faire du *snorkelling,* nager ?

La plus belle plage pour se baigner s'étend sur la côte est, au sud du débarcadère. Sable blanc, léché par des eaux turquoise, pas de coraux. On y trouve un modeste *Turtle Sanctuary,* soit des bassins dans lesquels sont élevés des bébés tortues avant d'être relâchés (donation bienvenue). Ailleurs, souvent peu de fond et des coraux qui affleurent.

Pour le ***snorkelling,*** contrairement aux 2 autres îles, plusieurs sites sont accessibles directement depuis la plage. Sur la côte ouest, entre le *Café Diana* et le

LOMBOK

Sasak Café, pas mal de poissons et la fameuse ronde de statues immergées. Un peu plus au sud, un ponton effondré. À la pointe nord-est, des tortues. Ces spots comptent parmi ceux sur lesquels les tours collectifs en bateaux déversent leurs clients. Pour éviter d'emmêler ses palmes, y aller tôt le matin ou en fin d'après-midi, après le passage des groupes. Location du matos *(env 50 000 Rps)* devant chaque spot. Penser à prendre des chaussures en plastique pour marcher sur les débris de coraux.
Pour la ***plongée*** et les tours *snorkelling* en bateau, voir la rubrique « Plongée et *snorkelling* » plus haut, au début du chapitre sur les Gili Islands.

GILI TRAWANGAN

IND. TÉL. : 0370

• Plan d'ensemble *p. 303* • Zoom *p. 305*

Des 3 Gili, c'est la plus éloignée de Lombok, mais aussi la plus proche de Bali, la plus vaste (340 ha, on en fait le tour en 2h à pied) et de loin la plus fréquentée. Des plages de sable blanc épousent la quasi-totalité de ses côtes, dont quelques-unes sont baignables en permanence. Mais la montée des eaux et les constructions qui ont grignoté le bord de mer font que certaines disparaissent complètement à marée haute. En l'espace de quelques années, Gili T, comme on l'appelle, a été prise d'une fièvre touristique et immobilière qui a vu la quasi-totalité de son littoral investi par un régiment de bungalows, *resorts,* clubs de plongée et *beach bars.* C'est à peine s'il reste quelques portions de côte vierges de constructions, et d'ici que vous débarquiez, elles ne le seront sans doute plus. Entreprendre le tour de l'île évoque une balade sur le plateau du jeu de société *Hôtels,* la mer en plus. Si l'on ajoute, sur la côte est, une litanie de bars et de *parties* complètement déchaînées en haute saison, avec leur lot de substances prohibées, le cocktail fait craindre à certains que Gili T finisse par se muer en un mini-Kuta (... de Bali).
Les côtes nord et ouest, repaire des grands *resorts* chics, sont en revanche plus calmes, tandis que dans l'intérieur, le village aux ruelles de terre, lui aussi mité d'hôtels, tente de conserver son ancien rythme de vie. Mais l'appel du muezzin y résonne désormais de façon presque incongrue.
Les adeptes du cocktail bronzette et fiesta ainsi que les fans de plongée y trouveront indéniablement leur compte. Pour les autres, rien n'est moins sûr. Et si vous désirez épargner votre porte-monnaie, évitez juillet-août où les prix s'envolent sans retenue.

Arriver – Quitter

Les billets pour les bateaux publics s'achètent au guichet planté sur la plage, au nord de la jetée *(zoom B1, 7).* Pour les compagnies privées, nombreuses agences tout le long de la côte est. Pour le détail des liaisons et des prix avec Bali, Lombok (Bangsal) et Gili Air/Gili Meno, voir la rubrique « Arriver – Quitter » dans l'intro générale sur les îles Gili.

Adresses et infos utiles

■ ***Change et retrait d'argent :*** plusieurs distributeurs automatiques à proximité du guichet des bateaux *(zoom B1, 7).* On en trouve d'autres

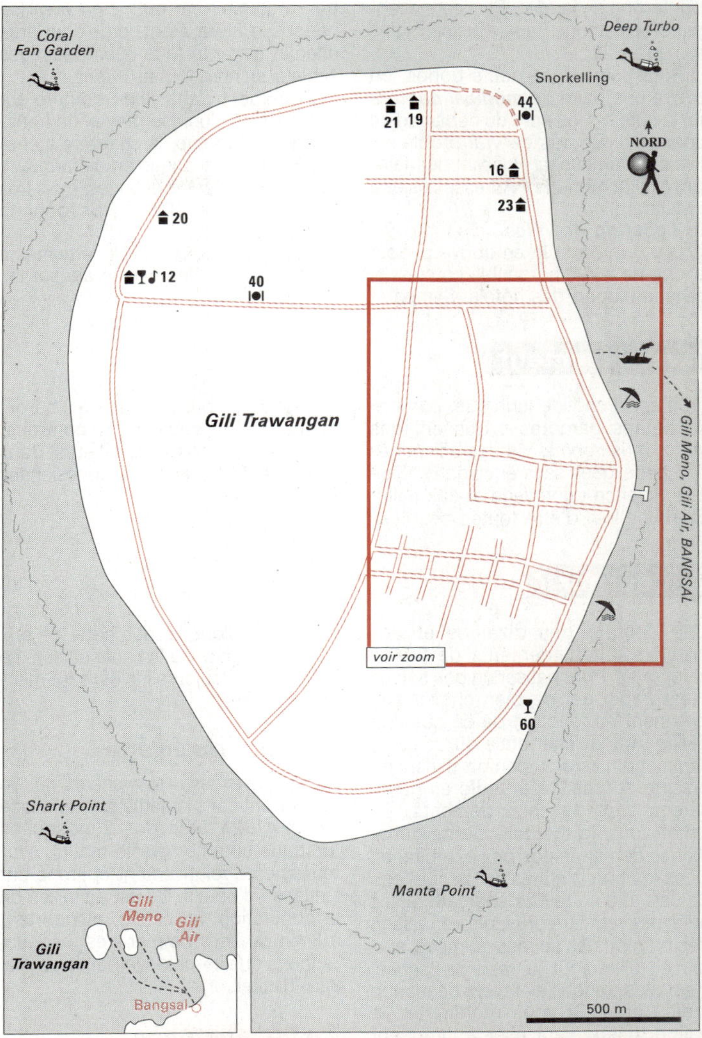

GILI TRAWANGAN – Plan d'ensemble

Où dormir ?

12 Mad Monkey
16 Coral Beach II
19 Karma Kayak et Wilson's Retreat
20 Le Pirate
21 Desa Dunia Beda
23 Villa Almarik

Où manger ?

40 Pituq Waroeng
44 Coral Beach Pizza

Où boire un verre ? Où faire la fête ?

12 Mad Monkey
60 The Pearl Beach Lounge

tout le long de la côte. Plusieurs changeurs également. Taux à peine moins bon qu'à Bali.

Pour soigner les petits bobos, on trouve une paire de ***medical centers*** sur la côte est, au nord du débarcadère *(zoom B1)*. En cas de vrai problème, filez à l'*International Hospital* de Mataram (voir la rubrique « Adresses utiles » à Mataram).

Location de vélos : *compter env 50 000 Rps/24h.* On en trouve partout le long de la rue bordant la côte est et dans la plupart des hôtels. Sympa et très pratique : ça roule bien presque partout, le littoral étant bordé d'un large chemin cimenté (quelques passages sableux au nord tout de même).

■ ***Transport dans l'île :*** comme sur ses voisines, l'unique moyen de transport est le *cidomo,* la charrette à cheval. Rigolo (et pratique en débarquant, pour transporter les bagages) mais très cher : 100 000-150 000 Rps pour la moindre course.

■ ***Clubs de plongée :*** voir cette même rubrique dans l'intro générale sur les îles Gili.

Avertissement

Profitant d'un vide juridique, pas mal de petites gargotes proposent des *magic mushrooms,* via des affichettes psychédéliques sans équivoque. Gare à la violence du voyage et aux hallucinations loin d'être toutes peuplées d'éléphants roses. Quant à l'herbe, même si l'on vous dit le contraire, la loi est la même qu'ailleurs dans l'archipel. Et les geôles indonésiennes sont humides.

Où dormir ?

L'île compte des dizaines et des dizaines d'hébergements de toutes catégories. Pour passer un bon séjour, il est important de bien choisir son logement en fonction de ce que l'on désire : tranquillité totale ou cœur de l'animation, luxe ou confort minimum, piscine ou pas... Les tarifs en haute saison sont devenus déments. En juillet-août, la moindre petite *guesthouse* demande des prix exorbitants. Dans les hôtels situés sur la côte est, de part et d'autre du débarcadère, les nuits peuvent être bruyantes en raison des bars ou des soirées animées, surtout en juillet-août. Le reste de l'année, c'est plus tranquille et c'est beaucoup moins cher. Si vous recherchez le calme, mieux vaut aller à l'intérieur du village ou vous éloigner un peu. À mesure que l'on quitte le « centre » (les environs du débarcadère), les petits hôtels collés-serrés cèdent la place à de grands *resorts* étendus en bord de plage. Plus cher bien sûr, mais pas toujours plus calme, tout dépend de l'esprit du lieu. La zone la plus paisible est la côte nord. Vélo indispensable dans ce cas.

On vous indique la fourchette de prix allant de la basse à la haute saison. Le petit déj est toujours inclus, sauf mention contraire.

Au cœur du village

Les adresses les moins chères de l'île se trouvent dans la partie sud du village *(zoom A-B2),* près des 2 mosquées (pratique comme réveille-matin), secteur encore relativement épargné par l'inflation d'hôtels. On est au milieu de la population, au calme, et pourtant à 3 mn du bord de mer. Les meilleurs rapports qualité-prix-sympathie de l'île, sans hésiter.

De bon marché à prix moyens (moins de 700 000 Rps, soit env 46 €)

Moana Guesthouse *(zoom A-B2,* ***10****)* **:** *081-907-931-961. Doubles 125 000-250 000 Rps.* Atmosphère ultra cool dans cette *guesthouse* pépère, répartie sur 2 villas noyées

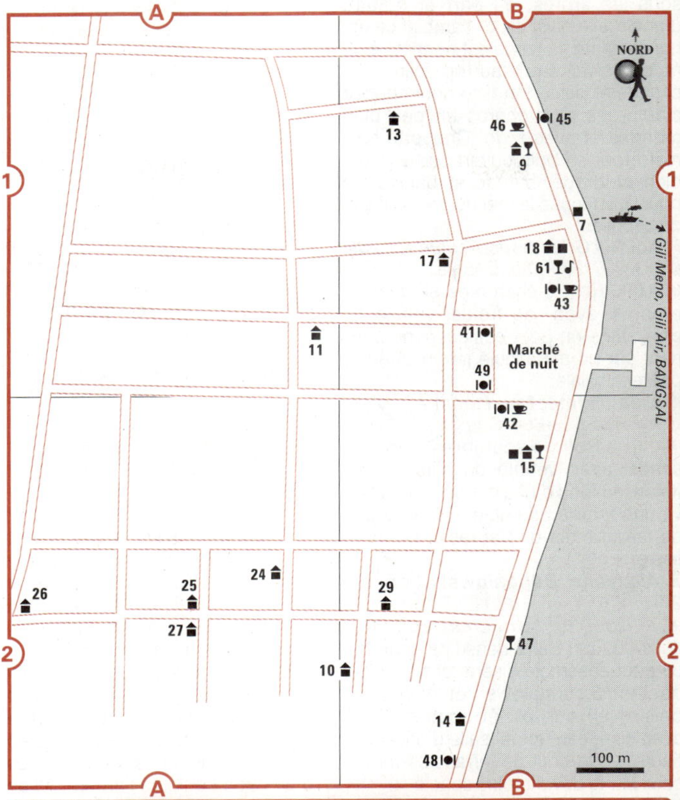

GILI TRAWANGAN – Zoom

Adresse utile

7 Guichet pour les bateaux, change et distributeurs (B1)

Où dormir ?

9 Gili Beach Bum Hotel (B1)
10 Moana Guesthouse (A-B2)
11 Gili Nyepi (A1)
13 Gili Hideaway (B1)
14 The Beach House Resort (B2)
15 Blue Marlin Dive Hotel (B2)
17 Coconut Dream Bungalow (B1)
18 Manta Dive Bungalows (B1)
24 Lisa Homestay (A2)
25 Koi Gili Guesthouse (A2)
26 Salon de Nomad (A2)
27 Alexyane Bungalows (A2)
29 Martas Hotel (B2)

Où manger ? Où goûter ?

41 Kiki Novi (B1)
42 Crêperie (B2)
43 Kayu Café (B1)
45 Ego BBQ (B1)
46 La Boulangerie (B1)
48 Scallywags (B2)
49 Le Petit Gili Burger (B1-2)

Où boire un verre ? Où faire la fête ?

9 Lava Bar (B1)
15 Blue Marlin Dive Hotel (B2)
47 Tir Na Nog (B2)
61 Sama-Sama et Ombak Bar (B1)

Clubs de plongée

15 Blue Marlin Dive Center (B2)
18 Manta Dive (B1)

sous les arbres, de part et d'autre d'une ruelle paisible. Si l'ambiance est nonchalante, la tenue est honnête et le rapport qualité-prix au top : clim, eau chaude et petite terrasse pour chaque piaule, les plus chères un peu plus grandes et avec frigo. Chouette bar-resto tout en bois ouvert sur le jardin bien ombragé, hamac et balançoire pour qui n'a pas le mal de mer. Difficile de décoller !

Koi Gili Guesthouse *(zoom A2,* ***25****) :* *081-907-284-665. Doubles 130 000-350 000 Rps.* 5 chambres simples et propres, avec eau froide, ventilo ou clim, dans un petit édifice jaune donnant sur un minuscule jardin. Atmosphère familiale.

Lisa Homestay *(zoom A2,* ***24****) :* *081-339-523-364. Compter 150 000-400 000 Rps.* 4 chambres simplissimes, avec ventilo ou clim et eau froide, au fond d'une courette fleurie où vit une famille adorable. Pas vraiment de jardin mais une adresse qui tient ses prix.

Alexyane Bungalows *(zoom A2,* ***27****) :* *087-865-999-645 ou 081-907-991-028. Doubles 200 000-400 000 Rps.* Serré dans une courette, un petit ensemble discret et tranquille, abritant 5 bungalows seulement, en bois et en dur, plutôt coquets, tous avec clim, eau froide (salle d'eau extérieure) et un bout de terrasse. Préférer ceux sur le devant, plus spacieux.

Salon de Nomad *(zoom A2,* ***26****) : au fond du village. 082-122-546-698. Doubles 250 000-500 000 Rps.* Dans le calme olympien du village, une poignée de chambres un peu décaties mais bien tenues, autour d'une mignonne courette-jardin. Salle d'eau extérieure (eau chaude) et terrasses minuscules avec fauteuils et hamacs.

Gili Nyepi *(zoom A1,* ***11****) : par la rue qui longe le marché de nuit à droite. 085-337-491-996. • gilinyepi@gmail.com • Doubles 350 000-750 000 Rps.* Dans le village et pourtant à deux pas de l'animation, une adresse intime au charme tranquille, enfouie dans un jardin touffu et tenue par Denise, une Hollandaise très avenante. Seulement 4 bungalows, sobres et soignés, tous décorés sur un thème différent, avec clim et eau chaude.

De chic à plus chic (plus de 700 000 Rps, soit env 46 €)

Martas Hotel *(zoom B2,* ***29****) :* *081-237-227-77. • martasgili.com • Compter 850 000-1 500 000 Rps.* Bel ensemble de 10 maisonnettes en dur de style traditionnel, sur 2 niveaux (salle de bains et terrasse en rez-de-chaussée et chambre à l'étage). Clim, minibar... Jardin aménagé avec soin, avec piscinette et fontaine. Atmosphère intime et agréable.

Le long de la côte

Bon marché (moins de 350 000 Rps, soit env 23 €)

Gili Beach Bum Hotel *(zoom B1,* ***9****) : à droite du débarcadère, en remontant la côte est vers le nord. 087-765-267-037. • gilibeachbum.com • Lits en dortoir 120 000-250 000 Rps.* Une des rares vraies AJ de Gili T. Dans un long bâtiment en dur, de grandes chambres-dortoirs (3 lits) dépouillées et climatisées, communiquant directement avec les sanitaires communs, distribués le long d'un étroit couloir à l'arrière. À l'avant, la piscinette fait bar et on s'y trempe, un verre à la main, plus que l'on y nage. Elle donne sur le *Lava Bar,* côté rue, qui envoie du son tous les soirs en saison. Petit mur d'escalade, pour qui a encore les idées claires. Un *party hostel,* pour qui n'est pas venu que pour dormir...

Mad Monkey *(plan d'ensemble,* ***12****) : sur la côte nord-ouest, à 15 mn de vélo du port. 082-340-820-907. • madmonkeyhostels.com • Lit en dortoir 150 000 Rps ; « teepee » 320 000 Rps pour 2.* Un genre d'*hostel* donnant sur la plage et proposant, au choix, de petits dortoirs de 3 lits en dur climatisés ou, sur l'arrière, des sortes de tentes canadiennes couvertes d'un toit de palme, les « *teepee* », avec 2 lits, électricité et ventilo, alignées façon camp romain. Sanitaires communs nickel. Grande piscine et son bar l'œil sur la mer, poufs sur la plage, excursions et soirées à thème. Une adresse jeune et fêtarde.

De bon marché à prix moyens (de 250 000 à 700 000 Rps, soit env 16 à 46 €)

Gili Hideaway *(zoom B1,* ***13****) : à 10 mn à pied au nord de l'embarcadère, légèrement dans les terres. 081-237-095-478. Doubles 400 000-500 000 Rps.* Planqué dans une ruelle à l'arrière de la plage, parmi les maisons des villageois, ce petit jardin touffu accueille une grappe de bungalows individuels en brique et toit de palme, simples et mignons, avec moustiquaire, ventilo et grande salle d'eau semi-extérieure. Jolie piscine. Un plan tranquille à prix encore raisonnable.

Coconut Dream Bungalow *(zoom B1,* ***17****) : dans une ruelle à l'arrière du débarcadère. ☎ 612-85-30. Double 250 000 Rps en basse saison, et jusqu'à 3 fois plus en hte saison.* Dans un petit jardin et sa piscine, une poignée de chambres assez grandes, modernes et bien propres, avec clim et lit de repos sur la terrasse. À la fois tranquille et central.

Chic (de 700 000 à 1 200 000 Rps, soit env 46 à 80 €)

En pleine saison, les prix peuvent grimper jusqu'à « Plus chic ».

The Beach House Resort *(zoom B2,* ***14****) : à env 10 mn à pied au sud du débarcadère. 087-864-404-891. • beachhousegilit.com • Doubles 600 000-1 000 000 Rps.* Au calme, et pourtant au cœur du village, une série de chambres alignées dans une allée étroite, derrière une sympathique piscine donnant sur la rue. Structure tout en longueur donc, sans jardin, mais où les hébergements, clean, modernes et confortables, restent malgré tout assez indépendants. Excellent petit déj, que l'on prend sur une élégante terrasse face à la mer. Bon service général.

Coral Beach II *(plan d'ensemble,* ***16****) : au nord-est de l'île. 081-353-589-422. Doubles 300 000-1 300 000 Rps.* En retrait de la plage, des bungalows style *lumbung* (grenier à riz), mais avec des toits modernes. Plutôt confortables (clim, eau chaude), ils mériteraient tout de même un petit coup de frais. Également des chambres modernes et impeccables dans une bâtisse à l'arrière. Petite piscine. Le tout reste quand même bien cher en haute saison... Si vous aimez le calme, le bar est assez animé certains soirs.

Karma Kayak *(plan d'ensemble,* ***19****) : tt au nord de l'île. 081-805-593-710. • karmakayak.com • Doubles 650 000-1 100 000 Rps.* Dans le secteur le plus paisible de l'île, à 10 mn de vélo du « centre ». Les chambres logent dans des pavillons en dur répartis dans un jardin à l'arrière de la plage, les plus chères avec vue et un design très balnéaire, les autres plus classiques. Confort général irréprochable et bon petit déj. Les proprios hollandais sont très engagés dans le projet *Biorock,* visant à protéger la côte de l'érosion et à recréer des massifs coralliens. Petite piscine d'eau salée et resto-bar les pieds dans le sable, à l'ombre des arbres. Location de paddles et kayaks. Une adresse agréable.

Blue Marlin Dive Hotel *(zoom B2,* ***15****) : au sud du débarcadère. ☎ 613-24-24. • bluemarlindive.com • Doubles 700 000-950 000 Rps.* Une adresse pour plongeurs, qui fréquentent ce gros club très pro. Chambres modernes de bon confort, alignées derrière le club et le resto, dans un édifice d'un étage tout en longueur. Bien équipées, fonctionnelles avant tout, avec moustiquaire, lit confortable et salle de bains élégante. En revanche, pas de jardin, et on est un peu serrés les uns contre les autres. Pour les cours de plongée, petite piscine sur le devant. Et pour les hôtes de l'hôtel, un couloir de nage (plus de 30 m !) le long des chambres. Le soir, en saison, grosse animation autour du bar.

Le Pirate (*plan d'ensemble*, **20**) : *sur la côte nord-ouest.* 081-999-532-666. • *lepirate.com* • *Doubles 800 000-1 100 000 Rps.* Adorable lieu qui fait plus penser aux Caraïbes qu'à l'Indonésie. Disséminés dans un jardin spacieux et aéré, les 25 bungalows sont tous en bois, où dominent le blanc et le turquoise. Ils sont petits, sur pilotis et prolongés par un bout de terrasse équipée d'un hamac. Certains pour 3 personnes (lits superposés, les moins chers), d'autres avec un grand lit. Excellentes prestations mais pas donné tout de même. Bar agréable autour d'une des 2 piscines. Musique permanente qui ambiance le lieu. Transats côté plage, soirées cinoche à la belle étoile. Une adresse jeune et chic à la fois.

Manta Dive Bungalows (*zoom B1*, **18**) : *à 5 mn à pied au nord du débarcadère.* 081-237-889-378. • *manta-dive.com* • *Doubles 800 000-1 500 000 Rps.* Un autre bon centre de plongée, disposant de 25 bungalows dissimulés au calme sur l'arrière, en retrait d'une piscine, de part et d'autre d'une allée. Architecture façon grenier à riz, avec large toit de palme en voûte, terrasse, plancher, le tout très agréable et chic. D'autres au style moderne, tout aussi charmants. Atmosphère tranquille, très différente de l'artillerie lourde du club de plongée qu'on trouve sur le devant. Resto.

Plus chic (plus de 1 200 000 Rps, soit env 80 €)

Wilson's Retreat (*plan d'ensemble*, **19**) : *tt au nord de l'île.* ☎ 612-00-60. 087-861-772-111. • *wilsons-retreat.com* • *Doubles 1 000 000-2 300 000 Rps.* Dans la partie la plus paisible de l'île, une belle structure de bungalows en dur, dans un généreux jardin au bord de la plage, avec une élégante piscine en pierre noire, entourée de transats en bambou. Déco boisée, aux teintes beige et blanc. Matières nobles et petites terrasses où il fait bon se prélasser, comme dans les salles de bains extérieures ! Bien cher tout de même.

Villa Almarik (*plan d'ensemble*, **23**) : *à env 10 mn à pied au nord du débarcadère.* ☎ 619-74-27. • *almarik-lombok.com* • *Doubles 950 000-2 000 000 Rps.* Légèrement en retrait du bord de mer, les nombreux bungalows en dur (2 chambres par unité) sont répartis dans un grand espace jardiné et tranquille. Confort exemplaire, vaste salle de bains. Du classique, plutôt sobre, mais de qualité. En bonus, goûter servi autour de la piscine, et resto sur la plage, avec transats. Clientèle plutôt familiale et accueil pro.

Desa Dunia Beda (*plan d'ensemble*, **21**) : *tt au nord de l'île.* ☎ 614-15-75. 081-139-06-76. • *desaduniabeda.com* • *Doubles 1 400 000-2 800 000 Rps.* Dans la partie la plus paisible de l'île, un immense jardin étendu face à la plage, dans lequel sont dispersés de loin en loin de superbes bungalows en bois conçus avec beaucoup de goût, dans le style traditionnel joglo. Tous regardent la mer depuis leur terrasse avec banquette de repos. Les plus chers, immenses, sont de vraies petites maisons de maître ! Belle piscine d'eau salée et resto les pieds dans le sable. Une adresse d'exception, très chère bien sûr, mais d'un charme fou.

Où manger ? Où goûter ?

Une interminable brochette de restos se déploie le long de la mer, en particulier de part et d'autre du débarcadère. Le soir, nombre d'entre eux exposent des étals de poissons qui n'attendent que vous pour passer sur le gril. Comme toujours, comparez les prix et les produits, négociez et régalez-vous !

Pour le reste, on trouve toute la panoplie possible de *world food*, du kebab à la pizza. À noter, le *nasi goreng* est simplifié ici en *fried rice,* des fois qu'apprendre le nom du plat le plus courant du pays représenterait un trop grand effort.

Bon marché (moins de 45 000 Rps, soit env 3 €)

Marché de nuit *(zoom B1) : sur la place, face au ponton.* Tous les soirs, la placette se métamorphose en restaurant à ciel ouvert. Les vendeurs-restaurateurs apportent leurs petites roulottes, de la glace et on expose les poissons du jour (*red snapper, mahi-mahi,* barracuda, *parrot fish...*), calamars et langoustes que l'on choisit, que l'on négocie (gentiment !) et que l'on fait griller comme il se doit. Bien vérifier la fraîcheur, certains mêlent des poissons très frais à d'autres qui le sont un peu moins. On accompagne le tout par un choix de 2 ou 3 bons légumes, avant d'aller s'installer sur les tables communes. Un bonheur.

Pituq Waroeng *(plan d'ensemble, **40**) : sur la piste traversant l'île d'est en ouest. Tlj 9h-22h.* Notre coup de cœur à Gili T. Au hasard d'un chemin, derrière une palissade de bambou et autour d'un plantureux bananier, une poignée de tables en bois et de *berugak,* ces pavillons traditionnels sur lesquels on s'installe sur des coussins, au ras du sol. On vient y découvrir une réinterprétation de la gastronomie indonésienne, en version végétarienne seulement, nourrie d'herbes, de fruits, de légumes et d'épices du pays. Un festival de couleurs, de saveurs, présenté dans une jolie vaisselle en bois. Les portions étant réduites, il est de coutume de commander plusieurs plats (2 par personne suffisent, plus du riz) et de partager. Ça tombe bien, on a envie de tout goûter ! Également une petite boutique d'artisanat, dont les bénéfices sont reversés à des personnes défavorisées de Lombok. Sert aussi le petit déj.

Kiki Novi *(zoom B1, **41**) : dans un renfoncement au fond de la place.* Minuscule *warung* doté d'à peine une paire de tables en terrasse, et servant une petite cuisine 100 % indonésienne, simple et familiale. Le soir, le resto ferme et laisse la place à un étal de poissons frais à griller.

Crêperie *(zoom B2, **42**) : sur le côté de la place du marché de nuit.* Une échoppe qui propose pour pas cher des crêpes bien françaises, salées comme sucrées.

La Boulangerie *(zoom B1, **46**) : à 10 mn à pied au nord de la jetée, au niveau d'*Ego BBQ. *Tlj 7h30-23h.* On n'est certes pas chez Fauchon dans cette petite échoppe, mais les quiches sont bonnes, il y a des croissants, des pains au chocolat et des gâteaux, vegan pour certains. Pratique pour un en-cas ou un petit déj (café et thé).

Prix moyens (de 45 000 à 80 000 Rps, soit env 3 à 5,40 €)

Le Petit Gili Burger *(zoom B1-2, **49**) : sur la place du marché de nuit. Tlj, 24h/24.* Une terrasse toute simple, ouverte sur la place. Des burgers aussi joufflus que dégoulinants, des plats locaux, des sandwichs, et des prix serrés qu'on aurait presque pu le classer en « Bon marché ». Sympathique en somme, d'autant que le service est vraiment gentil et que le lieu est ouvert à toute heure. Pratique pour éponger en sortie de bar...

Kayu Café *(zoom B1, **43**) : à proximité du débarcadère. Tlj 7h-21h.* Bons cafés, *wraps,* falafels, *bowls* et autres plats, pâtisseries et petits déj *healthy,* à engloutir dans la grande salle climatisée et vitrée, sur la terrasse à l'étage, ou sur celle en bord de mer, tout en bois et joliment décorée. Parfait à tout moment de la journée.

Coral Beach Pizza *(plan d'ensemble, **44**) : sur la côte nord, à env 20 mn de marche du « centre ». Fermé le soir.* Face à la mer, près du seul spot de *snorkelling* de l'île, une terrasse bricolée sur pilotis, pratique pour reprendre des forces grâce aux excellentes pizzas au feu de bois. Également une carte classique, mais on vient surtout pour les pizzas. À marée basse, on voit apparaître de vilains plots de béton censés casser les vagues.

🍽 ⛱ ***Ego BBQ*** *(zoom B1,* ***45****) : à 10 mn à pied au nord de la jetée.* Classique paillote les pieds dans le sable, où se taper un beau *seafood platter* (cher, évidemment) et, dans la section *French food,* un tendre pavé de bœuf. Quelques burgers également, des pizzas, et l'on aura presque fait un tour du monde culinaire !

Chic (de 80 000 à 150 000 Rps, soit env 5,40 à 10 €)

🍽 ⛱ **Scallywags** (zoom B2, **48**) : *au sud du débarcadère. Pour le soir surtout.* Resto de bord de plage avec tables à même le sable, éclairées à la bougie. Si le poisson frais est à l'honneur, on l'a trouvé vraiment très cher (bien plus qu'au marché de nuit). Préférer les plats *world food,* bien faits et moins onéreux.

Où boire un verre ? Où faire la fête ?

LOMBOK

Une flopée de bars du bord de mer envoient du son jusqu'à minuit-1h environ, avec *happy hour(s)* et tout le tintouin. Il y en a pour le gosier autant que pour les oreilles ! Pour qui veut pousser jusqu'au bout de la nuit, une très officielle rotation a été mise en place : le lundi c'est au ***Blue Marlin*** (lire plus haut « Où dormir ? »), le mardi au ***Jiggy*** (au sud du débarcadère), le mercredi au ***Tir Na Nog,*** le samedi au ***Sama-Sama*** et le dimanche à ***l'Evolution*** (un peu au nord du *Sama-Sama*). Sans compter les *full moon parties,* qui se tiennent... à chaque pleine lune.

C'est de part et d'autre de la jetée qu'on trouve la plus grande concentration de bars. Au nord-est, nombreuses adresses également, plus tranquilles, qui se couchent tôt. Quant aux bars de la côte ouest, ils sont logiquement pris d'assaut pour le coucher du soleil. Voici quelques classiques du circuit.

🍸 ♩ ***Sama-Sama*** *(zoom B1,* ***61****) : un peu au nord du débarcadère.* Chaque soir se succèdent 2 groupes en live (sur la petite scène puis la grande), pour assurer l'animation de 19h à 1h. Pas mal de reggae, rock et pop. Animé et cool à la fois, sous une sorte de vaste hangar, avec terrasse sur la plage. Le samedi soir, *big party.* Ceux qui préfèrent au live un DJ se rabattront sur l'***Ombak Bar,*** presque voisin, en redescendant vers la jetée.

🍸 ***Tir Na Nog*** *(zoom B2,* ***47****) : au sud de la jetée.* Un improbable bar irlandais qui n'en a que le nom, puisqu'il s'agit en réalité d'une grande paillote dispatchée de part et d'autre de la rue bordant la plage. Musique rock et large offre de spiritueux. Parfait au moment de l'apéro. Écran géant pour les soirs de match. Menu de *pub food* en cas de besoin.

🍸 ⛱ ***The Pearl Beach Lounge*** *(plan d'ensemble,* ***60****) : au sud de la jetée.* Ce bar branché occupe plus de 150 m de bord de plage, avec force transats et parasols de bambou pour s'étendre face à la mer, en sirotant un cocktail. De l'autre côté de l'allée, une immense structure de bois blond aux formes tentaculaires. Bon, assez frime et tout de même bien cher.

🍸 ***Lava Bar*** *(zoom B1,* ***9****) : un peu au nord du débarcadère, au* Gili Beach Bum Hotel *(lire plus haut « Où dormir ? »).* Un petit bar de (jeunes) fêtards, imbriqué dans un *hostel.* Du monde, du son, et quelques transats sur la plage pour se remettre.

🍸 ♩ ***Mad Monkey*** *(plan d'ensemble,* ***12****) : sur la côte nord-ouest (lire plus haut « Où dormir ? »).* Un autre *hostel* où l'on ne fait pas que dormir : *pool parties,* DJ ou groupe plusieurs soirs par semaine, face à la plage.

🍸 En remontant la côte est du débarcadère vers le nord s'égrène un chapelet de ***bars de plage,*** de plus en plus bricolés à mesure qu'on s'éloigne du « centre ». De quoi buller toute l'aprèm', et même un bout de soirée. Il y en a pour tous les styles, du plus branchouille au plus déglingué avec, partout, des sourires ultra cool qui vous interpellent à coup de « *Hello my friend !* ». C'est fou ce qu'on se fait comme potes par ici.

Où plonger, faire du *snorkelling*, nager ?

Le secteur le plus propice à la baignade, même à marée basse, se situe au nord de la jetée. En revanche, pas assez de profondeur le long des côtes sud et nord. Pour faire du *snorkelling* depuis la plage, un seul spot, à la pointe nord-est, d'où l'on peut en quelques brasses aller dire bonjour aux tortues. Location du matos sur place *(environ 50 000 Rps)*. Pour les tours de *snorkelling* en bateau et la plongée, voir la rubrique « Plongée et *snorkelling* » plus haut, au début du chapitre « Au nord-ouest, les Gili Islands ».

JAVA

Nous traitons à Java uniquement Yogyakarta, Prambanan, Borobudur, les volcans Merapi, Bromo, Semeru, Kawah Ijen, Solo, Surabaya et Probolinggo.

• Carte *p. 314-315*

Java, l'île la plus peuplée d'Indonésie, compte plus de 135 millions d'habitants. Elle s'étire d'ouest en est sur près d'un millier de kilomètres. Même si elle est grande, aucun risque de s'y sentir seul. Elle possède l'une des plus importantes densités de population de la planète.
Java offre le pire et le meilleur. À Jakarta, l'explosion économique a défiguré la ville, et les laissés-pour-compte vivent dans des taudis au pied des buildings de verre. À Yogyakarta, on continue à cultiver l'art de vivre à la javanaise, souvenir de l'époque des sultans, et la région de Yogyakarta possède des temples époustouflants.
Mais on vient aussi à Java pour les volcans (on en compte 120, dont 17 en activité). Une chaîne de montagnes volcaniques coupe l'île d'ouest en est. Les paysages extraordinaires qu'offrent les excursions vers les volcans constituent une expérience unique. Aucune autre île ne propose une telle beauté sauvage.
On ne vient pas à Java pour bronzer sur les plages – il n'y en a quasiment pas –, mais pour découvrir une nature exceptionnelle. La forêt tropicale occupe d'ailleurs 30 % de l'île.
Sur le plan humain, vous serez gâté et croiserez des gens très différents. Le groupe ethnique le plus important reste les Javanais. Ils occupent l'est, le centre, les côtes ouest de l'île. Les Sundanais vivent dans la région Sud-Ouest. Quant aux Madurais, ils habitent à l'est de Java ainsi que l'île de Madura, ce que vous auriez deviné tout seul.

YOGYAKARTA (YOGYA, prononcer « Djodja »)

env 1 000 000 hab. IND. TÉL. : 0274

• Plan d'ensemble *p. 317* • Le centre-ville (plan I) *p. 319* • Le quartier de Prawirotaman (plan II) *p. 321* • Le quartier du *Kraton* (plan III) *p. 335* • Carte La région de Yogyakarta *p. 341*

Yogya pour les intimes. Qu'est-ce qui fait la richesse et le prestige de Yogya ? Il y a beaucoup de réponses et on ne peut toutes les citer ! Parmi celles-ci, la proximité du volcan Merapi, chargé d'une puissante signification mystique pour les Javanais. La trace de ses anciens royaumes : le plus grand ensemble

bouddhique du monde, Borobudur, et les temples hindous de Prambanan, qui jaillissent vers le ciel. Les agriculteurs et les terres d'une province parmi les plus fertiles du globe, depuis plus de 2 000 ans... Sa densité humaine (plus de 1 000 habitants par kilomètre carré et 1 million d'habitants au bas mot pour la seule agglomération) et sa densité d'humanité. Des milliers de cyclo-pousses qui sillonnent la ville... Enfin, des arts multiples : danses, *wayang,* batiks et artisanats de tous les styles. Et puis, Yogya, ne l'oublions pas, est une ville royale ! Son *Kraton* (palais) abrite l'héritier d'une lignée de sultans vers qui tous les regards se tournent dans les moments importants (voir les événements de mai 1998 qui ont abouti à la démission de Suharto !). Yogya, c'est aussi le berceau de la mystique javanaise, une spiritualité complexe et particulière, mélangée au *tempo doeloe,* cette nostalgie du « bon vieux temps des Néerlandais ». Yogya, c'est le charme de tous ces paradoxes. Mais qu'on ne s'y trompe pas : c'est une cité bien vivante, jeune (pas moins de 55 universités), en un mot, créative !

La ville possède de vrais quartiers routards : l'agréable Sosro, en haut de la célèbre avenue Malioboro (celle-ci mène au *Kraton,* un peu comme les Champs-Élysées mènent à l'Arc de Triomphe, mais version couleur locale !) ; et puis le quartier de Prawirotaman, truffé de restos, de *losmen* et de boutiques d'art et d'artisanat.

Voilà, maintenant vous savez (presque) pourquoi Yogya est la ville la plus visitée de Java ! Il vous reste à la découvrir.

UN PEU D'HISTOIRE

Et quelle histoire ! Ou : « Pourquoi le *Kraton* de Yogyakarta est toujours une force politique et spirituelle importante... »

La naissance de Yogyakarta

La région de Yogya est le cœur géographique et culturel de l'île. C'est ici que régnèrent les royaumes bouddhiques et hindous de Sailendra et de Sanjaya, qui donnèrent naissance aux extraordinaires monuments de Borobudur et Prambanan, entre le VIIIe et le Xe s. Puis la région entra dans une période de déclin. Les monuments furent abandonnés.

Sa renaissance politique se situe à la fin du XVIe s avec l'avènement d'un royaume islamique très puissant, *Mataram.* Son principal souverain est le sultan Agung. Le royaume change fréquemment de centre, mais l'un de ses petits-fils, Pakubuwono Ier, achève d'édifier une capitale. Il lui donne alors le nom de *Ngayogya,* tiré de l'épopée mythique du *Rāmāyana* et signifiant « paix et prospérité ». La cité s'enrichit effectivement du commerce florissant, mais les guerres de succession entament sa puissance... Son successeur, Pakubuwono II, règne alors à Solo (Surakarta) et s'appuie sur le soutien des Néerlandais. Farouchement opposé à cette ingérence, le prince rebelle Mangkubumi obtient la dislocation du royaume à la force du poignet et fait tomber l'ancien territoire royal de Yogya dans son escarcelle. Il y bâtit un *kraton* (palais) et en fait la 2e ville royale de Mataram.

Mangkubumi devient alors le sultan de Yogya et prend le nom de Hamengkubuwono Ier (il est à l'origine de la lignée dont le sultan actuel est toujours l'héritier direct). Sous son règne, le royaume devient extraordinairement actif.

Mais les guerres de succession reprennent de plus belle, après sa mort en 1792. Les occupants (cette fois les Anglais, par intérim !) placent le prince Notokusumo sur le trône. Ça n'arrête pas les rivalités pour autant ! Celles-ci culminent au moment de la guerre de Java, entre 1825 et 1830. La lutte contre les Néerlandais est menée dans la région de Yogya par le prince Diponegoro. Après 15 000 morts et 200 000 victimes de la famine et de la maladie, Diponegoro tombe dans un piège des Néerlandais. Il est exilé dans des îles lointaines d'Indonésie. À partir

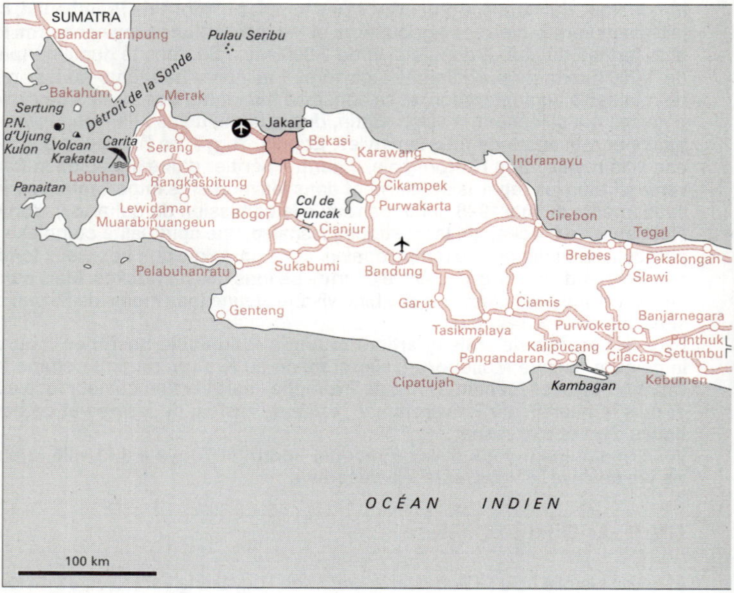

de cette époque, Yogyakarta devient le centre spirituel de la rébellion et des arts ! Des mouvements sociaux et religieux s'y enracinent, comme la *Muhammadiyah,* organisation islamiste toujours active aujourd'hui.

Une dynastie prestigieuse...

En 1940 a lieu le couronnement de Hamengkubuwono IX, alors âgé de 27 ans. C'est une figure marquante. Le père de l'actuel sultan soutient la lutte pour l'indépendance. Il approuve la nouvelle république proclamée par Sukarno en 1945 et abrite dans son *kraton* le gouvernement des rebelles et un certain Suharto... De fait, Yogyakarta devient la véritable capitale politique et morale du pays. Figure mystique, extrêmement populaire, le sultan inquiète les Néerlandais qui n'osent pas envahir son palais, par crainte de cet attachement viscéral du petit peuple de Java à son leader ! Celui-ci refuse même de se laisser soudoyer. Le sultanat de Yogyakarta devient l'emblème et le symbole de la lutte contre l'occupant. Du coup, après la libération et la victoire contre les Néerlandais en 1949, Yogyakarta obtient un statut exceptionnel : sa région est proclamée « province spéciale » par le gouvernement, ce qui lui permet de n'avoir de comptes à rendre qu'au gouvernement du pays ! Le sultan de Yogyakarta devient même le vice-président de Suharto... Il démissionne en 1978. Comme quoi, il a peut-être eu du nez.

Le mythe continue !

Après la mort du sultan charismatique, l'aîné de ses fils est couronné en 1989 dans un faste extraordinaire. Acclamé par des centaines de milliers de personnes, qui veulent voir en lui le digne héritier de son père. De fait, les événements de

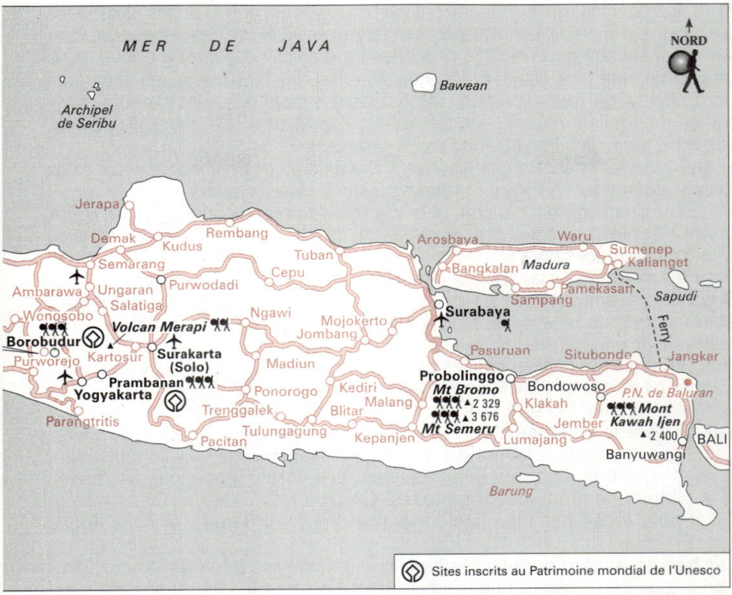

JAVA

mai 1998 et la démission de Suharto leur donnent raison. Alors que Jakarta et Solo sont secoués par des émeutes et des pillages dramatiques, Hamengkubuwono X intervient pour sauver sa ville et la communauté chinoise. Au cours d'une manifestation réunissant près de 1 million de personnes, il rappelle son engagement pour les réformes, tout en appelant au calme. Et il l'obtient. La nouvelle ne tarde pas : Suharto annonce sa démission le lendemain même. L'histoire se met à nouveau en marche. Aujourd'hui, le sultan inspire toujours le respect dans toute la population et, même s'il n'a pas de fonctions politiques officielles, il exerce un réel pouvoir au niveau local.

CLIMAT

La saison sèche commence fin avril et se termine fin septembre. Pendant la saison des pluies, d'octobre à avril, il pleut presque tous les jours à partir de 13h ou 14h, et parfois durant toute la soirée. Donc, le matin, avant de quitter son *losmen,* prévoir un vêtement imperméable. Janvier est le mois où il pleut le plus.

LES TRANSPORTS : UN ENJEU STRATÉGIQUE POUR UN SÉJOUR PLUS FACILE !

Voir aussi la rubrique « Transports » de « Bali, Lombok utile ».
Les particularités de Java-Est ? Une circulation surchargée, et l'existence de trains. Surpeuplée et manquant d'infrastructures (la corruption y aide...), Java peut être un véritable enfer quand on fait de mauvais choix de transports !

– ***Pour le train :*** les trains *ekonomi* ont l'air conditionné, et des prises électriques pour chaque groupe de 4 ou 6 sièges. Les trains *eksekutif* ont des sièges plus rembourrés, et coûtent environ 50 % plus cher. Il y a aussi des wagons et des trains *bisnis,* nettement plus chers. Enfin, il existe aussi des omnibus, avec une ventilation correcte, qui mettent environ 40 % de temps de plus que les *ekonomi,* mais dont les prix défient toute concurrence (ex : Yogyakarta-Solo pour... 8 000 Rps, soit 0,50 €, contre environ 50 000 Rps en *eksekutif*).
Dans les grandes villes, les gares peuvent être différentes pour les *eksekutif* et les *ekonomi,* notamment à Yogya, Surabaya, Jakarta. Nous le précisons.
Enfin, les trains vont, depuis peu, plus vite (mais tout est relatif...) car les lignes passent à 2 voies. Les gares sont rénovées, au moins dans les grandes villes, avec nombre de boutiques pour un café ou un petit repas.
– ***Pour les avions :*** voir la rubrique « Transports » de « Bali, Lombok utile ».
– ***Bus interurbains :*** quand il n'y a pas d'autoroute, donc en dehors de Surabaya-Malang (autoroute récente, sur la moitié de la distance) ou Surabaya-Jakarta, mieux vaut en général prendre le train, ou l'avion.
– ***Bus urbains :*** habituellement, les bus s'arrêtent quand on leur fait signe (donc ils s'arrêtent tout le temps). Mais Yogyakarta, Surabaya et Jakarta ont des lignes *Damri* avec la clim. Ce sont des bus à plancher haut (assez haut même !), auxquels on accède via une plateforme et un escalier, ce qui l'empêche de s'arrêter tout le temps pour prendre des passagers. Donc « il fonce » (là aussi, tout est relatif...) entre les arrêts (peu) équipés. Les correspondances en restant sur la plateforme fermée sont gratuites. On paie *(env 3 000-5 000 Rps selon la ville)* pour entrer dans la plateforme quand elle est fermée, et dans le bus sinon. Pratique !
– ***Les bemos, angkot et autres mikrolet :*** leur nom varie selon les régions, mais ce sont tous des mini-minibus vraiment mini. La place à côté du chauffeur est la plus confortable. Le prix du trajet est, disons, forfaitaire. Un petit trajet coûte autour de 3 000 Rps, et cela peut aller jusqu'à 8 000 Rps environ pour de longs trajets. Leur couleur varie selon la ligne, ou le groupe de ligne. Ils s'arrêtent à la demande, et parfois longuement (et de façon imprévisible), pour se remplir. Ils peuvent aussi faire un détour pour vous amener là où vous allez, avec ou sans supplément. On peut aussi parfois les chartériser.
– ***Becak :*** ces cyclo-pousses traditionnels sont indéniablement folkloriques, même si certains sont aujourd'hui motorisés. Leurs prix sont souvent à la tête du client et la vôtre, bande d'étrangers, signifie que vous êtes en fonds. Marchandez donc ferme !

Arriver – Quitter

En train

De Jakarta et de Surabaya, les trains sont préférables aux bus (longs et épuisants). Arrivé à la gare Tugu de Yogya (pour les *eksekutif*), demander le plan de la ville, mais éviter de changer de l'argent : le taux n'y est pas favorable. Essayer plutôt d'utiliser une carte de paiement dans un distributeur. Se méfier des rabatteurs qui proposent des logements où ils touchent leur commission. Mieux vaut s'en tenir à notre sélection d'adresses.
– N.B. : la gare des *ekonomi* est Lempuyangan, à env 2 km de Tugu.

➢ ***De Jakarta :*** env 10 trains/j. Essentiellement des *eksekutif,* qui partent en général de la gare de Gambir (Jakarta). Compter 10h de trajet. Les trains de nuit sont bien, mais attention à vos affaires, c'est un trajet archiconnu des pickpockets ! Les trains ont des classes *bisnis* et *eksekutif (Argo Lawu)* mais pas de couchettes. Pensez à demander une place à gauche : vu de ce côté, vers 5h30, le spectacle est magnifique avec les enfilades de rizières se détachant dans la lumière orangée du soleil levant. Le seul train à proposer des couchettes est le *Senja Utama Solo* qui part vers 19h30 et

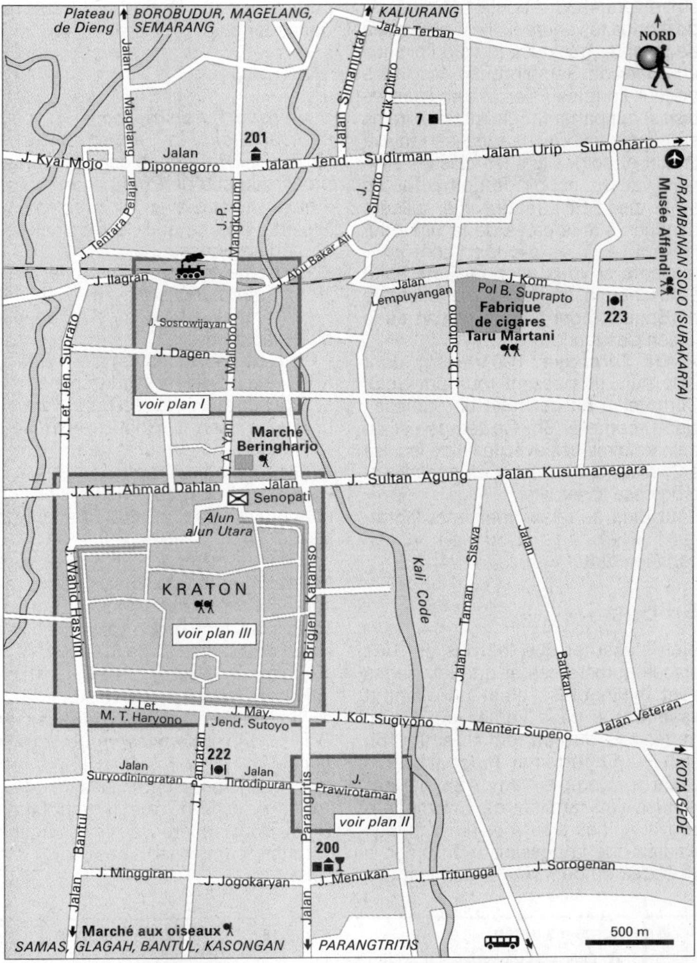

YOGYAKARTA – Plan d'ensemble

■ **Adresses utiles**

- **7** Institut français d'Indonésie (LIP)
- **200** Piscine du Jogja Village Inn

Où dormir ?

- **200** Jogja Village Inn
- **201** The Phoenix Hotel

Où manger ?

- **222** Kedai Kebun
- **223** Dapur Manado

Où boire un verre ?

- **200** Jogja Village Inn

arrive vers 4h30. Attention, beaucoup de monde le vendredi. Il est préférable de réserver quelques jours à l'avance à la gare de Gambir. Enfin, les trains de jour sont les *Fajar Utama* (classes *bisnis*) qui partent tôt le matin. 2 trains en *eksekutif* : *Dwipangga* et *Tatsaka* (matin et soir). Dans les classes *ekonomi,* aucun espoir de dormir, qu'on se le dise ! Et il faudra aller ailleurs dans les autres gares de la ville pour les trouver. (Les *ekonomi* sont intéressants si vous avez fait une halte à mi-chemin, et partez par exemple de Bandar, pour voir un volcan ou le Green Canyon.)

➢ ***De Surabaya :*** 8-9 trains/j., dont 2 de nuit. Ils passent tous par Solo. Compter 5-6h de trajet en express ; sinon, compter 8h. Ce temps est en train de diminuer, avec la fin de la mise à 2 voies (qui en est à mi-chemin, et progresse assez vite).

Pour plus de renseignements (horaires) : • *kereta-api.co.id* • ou • *tiket.com/kereta-api* •

En bus

Bien s'assurer que les bus ont des places numérotées et que les sièges sont inclinables : c'est un élément essentiel si vous voulez dormir en route. Les bus partent tlj entre 16h et 17h du terminal *Pulogadung* à Jakarta. Compter env 12h de trajet jusqu'au terminal de Giwangan à Yogya. À l'heure où vous arrivez, vous n'aurez que la possibilité de prendre un *becak* ou de « chartériser » un taxi pour aller dans le centre... Peu pratique, donc.

En avion

✈ ***Aéroport Adisutjipto*** *(hors plan d'ensemble)* ***:*** *à 9 km de Yogya.* ☎ *49-82-61.* Très bien équipé, et proche du site de Prambanan, qu'on a alors intérêt à aller voir directement. Navette gratuite pour le terminal des vols domestiques.

ℹ Office de tourisme *Customer Service & informations (☎ 48-42-61 ; tlj 8h-17h),* mais peu d'infos en dehors d'un plan de la ville.

– Plein de petits restos, dont *Roti's, KFC, Excelso* et une sandwicherie.

– L'agence de voyages *Hara Hardica* peut vous réserver un hôtel + taxi (cher).

– Location de voitures *Trac-Astra* : • *trac.astra.co.id* •

– À la sortie, comptoirs de taxis où l'on paie un tarif fixe : 80 000 Rps lors de la résa.

– Bus n° 1 A, ttes les 10 mn, pour le centre-ville (4 000 Rps). Très pratique. Pas très rapide, mais pas beaucoup plus lent qu'un taxi, avec les embouteillages.

➢ ***Jakarta,*** 13 vols/j., 6h-21h40 (1h de trajet), et ***Denpasar,*** 8-9 vols/j.

➢ ***Surabaya*** (7 liaisons/j.), ***Makassar*** (3 liaisons/j.) et ***Banyuwangi*** (au mieux 1 vol/j.).

➢ En principe, *Lion Air* assure 1 liaison/j. avec ***Mataram*** (Lombok) en 1h45. Bon, encore une fois, aucune garantie concernant ces vols ! Se renseigner.

■ **Adresses utiles**

- ℹ Office de tourisme (B2)
- **2** Distributeur (zoom)
- **5** Mulia Money Changer, Garuda, Pacto DMC et piscine de l'Inna Garuda Hotel (B1)
- **6** Pharmacie (B2)

Où dormir ?

- **10** Hotel Karunia (A1)
- **12** Bladok Losmen & Restaurant (A1)
- **13** Kunthi (A2)
- **14** Losmen Famili (A2)
- **15** Hotel Kota (A1)
- **16** Peti Mas Hotel (A2)
- **17** Kombokarno (A2)
- **18** Batik Palace Cottage (A2)
- **19** Oryza Hotel (A1-2)
- **20** Hotel Selekta (zoom)
- **22** Rejeki Homestay (zoom)
- **24** Indonesia Hotel (zoom)
- **25** 105 Homestay (zoom)
- **26** Lucy Losmen (zoom)
- **27** Dewi Homestay I (zoom)
- **28** Gloria Amanda Hotel et Monica Hotel (zoom)
- **29** Abadi Hotel Jogja (zoom)
- **30** Hotel Permata (A2)
- **31** Andrea Hotel (zoom)

|●| **Où manger ?**

- **12** Bladok Losmen Restaurant (A1)
- **70** Caterina Resto (zoom)
- **74** Superman Restaurant (zoom)

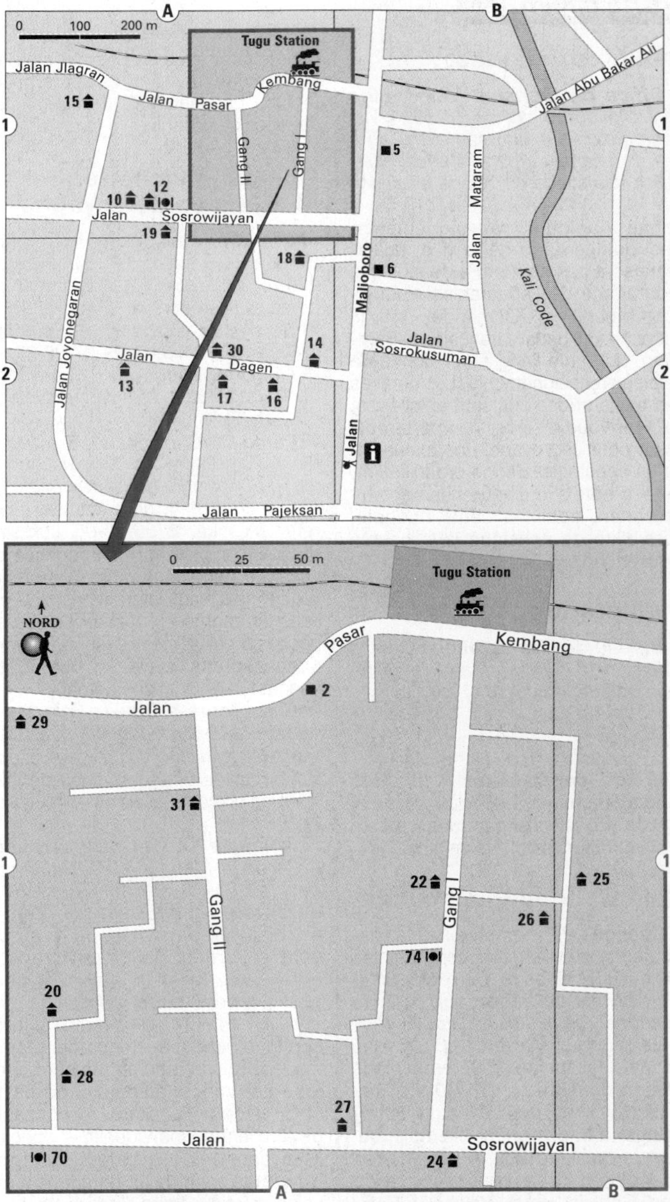

YOGYAKARTA – Centre-ville (Plan I)

Adresses utiles

Infos touristiques

🛈 ***Office de tourisme*** *(plan I, B2)* **:** *56 jl. Malioboro. ☎ 58-74-86. • visitingjogja.com • Lun-sam 7h30-20h (19h ven-sam), dim 9h-14h. Fait aussi police touristique en cas de problème (8h-19h). Annexe à l'aéroport.* On y donne quelques renseignements, ainsi qu'une carte de la ville, quand ils ne sont pas en rupture de stock, le programme des spectacles et quelques brochures... Demandez Anti, la patronne, qui parle le français, ou Bambang, qui parle l'anglais et donne de précieux renseignements. Les horaires des trains et des bus sont affichés, et on peut vous réserver n'importe quel ticket pour un voyage, une excursion ou un spectacle. Bonne organisation. Liste d'hôtels malheureusement un peu chers pour les petits budgets, possibilité de consigne (aux heures d'ouverture).

Immigration

■ ***Bureau de l'immigration* :** *jl. Raya Solo, km 10, Maguwoharjo, près de l'aéroport. ☎ 48-43-70.*

Poste

✉ ***Poste centrale*** *(plan III, F5)* **:** *jl. Senopati, en bas de Malioboro. Tlj 7h-21h. Money changer* dans la poste et distributeurs de billets en face.

Argent, banques, change

■ ***Change* :** très nombreux *ATM* (distributeurs) en ville (carrément tous les 200 m sur Malioboro). Ceux des *BII* et *BRI* délivrent de l'argent aux porteurs de cartes *Visa* et *MasterCard,* les *BNI,* seulement aux *MasterCard.* On vous en indique sur les différents plans *(plan I, zoom,* **2** *; plan II, C3,* **2***).* Très pratique. Sinon, vous avez un *money changer* à la poste, par exemple, ou, pour le meilleur taux, ***Mulia Money Changer,*** dans la cour d'entrée du *Inna Garuda Hotel (plan I, B1,* **5** *; 60 jl. Malioboro ; tlj 7h-19h),* mais vous en trouverez aussi beaucoup dans les quartiers routards de Sosro et de Prawirotaman (surveiller les cours néanmoins). La banque *BNI* accepte les chèques de voyage.

Compagnies aériennes et agences de voyages

■ ***Garuda* :** *dans la cour de l'Inna Garuda Hotel (plan I, B1,* **5***), 60 jl. Malioboro. ☎ 55-84-70. Également un bureau à l'aéroport : ☎ 54-38-88.*

■ ***Air Asia* :** *aéroport, terminal B, jl. Raya Solo, km 9. ☎ 29-27-09-99.*

■ ***Lion Air / Wings Air* :** *Grand Mercure Hotel, 80 jl. Laksda Adisucipto. ☎ 292-43-40.*

■ ***Pacto DMC*** *(plan I, B1,* **5***)* **:** *devant l'Inna Garuda Hotel, 60 jl. Malioboro. ☎ 56-63-28 ou 51-77-48. • pactoltd.com • Également un bureau au Sheraton Mustika. ☎ 56-29-06. Lun-sam 8h30-16h (13h sam).* Cette agence de voyages peut confirmer ou modifier vos billets d'avion internationaux. C'est aussi un représentant d'*Air France* et, pour vos problèmes de sous, d'*American Express,* c'est un bureau de change. Personnel compétent.

■ ***Bima Tours & Travel* :** *Rejowinangun, Kota Gede. 📱 085-101-813-638. • bimatravel@yahoo.com •* Des excursions sur les différents sites de l'île, dont les volcans, avec des circuits de 2-3 jours.

■ ***Azimuth Adventure Travel* :** *jl. Pandega Marta VI/4,* ***Catur Tunggal.*** *☎ 56-06-63 ou 78-37-666. • contact@azimuth-travel.com • azimuth-travel.com • Éloigné du centre, préférable d'envoyer un e-mail pour réserver, d'appeler pour vous y rendre, et de prendre un taxi. Lun-ven 8h-17h.* Une agence francophone sérieuse – tenue par Dominique Clarisse, ancien consul honoraire de France, amoureux du pays, et Christophe Burckard, responsable de la clientèle individuelle –, spécialisée dans les excursions, les trips « aventure » sur Java, notamment les volcans, et sur toute l'Indonésie. Malheureusement, en haute saison, ces circuits sont souvent complets, car

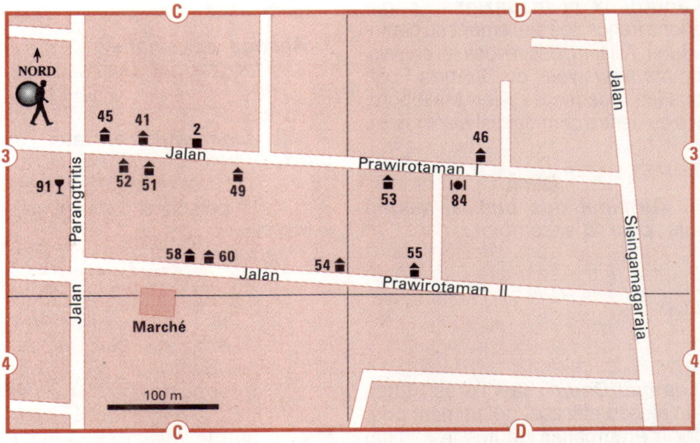

YOGYAKARTA – le quartier de Prawirotaman (Plan II)

Adresse utile

- **2** Distributeur (C3)

Où dormir ?

- **41** Puri Pertiwi (C3)
- **45** Indraprashta (C3)
- **46** Perwita Sari Guesthouse (D3)
- **49** Prambanan Guesthouse (C3)
- **51** Airlangga (C3)
- **52** Wisma Gajah (C3)
- **53** Duta Guest House (D3)
- **54** Muria Hotel (C3)
- **55** Metro Guesthouse (D3)
- **58** Mercury Guesthouse & Restaurant (C3)
- **60** Delta Homestay (C3)

Où manger ?

- **84** ViaVia (D3)

Où boire un verre ?

- **91** Made et Banana Café (C3)

l'agence collabore également avec de nombreux tour-opérateurs étrangers. Penser à réserver tôt.

■ ***Panorama Destination :*** *368 jl. Letjen Suprapto.* ☎ *48-86-63.* • *pdesyogya.all@panorama-destination.com* • *jogjapanorama.co.id* • Une agence qui propose dès leur arrivée, à ceux qui veulent voir Java sans s'attarder, des circuits essentiels de 1 à 4 jours en car super luxueux (tarif en fonction du nombre de participants) ou des balades à bicyclette sur Borobudur et Prambanan.

Loisirs

■ ***Institut français d'Indonésie, ou LIP*** *(plan d'ensemble,* ***7****) :* *3 jl. Sagan.* ☎ *56-65-20.* • *ifi-id.com* • *Lun-ven 9h-19h, sam 12h-16h.* Dans un joli quartier très verdoyant. Édite un bulletin semestriel, *Voilà,* distribué à l'office de tourisme. Très bien fait. Expositions, médiathèque, bibliothèque *(lun-ven 12h-19h, sam 12h-16h)* et projections de films. Renseignements par téléphone. C'est aussi l'un des rares endroits en Indonésie où l'on peut consulter la presse française. Au ***Lokaloka Bistro*** *(📱 081-125-170-07 ; lun-sam 7h-22h),* cuisine française : crêpes, croque-monsieur, dessert maison. *Catering menu.*

■ ***Piscines :*** *au* ***Jogja Village Inn*** *(plan d'ensemble,* ***200****), au sud de Prawirotaman (voir « Où dormir ? »), mais seulement pour les consommateurs et les résidents. Ou à l'****Inna Garuda Hotel,*** *60 jl. Malioboro (plan I, B1,* ***5****) ; droit d'accès : 120 000 Rps/pers.*

■ ***Photo :*** ***Duta Foto,*** *109 jl. Parangtritis. Ou encore* ***Artha,*** *15 jl. Urip Sumoharjo.*

■ ***Journaux et magazines :*** publications françaises seulement au centre culturel. Ailleurs, des revues en anglais, comme *Newsweek* ou *Djakarta Post,* sous les arcades de jalan Malioboro, face au centre commercial *Mata Hari.*

Transports

Terminal des bus Giwangan *(hors plan d'ensemble) : dans un grand complexe commercial, au bord du périphérique sud-est, au sud de Yogya, près de Bantul, jl. Imogiri Timur. ☎ 41-00-05. Depuis jl. Malioboro, prendre le bus n° 4. Depuis jl. Parangtritis (à proximité de Prawirotaman), bus n° 2.*

– ***Les bus Damri :*** la ville est dotée d'un réseau efficace, notamment pour aller à Prambanan (toutes les 20 mn environ) ou au terminal de Jombor Nord (pour Borobudur), à celui de Giwangan (plus haut), à Kota Gede, mais aussi à la gare de Lempuyangan.

Urgences

■ ***Agence consulaire :*** *au Centre culturel français, 3 jl. Sagan. ☎ 56-65-20 ou 54-74-09. Fax : 56-21-40. • lip@idola.net.id •*

■ ***Assistance médicale aux voyageurs :*** *☎ 45-01-10, 37-70-19 ou 38-77-75. Service téléphonique 24h/24.* Le personnel parle l'anglais et le français.

■ ***Hôpitaux :*** ***hôpital Panti Rapih,*** *jl. Cikditiro. ☎ 51-48-45 ou 51-40-14. Service d'urgences 24h/24. En cas de gros pépin, aller à l'****hôpital Bethesda,*** *le meilleur de la ville : 70 jl. Sudirman. ☎ 58-66-88 ou 85. Sinon, une* ***Tourist Clinic*** *: ☎ 38-77-75.*

■ ***Pharmacie*** *(plan I, B2,* **6***) :* ***P.T. Kimia Farma,*** *123 jl. Malioboro, face à l'Inna Garuda Hotel. ☎ 51-49-80. Tlj 24h/24.*

Avertissement

Si Yogya est un terrain de prédilection pour les faux guides locaux qui se prétendent étudiants et pour les pick-pockets, ne tombons pas pour autant dans la paranoïa ! Disons qu'il est bon de rester vigilant. Ils ont tendance à exercer leurs activités coupables dans les gares, au marché (leur lieu favori), sur Malioboro, ainsi que dans les transports en commun. Sous prétexte de *practice English* ou de vous indiquer le chemin, ils vous conduiront inévitablement dans leur école de batik, perdue dans un dédale de ruelles. La tactique la plus courante consiste à dire que le matériel est payé par le gouvernement et qu'une partie de leurs gains revient au ministère de l'Éducation. Que vous achetiez ou non, ils ne vous raccompagneront pas, mais essaieront de vous extorquer le maximum de *rupiahs.* Ils vous diront aussi que l'office de tourisme est fermé, ce qui est faux, *of course !*

Il y a aussi de vrais étudiants qui ont envie de parler français et sont très sympathiques ! On peut les rencontrer notamment à l'Institut français de l'Indonésie (LIP).

Comment circuler à Yogya ?

En *becak*

On découvre ici la civilisation du *becak* (prononcer « betchak »), ce cyclo-pousse actionné par un conducteur haut perché sur sa selle. Le *becak,* surnommé « *helikopter* » par les conducteurs qui font de la retape le long des rues, est un moyen de transport agréable, suffisamment lent pour que l'on puisse profiter de l'animation de la rue et suffisamment rapide pour vous protéger de la chaleur. Ce véhicule à 3 roues a une caisse assez basse et des garde-boue généralement décorés de scènes kitsch. On compte plus de 12 000 *becaks* sillonnant les rues de Yogya. Il semblerait même qu'il y en ait un aux couleurs du *Routard.* Si vous le voyez, dites-lui bonjour de notre part !

Tous les conducteurs ne sont pas propriétaires de leur *becak,* qui est loué à la journée. Donc, ils tentent par tous les moyens de rentabiliser leur location. Il y a plusieurs techniques pour conduire un *becak* sans trop se fatiguer. L'une d'elles consiste à pédaler d'une seule jambe pendant que l'autre se repose. Technique valable uniquement... en terrain plat.

Les conducteurs de *becak* connaissent la ville par cœur, mais assurez-vous qu'ils ont bien compris la destination. Ils ont, avec les touristes, une fâcheuse tendance à s'arrêter devant des boutiques. Évitez de prendre un *becak* devant un *losmen.* Le prix annoncé peut paraître bas dans certains cas, mais le conducteur espère bien vous faire effectuer des achats sur lesquels il gagnera beaucoup plus qu'avec la course. Certains conducteurs sont très insistants et n'hésitent pas à vous poursuivre sur plusieurs dizaines de mètres. Restez calme et souriant en leur disant *jalan jalan* (« je marche ») ou *sudah* (« déjà » fait, « déjà » acheté, « déjà » mangé, etc.), formules magiques pour qu'ils vous laissent tranquille. Les tarifs varient selon la course (à négocier) entre 25 000 et 50 000 Rps. Toujours attendre sa monnaie, car ils ont tendance à l'oublier. Dans tous les cas, essayer de ne pas avoir de grosses coupures.

Attention à une certaine technique qui semble se dessiner avec des conducteurs malhonnêtes : ils donnent le prix en centaines de *rupiahs* et le transforment en milliers à l'arrivée. Le mieux est alors, au moment de la négociation, de tendre un stylo au chauffeur qui écrit la somme dans la paume de sa main. Les conducteurs essaient de fidéliser leur clientèle et peuvent alors donner mille tuyaux sur leur ville, dont ils ont seuls le secret. Ils sauront vous reconnaître dans la foule et vous attendre. Possibilité de rendez-vous. Le *becak* est un bon moyen pour parcourir la ville sur de petites distances... malgré la pollution et quelques frayeurs dues au trafic ! Mais, pour de longues distances, cela peut revenir plus cher qu'un taxi qui met son compteur, et c'est rarement compétitif avec les applis *Gojek* et *GrabCar* (jusqu'à ce que les *becaks* soient, un jour, sur ces applis !).

En taxi

Plusieurs compagnies de taxis équipés de compteur et de radio permettent de circuler plus vite et à l'abri des intempéries. Les chauffeurs mettent sans difficulté l'*argometer* (compteur), ne pas hésiter à leur rappeler s'ils oublient (mais c'est rare). Prix pour le 1er kilomètre : 6 500 Rps, et course minimum de 10 000 Rps.

Quelques compagnies censées jouer le jeu selon les règles : *Pandawa (☎ 37-00-00), Ria (☎ 41-44-44), Centris (☎ 43-60-000)* et *JAS (☎ 37-37-37).* Privilégier les applis *Gojek* (la moins chère) et *GrabCar,* souvent 2 fois moins chères.

En *andong*

Calèche aux 4 grandes roues peintes en jaune. Les chauffeurs ont gardé le costume traditionnel avec le turban. Il ne faut pas être pressé, mais c'est une manière agréable de se déplacer si l'on est plusieurs, car le prix moyen est de 90 000 Rps pour un parcours de Malioboro à Kotagede. Attention, les *andong* ne peuvent circuler dans les rues principales.

À bicyclette

Nombreux loueurs. S'adresser à son *losmen.* Bon marché, mais pas d'assurance et vols possibles. Compte tenu du trafic, cette formule est réservée aux aventuriers friands d'émotions fortes... À noter cependant que quelques itinéraires cyclistes alternatifs sont désormais indiqués en ville par des panonceaux verts : en général, ils empruntent des voies moins fréquentées.

À moto

Les *losmen* connaissent les meilleurs loueurs. Aucun intérêt pour circuler en ville. Intéressant seulement pour découvrir la région. 65 000 Rps/j. en moyenne. Permis et passeport à présenter, et port du casque obligatoire.

En voiture

Comme pour la moto, la location d'une voiture est surtout intéressante pour visiter les environs de Yogyakarta. Ne pas hésiter à comparer les prix et, surtout, à poser la question de la couverture de l'assurance. Le mieux, et le plus pratique, est de louer une voiture avec chauffeur. Compter 450 000 à 850 000 Rps pour 8h, sachant qu'un chauffeur anglophone fait légèrement grimper la note. Le trafic, les embouteillages, l'absence de panneaux routiers n'incitent pas à louer une voiture sans chauffeur pour voyager à Java.

■ ***Jogja Rent Car :*** *17 jl. Pleret, Gamping,* ***Sleman.*** *☎ 27-42-99-97. 085-878-897-777. • jogjarentcar.com • Tlj 8h-18h. Contacter Mr Joko ou Mrs Jovin. Prévoir 600 000 Rps/j., voiture, essence, 10h/j. avec chauffeur parlant l'anglais. CB acceptées.*

■ ***Trac-Astra Rent Car :*** *à l'aéroport. ☎ 62-50-00. • trac.astra.co.id •*

En bus

Bon réseau desservant toute la ville. Les bus *Bis Kota* sont orange, blancs ou rayés bleus, et portent des numéros. Leur utilisation est assez simple et très économique. Ils fonctionnent de 6h à 17h. Pas d'arrêts, faire signe. Tous les *Bis Kota* desservent le terminal des bus Giwangan au sud-est de la ville. Tarif fixe de 2 500 Rps. Un autre bus, moderne, avec clim (voir le système *Damri* dans les « Adresses utiles »), circule sur 6 trajets, 76 arrêts ; 3 600 Rps pour toutes destinations (correspondances gratuites).

Où dormir ?

Les hôtels sont essentiellement regroupés dans 2 quartiers : à Sosro, entre la gare et le centre (pour les adresses les plus économiques), et à Prawirotaman, dans le sud de la ville (pour des adresses agréables, plus chics, pour touristes plus argentés aussi), assez loin du centre mais plus reposant.

Dans le quartier de Sosro

On l'appelle couramment Sosro, du nom de jalan Sosrowijayan, l'une des rues principales du secteur. C'est un quartier formé par un réseau de ruelles et de venelles très étroites, bordées de petites maisons basses, avec plein de pensions et restos à prix doux. La plupart des adresses se situent dans un périmètre délimité par Pasar Kembang, Malioboro et Sosrowijayan.
Par rapport au quartier de Prawirotaman, excentré, le quartier de Sosro offre un éventail moins large d'hébergements (moins confortables), mais il a l'avantage d'être très central, tout près de jalan Malioboro.

Très bon marché (moins de 150 000 Rps, soit env 10 €)

Hotel Selekta *(plan I, zoom,* ***20****) : jl. Sosrowijayan Wetan, GT 1/150. 082-341-288-210. À l'écart des autres losmen du quartier, à proximité de la mosquée (réveil matinal assuré). C'est plus facile de l'atteindre par jl. Sosrowijayan (1er gang à droite après le gang II).* Les chambres sont grandes et équipées de ventilo, avec 1 ou 2 lits, *mandi* ou douche. Un petit air d'AJ assez sympa, mais propreté limite.

Hotel Karunia *(plan I, A1,* ***10****) : 78 jl. Sosrowijayan. ☎ 56-50-57.* Plusieurs types de chambres, plutôt agréables et aérées. Les moins chères (avec *mandi* sur le palier) sont dans cette catégorie, et sont d'un bon rapport qualité-prix. Les plus coûteuses (« Prix moyens ») sont avec clim, douche et TV mais, pour le prix, les parties communes manquent alors de charme. Éviter celles avec balcon côté rue, assez bruyantes. Petit déj en terrasse. Bon accueil.

Bon marché (de 150 000 à 300 000 Rps, soit env 10 à 20 €)

La plupart de ces petits hôtels se sont améliorés et quelques-unes de leurs chambres ont la clim pour 50 000 Rps de plus, atteignant modestement 200 000 Rps.

Dewi Homestay I *(plan I, zoom,* ***27****) : jl. Sosrowijayan GT 1/115 (entre* *le gang I et le gang II). ☎ 51-60-14. • dewihomestayjogja@gmail.com • Petit déj inclus. Losmen* familial, un peu à l'écart des autres pensions mais où l'accueil est vraiment très chaleureux. La décoration intérieure est inhabituelle : antiquités, statues, objets rares, artisanat indonésien. À l'entrée comme dans les chambres, on sent la patte et le style d'une bonne maison. Chambres avec douche, ventilo et moustiquaire. Il y a même une chambre meublée d'un lit à baldaquin, et une autre avec un lit rétro. Thé et café à disposition dans la cuisine ouverte sur le patio. Propose aussi des excursions ou des transports à prix très raisonnables. Notre meilleure adresse dans cette catégorie.

Rejeki Homestay *(plan I, zoom,* ***22****) : 70 gang I, Sosromenduran. ☎ 51-40-84.* Doubles pas trop chères, avec *mandi* et ventilo, mais un peu petites. Propre et sympa. Certaines avec clim pour quelques roupies de plus. Thé non inclus (c'est rare).

Indonesia Hotel *(plan I, zoom,* ***24****) : 9 jl. Sosrowijayan. ☎ 58-76-59 ou 58-17-45.* Un petit hôtel tout simple et très sommaire. Chambres avec salle d'eau et ventilo, disposées autour d'un patio agrémenté de plantes. Accueil prévenant. Entretien négligé, dommage. Beaucoup d'Indonésiens.

105 Homestay *(plan I, zoom,* ***25****) : 2 jl. Sosrowijayan, 105 gang I. ☎ 58-28-96. • losmen_105@yahoo.co.id • Dans une ruelle donnant sur le gang I. Pas de petit déj.* Petit *losmen* au confort un peu spartiate, proposant 10 chambres avec *mandi* et ventilo. Belle lumière naturelle dans les chambres... presque du luxe !

Lucy Losmen *(plan I, zoom,* ***26****) : jl. Sosrowijayan, GT 1/87. ☎ 51-34-29.* Adresse familiale sans prétention, proche d'une petite galerie d'artisanat exposant surtout des batiks sur cadre. Souvent plein. Le moins cher de tous, pas mal du tout pour le prix, si l'accueil était plus chaleureux.

Oryza Hotel *(plan I, A1-2,* ***19****) : 49-51 jl. Sosrowijayan. ☎ 51-24-95. Face au* Bladok Losmen. *Pas de petit déj.* Petit hôtel tranquille, raisonnablement bien tenu pour le prix. Chambres toutefois très inégales. Demander à en voir plusieurs. Les moins chères sont vraiment rudimentaires, les plus chères climatisées. Accueil un tantinet moins chaleureux qu'ailleurs.

Prix moyens (de 300 000 à 500 000 Rps, soit env 20 à 33 €)

Andrea Hotel *(plan I, zoom,* ***31****) : Sosrowijayan Wetan, GT 1/140, gang II. ☎ 56-35-02. • andreahoteljogjia@gmail.com • andreahoteljogja.wordpress.com • Proche de la gare dans la petite ruelle gang II. Résa nécessaire. Petit déj sommaire inclus.* Petit hôtel très propre, tenu par un Suisse polyglotte parlant surtout le français. 9 petites chambres avec seulement un lit double, clim ou ventilo, douche (eau froide) et TV. Terrasse pour boire un verre au calme. Accueil sympa et souriant. Organise aussi des excursions.

Gloria Amanda Hotel *(plan I, zoom,* ***28****) : jl. Sosrowijayan, GT 1/195. ☎ 56-52-86. • reservation@gloriaamanda-hotel.com • gloriaamanda-hotel.com • Petit déj facultatif.* À côté du *Selekta* et du *Monica,* hôtel moderne, un peu plus cher mais la classe au-dessus. Accueil souriant. Calme. 42 chambres avec clim et/ou ventilo, très propres. Piscine, parking. Restaurant. Possibilité de négocier les prix.

Monica Hotel *(plan I, zoom,* ***28****) : jl. Sosrowijayan, GT 1/192. ☎ 58-05-98. Près du* Selekta. *Compter 275 000 Rps la double avec clim, petit déj inclus.* Propose des chambres neutres mais propres, distribuées autour d'un patio où l'on prend le petit déj. Bonne literie. Prix raisonnables.

Bladok Losmen & Restaurant *(plan I, A1,* ***12****) : 76 jl. Sosrowijayan. ☎ 56-04-52. • info@bladok.web.id • bladok.web.id • Résa quasi indispensable. Réduc hors saison. Carte* Visa *acceptée.* Un *losmen*-resto, avec une mignonne petite piscine ! Tenu par un Indonésien marié à une Allemande (Britta). 4 catégories de chambres, propres et coquettes. Les moins chères disposent d'un simple *mandi,* les plus chères de la clim. Petit déj inclus (café ou thé, plus petite soupe au poulet, bonne mais chiche, ou riz). Thé à

JAVA

volonté (Thermos à chaque étage). Le meilleur rapport qualité-prix de Sosro, malheureusement souvent complet. Resto agréable en terrasse (assez cher, mais de temps en temps, on peut se faire plaisir...), servant une bonne cuisine européenne et quelques plats indonésiens. Propose des excursions. Accueil jeune et sympa.

De chic à plus chic (plus de 500 000 Rps, soit env 33 €)

Abadi Hotel Jogja *(plan I, zoom, **29**) : 49 jl. Pasar Kembang. ☎ 56-34-35. • resv@abadihoteljogja.co.id • abadihotel.co.id • Dans la rue de la gare. Double 670 000 Rps, suite 1 500 000 Rps. Petit déj inclus. CB acceptées.* Hôtel entièrement restauré. Il répond aux critères de confort qu'on attend de sa catégorie. Cela va de la chambre standard à la suite, toutes avec eau chaude et clim. Service de laverie. Pratique pour sa proximité avec la gare...

Autour de Sosro et de Malioboro

Bon marché (de 150 000 à 300 000 Rps, soit env 10 à 20 €)

Kunthi *(plan I, A2, **13**) : 81 jl. Dagen. ☎ 58-06-12.* Adresse sobre à l'atmosphère familiale. Chambres très simples, mais claires et aérées pour la plupart. Certaines disposent d'une petite terrasse donnant sur quelques plantes vertes. Pas de petit déj, mais du thé, du café et quelques plats indonésiens sur commande. Le personnel ne parle pas l'anglais.

Losmen Famili *(plan I, A2, **14**) : 14 jl. Dagen. ☎ 51-27-74.* Immeuble abritant une vingtaine de chambres propres, à la déco inexistante. Celles du bas sont moins chères, avec *mandi*, mais sombres et mal aérées. Préférer celles du 1er étage pour quelques roupies de plus, un poil plus grandes et plus agréables, avec douche.

Prix moyens (de 300 000 à 500 000 Rps, soit env 20 à 33 €)

Kombokarno *(plan I, A2, **17**) : 39 jl. Dagen. ☎ 51-50-32. Petit déj inclus.* Hôtel neuf mais sans piscine ni jardin. Différents types de chambres, avec ventilo ou clim. Toutefois les prix pratiqués semblent un peu surestimés. Essayer de négocier.

Hotel Kota *(plan I, A1, **15**) : 1 jl. Jlagran. ☎ 51-58-44 ou 45. • cs@hotelkotajogjakarta.com • hotelkota-jogjakarta.com • À l'angle de jl. Pasar Kembang et de jl. Joyonegaran. CB acceptées.* Élégant hôtel construit en 1918, avec de jolis patios et terrasses, un magnifique carrelage et du mobilier ancien. Un petit bijou pour les amateurs d'architecture et de charme colonial... à condition de faire l'impasse sur un confort qui peut paraître insuffisant compte tenu du prix. Seule concession à la modernité, une petite TV dans chaque chambre. Différents types de chambres (celles sur rue sont très bruyantes), un peu chères tout de même.

Peti Mas Hotel *(plan I, A2, **16**) : 27 jl. Dagen. ☎ 51-31-91 ou 56-19-38. • info@petimashotel.com • petimashotel.com •* Hôtel agréable, doté d'une belle architecture. La partie nouvelle avec vue sur la piscine, la partie ancienne donnant sur le parking. Les chambres sont, pour certaines, parfois un peu défraîchies, mais elles disposent toutes d'une terrasse ouverte sur le jardin intérieur et les pots suspendus d'orchidées. Les moins chères sont sombres et modestes, mais le cadre de l'hôtel et la jolie piscine justifient le prix.

Batik Palace Cottage *(plan I, A2, **18**) : Komplek Taman Yuwono. ☎ 56-18-28. • batikcottage@yahoo.com • batikcottage.com • Accès par jl. Dagen ou jl. Sosrowijayan : il faut s'enfoncer un peu dans une allée (suivre le panneau). Parking.* Adresse atypique, en pleine ville mais à l'écart de l'agitation. Cottages simples mais mignonnets, distribués autour d'une piscine. Surprenant et assez agréable. Un peu cher pour le confort proposé, mais on paie l'originalité...

Hotel Permata *(plan I, A2,* ***30****) : 64 jl. Dagen. ☎ 51-81-17. 085-641-249-992 (WhatsApp pour les résas). • permatahotelyogyakarta.blogspot.com* • Un petit hôtel dont le lobby a des airs de mini-atrium romain. Chambres toutes climatisées, avec salle de bains (douche ou baignoire), TV et téléphone. Jolie piscine. Des couloirs allant aux chambres, vue très photogénique sur les toits. Accueil tout sourire.

Plus chic (plus de 1 000 000 Rps, soit env 67 €)

The Phoenix Hotel *(plan d'ensemble,* ***201****) : 9 jl. Jenderal Sudirman. ☎ 56-66-17. • info@thephoenixyogya.com • accorhotels.com* • Une pure merveille d'architecture coloniale reprise par le groupe *Accor,* particulièrement bien restaurée et aménagée avec goût. Belles vérandas et patios rafraîchis par de gros ventilos, un buffet extraordinaire au petit déj, un service impeccable, une petite piscine... le luxe, quoi ! Un peu cher pour le pays, évidemment, mais excellent rapport qualité-prix-raffinement pour des bourses occidentales. Éviter toutefois les chambres au rez-de-chaussée, assez bruyantes quelle que soit l'aile choisie (patio du restaurant d'un côté, piscine de l'autre).

Au sud, à Prawirotaman

À la sortie sud de la ville, sur la route de Parangtritis. Malheureusement, quartier un peu excentré. Pour y aller, prendre le *Bis Kota* n° 2 sur jalan Mataram (derrière Malioboro). Le quartier, bien remis en état après de gros dommages lors du tremblement de terre de 2006, a retrouvé son charme d'antan et son ambiance débonnaire, mais les prix ont flambé. Prawirotaman II reste plus populaire avec son marché, ses hôtels plus simples, dont les *guesthouses Metro* et *Rose,* véritables institutions, dépassées par leur succès et qui sont devenues de véritables usines à touristes.

Dans Prawirotaman I

Très bon marché (moins de 150 000 Rps, soit env 10 €)

De moins en moins d'adresses bon marché dans le quartier. Les derniers *losmen* de la grande époque hippie ont fermé leurs portes avec la crise...

Puri Pertiwi *(plan II, C3,* ***41****) : 171 MG III, jl. Prawirotaman I. ☎ 37-42-15.* En retrait, au bout d'une allée, bonne petite adresse au calme, propre et très bon marché. Chambres un peu sombres, à la peinture écaillée (ventilo). Commodités extérieures. Globalement pas mal pour le prix, tranquille et sympa.

Indraprashta *(plan II, C3,* ***45****) : 169 MG III, jl. Prawirotaman I. ☎ 37-40-87. 2 tarifs : avec ventilo ou clim. Petit déj compris. Carte Visa acceptée.* Au fond d'une petite allée, un hôtel composé de 2 bâtiments face à face, séparés par un joli jardin. 10 chambres propres et calmes, avec salle de bains (eau froide, douche) assez sommaire. Belle adresse et prix corrects.

De bon marché à prix moyens (de 150 000 à 500 000 Rps, soit env 10 à 33 €)

Perwita Sari Guesthouse *(plan II, D3,* ***46****) : 31 jl. Prawirotaman I. ☎ 37-75-92. • perwitasariguesthouse@yahoo.com* • Un des meilleurs accueils du quartier. À l'entrée, un panneau indique *no commission,* un bon signe. Déco plutôt kitsch et 22 chambres plutôt sombres. Elles ont le mérite d'être calmes, propres et fraîches, avec salle de bains (eau froide pour certaines). La plupart donnent sur la petite piscine intérieure.

Wisma Gajah *(plan II, C3,* ***52****) : 4 jl. Prawirotaman I. ☎ 37-56-59. • wisma-gajah-guest-house.yogyakarta-hotels-foryou.com • Petit déj inclus.*

JAVA

C'est la même maison que l'excellent *Mercury* (lire plus loin). Grande *guesthouse* fonctionnelle et bien entretenue, sans cachet particulier, mais les 26 chambres sont très propres, avec ventilo ou clim. De plus, piscine de taille fort honorable... un exploit pour le prix ! Garage et restaurant. Accueil chaleureux.

Prambanan Guesthouse *(plan II, C3,* ***49****) : 14 jl. Prawirotaman I. ☎ 37-61-67. • prambanangh.be • Petit déj compris.* Chambres vastes, propres et calmes, avec ventilo ou clim (plus chères). Une déco soignée qui ne se contente pas des habituels meubles de récup. Piscine dans le jardin. Copieux petit déj. Et pour ceux du rez-de-chaussée : petit déj au bord de la piscine ! Bonne documentation sur la ville en anglais. Bon rapport qualité-prix. Organise des sorties vers Prambanan et Borobudur. Les routards adorent le resto à deux pas, le **Yam Yam.**

Airlangga *(plan II, C3,* ***51****) : 6-8 jl. Prawirotaman I. ☎ 37-28-29.* Grand hôtel qui a perdu de son lustre, avec des statues placées çà et là dans les allées du jardin. Une piscine accessible aux enfants. 36 chambres confortables mais un peu tristes, dommage. Préférer celles en étage, plus claires. Accueil sans plus.

Duta Guest House *(plan II, D3,* ***53****) : 26 jl. Prawirotaman I. ☎ 37-20-64. • dutahotelgroup@yahoo.com • Ne pas confondre avec le* Duta Garden *qui fait partie de la chaîne mais qui est beaucoup plus cher. Réduc négociable. CB et chèques de voyage acceptés.* Chambres disposées autour d'une belle piscine ou d'un agréable jardin intérieur. Pour éviter le réveil matinal de la mosquée, prendre une chambre au fond. Plusieurs types de chambres, avec ventilo ou clim (quelques économiques sans bains). Les plus chères ont une salle de bains ouverte sur l'extérieur. Petit effort de déco qui ne fera pas l'unanimité, mais qui a le mérite d'exister. Presque cosy et impeccablement tenu mais un poil cher quand même. Accueil souriant. Petite salle de musculation près de la piscine pour les adeptes.

Dans Prawirotaman II

Très bon marché (moins de 150 000 Rps, soit env 10 €)

Mercury Guesthouse & Restaurant *(plan II, C3,* ***58****) : jl. Gerilya, 595 MG III jl. Prawirotaman II. ☎ 37-08-46. Taxes et petit déj inclus.* Élégante maison privée en bois peint vert et jaune pâle, reconvertie en *guesthouse* et donnant sur un jardin. Salle à manger belle et inhabituelle. Jolie terrasse sous la véranda devant la maison. Les chambres sont spacieuses pour la plupart, toutes avec eau chaude. Celles donnant sur le jardin, un peu plus bruyantes et plus petites, sont moins chères. Accès gratuit à la piscine du *Wisma Gajah* (lire plus haut). Pas mal d'allure, tout ça, pour un prix très raisonnable. Fait aussi resto. Un endroit où l'on se sent bien...

Bon marché (de 150 000 à 300 000 Rps, soit env 10 à 20 €)

Delta Homestay *(plan II, C3,* ***60****) : 597A MG III jl. Prawirotaman II. ☎ 37-20-51. Petit déj compris.* Belle adresse proposant des chambres assez petites mais très propres, avec salle de bains, terrasse et ventilo ou clim. Également des chambres économiques, sans bains. Architecture plaisante (mélange de bois et bambou tressé) avec d'amusantes statuettes disposées dans le jardin. Petite piscine. Snack le soir. Excellent rapport qualité-prix.

Muria Hotel *(plan II, C3,* ***54****) : 600 jl. Prawirotaman II, près de la* Metro Guesthouse. *☎ 37-72-11. Petit déj inclus.* Chambres disposées autour d'un petit patio. Atmosphère familiale et sympathique. Très bien pour le prix.

Metro Guesthouse *(plan II, D3,* ***55****) : 71 jl. Prawirotaman II. ☎ 37-23-64. Parking.* La plus grande pension du quartier avec plein d'annexes différentes. Petite usine à touristes, en effet, qui a ses qualités et ses défauts. Parmi les qualités : le nombre de chambres, les services proposés, le resto, la piscine, la laverie, la librairie, les excursions à Borobudur et à Prambanan, etc. Une adresse à tous les prix.

Près de Prawirotaman

Plus chic (plus de 1 000 000 Rps, soit en 67 €)

■ ***Jogja Village Inn*** *(plan d'ensemble,* ***200****) :* *5 jl. Menukan, Karangkagen.* ☎ *37-30-31 ou 38-30-44-66 (seulement WhatsApp).* • *jvidusun.co.id* • *Chambre supérieure 980 000 Rps, junior suite 1 400 000 Rps.* Très bel hôtel de luxe à l'atmosphère intime, autour d'une grande piscine (accès gratuit pour les résidents, 120 000 Rps pour les extérieurs) et d'un jardin luxuriant. Il a gagné un prix pour sa décoration. Les 24 chambres sont superbes, décorées avec le meilleur goût : azulejos, couleurs chaudes, lits à baldaquin, meubles sculptés, rideaux... Comble du raffinement, on y trouve même des lampes de poche et des parapluies à disposition. Bien sûr, un peu cher, mais c'est justifié. Fait également resto. On peut se contenter de venir y prendre un verre.

Dans les environs, au nord de la ville

Prix moyens (de 300 000 à 500 000 Rps, soit env 20 à 33 €)

■ ***Rumah Mertua :*** *jl. Palagan Tentara Pelajar, gang Padma 5,* ***Sleman.*** ☎ *86-66-80.* • *rumahmertua.com* • *Résa conseillée longtemps à l'avance.* Dans un village tranquille situé à 30 mn environ du centre de Yogya (accès en taxi seulement), un petit hôtel de charme d'une dizaine de chambres... tout simplement superbe. Déco raffinée qui rappelle un peu celle de Bali, jolie piscine dans un jardin. La cuisine est à l'image du lieu, délicate et joliment présentée. Une adresse que nous ne sommes pas seuls à apprécier.

JAVA

Où manger ?

Si l'on préfère Prawirotaman pour se loger, on apprécie la qualité des restaurants de Sosro. Cela dit, le choix est large et on trouve tout de même quelques bonnes adresses à Prawirotaman, surtout le soir, quand les restos sont animés.
La spécialité de Yogya est le *nasi gudeg,* un mélange de salé et de sucré composé de riz et de morceaux de fruits du jaquier liés avec du lait de coco. L'*ayam goreng* (poulet frit) est une autre spécialité locale. Allez plutôt les savourer dans les *warungs.* Dans les restos, on trouve surtout les plats classiques indonésiens et un grand choix de plats occidentalisés.

À Sosro et dans le quartier de Malioboro

Le soir, il est possible de dîner pour 3 fois rien dans les *warungs* qui s'installent sur Malioboro une fois les magasins fermés. On y mange dans de petites « tentes », assis sur des coussins.

Prix moyens (de 45 000 à 80 000 Rps, soit env 3 à 5,40 €)

|●| ***Caterina Resto*** *(plan I, zoom,* ***70****) :* *41 jl. Sosrowijayan.* Le routier de la rue ! *Rijsttafel* maison pour 2 personnes ou cuisine indonésienne. Propose aussi des pizzas. Café et thé inclus dans le menu. Très propre.
|●| ***Superman Restaurant*** *(plan I, zoom,* ***74****) :* *gang I/17 Sosrowijayan Wetan (une ruelle reliant Pasar Kembang à Sosrowijayan).* ☎ *53-07-688. Tlj 8h-23h.* L'un des plus vieux restos de la ville : il était déjà dans le *Routard* en 1973 ! Vaste salle aux

boiseries un peu passées, rafraîchie par de gros ventilos. Carte-fleuve de plats européens et indonésiens à tous les prix, y compris bon marché pour les spécialités indonésiennes. Lieu de rendez-vous et, autre intérêt non négligeable, on peut être servi assez tard en saison, une rareté dans le quartier !

Bladok Losmen Restaurant (plan I, A1, **12**) : voir « Où dormir ? ». Ouv jusqu'à 22h30. Un élégant petit resto en terrasse donnant sur la rue, tenu par un couple germano-indonésien. Cuisine variée : canard, steaks, pizzas... Adresse de qualité qui se paie.

Dapur Manado (plan d'ensemble, **223**) : 22 jl. Melati Kulon, Baciro. ☎ 51-55-39. Un resto un peu excentré à côté de la fabrique de cigares. Pour une petite faim après la visite de la fabrique, ou si vous aimez la cuisine de Manado, très épicée (il suffit de demander les épices à part, goûter un tout petit peu, puis doser). Facile à trouver : un petit moulin à l'entrée. Sur les murs d'une vieille maison de style colonial néerlandais restaurée, charmante et design, des peintures et assiettes représentent des paysages hollandais. Cuisine de Sulawesi, Manado en particulier, avec du poisson pour tous les goûts (ou du poulet, bien sûr). La sauce *rica* est très bonne, et la *dabu-dabu* vous remettra... debout. Choix de gâteaux sucrés ou non (original chausson *panada* au poisson). Bons jus de fruits frais, et un petit menu du jour à 18 000 Rps. La carte est seulement en indonésien (mais avec des photos), le personnel parle peu l'anglais, mais tout est bon, surprenant et raffiné... pour un petit prix (attention, taxes et service de 10 % en sus).

Dans le quartier de Prawirotaman

Prix moyens (de 45 000 à 80 000 Rps, soit env 3 à 5,40 €)

ViaVia (plan II, D3, **84**) : 30 jl. Prawirotaman I. ☎ 38-65-57. • viaviajogja.com • Sur 2 niveaux, petit resto-salon de thé-galerie au cadre moderne chaleureux, véritable lieu de rendez-vous pour voyageurs. Tous les jours, outre une carte fixe, 3 plats indonésiens différents. Également sandwichs, salades, plats de tous horizons (Europe, Afrique, Moyen-Orient, Asie) et *rijsttafel* (sur commande), et, régulièrement, soirée barbecue à volonté (un peu cher : à partir de 115 000 Rps ; ne pas arriver trop tard sous peine de voir le « à volonté » se transformer en « peau de chagrin »). Finir par un thé gingembre miel, un régal ! On peut y consulter des cahiers remplis de tuyaux pour routards. Le resto fait aussi poste restante, et la très dynamique propriétaire propose des excursions intéressantes et originales, des cours de cuisine, de batik, de yoga, de massage, etc. Bref, une adresse que nous aimons beaucoup.

Chic (de 80 000 à 150 000 Rps, soit env 5,40 à 10 €)

Kedai Kebun (plan d'ensemble, **222**) : 3 jl. Tirtodipuran. ☎ 37-61-14. Dans une rue qui part de jl. Parangtritis, pratiquement face à jl. Prawirotaman I. À côté de la résidence d'été du sultan. Tlj sauf mar 11h-23h. C'est assez loin dans la rue, mais ça vaut la petite marche de 5 mn ! Le service est assuré dans une petite cour ou au 1er étage, en balcon surplombant la rue (malheureusement un peu bruyante). En attendant d'être servi, on peut consulter quelques revues, acheter des CD de musique traditionnelle, admirer des œuvres modernes dans la galerie du rez-de-chaussée, pendant que les enfants visionneront des DVD sur un écran géant. Cuisine délicieuse, servie avec une grande gentillesse. Plats indonésiens, chinois, italiens et végétariens (tofu et *tempe*). Sélection de cafés.

Au nord de la ville

Le nord de la ville est en pleine expansion, avec l'apparition de plusieurs restos et lieux à la mode. On vous a déniché 2 adresses, assez chics et chères, mais proposant un cadre inhabituel. Un peu loin du centre, donc à découvrir en taxi (attention aux embouteillages de fin de journée).

Plus chic (plus de 150 000 Rps, soit env 10 €)

Gadjah Wong *(Garden Restaurant)* **:** *jl. Affandi 79D. ☎ 58-82-94. Au nord-est de la ville, sur la route de l'aéroport, pas évident à trouver. Ouv le soir seulement.* Un lieu assez récent, réparti dans un jardin sur plusieurs places. Orchestre de gamelans. Tables avec dessus de marbre et bougie. Dommage qu'il y ait le bruit de la route... On y sert des plats javanais, indiens et italiens. Spécialités de canard *nasi kunning (95 000 Rps)* et de poulet fumé *nasi goreng (65 000 Rps),* les autres plats sont à des prix 4 fois plus chers que les autres restaurants. Cela dit, on vient surtout pour le cadre et l'atmosphère. À noter, le rosé de Bali, servi au verre *(59 000 Rps).*

Joglo Mlati : *170 jl. Kebon Agung, Mlati,* ***Sleman.*** *☎ 86-67-00. En pleine campagne, après le terminal de Jombor. Ouv 8h-20h.* Très belle maison en bois sur pilotis, au milieu des rizières. Cadre vraiment très agréable, loin de l'agitation de la ville. Personnel en costume traditionnel. On y sert une cuisine javanaise à l'ancienne, très parfumée et d'une grande finesse. Des formules de buffet le soir en fonction du nombre de personnes, et des plats *(55 000 Rps-175 000 Rps, avec spectacle de danse compris).* Le rendez-vous préféré des agences pour les groupes, les hommes d'affaires et les touristes fortunés.

JAVA

Où boire un verre ?

Vous vous apercevrez vite par vous-même que tous les restos qu'on a indiqués sont souvent des lieux parfaits pour boire un verre, du moins en journée ou en début de soirée. La plupart ont adopté la pratique des *happy hours* (réduction d'au moins 20 %), en général de 14h à 18h ou 19h. On vous conseille néanmoins quelques endroits plus spécifiques pour la journée ou pour le soir.

Jogja Village Inn *(plan d'ensemble,* ***200****)* **:** *voir « Où dormir ? ».* Hôtel très plaisant, idéal pour boire un verre en fin d'après-midi, autour de la piscine. On peut aussi y lire le *Jakarta Post* tout en sirotant un cocktail...

Made *(plan II, C3,* ***91****)* **:** *64B jl. Parangtritis. 📱 081-328-345-500. Entre Prawirotaman I et II. Ouv jusque vers 2h.* Bar bondé le soir, parfait pour les rencontres. Hélas, bruyant et pollué sur cette jalan Parangtritis très passante.

Banana Café *(plan II, C3,* ***91****)* **:** *64 jl. Parangtritis. Entre Prawirotaman I et II. Ouv 19h-2h.* À quelques mètres du *Made,* ambiance plus jeune et nettement francophile. Aux murs, photos de Doisneau, de la construction de la tour Eiffel et des îles parisiennes, et même un Manneken-Pis dans un coin.

Où danser ?

Le temps d'une danse ou d'un karaoké, les boîtes naissent et disparaissent. L'alcool coule à flots (à prix élevés), les chanteurs de karaoké se déchaînent, et les concerts se succèdent. La rue à la mode, *jalang Magelang,* compte des lieux « top tendance » et très prisés par la jeunesse de Yogya : ***Terrace, Liquid, Boshe*** (à suivre car ça bouge rapidement). Attention, ils sont excentrés et les distances sont longues (jusqu'à 7 km du centre pour *Boshe*). Vous pouvez aussi tenter le ***Republic Club & Lounge*** de l'*Inna Garuda Hotel,* sur Malioboro, mais il y a des soirs avec et des soirs sans.

Achats

Yogyakarta est le meilleur endroit de Java pour les achats. Les grands maîtres du batik indonésien travaillent à Yogya. Évidemment, ils sont chers. On vous en indique quand même, ne serait-ce que pour le plaisir des yeux... Les ateliers situés dans le quartier du *Kraton* sont nombreux, mais on vous proposera d'en visiter un peu partout ! À éviter car les guides et autres rabatteurs sont rémunérés par les vendeurs. Vous trouverez également la possibilité de suivre des cours de fabrication de batik, notamment dans les hôtels et restos des quartiers routards. Franchement, ce n'est pas d'un grand intérêt, d'autant plus que les artisans essaient de plus en plus de se plier aux (mauvais) goûts occidentaux : dauphins très kitsch, décors de science-fiction, affiches de films américains et autres horreurs.

Petit avertissement

La vente de batiks aux touristes est devenue un véritable sport local. Les rabatteurs sont très forts ! Ils vous abordent dans la rue, tout naturellement, très gentiment, et vous donnent des conseils très avisés... Mais, comme dit un vieil adage : « Les conseilleurs ne sont pas les payeurs ». Fortement commissionnés, les intermédiaires trouveront tous les arguments imaginables pour vous pousser à acheter, jusqu'à des histoires cousues... de fil blanc ! Des exemples ? Quelqu'un vous aborde dans la rue et, pour vous guider dans votre recherche, propose de vous emmener à « l'unique coopérative de batiks de Yogya », ou « l'école de batik du gouvernement »... alors que tous, absolument tous les ateliers sont privés ! Ou alors, quelqu'un vous conseille vivement de vous rendre à une exposition qui ferme ses portes aujourd'hui même... et qui, bien sûr, n'a rien à vendre. Arrivé sur place, vous vous apercevez vite qu'ici on prend les cartes de paiement et que les prix sont en dollars. Et puis on vous met gentiment la pression, car l'exposition ne rouvrira ses portes que dans 1 an... Bon, vous avez compris le système ? Le problème, c'est qu'il est devenu difficile d'acheter sans être accompagné. Alors, ayez beaucoup de tact pour faire comprendre à votre interlocuteur que ça ne vous intéresse pas, et essayez d'aller voir ailleurs par vous-même. Si, malgré tout, vous ne résistez pas au charme du jeune homme qui vous a pris en affection, et que vous voulez vraiment vous offrir le superbe batik qui est là sous vos yeux, alors négociez très fermement les prix annoncés ! Mais restez courtois : vous possédez infiniment plus de richesses qu'eux. Et puis, c'est toujours agréable de se faire plaisir, même si finalement, en rentrant, vous décidez de l'offrir à votre belle-mère !

Antiquités

Yogya Art Curio & Antique : *49 jl. Parangtritis (Prawirotaman).* On aime bien cette boutique pleine de bric-à-brac. En cherchant bien, il y a toujours moyen d'y dénicher une curiosité...

Casa Casinta : *25 jl. Tirtodipuran. Dans le même quartier que* Yogya Art Curio & Antique. C'est une très jolie maison où l'on vous offrira le thé si vous prenez le temps de la visiter. Bon signe : affichée en vitrine, la mention « Désolé, pas de commission » ! Il y a de belles pièces, des meubles, des masques anciens, jusqu'à des poteries d'Irian Jaya, et plein d'autres choses. Carlos et Sinta sont très sympa et savent de quoi ils parlent. Ça se paie un peu plus cher qu'ailleurs, forcément.

Batiks et *ikats*

Ardiyanto : *jl. Magelang, à env 10 km du centre sur la route de Borobudur.* ☎ *56-27-77.* Même renommée internationale. La visite vaut le déplacement, ne serait-ce que pour voir la très belle maison du « maître » et l'atelier de fabrication des batiks où les femmes travaillent encore à la main. Sachez qu'il faut plusieurs semaines pour confectionner de A à Z le meilleur batik ! Hillary Clinton, elle, n'a eu besoin que de quelques heures pour s'en offrir tout un tas il y a quelques années...

Apip's Batik : *37A jl. Pandega Marta, à* ***Pogung.*** *☎ 58-06-65. C'est au-dessus de l'université Gajah Mada, au nord de la ville.* Apip est spécialisé dans les batiks de Pekalongan (nord de Java), très colorés, en soie ou coton.

Hamzad Batik : *9 jl. Margo Mulyo ; entrée sur Malioboro, en face du marché Beringharjo.* Grande boutique vendant un peu de tout, avec un rez-de-chaussée essentiellement consacré aux articles en batik (et un endroit où une vieille dame en dessine un), mais aussi des savons (au miel, au riz, au lotus, etc.), des thés, infusions et cafés, des parfums et huiles de massage et, près de la caisse, du chocolat (de qualité moyenne) et plusieurs types de cigares de chez *Taru Martani.* À l'étage, grand bazar d'artisanat (parfois kitsch !) pour vos souvenirs ou cadeaux de Noël. Sacs en tout genre, marionnettes en bois, bols et plats, puzzles (certains sont très musulmans : comment faire votre prière ou vos ablutions...), petits bijoux, etc. Les prix sont fixes... mais souvent moins chers que dans les stands dehors dans la rue !

Jadin : *10-42 jl. Karangnongko. 085-629-495-20.* Boutique d'un vrai créateur d'*ikats,* mais aussi de vêtements, donc un peu cher.

Pour les batiks économiques, voir au ***marché Beringharjo,*** ce sont les moins chers et il y a du choix. Mais il faut savoir parler quelques mots d'indonésien... Marchander avec un papier et un stylo. Cartes de paiement acceptées. Pour le linge de maison et les chemises en batik, aller chez ***Keris,*** dans le bas de Malioboro, sur la gauche en suivant cette avenue dans le sens de la circulation. Choix considérable sur 2 étages. Les prix sont intéressants mais fixes. Le magasin ***Terangbulan,*** non loin de là, vend les mêmes produits.

Autres achats

– ***Bijoux en argent :*** à ***Kota Gede,*** faubourg de Yogya, à 3 km à l'est du centre. Bus n° 4 de jalan Malioboro. On peut aussi y aller en *becak* ; la route est jolie par endroits. Ce village d'artisans spécialisé dans le travail de l'argent était, il y a bien longtemps, la capitale du royaume de Mataram. Plusieurs boutiques sur la rue principale. Surtout des bagues, bracelets et chaînettes. Mais aussi, par exemple, des *becaks* miniatures, kitschissimes à mourir ! Marchandage possible mais limité ; de toute façon, les prix sont assez accessibles.

– ***Cuir :*** nombreuses boutiques, mais la qualité est inégale. Aller voir dans jalan Tirtodipuran, dans le quartier de Prawirotaman. Ce sera de toute façon l'occasion de visiter des galeries tout autour.

– ***Kriss :*** c'est aussi à Yogya que vous trouverez le plus facilement ces poignards javanais à la lame sculptée et ondulée. Les acheter derrière le marché Beringharjo. Les fourreaux doivent se composer d'un seul morceau de bois, et non de 2 parties collées. Assez difficile de faire baisser les prix.

– ***Librairie :*** *The Lucy Boomerang Bookshop* est une petite librairie dans le gang I de jalan Sosrowijayan. Outre des tas de guides et de publications, neufs ou d'occasion, on y trouve des petites idées de cadeaux couleur locale, comme des appeaux pour oiseaux et des tee-shirts à l'effigie d'un héros de bande dessinée bien connu chez nous mais « javanisé » ! Très chouette.

– ***Marionnettes :*** *wayang Kulit* et *wayang Golek.* Une seule chose à savoir : la peau de buffle est bien plus souple que la peau de vache. Vous pouvez aussi attendre d'aller à Bali où elles sont parfois moins chères. Les marionnettes du *wayang Klitik* (rarement joué) sont en bois peint mais elles sont plates. On en trouve, par exemple, chez *Gong,* petite boutique sympa au 56 jalan Tirtodipuran (Prawirotaman). Pas de commission ici.

– ***Musique :*** le meilleur choix de CD se trouve chez *Popeye,* jalan Mataram. Sinon aller au *Kota Mas,* dans le haut de Malioboro, et au *New Pomodoro Music Center (32 jl. Malioboro).* Prix vraiment très intéressants.

– ***Tampons en caoutchouc :*** dans Malioboro, de nombreux artisans peuvent réaliser en quelques heures des cachets originaux. Vous pouvez choisir un modèle sur leur catalogue et le faire personnaliser. Une idée de cadeau très originale et qui ne vous ruinera pas. Observer la minutie de ces graveurs est déjà une chose intéressante ; leur habileté est stupéfiante.

– ***Décorations et cadeaux :*** *Going Bananas (48 jl. Prawirotaman)* est une boutique proposant des objets de cuisine, bibelots, bougies, un peu chers mais qui feront de jolis cadeaux.

À voir

– ATTENTION : avant de pénétrer dans le quartier du *Kraton,* sachez que vous serez très souvent sollicité pour aller voir des ateliers de batiks, très nombreux ici. Lire à ce propos l'introduction de la rubrique « Achats » ci-avant.

Kraton ou keraton *(palais du Sultan ; plan III, F5-6)* **:** *une fois arrivé sur la pl. Alun Alun Utara, prendre jl. Rotowijayan sur la droite, puis continuer tt droit sur 150 m. Attention, ne pas confondre l'enceinte du village « royal » et le palais lui-même ; faire attention à ne pas se tromper d'entrée ! Accès tlj 8h-14h (12h ven) ; l'ap-m, le palais est à la disposition du sultan et de sa famille. Entrée : 15 000 Rps ; droit photo : 1 000 Rps. Short et tenue courte pour les dames interdits (loc ou achat de sarong pour couvrir votre nudité apparente). Visite possible avec un gardien parlant votre langue (pourboire selon votre générosité). De préférence, venir le mat pour les spectacles gratuits : ts les dim 11h-12h (sauf ramadan), on peut assister à des danses royales au son du grand gamelan ; lun-mar et jeu 10h-12h, répétition musicale de gamelan ; marionnettes* wayang Golek *mer 9h-12h et marionnettes* wayang Kulit *sam 9h-13h. Vérifier ces horaires, ça peut changer !*

Le *Kraton* est le nom donné au palais du sultan de Yogyakarta (le 10e de la dynastie). Considéré avec beaucoup de respect par le gouvernement et le peuple de l'Indonésie (lire « Un peu d'histoire » au début du chapitre sur Yogya), l'actuel sultan de Yogyakarta (Sri Sultan Hamengkubuwono X) est le gouverneur de Java-Centre, mais son prestige dépasse largement ce simple titre. Il incarne à lui seul l'histoire de Java (il est en pratique l'héritier des rois de Java) ainsi que l'évolution récente du pays. Marié, il n'a qu'une femme, contrairement à ses ancêtres qui les collectionnaient, et 5 enfants, des filles uniquement. Selon la coutume, l'héritier du trône doit être le fils du sultan. Or il n'en a pas. Donc, le futur souverain sera le jeune frère du sultan. Côté pratique, le sultan de Yogya est également un homme d'affaires avisé, d'où son immense fortune qu'il gère à l'américaine.

Autour du palais s'étend une sorte de village « royal » *(the Kraton area),* entouré d'une très longue enceinte qui le clôt comme un monde à part, séparé du reste de Yogya. On songe ici aux vieux palais impériaux – mais en beaucoup plus modeste ! – de Pékin, de Tokyo ou de Hué, cachés derrière les murs d'une cité interdite au commun des mortels... Là, entre la ville ordinaire et le palais du Sultan, dans ce dédale de maisonnettes et de jardinets, vivent près de 5 000 personnes. D'une façon directe ou indirecte, beaucoup de ces familles travaillent pour le palais comme gardes, guides, artisans, préposés à l'entretien, au ménage... On peut voir là les vestiges d'une organisation sociale remontant à la nuit des temps ! Y demeurent également de nombreux artisans indépendants que les visiteurs du palais peuvent avoir la chance de rencontrer, au fil de la balade. Ces habitants du village « intérieur » au *Kraton* sont payés par le sultan (s'ils travaillent au palais).

Visite

Construit en 1756, donc pas si ancien, le *Kraton* fut bâti en l'espace de 40 ans et s'organise en une succession de cours peuplées de pavillons. Attention, le *Kraton* peut vraiment décevoir certains visiteurs habitués aux palais chargés de trésors et de richesses. Ici, on ne montre qu'un cadre de vie somme toute assez sobre, qui n'a rien de grandiose.

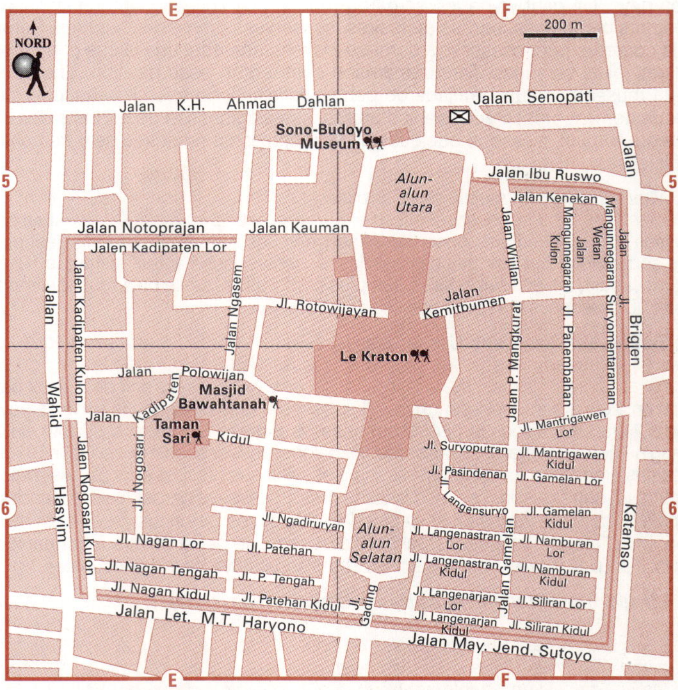

YOGYAKARTA – Le Kraton (Plan III)

Après l'entrée et la 1re cour (qui abrite les répétitions et concerts), une arche conduit à la plus vaste des cours, où se trouvent de longs pavillons *(pendopos).* Lors des cérémonies, c'est là que se tient l'orchestre du palais, composé d'une trentaine de personnes, toutes en costume traditionnel. Les femmes portent le sarong ; les hommes portent le *blangkon* (chapeau), le *surjan* (tunique) et une ceinture en tissu qui retient un superbe *kriss.* Assis à même le sol, face à un grand écran destiné aux spectacles de marionnettes, ils jouent de la musique, chantent ou récitent les mélopées interminables du répertoire national.
Sur le flanc gauche de cette cour principale, accès à une 1re courette et divers petits musées (malheureusement, toutes les explications sont uniquement en indonésien). Immédiatement sur votre gauche, 3 petites salles axées sur l'histoire et les techniques du batik, ainsi que son utilisation lors des cérémonies officielles. Nombreuses et belles pièces réalisées expressément pour la famille du sultan. En face (à droite de l'arche, donc), après 2 petites salles en face à face consacrées à l'argenterie et autre vaisselle du palais, un beau pavillon vitré marque le début du ***musée du Sultan IX.*** Père de l'actuel sultan, le sultan IX est mort en 1988. Son portrait figure sur les billets de 10 000 Rps. On y découvre un personnage cher au peuple indonésien. Nombreuses photos sur les différentes étapes de son existence. En 1945, le sultan IX décida de s'enfermer dans son palais en signe de protestation contre l'occupation japonaise de

son pays. On peut voir aussi sa garde-robe et une collection impressionnante d'objets personnels, parfois dérisoires, conservés comme des reliques. Retour à la courette, pour passer une dernière arche et atteindre une ultime petite cour et ses jolies vérandas, flanquée en son centre d'un beau pavillon. Encore un petit musée dans une enfilade de petites salles. Cette fois-ci, beaucoup plus modestement présentée, galerie d'arbres généalogiques et de portraits des différents sultans, ainsi que quelques photographies ou peintures de cérémonies officielles.

Museum Kareta (musée des Carrosses) **:** *à côté du Kraton. Perda Kota n° 26. Mêmes horaires d'ouverture. Entrée : 5 000 Rps ; droit photo : 1 000 Rps.* Les carrosses sont pieusement conservés en souvenir des sultans qui les utilisaient pour les sorties lors des grandes cérémonies. À signaler que l'actuel sultan, le 10e du nom, circule, lui, en Mercedes. C'est plus confortable que le palanquin qui mobilisait 30 personnes et n'avait pas l'air conditionné...

Taman Sari (ou Water Castle ; plan III, E6) **:** *l'accès est assez mal indiqué ; se faire guider à travers les ruelles. Tlj 9h-14h. Entrée : 15 000 Rps, mais le ticket donne accès aussi à la mosquée souterraine (Masjid Bawahtanah).* Il s'agit de 3 vieux bassins en plein air, entourés par un mur d'enceinte et dominés par une sorte de pavillon à 2 étages. Le lieu est plutôt bien restauré et assez surprenant. Surtout si l'on imagine que, naguère, le sultan venait s'y baigner en compagnie de sa Cour. Un des bassins était réservé à sa femme légitime et à ses enfants. Les concubines avaient droit à un autre bassin. Les membres de la Cour devaient garder leurs distances... Après le bain, le sultan prenait un peu de repos au rez-de-chaussée du petit pavillon. Du 2e étage de ce même pavillon, à travers une petite fenêtre à barreaux de bois, il pouvait suivre discrètement les ébats aquatiques de ses concubines.

JAVA

Masjid Bawahtanah (mosquée souterraine ; plan III, E6) **:** *à ne pas confondre avec la Masjid Soko Tunggal (à l'abandon actuellement) située à côté, nommée ainsi en raison de son unique pilier de soutènement (soko : « pilier », tunggal : « unique »). Entrée par l'ancien marché aux oiseaux (sur jl. Prolowijan), ou depuis le Taman Sari, via un 1er souterrain, et un petit chemin à droite de la Masjid Soko Tunggal. Entrée : billet commun avec celui du Water Castle.*

Pour y aller, mieux vaut être guidé par quelqu'un du quartier (pourboire). On traverse un dédale de ruelles, puis, après un bref passage souterrain, le chemin mène à l'entrée de la mosquée. Il s'agit en fait d'un bâtiment en pierre partiellement ruiné. Seule la partie basse de cette mosquée est souterraine, le haut formant une sorte de voûte circulaire de 2 étages, percée de petites ouvertures. Un endroit étrange à ne pas manquer.

Sono-Budoyo Museum (plan III, F5) **:** *en bas de Malioboro, pas loin du Kraton. Tlj sauf lun et j. fériés 8h-15h30 (14h ven). Entrée : 5 000 Rps. Droit photo : 3 000 Rps. Spectacles d'ombres, accompagnés de musiciens traditionnels, tlj sauf dim 20h-22h : env 25 000 Rps.* Un endroit plein de charme, où sont rassemblés des objets de qualité. Après une intéressante petite section historique, belles collections des produits de l'art local, en particulier des anciens gamelans, des poupées *wayang*, des marionnettes (qui vont par paires, masculine et féminine, bonne ou mauvaise), des masques en bois sculpté, aux expressions propres aux différents peuples évoqués. Portes, lits à baldaquin et armoires balinaises sublimes avec la symbolique des animaux, qui tous représentent un nombre (éléphant = 5, dragon ou oiseaux = 1, etc.) permettant de dater les meubles. Pratique ! Petit atelier de *wayang Kulit* à l'entrée, et boutique pour la vente des produits fabriqués devant vos yeux.

Paku Alaman : *jl. Sultan Agung. Mar et jeu 9h-12h. Entrée : 7 000 Rps.* L'autre *kraton* de Yogya. Actuelle demeure du prince Paku Alam VIII. Joli exemple d'architecture royale javanaise, sans cohorte de touristes. On ne peut y entendre le gamelan que pendant les cérémonies du prince.

Museum Affandi *(hors plan d'ensemble, vers l'aéroport)* **:** *167 jl. Laksda Adisucipto. ☎ 56-25-93. • affandi.org • À 6 km du centre. Y aller en taxi. Tlj sauf j. fériés 9h-16h. Entrée : 100 000 Rps, qui inclut une boisson soft et un petit cadeau. Droit caméra : 30 000 Rps.* Attention, lieu particulier ! Affandi (1907-1990) était un peintre et un sculpteur un peu excentrique, connu dans le monde entier. En profiter pour visiter son musée à Bali. En attendant, on peut voir ici la cabane qu'il s'était construite dans un arbre, surplombant la rivière, et une piscine où il lui arrivait de se baigner tout habillé, ainsi que la roulotte destinée à sa femme, devant laquelle on peut boire un verre tranquillement en lisant la brochure du musée en anglais. C'est également Affandi qui a conçu et réalisé (sans architecte !) le bâtiment en béton qui abrite ses œuvres, avec son toit en forme de feuille de bananier...
On y trouve ses peintures contemporaines, ainsi que la fameuse *colt* Mitsubishi jaune, redessinée par ses soins, et qu'il a refusé de vendre au constructeur du même nom, alors bigrement intéressé par ce design très personnel ! Dans l'autre bâtiment, on peut voir les œuvres d'autres artistes et celles de sa fille, Kartika. Affandi est enterré avec sa femme entre les 2 galeries afin, selon son désir, de « pouvoir continuer à voir ses œuvres »... Visite sympa et originale. Petit bar, le *Café Loteng,* situé entre la roulotte et la chambre d'Affandi, et en contrebas, le restaurant *Pronto Premium Steak & Pasta* qui offre des plats asiatiques et de bons plats internationaux. Mojito sans alcool bien sûr. Adresse à ne pas manquer.
Pour les nostalgiques, après la visite, tout à côté, un centre commercial *Carrefour,* avec une pâtisserie self-service qui mérite une halte.

Jalan Malioboro *(plan I, B1-2)* **:** le spectacle, surtout le soir, est permanent. Cette large avenue à sens unique (depuis la gare vers le *Kraton*), sorte de Champs-Élysées locaux, est très animée. Innombrables vendeurs sur le côté droit en descendant de la gare. Couleur locale et une sacrée ambiance ! Bien sûr, extrêmement bruyant avec toutes ces motos, moyen de transport favori des habitants. Les *becaks* et autres 2-roues ont droit à leur couloir, sur la droite.

Le marché Beringharjo *(plan d'ensemble)* **:** *sur la gauche en bas de Malioboro. Ferme vers 21h.* Gigantesque marché couvert, très animé. Prendre garde aux pickpockets et aux faux guides. Même les alentours du marché valent le détour. Malheureusement, certains commerçants ont pris possession du nouveau bâtiment voisin, ultramoderne et mieux adapté. Avec ce transfert dans un grand cube de béton, le marché a perdu beaucoup de son âme. Il reste quand même de nombreuses échoppes de vêtements, où l'on peut réaliser des affaires.

La fabrique de cigares Taru Martani *(plan d'ensemble)* **:** *jl. Kompol B. Suprapto. ☎ 54-69-27. Contrôle de police à l'entrée. Lun-ven 9h-11h. Entrée : 20 000 Rps (il est préférable de réserver pour la visite).* Depuis sa fondation par un Néerlandais, en 1918, cette fabrique de cigares joue un rôle important dans l'économie de Yogya et de sa province. Son nom lui fut donné par le père de l'actuel sultan et signifie « feuille de vie ». L'entreprise exporte vers l'Europe, l'Australie, les États-Unis et le reste de l'Asie. La visite est très intéressante et fait découvrir les différentes étapes de la fabrication, depuis la préparation des feuilles de tabac à l'expédition, en passant par le roulage, le séchage, l'emballage... Boutique un peu défraîchie sur la droite : vente de boîtes de cigares au détail, à très petits prix.

Le zoo : *à Gembira Loka, jl. Kebun Raya 2, à 4 km du centre-ville. ☎ 37-38-61. • gembiralokazoo.com • Prendre le bus nº 4 devant l'office de tourisme. Tlj 7h30-17h30. Entrée : 30 000 Rps.* Les conditions dans lesquelles vivent les animaux sont assez déplorables. Seul intérêt (!), les 5 malheureux varans de Komodo, s'ils ne font pas la sieste sous les buissons.

Le marché aux oiseaux *(Pasar Ngasem ; hors plan d'ensemble)* **:** *11 jl. Polowijan, Patehan, à deux pas du Palais royal. GRATUIT.* Ce marché, situé auparavant dans les ruelles autour du *Kraton* dans des petites échoppes, s'est éloigné de la ville et est devenu nettement moins intéressant. Dans cet espace aéré on trouve toutes sortes de volatiles en cages (oiseaux, hiboux, mais aussi des poules, des canards) ainsi que des cochons d'Inde, des souris, des aquariums remplis de poissons. En face, de l'autre côté de la rue, une sorte de jardin botanique un peu désordonné, sans explications – Pasty Tanaman. À voir si vous n'avez rien d'autre à faire.

Spectacles

Yogya est le centre culturel de Java, véritable conservatoire des traditions. Les spectacles y sont de qualité. Sa réputation avait même dépassé les frontières puisque Yogya avait produit au Festival d'Avignon un épisode du *Rāmāyana,* le *Langen Mandra Wanara,* créé à la fin du XIXe s par un Premier ministre du sultan. Ce spectacle de théâtre chanté et dansé était interprété par des acteurs qui évoluaient pendant des heures à genoux !
On donne plus loin les meilleures manifestations, ainsi que leur fréquence. L'office de tourisme diffuse un dépliant et fournit tous les renseignements complémentaires, les horaires pouvant être modifiés ainsi que les lieux. Il vaut mieux le consulter avant d'aller les yeux fermés à un spectacle (ce qui est de toute façon rarement une bonne idée !).

Spectacles de *rāmāyana*

– **Le Rāmāyana de Prambanan :** *résas à l'office de tourisme ou au ☎ 49-64-08 ou 49-77-71. Mai-oct, le spectacle a lieu tlj 19h30-21h30, dans un théâtre construit en plein air ; nov-avr (saison des pluies), le théâtre est couvert et accueille des spectacles 2-3 fois/sem. Ils n'ont pas lieu pdt le ramadan et ils sont plus intéressants les soirs de pleine lune. Rens à l'office de tourisme et dans les agences. Places assises aux 1ers rangs : 400 000 Rps ; derrière et de face : 300 000 Rps (inclut une boisson) ; classe I : 200 000 Rps ; côté droit, côté gauche : 125 000 Rps. Le tarif le plus cher comprenant soda, petit souvenir, snack. Supplément appareil photo (5 000 Rps) ou caméscope (50 000 Rps). Possible d'y aller en bus locaux ou pour env 50 000 Rps A/R en réservant auprès de l'office de tourisme, ou d'une agence.* C'est le plus beau, mais le plus touristique. En toile de fond de ce spectacle, les temples hindous. Danses traditionnelles et chorégraphie moderne. Vous aurez le choix entre une version résumée ou entre des « épisodes » tirés de la célèbre épopée. On vous conseille plutôt d'aller voir le 2e épisode, plus cohérent (encore faut-il y comprendre quelque chose !) et surtout plus spectaculaire : plus de danseurs, feu déclenché sur la scène, etc. Spectacle haut en couleur, à ne pas rater.
– **Théâtre Purawisata :** *jl. Brigjen Katamso. ☎ 37-57-05. • amazingramayanaballet.com • Dîner en plein air, au Gazebo Garden ou au restaurant 19h-20h. Spectacle tlj 20h-22h.* Les conducteurs de *becaks* vous proposeront souvent de vous y conduire. Mais il est cher (beau buffet inclus) et surtout conçu pour les groupes des agences de voyages.

Autres spectacles

– **Sono-Budoyo Museum :** *en bas de Malioboro, près du Kraton. Représentations tlj 20h-22h. Entrée : 20 000 Rps. En arrivant vers 19h30, petit concert de gamelan avt.* C'est le meilleur endroit pour voir un spectacle de *wayang Kulit* (théâtre d'ombres).
– **Sasana Hinggil :** *sur l'Alun Alun Selatan.* Spectacle de *wayang Kulit* également, un samedi sur 2 de 21h à... 5h30 ! On peut partir avant, bien sûr.
– **Kraton :** *spectacles gratuits ts les mat ; dim (sauf ramadan), répétitions de danses royales au son du grand gamelan ; lun-mar et jeu, répétition musicale de*

gamelan ; mer 9h-12h, marionnettes wayang Golek*; sam 9h-13h, marionnettes* wayang Kulit. Vérifier ces horaires, ça peut changer !
– Certains restos de Prawirotaman organisent des ***dîners-spectacles*** qui n'ont pas la prétention de rivaliser avec ceux donnés par des troupes professionnelles.
– Pas mal de cinémas passent des ***films en version anglaise.*** Pour les films en français, aller à l'Institut français d'Indonésie (LIP).

DANS LES ENVIRONS DE YOGYAKARTA

Pour les excursions autour de Yogya, grand choix de tours organisés par tous les *losmen* et les agences de voyages, ainsi que par l'office de tourisme. Les prix sont raisonnables, mais le chauffeur trouvera presque toujours le moyen de vous arrêter à un moment ou à un autre devant une fabrique de batiks ou un magasin de souvenirs. Pour des excursions un peu sportives et les ascensions de volcans, on vous a déniché une agence de pros, dirigée par un Français.

Il n'est pas pensable de séjourner à Yogya sans aller à ***Borobudur*** et à ***Prambanan*** (lire plus loin les chapitres qui leur sont consacrés), 2 excursions très facilement réalisables avec les moyens de transport locaux. À plusieurs, la meilleure solution consiste à partager les frais de location d'une voiture *(compter en moyenne 450 000-600 000 Rps pour voir les 2 d'un coup, en 8h de temps)* ou d'un minibus avec chauffeur, voire d'un simple taxi en s'entendant bien sur le montant de la course et l'attente sur place. Décider d'un prix à l'heure est plus simple. Mais la solution la plus pratique et la plus économique consiste à acheter dans un *losmen* ou à l'office de tourisme un billet combiné un ou plusieurs jours à l'avance *(transport + visite de Borobudur et Prambanan à partir de 100 000 Rps/pers pour le transport).* Enfin, vous pouvez aussi y aller par vous-même, en bus. Dans ce cas, lire la rubrique « Quitter Yogyakarta ». Enfin, sachez qu'il existe un billet couplé des 2 sites bien plus avantageux.

Le village de potiers et de tailleurs de pierre de Kasongan : *à 7 km de Yogya. Prendre un bus pour Bantul et demander à descendre à l'intersection de la route pour Kasongan. Ensuite, il faut marcher.* Sculptures en pierre et poteries incrustées de coquillages sont exposées dans ce village. Ici, c'est une activité complètement traditionnelle et très réputée. De là, quitter le Sud pour prolonger la balade dans les environs verdoyants de Yogya, notamment à *Nitiprayan,* à 2 km au nord. Beaucoup d'artistes s'y sont installés. Il est préférable de faire ces 3 dernières visites en voiture ou en taxi.

Imogiri Cemetery *(carte La région de Yogyakarta)* ***:*** *à 20 km au sud de Yogya. Beaucoup de bus spéciaux depuis le terminal de Giwangan. Sinon, prendre un bus Jatayu n° 1 de jl. Veteran en direction de Parangtritis, mais c'est plus long. Lun 10h-13h, ven 14h-16h, dim 10h-13h. Fermé pdt les 30 j. du ramadan et les fêtes islamiques. Bien vérifier les heures et les j. d'ouverture pour éviter de se casser le nez à l'entrée de ce lieu excentré. Droit d'entrée dans le sanctuaire : 2 000 + 1 000 Rps (pour grimper les marches). Droit photo : 1 000 Rps.* L'un des plus importants lieux de pèlerinage du centre de Java. Ce mausolée royal, perché en haut d'une colline, fut construit par le sultan Agung en 1645. C'est là que repose le 1er sultan de Java, à qui l'on attribue toujours des pouvoirs magiques. Il abrite aussi les 7 tombes de tous ses successeurs. Pour pénétrer dans le sanctuaire, il faut revêtir le costume traditionnel porté dans les *kraton* *(on le loue sur place : 10 000 Rps).* La chapelle ardente où repose le sultan Agung est la plus impressionnante (grimpette de 345 marches). De là, par temps clair, vue superbe sur le volcan Merapi.
– Ensuite, on peut aller voir les villages de *Pucung-Trilodji, Giriloyo, Paguyuban,* où une communauté de femmes est spécialisée dans le batik traditionnel, à

2,5 km d'Imogiri. Démonstration du travail à la cire, dégustation d'une boisson au gingembre et plantes aromatiques, sans pression pour acheter, tout en sourire.

QUITTER YOGYAKARTA

En train

Les horaires exacts des trains et des bus sont affichés dans certains *losmen,* qui se chargent aussi des réservations. Attention, les horaires peuvent changer. ***Il est conseillé de réserver et d'acheter ses tickets de train entre 1 jour et 1 semaine avant, selon la période et la destination.*** Il peut arriver qu'il n'y ait plus, pendant plusieurs jours, de places disponibles. Ne pas acheter à des revendeurs car le nom inscrit sur le billet doit être le même que la pièce d'identité que vous allez présenter pour l'accès au train.

À la gare, ce n'est pas parce qu'on est en début de queue dès 8h devant un guichet qui n'ouvrira qu'à 10h qu'on obtiendra des billets pour Jakarta. Reste bien sûr la 3e classe pour les amateurs de voyages éveillés et de sudation intense.

➢ ***Vers Jakarta :*** compter 9-12h de trajet (selon la classe du train, donc son prix). Assez pratique, le train *Bima* part vers 22h et arrive vers 5h30. Sièges inclinables en 1re classe. Réserver dès la veille au guichet nº 4. N'hésitez pas à faire jouer le fait que vous devez être dans la capitale pour prendre un avion. Resto à bord. Sinon, 7h-20h30, 10 trains se succèdent à intervalles réguliers. Cela étant, comparez avec le prix de l'avion...

➢ ***Vers Surabaya :*** 5 trains/j., dont 1 départ la nuit, la plupart en *eksekutif.* Compter en moyenne 4h30 de trajet.

➢ ***Vers Solo :*** 10 trains/j. 5h30-20h30. Durée : 1h10. Attention, les omnibus (qui passent à la gare de Tugu et coûtent 8 000 Rps, soit 6 fois moins cher que l'*ekonomi*) mettent 1h40...

➢ ***Vers Bandung :*** 7 trains/j., dont 3 de nuit. Compter env 7h de trajet.

➢ ***Vers Malang :*** 6 trains/j., 0h05-20h45. Durée : 7h30.

➢ ***Vers Banyuwangi :*** 1 train à 6h45. Durée : 14h.

➢ ***Vers Probolinggo :*** 2 trains, à 6h45 (qui va jusqu'à Banyuwangi) et à 9h via Surabaya. Durée : 6h.

En bus

Terminal des bus Giwangan *(hors plan d'ensemble)* **:** *pour y aller, depuis la jl. Malioboro, prendre le bus nº 4 ; depuis la jl. Parangtritis (à proximité de Prawirotaman), prendre le bus nº 2.*

➢ ***Yogyakarta-Borobudur :*** se placer sur jl. Jojoynegaran et prendre le bus nº 5 pour le terminal Jombor. Ticket : 3 500 Rps. De là, prendre le bus (pas de clim, vétuste) pour Borobudur (25 000 Rps). Nombreux départs 6h-17h. Durée : env 1h30. Voir la rubrique « Arriver – Quitter » de Borobudur.

➢ ***Correspondances avec Prambanan :*** 5 bus/j., bus direct, neuf et climatisé, le *Trans Yogya 1A,* depuis Malioboro pour 16 000 Rps. Arrêts surélevés dans la rue. Sinon, si vous partez de Sosro, allez au terminal des bus de Terban et prenez un minibus direct. Il y en a ttes les 15 mn 5h-18h. Si vous partez de Prawirotaman, allez à Giwangan et prenez un bus pour Solo. Demandez qu'on vous arrête à Prambanan. Il y en a ttes les 10 mn 5h-19h. Durée du trajet : env 30 mn. Sinon, vous pouvez aussi prendre un tour organisé avec l'office de tourisme.

➢ ***Pour le volcan Bromo :*** à vrai dire, c'est un peu compliqué si on ne prend pas le train direct *(ekonomi)* Yogyakarta-Probolingo. Il met certes un peu plus de 10h, mais on arrive en fin d'ap-m, et on récupère un bus qui monte à Cemoro Lawang pour y passer la nuit (ou Ngadisari ou Tosari, voir « Arriver – Quitter » dans le chapitre sur le Bromo). Si vous prenez l'avion il faut prendre à l'aéroport le *Damri* pour le terminal sud de Surbaya, voisin, et y avoir un bus pour Probolingo (env 4h de trajet). Bref, si les finances sont au beau fixe, n'hésitez pas à passer par l'agence *Azimuth* (voir plus haut « Adresses utiles ») ou à louer une voiture à Yogya ou Surabaya.

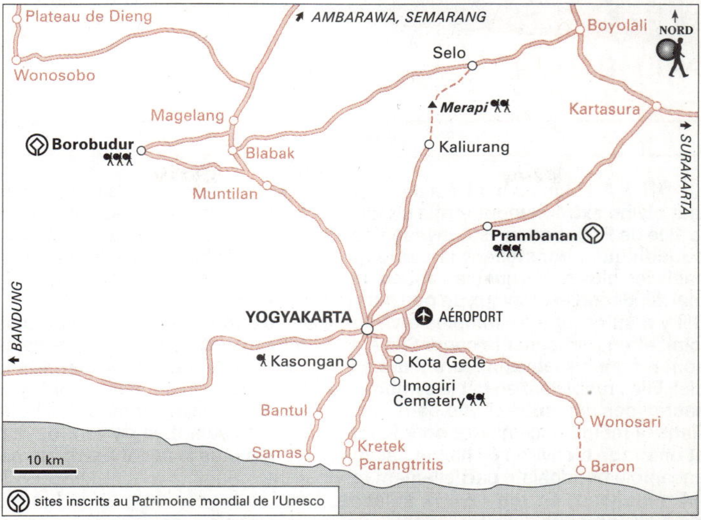

LA RÉGION DE YOGYAKARTA

➢ ***Solo :*** départ ttes les 10 mn du terminal des bus Giwangan. Compter 1h30 de trajet.

➢ ***Bandung :*** 2 départs/j. de Giwangan, à 17h et 19h ; arrivées respectives à 4h et 5h du mat en *Jetliner* avec clim.

➢ ***Denpasar** (Bali)* **:** plusieurs compagnies de bus semblent s'être donné le mot pour renouveler leur matériel. La clim fonctionne, la télé (!) aussi, et les toilettes annoncées font bien partie du voyage. Compter 16h de trajet. Les billets doivent être pris de préférence la veille pour être sûr d'avoir de la place. Certains *losmen* s'occupent de la réservation et le bus passera même vous prendre à domicile (pas partout non plus...). Toutes les compagnies pratiquent des tarifs à peu près identiques.

En avion

✈ ***L'aéroport*** se trouve à 9 km de Yogya. Prendre un taxi pour s'y rendre.

➢ ***Vers Jakarta :*** plus de 10 vols/j.

➢ ***Vers Denpasar** (Bali)* **:** 8-9 vols directs/j. avec *Garuda, Nam Air, Air Asia, Lion Air.*

➢ ***Vers Surabaya :*** 7 départs/j. avec *Garuda, Wings Air, Sriwijaya.*

➢ ***Vers Mataram** (Lombok)* **:** 1 vol/j. avec *Lion Air.*

➢ ***Vers Makassar** (Sulawesi)* **:** 3 vols/j. au moins.

Distances au départ de Yogyakarta

- Aéroport de Yogya : 9 km.
- Imogiri : 20 km.
- Kaliurang : 25 km.
- Bandung : 423 km.
- Prambanan : 17 km.
- Borobudur : 42 km.
- Surakarta (Solo) : 64 km.
- Kota Gede : 5 km.
- Plateau de Dieng : 137 km.
- Cilacap : 219 km.
- Cirebon : 311 km.
- Surabaya : 349 km.
- Malang : 350 km.
- Semarang : 120 km.
- Jakarta : 603 km.
- Bali : 692 km.

JAVA

PRAMBANAN

IND. TÉL. : 0274

• Plan *p. 343*

À 17 km au nord-est de Yogyakarta sur la route de Surakarta (Solo), une plaine extrêmement fertile s'étend au pied du volcan Merapi. Autour de la ville de Prambanan, une myriade de temples hindous et quelques temples bouddhiques constellent la campagne. La plupart sont encore en ruine, seuls les plus remarquables ont été restaurés, et le tremblement de terre de mai 2006 rend les travaux un peu plus longs encore...
S'il y a un groupe de temples à visiter, c'est le *candi Prambanan* (voir plus loin), et en particulier le *candi Shiva,* le plus imposant de tous. Ces temples sont reconnaissables à leurs tours en forme d'épi de maïs dressées vers le ciel. Elles rappellent en fait la symbolique silhouette du mont Meru, montagne sacrée des croyants, située dans la chaîne de l'Himalaya, au nord de l'Inde. Dans la même enceinte (et pour le même prix), au sein d'un parc verdoyant et ombragé d'environ 60 ha, ne pas manquer non plus le *candi Sewu,* un bel ensemble bouddhiste partiellement reconstruit.
À Prambanan, on retrouve la splendeur et l'étrangeté du monde hindou avec ses grandes divinités – Shiva, Vishnu et Brahma –, sa cohorte de sous-divinités et ses ribambelles joyeuses et féroces de personnages mythiques de l'épopée du *Rāmāyana.* Il s'agit là du plus grand centre religieux hindou en Indonésie.

UN PEU D'HISTOIRE

À l'origine, près de 273 temples se dressaient ainsi dans la plaine, formant un fer de lance spirituel destiné à rivaliser avec la dynastie Sailendra, celle qui a donné les bâtisseurs de Borobudur... Hindouisme contre bouddhisme, telle était la composition du bras de fer politico-religieux à Java au IXe s. L'islam n'était pas encore arrivé jusque-là. Les 2 religions conquérantes, venues de l'Inde par la mer, fixèrent leur base autour de Yogya, où la terre était fertile et l'eau abondante. Ayant assis leur puissance et construit leurs « forteresses » sacrées, elles s'affrontèrent pour avoir la mainmise sur l'île de Java et, au-delà, sur le reste de l'archipel indonésien. Vishnu renversa le Bouddha. L'hindouisme vainqueur, Java fut « hindouisée ». Mais l'arrivée de l'islam au XVe s et son expansion foudroyante mirent très vite un terme à la prépondérance de l'hindouisme à Java. Ce ne fut pas le cas à Bali.
Ceux qui connaissent déjà l'Inde ou les temples d'Angkor au Cambodge retrouveront ici les croyances et les légendes de la religion hindoue, finement sculptées sur des pierres basaltiques issues des entrailles de la Terre. C'est l'occasion de découvrir un ensemble archéologique unique, qui rapporte chaque année des millions de *rupiahs.* Il aura fallu des décennies de labeur patient et des sommes considérables pour mener à bien les travaux de restauration. Commencé dans les années 1950, sous le règne de Sukarno, le chantier continue encore aujourd'hui. Étape par étape ! Certains visiteurs trouvent que tout ça manque d'authenticité. Mais ne vaut-il pas mieux admirer des temples reconstitués, comme ils se présentaient sans doute à l'origine, que des ruines à terre, sous forme d'amoncellements de cailloux ? Aujourd'hui, même si la plupart des temples reconstruits ne portent pas la vraie patine du temps et des siècles, ils parviennent à ressusciter à merveille les dieux de la Sagesse venus de l'Inde. En outre, ils rappellent la contribution essentielle de l'hindouisme à l'histoire de l'Indonésie. Petit clin d'œil étymologique : le mot « Inde » a accouché du mot « Indonésie ». Ce n'est pas par hasard !

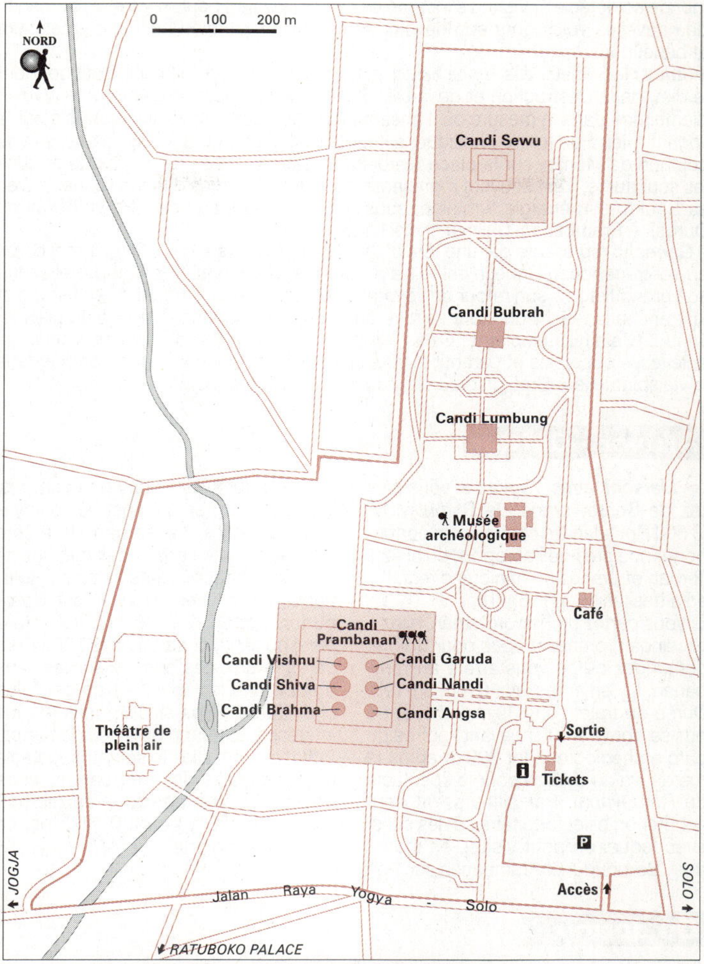

PRAMBANAN

LES DIEUX DE PRAMBANAN

– ***Brahma :*** dieu créateur de l'univers, au 1er rang de la Trinité (Trimûrti) hindoue. Souvent représenté avec 4 têtes et 4 bras.
– ***Vishnu :*** dieu solaire, surnommé « l'Agissant » dans le Rig-Veda, c'est l'une des principales divinités de l'hindouisme. Dans la sagesse orientale, « il incarne le conservateur aux côtés de Brahma, le créateur, et de Shiva, le destructeur. Gardien du Dharma, il chevauche l'oiseau Garuda et accourt chaque fois que le

monde se dérègle ». Vishnu s'incarne en *avatâra* (avatar) pour montrer à l'humanité de nouvelles voies pour son développement. Bref, un dieu hautement salutaire et bénéfique.

– ***Shiva :*** le 3e dieu de la Trinité hindoue. Surnommé le Bon, le Gentil, il est pourtant le dieu de la Destruction et de la Dissolution. Mais il peut aussi être une divinité bienfaitrice dans la mesure où il anéantit Avidya, l'Ignorance. Son symbole est le *lingam,* pierre de forme phallique, symbole de fertilité, dont s'inspire d'ailleurs la colonne de Monas, sur la place Merdeka à Jakarta. Dans l'iconographie et dans les sculptures, il est souvent représenté dans des situations d'union sexuelle avec sa Shakti, son énergie féminine, sous différentes apparences (Pârvati, Kâli ou Durgâ). À Prambanan, Shiva a choisi l'abstinence.

– ***Ganesh :*** représenté par une tête d'éléphant et 4 bras sur un petit (ou gros) corps au ventre rebondi. Ganesh est le fils de Shiva et de Pârvati. N'ayant pas reconnu son grand fiston à son retour de voyage, Shiva le prit pour l'amant de sa femme et lui trancha la tête ! Bon, pour se faire pardonner, il lui donna le visage du premier venu... C'était un éléphant ! Cela n'empêcha pas Ganesh de devenir « celui qui enlève les obstacles et garantit le succès dans l'existence terrestre comme dans la vie spirituelle ». Bref, un dieu sage, bienveillant et magnanime.

Arriver – Quitter

➢ ***Liaisons avec Yogya :*** si vous partez de Sosro, prenez le *Damri* n° 1A (3 500 Rps) dans le centre, avec correspondance près de l'aéroport, ou allez à Terban et prenez un minibus direct. Il y en a ttes les 15 mn ; 5h-18h.

Si vous partez de Prawirotaman, allez à Giwangan, prenez un bus pour Solo et demandez qu'on vous arrête à Prambanan. Il y en a ttes les 10 mn, 5h-19h. Durée du trajet : env 30 mn. L'arrêt de bus se trouve à 500 m avant l'entrée du parc archéologique (et 300 m après la rue qui va au théâtre pour le spectacle du *Rāmāyana*). Par ailleurs, on peut acheter un billet forfaitaire sur les sites, avec lequel on peut visiter, en individuel, Borobudur et Prambanan sur 1 ou 2 jours. Pour avoir le transport compris, il faut passer par une agence de voyages, visiter les 2 sites dans la même journée et circuler dans des minibus de 6 à 10 passagers. Dans ce cas, 2 solutions : avec lever du soleil sur Borobudur, départ à 3h45 (150 000 Rps/pers) ou sans, départ à 5h (90 000 Rps/pers), le prix des entrées sur les lieux n'étant pas inclus. C'est un peu plus cher (50 000 Rps sinon), mais la plus intéressante quand on a peu de temps. Enfin, si vous allez le soir au spectacle du *Rāmāyana* de Prambanan, vous pouvez réserver un taxi retour au guichet du théâtre, pour 50 000 Rps, ce qui est un bon prix.

Où dormir ?

Ceux qui ont du temps peuvent passer une nuit sur place dans l'un des quelques hôtels à proximité du site. Ou, plus luxueux :

🏠 ***Poeri Devata Resort Hotel :*** ☎ *49-64-35 ou 49-64-53.* • *info@poeridevata.id* • *poeridevata.id* • *Résa obligatoire. Chambres 600 000-750 000 Rps.* À 5 mn à pied des ballets du *Rāmāyana,* chambres confortables avec vue sur le temple (les plus chères) ou sur le jardin. Resto international chic, piscine. Location de vélos.

Où manger ?

|●| De nombreux petits restaurants ouverts le midi à l'entrée du parc, qui proposent de la cuisine indonésienne, le meilleur et le moins cher étant ***Masakan Padang Ny Muharti,*** situé entre les hôtels *Sari* et *Jaya Kusuma.* Bonnes

spécialités et *nasi goreng* à prix doux *(18 000-35 000 Rps).* Pour ceux qui restent au spectacle, buffet copieux, varié et à volonté *(75 000 Rps)* à partir de 18h, au restaurant en plein air et très agréable.

Le site

Horaires et infos utiles

Prambanan, jl. Raya Yogja Solo, km 16. Infos sur • borobudurpark.com • Site ouv tlj 6h-17h (derniers tickets 30 mn avt). Y aller le plus tôt possible dans la journée afin d'éviter les cohortes de « touristes ». Entrée : 362 000 Rps (25 US$) ; réduc enfants et étudiants avec carte. Billet couplé possible avec Borobudur pour 630 000 Rps (env 42 US$). Les tarifs peuvent varier en fonction du taux de change du dollar US. Supplément pour les caméras et appareils photo. Parking payant. À l'entrée : boisson de bienvenue, eau, café ou thé.

Attention, si vous voulez voir le lever du soleil à Borobudur (ticket spécial à l'hôtel *Manoara*), il ne faut pas prendre un billet combiné. Dans ce cas, vu le prix de la visite du site seul, et la possibilité d'en voir pas mal de l'extérieur (et de voir d'autres petits temples à proximité), les routards petit budget préféreront peut-être investir dans le spectacle du *Rāmāyana*...

Pour 100 000 Rps et 1 à 4 personnes (groupez-vous), des guides officiels proposent à l'entrée une visite guidée de 1h qui permet de mieux comprendre ces monuments. Certains guides parlent un peu le français. Ne pas confondre avec les faux guides, qui peuvent être parfois très sympathiques, mais ne savent pas grand-chose.

Danses du *Rāmāyana* tous les jours de mai à octobre, 2-3 fois par semaine le reste de l'année (mardi, jeudi et samedi, mais vérifier avant sur le site internet, cela peut changer selon les années). De mai à octobre, y aller si possible les jours de pleine lune : un spectacle superbe et plein de mystère, et un orchestre d'une quarantaine de musiciens rythme les danses, au son d'un gigantesque gamelan. De novembre à avril, réserver impérativement, car les groupes scolaires réservent toutes les places à 125 000 Rps, et vous en aurez, sinon, pour 200 000 Rps. La troupe est moins nombreuse, mais la scène est au milieu des spectateurs, les acteurs parfois à moins de 1 mètre, et un script affiché en anglais permet de très bien comprendre les péripéties.

Enfin, si le style de danse est indéniablement issu de l'Inde, il emprunte aussi pour certaines phases des combats au genre du kung-fu. De même, les maquillages (impressionnants) des acteurs, typiquement indonésiens, semblent au confluent d'influences indiennes et chinoises. Le danseur jouant Rāma est particulièrement célèbre, et les principaux interprètes sont de haut niveau (pas facile, entre autres, de danser comme Hanuman, le roi des singes, à croupetons). Bref, un très beau spectacle de qualité, sans doute le meilleur d'Indonésie, qui plaira aussi aux enfants de plus de 8-10 ans.

Les billets s'achètent à l'office de tourisme de Yogya ou dans une agence (qui peut aussi fournir le transport), ou ils se réservent au ☎ *024-864-623-45* ainsi que sur le site • *borobudurpark.com* •

À voir

Candi Prambanan : c'est le principal groupe de temples de la plaine de Prambanan. À la suite du tremblement de terre de 2006, certains temples, en restauration, ne se visitent pas (c'était encore le cas dernièrement de celui de Shiva). Entouré d'une sorte de grand parc verdoyant que l'on traverse à pied (ou à vélo), ce groupe, construit entre 900 et 930 apr. J.-C., se compose de 6 temples

JAVA

réunissant l'essentiel des divinités de l'hindouisme. Sur une même ligne : le *candi Shiva* (le plus important) entouré à droite et à gauche du *candi Vishnu* et du *candi Brahma.* En face d'eux, on trouve 3 autres temples plus petits, consacrés aux montures des dieux : le *candi Nandi* (en face du *candi Shiva*), le *candi Garuda* (en face du *candi Vishnu*) et le *candi Angsa* (cygne ; en face du *candi Brahma*).

– ***Candi Shiva** (en restauration)* **:** également connu sous le nom de *Rorojongrang.* Détruit par un tremblement de terre au XVIe s, reconstruit par les Néerlandais, ce temple repose sur une balustrade accessible par 4 escaliers et ornée d'une série de bas-reliefs relatant l'épopée du *Rāmāyana.* À l'intérieur de la chapelle principale (sombre, se munir d'une lampe de poche) se dresse une imposante statue de Shiva. Haute de 3 m, elle représente un homme debout, en méditation. La base de la statue a la forme d'un lotus sacré. Noter le 3e œil (la conscience divine) sur son front et les 4 bras. À l'étage supérieur, une belle statue de Ganesh, vénérée par les fidèles. Caresser sa trompe apporte la connaissance et son ventre la richesse ! Quant aux pieds, ils donnent la force de poursuivre son voyage. Les routards les toucheront en 1er.:.

– ***Candi Brahma :*** au sud du *candi Shiva.* Plus petit, il abrite une belle statue (restaurée) de Brahma en homme à 4 têtes. Les bas-reliefs racontent la guerre de Rāma et de Laçmana contre Rāvana. Les lions et l'arbre de vie symbolisent l'équilibre entre la puissance et la connaissance. Quant aux femmes-oiseaux, elles représentent des anges du paradis. Au pied du temple, sur la façade de droite, on trouve des singes sculptés. Celui du fond se trouve dans une curieuse posture érotique...

– ***Candi Vishnu :*** l'autre temple flanquant le *candi Shiva.* Abrite une statue de Vishnu en homme à 4 bras portant une massue *(gada),* le *chakra* (arme sacrée) et un bourgeon de lotus sacré.

– ***Candi Nandi :*** dans la rangée en face des 3 temples précédents. La chambre abrite une statue du taureau Nandi, la monture de Shiva.

– ***Candi Angsa :*** en face du *candi Brahma.* Consacré à un cygne sacré *(angsa)* qui fut l'une des montures de Brahma. Pas de statue, la niche est vide !

– ***Candi Garuda :*** en face du *candi Vishnu.* Petit temple consacré à Garuda, aigle sacré et monture que chevauche Vishnu. Ce drôle d'oiseau est souvent représenté avec un visage humain terminé par un bec, 2 ailes et 2 ergots. À l'intérieur, une statue de Shiva.

Pour les paresseux, après la visite du *candi Prambanan,* et pour aller jusqu'au *candi Sewu,* possibilité de louer une voiturette *(20 000 Rps/pers pour 30 mn),* de prendre un petit train touristique *(5 000 Rps/pers)* ou, pour les sportifs, de louer une bicyclette ou un tandem *(10 000-20 000 Rps).*

Les autres temples : un itinéraire bien fléché à travers l'agréable parc de 60 ha longe le *candi Lumbung* (dont la restauration est en panne par manque de fonds : arrêt pas impératif), puis le *candi Bubrah* (restauré) avant d'arriver au ***candi Sewu,*** à environ 1 km au nord de l'entrée du site. Nettement plus intéressant que les 2 précédents, il fait partie d'un ensemble de 250 temples qui vient d'être restauré et que l'on visite souvent seul. Ce complexe bouddhiste, construit de 780 à 810, en 3 étapes, mesure 185 m de long sur 165 m, et comprend 240 stûpas tous semblables, pour la plupart partiellement en ruine. Il est organisé comme un mandala centré autour d'un temple principal qui, lui, est bien debout (mais toutes ses niches sont vides).

Le Musée archéologique et le centre audiovisuel : *en redescendant depuis le candi Sewu vers la sortie du site.* La visite de ce petit musée en plein air (instruments de musique) est intéressante et gratuite. Tout à côté une boutique, *Farma Herbal,* vend des sachets d'herbes médicinales pour vous guérir de tous vos maux. Au centre audiovisuel, en revanche, la projection du film de 25 mn pour vous éclairer sur le site de Prambanan est payante *(5 000 Rps).* En face, un bar-restaurant mignon tout plein, à prix doux, bien agréable pour un rafraîchissement.

Aux alentours, mais pas non plus sur le site, il y a aussi le *candi Plaosan,* 2 temples debout et, tout autour, de multiples pierres prêtes à être rassemblées, comme un puzzle géant. Impressionnant.
À 20 mn de route du site de Prambanan, ne manquez pas le *temple Sambi Sari,* construction carrée très harmonieuse, et ceux qui l'entourent. Enfin, le *palais du Ratu Boko,* lui, est situé sur une colline d'où l'on a une très belle vue sur le *grand temple de Prambanan* et la région environnante. Valable surtout pour le coup d'œil, car il ne reste que des ruines.
Ces monuments sont facilement accessibles à pied, mais pas toujours évidents à trouver. Des transports (pas très bon marché) sont proposés au temple. Pour info, il existe aussi un forfait Prambanan + Ratu Boko, avec une navette en bus incluse (dernier départ de Prambanan vers 15h).

BOROBUDUR

IND. TÉL. : 0293

• Carte *p. 348-349* • Description des temples *p. 350-351*

Le plus grand monument bouddhique du monde est construit à une cinquantaine de kilomètres de l'océan Indien, non loin du volcan Merapi (d'où provient la terre volcanique très fertile), à la croisée de 2 vallées arrosées par les rivières Progo et Elo. Cette confluence de cours d'eau n'est pas sans rappeler la confluence sacrée du Gange et du Yamuna, 2 fleuves sacrés de l'Inde. Les bâtisseurs de Borobudur n'ont pas choisi le site à la légère. Leurs yeux regardaient les étoiles, mais ils gardaient la tête sur les épaules. Fertile, bien arrosée, facile d'accès tout en étant protégée, la région de Borobudur est un merveilleux écrin (pour une fois, le mot n'est pas trop fort) de rizières et de palmiers.
L'origine du nom de Borobudur ? Plusieurs hypothèses. La plus probable serait le mot *Bharabhudara,* qui signifie « montagne des vertus des 10 sages du bodhisattva ».
Ses dimensions ? C'est un fabuleux monument, de proportions parfaites, mesurant 123 m de côté et 34,50 m de hauteur. Une curieuse pyramide basse, composée de 9 étages différents. Le temple est construit avec près de 1 600 000 blocs de pierre volcanique. On a compté 5 km de bas-reliefs, dont 1,5 km orné de près de 500 statues représentant le Bouddha (mais il n'en reste que 300) ! Pas besoin de vous dire qu'il est donc formellement interdit de s'allonger benoîtement sur les pierres de ce monument du Patrimoine mondial de l'humanité, comme le font certains ! Même si Borobudur, il est vrai, invite à une profonde méditation.

UN IMMENSE « MANDALA DE PIERRE »

Sa construction

Elle a duré 75 ans. Les bâtisseurs appartenaient à une puissante dynastie – les Sailendra – qui régnait alors sur Java. C'est ce que l'on appelle un grand chantier historique, entre la fin du VIIIe s de l'ère chrétienne et le milieu du IXe s. Quand Borobudur a été construit, aucune cathédrale ne se dressait encore sur la terre de France ! Les Khmers n'avaient pas entamé la construction de la ville d'Angkor et l'Empire maya était déjà sur le déclin en Amérique centrale.
La pierre utilisée est de l'andésite, une pierre volcanique facile à sculpter mais fragile. Aucun mortier n'a été utilisé par les maçons de l'époque pour maintenir les

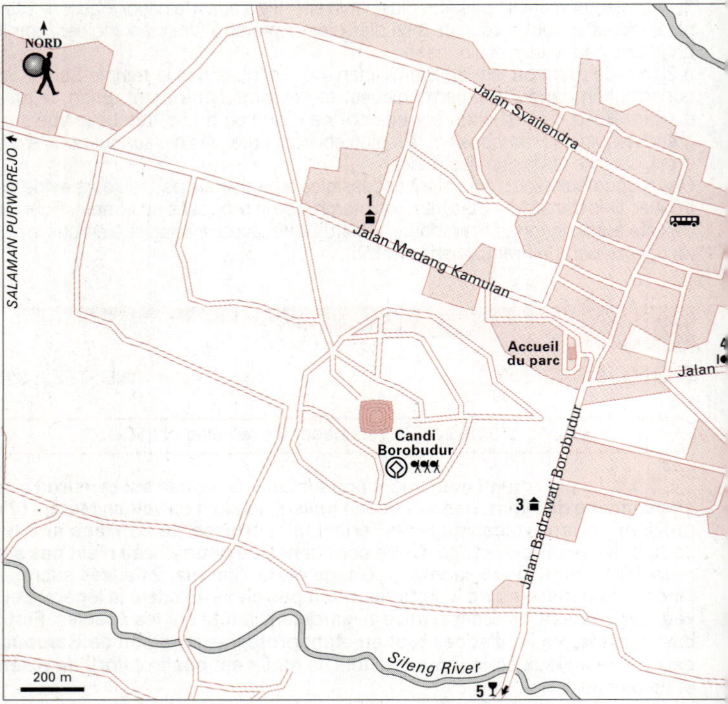

Où dormir ?
1 Lotus 1
2 Pondok Tingal Hotel
3 Manohara Hotel

blocs de pierre entre eux... Dans la région, les pluies sont diluviennes (1 800 mm, soit 1,80 m d'eau par an). Pour s'en protéger, les bâtisseurs imaginèrent un ingénieux système d'écoulement des eaux, qui s'est dégradé au fil des siècles, provoquant des infiltrations au cœur du monument. Petit à petit, les pierres ont été disjointes puis déstabilisées.

Dégradation et renaissance

À cause des guerres et des menaces du volcan, Borobudur fut abandonné peu de temps après sa construction au IXe s, à une époque où, semble-t-il, les activités religieuses de l'île furent transférées plus à l'est. Après son abandon, Borobudur fut livré aux tremblements de terre, aux moussons et à l'invasion végétale. Ce n'est qu'au début du XVIIIe s que les colonisateurs, ayant entendu parler de l'édifice, envoyèrent des spécialistes sur les lieux. Borobudur connaissait alors de graves problèmes d'affaissement, le tout reposant sur des roches volcaniques extrêmement poreuses qui retiennent l'eau. Soumis depuis 11 siècles au régime de

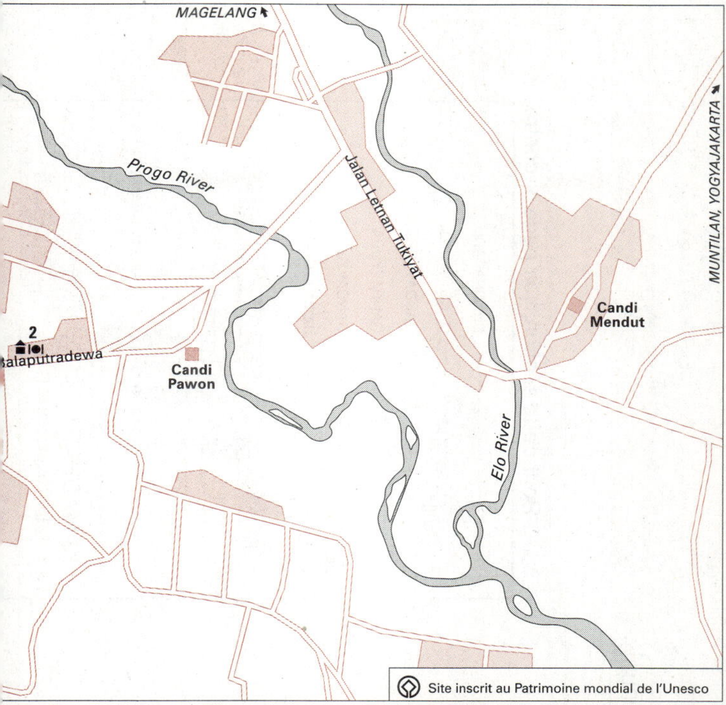

BOROBUDUR

Où manger ?	Où boire un verre avec vue sur Borobudur ?
4 Nirwana Borobudur Restoran	**5** Hotel Amanjiwo

la mousson et en raison de son poids énorme, Borobudur perdait toute solidité. L'ensemble de l'édifice s'enfonçait de 80 cm. En 1814, Sir Raffles, le fondateur de Singapour, demanda à un dénommé Cornelis de commencer des travaux. Mais il fallut attendre 1907 pour qu'un vrai programme d'envergure soit entamé sous la direction du Néerlandais Theo Van Erp.

En 1955, avec l'aide de 27 pays, l'Unesco, maître d'œuvre de cette gigantesque restauration, utilisa les méthodes les plus modernes de l'architecture, sous la direction d'un restaurateur français. Chaque pierre fut démontée dans un ordre précis, enregistré sur ordinateur. Puis des drains furent creusés et une dalle de béton coulée dans le soubassement de chacune des terrasses. Les travaux s'achevèrent en 1983. C'est donc un Borobudur tout neuf qui s'offre désormais à vous, même si, en 1985, des extrémistes musulmans ont stupidement fait exploser 9 stûpas.

Pour compléter la visite du temple, se rendre au petit *musée* du centre d'info, qui retrace l'histoire de cette restauration hors du commun et fournit des explications sur les bas-reliefs.

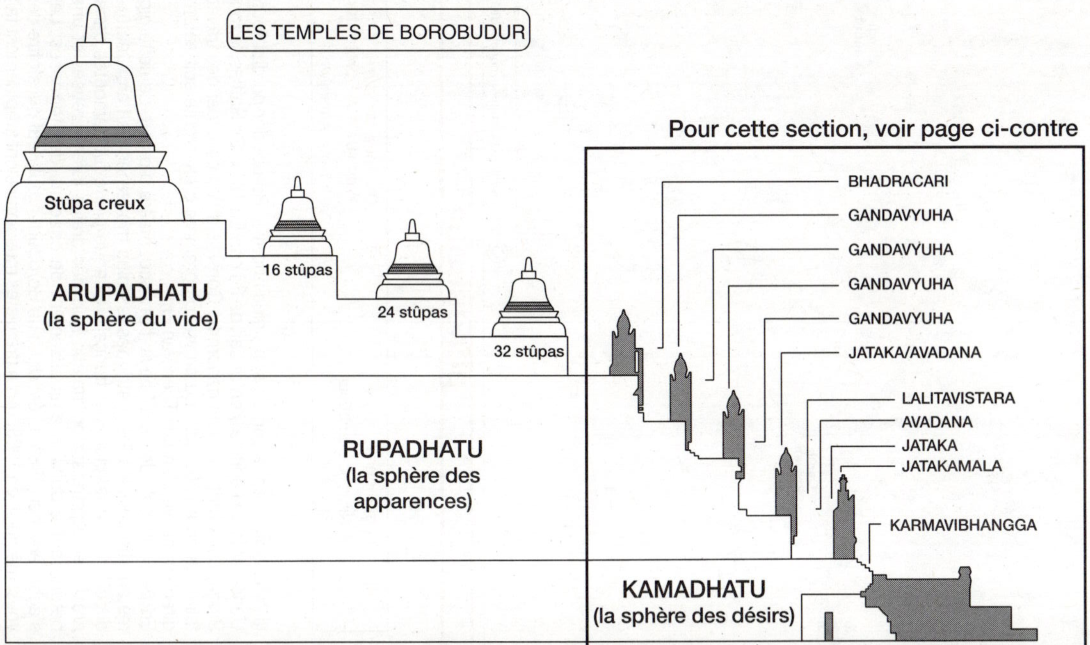
LES TEMPLES DE BOROBUDUR
Stûpa creux
16 stûpas
24 stûpas
32 stûpas
ARUPADHATU
(la sphère du vide)
RUPADHATU
(la sphère des apparences)
KAMADHATU
(la sphère des désirs)
Pour cette section, voir page ci-contre
BHADRACARI
GANDAVYUHA
GANDAVYUHA
GANDAVYUHA
GANDAVYUHA
JATAKA/AVADANA
LALITAVISTARA
AVADANA
JATAKA
JATAKAMALA
KARMAVIBHANGGA

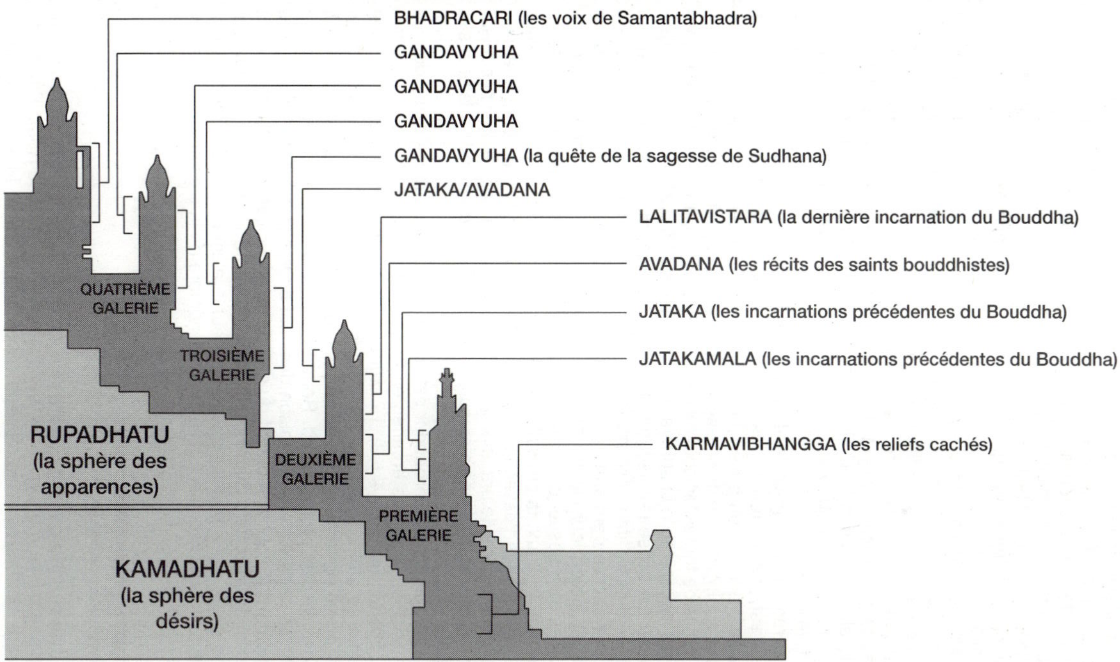
BHADRACARI (les voix de Samantabhadra)
GANDAVYUHA
GANDAVYUHA
GANDAVYUHA
GANDAVYUHA (la quête de la sagesse de Sudhana)
JATAKA/AVADANA
LALITAVISTARA (la dernière incarnation du Bouddha)
AVADANA (les récits des saints bouddhistes)
JATAKA (les incarnations précédentes du Bouddha)
JATAKAMALA (les incarnations précédentes du Bouddha)
KARMAVIBHANGGA (les reliefs cachés)
QUATRIÈME GALERIE
TROISIÈME GALERIE
DEUXIÈME GALERIE
PREMIÈRE GALERIE
RUPADHATU (la sphère des apparences)
KAMADHATU (la sphère des désirs)

Son symbolisme spirituel et cosmique

Borobudur n'est, à vrai dire, ni un temple ni un sanctuaire. Personne n'a encore découvert la signification exacte de cet incroyable monument. De nombreux experts comparent Borobudur à un « mandala de pierre », c'est-à-dire un monument sacré destiné à favoriser l'ascension spirituelle du croyant. Des archéologues pensent qu'il s'agissait d'une université, les scènes des bas-reliefs servant à enseigner la lecture et l'histoire du Bouddha. Borobudur est un édifice d'autant plus « stûpéfiant » (on a osé !) que le bouddhisme enseigne le caractère éphémère des choses...

Conçu sur une base carrée dans laquelle vient s'inscrire un cercle et orienté aux points cardinaux, Borobudur symbolise la terre et le ciel, ainsi que le rapport de l'individu au cosmos. Il offre une ascension physique et spirituelle d'abord labyrinthique, puis un accès de plus en plus facile, une fois que l'être gravit les terrasses et que, spirituellement, il se débarrasse de ses obstacles personnels. Jusqu'à l'élévation ultime, l'Éveil, symbolisé par le stûpa central tout en haut. C'est bien à un parcours à la fois physique et spirituel que vous invite cette architecture unique.

Selon la tradition bouddhique, il faut commencer la visite du monument par l'escalier est, puis parcourir les terrasses dans le sens des aiguilles d'une montre. La base est composée d'un empilement de 6 terrasses carrées abondamment sculptées : cela représente la sphère des Désirs *(Kamadhatu),* qui sont la cause de toutes les souffrances humaines. Puis, au-dessus, 3 terrasses circulaires représentent la sphère des Apparences *(Rupadhatu).* Enfin, le dernier niveau est censé représenter la sphère du Vide, du Rien, du *nirvāna.* Au sommet se dresse l'immense stûpa creux, réplique symbolique du mont Meru (montagne sacrée commune aux bouddhistes et aux hindous, située dans l'Himalaya). Borobudur illustre donc les 10 degrés de transmutation humaine nécessaires pour passer de la réalité au *nirvāna* (l'Éveil spirituel). En gravissant les différents niveaux, le croyant franchit, une à une, ces 10 étapes cruciales de son voyage vers l'essentiel. Il s'agit, encore une fois, d'un périple autant physique que mental (le *pradaksina*), une déambulation sacrée destinée à élever spirituellement le pèlerin à mesure qu'il se détache du monde des désirs et des apparences.

L'autre symbolique de Borobudur est numérologique et amuse beaucoup les mathématiciens et autres architectes francs-maçons : on y dénombre 9 terrasses, 504 statues (5 + 4 = 9), 72 stûpas (7 + 2 = 9), 108 niches (1 + 8 = 9) de chaque côté (4 x 108 = 432 ; 4 + 3 + 2 = 9), etc. En observant le plan du site, on tombe sur le nombre 9 à chaque fois. Aucun hasard là-dedans. Selon le *Dictionnaire des symboles* (éd. Robert Laffont) : « Neuf est un des nombres des sphères célestes. C'est la raison des neuf degrés du trône impérial chinois et des neuf portes qui le séparent du monde extérieur, car le microcosme est à l'image du ciel. Aux neuf Cieux s'opposent les neuf Sources, qui sont le séjour des morts. Les cieux bouddhiques sont neuf également. [...] Le ciel chinois a neuf plaines et 9 999 coins. [...] Neuf est le nombre de la plénitude : neuf est le nombre du yang. »

Arriver – Quitter

➢ ***En provenance de Yogyakarta :*** 42 km d'une bonne route qui traverse un paysage de rizières et de champs prospères. Pour y aller, prendre le *Damri* n° 5 sur jl. Jojoynegaran (ou à la gare de Tugu, ou ailleurs, avec correspondance gratuite), pour le terminal Jombor. De là, prendre le bus pour Borobudur (20 000 Rps). Sinon, on peut s'arrêter au Mendut Temple et prendre un *becak,* ou marcher. Trajet : env 1h30. Billets à acheter dans le bus. Arrivé sur le site du temple, il faut marcher une vingtaine de minutes jusqu'au temple lui-même. On vous fera croire que c'est très loin pour vous obliger à prendre une carriole. Droit d'entrée : 25 US$/pers. Mais, si vous voulez voir le lever du soleil, entre 5h et 9h, le billet se prend à l'hôtel *Manoara,* pour 450 000 Rps. C'est plus cher mais le lever du soleil peut être exceptionnel, surtout en saison sèche (mai-oct). Et comme l'hôtel fait un tarif réduit (275 000 Rps) si vous y passez la nuit, eh bien, à 2, cela revient à une ristourne intéressante de 350 000 Rps sur la chambre, pour un séjour de haute qualité. Bref, faites vos calculs, selon votre budget !

Enfin, le lever du soleil est aussi très beau depuis le Punthuk Setumbu (30 000 Rps, avec visite de l'église Bukit Rhema, 30 000 Rps) ; voir plus loin.

– *Billet forfaitaire :* une autre solution, pour une visite en individuel, consiste à acheter sur le 1er site visité un billet permettant de visiter en 1 journée ou 2 (40 US$ ou 600 000 Rps, valide 2 j.) les temples de Borobudur et de Prambanan. En fait, l'économie (env 90 000 Rps, soit env 6 €/pers) n'est pas très grande, mais permet aussi un gros gain de temps en transport vu tous les endroits visités. En prenant un peu plus de temps, pour circuler aux environs avec une agence, compter env 250 000 Rps/pers en minibus, entrée des sites en sus. Le billet inclut la visite d'un atelier de batik (sur la route), une escale au kiosque-belvédère de Kaliurang, au pied du volcan Merapi, et une étape aux ateliers d'orfèvrerie de Kota Gede (faubourg proche de Yogya). Les repas et les boissons sont à la charge du passager. Les transports se font dans des bus climatisés et confortables de 21 places. Il faut réserver au moins 24h à l'avance. Le bus passe vous chercher directement à votre *losmen* vers 5h ou 6h. ***Sur place,*** un guide de l'agence, ayant embarqué dans le minibus, vous accompagne jusqu'à l'entrée du temple et donne les explications générales sur le monument mais n'assure pas la visite détaillée des sites. Bref, on est libre de visiter seul les temples, dans le temps qui est fixé (il est suffisant). Le retour à Yogya se fait vers 17h. Une solution plus chère que le bus public mais plus pratique pour ceux qui disposent d'un temps limité et qui souhaitent voir le maximum en une journée. Pour les vrais mordus de sculpture, allez-y toutefois en solo : la montée jusqu'au sommet du temple pourra vous prendre quelques heures, si vous vous arrêtez à toutes les fresques, ou sinon 2h, sans se presser, à partir de l'entrée du temple.

– Pour ceux qui choisissent d'y aller en voiture, n'hésitez pas à vous arrêter 5 mn, 3 km avant l'arrivée à Borobudur, au charmant petit *candi Mendut (tlj 7h-17h ; entrée : 7 000 Rps, comprenant l'entrée au candi Pawon, voir ci-dessous).* Ce templion réfugié sous les frondaisons d'un immense banian abrite 3 belles statues du Bouddha. Halte rafraîchissante. Puis courte halte au *candi Pawon,* petit temple isolé parmi les habitations du village, 1 km avant l'entrée du *candi Borobudur.*

JAVA

Où dormir ?

Certains routards n'hésitent pas à passer 1 nuit ou 2 sur place. Ça permet de profiter du paysage dès le lever du soleil, de se promener dans la campagne environnante (superbe) et, surtout, de visiter le temple avant l'arrivée en nombre des touristes. Les amateurs de rafting, de plus en plus nombreux dans le coin, y trouveront aussi un bon point de chute (et de chutes). Une dizaine d'hôtels dans le charmant village situé au pied du site.

De bon marché à prix moyens (de 150 000 à 500 000 Rps, soit env 10 à 33 €)

Lotus 1 (carte, **1**) : *2 jl. Medang Kamulan. ☎ 78-82-81. À 500 m du temple, dans la rue qui longe le site sur la droite. Petit déj, simple mais bon, inclus.* Une grande pension familiale, qui vieillit chaque année un peu plus, proposant une trentaine de chambres réparties sur 2 niveaux au confort sommaire (ventilo, douche parfois extérieure). Seulement 5 chambres avec clim et salle de bains. Les chambres d'en haut sont un peu mieux. 2 lits doubles, possibilité de loger à 2 couples. Accueil très prévenant. Le soir, on peut y goûter la bonne cuisine des grands-parents, à petit prix. Location de vélos *(20 000 Rps/j.).*

Pondok Tingal Hotel *(carte,* **2***) : 32 jl. Balaputradewa. Mageland Jawa. ☎ 78-81-45. • hotelpondoktingal@gmail.com • pondoktingal.com • À 15 mn du temple, à côté du* Borobudur Restoran. *Différentes catégories de prix.* *Resort* à la belle architecture de brique et de bambou. Étonnamment, les 55 chambres, chacune avec un petit salon et salle de bains privée, ne sont pas à la hauteur de la déco générale, un peu défraîchies et finalement assez tristounettes. Elles sont réparties autour d'un grand jardin. Pour les petits budgets, 2 dortoirs pour 12 personnes chacun.

Plus chic (plus de 1 000 000 Rps, soit env 67 €)

Manohara Hotel *(carte,* **3***) : Kompleks Taman Wisata, jl. Badrawati. ☎ 78-81-94. • sales@manoharaborobudur.com • manoharaborobudur.com •* Hôtel chic à la belle architecture récente, au pied du temple, dans un cadre vraiment agréable : jardins, fontaines, calme absolu. Chambres tout confort, avec moquette, clim et terrasse donnant sur le jardin. Les plus simples commencent à 850 000 Rps, et, avec l'entrée pour le lever du soleil, peuvent être une bonne opportunité. Pour les hôtes, le prix de la chambre comprend l'entrée gratuite au site de 6h à 17h. Pour le lever du soleil, prendre son entrée à la réception ; départ à 4h30. Prix : 350 000 Rps en plus de la chambre. Pour les non-résidents, le prix à payer est de 475 000 Rps. Le resto propose un buffet indonésien et européen.

Où manger ?

Nirwana Borobudur Restoran *(carte,* **4***) : 30 jl. Balaputradewa. ☎ 78-81-09. À 15 mn du temple à pied. Tlj 11h-15h. Venir tôt (avt 14h) pour éviter l'afflux touristique. Buffet 60 000 Rps.* Grande paillote bien ventilée. Beau et bon buffet à volonté proposant soupe, *satay,* légumes, viandes, fruits et gâteaux (entre autres). Goûter au *salak,* un fruit à peau de serpent, considéré comme l'équivalent du Viagra par les Javanais ! Bref, une halte idéale après la visite du site...

Où boire un verre avec vue sur Borobudur ?

Hotel Amanjiwo *(carte,* **5***) : ☎ 93-78-83-33. • aman.com • À 15 mn en voiture et 40 mn à pied (demander le chemin aux habitants du village).* Sur les hauteurs, bien gardé (il faut montrer patte blanche), cet hôtel jet-set pour hommes politiques et personnalités du show-biz possède une architecture et un emplacement à la hauteur du monument que vous êtes venu admirer. Construit sur la forme d'un demi-Borobudur, il est cependant totalement dépouillé, presque monastique par rapport au 1er ! Bien sûr, la comparaison architecturale s'arrête là. Mais les matériaux employés sont magnifiques, et on se régale en parcourant ce lieu saint du tourisme chic et international. Les chambres sont réparties dans les jardins en escaliers, et certaines possèdent leur propre piscine, 2 salles de bains (pour homme et femme !), une chaîne hi-fi, et même du matériel de peinture... Décoration d'un raffinement exquis, avec des orchidées partout. On ne vous donnera pas les prix des suites (on ne voudrait pas se fâcher !), mais on vous conseille d'aller voir ce panorama sur la vallée et sur Borobudur, au loin, littéralement au cœur d'un écrin... Vous pouvez boire un verre ici, ce qui vous coûtera évidemment bien plus cher qu'ailleurs (disons le prix d'une chambre bon marché à Yogya pour un soda !), ou prendre un plat complet, qui en fait se révélera moins cher que votre drink. Mais quel cadre ! Exceptionnel. C'est tout simplement le plus bel hôtel de Java. Tenue correcte de rigueur.

Le site

Horaires et infos utiles

Plus d'infos sur • borobudurpark.com •
Tlj 6h-17h (derniers tickets 30 mn avt). Entrée : 362 000 Rps ou 25 US$ (bouteille d'eau et café ou thé offerts à l'entrée) ; réduc étudiant et enfant. Billet combiné possible avec Prambanan (630 000 Rps ou env 42 US$, disponible qu'à Prambanan). Guides anglophones à l'entrée : env 100 000 Rps pour 1h30 (sur résa, guide francophone possible) ; n'hésitez pas à faire cet investissement pour profiter pleinement du site, un peu abscons sans explications. Parking payant.
Y aller le plus tôt possible le matin pour bénéficier de la plus belle lumière, profiter au maximum de tous les niveaux avant que le soleil ne soit au zénith (gare aux insolations) et aussi pour se sentir un peu plus seul sur le site, avant l'arrivée des meutes de touristes. On peut même arriver à 5h du mat (se renseigner à l'hôtel *Manohara,* voir « Où dormir ? »), mais prix en conséquence. Éviter le dimanche.
Quant au coucher du soleil, plutôt que de vous agglutiner avec tous les visiteurs au sommet, où en fait vous ne verrez qu'un coucher de soleil quelconque, préférez rester en bas, pour voir le changement de couleur des pierres, du gris au bel orangé.

JAVA

À voir

*** ***Les bas-reliefs :*** ceux de la balustrade du 1er niveau doivent être vus de gauche à droite, tandis que les bas-reliefs du mur principal sont faits pour être vus de droite à gauche. Ils racontent la vie du Bouddha, de sa naissance jusqu'au sermon de Bénarès, ainsi que ses vies précédentes. Au 2e niveau, 128 sculptures illustrant la vie de Sudhana à la recherche de la sagesse suprême. Au 4e niveau, on peut admirer 72 sculptures relatant le vœu fait par Sudhana de suivre et d'appliquer correctement les préceptes du bouddhisme.

*** ***Les terrasses circulaires :*** ornées respectivement de 32, 24 et 16 stûpas ajourés (en forme de cloche, mais symboles du mont Meru). Chaque stûpa est percé d'une série de petites ouvertures en forme de losange et abrite une statue du Bouddha dont la position des mains varie d'un stûpa à l'autre selon l'orientation. À l'est, le Bouddha a la main droite dirigée vers la terre *(Bhumisparcamudra),* ce qui signifie qu'il prend celle-ci comme témoin. Vers l'ouest, le Bouddha médite *(Dhyanamudra)* avec les mains jointes. Vers le sud, il est dans l'attitude de la charité *(Varamudra),* la main droite sur le genou. Enfin, tourné vers le nord, il est *Abhayamudra,* c'est-à-dire dans l'attitude de celui qui dissipe la peur.

*** ***Le stûpa du dernier niveau :*** offre une vue superbe sur un paysage plein de paix et de sérénité. Au loin, la silhouette du volcan Merapi (par temps clair uniquement).

*** ***Punthuk Setumbu :*** *à env 5 km, puis 15 mn de sentier grimpant. Depuis le centre de Borobudur, moto-taxi* (ojek), *qui vous attend pdt les 3h de visite :*

50 000 Rps (à marchander, et 75 000 Rps si vous êtes 2 sur la moto en plus du chauffeur !). On peut aussi ne pas s'y faire attendre et revenir à pied, dans un joli paysage de rizières. Entrée : 30 000 Rps. Ce point de vue est aménagé avec une grande plateforme d'où la vue panoramique est impressionnante, et de petites terrasses très, disons, indonésiennes et kitsch, pour des photos. Y être au plus tard à 5h30 (le mieux est de dormir dans l'un des 2 *homestays* et d'en partir avant 5h, ils sont juste après l'embranchement sur la route principale). Ensuite la brume se lève et selon les nuages et le passage de rayons de soleil, le paysage peut devenir fantomatique, le tout avec vue sur les 2 grands volcans voisins.

Bukit Rhema : *à env 400 m après la plateforme, en suivant un petit chemin qui monte puis descend (s'il a plu la nuit, ça glisse un peu...). Entrée : 30 000 Rps, comprend un petit plat* (cassava). Ce site a été « redécouvert » grâce à un film indonésien. Cette église n'a jamais été terminée et jamais consacrée. Elle a la forme d'un coq (ou d'une poule), et on peut visiter l'intérieur. Côté tête, intéressantes fresques sur la drogue, vue « à travers le bec » dans l'axe du temple de Borobudur, et vue plus panoramique depuis la crête-couronne. Côté queue, café sur 2 niveaux (le plus haut offre les plus belles vues), pour la (délicieuse) *cassava* (racine très nutritive) à laquelle on peut ajouter une boisson chaude *(env 10 000 Rps)* ou un plat *(même somme).* La construction en elle-même n'est pas un chef-d'œuvre architectural, mais le site pourrait avoir la palme de l'originalité !

LE VOLCAN MERAPI

Il existe plusieurs volcans Merapi en Indonésie, *merapi* signifiant « lieu du feu ». Celui-ci, situé à 29 km au nord de Yogya et haut de 2 985 m, est le plus violent de tous. C'est aussi le plus dangereux d'Indonésie. En activité permanente, il est en alerte rouge (maximum donc) depuis le 15 mai 2006, et 45 000 personnes vivant à proximité ont reçu l'ordre d'évacuer. Fin 2010, le volcan s'est à nouveau réveillé violemment, entraînant la mort de plus de 300 personnes et blessant des centaines d'autres. Cette recrudescence brutale d'activité inquiète, évidemment, les volcanologues qui craignent une éruption similaire à celle de 1930. Le dôme actuel mesure 350 m de haut et déborde du cratère qui ne cesse de gonfler sous l'action de la pression et de la chaleur. Ses éruptions se caractérisent par des nuées ardentes et des nuages de cendres brûlantes. En 2010, même l'aéroport de Yogyakarta a dû être fermé 15 jours en raison des particules ! Côté sud, d'énormes blocs incandescents dévalent le chenal creusé dans son flanc... En 2018, une éruption inattendue force les autorités à faire évacuer la zone dans un rayon de 5 km.
ATTENTION ! **Ces infos sont, bien sûr, à considérer par temps clair, lorsque le volcan est accessible. L'ascension, habituellement, peut s'effectuer par Selo (flanc nord) et par Kaliurang (flanc sud), mais elle ne peut se faire seul et requiert une solide condition physique. Les services d'un vrai guide ou d'une agence sont indispensables. Quoi qu'il en soit, il faut se renseigner auprès de l'office de tourisme ou dans une agence organisant ce type d'expéditions pour connaître la situation exacte lors de votre passage.**
Plusieurs solutions possibles : prendre un package dans l'une des nombreuses agences de Prawirotaman ou Sosrowijayan à Yogyakarta, passer par les services d'un guide *du Raitri Homestay* de Selo, ou par le guide du *Vogels Hostel* à Kaliurang.

CÔTÉ NORD : SELO

À Selo, on vient principalement pour l'ascension du Merapi. Pas de transports publics pour arriver (seulement voiture ou agence). En général, l'excursion commence à 1h du matin, pour arriver à 5h au sommet, pour le lever du soleil ; retour prévu vers 9-10h. Prévoir 300 000 Rps pour 3 personnes. Cette face est plus facile d'accès que celle de Kaliurang qui, elle, est en revanche plus agréable, dès le lever du jour, pour l'environnement : ruisseaux, végétation plus dense. Mais au départ de Kaliurang, vous ne pourrez atteindre le sommet qui est classé en partie zone dangereuse.
– *Droit d'entrée du parc :* 200 000 Rps par personne (plus cher les week-ends ou jours de fête).

Où dormir ? Où manger ?

Ratri Home Stay & Guide Service : *☎ (0276) 32-00-73. 081-329-287-266 ou 087-836-325-956. • sonyria@yahoo.com • Chambre 150 000 Rps.* Bel ensemble traditionnel entièrement décoré par Sony, sous le thème de toutes les religions principales (statuettes, peintures) mises en couleurs avec talent. Une dizaine de chambres avec douche, eau chaude, TV, petit déj inclus. Cuisine locale pour le déjeuner et le dîner. Situé au départ des treks (pour ne pas rater la statue d'un soldat romain à l'entrée, le bureau des guides et la petite épicerie pour se ravitailler avant la longue marche), l'hôtel appartient à la famille de Sony, chef des guides. Il parle un peu le français et le comprend bien. Il peut vous prendre en charge à partir de Yogya.

JAVA

CÔTÉ SUD : KALIURANG

Située à 25 km de Yogya, cette petite ville est accrochée au flanc du Merapi à 900 m. Au programme : sentiers forestiers, magnifique vue (par temps clair) sur le volcan qui trône à 2 985 m, et ascension de nuit.
➢ De Yogyakarta, bus de la gare de Terban, jalan Simanjuntak.

Où dormir ?

Vogels Hostel : *76 jl. Astamulyo. ☎ (0274) 89-52-08. Chambres à partir de 125 000 Rps (sdb extérieure) ; bungalows 150 000-200 000 Rps (avec sdb, eau chaude) ; et surtout, dortoir pour 4 à 30 000 Rps/pers.* Style AJ-chalet de montagne en ciment. Lieu de rendez-vous pour l'ascension du Merapi. Un bon guide sur place, propriétaire de l'hôtel, Christian Awuy, qui organise avec son fils Aldrin des circuits randonnées « Merapi Adventure » chaque jour *(☎ 48-56-72 ; compter 550 000 Rps pour 4 pers).* Petit déj à 4h, briefing et départ vers 5h du matin, retour vers 10h pour un 2d petit déj pour les randos les plus courtes. Un bon plan pour une belle balade sportive et des vues exceptionnelles au lever du soleil (on arrive à 2 km du cratère). À ne pas manquer.

À voir

– Pour ceux qui ne souhaitent pas faire l'ascension, on peut voir le Merapi du ***mirador Menara Pandang*** *(1 000 Rps/pers + parking 1 500 Rps).* Très belle vue par temps clair des fumeroles du volcan.

– ***Kali Adem :*** *à 1,5 km de Kaliurang.* Les hôtels et les agences organisent maintenant un circuit « Lava Tour » en jeep *(350 000-550 000 Rps pour 3-4 pers)* pour assister au lever du soleil et faire une balade le long des flancs du volcan jusqu'à la dernière coulée de lave qui a détruit le village et englouti les maisons. Impressionnant. Depuis, d'importants travaux pour canaliser les coulées (digues, barrages) ont été entrepris, mais le Merapi est le volcan le plus actif du pays !

SOLO (SURAKARTA)

À 1h de train omnibus de Prambanan (et 1h20 de Yogyakarta), et sur le chemin (de fer) de Surabaya, Solo possède aussi un *kraton* (et même 2), de styles assez différents de celui de Yogya, et qui méritent une halte. Le plus simple est de se déplacer en *becak* bien qu'on puisse tout faire à pied. On peut laisser son bagage aux entrées des 2 palais.

Où dormir ? Où manger ?

Toute une gamme d'hôtels, dont certains ont du charme et parmi les moins chers de la ville, sont dans et autour de jalan Dahlan, à 200 m de l'entrée du palais en direction du *kraton.* Quelques restos également.

À voir

Mankunegaran Palace : *tlj 9h-14h (13h dim). Entrée : 20 000 Rps.* Ce petit palais de style italo-franco-indonésien a un certain charme, et permet de comprendre comment vivent et vivaient les princes de Java, beaucoup mieux que le *Kraton* de Yogya. Le clou de la visite est la grande salle de réception princière, au décor intact, où sont présentées quelques intéressantes collections d'objets. La salle de réception, ouverte sur l'extérieur et sur le jardin (comme la plupart des pièces), a aussi du charme, et la salle à manger a de beaux vitraux Art déco, façon indonésienne (surprenant).

Hadiningrat Kraton : *tlj sauf ven 9h-15h. Entrée : env 20 000 Rps.* Ce palais, en restauration (et ça risque de durer longtemps), a une originale tour avec horloge à l'anglaise (mais mâtinée de style indonésien), et un beau pavillon pour réceptions, avec statues tout autour. Le musée contient quelques belles pièces, et l'on espère que la restauration visera aussi ses vitrines datant de 1930 (environ).

Le quartier « fermé » : près de l'entrée du *kraton,* le Pasar Klever abrite nombre de boutiques de batiks, mais les plus intéressantes sont dans les ruelles de l'autre côté de la rue qui mène au *kraton.* Toutes les rues de ce petit quartier qui a du charme ferment avec des grilles la nuit. Il est dommage qu'il n'y ait pas là ni dans le quartier jumeau qui va jusqu'à jalan Sudarso un *homestay* de bonne tenue (le *Mama Homestay* est hélas un peu spartiate, et sans moustiquaire).

SURABAYA

3 457 000 hab. IND. TÉL. : 031

• Plan *p. 361*

2e ville et 2e port du pays après Jakarta... cela suffit-il à vous faire une petite idée du genre de ville qu'est Surabaya ? Une mégalopole, assurément.

Disons-le tout de go, Surabaya n'offre pas vraiment d'intérêt touristique. C'est surtout le point de départ pour se rendre à Sulawesi en bateau, une ville-étape sur la route de Jakarta à Bali, ou pour une excursion au Bromo. Ici, pas de nuances : les pauvres survivent littéralement au milieu des poubelles abandonnées par les riches.
D'un point de vue historique, Surabaya est donc un port important, et ce depuis le XVIe s. La ville fut conquise au siècle suivant par le puissant souverain de Mataram, le sultan Agung, qui envoya 80 000 hommes (chiffre énorme pour l'époque) dévaster les richesses de la région. Puis la VOC, la Compagnie néerlandaise des Indes orientales, hissa Surabaya au rang de 1er port du pays. La ville fut le lieu d'une bataille symbolique, en 1945, quand les Anglais, après avoir chassé les Japonais, écrasèrent aussi la résistance indonésienne, faisant ainsi des milliers de morts. Depuis cette date, Surabaya, ville monumentale et tentaculaire (en un mot, ingrate !), est surtout la « ville des héros » dans le cœur des Indonésiens.
Il y a en réalité 2 Surabaya. La 1re se déploie le long des canaux qui drainent toute la ville, avec ses étonnants quartiers arabe et chinois (Surabaya connaît la plus forte concentration chinoise des villes indonésiennes). La 2de se concentre dans le *Downtown,* avec ses gigantesques centres commerciaux, parmi les plus vastes du monde. C'est au nord de la ville qu'on trouvera le coin le plus agréable pour séjourner, dans le quartier autour de jalan Peneleh.

JAVA

Arrivée à l'aéroport

✈ ***L'aéroport de Juanda*** *(☎ 298-62-00)* se trouve à 16 km au sud de la ville. On y trouve un office de tourisme totalement inefficace, des *money changers,* des distributeurs de billets et un bureau de poste.
➢ ***Pour gagner la ville :*** bus *Damri* en sortant de l'aéroport, pour 25 000 Rps. Dessert le terminal de bus voisin de Purabaya (notamment pour Malang et Yogyakarta ; à 2, *Gojek* est moins cher...), et plusieurs endroits dans le centre. Il part quand il est plein ! Sinon, taxis à prix fixe (la compagnie *Prima* ne possède pas de compteur). Mais aussi, en marchant 300 m env (si vos bagages vous le permettent), après le poste de péage du parking, d'autres taxis, avec compteur, vous conduiront en ville (150 000 Rps), ou bien votre *Gojek* ou *GrabCar* vous y donnera rendez-vous.

Circuler en ville

Ne minimisez pas les distances ! La ville est très étendue et l'échelle du plan peut être trompeuse. Quasiment pas de *becaks* dans le centre, le long des grandes artères, trop de circulation dangereuse. Vous serez souvent obligé de marcher ou de prendre un taxi. Les artères sont larges, et les feux rouges rares et plutôt symboliques. Circuler à pied relève de l'exploit, pour ne pas dire, à certains endroits, de l'inconscience. Soyez très prudent en traversant. Les passages piétons, quand il y en a, sont généralement ignorés par les automobilistes... une folie ! N'hésitez pas à faire quelques mètres de plus pour emprunter les passerelles. Partout, il faut faire signe en tendant le bras devant soi. Mais cela ne vous garantira pas contre les sueurs froides et quelques poussées d'adrénaline mémorables...
➢ ***En bus :*** le système est trop compliqué. Ils assurent les liaisons nord-sud. Pas utile, vu que vous ne séjournerez pas longtemps ici. Seule exception : pour aller au port, prendre un *city bus P1* qui part du terminal de Bungurasih. On peut le prendre sur jalan Tunjungan ou devant l'hôtel

Natour Simpang (1-3 jalan Pemuda). Il peut également vous arrêter devant le bureau de la compagnie maritime *Pelni Line (plan A1,* ***6****)*, au nord de la ville.

➢ ***En bemos :*** pas chers et assez pratiques, car ils suivent des itinéraires fixes d'est en ouest. Une trentaine de lignes désignées par des lettres de l'alphabet. Les lignes M et V partent de la station de *bemos* de Joyoboyo et traversent la ville.

➢ ***En taxi :*** précieux et quasi incontournables pour ceux qui restent peu de temps et ne veulent pas en perdre. De plus, compte tenu de la forte pollution, ce moyen de transport est de loin le plus adapté. Ils possèdent des compteurs *(argometers)* qui fonctionnent, et la plupart sont climatisés ! Souvent moins cher que les *becaks*. 2 bonnes compagnies : *Bosowa (☎ 531-51-51)* ou *Bluebird (☎ 794-12-34)*, avec « Bluebirdgroup » écrit dessus.

Adresses utiles

Infos touristiques

🛈 ***Office de tourisme*** *(plan B2) :* *15 jl. Gubernur Suryo. ☎ 534-04-44. • sparkling.surabaya.go.id • Dans le même complexe que le* Mitra Théâtre. *Tlj 8h-19h30.* Personnel plein de bonne volonté, plan de la ville, mais peu de documentation. Demander le document « *How to go to Bromo by bus* » (instructions et tarifs des *bemos*).

Représentations diplomatiques

■ ***Consulat honoraire de France et Institut français*** *(plan B4,* ***1****) :* *14 jl. Ratna, block C2, Kompleks AJBS. ☎ 503-50-35. • ifi-id.com/surabaya • Mar-ven 10h-13h, 14h-19h ; sam 10h-17h.* Bibliothèque, journaux français.

■ ***Immigration Office :*** *58A jl. S. Parman. ☎ 853-17-85.*

Poste

✉ ***Poste*** *(plan A1) :* *10 jl. Kebon Rojo. Ouv 8h-17h (20h pour le poste internet). Fermé sam.*

Consigne

■ ***Gare ferroviaire de Gubeng*** *(plan B2-3) :* *jl. Gubeng Masjid (au bout de jl. Pemuda). ☎ 505-31-15. Transit room ouv 7h-18h.*

Change

Les banques et les distributeurs automatiques *(ATM)* sont nombreux en ville. On en trouve, à coup sûr, dans tous les centres commerciaux (et Dieu sait s'il y en a !). Par exemple, dans le plus grand centre commercial de la ville (et l'un des plus grands de toute l'Asie), le *Tunjungan Plaza (plan A2,* ***2****)*, à l'angle de jalan Pemuda et de jalan Basuki Rakhmad. Autre adresse très pratique pour changer de l'argent :

■ **Adresses utiles**

- 🛈 Office de tourisme (B2)
- **1** Consulat honoraire de France et Institut français (B4)
- **2** Centre commercial Tunjungan Plaza (change ; A2)
- **3** BII MayBank (change ; B2-3)
- **4** Garuda (A-B3)
- **6** Pelni Line (A1)

Où dormir ?

- **11** Hotel Singaraja Indah (B1)
- **13** Hotel Paviljoen (A2)
- **15** Griyo Mulyo (A2)
- **16** Istana Permata (B4)

Où manger ?

- **2** Fast-foods et restos du Tunjungan Plaza (A2)
- **20** Pasar Keputran (B3)
- **23** Ria Indonesia Delicacies (A3)
- **24** Puri Garden Restaurant (B2)
- **26** Sarkies (A2)

Où boire un verre ?

- **2** Bars et cafés du Tunjungan Plaza (A2)
- **26** Hotel Majapahit (A2)

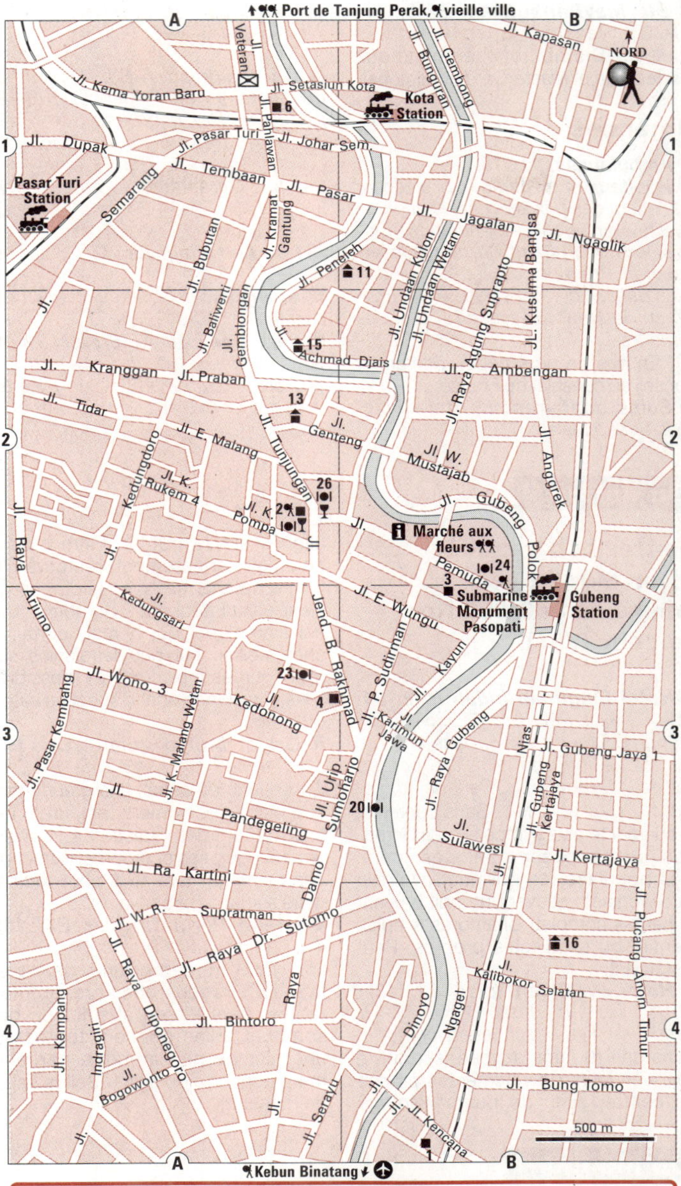
Port de Tanjung Perak, vieille ville
NORD
Jl. Kapasan
Jl. Veteran
Jl. Kema Yoran Baru
Jl. Setasiun Kota
Jl. Pahlawan
Kota Station
Jl. Bunguran
Jl. Gembong
Jl. Dupak
Jl. Pasar Turi
Jl. Johar Sem.
Jl. Tembaan
Jl. Pasar
Pasar Turi Station
Semarang
Jl. Kramat Gantung
Jl. Jagalan
Jl. Ngaglik
Jl. Bubutan
Jl. Peneleh
11
Jl. Undaan Kulon
Jl. Undaan Wetan
Jl. Raya Agung Suprapto
JL. Kusuma Bangsa
Jl. Baliwerti
Jl. Gemblongan
15
Achmad Djais
Jl. Kranggan
Jl. Praban
Jl. Ambengan
Jl. Tidar
13
Jl. Genteng
Jl. E. Malang
Jl. Tunjungan
Jl. W. Mustajab
Jl. Anggrek
Kedungdoro
Jl. K. Rukem 4
26
Jl. K. Pompa
2
Jl. Gubeng
Marché aux fleurs
Jl. Raya Arjuno
Jl. Pemuda
24
Polok
3
Submarine Monument Pasopati
Gubeng Station
Jl. Kedungsari
Jl. E. Wungu
Jl. Wono. 3
Jl. Jend. B. Rakhmad
23
Jl. P. Sudirman
Jl. Kayun
Jl. Kedonong
4
Jl. Karimun Jawa
Jl. Pasar Kembang
Jl. K. Malang Wetan
Jl. Raya Gubeng
Nias
Jl. Gubeng Jaya 1
Jl. Gubeng Kertajaya
Jl. Urip Sumoharjo
20
Jl. Pandegeling
Jl. Sulawesi
Jl. Kertajaya
Jl. Ra. Kartini
Damo
Jl. W. R. Supratman
Jl. Raya Dr. Sutomo
16
Jl. Pucang Anom Timur
Jl. Raya Diponegoro
Jl. Kalibokor Selatan
Raya
Dinoyo
Ngagel
Jl. Bintoro
Jl. Kempang
Indragiri
Jl. Bogowonto
Jl. Bung Tomo
Jl. Serayu
Jl. Kencana
500 m
1
Kebun Binatang

SURABAYA

- **BII MayBank** (*plan B2-3,* **3**) : *60-70 jl. Pemuda. Change lun-ven 8h-17h.* Distributeur automatique (cartes *Visa* et *MasterCard* acceptées).

Urgences

- **Ambulances :** ☎ *118.*
- **Hôpitaux :** *il existe un hôpital récent pratiquant des prix abordables et d'une qualité comparable aux hôpitaux français, le* **Rumah Sakit Surabaya International, Premier Hospital** *: jl. Nginden Intan Barat, block B. ☎ 599-32-11. Également le* **National Hospital Dr Soetomo** *: 6-8 jl. Mayjen Prof. ☎ 550-10-78.* En cas de gros pépin, demander conseil au consulat de France.
- **Soins dentaires : Dental Clinic,** *16 jl. Sedap Malam. ☎ 534-32-99.*

Compagnies aériennes et maritimes

- **Garuda** (*plan A-B3,* **4**) : *au rdc de l'hôtel Hyatt Regency, 106-128 jl. Basuki Rakhmad. ☎ 534-49-99 ou 546-85-05. • garuda-indonesia.com • Lun-ven 7h30-16h45, w-e 9h-15h. Autres bureaux au 29 jl. Tunjungan (☎ 534-04-60) et à l'aéroport (☎ 868-86-66).*
- **Lion Air / Wings Air :** *75 jl. Sulawesi. ☎ 503-61-11.*
- **Sriwijaya :** *jl. Kombes Pol Duryat-Kedungsan. ☎ 549-17-77.*
- **Pelni Line** (plan A1, **6**) : *voir la rubrique « Quitter Surabaya. En bateau ».*
- **Port :** *Pelabuhan Tanjung Perak. Infos sur les bateaux : ☎ 352-10-44.*

Où dormir ?

De très bon marché à bon marché (moins de 300 000 Rps, soit env 20 €)

- **Hotel Singaraja Indah** (*plan B1,* **11**) : *60-62 jl. Peneleh. ☎ 535-47-52. Au nord du centre-ville, dans une rue animée, le long de la rivière bordée par des étals de fruits. Petit déj (thé et gâteau) et taxes inclus.* Sans conteste, le quartier le plus sympa si on a l'intention de se poser quelques jours. Très populaire, ce qui peut avoir un inconvénient : souvent un poil bruyant et parfois complet. Chambres simples (ventilo ou clim) mais propres. Petit restaurant.
- **Hotel Paviljoen** (*plan A2,* **13**) : *94-98 jl. Genteng Besar. ☎ 534-34-49. Petit déj (style snack léger) compris.* Dans une rue très animée, surtout le soir (vendeurs de vêtements), proche du centre, avec de petits *warungs* alignés sur le trottoir. Fière maison coloniale entièrement restaurée et pleine de charme, avec jardin, ce qui n'est pas si fréquent à Surabaya. Une certaine allure, donc, mais certaines chambres sont un peu défraîchies, surtout pour les moins chères (possibilité 3 lits). La plupart sont disposées autour du jardin.
- **Griyo Mulyo** (*plan A2,* **15**) : *5 jl. Achmad Djais. ☎ 535-18-06 ou 07.* Le long du canal, une grande maison claire, récemment restaurée. Les chambres sont plaisantes, correctement équipées et propres. Personnel charmant qui fera tout pour faciliter votre séjour à Surabaya.
- **Istana Permata** (*plan B4,* **16**) : *4 jl. Ngagel Jaya Indah. ☎ 501-26-66.* Hôtel moderne mais déjà bien fatigué. Grandes chambres confortables, d'un kitsch absolu, un peu sombres. Elles donnent toutes sur une piscine peu attirante partiellement couverte du patio. Belles salles de bains.

Où manger ?

Il devient difficile de trouver un restaurant à Surabaya ; tous disparaissent, et malheureusement, il ne reste presque que ceux des centres commerciaux *(ouverts 10h-22h).*

Bon marché (moins de 45 000 Rps, soit env 3 €)

|●| ***Pasar Keputran*** *(plan B3,* ***20****) : le long de jl. Keputran.* C'est le marché de nuit *(pasar malam),* un marché gigantesque avec des centaines d'échoppes. Atmosphère malheureusement authentique et populaire, pour ne pas dire dantesque. À voir même si l'on n'a pas faim, mais attention, on n'est pas au zoo. Photographes, s'abstenir.

|●| Il y a beaucoup d'autres endroits à Surabaya où l'on peut trouver des ***warungs*** le soir, comme sur jalan Kayoon *(plan B3),* dans le prolongement du *pasar Keputran,* sur jalan Pasar Genteng *(plan A-B2),* ou encore sur jalan Tunjungan *(plan A2),* autour du centre commercial. La cuisine maduraise (de l'île de Madura, en face) est très répandue ici. Elle est essentiellement à base de poulet *(ayam).*

|●| ***Puri Garden Restaurant*** *(plan B2,* ***24****) : 33-37 jl. Pemuda.* ☎ *531-50-88. Au rdc du centre commercial* Surabaya Plaza. Spécialités à base de riz. Les prix sont un peu plus élevés que dans les autres restos de cette catégorie mais ils restent abordables, et la nourriture est correcte. Cadre sans charme.

|●| Les nombreux centres commerciaux hypermodernes de la ville possèdent tous leur lot de fast-foods et restos aussi bien américains qu'indonésiens, mais attention à l'addition, taxes très élevées (20 % + 10 %). Ils présentent l'avantage d'être climatisés, ce qui est bien agréable à Surabaya. Essayez, par exemple, ceux du ***Tunjungan Plaza*** *(plan A2,* ***2****),* jalan Basuki Rakhmad ; allez au 5e étage où vous trouverez des petits restos type snacks, près du cinéma *Tunjungan 21* ; en revanche, au rez-de-chaussée, les restos du type *Pizza Hut, American Grill,* etc. proposent des cartes à prix européens.

De bon marché à prix moyens (moins de 80 000 Rps, soit env 5,40 €)

|●| ***Ria Indonesia Delicacies*** *(plan A3,* ***23****) : 7 jl. Kombes Pol, M. Duryat.* ☎ *534-31-30. Les taxis connaissent. Tlj 12h-21h.* Très bonne cuisine indonésienne servie dans une maison rénovée, à la déco sobre et élégante. Clientèle de classe moyenne et d'habitués. Spécialisé dans les fruits de mer. Poisson *gurami* plus cher mais vraiment copieux. Belle présentation des plats et service attentif. On peut, en réservant, s'installer sur une table basse, avec de gros coussins. Une excellente adresse.

De chic à plus chic (plus de 120 000 Rps, soit env 8 €)

|●| ***Sarkies*** *(hôtel Majapahit ; plan A2,* ***26****) : 65 jl. Tunjungan.* ☎ *545-43-33. Tlj 12h-14h30, 18h30-22h30.* L'hôtel *Majapahit* est le plus beau palace de la ville. Il fut fondé par la famille Sarkies, d'origine arménienne, qui a également construit le *Raffles* de Singapour et le *E & O* de Penang, entre autres lieux mythiques d'Asie ! Magnifique hôtel colonial construit en 1910, chargé d'histoire, notamment pendant l'occupation japonaise et la lutte pour l'indépendance. Au *Sarkies,* au 1er étage, on mange des spécialités de fruits de mer, du canard, des pigeons et des plats chinois, dont la spécialité, le *bebek peking traditional (menu à 3 plats copieux : 600 000 Rps).* Également un buffet de cuisine cantonaise à la vapeur, très prisé le dimanche. Au rez-de-chaussée, resto *Indigo,* aux prix légèrement plus doux mais au cadre beaucoup plus simple.

Où boire un verre ?

🍷 Dans les centres commerciaux, on trouve plein de bars et de cafés, ouverts de 10h à 22h. Au ***Tunjungan Plaza*** *(plan A2,* ***2****),* on peut notamment déguster une vraie sélection de cafés, par exemple à l'*Exelso* ou au *Toscana*.

Hotel Majapahit *(plan A2,* ***26****)* **:** superbe palace, idéal pour boire un cocktail à prix européen, dans un espace totalement protégé du bruit de la ville et un peu hors du temps... Lire le commentaire à propos du resto de l'hôtel, le *Sarkies,* dans la rubrique « Où manger ? ».

À voir

Si Surabaya est une ville très industrielle, on y trouve malgré tout quelques curiosités à découvrir.

La vieille ville *(hors plan par A-B1)* **:** à faire, si possible, accompagné par quelqu'un qui connaît le quartier. Aller d'abord au *jembatan Merah,* le « pont Rouge » : beaucoup de sang a coulé ici durant la bataille de Surabaya en 1945 (lire l'introduction sur la ville). Le pont n'a vraiment rien d'extraordinaire en soi, si ce n'est qu'il a été peint en rouge pour rappeler qu'il l'était déjà à l'époque... La grande place de Jembatan Merah a un certain cachet... malgré le centre commercial !

De là, rejoindre le ***quartier chinois*** par jalan Kembang Jepun. Prendre à gauche la jalan Dukuh. Au 23I, le *temple chinois Hok Tik Hian,* ou *Klenteng Dukuh.* À l'entrée, des statues anciennes vous accueillent, et d'énormes bougies offertes par des familles chinoises se consument très lentement... Plein d'encens partout. Vous verrez les Chinois jeter des pierres au sol pour obtenir des réponses à leurs vœux. Sachez que les Chinois de Surabaya, la plus forte communauté chinoise urbaine du pays, ont moins directement souffert que dans d'autres villes de Java des troubles de mai 1998 qui ont amené la démission de Suharto. Une chose à savoir sur le Chinatown : les commerçants chinois gardent toujours la boutique qui les a rendus prospères, comme un porte-bonheur. Bon, vous pourrez même rapporter un souvenir de ce temple en achetant une fleur de lotus en papier plié ! Spectacles de marionnettes également, presque tous les jours, en particulier les soirs de pleine lune.

Pour trouver le ***quartier arabe,*** continuer dans le prolongement de jalan Dukuh vers jalan Nyampungan, le long du canal. C'est un endroit assez étonnant. Non qu'il soit différent des autres quartiers arabes d'autres villes du monde, mais c'est bien le seul qu'on ait trouvé à Java d'aussi typique et d'aussi replié sur lui-même. Il possède évidemment une mosquée : la *masjid Ampel,* avec ses élégants piliers en bois. Y aller au coucher du soleil, souvent magnifique ; éviter l'heure de la prière. Vous ne pourrez pas entrer dans cette mosquée très protégée. En revanche, vous pourrez en faire le tour, dans le sens inverse des aiguilles d'une montre. C'est la plus ancienne de Java-Est et elle porte le nom d'un très grand serviteur de l'islam javanais, enterré sur place. Beaucoup d'animation, notamment, tout à côté, dans le souk d'Ampel, *Kesumba Pasar,* jalan Ampel Suci. Balade sympa. Si vous voulez rapporter un souvenir kitschissime, achetez une de ces pendules avec un visage qui oscille à chaque seconde ! Attention quand même à ne pas trop jouer au touriste, c'est mal vu ici, et ça risquerait d'être mal interprété.

Voilà pour la vieille ville. Vous pouvez prolonger la balade en allant au port de Surabaya, un peu plus au nord.

Le port de Tanjung Perak *(hors plan par A1)* **:** *prendre un city bus P1 sur jl. Tunjungan. Sur place, trouver la jl. Kalimas Baru. Si vous êtes à pied, attention aux distances ! Le quai en lui-même (1 km) est plus long que celui de Jakarta, c'est dire...* On peut y voir de beaux voiliers *bugis,* pour ceux qui ne vont pas aux îles Célèbes. Au bout du chenal, c'est l'embarquement dans les bateaux de la *Pelni Line,* ou sur les ferries qui se rendent à l'île de Madura, juste en face. Aller voir, derrière la capitainerie *(Kantor Administrator Pelabuhan),* l'immense statue d'un amiral de la marine indonésienne qui scrute l'horizon... Monumentale, vraiment, et, pour une fois, pas si moche ! En repartant, on peut apercevoir le grand chantier naval de Surabaya, lancé par le dauphin de Suharto, un certain Habibie.

La ville arbore fièrement une bonne dizaine de superbes ***centres commerciaux*** flambant neufs, plaqués de marbre pour certains. Un luxe qui rappelle plus Singapour ou Hong Kong que l'Indonésie. On peut y trouver certaines marques internationales à des prix vraiment intéressants. Le ***Tunjungan Plaza*** *(plan A2,* ***2****)* compte parmi les plus grands d'Asie.

Le marché aux fleurs *(plan B2)* **:** *jl. Kayon, après le pont en venant de la gare.* Un coin de fraîcheur dans cette ville trop polluée. Plantes, orchidées et aquariums... *Warungs* très agréables pour manger un morceau.

Submarine Monument Pasopati *(plan B2-3)* **:** *39 jl. Pemuda, près de la rivière, au bout de cette rue. ☎ 549-04-10. • monkasel.id • Tlj 8h-21h. Entrée : 15 000 Rps.* Pour tuer le temps, mais visite impressionnante de cet énorme sous-marin.

Kebun Binatang *(zoo ; hors plan par B4)* **:** *au bout de jl. Darmo (au sud de la ville). Lun-ven 8h-16h, sam-dim 7h30-16h30. Entrée : 15 000 Rps.* Des progrès viennent d'être réalisés sur le plan de l'environnement du site et du choix des animaux. Pas mal de varans. La signalisation et les indications laissent encore à désirer... Éviter absolument le week-end, car il y a foule.

JAVA

QUITTER SURABAYA

En train

Les trains pour Semarang et pour Jakarta via Semarang partent de la ***gare de Pasar Turi*** *(plan A1),* au nord-ouest de la ville. Les autres trains partent des ***gares de Kota*** *(plan B1)* ***et de Gubeng*** *(plan B2-3).* Préférer Gubeng, qui est centrale. Pour les horaires, ou pour réserver : *• tiket.com/kereta-api •* Sinon, dans les gares, auprès du bureau d'info *(Customer Service)* ou en faisant directement votre résa vous-même sur les *Check-In Mandiri* sur place.

➢ ***Pour Jakarta via Semarang :*** au moins 5 trains de la gare de Pasar Turi, dont 2 directement pour la gare centrale de Jakarta (1 le mat, 1 le soir). Compter 10h de trajet. Les autres arrivent à Gambir et mettent 9h. Également 3 trains pour Jakarta via Solo, au départ de Gubeng (10h de trajet env).

➢ ***Pour Solo :*** 8-9 trains/j., à destination de Jakarta ou de Yogya, à prendre à la gare de Gubeng.

➢ ***Pour Yogyakarta :*** ts les trains pour Solo vont jusqu'à Yogya. Compter 5-6h de trajet.

➢ ***Pour Probolinggo :*** 5 trains/j., dont 1 de nuit pas pratique. Au départ de Gubeng. Compter env 2h de trajet.

➢ ***Pour Banyuwangi :*** même train que pour Probolinggo. Voir plus loin « Quitter Surabaya pour Bali (Denpasar) ».

➢ ***Pour Malang :*** 3 trains/j. Trajet : 2h. Les bus partent du terminal de Purabaya près de l'aéroport, et mettent env 1h30, car des « 2 fois 2-voies » récentes ont résorbé une partie des embouteillages...

En bus

Les bus partent de jour comme de nuit de ***Bungurasih*** (appelé aussi ***Purabaya***), situé à une dizaine de km au sud du centre-ville. Attention : beaucoup de vols signalés à cet endroit. Des bus *Damri* passent par le centre et vont jusqu'au terminal, mais tous les bus publics *(bis kota)* y vont également. Toutes les compagnies sont représentées et elles se font une concurrence acharnée. Il en existe 16 en tout. Pour les horaires : *• dishub.surabaya.go.id •*

➢ ***Pour Jakarta :*** les bus passent ts par Semarang et Cirebon. Le trajet dure env 16h. Plusieurs départs/j., 8h-17h, avec 3 compagnies différentes. Tous les bus ont des sièges inclinables, des toilettes et la clim. On préfère malgré tout le train... ou l'avion. Si vous insistez, privilégier les bus de nuit, car en fonction des embouteillages (camions, motos), le voyage peut être un vrai calvaire avec beaucoup de retard.

➢ ***Pour Bandung :*** 13h de voyage en passant par Semarang et Cirebon. Départs l'ap-m, vers 16h et 18h.

➢ ***Pour Yogyakarta :*** des bus *ekonomi,* qui ne sont pas climatisés (à part quelques exceptions), partent ttes les heures. Durée : 10h. Sinon, il y a des bus avec clim *(Patas express)* qui partent ttes les 2h env. Durée : 8h. *Rasa Sayong* propose 4 départs à partir de 14h.

➢ ***Pour Probolinggo :*** départs ttes les 10 mn en bus *ekonomi* (certains sont même climatisés !) pour Purabaya puis changer de bus pour Probolinggo. Compter 3-4h de trajet. Mieux en train, si l'on est dans le centre (mais pas si l'on est à l'aéroport).

➢ ***Pour Malang :*** départs très fréquents en bus climatisés ou non. Durée : env 3h.

➢ ***Pour Banyuwangi :*** départs très fréquents en bus *ekonomi* (8h de trajet) via Probolinggo, et départs ttes les 30 mn en bus direct *Patas* (5h de trajet). Il existe également des compagnies privées de minibus *(tourist coaches)* qui assurent les transferts d'un hôtel à un autre. Cela évite d'aller jusqu'au terminal des bus. L'inconvénient est qu'il faut passer par une agence de voyages qui prend une commission au passage. Les billets s'achètent dans les nombreuses agences de la ville.

En bateau

➢ **Pelni Line** *(Kantor Pelni ; plan A1,* **6***)* **:** *pour l'achat des billets, s'adresser au bureau situé 112 jl. Pahlawan Perak Timur, block G5. ☎ 352-10-44. • pelni.co.id • Près de la gare de Kota, au nord du centre-ville.* Presque tous les bateaux qui partent de Surabaya vont vers Kalimantan, Sulawesi (Macassar) et Sumatra. Pour les dates des départs et les fréquences, se renseigner au bureau. Pour les Célèbes (Sulawesi), prendre une place en 4e classe plutôt qu'en classe *ekonomi.* À peine plus cher et douches à volonté, ainsi que dortoirs à 8 au lieu du pont. Compter 2 j. de voyage.

➢ Des ***bateaux-cargos*** sillonnent régulièrement les eaux de l'océan Indien et de la mer de Java vers toutes les îles. Se renseigner au port de *Tanjung Perak (☎ 352-10-44)* sur la fréquence des liaisons.

En avion

✈ ***Aéroport de Juanda*** *(hors plan par B4)* **:** *☎ 298-62-00 ou 298-67-00. À 16 km de la ville. Compter près de 1h en taxi.* Curieusement, il y a des bus de l'aéroport vers la ville, mais pas de service dans l'autre sens ! Ne pas chercher à comprendre... Le taxi ne revient pas très cher dès qu'on est 3. Sinon, il est possible de prendre un bus jusqu'à Purabaya, puis un taxi jusqu'à l'aéroport, si vous voulez économiser un petit quelque chose. Plus long et bien compliqué... Voir les coordonnées des compagnies aériennes dans « Adresses utiles ».

➢ ***Pour Jakarta :*** 13 vols/j. avec la compagnie *Garuda (☎ 534-58-86)* et plusieurs vols/j. avec *Lion Air (☎ 503-61-11)* et autres petites compagnies. Préférer *Garuda,* plus sûr. Durée : 1h30. Généralement, les vols *Garuda* arrivent à l'aéroport international, ce qui facilite le transit pour ceux qui rentrent en Europe.

➢ ***Pour Yogyakarta :*** env 7 vols/j. avec *Lion Air* et *Garuda.* Durée : 35 mn.

➢ ***Pour Bandung :*** 1 vol/j., le mat, avec *Sriwijaya.* Durée : 45 mn.

➢ ***Pour Makasar*** *(Sulawesi)* **:** 4-5 vols/j. avec différentes compagnies. Durée : 2h.

➢ ***Pour Mataram*** *(Lombok)* **:** 4 vols/j. avec *Wings Air* (tôt le mat).

➢ ***Pour Denpasar*** *(Bali)* **:** 6 vols/j. avec *Garuda, Lion Air, Wings Air,* tte la journée.

➢ ***Pour Manado*** *(Sulawesi)* **:** théoriquement, 1 vol/j. Sinon, vols avec escale.

➢ ***Pour Medan :*** plusieurs vols/j. via Jakarta avec *Garuda.*

➢ Également des liaisons directes ***pour Singapour, Kuala Lumpur, Hong Kong*** et ***l'Australie.***

Quitter Surabaya pour Bali (Denpasar)

➢ ***En train + ferry :*** 3 trains/j. pour Banyuwangi. Compter 6-7h de train (en classes *bisnis* et *eksekutif*) et 4h supplémentaires de ferry et bus pour arriver jusqu'à Denpasar. Acheter un billet complet à la gare incluant le ferry et le bus.
➢ ***En bus ou minibus + ferry :*** départ vers 18h en bus de nuit du terminal de Bungurasih. Arrivée le lendemain mat, à 6h. Il est possible de prolonger jusqu'à Sanur ou Kuta. Le prix inclut le dîner. Préférer les bus climatisés, à peine plus chers. Les billets s'achètent directement au terminal des bus ou à un guichet situé sur jl. Peneleh. Il y a une bonne vingtaine de compagnies. Comparer les prix et les prestations des compagnies privées. En basse saison, on peut essayer de négocier les tarifs quand les bus ne sont pas pleins... Vente de billets pour des trajets de jour dans les agences de la ville ; le minibus vous prend à votre hôtel. Parcours assez fatigant dans tous les cas.
➢ ***En avion :*** théoriquement, plusieurs vols/j. pour Denpasar avec *Garuda, Lion Air* ou *Wings Air.* Réservez les billets au moins 1 semaine à l'avance pendant la saison touristique ou pendant les congés locaux.

PROBOLINGGO

IND. TÉL. : 0335

Il n'y a pas vraiment de raison de dormir à Probolinggo, ville principale d'accès au volcan Bromo, à 45 km au nord-est de celui-ci, à moins de se casser le nez en haute saison dans tous les hôtels de Ngadisari, Tosari et Cemoro Lawang ou d'arriver après le dernier *bemo* pour le volcan. De plus, les adresses les moins chères ne sont pas folichonnes. Néanmoins, vous serez peut-être contraint d'y passer ou de vous y arrêter. Il est préférable de s'y prendre à l'avance, car le Bromo attire de plus en plus de touristes.

Arriver – Quitter

En train

Attention, à votre arrivée en train, des rabatteurs vous alpaguent bien vite pour vous emmener en *bemo*... jusqu'à une agence qui vous proposera un autre trajet plus cher. Résistez !
Le prix des billets varie en fonction des classes et des horaires (de jour ou de nuit).
➢ ***Liaisons avec Surabaya :*** 3 trains/j. Durée : 2h en *bisnis* (170 000 Rps), 3h en *ekonomi* (58 000 Rps).
➢ ***Liaisons avec Banyuwangi :*** 2 trains *bisnis* (280 000 Rps) et *ekonomi* (100 000 Rps) mat et soir. Durée : 7h. Préférer le bus, plus rapide. Possibilité d'acheter un forfait bus pour Denpasar combiné avec le train, mais s'en méfier ! Lire ci-dessous « En bus. Denpasar ».

En bus

Attention, au terminal de Bayuangga, à 5 km avant d'arriver à Probolinggo, il n'y a pas de *Tourist Information,* et les agences sur place ont tendance à vous vendre des tickets de bus trop cher par rapport au confort réel du véhicule ou des tarifs officiels affichés à l'entrée (donnés par l'office de Surabaya). En plus, sachez que les prix varient en fonction des classes et des compagnies. Certains lecteurs se sont plaints d'arnaques. Sous prétexte de vous montrer le bon bus ou de vous faire gagner du temps, il vous

propose des billets 2 fois plus chers. Rappelez-vous que les billets des bus locaux s'achètent auprès du contrôleur. Attention aussi aux pseudo-agences de voyages qui vous vendent tout et n'importe quoi à Probolinggo. Toutes ne sont pas très honnêtes ! Une solution : se rendre directement à la compagnie *Akas (jl. Sukapura ; ☎ 42-70-75),* 500 m plus loin que le terminal, en allant vers le centre-ville, pour acheter ses billets.
Liaisons avec :

➢ ***Le Bromo :*** à l'arrivée à la gare routière Bayuangga, prendre un *minibus* (40 000 Rps) pour ***Cemoro Lawang.*** Durée : 1h30. De là, pour les pressés, louer une jeep pour assister au lever du soleil au mont Penanjakan, et ensuite aller directement avec le même transport à la caldeira et au mont Bromo (650 000 Rps l'A/R). On peut aussi louer une moto pour env 75 000 Rps, ce qui est le moyen de transport le plus rapide (et le moins cher, surtout à 2), et permet d'aller au point de vue pour le lever du soleil, mais aussi dans le cratère (faites alors attention à vos pneus !).

➢ ***Surabaya :*** départ ttes les 30 mn env en bus public (18 000 Rps) ou privé *(patas),* climatisé (30 000 Rps), 24h/24. Durée : 3-4h. Mieux en train.

➢ ***Bondowoso :*** de Probolinggo, seulement 5 bus/j. express directs *(Patas),* 10h-18h (26 000 Rps). Durée : 2h. Le plus simple est encore de changer à Situbondo. C'est plus long (3h), mais les départs en minibus sont plus fréquents.

➢ ***Banyuwangi :*** départ ttes les heures. Trajet en 8h en passant par Situbondo. En bus directs *(Patas),* avec clim, trajet en 6h (80 000 Rps).

➢ ***Yogyakarta :*** 3 départs de nuit, à 19h, 20h et 21h (90 000 Rps).

➢ ***Denpasar** (Bali) **:*** éviter les tickets combinés train-ferry-bus. En effet, le train arrive bondé et il n'y a qu'un seul bus pour charger les passagers. Conséquence : panique, ruée et resquille. Le ferry ne démarre que lorsque son parc à voitures est complet ; cela demande parfois des heures, et l'on arrive très tard à Denpasar. Prendre un train pour Banyuwangi, puis le ferry pour Gilimanuk et enfin un bus pour Denpasar, tout cela séparément.
De Probolinggo, il existe des bus publics allant à Denpasar via Jember. Mais il faut compter 15h de trajet dans un bus bondé (65 000 Rps). Les bus express privés (comme *Mahameru*) voyagent de nuit au départ de Surabaya ou Malang et sont climatisés (95 000 Rps). Ils passent à Probolinggo entre 19h et 22h. Seulement 9h de trajet env.

Adresses utiles

ℹ ***Office de tourisme :*** *jl. Mansyur (face à la gare). ☎ 543-24-20. 📱 081-336-699-011. Lun-ven 7h30-16h.* Personnel compétent, plan de la ville et un peu de documentation. Le succès du Bromo est devenu un bon moyen de raconter n'importe quoi et de soutirer de l'argent aux touristes. Pas de parano non plus. Si, par malchance, vous êtes obligé de dormir à Probolinggo et que vous n'avez qu'une nuit pour aller assister au lever du soleil sur le volcan, il vous faudra bien organiser votre transport dans la nuit... Dans ce cas, bien comparer et négocier toutes les propositions des hôtels et des « agences de voyages » en ville ou au terminal, et prendre un tour organisé qui part à 2h du matin. On ne vous recommande personne en particulier, après ce qu'on vient de vous dire !

✉ @ ***Poste :*** *33 jl. Suroyo. Lun-sam 7h30-21h (20h sam), dim 8h-13h. Espace Internet tlj 7h30-21h.*

■ ***Appels internationaux :*** *wartel (tél) à côté de la poste, au n° 37. Tlj 5h-minuit. Également à l'hôtel* Victoria, *à l'angle de jl. Suroyo et de jl. Sudirman, dans la rue de l'hôtel* Tampiarto, *et à l'hôtel* Bromo Permai. *Ouv 24h/24.*

■ ***Change :*** le change local n'est pas bon ici. On vous conseille de retirer de l'argent avec une carte de paiement dans les distributeurs automatiques,

ou bien d'avoir changé vos devises à Surabaya auparavant...
■ **ATM :** distributeur de billets 24h/24 pour les cartes *Visa* et *MasterCard*. Ce n'est pas ce qui manque dans la ville, il y en a tous les 100 m.

Terminal des bus : *pour se rendre à Bayuangga, prendre un* becak *jusqu'au carrefour de jl. Suprapto et de jl. Sudirman (avt la mosquée). Les* bemos *pour le terminal attendent là.*

Où dormir ?

De très bon marché à bon marché (moins de 300 000 Rps, soit env 20 €)

Bromo Permai II : *237 jl. Raya Panglima Sudirman. ☎ 42-74-51 ou 42-22-56.* Bon petit hôtel pour routards, avec des chambres simples donnant sur une cour intérieure bien kitsch, comme souvent dans cette ville. Les chambres sont beaucoup mieux que la façade ne le laisse supposer. Elles sont petites pour certaines mais très propres, avec ou sans salle de bains, quelques-unes avec TV et clim. Attention aux chambres sur la rue bruyante, grandes, tout confort et toutes neuves, mais seulement avec un lit simple de 2 m de large. Téléphone public *(Wartel)*.

Hotel Ratna : *16 jl. Raya Panglima Sudirman. ☎ 42-15-97. • ratnahotel@yahoo.com • Garage.* Hôtel avec chambres modernes, propres, petites pour certaines mais très agréables. Les plus simples sans clim sont à un prix minimum, moins de 140 000 Rps. La catégorie supérieure – avec douche, eau chaude, clim, TV et un peu plus chic – plafonne à 350 000 Rps. Jardin décoré de cygnes et de champignons en plâtre, version javanaise du nain de jardin.

Hotel Tampiarto Plaza : *15 jl. Suroyo. ☎ 42-24-36. • tampiarto_plaza@yahoo.com • Dans une rue à 800 m du* Ratna *et à 100 m de la rue principale, Raya P. Sudirman. Quelques chambres à 220 000 Rps sans sdb, mais la plupart sont autour de 400 000 Rps ; petit déj inclus.* Si le *Ratna* est complet, se rabattre sur cette adresse un peu plus chère mais au calme. La façade n'est pas terrible, mais les chambres sont grandes, assez bien équipées, quoiqu'un peu vieillottes et pas très gaies. Bon accueil. Resto. Garage, piscine immense, mais moyennement propre, selon les jours.

Où manger ?

Prix moyens (de 45 000 à 80 000 Rps, soit env 3 à 5,40 €)

Sumber Hidup : *2 jl. Dr Moch Saleh. ☎ 42-14-13. À côté de l'hôtel* Ratna *(à l'angle de la rue).* Dans une salle très clean éclairée au néon, on vous sert des plats indonésiens ou chinois copieux. Donnant sur la rue principale, une terrasse décorée de gros animaux en plâtre, un peu bruyante. Prix moyens pour les plats indonésiens. Les spécialités chinoises sont un peu plus chères. Bon accueil et service sympa. Très bon jus de fruits.

D'Bell Pepper Café : *1 jl. Suroyo. ☎ 42-10-40. Derrière le* KFC. *CB acceptées.* Pour ceux qui ont envie de se faire plaisir et d'oublier les spécialités locales. Dans un cadre moderne, très bonne viande, tendre, à petits prix (demander de ne pas l'arroser de sauce américaine), purée, saumon norvégien, spécialités italiennes, cocktails et vin australien. Ne vend pas d'alcool. Propre. 2 salles climatisées, ou terrasse agréable au 1er. Accueil charmant. De temps en temps, ça fait plaisir !

LE VOLCAN BROMO

IND. TÉL. : 0335

• Carte *p. 372-373*

Volcan sacré pour les Javanais, situé au sud-ouest de Probolinggo. Culminant à 2 329 m d'altitude, le Bromo appartient à un massif volcanique d'un périmètre d'une quarantaine de kilomètres. C'est un cratère de 800 m de diamètre et de 200 m de profondeur, situé, avec d'autres, dans un cratère encore plus grand de 11 km de diamètre appelé *caldeira.*

Le site, absolument unique, a connu un développement touristique effréné. Sa simplicité d'accès en a fait un but d'excursion de masse. L'excursion n'est pas exténuante, et tout le monde peut la réaliser sans problème. Attention, les amateurs de sensations fortes seront (peut-être) un peu déçus. Pour ceux-là, mieux vaut aller voir le Kawah Ijen et le Semeru. Le Bromo n'est pas l'Etna, mais il incite à la contemplation... Il n'est plus, à proprement parler, en activité depuis longtemps, mais il fume continuellement, avec en arrière-plan le mont Semeru qui, lui, « explose » toutes les 30 mn !

L'excursion du Bromo restera quand même l'un des grands souvenirs de votre passage à Java. Pour le lever du soleil, il y a foule. On peut aussi y aller le soir pour le coucher du soleil, qui est également très beau mais moins spectaculaire, donc moins couru. L'excursion en pleine journée recueille encore moins de suffrages, le site se révèle donc beaucoup plus calme et facile d'accès. La traversée de la mer de sable est moins pénible le soir, même si elle n'a rien d'insurmontable le matin. Nous rappelons que la balade peut être dangereuse en cas d'activité soudaine du volcan ; le souvenir en sera, évidemment, proportionnel. Certains routards ont eu droit à des explosions éruptives : spectacle inoubliable et impressionnant.

Les habitants de la région sont les *Tenggers.* Selon la légende, ils descendent d'un prince indien qui aurait sacrifié ses enfants au dieu-volcan pour apaiser sa colère... Ils se distinguent fortement des gens de la vallée par leurs rites ancestraux. Le moment le plus marquant est la *fête du Kosodo,* pendant laquelle ils rendent hommage au volcan. Cette fête a lieu lors de la pleine lune du 12e mois de leur calendrier, généralement entre septembre et décembre, mais ça change tous les ans. Des offrandes sont alors jetées dans le cratère (poulets, fruits, denrées diverses...). Si vous passez par là à cette époque, ne ratez pas cet événement.

Arriver – Quitter

Attention : de nombreux lecteurs nous ont rapporté des arnaques de la mafia locale des transports et des chauffeurs. On vous arrête au milieu de nulle part et vous êtes obligé de payer. Renseignez-vous avant de partir dans la zone !

2 formules individuelles au choix selon le temps dont on dispose : excursion en une journée et demie ou en une seule journée.

➢ ***Avec une nuit sur place :*** dans ce cas, il est possible de dormir à Tosari (au nord-ouest du volcan) ou dans l'un des 2 villages situés de l'autre côté, au nord-est du volcan, Ngadisari et Cemoro Lawang. On peut louer une moto pour y aller (voir plus haut, à Probolinggo, la rubrique « Arriver – Quitter »), solution la plus rapide, la plus flexible et la plus économique.

Le système est le même dans les 3 villages : résa de jeep à votre arrivée pour le lendemain matin et réveil matinal (à 3h30) pour se rendre directement au mont Penanjakan, puis finir par le cratère (voir ci-après la rubrique « L'ascension du volcan Bromo »). Quoi qu'il en soit, il faut arriver vers 5h, heure du fantastique lever de soleil.

– ***Pour Tosari :*** de Surabaya, s'arrêter en train ou en bus à Pasuruan, sur la route menant à Probolinggo. Prendre un *bemo* jusqu'au village de Pasrepan, situé à 17 km. De là, faire les 24 km jusqu'à Tosari en moto-taxi *(ojek)* ou en « chartérisant » une camionnette du marché. Compter 4h de route de Surabaya. L'avantage de séjourner à Tosari est d'être plus près de Penanjakan (lever du soleil), mais à Cemoro Lawang la vue sur la caldeira est plus belle, et on peut partir à pied par un petit sentier ou bien à cheval, au départ de votre hôtel. Le village est aussi plus calme que les 2 suivants.

– ***Pour Ngadisari et Cemoro Lawang :*** prendre le bus au terminal de Bungurasih (à Surabaya) pour Probolinggo. Puis prendre un *bemo* pour Ngadisari ou un minibus pour Cemoro Lawang, situé au bord du cratère Tengger. Départ théoriquement ttes les heures (en réalité quand il est plein), 5h-18h. Attention, le dernier bus de la journée, qui n'est pas plein, augmente ses prix au prorata des places vides (en outre le chauffeur essaie de vous revendre une nuit d'hôtel en stoppant devant à l'arrivée...) ! Si l'on arrive trop tard, il y a toujours la possibilité de « chartériser » un *bemo,* mais c'est plus cher. La route est particulièrement escarpée, et l'on met 1h30-2h pour parcourir 45 km. Elle serpente dans la montagne et le panorama est magnifique. On conseille plutôt d'aller directement jusqu'à Cemoro Lawang en *bemo.*

➢ ***Sans nuit sur place :*** prendre le bus à Surabaya vers 23h dans le cadre d'une excursion organisée. Arrivée vers 4h à Cemoro Lawang (réservez le service d'un 4x4), puis 1h de marche (réduite à 30 mn à cheval) jusqu'au cratère. Fatigant et vraiment dommage. L'unique avantage est d'économiser une nuit d'hôtel. On préfère, évidemment, la 1re solution...

JAVA

Formalités et infos utiles

– En principe, il est possible de laisser ses bagages à la gare de Probolinggo. Mais vérifiez si c'est toujours le cas.

– Pas d'*ATM* dans ces localités, prenez du liquide avant d'y aller.

– Tous les hôtels organisent des excursions en 4x4. Assez cher mais incontournable.

– Il fait souvent très froid la nuit et au petit matin, même en plein été. Prenez une couverture ou des vêtements bien chauds et isolants. On peut aussi louer une grosse veste *(50 000 Rps)* dans la plupart des hôtels ou plus simplement le long du chemin avant d'arriver au belvédère *(30 000 Rps).* Munissez-vous d'un foulard en raison de la poussière, et d'une lampe de poche pour éviter les foulures sur le sentier abrupt descendant vers la mer de sable, que vous ferez peut-être sans risque en jeep. À part ça, aucun problème.

– Si vous allez dans le cratère, il faut signer le livre de police et ***payer un droit d'entrée*** *(assurance comprise ; 225 000 Rps normalement, mais 320 000 Rps les dimanche, jours de fêtes religieuses chrétienne, musulmane ou hindouiste, ainsi que pendant les hautes saisons : août, fin d'année, etc.)* à chaque entrée : côté Semeru, Bromo Tosari, Bromo Cemoro Lawang. Attention, pour voir le lever de soleil depuis le point de vue, on n'a pas besoin d'aller dans le cratère !

– ***Remarque :*** pour une fois, il vaut peut-être mieux prendre un package et passer par une agence, car en individuel, ce n'est pas si simple que cela, les transports et les hôtels sont facturés « plein pot » et cela vous évitera de passer une nuit à Surabaya ou à Probolinggo (villes sans aucun intérêt).

Toutes les agences pratiquent à peu près les mêmes tarifs. Ces packages peuvent se prendre à Yogyakarta, mais aussi à Malang, avec une autre voie d'accès que celle de Probolinggo. Dans ce cas, on dort à Malang même

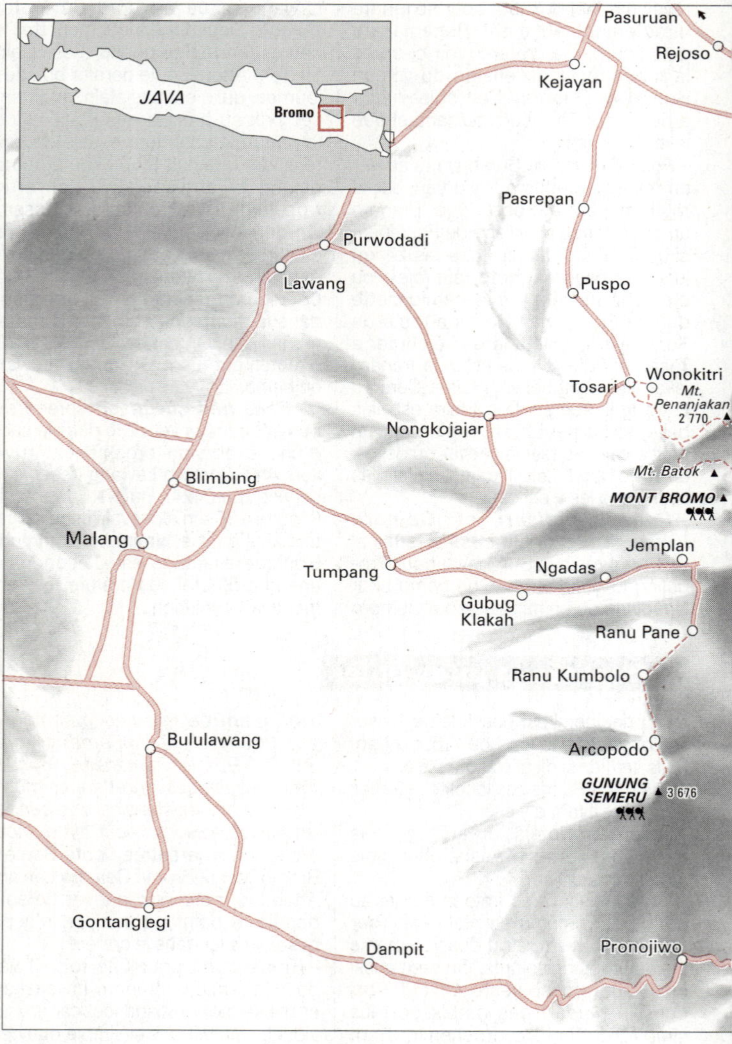

(au nostalgique *Splendid Inn,* au très chic *Tugu Hotel* – dont le resto est exceptionnel et très abordable, à partir de 250 000 Rps par personne –, ou au plus simple, mais confortable, *Malang Heritage Hotel*).

Exemples de prix tout compris dont jeep (sauf droit d'entrée sur les parcs) ainsi que les repas et le petit déj par personne :

➢ ***Bromo*** *(1 j./1 nuit)* **:** transport depuis Yogya et hôtel à Cemoro

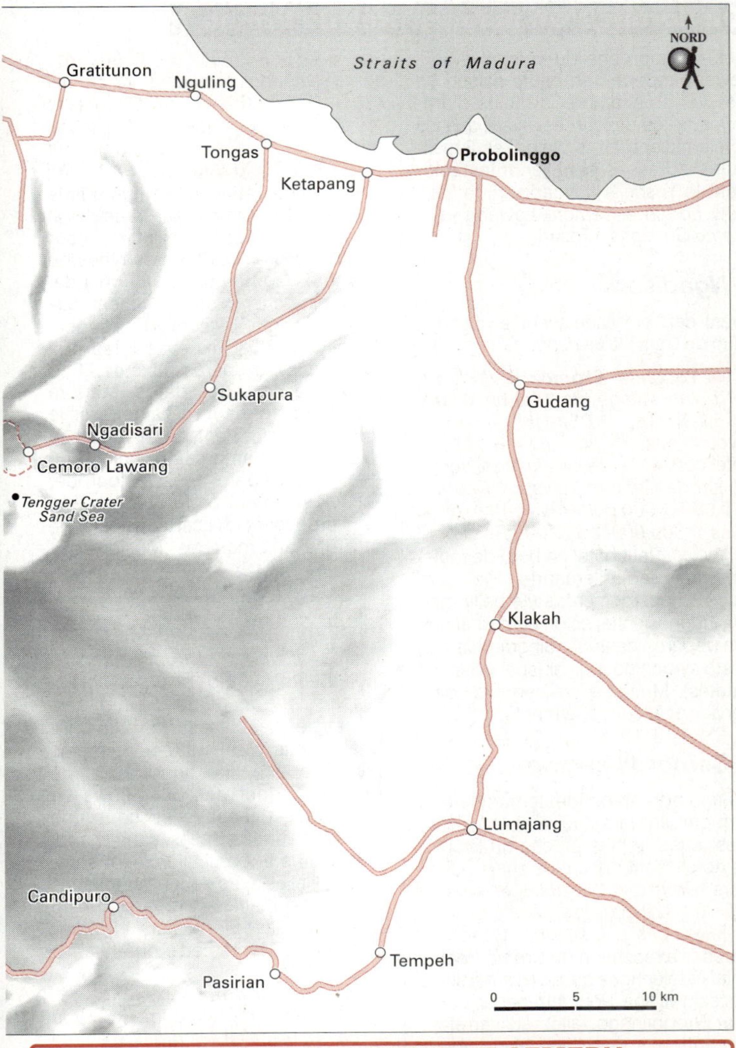

LES VOLCANS BROMO ET SEMERU

Lawang, 300 000-550 000 Rps. Lever de soleil + cratère.

➢ ***Bromo*** *(2 j./1 nuit)* **:** mêmes prestations, 400 000-700 000 Rps.

➢ ***Bromo et Ijen*** *(3 j./2 nuits)* **:** mêmes prestations, plus une nuit d'hôtel à Sempol, 750 000-1 000 000 Rps.

➢ ***Bromo, Ijen et aller Banyuwangi*** *(3 j./2 nuits)* **:** mêmes prestations et dépose au port de Kepapang pour l'embarquement pour Bali, 1 200 000-1 420 000 Rps.

Où dormir ? Où manger près du Bromo ?

Plus on approche du volcan, plus il devient impératif en haute saison de réserver sa chambre, à moins d'arriver en milieu de journée, avant que les hôtels n'aient fait le plein. Les 3 meilleures adresses sont incontestablement le *Yoschi's* à Ngadisari, le *Lava View Lodge* à Cemoro Lawang et le *Bromo Cottages* à Tosari.

À Ngadisari

Avant-dernier village avant le volcan, à 3 km de Cemoro Lawang.

Yoschi's Bromo : *1 jl. Wonokerto, au village de* **Mekto Wono.** *☎ 54-10-18. 082-255-446-000. • yoschiowner@gmail.com • yoschishotel.com • À 2 km avt Ngadisari (donc à 5 km de Cemoro Lawang). Doubles 240 000-1 000 000 Rps, cottages et villas 1 300 000-1 800 000 Rps, petit déj inclus.* Petit hôtel en bord de route, tenu par une Allemande. Plusieurs types d'hébergement, style belle maison indonésienne, selon confort et saison, répartis dans un joli grand jardin. Resto sympa pour dîner (spécialités de patates). Musique live certains soirs. Service et accueil charmants.

À Cemoro Lawang

Village agréable, idéalement situé, surplombant la caldeira et le volcan. C'est aussi le plus proche du Bromo, les hôtels sont donc plus chers qu'ailleurs. *Droit d'entrée dans le village : 225 000-320 000 Rps, même si vous ne faites pas d'excursion.* Boîte aux lettres à la réception du *Bromo Permai Hotel* et téléphone public *(Wartel)* sur la place du village. Pour attraper un *bemo* pour Probolinggo, allez au carrefour en contrebas du village et du *Venus Kafe.* Départ toutes les 30 mn environ, de 8h à 16h.

Hotel Lava View Lodge : *arrivé sur la place du village, juste après l'office pour paiement des droits d'entrée au parc, aller à gauche sur 500 m en suivant le chemin. ☎ 54-10-09. 081-249-808-182. • lavacorprsvn@gmail.com • lavaindonesia.com • Doubles 70 000-840 000 Rps selon saison ; familiales (2 chambres) 1 250 000-1 500 000 Rps ; ou cottage avec vue sur les montagnes et le coucher de soleil 2 500 000-3 500 000 Rps ; petit déj inclus.* La meilleure adresse du village (donnant directement sur la caldeira) et, avec *Yoschi's,* la meilleure autour du site du Bromo. Plusieurs types de chambres, toutes avec eau chaude. Les moins chères sont vraiment surévaluées pour le confort proposé. Quant aux plus luxueuses, les prix sont là aussi exagérés. Taxe de 20 % en plus à certaines dates. Mais la vue imprenable sur la caldeira et le volcan (uniquement de la terrasse et non des chambres) se paie ! Thé et café à volonté dans la journée. Accueil sympa et professionnel. Bon resto proposant une carte variée et de qualité, à prix modérés. Musique live certains soirs.

Café Lava Hostel : *même propriétaire que le Lava View Lodge. ☎ 54-10-20. 081-235-841-111. • cafelavarsvn@gmail.com • Doubles 450 000-550 000 Rps selon confort et saison ; petit déj 40 000 Rps en sus.* Ici, pas de vue, c'est sur la route principale, mais c'est nettement moins cher. Propose une quarantaine de chambres, dont des bungalows en contrebas et 6 nouvelles dans une annexe en face. Celles sans *mandi* sont petites et particulièrement sommaires. Celles avec douche et toilettes sont plus agréables et propres. Resto accueillant, avec ses murs en bambou tressé. Même carte que le *Lava View Lodge.*

Cemara Indah : *☎ 54-10-19. • cemaraindahhotels.com • Avt le bureau pour payer les droits d'entrée au parc, aller à droite jusqu'à la statue représentant un cavalier. Chambres 450 000-1 200 000 Rps.* Bon prix pour les chambres de 4 personnes. Vue superbe sur les volcans pour certaines. Accueil sympa. Resto avec carte variée très bonne : plat local, chinois ou pâtes environ 45 000 Rps. Un petit chemin part de l'hôtel pour rejoindre la caldeira à pied.

À Tosari

À 85 km de l'aéroport de Surabaya, 75 km de Malang, 350 km de Yogyakarta, Tosari est l'avant-dernier village par l'autre route d'accès au volcan (au nord-ouest), en venant de Malang ou de Pasuruan. Plus verdoyant et plus calme que les 2 villages précédents, il est aussi plus proche de Penanjakan pour le lever du soleil, mais sans vue sur la caldeira.

Bon marché (de 150 000 à 300 000 Rps, soit env 10 à 20 €)

🏠 ***Rizky Homestay :*** *le 1er petit homestay rencontré sur la route menant au Bromo Cottages.* 📱 *081-234-605-60. Parking.* Petit hôtel sans prétention mais remis à neuf, ce qui lui donne une nouvelle jeunesse. Belle vue sur les montagnes. 8 chambres simples avec *mandi,* w-c et petite terrasse (pas de petit déj, uniquement du thé).

🏠 ***Penginapan Wulan Ayu :*** *juste après le Rizky, sur la route, à gauche en descendant vers le Bromo Cottages.* ☎ *57-10-11. Sans petit déj (juste du thé).* Une dizaine de chambres correctes, avec *mandi* et w-c, chacune avec un balcon et vue sur la vallée. Il vaut mieux téléphoner pour réserver et pour donner votre heure d'arrivée. Prix doux. Karaoké certains soirs.

🏠 ***Dak Hadi Homestay :*** *quelques centaines de mètres avt le Bromo Cottages.* ☎ *57-13-17.* 📱 *081-336-828-699.* 8 chambres propres, simples, à prix modérés, avec *mandi,* w-c et petit déj inclus. Accueil chaleureux. Une bonne petite adresse.

Spécial coup de folie !

🏠 |●| ***Bromo Cottages :*** *au fond du village, en descendant.* ☎ *(0343) 57-12-22.* • *bromocottages.com* • *Chambres 1 850 000-2 850 000 Rps ; suite 3 800 000 Rps (pour 4 pers) ; cottages 5 300 000 Rps (4 pers).* La plupart des agences de voyages y envoient leurs clients (mais il n'y a pas toujours foule pour autant). Superbe vue sur les montagnes. Les bungalows sont répartis dans des jardins en escaliers, avec un minifuniculaire pour changer de niveau : 100 chambres, 3 suites, 20 cottages ; salles de bains avec eau chaude et froide ; mais sans eau, café, thé, ni petit nécessaire de toilette. Buffet dînatoire en haute saison ou lorsque les groupes font le plein (minimum 60 personnes) dans une immense salle aux airs de chalet. Petite boutique de souvenirs sur place. Attention, les tarifs des prestations sont hors de prix, avec 21 % de taxes en plus. Il vaut mieux réserver par une agence et non en individuel. Propose une excursion *Bromo Tour Jeep* (jeep, cheval et entrée au parc : 500 000 Rps).

|●| Pas grand-chose pour se restaurer : quelques ***warungs-épiceries*** dans le village, ou le resto du *Bromo Cottages* (mais il ferme à 21h30, et ce n'est pas donné).

JAVA

L'ascension du volcan Bromo

★★★ La vision qui s'offre à vous est l'une des plus spectaculaires qui soient. On a rarement l'occasion d'observer une terre aussi désolée.

L'excursion du Bromo

Le départ se fait de Ngadisari, Cemoro Lawang ou Tosari. Pour la réaliser, il y a 2 solutions.

➢ La ***1re solution*** consiste à aller directement jusqu'au Bromo pour le lever du soleil. Compter 30 mn en 4x4 de Tosari et de Ngadisari, 20 mn environ de Cemoro Lawang. Ensuite, une grimpette (gentille) de 1h vous conduira jusqu'au cratère (ce qui n'est pas le cas du Merapi ou du Kawah Ijen !). Vous pouvez aisément vous passer de guide, le volcan étant fléché dès le départ. Bornes blanches dans la caldeira. Si vous partez de Ngadisari ou de Tosari, il faut démarrer

la balade à 3h30 ; de Cemoro Lawang, à 4h, pour assister au lever du soleil. On le répète, il faut bien se couvrir, car il fait froid.
Pour les paresseux et les grands enfants, les habitants du village louent des petits « chevaux » (bardots) qui peuvent, pour 200 000 Rps, vous conduire depuis votre hôtel (mais seulement à partir de Cemoro Lawang) jusqu'au pied du cratère actif. Le propriétaire (du bardot, pas de l'hôtel) marche à côté de vous.
On descend au fond de la caldeira en marchant dans un incroyable univers de sable, puis on gravit 250 marches pour atteindre le sommet du Bromo. Le jeu consiste à parvenir au sommet lorsque le soleil pointe. Vous ne serez pas seul, évidemment, mais l'impression reste forte, très forte.
➢ La ***2de solution,*** la plus spectaculaire selon nous, est de se rendre au ***mont Penanjakan*** (2 770 m, sacrément frisquet !), toujours pour le lever du soleil. Un bon point de repère : l'antenne à son sommet qui clignote en rouge. En 4x4, compter 30 mn de Tosari et environ 45 mn de Ngadisari ou Cemoro Lawang. Seuls les intrépides – mais c'est tout à fait faisable – auront le courage de s'y rendre à pied, car il y a 2-3h de marche dans la nuit, avec un guide. À pied, on atteint d'abord le point de vue Seruni, puis un sentier sur la droite mène à King Kong Hill après 1h30 depuis l'hôtel *Cemara Indah,* puis on termine jusqu'à Penanjakan. Mais qu'on se le dise, la majorité des visiteurs choisissent d'aller jusqu'en haut en 4x4, à partager si possible avec d'autres touristes *(5 personnes maxi)* car les prix pratiqués sont assez élevés *(550 000 Rps par véhicule).*
Le lever de soleil, malgré la foule tout en haut (et les 4x4 garés partout...), est vraiment fantastique ! Ce paysage qui apparaît par petites touches successives... Bon, on ne vous en dit pas plus. Toutes les photos du Bromo (et du Semeru derrière, qui crache sa fumée chaque demi-heure) sont prises d'ici. Notre point de vue préféré, mais on n'est pas les seuls. Là-haut, les *warungs* proposent café, thé, soupe au coin du feu, et location de parkas *(50 000 Rps).* Ça permet d'attendre le lever du soleil au chaud ! Ensuite, les 4x4 vous conduisent au parking qui leur est réservé dans la caldeira. De là, 2 solutions : à pied jusqu'au cratère du Bromo (1h30 de marche aller-retour), ou choisissez l'un des conducteurs de chevaux qui s'empressent pour vous louer leur monture *(150 000 Rps A/R).*
L'avantage de la 2de solution : vous serez légèrement au-dessus de la poussière et frais pour affronter les 250 marches de l'escalier bien raide vous permettant d'atteindre la cime. Vue impressionnante sur le cratère et les fumerolles. Puis retour à l'hôtel pour le petit déj vers 8-9h. On peut évidemment revenir au cratère dans la journée, au calme, voire le lendemain matin pour ceux qui ont le temps.
– De Cemoro Lawang, de jour, il est très facile de se rendre à pied au volcan ; le chemin est bien balisé, barrières blanches et pistes tracées. La balade dans cette mer de sable ou poussière de lave s'effectue de votre hôtel en 1h30 pour l'aller, 2h pour le retour (ça grimpe pour sortir de la caldeira).

LE VOLCAN SEMERU

• Carte *p. 372-373*

★★★ À 17 km au sud du Bromo, culminant à 3 676 m au-dessus du niveau de la mer, le Gunung Semeru est le point le plus élevé de l'île de Java. Avec son cône parfait de cendres couleur gris clair, empanaché par des fumées toutes les 30 mn environ, il domine de vastes paysages, qui ressemblent à ceux de Bali mais se distinguent du reste de Java par leur impétuosité.

Fleuron du parc national Bromo-Tengger-Semeru, le Semeru (appelé aussi le Mahameru, c'est-à-dire « la Grande Montagne ») est considéré par les hindous comme une montagne sacrée, le « père » de tous les autres monts.
Les difficultés de l'ascension et le temps nécessaire pour atteindre le sommet (1 à 2 jours à partir de Ranu Pane) obligent les randonneurs à emporter un minimum d'équipement. Pour ces raisons, le Semeru est moins fréquenté que les volcans voisins. Et, on le répète, il faut vraiment être chevronné (c'est bien plus dur que le Rinjani, par exemple, si vous arrivez de Bali-Lombok). Néanmoins, si vous vous organisez bien, si vous êtes bien entraîné et habitué à crapahuter, vous pouvez y aller. Les étudiants indonésiens aiment particulièrement le Semeru. Atteindre le sommet du Semeru permet de jouir d'une vue époustouflante. De là-haut, on peut aussi observer de très près les explosions de ce volcan, qui est à l'activité volcanique ce qu'un métronome est à la musique.

Arriver – Quitter

➢ ***De Surabaya :*** prendre un bus jusqu'à Blimbing, village à quelques km au nord de Malang. De Blimbing ou Malang, trouver un *mikrolet (bemo)* direct pour Ranu Pane (prix fixe 500 000 Rps – 10-15 pers –, mais il faut attendre que le minibus soit plein), point de départ de l'ascension proprement dite, ou louer une jeep 4x4 (700 000 Rps pour 5 pers). On peut aussi préférer la moto *(ojek),* nettement moins chère (150 000 Rps). En voiture, la route à une voie est correcte et ne comporte pas de vraies difficultés (juste de se ranger sur le côté pour se croiser). 2 km avant Ranu Pane, elle se termine en piste caillouteuse... mais ça passe.

➢ ***Du volcan Bromo :*** il faut traverser la mer de sable, ce qui peut se faire à pied (env 7h de marche) avec pour seule réelle difficulté la montée finale, un peu raide, pour sortir de la caldeira du Tengger. On peut aussi aller en 4x4 jusqu'à Jemplang puis Ranu Pane, petit village de montagne au bord d'un lac et étape incontournable.

Recommandations et infos utiles

– ***Change :*** pas d'*ATM,* ni de banque à Ranu Pane.

– ***À quelle époque faire l'ascension ?*** L'ascension ne peut être entreprise durant la saison des pluies, car alors les cendres se transforment en boue et le terrain devient glissant et donc dangereux. N'envisagez cette randonnée qu'entre mai et octobre.

– ***Vêtements, équipement :*** à partir de Ranu Pane (2 100 m), la nuit, le froid est très vif. Il faut s'équiper en vêtements chauds, emporter un coupe-vent et un sac de couchage (on peut en louer sur place – 15 000-20 000 Rps – mais dans quel état ?). Il n'y a pas d'escalade réelle à effectuer, de bonnes chaussures de marche suffisent donc. Prévoir aussi une lampe de poche. Passé Ranu Pane, il n'y a aucun endroit pour s'approvisionner en nourriture et en boisson, mais juste avant le point de départ, face au *Resort Ranu Pane,* là où on obtient les dernières informations, nombreuses petites échoppes-épiceries qui vendent et louent vivres et équipements.

– ***Guide ou pas ?*** Un guide n'est pas indispensable, car le sentier est toujours assez facile à repérer et à suivre, même s'il vaut mieux être en bonne condition physique pour entreprendre l'ascension. En chemin, vous rencontrerez sûrement de nombreux Indonésiens ou des randonneurs étrangers. Si vous voulez être pleinement rassuré, n'hésitez pas à demander un guide soit chez *Pak Tasrip Family Homestay,* soit au bureau du *PHPA (Resort Ranu Pane).* Nécessaires pour transporter la nourriture et le matériel de camping, les porteurs peuvent éventuellement vous servir de guides.

– ***Les prix :*** un porteur coûte environ 300 000 Rps par jour, un guide 350 000-500 000 Rps pour 1-5 personnes, selon la saison. La location d'un 4x4 pour aller à Ranu Pane doit se marchander âprement, 700 000 Rps pour 5 personnes (2h30 de Blimbing), à l'aller comme au retour.
– ***À l'arrivée au sommet :*** il est conseillé de ne pas s'approcher du cratère éruptif. Le volcan est encore très dangereux. Prendre le temps d'observer les limites de l'aire de projection de pierres. Notez que la montée s'effectue en toute sécurité le long de la pente diamétralement opposée à la zone dangereuse. Malgré cela, les marcheurs sont souvent saupoudrés de cendres grises dans les minutes qui suivent chaque explosion du monstre en activité.

Où dormir ?

Pak Tasrip Family Homestay : *à* ***Ranu Pane,*** *devant l'église. 082-839-303-69 ou 081-249-423-768. • ranupanesemeru@gmail.com • (mais ne répond pas toujours aux e-mails). Compter 70 000 Rps/pers, petit déj compris.* Une adresse en pleine rénovation qui propose un hébergement de base avec 12 petites chambres rudimentaires à 2 ou 3 lits ; douche et w-c à l'extérieur. Il faut réserver plusieurs semaines à l'avance en haute saison. C'est également là que l'on peut prévoir de se nourrir et de s'équiper pour l'ascension : provisions, boissons, sacs de couchage *(30 000 Rps),* matelas *(20 000 Rps),* tentes à louer *(70 000 Rps pour 1-2 pers),* mais vérifiez bien le matériel avant de partir, car vous risquez d'avoir des surprises à l'arrivée, porteurs (autant partir léger et porter soi-même) et guide. On peut y laisser ses bagages en toute sécurité.

JAVA

L'ascension du volcan Semeru

➢ Après une nuit passée au village de ***Ranu Pane,*** le lendemain matin, à la sortie de cette localité, arrêt obligatoire au poste du *PHPA (Resort Ranu Pane)* pour se faire enregistrer (demande parfois une photocopie du passeport), payer le droit de passage *(225 000 Rps ou 320 000 Rps en hte saison)* si vous ne l'avez pas déjà payé avant à Tumpang (Bromo Tengger Semeru National Park) et glaner les dernières informations. À partir de là, 2 à 3 km de route que l'on peut, éventuellement, effectuer en 4x4 ou à moto. Puis commence une journée de 5h de marche à travers une forêt d'altitude riche en superbes fougères arborescentes. Ce trajet est sans difficulté particulière, sinon durant la dernière heure où la montée est plus soutenue. À mi-parcours, les rives du ***lac Ranu Kumbolo*** permettent une agréable halte.
➢ La 2de nuit se passe à ***Kalimati,*** au pied du cône volcanique. Près des vestiges d'un refuge, une zone dégagée en bord de forêt invite au camping. Pour l'ascension, prévoir de partir vers minuit afin de profiter, une fois au sommet, de la vue et du lever du soleil. Celle-ci peut être gâtée par l'arrivée des nuages. Après un peu plus de 1h30 de chemin abrupt, on sort de la forêt. Reste alors la dernière partie du trajet : le cône de cendres et d'éboulis. Passage très difficile car le sol, en majorité constitué de sable et de cendres, se dérobe sous chaque pas et la pente est très accentuée. Ce final, qui n'est pas spécialement dangereux, demande 5 à 6h de marche, selon votre forme physique. Cet ultime tronçon de l'ascension peut être rendu encore plus pénible par le froid glacial (environ 5 °C au petit matin) et le vent violent qui souffle lorsqu'on n'est plus à l'abri des arbres.
➢ ***Au sommet du Semeru,*** vous aurez la récompense de vos efforts ! Vous découvrirez un panorama grandiose : le Bromo et sa caldeira, si proches ; à l'est, le massif du Kawah Ijen ; plus loin, le Gunung Agung et le Batur, fameux volcans balinais ; au nord et au sud se dessinent les côtes de Java. Toutes les 30 mn environ,

le Semeru explose. Il crache de la vapeur d'eau mêlée à du gaz (dégazage). De son cratère jaillissent des panaches de fumée parfois blanche mais plus souvent foncée. Plus ces fumées sont foncées, plus elles contiennent des gaz toxiques, des cendres et des pierres.

➢ ***La descente :*** au retour, une journée suffit largement pour redescendre à Ranu Pane.

Où se reposer après le Bromo et le Semeru ?

Après l'effort d'une escapade volcanique, voici le réconfort de la ***plage de Pasir Putih,*** située sur la route longeant la côte à l'est de Probolinggo. Pour y aller, bus de Probolinggo en direction de Situbondo ou Banyuwangi. Durée : 2h. Se faire arrêter à la plage. Précision : *pasir putih* veut dire « sable blanc », mais, en l'occurrence, le sable n'est pas très blanc, tendance grisâtre... Ici, rien à faire, sinon récupérer sous un palétuvier en regardant les *prahus* à balancier et aux voiles colorées. Promenades en mer avec les pêcheurs très agréables, mais les coraux sont décevants. À éviter pendant les vacances des Indonésiens, car les hôtels et la plage sont pris d'assaut par les locaux en villégiature. De plus, ils sont chers.

Pour dormir, plusieurs hôtels. Notre préférence va au ***Sido Muncul 1*** *(☎ (0338) 39-03-20),* juste sur la mer, à 3 km de l'entrée du village. Différentes catégories de chambres, avec terrasse, et même clim, petit déj inclus, apporté dans la chambre *(450 000-720 000 Rps).* Celles avec ventilo, sans douche et w-c, les moins chères *(250 000 Rps),* ne sont pas proposées normalement aux touristes ! Éviter celles sur rue, bruyantes. Reste les plus chères, avec clim et vue sur la mer...

On peut manger, le long de la plage, dans les restaurants des hôtels, mais si vous voulez goûter d'excellents fruits de mer ou du poisson frais, à des prix plus doux, notre préférence va à l'***Oriental Purnama*** *(89 jl. Raya Pasir Putih ; tlj 8h-18h)* à côté de l'hôtel précédent. Inconvénient : pas de vue sur la mer mais sur la rue et sur une cour fermée. La cuisine est excellente et copieuse, c'est le meilleur resto du coin pour les locaux. Immense salle couverte. Fruits de mer et plats de Sumatra.

JAVA

LE VOLCAN KAWAH IJEN

• Carte *p. 381*

Le Kawah Ijen, le « cratère vert », culmine à 2 400 m. Bien qu'en repos pour l'instant, il connaît quelques soubresauts depuis 2003. Rien de bien méchant, mais il peut cracher suffisamment de fumée pour empêcher l'accès de ses pentes aux touristes. Donc, toujours vérifier auprès des offices de tourisme que la zone est bien ouverte.

Ce volcan est le principal centre d'exploitation de soufre de toute l'Indonésie. Celui-ci sert, entre autres, au raffinage du sucre. Sur ses pentes, vous croiserez des hommes qui, pour quelques milliers de roupies, parcourent 20 km par jour avec 110 kg de soufre sur le dos. Du Zola, mais à Java !

Le Kawah Ijen est surtout connu des touristes français car il a été médiatisé par Nicolas Hulot et les époux Kraft. Il n'est pas encore exploité comme le Bromo, bien que ce soit la « balade du dimanche » de beaucoup d'Indonésiens. On est, heureusement, loin des files continues de touristes s'acheminant vers le cratère ou des 4x4 de Japonais habillés en cosmonautes.

C'est pourquoi l'infrastructure touristique est limitée au strict minimum, et les moyens de transport pour y accéder restent folkloriques. Pourtant, il vaut la peine d'être découvert. Espérons que les autorités indonésiennes auront la sagesse de le protéger du tourisme de masse.
Il faut prévoir une nuit dans un village voisin pour voir le volcan le lendemain, à moins que vous n'ayez les moyens de « chartériser » une voiture qui vous attende pendant l'ascension. Certains préfèrent partir tôt, vers 1h du matin, pour voir les fumerolles bleues du volcan (que l'on peut voir dès le coucher du soleil), ou vers 4h pour juste se promener autour du volcan (meilleur pour les asthmatiques). Au choix !

Arriver – Quitter

Depuis Bali

Depuis Bali, soit par avion depuis Denpasar pour Yogyakarta (voir « Quitter Yogyakarta » pour la suite du parcours), soit, toujours depuis Denpasar, par la gare d'Ubung pour Gilimanuk (3-4h de bus), et de là, ferry pour Banyuwangi (Java). Attention, en arrivant, 1h en moins à vos montres.

Depuis Java

L'arrivée peut s'effectuer soit par l'ouest en venant de Probolinggo, soit par l'est à partir de Banyuwangi.
Le départ de l'excursion elle-même se fait à partir de Paltuding, au pied du volcan, mais les logements dignes de ce nom se trouvent dans des plantations de café, à Sempol, côté ouest. Conséquence du nombre relativement faible de touristes abordant le Kawah Ijen, vous ne trouverez pas beaucoup de liaisons directes en bus ou minibus jusqu'à Sempol. Vous pouvez louer une moto à Banyuwangi (env 100 000 Rps). C'est assez facile en demandant à votre hôtel (avant d'arriver !) mais vous risquez de devoir employer les grands moyens en louant un véhicule ou en « chartérisant » un *bemo* (ou une moto-taxi !). Bref, il faut s'armer de patience et faire feu de tout bois pour accéder au cratère. Mais vos efforts seront récompensés !

Par l'ouest

Les liaisons par Situbondo sont plus faciles et plus nombreuses que par Bondowoso, même si, sur la carte, ça paraît plus long ! Si vous passez par Bondowoso, jetez un œil au village de *Wringin,* spécialisé dans la culture et le séchage du tabac.

➢ ***De Probolinggo :*** prendre un bus pour *Situbondo,* situé à 100 km à l'est de Probolinggo, puis un 2ᵉ bus en direction de *Bondowoso* et descendre 20 km plus loin sur la route principale, à ***Garduatak,*** la bifurcation menant au cratère. De là, prendre un *bemo* qui vous conduira en 30 mn jusqu'au village de ***Sukosari.*** Comme d'habitude, il faut attendre que le *bemo* se remplisse. De Sukosari, on accède à ***Sempol,*** le village le plus proche du cratère, situé à 14 km dans la montagne, avec ce que l'on trouve : soit en *bemo* (mais il y en a peu), soit en camion *(truck),* ou encore à moto-taxi *(ojek).* Si vous arrivez en fin de journée, il ne restera plus que les *ojeks.* Négociez le prix, sachant que le trajet dure env 1h. Heureusement, vous croiserez peu de véhicules. De Garduatak, il est possible de « chartériser » un *bemo* directement pour Sempol, mais c'est plus cher, même si l'on est un excellent négociateur.
Sempol est sur les terres de la plus grande plantation de l'île, la PTPN : 3 000 ha de caféiers dans un décor de jungle. Il n'est pas rare d'y croiser biches, singes et aigles javanais. Pour aller à la base du cratère, à 14 km, où se trouve le poste des gardes forestiers *PHPA* de Paltuding, vous trouverez irrégulièrement dans le village un camion emmenant les planteurs aux champs. Sinon, en *ojek* ou encore à pied... Compter plus de 1h de trajet en camion. La meilleure solution est de dormir à côté de Sempol. Vous y trouverez de la nourriture, un hébergement correct, et ferez ce trajet le lendemain, frais et dispo.

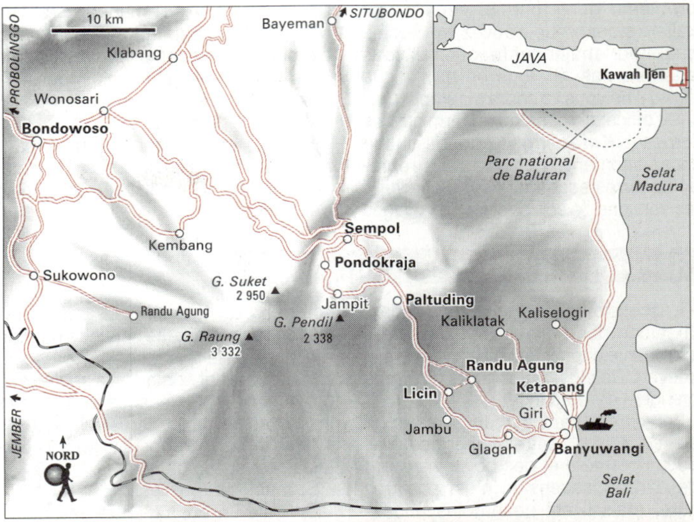

LE VOLCAN KAWAH IJEN

➢ ***De Bondowoso :*** des *bemos* (plus nombreux au terminal) partent en direction de Situbondo. Il faut donc s'arrêter à ***Garduatak,*** à 10 km de Bondowoso, et poursuivre comme précédemment. Des minibus font maintenant la liaison directe de Bondowoso à ***Sempol*** jusqu'en milieu d'ap-m. Le problème, c'est qu'ils ne partent que s'il y a des clients, et ça, c'est très aléatoire... Compter env 2-3h.

Par l'est

➢ Il est possible de partir de ***Banyuwangi,*** dont la route a été remise à neuf. Cette solution concerne surtout ceux qui viendraient de Bali par ferry. Encore moins pratique que le 1er, cet accès est plus risqué car, une fois dans la montagne, les moyens de transport pour arriver à Paltuding sont rares. Néanmoins, si vous insistez, prenez un *bemo* à partir de la station de *Sasakperot* jusqu'au village de ***Jambu,*** situé à 17 km de Banyuwangi, puis un *ojek* jusqu'à ***Sodong,*** ou directement jusqu'à ***Paltuding*** si vous en trouvez. Il faut savoir que Sodong est à 2h à pied de Paltuding. L'itinéraire est fléché « Ijen », régulièrement.

– Si vous avez loué une ***moto,*** partir vers 5h du mat pour les vues sur les rizières et le volcan au petit matin, et une ascension sans trop de chaleur. Prévoir au total env 7h.

De nuit, on peut voir des flammes bleues faites par le soufre. Très couru vers minuit. Le truc est d'y aller en partant à moto vers 15h30 (une bonne heure de route) puis grimper (une bonne heure) au cratère, puis voir le coucher de soleil, puis descendre dans le cratère pour voir les flammes. Remonter le cratère et redescendre la pente du volcan de nuit. En bas, au poste de contrôle (droit d'entrée 100 000 Rps), on peut planter sa tente. Pour louer la moto, demander à M. Supriyadi, un jeune guide qui parle le français et le comprend très bien (● *supriyadi201151@yahoo.com* ●). Il travaille pour une agence et est aussi *couchsurfer,* et donne des infos judicieuses pour les visites. Avoir un plan de la ville pour le retour (et retrouver l'endroit où rendre la moto !).

– Il est possible de « chartériser » un *bemo* pour aller à Paltuding depuis Banyuwangi, mais se pose alors le problème du retour. Si vous payez l'aller-retour, vous pouvez trouver un chauffeur malhonnête qui ne vous attendra pas. Si vous ne payez que l'aller, il ne vous attendra sûrement pas.

➢ L'office de tourisme du terminal des ferries à ***Ketapang*** ne donne aucun renseignement intéressant. Le représentant très accueillant sur place vend les services de son agence de voyages privée. Attention à l'arnaque, c'est très cher, peu sympathique, et beaucoup de touristes se sont fait rouler. À éviter. Il est très difficile, et même impossible lorsque l'on arrive de Bali, de trouver une agence correcte.

|●| Enfin, en contrebas du volcan, resto-bar-expo avec vue sur le volcan : *Java-Banana.* C'est fléché. Chic, mais très abordable.

Recommandations et infos utiles

– L'ascension est déconseillée pendant la saison des pluies, de novembre à avril, car le chemin est glissant et le ciel couvert. De plus, les porteurs de soufre prennent des vacances méritées.

– Prévoir de bonnes chaussures et un pull (10 à 16 °C entre avril et octobre), de la nourriture et des boissons avant de partir. L'ascension n'est pas très dure, mais il est néanmoins nécessaire d'être physiquement préparé. Elle se fait sans guide, il suffit de suivre le chemin qui grimpe. En revanche, attention, en descente, les cailloux qui roulent sous les pieds, ça peut vite être dangereux !

– Si vous êtes particulièrement fragile des bronches, sachez que les émanations sont toujours suffocantes et dangereuses pour la santé. Les vents suffisamment forts font tousser même les personnes n'ayant pas de sensibilité particulière au niveau respiratoire. Gaffe ! Si le chemin des touristes est pris dans des gaz gris-blanc, renoncez ! Idem pour les jeunes enfants. ***On recense chaque année des accidents (graves).*** Les porteurs de soufre en savent quelque chose. Prévoir un foulard ou une serviette humide (qui diminue la quantité de gaz respiré) à mettre devant son nez. La seule vraie protection reste le masque à gaz contre les gaz acides et les filtres chimiques.

– Attention à vos appareils photo : certains peuvent se bloquer.

– Se munir de jumelles.

– On paie un droit d'entrée au poste *PHPA* situé à Paltuding *(100 000 Rps en sem, 150 000 Rps les w-e, j. de fêtes et pdt la hte saison).* Supplément pour les appareils photo et les caméras *(30 000 Rps, autant ne pas les montrer).* Également un supplément si l'on a un vélo et/ou une tente. On trouve un petit musée au poste présentant la faune, la flore, ainsi que les dates, les explications des derniers tremblements de terre et des photos de Nicolas Hulot lors de son passage ! De là, il reste 3 km de marche jusqu'au volcan (1h30).

– Enfin, ne pas rapporter de « souvenirs » en soufre, ils sont interdits dans l'avion (risques d'incendie).

Où dormir ? Où manger ?

À Bondowoso

Bondowoso est une bourgade agréable, propre et aérée. On peut croiser des buffles dans la rue, car la ville est réputée pour ses combats de taureaux, comme l'île de Madura, d'où sont originaires la plupart de ses habitants. On peut voir quelquefois des courses de taureaux le samedi après-midi, sur le terrain de l'Alun Alun. À part ça, sur la route de Sempol, vous verrez des maisons sans fenêtres, protégées par de hauts murs, des barbelés et des tessons de bouteilles ! Ce ne sont pas des prisons mais des élevages d'hirondelles : leurs nids, très recherchés, sont revendus une petite fortune à Taiwan ou à Hong Kong...

⌂ |●| ***Palm Hotel :*** *32 jl. A. Yani. ☎ (0332) 42-15-05. • palm-hotel.net • Chambres économiques sans* mandi, *un peu spartiates, à partir de 210 000 Rps,* *ou chambres avec eau froide ; il y en a avec eau chaude, clim et TV, et à prix nettement plus élevés : 350 000-650 000 Rps. Petit déj et taxes inclus.* C'est le meilleur hôtel de la ville, malheureusement un peu excentré. Belle architecture avec, à l'entrée, un dôme comme une mosquée et un joli jardin avec bassin. Plutôt propre. Piscine. Fait aussi resto. Distributeurs d'argent *(ATM)* à proximité. Propose des excursions pour le Kawah Ijen en une journée *(départ à 4h du mat ; env 700 000 Rps l'A/R pour un véhicule de 6 pers)* ; c'est une solution simple, pratique et un peu le seul intérêt de ce bel hôtel.

À Kalisat Jampit

Arabica Homestay Jampit II : *à Kalisat Jampit, près de Sempol. 085-259-595-955. • rollasarabicahomestay@gmail.com • Pour y aller, petit bus fréquent du terminal de Bondowoso. 3 catégories de chambres, avec sdb et eau chaude, 220 000-440 000 Rps, et des villas pour famille (1 100 000-2 400 000 Rps).* Pension de la PTPN (plantations de café) offrant 32 bungalows, avec un charmant jardin. Souvent complet car rendez-vous des groupes. Réveil en fanfare à 4h du mat, lorsque les 4x4 démarrent. Au restaurant, belle carte mais service un peu usine lorsque l'hôtel est plein. Terrains de basket et tennis. Excursions proposées en jeep, minibus, camion *(400 000 Rps)* ou à moto *(100 000 Rps).* Si c'est complet, essayez d'aller à l'autre adresse.

À Paltuding

Quelques baraquements au point de départ pour l'excursion du Kawah Ijen, mais il est préférable de loger dans les villages des environs.

Possibilité de louer un espace pour 2, très spartiate, dans l'une des 3 baraques *(150 000 Rps).* Possibilité aussi d'installer son sac de couchage dans une salle servant de dortoir *(85 000 Rps).* Les toilettes sont payantes *(3 000 Rps)* ainsi que les douches froides communes *(2 000 Rps).* 3 *warungs*-épiceries sur la place-parking. N'hésitez pas, la balade étant courte ce n'est pas ici qu'il faut passer une nuit.

À Licin-Randu Agung

Attention, ne pas confondre avec Randu Agung au sud de Bondowoso !

Ijen Resorts & Villas : *081-937-646-004. • ijenresort@ijendiscovery.com • ijendiscovery.com • Bungalows pour 2, en pens complète (petit déj, lunch et dîner), 2 560 000-2 800 000 Rps, ou villas 2 900 000-3 500 000 Rps.* Un complexe hôtelier de grand confort, ultrachic, isolé à flanc de colline, à 643 m d'altitude, à 45 mn du port de Ketapang, en surplomb d'un village entouré de sublimes rizières où travaillent les paysans et les buffles. L'accès est difficile (3 km de piste avec ornières à partir du village de Licin), mais le panorama est à couper le souffle ! Sérénité assurée dans de jolies chambres en pavillon dotées d'une terrasse où se prélasser en regardant le soleil se coucher. Massages de qualité *(250 000-550 000 Rps).* Resto de très bon niveau et piscine idéalement intégrée dans le paysage. Organisent également des randos à cheval dans la forêt et l'approche en 4x4 au pied du Kawah Ijen.

JAVA

À Banyuwangi

Banyuwangi, terminal du chemin de fer en provenance de Yogya, Probolinggo et Surabaya, a peu d'intérêt touristique, excepté le Kumpang Malaya.

Le Kumpang Malaya : *près de la place de la mosquée Baïtur Rachman.* Un quartier aux ruelles étroites, sans auto, où la vie sociale est très resserrée. Ne pas manquer l'école de danse et ses costumes. Son autre intérêt est de pouvoir y louer une moto (voir plus haut).

➢ Banyuwangi est proche du ferry (à ***Ketapang,*** à 8 km) pour Bali, Madura ou Lombok. Les ferries quittent le port toutes les heures, 24h/24, à l'heure plus 20 mn.

Le prix du billet est de 8 000 Rps par personne pour Gilimanuk. Prévoir 1h de traversée. Au port, aucun office de tourisme, même si une enseigne attire les touristes pour les arnaquer. Peu de restaurants, mais si vous êtes bloqué ou avez besoin de repos, notre préférence va à :

Hotel Ketapang Indah : *jl. Gatot Subroto, km 6 (un peu éloigné de l'embarcadère ; taxi nécessaire). ☎ (333) 42-22-80. • reservation@ketapangindahhotel.com • ketapangindahhotel.com • Malheureusement un peu cher : 450 000-987 000 Rps.* Des bungalows dispersés dans un immense jardin, belle piscine, restaurant, chambres confortables. Pas d'accès à la mer.

Permatat Indah Permia : *22 jl. Yos Sudarso. 081-234-673-002. • tourspermata@yahoo.com • À 10 mn en bemo du port, proche de l'*Hotel Ketapang Indah. *Doubles 85 000-150 000 Rps (pour les plus chères avec clim et TV), avec petit déj mais taxes 10 % en plus. CB refusées.* Préférer les chambres ne donnant pas sur la rue. Un petit hôtel simple sans prétention. Patron adorable et excursions organisées pour l'Ijen *(200 000 Rps/pers, sans le prix de l'accès ; départ à 1h du mat, retour à 10h).*

L'ascension du volcan Kawah Ijen

Il n'est pas nécessaire de se lever très tôt pour partir. À la différence du Bromo, le lever du soleil n'a rien de spectaculaire. Mais il vaut mieux ne pas se mettre en route trop tard, car les porteurs sont plus nombreux avant 10h et le ciel se couvre souvent dès la fin de la matinée (dans tous les cas, le parc n'est ouvert que de 1h à 13h).

Compter 1h30 pour accéder au cratère à partir du parking de Paltuding. Une marche de plus de 45 mn dans la forêt mène au campement des porteurs de soufre, près d'un ancien poste d'observation en vulcanologie. Le spectacle est fascinant : au fond du cratère, il y a un grand lac aux eaux turquoise, dont la surface est parfois crevée par des bulles d'acides chlorhydrique et sulfurique. ***Attention, il est formellement interdit de descendre dans le cratère*** (même si des guides improvisés vous le proposent).

Seules les faces sud, nord et est sont accessibles. Les bordures nord et nord-est du sommet sont les zones les moins exposées aux gaz. En arrivant au sommet, et seulement si vous n'êtes pas gêné par les gaz (ceux-ci balaient la bordure est), vous pouvez prendre à droite, pendant 100 m environ, jusqu'à l'intersection, devant un gros rocher. Les mineurs tournent à gauche, vous pourrez contourner le rocher par la droite, et monter le chemin légèrement raviné. Après 200 m de marche, la bordure nord-est se révèle en dehors des gaz. Ne tentez pas de traverser les gaz, attendez que les vents changent pour traverser cette zone.

On vous conseille d'être muni, en plus de bonnes chaussures, d'un foulard ample pour vous couvrir les yeux et même le visage, d'une bouteille d'eau pour humecter celui-ci en cas de difficultés à respirer, d'une paire de jumelles pour observer les mineurs, le solfatare, et les paysages environnants. Bon, il n'empêche que c'est magnifique. Les porteurs de soufre *(pencari)* sont là, à charger dans des paniers à balancier 60 à 80 kg de soufre qui a jailli à l'état liquide à 120 °C, puis s'est refroidi. Les collecteurs de soufre, partis tôt le matin, font 2 voyages (soit 15 km) et retournent à leur campement en fin de matinée. Sinon, leur village est à 11 km ! Leurs paniers sont pesés au campement. Le soufre est vendu à une coopérative et servira ensuite au raffinement du sucre. Ils reçoivent 250 Rps par kilo. Ils peuvent ainsi espérer gagner 30 000 à 40 000 Rps en une journée ; ce qui est très bien payé par rapport au salaire moyen, mais à quel prix ! Pas besoin d'être médecin pour estimer leur espérance de vie – réduite par la respiration de ces émanations. Le travail est tellement épuisant qu'ils ne travaillent que 1 jour sur 2 (ou 10 jours consécutifs suivis de 20 jours de repos), et cela jusqu'à l'âge de 50 ans en moyenne. Ce sont vraiment des « travailleurs de la terre » d'un autre âge... Vous remarquerez qu'ils travaillent pieds nus, en tongs ou en bottes en caoutchouc. Certains ont les épaules couvertes d'abcès. Vous pouvez leur acheter un morceau de soufre (naturellement sculpté), ce qui est toujours ça de pris pour eux. Offrez-leur à boire ou à manger, mais pas de cigarettes, par pitié ! Le comble, c'est que ce sont eux qui vous en réclameront... Après le retour au parking, en suivant les porteurs quelques mètres, les paniers sont à nouveau pesés, le soufre cassé, fondu, et le liquide filtré, versé sur une dalle où il se solidifie. Les plaques obtenues sont à nouveau cassées et expédiées par camion. On pense que cette balade restera gravée longtemps dans votre mémoire.

HOMMES, CULTURE, ENVIRONNEMENT

BOISSONS

Les Britanniques ont édifié un empire sur lequel le soleil a fini par ne plus se lever. Les Français, eux, ont accumulé les ennuis en voulant à tout prix que les ancêtres des colonisés soient gaulois. Quant aux Néerlandais, ils n'ont laissé que des brasseries ! Il en existe encore beaucoup en Indonésie.

– Les marques de ***bière*** locales les plus populaires, *Bintang* (la plus neutre), *Anker* et *Bali Hai* sont toutes des *lager* (bière à fermentation basse) assez légères. Vous trouverez aussi des *Heineken, San Miguel* et de la *Guinness.* Elles sont vendues en petites et grandes bouteilles (évidemment plus économiques). À Java, la bière et toutes les boissons alcoolisées sont fortement taxées. Donc 3 ou 4 fois plus chères qu'un soda.

– Dans les endroits touristiques, et plus particulièrement à Bali, les restos proposent des vins australiens (bons mais chers), mais aussi du ***vin balinais*** (de raisin celui-là) qui se boit fort bien sous ces latitudes. Ils sont aussi servis en carafe ou au verre. Le rosé est un peu sucré mais il se « pique » rapidement. Le blanc est plus sec, donc meilleur.

– ***L'eau*** du robinet n'est pas potable. Les Indonésiens la font bouillir 20 mn avant de la consommer. Vous pouvez alors la boire vous aussi, mais assurez-vous toujours qu'il s'agit bien d'*air masak,* autrement dit d'eau bouillie. C'est le cas de l'eau (d'ailleurs souvent encore chaude) que vous trouverez dans les carafes en plastique aux tables des *warungs* ou celle des Thermos dans certaines chambres d'hôtel. En principe, les glaçons sont, eux aussi, faits avec de l'eau bouillie ou stérilisée, mais vu qu'un manquement à cette règle est toujours possible, on vous conseille tout de même de ne pas en abuser... Cela dit, si vous voulez être tout à fait sûr de ne rien attraper, tenez-vous-en à l'eau minérale en bouteille, bon marché et très facile à trouver partout. De plus en plus d'hôtels disposent par ailleurs de distributeurs d'eau purifiée gratuite ; il n'y a plus qu'à ***remplir sa gourde,*** et l'on jette moins de bouteilles ***en plastique.*** Enfin, dans les parties reculées, vous veillerez, au moindre doute, à utiliser des pastilles de *Micropur® DCCNa* ou de *Chloramine T®*.

– ***Le vin de riz*** *(brem)* est soit de fabrication maison, soit commercialisé sous la marque *Bali Brem.* Son goût n'a rien à voir avec le produit de nos vignes. Si l'alcool de riz est souvent distillé maison, on en trouve aussi en bouteilles. On peut le mélanger avec du *Seven Up,* mais en cas d'abus, les lendemains sont redoutables !

– ***Le lassi*** est une boisson d'origine indienne à base de yaourt. Les amateurs de produits laitiers fermentés apprécieront particulièrement (les laitages sont rares dans le pays !). On en trouve essentiellement dans les endroits touristiques.

– ***Le café*** *(kopi)* est fait soit à base de poudre, soit à base de particules séchées de café qui infusent directement dans la tasse ou flottent à la surface ! C'est un produit du pays. Pas toujours excellent, mais on s'y fait rapidement... Les régions

UN CAFÉ... BIEN SERRÉ

Vous serez peut-être amené à déguster du kopi luwak, *le café le plus cher du monde. Lisez cela après l'avoir goûté : il est obtenu à partir des... déjections de la civette* luwak. *Ces blaireaux ne digèrent pas totalement les grains de café qu'ils avalent. C'est ce qui donne ce petit goût particulier et visiblement très recherché (200 €/kg en France !).*

touristiques permettent souvent de se rattraper sur la qualité et le goût. Le pays toraja (Sulawesi) produit ses propres arabicas et robustas, ainsi que la région du Kawah Ijen à Java-Est. Si vous souhaitez un café au lait, demandez un *kopi susu,* plus cher car le lait est un produit de luxe ici.

– ***Le thé*** est assez parfumé et plutôt léger. Il n'a rien à voir avec celui de la *British cup of tea* ! On dit *teh panas* pour thé chaud, *es teh* pour thé glacé, *teh melati* pour thé au jasmin.

– ***Les jus de fruits*** frais font fureur. Passés au mixeur, les fruits gardent toute leur saveur. Vous serez surpris, sur les marchés, par toutes les boissons colorées dont les Indonésiens sont friands. Certaines ont de belles couleurs... fluorescentes ! Goûtez au jus d'avocat *(apokat),* qui ressemble un peu au parfum des marrons glacés, car il est mélangé à de la poudre de chocolat ! Délicieux. Les jus sont généralement servis avec de la glace pilée (demandez-les précédés du mot *es*), chaleur oblige ! En principe, elle est faite avec de l'eau bouillie ou stérilisée, surtout dans les lieux touristiques. L'*es campur,* que l'on trouve sur de nombreuses cartes de restos, est un mélange de fruits, de gelée et de glace pilée. Il existe des tas de variantes. Bien sûr, on trouve aussi toutes les boissons chimiques : *Coca-Cola,* limonades, etc.

– ***Green Sands :*** une boisson gazeuse très rafraîchissante. D'une très faible teneur en alcool (moins de 1 % !), elle mêle la pomme et le citron. À goûter.

Si vous buvez en compagnie d'Indonésiens, ne vous précipitez pas sur votre verre. Attendez que l'on vous y invite et buvez lentement, à petites gorgées. « À votre santé » se dit *selamat minum.*

BUREAUCRATIE

L'Indonésie souffre d'une bureaucratie un peu lente et pas toujours efficace. N'oubliez pas que vous êtes en vacances, donc gardez votre calme ! Le pays pèche parfois par un manque d'informations ou par l'incertitude qui pèse sur celles-ci... Mais la bonne volonté est souvent de mise, en particulier avec les étrangers, généralement bien accueillis.

Les seuls véritables problèmes que l'on peut rencontrer sont les « infractions » au code de la route, mais généralement, vous pouvez être sûr que le policier cherche à vous soutirer 10 000 Rps pour arrondir ses fins de mois ! C'est souvent le cas à Bali. Évidemment, en cas de pépin plus sérieux, les choses peuvent se corser. Quand on est dans son bon droit, il faut savoir rester ferme, souriant et courtois. Il ne faut céder au bakchich qu'en dernier ressort. Un peu de flatterie n'est pas à exclure. Sinon, exigez de voir le chef.

CUISINE

En Indonésie, et particulièrement à Bali, on mange bien. Le riz est l'aliment de base, bien sûr, et le plat national répond au nom de ***nasi goreng*** : riz frit avec des œufs, de petits morceaux de viande et de légumes, ou encore des crevettes. Mais la nourriture indonésienne est à l'image de la mosaïque ethnique que représente le pays : riche, surprenante, variée et colorée. Le blé est la 2de céréale la plus consommée.

L'Indonésie étant un archipel, on y mange beaucoup de poissons et de crustacés. Le poisson constitue, avec le riz, la base du

À TABLE !

Oubliez tout ce que vous savez sur les couverts. En Indonésie, les fourchettes ne servent pas à piquer mais à pousser, et les cuillères sont utilisées pour couper ! Quant aux couteaux, ils restent le plus souvent dans la cuisine ! Heureusement, les plats indonésiens sont la plupart du temps prédécoupés.

régime alimentaire. Pour des raisons faciles à comprendre (chaleur oblige), il est le plus souvent séché, fumé ou même réduit en pâte. Ce qui n'exclut pas, dans les zones touristiques, d'excellents poissons frais.

Les épices jouent aussi un rôle très important dans la préparation de nombreux plats, notamment le curry (*mild* ou *not spicy* si vous souhaitez le déguster pas très épicé).

Attention : on utilise souvent du glutamate de sodium afin de mieux faire ressortir les saveurs. Or, ce produit est déconseillé aux personnes cardiaques ou souffrant d'hypertension. La saumure de poisson a également le même effet.

Enfin, la cuisine chinoise est bien représentée elle aussi, et dans les endroits touristiques vous trouverez généralement, en plus, toute une gamme de plats d'inspiration occidentale, du steak aux pizzas en passant par les spaghettis, et même parfois des spécialités mexicaines comme les tacos ou le guacamole !

Tout comme dans de nombreux pays asiatiques, la cuisine de rue *(street food)* est omniprésente. Pour les petits budgets, les marchands ambulants en *kaki lima* (sorte de petites roulottes) proposent des tas de plats à petits prix !

Quelques spécialités indonésiennes

– ***Krupuk :*** sortes de grosses chips de crevettes ou de poisson, tenant lieu de pain.

– ***Sate*** *ou* ***satay :*** petites brochettes (de poulet, de poisson, de porc, etc.) cuites sur la braise et servies avec une sauce aux cacahuètes ou au soja.

– ***Nasi campur :*** c'est une assiette de dégustation des principales spécialités indonésiennes. Le plat est toujours très copieux.

– ***Bakmi goreng*** *ou* ***mie goreng :*** le pendant du *nasi goreng,* mais avec des nouilles à la place du riz.

– ***Lontong :*** riz aggloméré, sous forme de cubes, cuit à la vapeur et servi dans des feuilles de bananier.

– ***Gado gado :*** salade de légumes cuits et pousses de soja, parfois très épicée, accompagnée d'une sauce aux cacahuètes. Le délice des végétariens.

– ***Urab :*** délicieux mélange de noix de coco, haricots ou autres légumes finement hachés et parfumés d'épices et de piments. Plat essentiellement balinais.

– ***Soto :*** bouillon dans lequel baigne un peu de tout (légumes, vermicelles, boulettes de viande ou de poisson, riz, poulet...).

– ***Soto bandung :*** soupe de tripes.

– ***Cap cai :*** sorte de *chop suey,* mélange de légumes généralement non pimentés.

– ***Ayam batutu :*** poulet farci grillé, servi avec des légumes, du tapioca et de la noix de coco. Spécialité de Bali.

– ***Bebek betutu :*** une savoureuse spécialité balinaise de canard. Farci et longuement cuit à l'étouffée dans une feuille de bananier, il se commande toujours la veille.

– ***Sambal :*** piments pilés avec de la pâte de crevettes et du jus de citron. Incendie assuré ! Pour l'éteindre, inutile de se précipiter sur l'eau. Mangez rapidement du riz blanc ou de la banane. Vous pouvez aussi boire du lait de coco. Tout autre liquide ne fera qu'attiser le brasier.

– ***Gudeg :*** spécialité de Yogyakarta, composée du fruit du jaquier, cuit dans du lait de coco.

– ***Ayam goreng :*** poulet frit.

– ***Babi guling :*** cochon farci et rôti à la broche. Excellent quand il n'est pas trop gras. On le trouve surtout à Bali, le reste de l'archipel étant en grande majorité musulman.

– ***Rijsttafel*** (ou « table de riz ») ***:*** en fait, c'est une invention néerlandaise. Il s'agit de préparations indonésiennes de légumes, de viande, de poisson, d'œufs, de volaille ou végétarien, faisant la ronde autour d'une montagne de riz, agrémentées de *krupuk* (chips de crevettes), de banane, de piments, de cacahuètes, de concombre mariné. En général, à partager à 2.

– ***Padang :*** cuisine portant le nom d'une ville de Sumatra, mais qu'on trouve pratiquement dans toute l'Indonésie. Sorte de fast-food indonésien où sont présentés, derrière la vitrine du resto, une quantité de petits plats déjà cuits et souvent assez épicés. Vous ne payez que ce que vous avez choisi.

Fruits

Ils ne manquent pas de surprendre par leur abondance, leur variété, leur forme et leur goût parfois déroutant.
– ***Kelapa :*** noix de coco. On en trouve en abondance.
– ***Manggis :*** c'est le mangoustan, un des fruits exotiques les plus savoureux qui soient. Il est petit, de couleur brun-rouge, avec une épaisse écorce. Ouvert, il révèle de toutes petites tranches d'un blanc laiteux, au goût exquis. Pour l'anecdote, la reine Victoria offrait une récompense à quiconque lui en rapportait jusqu'en Angleterre et en bon état de conservation ! Aujourd'hui, on en trouve dans les magasins chinois des grandes villes européennes.
– ***Rambutan :*** sorte de boule rouge hérissée de longs « poils » (d'où le nom, *rambut* signifiant « cheveu »). S'apparente un peu au litchi.
– ***Nangka :*** connu sous le nom anglais de *jackfruit.* C'est un gros fruit qui peut peser jusqu'à 20 kg. De texture caoutchouteuse et au goût très doux.
– ***Nanas :*** ananas. Très répandu et extrêmement rafraîchissant.
– ***Papaya :*** papaye. Grandes propriétés digestives, et souveraine en cas de diarrhée...
– ***Pisang :*** banane. Il en existe une multitude de variétés. Vous aurez le choix, des toutes petites *pisang mas* aux *pisang raja,* de 30 cm de long !
– ***Salak :*** fruit ressemblant à une tête de serpent, avec sa peau brune constituée de petites écailles. Sa chair est croquante, son goût douceâtre.
– ***Sirsak :*** gros fruit à l'écorce foncée. La chair, délicieuse, est à mi-chemin entre la mangue (pour le goût) et l'ananas (pour la consistance). Excellent en jus.
– ***Tamarille :*** appelé aussi tomate réunionnaise, petit fruit à la peau marron et à la chair rouge, qui pousse sur les hauteurs. Son jus acidulé est excellent et d'une grande finesse. On peut en boire au pays toraja à Sulawesi.
– ***Dragon fruit :*** étonnant, avec sa peau épaisse et rose, constituée de pétales superposés les uns aux autres. Sa chair blanche ou mauve piquetée de noir rappelle celle du kiwi, en plus doux.
– Sans oublier bien sûr, les ***mangues,*** dont la chair, aussi juteuse que sucrée, finira immanquablement coincée entre les dents...
– ***Apokat :*** avocat. En abondance et bon marché.
– ***Belimbing :*** connu en français sous le nom de carambole. Très rafraîchissant, légèrement craquant, ressemble à un melon d'eau acidulé. C'est en eu coupant une tranche que l'on découvre l'origine de son nom anglais : *starfruit* (« fruit étoilé »).
– ***Durian :*** sent parfois tellement mauvais qu'il est souvent interdit dans les hôtels et les aéroports ! Mais, comme avec un munster d'enfer, une fois surmontée l'odeur, on est agréablement surpris ! Question de goût, remarquez !
– ***Jambu :*** les Asiatiques aiment tremper les morceaux de ce fruit dans de la sauce de soja, le tout accompagné de petits piments. On mange même ses petits pépins. Le jus est sublime.
– ***Jeruk muntis** ou **jerunga :*** mi-pamplemousse mi-orange. Le terme *jeruk* s'applique à toute la famille des agrumes : oranges, citrons, kumquats, etc.

CURIEUX, NON ?

– La religion hindouiste de Bali oblige à ***faire des offrandes*** aussi bien aux dieux qu'aux démons. Fleurs, bâtons d'encens, fruits, riz, mais aussi poulet mort, tête de cochon et autres animaux permettent de satisfaire les dieux et amadouer les démons.

– L'hindouisme balinais a pris le meilleur de l'hindouisme indien (omniprésence des dieux dans la vie quotidienne, douceur, respect, pas de vol...) tout en délaissant ses aspects les plus violents (intolérance religieuse notamment envers les musulmans, intransigeance des castes). On n'est pas loin de la religion idéale, même si on y consacre beaucoup de temps et d'argent (offrandes, donations).
– On ne parle pas de « dos-d'âne » en Indonésie, mais de ***« policier endormi »*** *(« polisi tidur »).*
– ***Le vent est un élément essentiel*** de la vie à Bali. Ainsi, dès le plus jeune âge, on bricole son cerf-volant pour jouer dans la rue. Mais c'est aussi une affaire de grands. Des compétitions sont organisées chaque année, opposant les différents villages qui déploient de véritables chefs-d'œuvre de plusieurs mètres d'envergure. Souvent, si vous vous promenez dans des rizières, vous apercevrez une armée de cerfs-volants flotter au-dessus de vos têtes. Magique !
– Très appréciés sur les tables balinaises, ***les canards sont souvent promenés par un enfant*** qui porte une longue tige de bambou avec un chiffon ou autre chose au bout. Ainsi les canards suivent la baguette. Quand le gamin veut s'arrêter, il plante sa baguette et les canards restent autour. D'où peut-être l'expression « être mené à la baguette » ?
– À l'entrée de chaque village, ***on trouve un* kulkul,** tronc de bois fendu en 2. En tapant dessus, on informe les villageois des événements divers. Pour un incendie, on frappe 3 séries de coups rapides. Pour un mariage, c'est une alternance d'une série rapide et une lente. Ou comment réinventer le morse à l'heure du portable.
– À Bali, ***peu de choix dans les prénoms*** : le 1er enfant s'appelle Wayan, Putu ou Gede. Le 2e Made ou Kadek, le 3e Nyoman ou Komang, et le 4e Ketút. Et c'est tout ! Pour le 5e c'est facile, on reprend les prénoms du 1er.
– ***La crémation*** constitue le dernier voyage du défunt. En brûlant le corps composé des 5 éléments (terre, air, eau, feu et lumière), on libère le mort de son enveloppe terrestre en donnant à l'esprit la possibilité de poursuivre son itinérance.
– ***Le limage des dents*** est un rituel de passage obligatoire. On aligne les canines qui dépassent avec les molaires, afin de gommer notre aspect animal et mieux maîtriser nos penchants agressifs les plus primaires.
– ***Le Nouvel An balinais*** *(Nyepi)* commence... dans le silence ! En effet, après de grandes festivités, des pétards pour faire fuir les esprits malins et des défilés de monstres de papier, à minuit, plus personne n'est autorisé à circuler dans les rues. Plus un bruit, plus une lumière. Chers touristes, les règles s'appliquent à vous aussi ! Même l'aéroport est fermé. Tout cela afin que les mauvais esprits ne soient pas tentés de revenir.

DROITS DE L'HOMME

Autrefois modèle de tolérance, l'islam indonésien s'est progressivement durci sur tout l'archipel, et le scrutin présidentiel d'avril 2019 a vu s'affronter des candidats aux discours très conservateurs. Même si, au final, c'est le président sortant Joko Widodo – « Jokowi », jugé comme l'un des plus modérés et surtout les plus rassembleurs – qui l'a emporté. Les résultats du scrutin, contestés dans la rue, ont donné lieu à des affrontements meurtriers. Le militantisme religieux s'est encore accentué ces dernières années sur tout l'archipel. Dans certaines régions, comme à Sumatra ou sur l'île autonome d'Aceh, des règlements locaux ont été pris contre certaines atteintes aux mœurs (homosexualité, adultère, etc.). Des dispositions sur le blasphème sont toujours utilisées pour emprisonner des personnes exerçant pacifiquement leur droit à la liberté de religion. Les musulmans indonésiens « traditionnels » s'inquiètent de la montée en puissance des prêcheurs religieux d'inspiration wahhabite, au sein des mosquées de la capitale, et le candidat Widodo

lui-même a dû donner des gages à cet électorat en prenant comme colistier un vieil ouléma conservateur, devenu son vice-président.
Jokowi avait déjà un peu déçu lors de son précédent mandat. Attendu par beaucoup comme étant favorable aux Droits de l'homme, il a certes permis de réduire les inégalités en mettant en place des programmes de protection sociale dans les campagnes, mais il en a heurté plus d'un en prenant notamment des mesures strictes à l'égard des LGBT. En septembre 2019, un projet de réforme du code pénal prévoyant des peines de 6 mois pour toute relation hors mariage a également provoqué des manifestations étudiantes parfois violentes (le projet a été reporté).
Jokowi a également passé des compromis avec les militaires et considérablement durci les mesures antiterroristes, souvent liberticides. Un temps visé par des attentats meurtriers, l'archipel semblait avoir retrouvé un peu de sérénité. Mais l'agression du ministre de la Sécurité à coup de couteau par un fondamentaliste laisse penser que toutes les cellules du pays n'ont pas été démantelées. Les mesures antiterroristes servent d'ailleurs le plus souvent à réprimer des mouvements indépendantistes, comme sur l'île de Papouasie occidentale, où des militants ont été arrêtés de façon arbitraire. Comme dans d'autres régions, l'armée indonésienne y est soupçonnée de faire régner un climat de terreur pour s'enrichir grâce à des trafics divers (bois précieux, etc.). Jokowi a tout de même annoncé la mise en place d'un vaste programme de recensement et d'enregistrement des terres d'ici à 2025 pour lutter contre l'accaparement de celles-ci, et annoncé un moratoire sur l'attribution de permis pour les plantations de palmiers. Un fléau pour la forêt indonésienne.
La lutte contre le trafic de drogue continue par ailleurs de faire des morts, souvent victimes d'exécutions extrajudiciaires. Rappelons que la peine de mort continue d'être appliquée dans ce type d'affaires. Prison assurée pour un pétard !

■ ***Fédération internationale des Droits de l'homme*** *(FIDH)* **:** *17, passage de la Main-d'Or, 75011 Paris. ☎ 01-43-55-25-18. • fidh.org • Ⓜ Ledru-Rollin.*

■ ***Amnesty International*** *(section française)* **:** *76, bd de la Villette, 75940 Paris Cedex 19. ☎ 01-53-38-65-65. • amnesty.fr • Ⓜ Belleville ou Colonel-Fabien.*

N'oublions pas qu'en France aussi les organisations de défense des Droits de l'homme continuent de se battre contre les discriminations, le racisme et en faveur de l'intégration des plus démunis.

ÉCONOMIE

Une croissance d'environ 5 % par an depuis le milieu des années 2000, des investissements internationaux en augmentation constante, une classe moyenne qui croît progressivement... nombre de clignotants économiques sont au vert. L'Indonésie pointe même au 16e rang des puissances économiques mondiales. Cela dit, beaucoup de chemin reste à parcourir, dans un pays fortement marqué par les inégalités sociales et qui se classe seulement, selon le FMI, au 103e rang mondial du PIB par habitant. Multipliée par 5 depuis le début des années 2000, la moyenne du revenu annuel approche seulement les 3 500 € (37 000 € en France), et, si le taux de pauvreté a été quasiment divisé par 2 depuis 1999, 26 millions d'Indonésiens survivent toujours avec moins de 3 € par jour, et 20 % de la population reste fragile et peut basculer dans la grande pauvreté. Seuls les fonctionnaires touchent une retraite, les écoles sont payantes (et chères), et si le président Joko Widodo a amorcé la mise en place lors de son 1er mandat d'un système de Sécurité sociale, il ne couvre qu'une partie des frais de santé. Les défis sont donc de taille, et parmi ceux-ci, la question de la corruption, qui ronge l'économie et la société indonésiennes. À ce titre, la création en 2019 d'un tout nouveau conseil nommé par le président pour chapeauter l'agence anticorruption jusque-là indépendante est un flagrant recul.

L'Indonésie en chiffres

– Salaire mensuel minimum : environ 235 €.
– Répartition par secteurs : agriculture 14 %, industrie 41 % et services 45 %.
– Principales exportations agricoles : huile de palme (1er producteur mondial), riz, cacao, café, crevettes.
– 2e importateur mondial de blé (environ 11 millions de tonnes par an), utilisé pour le pain et les nouilles.
– Ressources minières : charbon (parmi les 1ers producteurs mondiaux), gaz, pétrole (mais le pays en consomme plus qu'il n'en produit).
– Tourisme : avec près de 15 millions de visiteurs par an, le secteur croît régulièrement et compte pour 6 % du PIB. L'activité se concentre essentiellement sur Lombok, Sulawesi (à l'est de Bornéo), et bien sûr Bali, qui a accueilli 6,5 millions de visiteurs en 2018. Essentiellement une clientèle australienne, chinoise, indienne, puis régionale (Malaisie, Singapour) et européenne. Une manne qui attire de nombreux immigrés de l'intérieur, venus des autres îles travailler dans l'industrie touristique locale.

ENVIRONNEMENT

L'Indonésie et l'environnement

L'Indonésie est un formidable réservoir naturel (faune, flore, mers, volcans, des espèces uniques, la plus grande fleur du monde et l'on en passe...). Mais le mot « environnement » ne figure pas encore dans la liste des *Pancasilas,* les devoirs et les principes de la nation. Dommage !

D'un point de vue gouvernemental ou individuel, les énormes intérêts en jeu, ainsi que la négligence ou la simple indifférence ont souvent conduit les Indonésiens à exploiter à tort et à travers, et à vendre leurs ressources. Cela va de l'exploitation forestière, au trafic des tortues vertes de Bali, de la destruction du corail au massacre des napoléons (poissons protecteurs de ce récif sous-marin mais très appréciés des gourmets...) ou des crocodiles, en passant par l'élevage des perles de culture vendues aux Japonais, ou encore, plus « banalement », la vente des oiseaux rares et des singes... L'Indonésie a encore du chemin à faire pour préférer préserver ses richesses que les vendre pour une rentabilité immédiate mais nulle à long terme.

Et c'est sans parler de la pollution et de l'absence de ramassage et de traitement des déchets dans certains coins du pays. Partout, y compris dans les plus beaux sites de Bali ou Lombok, s'entassent des sacs en plastique et essaiment des petites décharges à ciel ouvert. ***L'Indonésie est même le 2e plus gros pollueur marin après la Chine.*** Exemples frappants, un cachalot a été retrouvé mort avec 6 kg de plastique dans l'estomac, tandis que la vidéo d'un plongeur nageant dans une mer de plastique dérivant au large de Nusa Penida a fait le tour du Web. Le gouvernement semble se saisir enfin du problème, et s'est engagé à réduire la pollution par déchets plastiques de 70 % d'ici 2025. Mais il y a beaucoup de chemin à faire, tant du côté de l'éducation que des infrastructures. Ainsi, à Bali, moins de la moitié des déchets sont recyclés, le reste finissant brûlé, dans des décharges ou dans les rivières puis dans l'océan. 1er acte fort, ***l'utilisation de pailles, sacs en plastique et autres polystyrènes à usage unique est interdite sur l'île des Dieux depuis juillet 2019.***

POURQUOI LES COCOTIERS PENCHENT-ILS VERS LA MER ?

Tous les végétaux recherchent la lumière pour favoriser leur croissance (photosynthèse). Le soleil se reflétant dans l'eau, les plantes et les arbres ont donc tendance à s'incliner vers la mer. De plus, le sable humide (donc meuble) accentue ce mouvement.

Quand les forêts brûlent...

L'autre point noir est la gestion de la forêt. L'Indonésie possède le 3e domaine forestier tropical du monde après le Brésil et la RDC. Ou plutôt « possédait », car, selon certains experts, le pays sera prochainement obligé d'importer du bois. Pas vraiment surprenant puisqu'on estime que durant la seule 1re décennie des années 2000, l'archipel a perdu 6 millions d'hectares de forêt primaire, soit l'équivalent du territoire de l'Irlande ! Si l'Indonésie n'a pas su (ou voulu) gérer durablement sa forêt, c'est que les préoccupations écologiques n'ont eu aucun poids face aux intérêts économiques. Ceux des marchands de bois, mais aussi, et surtout, ceux du puissant lobby des producteurs d'huile de palme qui, pour renouveler toujours plus leur surface d'exploitation, recourent à la déforestation massive en provoquant de gigantesques incendies (lire encadré).

LE POISON VERT

L'huile de palme provoque des dégâts écologiques considérables en Asie. Ces palmiers à croissance rapide laissent derrière eux un sol irrémédiablement stérile, poussant les producteurs à pratiquer la déforestation massive pour renouveler leurs surfaces. Pour ce faire, ils multiplient les incendies volontaires, qui dégagent une énorme quantité de gaz à effet de serre et produisent des nuages toxiques qui, poussés par le vent, dérivent sur toute l'Asie du Sud-Est. L'huile de palme se trouve dans la margarine, les biscuits industriels et les barres chocolatées.

L'impact du tourisme

Malgré ce sombre tableau, l'Indonésie reste un pays à la faune et à la flore fantastiques, et nombreux sont les Indonésiens qui aiment leur environnement. Preuve en est, craignant un désastre culturel (la zone compte plusieurs temples) et écologique, des milliers de Balinais se mobilisent depuis 2016 contre un projet touristico-immobilier visant à assécher la baie de Benoa, au sud de l'île, pour y construire des îles artificielles, un golf, des hôtels de luxe... Si les opposants ont réussi à freiner considérablement le projet, il n'est pas abandonné. Un exemple révélateur de l'impact négatif du développement accéléré du tourisme sur la situation environnementale : consommation des ressources, bétonisation du littoral, multiplication des déchets... On parle d'ailleurs d'appliquer une taxe de 10 US$ aux visiteurs étrangers, destinée à financer la protection de l'environnement.

Quelques initiatives

– L'une de nos préférées : ***Refill My Bottle*** *(● refillmybottle.com ●)* lancée par le Français Alexandre Tsuk. L'idée : vous pouvez remplir votre bouteille d'eau gratuitement ou presque dans toutes les adresses prêtes à jouer le jeu, recensées sur le site. La plupart d'entre elles affichent le logo de l'association. De quoi réduire la pollution plastique !

– Une autre idée : ***Trash Hero*** *(● trashhero.org ●).* Dès que vous trouvez des détritus, des mégots ou autres, jetez-les dans les poubelles destinées à cet effet. Et initiez les enfants ou toute autre personne à devenir ce genre de « héros des détritus » !

– Encore une autre : en 2017, près du village de Sibang Kaja, s'est ouvert la ***Green School*** *(● greenschool.org ●),* l'école la plus écologique au monde (rien que ça) ! Elle a été fondée par John et Cynthia Hardy, déjà pionniers en matière de commerce équitable, et est subventionnée par l'association *Sustainable Educational Trust.* Du jardin d'enfants au lycée, le but est de former des écocitoyens du monde, responsables et conscients de l'importance de l'écosystème. Les enfants allient ainsi un enseignement scolaire classique avec des connaissances pratiques sur le recyclage, la faune et la flore, et des réflexions sur comment penser les nouveaux enjeux écologiques. Difficile pour l'instant de mesurer les effets sur le long terme, mais rien que pour le principe du projet... chapeau !

FÊTES, RITES ET CÉRÉMONIES

Ils ont une importance considérable. Tous les jours, il se passe quelque chose ! Sachez qu'au moment de la pleine lune les activités redoublent. En vous baladant dans l'île, vous tomberez fatalement sur des fêtes de village extraordinaires et très animées. Vous y serez toujours le bienvenu. Voici les principales cérémonies.

« FÊTES » CE QUI VOUS PLAÎT

Les Balinais ont un emploi du temps festif très chargé, organisé en fonction d'un calendrier lunaire et religieux assez complexe. Un jour, c'est la fête des Cocotiers, 2 jours plus tard la commémoration d'un temple, sans oublier la cérémonie du limage des dents du petit dernier. Bref, vous verrez partout des femmes confectionner des offrandes... même en vendant des tee-shirts ou entre 2 massages sur une plage !

La présentation aux dieux

À Bali, un enfant est considéré à la naissance comme divin, car réincarnation d'un de ses ancêtres. Ainsi, un 1er rite de passage, appelé *Tigabulanan,* a lieu lors du 105e jour passé sur Terre. Son but ? Permettre au nourrisson d'entrer dans sa vie humaine. La petite divinité, habillée et parée de vêtements et bijoux lui assurant protection, est alors présentée aux dieux et pose le pied sur le sol pour la 1re fois. Devenu humain, l'enfant peut rejoindre la communauté et l'accès aux temples lui est autorisé.

Le limage des dents

Cette cérémonie, appelée *Metatah,* marque l'entrée de l'adolescent dans le monde adulte. Elle consiste à égaliser 6 dents correspondant à 6 défauts : la paresse, la jalousie, la cupidité, la colère, l'indécision et l'indifférence. On embellit ainsi l'âme et le sourire. Les 2 canines supérieures et les 4 incisives sont livrées à la lime et au marteau d'un prêtre. Pas de panique, tout cela est parfaitement indolore, sauf pour le porte-monnaie, car il faut payer les offrandes, nourrir de nombreux invités, porter de coûteux vêtements, etc. Le tout se déroule dans une atmosphère de fête et au son du gamelan. Chaque limage dure une quinzaine de minutes et la bouche de l'adolescent est maintenue ouverte par une tige de canne à sucre. Il n'est pas facile d'assister à un limage de dents, car c'est un événement familial, donc intime. Cette coutume a une telle importance qu'il n'est pas concevable de se marier avec ses « dents de chien ». Pour ceux qui meurent prématurément, on procède au limage avant la crémation.

Le mariage

Il est généralement célébré bien après sa consommation. Les Balinais sont très libres. Ils n'ignorent rien des « choses de la vie » dès leur plus jeune âge. Mais le mariage est toujours la conclusion attendue par les familles. Dans le mariage *ngro rod,* le fiancé enlève la jeune fille consentante, dépose des offrandes aux dieux et passe à l'action. Le couple revient chez les parents qui ont fait semblant de les chercher. On fixe alors la date de célébration de la cérémonie publique qui va officialiser les choses. Dans le mariage *mapadik,* ce sont les parents qui organisent l'union, mais avec le consentement des 2 protagonistes.

La polygamie n'existe quasiment plus. Si une femme veut divorcer et qu'elle peut en justifier les raisons, il lui suffit de quitter le domicile conjugal. Si un homme veut faire de même, il prend une autre épouse après en avoir averti le chef de village, mais conserve souvent la 1re au foyer.

Les fêtes et jours fériés

Dans l'archipel, il en existe tant que, si l'on se débrouille bien, on peut faire la fête 365 jours par an ! Elles sont difficiles à dater, car elles se décalent de 10 ou 11 jours chaque année, suivant le calendrier lunaire (pleines et demi-lunes).
On trouve le calendrier des fêtes locales dans les offices de tourisme régionaux.
Tous les 210 jours, c'est ***Galungan,*** une fête importante du calendrier balinais, qui dure 3 jours. À cette occasion, tout le monde retourne dans son village familial pour honorer les dieux et les ancêtres qui, selon la croyance, descendent vers les temples. 10 jours plus tard, c'est ***Kuningan,*** également férié, mais qui ne dure qu'une journée.

LA FÊTE DU SILENCE

Durant Nyepi, *le Nouvel An balinais, les gens restent chez eux, sans bruit. Aucune circulation (sauf les ambulances), aucune activité. Ce jour-là, tout est fermé. Personne dans les rues. N'apercevant plus de présence humaine, les mauvais esprits iraient voir ailleurs.*

Pendant cette période, la vie s'arrête en partie : service réduit dans les hôtels et restaurants, banques et magasins fermés. Il en va de même pour le Nouvel An hindou ***(Nyepi Day),*** qui succède à quelques jours de purification ***(Melasti).*** Le jour de *Nyepi,* les aéroports sont fermés et tout le monde reste à la maison, avec interdiction d'allumer toute lumière. On parle aussi de « *silent day* ». Plus un bruit dans les villes. Dans ce cas, prévoir un bon bouquin (il n'y a rien d'autre à faire) et un casse-croûte, car il peut être difficile de s'approvisionner. Mais pourquoi tout le monde se terre-t-il chez soi ? Parce que c'est le jour où le mauvais esprit descend sur la Terre, et seule l'absence de vie le fait repartir. À cette occasion, il est parfois interdit de quitter son hôtel pendant 24h, même pour aller sur la plage.
Enfin, si vous vous sentez d'attaque niveau longévité, on vous donne rendez-vous dans une cinquantaine d'années au temple Besakih à Bali pour célébrer le rituel de *Karya Taur Agung Ekadasa Rudra,* immense fête de purification de l'île qui ne se tient que tous les siècles ! Pas de date précise pour l'instant, car lors du dernier rituel, en 1963, la cérémonie fut interrompue par la terrible éruption du volcan Gunung Agung, responsable de la mort de près de 2 000 personnes. Les célébrations ne furent reprises que... 16 ans plus tard, en 1979, et réunirent plus de 100 000 participants.

Les crémations

Ce sont les cérémonies les plus surprenantes, elles se déroulent surtout en juillet et en août. Pour les trouver, il suffit de se balader. Les préparatifs sont bien souvent visibles de la route. Le plus simple est toutefois d'aller se renseigner dans les hôtels, à l'office de tourisme ou dans les agences de voyages. But suprême d'une vie, la crémation est une cérémonie intense et très coûteuse. Elle permet à l'âme immortelle, enfin libérée de sa prison charnelle, de s'envoler pour renaître sous une nouvelle forme. Il s'agit donc d'un moment ô combien joyeux !
Le rituel doit avoir lieu 42 jours après le décès pour que le cycle de la vie accomplisse sa boucle parfaite. En réalité, il est rare de pouvoir en si peu de temps rassembler l'argent nécessaire à cette cérémonie très onéreuse, et les crémations collectives sont fréquentes, principalement pour des raisons économiques. La famille du défunt doit non seulement couvrir tous les frais, mais aussi nourrir les invités, venus parfois de loin, pendant la durée des festivités. Certaines crémations coûtent le prix d'une voiture ou d'une maison. Le défunt est alors enterré

au cimetière dans l'attente d'une date choisie par les astrologues. Mais personne ne s'y dérobe, car tant que le corps d'un défunt n'a pas été brûlé, son âme erre et peut faire du mal. L'incinération est donc un devoir sacré. Le corps (ou ce qu'il en reste quand on a trop tardé à rassembler les sous) est alors brûlé dans un sarcophage qui a toujours la forme d'un animal. Si le mort est dans un taureau, il s'agissait d'un brahmane ; s'il est dans un lion, c'était un *satria* ; s'il se contente d'un poisson-éléphant, c'était un *sudra*.
La tour sur laquelle on transporte le corps symbolise le cosmos reposant sur la fondation du monde. Le tout est recouvert d'étoffes et de papiers de couleur. Certaines tours sont de véritables œuvres d'art. Le corps est installé dans la tour, et le cortège la tourne dans tous les sens en dansant autour... afin d'éviter que l'esprit ne retrouve le chemin du village.
Lorsque le bûcher est éteint, la famille recueille les cendres dans des noix de coco et les disperse en mer ou dans les eaux d'une rivière.

Quelques petits trucs à savoir

Les touristes, même armés d'appareils photo, sont toujours les bienvenus dans une crémation. Au pire, ils sont ignorés. Une attitude de retenue et de respect est toutefois vivement recommandée. Certains comportements sont à éviter :
– ne pas monter sur des chaises ou autre chose, la tête du prêtre doit dominer tout le monde ;
– ne pas applaudir ! On n'est pas au spectacle ;
– il n'y a pas de quête...
Enfin, les pickpockets adorent les crémations, qui sont de grandes occasions pour exercer leur talent sans aucune difficulté.

GÉOGRAPHIE

Île minuscule, surtout comparativement à sa notoriété, Bali se résume à environ 5 600 km^2 ; c'est l'une des plus petites des 18 306 îles et îlots qui composent l'archipel indonésien. Connue pour sa douceur de vivre et pour sa particularité religieuse (c'est la seule hindoue dans un pays musulman), elle l'est moins pour les caractéristiques de sa géographie, pourtant d'une grande diversité. Elle a grosso modo la forme d'une poule qui pond un œuf ! L'ensemble couvre 140 km d'est en ouest et 80 km du nord au sud.
Si la mer est omniprésente, Bali doit tout à ses montagnes et à ses volcans, dont le plus célèbre, le Gunung Agung, s'élève à 3 142 m. Cette barrière de volcans interrompt la course des nuages, provoquant des précipitations régulières et en quantité suffisante pour nourrir une terre fertile car volcanique. Le volcan donne vie à Bali, c'est pourquoi les Balinais le craignent et lui vouent un culte sincère et profond. La chaîne montagneuse s'étend au nord et au nord-est de l'île, où s'égrènent, au nord du mont Agung, le mont Abang (2 152 m), puis le mont Batur (1 717 m), le mont Catur et le mont Batukau.

L'OLYMPE DES BALINAIS

Selon l'une des légendes sur la naissance de Bali, l'île aurait été plate. Fâchés de l'influence musulmane à Java, les dieux hindous vinrent installer leurs résidences et leurs trônes à Bali. Et c'est ainsi que naquirent les volcans Batur, Batukau et Gunung Agung.

Plus prosaïquement, on pourra dire qu'au sud les plages et les touristes règnent en maîtres absolus. À l'intérieur, c'est le royaume des volcans, des lacs et des rizières. La bande côtière au nord, beaucoup moins touristique, offre de belles plages tranquilles qui s'adossent à l'arrière des cratères. L'Ouest, région de moyenne montagne plutôt désertique, est le coin le moins peuplé de l'île, le plus méconnu également. La partie est (Tulamben, Amed et l'arrière du mont Seraya) révèle quelques plages de sable noir bien agréables.

Agriculture

Bali est bénie des dieux parce qu'ils ont béni ses sols. Leur richesse est la résultante d'une équation à 3 paramètres : fertilité des terres, climat idéal et travail de l'homme. On ne cesse de s'extasier devant les formes voluptueuses de ces terrasses qui composent le paysage. Elles semblent avoir toujours été là. Les terrasses fournissent aux touristes leurs plus belles photos, et le riz qu'on y cultive fournit à la population sa nourriture de base : plus de 200 g sont dévorés par personne quotidiennement. Plus de 20 % de la surface cultivable est consacrée au riz, mais la demande étant supérieure à la production, Bali est désormais contrainte d'en importer.
Grâce à un système d'irrigation et de production parfaitement maîtrisé, les agriculteurs réalisent 2 récoltes par an pour le riz balinais. Le riz japonais, également cultivé, a un plus grand rendement encore : récolte tous les 3 mois.
La productivité des parcelles, si rustiques que semblent être les exploitations, est pourtant parmi les plus élevées du monde. Ce sont les récoltes qui scandent le temps qui passe. Chaque jour, les offrandes aux dieux se composent tout naturellement d'une base de riz, agrémenté de noix de coco, fruits ou fleurs. Ne pousse pas que du riz, mais aussi une très grande variété de fruits, du maïs, du cacao, du café, des clous de girofle...
Bref, Bali vit essentiellement de la richesse de son sol et du tourisme, car il existe peu d'industrie sur l'île. Tous les produits manufacturés sont importés de Java.

HISTOIRE

Pour les grincheux, Bali n'est plus Bali. Pour les réalistes, Bali sera toujours Bali. Et pour les historiens, qui l'eût cru, Bali sera toujours Java. Dans ces conditions, il n'est pas inutile de remonter au Déluge. La métaphysique locale dit que ce paradis fut créé par le dieu des Enfers, Kala, et ses habitants par le dieu Brahma, qui les façonna dans de l'argile. 2e interprétation : il existe un être primordial qui, pour meubler sa solitude, extrait une déesse de sa cheville, avec laquelle il crée l'univers... Une chose est sûre : jamais les Balinais n'avaient pensé venir du sud de la Chine, d'où les Han (Chinois) les expulsèrent sur l'Indochine, une brassée de siècles avant le Christ.

Du paléolithique au XIVe s

Leur diversité ethnique montre qu'ils ont voyagé... et qu'à leur venue Bali n'était en rien déserte : depuis le paléolithique, des neveux de l'homme de Java chassaient dans ses jungles. Brûlant la forêt, étageant des rizières, les immigrants, eux, vont changer l'île en jardin et les forgerons vont retrousser leur sarong pour couler dans le bronze des outils, des timbales...
Pénétrant tout le Sud-Est asiatique, l'hindouisme issu du sous-continent indien gagne Java, ainsi que Bali l'animiste, où l'on adorait jusque-là les pierres et les volcans. Et c'est ainsi qu'au VIe s l'île écrit en sanscrit, dresse des temples et révère un raja divin, dont le *kraton* (palais) se veut un reflet du paradis. Un moine chinois s'extasie alors sur ce royaume de Po-Li dirigé par un hindou qui prétend descendre du père du Bouddha, et dont le « sol fertile, couvert d'une végétation luxuriante, donne 2 récoltes de riz par an ». Malgré l'importation de brahmanes indiens, la vague de fond hindoue tire d'abord sa vigueur du voisinage de Java la grande. Même groupe ethnique, même langue, même religion. Les rapports entre les 2 îles sont empreints de familiarité. Vers l'an 1000, le roi balinais Udayana dépêche même son fils auprès du souverain de Java-Est, afin qu'il épouse sa fille.

Ce jeune homme, nommé Airlangga (« Celui qui a franchi les eaux »), devient roi sur Java et Bali. Adoptant l'écriture et les coutumes javanaises, la petite île se fait longtemps conduire par la grande. Mais il y a des limites : si Java succombe aux troubles, Bali vole de ses propres ailes. À la mort du roi Airlangga, en 1049, son royaume va se scinder, et Bali sera dirigée par des descendants de sa mère. Au XIVe s, après une période d'indépendance, l'île tombe sous le joug du puissant royaume de Majapahit (Java).

Exode culturel

Mais les temps changent, et ce sont désormais les disciples de Mahomet qui étendent leur influence. Des marchands arabes gagnent à l'islam les seigneurs de Java. Un jour vient où le roi Majapahit s'entend prédire la ruine de son trône. Traumatisé, il se fait brûler vif. Nous sommes en 1478. Sans drapeau ni fanfare, une immense cohorte franchit le détroit de Bali. Prêtres, nobles, capitaines, les élites Majapahit partent ériger l'île en forteresse hindoue. Avec les Majapahit arrivent le théâtre d'ombres, les danses *(legong),* les gamelans... : 5 siècles de délicatesse, la fine fleur d'un empire éblouissant. Non contente de jouer les irréductibles, Bali s'offre le luxe d'annexer Lombok, Sumbawa, l'est de Java...
De nos jours, l'islam ne s'est toujours pas imposé à Bali, contrairement à ce qui s'est passé dans le reste de l'Indonésie, et l'influence hindoue reste omniprésente.

L'arrivée des Blancs

En 1588, les 1ers hommes blancs font entrer l'île dans l'histoire contemporaine. Ces *Orang Putih* (signifiant « hommes blancs ») sont des marins portugais, rescapés d'un naufrage. Puis débarque un marchand d'Amsterdam, Cornelis De Houtman, qui vante la beauté des Balinaises et les vertus guerrières de leurs maris. Dans ses bagages, il rapporte la somptueuse évocation de la cour de Gelgel, avec son harem de 200 femmes, ses 50 nains estropiés, ses nuées de bannières et de porteurs de lance... Tous dévoués au Dewa Agung, souverain fastueux, respecté et aimé ; intimidés, les Néerlandais conquièrent l'Indonésie sans toucher à Bali.
À la fin du XVIIIe s, pourtant, la puissance du Dewa Agung s'est dissoute en une douzaine de principautés. La petite Gyaniar défie Klungkung, centre officiel du pouvoir. Au XIXe s, elle administre l'État le plus puissant de l'île, en concurrence avec les 2 États de Karangasem (est) et Buleleng (nord). Ces divisions excitent les Bataves lorsque, en 1841, les Balinais pillent – en vertu du droit sur les épaves – un navire néerlandais échoué sur leurs côtes. 3 expéditions vont déployer une artillerie puissante, des milliers de soldats indonésiens, des centaines de mercenaires européens... Costumés comme à la parade, les guerriers balinais sont cloués par la puissance de feu. Et les Néerlandais s'emparent du nord de l'île. 50 ans de répit peuvent suivre.
Vient 1894. Les Pays-Bas se heurtent aux rajas balinais de Lombok, qui leur infligent une déculottée sanglante. L'honneur est en jeu. Une nouvelle expédition, plus puissante, va provoquer un suicide en masse : le *puputan.* L'asservissement de Bali est tout proche.

Le XXe s : résistance à l'envahisseur

En 1906, les Néerlandais débarquent dans l'île avec infanterie, cavalerie, artillerie. Le roi de Badung n'y résistera pas. Mais le *puputan* lui permet une digne sortie. Vêtu de l'habit blanc des guerriers, le raja sort du palais avec ses gardes, sa Cour, ses prêtres, et plonge son *kriss* dans sa poitrine, imité par tous. La soldatesque batave n'a plus qu'à détrousser les cadavres... La scène se reproduit à Tabanan, à Klungkung... Le 18 avril 1908, Majapahit vit sa 2de mort. En Europe, on s'émeut. Que les Néerlandais se rachètent ! Filant doux, ceux-ci ne dépouillent pas les rajas, mais développent l'île en la protégeant des missionnaires et du capitalisme occidental. Étudiant enfin ce qu'ils avaient détruit, ils favorisent la renaissance des arts. Dans les années 1920, archéologues, ethnologues et esthètes de tout poil – des musiciens, des peintres et la grande Margaret Mead elle-même – viennent s'initier aux délices de l'île, promue porte-drapeau culturel de la Sonde. Ces jours tranquilles s'achèvent en 1942, avec l'invasion japonaise. Cette fois, l'Occident perd la face. La résistance aux Néerlandais couve à Java. Elle éclate à Bali, où les milices de Ngurah Rai, après quelques escarmouches, se font massacrer par les coloniaux.

Vers la libération... et l'indépendance

À la veille de la Seconde Guerre mondiale, l'Indonésie est le 1er producteur mondial de poivre et de quinine. Elle fournit un tiers de la production mondiale de caoutchouc, un quart de la noix de coco et de ses dérivés, et presque 1/5e de la production de thé, sucre, café et huile. Pas étonnant que les Pays-Bas soient alors une puissance coloniale majeure !
L'éducation aide une nouvelle catégorie d'Indonésiens à pointer le nez : les intellectuels. Plusieurs facteurs vont jouer dans la marche vers l'indépendance, notamment l'islam et le communisme. Dès le début du XXe s émerge l'Association islamique – Sarekat Islam –, fondée en 1909, et le Parti communiste indonésien, créé en 1914 et très vite interdit, dès 1927. Le Sarekat Islam, lui, est établi à l'origine pour tenter de protéger les Indonésiens contre les marchands chinois, mais cette association devient très vite un mouvement nationaliste. Le Parti nationaliste indonésien (PNI) de Sukarno voit, lui, le jour en 1927. Très tôt, les Néerlandais comprennent la menace : Sukarno ainsi que 3 autres leaders sont emprisonnés en 1930, et le parti est banni.
Il faudra l'occupation japonaise à partir de janvier 1942, la guerre, une certaine collaboration avec les Japonais, le retrait des forces britanniques en novembre 1946, puis encore 3 ans de confusion exacerbée par une lutte mi-diplomatique mi-militaire, et pour finir l'opinion mondiale contre eux pour qu'enfin les Néerlandais consentent à rendre leur liberté de choix aux Indonésiens.

Désunion et dépression économique

Durant leurs 5 premières années de liberté, la peur du retour du loup permet de conserver une certaine unité dans les rangs des nationalistes. Mais les difficultés sont quasiment insurmontables : la diversité culturelle et sociale, l'absence d'éducation du plus grand nombre, la totale désorganisation, le manque de techniciens... Bref, avec rien, on en arrive très vite à 3 fois rien. Entre 1945 et 1958, 17 cabinets gouvernementaux se succèdent, la pagaille est complète. Les 1res élections se déroulent en 1955 et, malgré tout, Sukarno accède officiellement au pouvoir.

Les années Sukarno

Flamboyant et plein de contradictions, le nouveau président Sukarno, à défaut de sortir le pays de la pauvreté, sait parler. Marxiste et pourtant croyant, il propose rien de moins que de défier les Malais, les Anglais, puis les États-Unis et tout le monde occidental... Il réunit alors en 1955, en pleine guerre froide, les représentants de 29 États d'Afrique et d'Asie, afin d'élaborer une politique commune de non-alignement. C'est la célèbre conférence de Bandung. En pratique pourtant, les années Sukarno sont presque aussi dramatiques que l'occupation hollandaise. En gros, et pas nécessairement dans l'ordre, les confrontations avec les Malais, les prises de bec avec les troupes australiennes, néo-zélandaises et britanniques, une économie chancelante malgré la richesse du pays, une corruption frôlant le gangstérisme et le putsch raté d'octobre 1965 (préparé avec l'aide des États-Unis) ont finalement raison du dictateur, qui chute en 1967.

Un « ordre nouveau » !

Ordonnateur de la terrible répression anticommuniste ayant suivi la tentative de putsch de 1965 (de 500 000 à 1 million de morts selon les sources), le ***général Suharto*** est officiellement élu président par le Congrès le 27 mars 1968. Militaire dans l'armée des Indes néerlandaises puis changeant de camp pour se rallier aux Japonais pendant la même guerre (!), Suharto fut, selon certains historiens, le véritable instigateur du putsch, qui n'aurait été qu'un prétexte pour marginaliser Sukarno, accusé d'être proche des communistes.

L'ère Suharto : corruption, népotisme et collusion

Masquant son régime autoritaire sous un vernis de démocratie (élection tous les 5 ans), Suharto ouvre l'Indonésie aux capitaux étrangers, occidentaux surtout. Il enraye ainsi le marasme économique qu'avait laissé filer son prédécesseur, le pays connaissant jusqu'à 7,5 % de croissance annuelle ! Mais si l'Indonésie bénéficie de la croissance, le président Suharto estime que le miracle économique doit s'appliquer surtout à lui-même... et aux siens. Tout le monde autour de lui y est associé : sa famille d'abord, puis l'armée dont il est issu et qui est le garant de son maintien au pouvoir. En ***32 ans de règne,*** l'économie connaît un véritable boom. Suharto et sa galaxie font feu de tout bois : concessions, monopoles et ouvertures de capitaux leur permettent d'entrer dans toutes les bonnes affaires sous couvert de privatisation ou d'association. Les intérêts de la famille Suharto se seraient ainsi introduits dans la moitié de l'activité du pays. Hutomo, dit Tommy, un de ses fils, rachète carrément la marque automobile Lamborghini ! Le clou du spectacle, son projet de fabriquer une « voiture nationale », la *Timor.* Comble de l'ironie et de la provocation, c'est le nom d'une île annexée en 1975 et persécutée par le pouvoir central jusqu'en 1999. La voiture nationale sera finalement fabriquée par une société... coréenne, qui fermera ses portes avec la crise économique asiatique.

Pendant ce temps, Jakarta se couvre de gratte-ciel flambant neufs, sièges de banques et de sociétés plus spéculatrices et fragiles les unes que les autres. La crise asiatique de 1997 met tout ce système à nu, balayant brusquement l'économie du pays alors que la fortune des Suharto est estimée à 40 milliards de dollars répartis à travers le monde ! Les Indonésiens, saturés de corruption, violentés par la crise et l'inflation galopante, exigent le départ de Suharto. En mai 1998, de violentes émeutes éclatent à Jakarta, suite aux nombreux mouvements de protestation étudiants. Quelques jours plus tard, Suharto démissionne, à l'âge de 76 ans.

Un président « rock'n'roll »

Durant la 1re décennie du XXIe s, l'Indonésie se reconstruit peu à peu, tant sur le plan politique qu'économique, et ce malgré une corruption toujours endémique et la multiplication des crises : attentats de Bali, tsunami, tremblements de terre, répression au Timor oriental et dans la province séparatiste d'Aceh... Plusieurs réformes de démocratisation aboutissent en 2004 à la 1re élection présidentielle au suffrage universel.

Fin 2014, le pays semble tourner une page, en portant au pouvoir l'ancien gouverneur de Jakarta, Joko Widodo, 1er président à ne pas être issu de l'armée ou de la famille Sukarno (la fille du père de l'indépendance dirigea le pays au début des années 2000). Un président plutôt rock'n'roll, qui se rend, le soir de son investiture, à un concert de heavy metal ! Un autre est bien allé au *Fouquet's...* Charismatique, Jokowi, comme on le surnomme, annonce alors vouloir transformer le pays en éradiquant corruption et grande pauvreté, et en propulsant l'Indonésie au rang de grande puissance maritime.

Si, comme souvent, les promesses n'engagent que ceux qui y croient, Jokowi est tout de même confortablement réélu en 2019, malgré quelques renoncements, comme l'affaiblissement de l'organisme anticorruption, désormais contrôlé par un conseil désigné par le président. En parallèle, le pouvoir semble laisser les mouvements les plus conservateurs du pays imposer leur agenda réactionnaire, avec notamment une tentative de réforme du code pénal visant à punir d'emprisonnement les relations sexuelles hors mariage. Certains observateurs craignent même un raidissement autoritaire du régime, pour l'instant l'un des plus libéraux sur le plan démocratique et sociétal de la région. À suivre...

Principales dates historiques de l'Indonésie

- ***IVe-VIIe s :*** formation de royaumes devenus hindous.
- ***Milieu du VIIe s :*** Sanjaya, de religion çivaïte, règne sur le centre de Java.
- ***778-870 :*** dynastie des Çaïlendra à Java. Construction de Borobudur.
- ***870 :*** dynastie Sanjaya. Les temples hindous de Prambanan sont élevés à la fin du IXe s.
- ***910 :*** le centre et l'est de Java sont réunis dans le royaume de Mataram.
- ***1049 :*** à la mort d'Airlangga, le royaume est partagé entre ses 2 fils ; l'un obtient Kadiri, l'autre Djanggala.
- ***Début du XIIe s :*** fin du royaume de Kadiri et fondation de Singhasari.
- ***Fin du XIIIe s :*** le dernier roi de Singhasari fonde la Ligue des États indonésiens.
- ***1294 :*** invasion chinoise repoussée, mais de nombreux soldats chinois préfèrent rester à Java. Fondation du royaume de Majapahit.
- ***1400 :*** décadence de Majapahit. Un prince javanais, converti à l'islam, fonde Malacca. C'est le début de l'influence musulmane.
- ***1511 :*** les Portugais prennent Malacca. Début de « l'occupation » européenne.
- ***1596 :*** les 1ers Néerlandais s'installent à Java.
- ***1619 :*** fondation de Batavia (future Jakarta).
- ***1740 :*** massacre des Chinois à Batavia.
- ***1824 :*** traité de Londres, qui partage le monde malais entre l'Angleterre (Malaisie) et la Hollande (Indonésie).
- ***1906 :*** conquête de Bali. Toute l'Indonésie est sous l'autorité du gouvernement hollandais.
- ***1908 :*** 1er mouvement nationaliste, le Budi Utomo.
- ***1927 :*** création du Parti nationaliste indonésien dirigé par Sukarno.
- ***1942 :*** occupation japonaise.
- ***1945 :*** Sukarno proclame l'indépendance de la République indonésienne.
- ***1949 :*** les Pays-Bas reconnaissent le nouveau statut de l'Indonésie.
- ***1955 :*** conférence de Bandung.
- ***1965 :*** massacres de communistes et de Chinois.
- ***1967 :*** Sukarno cède le pouvoir au général Suharto.
- ***1996 :*** José Ramos Horta reçoit avec Mgr Carlos Bello, évêque du Timor oriental, le prix Nobel de la paix pour sa lutte contre l'occupation indonésienne, depuis 1975, au Timor oriental.
- ***1998 :*** la crise économique généralisée en Asie entraîne l'Indonésie dans le marasme. Près de 40 % de la population s'enfonce dans la grande pauvreté. Les étudiants manifestent et réclament le départ de Suharto qui annonce sa démission.
- ***1999 :*** au Timor oriental, 85 % des voix vont aux partisans de l'indépendance. L'armée indonésienne, en représailles, massacre des centaines de civils et saccage Dili. En septembre, le président Habibie retire ses soldats du Timor oriental. Envoi d'une force de maintien de la paix. Le 20 octobre, Abdurraham Wahid est élu président.
- ***2000 :*** le 12 mai est signé à Genève un accord de cessez-le-feu entre l'Indonésie et les rebelles séparatistes d'Aceh. Cette « pause humanitaire » interrompt plus de 2 décennies de combat.
- ***2001 :*** Megawati Sukarnoputri est élue présidente le 23 juillet.

– ***2002 :*** indépendance de l'État démocratique du Timor oriental après 25 ans d'occupation indonésienne. Le 12 octobre, une voiture piégée explose à Kuta Beach, causant la mort de 210 personnes, en majorité des touristes occidentaux.
– ***2004 :*** le 20 septembre, 1re élection présidentielle au suffrage universel direct. Le général en retraite Susilo Bambang Yudhoyono l'emporte avec plus de 60 % des voix. Le 26 décembre, un séisme sans précédent provoque de très violents raz-de-marée dans plusieurs pays d'Asie du Sud. Le bilan est effroyable : environ 290 000 morts (dont près de 230 000 dans le nord de l'Indonésie) et 1 million de sans-abri.
– ***2005 :*** le 1er octobre, le terrorisme frappe à nouveau Bali (dans les stations balnéaires de Jimbaran et Kuta) et fait 23 morts – dont 5 ressortissants étrangers – et 132 blessés. Une lueur d'espoir : les rebelles de la province d'Aceh signent un accord de paix avec le gouvernement, après 30 ans d'insurrection.
– ***2006 :*** en mai et juillet, nouveaux tremblements de terre à Java (5 000 victimes).
– ***2008 :*** les 3 auteurs des attentats terroristes de Kuta en 2002 sont exécutés.
– ***2009 :*** violent séisme à Sumatra, dans la région de Padang (6,8 sur l'échelle de Richter), causant un millier de morts. Yodhoyono est réélu président en décembre.
– ***2010 :*** le volcan Merapi (Java) se réveille ; plusieurs centaines de morts.
– ***2014 :*** le 9 juillet, Joko Widodo, âgé de 53 ans et gouverneur de Jakarta depuis 2012, remporte l'élection présidentielle. Son mot d'ordre : « Le peuple avant tout ! »
– ***2016 :*** en janvier, l'organisation État islamique revendique une série d'attentats coordonnés dans le centre de Jakarta, causant 8 morts et 24 blessés.
– ***2017 :*** le volcan du mont Agung gronde. Des flammèches et des fumerolles entraînent le déplacement de plus de 100 000 personnes et affolent les touristes.
– ***2018 :*** le 28 novembre, un séisme dont l'épicentre est situé aux Célèbes (Sulawesi), à près de 900 km de Bali, fait plusieurs milliers de morts et disparus. Lui succède un tsunami qui frappe de plein fouet la capitale provinciale de Palu. Un autre séisme touche Lombok dans les zones les moins touristiques.
– ***2019 :*** Joko Widodo est réélu président avec 55,5 % des voix.

HISTOIRE DU TOURISME BALINAIS : QUELQUES RÉFLEXIONS

Bali, c'est fini ?

Le dialogue est difficile entre ceux qui pensent que le tourisme de masse a tout gâché et que Bali fout le camp, et ceux qui considèrent que, malgré les dommages collatéraux causés par la venue annuelle d'environ 6,5 millions de visiteurs, l'île a su garder sa capacité à émouvoir. Comme d'habitude dans pareil débat, la vérité se compose d'un subtil mélange de tous ces ingrédients.
Ce qui est certain, c'est que l'on connaît assez peu de régions dans le monde qui cumulent autant de qualités visuelles, gustatives, auditives, de lieux possédant un tel pouvoir d'évocation. Personne ne revient de Bali sans avoir gravé dans son esprit le son d'un gamelan, l'odeur des bâtons d'encens, le goût des embruns, l'ondulation d'un champ de riz sous la caresse du vent. Bali possède une étonnante capacité à intégrer la demande de l'*homo touristicus* tout en conservant jusque-là presque intacte la structure de sa société. Tout se fait en douceur, même si la question d'une possible saturation commence à émerger. Sur le plan environnemental, déjà (lire plus haut la rubrique « Environnement »). Sur le plan social et culturel, aussi. Plutôt que de se battre contre l'invasion, les Balinais ont longtemps décidé de l'accepter et d'en profiter, mais l'afflux sans cesse croissant de visiteurs étrangers et le comportement irrespectueux de certains d'entre eux envers la société balinaise (dans les temples notamment) créent des tensions. Si la qualité de l'accueil à Bali demeure jusqu'à aujourd'hui incomparable, c'est de

la responsabilité des touristes que nous sommes d'agir pour qu'il en reste ainsi. Même si l'on a parfois l'impression de venir plus ici en vacances qu'en voyage, il ne s'agirait pas d'oublier qu'à Bali, l'étranger c'est nous.

Bali métisse

Bali a sans cesse ouvert ses portes au vent du large. Walter Spies, sujet allemand né en Russie en 1895, fut une figure emblématique de Bali. Musicien, mais surtout peintre, il développa un style pictural si nouveau à la fin des années 1920 que celui-ci fit école, et aujourd'hui certains peintres d'Ubud se réfèrent à sa technique, qualifiée de naïve et surréaliste.
Les touristes des années 1970 et 1980 ont donné du tonus à l'économie et un coup de fouet à la création en ouvrant de nouveaux marchés. Tout d'abord les Australiens, puis les Européens et les Américains. Désormais, les Asiatiques se placent en tête des statistiques. Et bien sûr les Indonésiens, notamment de Java. Ces nouveaux arrivants sont en passe de changer les habitudes de l'île, car ils privilégient les séjours courts et axés sur l'initiation au surf et à la plongée, la tournée des bars à la mode et le shopping à outrance. Le paysage gastronomique et architectural évolue ainsi en fonction des nouvelles demandes : l'accent étant mis sur les gros centres commerciaux qui poussent à Kuta et les restaurants minimalistes et design de Seminyak et d'Ubud.
Cette nouvelle clientèle très aisée fait évidemment grimper les prix. Pourtant, personne ne semble s'en plaindre. Kuta a atteint l'overdose, Seminyak ne cesse de se développer et Ubud parie sur le tiercé gagnant spectacles de danse-déco-bouffe. Pourtant, l'île conserve, assez miraculeusement et au-delà de l'imagerie traditionnelle, une grâce toute naturelle.

... et maintenant Lombok ?

La liaison en bateau rapide entre Bali et les îles Gili (Lombok) a ouvert un nouveau terrain de jeu pour le tourisme... et les promoteurs. Gili Trawangan est désormais tout entière dédiée à la fête (et à la plongée), et Gili Air semble suivre le même chemin. L'île de Lombok (hors Gili) reste quant à elle ***à peu près préservée.*** Bali jouant toujours de son puissant pouvoir d'attraction, seuls les aventureux choisissent d'explorer cette île merveilleuse où tout est un peu moins facile.

MÉDIAS

La télévision est de loin le principal média pour les Indonésiens. Les radios et la presse écrite sont en perte de vitesse depuis quelques années. La chaîne nationale publique est *Televisi Republik Indonesia (TVRI).* L'explosion de l'Internet mobile dans tout le pays a néanmoins bénéficié à la presse en ligne.

Stations de radio et journaux locaux

– ***The Bali Times :*** • *thebalitimes.com* • Le *Bali Times* est un quotidien de langue anglaise grand format publié à Bali. Il est destiné aux expatriés résidents et aux visiteurs de l'île, et revendique un tirage à 23 000 exemplaires. Une édition hebdomadaire séparée sort tous les vendredis. Le *Bali Times* publie des informations générales et aborde tous les sujets de la culture à l'art, en passant par l'immobilier et des informations touristiques.
– ***Le groupe Bali Post :*** • *balipost.com* • Le *Bali Post,* publié en indonésien, est le journal quotidien dominant sur l'île touristique de Bali et est également diffusé sur l'île de Lombok. Une version anglophone du titre existe : le *Bali Post International.* Le groupe *Bali Post* a également plusieurs stations de radios sur l'île de Bali *(Radio 96.1 Genta Bali, Swib Besakih 106.8 FM),* ainsi que quelques autres sur l'île de Lombok.

La chaîne de télévision phare du groupe est *Bali TV* (• balitv.tv •), basée à Denpasar, la capitale. Cette station, créée en 2002, diffuse des émissions en balinais. De nombreux autres journaux, tels que le *Jawa Pos,* sont aussi distribués sur les 2 îles.

VOTRE TV EN FRANÇAIS : TV5MONDE la 1ère chaîne culturelle francophone mondiale

Avec ses 10 chaînes et ses 14 langues de sous-titrage et sa nouvelle plateforme numérique TV5MONDEplus, TV5MONDE s'adresse à 353 millions de foyers dans 198 pays du monde par câble, satellite et sur IPTV est présent dans plus de 3 millions de chambres d'hôtels. Vous y retrouverez de l'information, du cinéma, du divertissement, du sport, du documentaire… Préparez votre séjour grâce à son site voyage • voyage.tv5monde.com • et en voyage, restez connecté avec les applications et le site • tv5monde.com • Demandez à votre hôtel le canal de diffusion de TV5MONDE et contactez • tv5monde.com/contact • pour toutes remarques.

Les autres médias

Les quotidiens en anglais publiés à Jakarta sont également disponibles à Bali : *The Jakarta Post* inclut des pages sur Bali *(Surfing Bali).*
Côté revues, une flopée de publications payantes ou gratuites (en anglais et destinées à un public jeune) ont vu le jour depuis quelques années. Vous les trouverez aisément dans les hôtels, bars et restos branchés. La plus répandue est le *Bali Travel News,* un hebdo riche en infos sur le tourisme. *The Beat* est l'un des mensuels les plus complets, affichant la liste des événements et un répertoire de bars, restaurants et boîtes de nuit avec des plans bien détaillés pour les trouver. Dans le même genre, citons aussi *Bali Plus* et *Groove,* avec une tendance clubbing pour le 2d. *Hello Bali* (payant) est tout aussi pratique, avec quelques reportages à la clé. *Poleng* s'adresse aux expats de Bali avec une fringale de potins et les photos des dernières fêtes people.
Signalons enfin un gratuit en français, *La Gazette de Bali* (• lagazettedebali.info •), belle initiative d'un ex-collaborateur de *Libération* pour vous aider à dénicher les repaires *frenchies* et branchés dans l'île. Également de très bons articles sur la culture balinaise.

Liberté de la presse

Les médias écrits sont sous l'autorité du Conseil de la presse, alors que les médias radio et télévisés nécessitent une licence délivrée par la Commission de diffusion indonésienne. Il existe des centaines de radios communautaires, mais l'Association des radios communautaires (AMARC) a récemment appelé à une réforme pour une plus grande équité dans l'attribution des licences, processus manquant actuellement de transparence et souffrant de lenteur administrative. Aucune autorité officielle ne contrôle la presse écrite, mais celle-ci est cependant mise à mal par la concentration croissante dont elle fait l'objet. La plupart des groupes de médias influents sont aux mains d'une poignée de conglomérats financiers et industriels, dont certains sont dirigés par des personnalités aux ambitions politiques plus ou moins ouvertement affichées.
La situation de la liberté de la presse à Bali est meilleure que dans les autres îles indonésiennes, moins accessibles en raison de conflits ethniques ou religieux jugés sensibles par les autorités. En mars 2014, 2 journalistes australiens ont tout de même été expulsés de l'île indonésienne et temporairement ajoutés à une « liste noire » par les autorités. Ils étaient entrés sur le territoire avec un visa touristique afin de pallier les lenteurs administratives concernant l'octroi de visas professionnels. Malgré ses promesses de campagne sur une libéralisation de la presse, le président n'a pas réellement tenu ses promesses. On notera tout de même la

levée de l'interdiction, le 10 mai 2015, pour les journalistes étrangers, de se rendre en Papouasie occidentale, une des provinces les moins accessibles du pays.
En 2018, l'Indonésie se classait 128e au Classement mondial de la liberté de la presse.

■ ***Reporters sans frontières :*** *CS 90247, 75083 Paris Cedex 02. ☎ 01-44-83-84-84. • rsf.org •*

PATRIMOINE CULTUREL

Le village

Le village balinais est avant tout une grande communauté sociale d'inspiration religieuse. L'unité est faite par le *krama desa,* conseil composé d'hommes mariés qui choisissent un chef de village. Celui-ci, chargé du respect de la tradition *(adat),* organise les fêtes, contrôle les biens collectifs et joue à la fois le rôle de juge, de conseiller et de médiateur.
Dans les villages importants, il existe des associations appelées *bandjar,* qui regroupent les habitants de maisons voisines. Ces communautés sont constituées de plusieurs dizaines de familles chargées de s'entraider pour la réparation d'un temple, la construction d'une maison, l'entretien d'une route ou la participation à un gamelan.
Chaque propriétaire de rizière appartient en plus à un *subak,* coopérative agricole qui réunit dans un travail collectif tous ceux dont les terres bénéficient de la même source d'irrigation.
La vie sociale ne laisse aucune place à l'individualisme. C'est pourquoi les bâtiments publics, principalement les temples, tiennent une place aussi importante dans la structure du village :
- *le pura desa :* temple des cérémonies officielles ;
- *le pura puseh :* temple consacré au culte des ancêtres ;
- *le pura dalem :* temple réservé au culte des morts.

Ajoutons le *kulkul* (tambour d'alarme) pour sonner le tocsin, le *wantilan* pour les combats de coqs, et le *bale* pour se réunir, faire de la musique ou répéter un spectacle après le travail. Enfin, n'oublions pas le traditionnel *banian,* l'arbre sacré, très majestueux.

Combats de coqs

Les combats de coqs sont officiellement interdits depuis 2002, de nombreux Indonésiens s'étant ruinés au cours de paris insensés. Officiellement seulement, car on peut encore en voir dans les villages, dans certains temples ou au cours de cérémonies religieuses (ils sont alors autorisés).
Avant le combat, les propriétaires de chaque combattant garnissent l'une des pattes du coq (la gauche en général) d'un ergot métallique coupant comme un rasoir. Puis la lutte commence. Pas de quartier : l'un doit vaincre, l'autre doit mourir. Le combat dépasse rarement les 30 secondes. Brutal et cruel, tout comme l'atmosphère qui règne autour de la piste. Pour le touriste voyeur (on l'est toujours un peu), il est intéressant d'observer le comportement des spectateurs qui trouvent là une occasion de se défouler, de véhiculer une certaine agressivité et d'assouvir leur passion du jeu. Si vous assistez à un combat de coqs, restez discret. N'oubliez pas que les parieurs jouent parfois 1 mois de salaire sur un seul combat.

Danses

« À Bali, on ne danse pas la java » (on a osé !).
Sur cette terre sacrée, les dieux empruntent les corps des danseurs pour conter leurs aventures : notamment l'épopée hindoue du *Rāmāyana.* Chaque jour, le

bouche-à-oreille indique quelque part dans l'île 1 ou 2 temples où une cérémonie devient prétexte à ces représentations de théâtre dansé. Offrez sans rechigner votre obole à l'entrée : elle finance les offrandes et les costumes chamarrés.
Si quelques corps de ballet ont acquis, au fil des tournées, une réputation internationale, l'immense majorité des 2 000 troupes dispersées dans l'île – chaque village, ou presque, a la sienne – est formée de quidams ordinaires, passés ou non par les écoles, et qui, au jour de la fête, endossent masques, tiares et autres habits de lumière.
Invariablement rythmée par un ensemble de gamelans, la danse peut filer durant des heures une communion parfaite avec le spectateur... et les divinités qu'elle honore. Comme montés sur roulements à billes, les danseurs font valser leurs yeux écarquillés, tordent gracieusement les poignets, agitent les doigts... La beauté des couleurs, la profondeur des chœurs, la tension joviale de la foule et l'ambiance à la fois champêtre et sacrée tissent un envoûtement qui ne vous lâche pas.
Certaines danses, comme le *legong,* furent élaborées dans les palais de la grande île. D'autres paraissent issues du fond des âges. Ne vous y fiez pas. La plupart des danses qui réjouissent les villageois sont nées entre 1850 et 1900, pendant le dernier âge d'or des rajas de Bali. Le *kecak* lui-même, morceau de bravoure où le touriste pressent la révélation des plus profonds mystères de l'âme balinaise, fut créé par Walter Spies. Ce musicien et chef d'orchestre allemand s'installa à Bali dans les années 1920, pour les besoins d'un film. Il y resta définitivement. Malgré cet enrichissement permanent, force est de constater que les Balinais d'aujourd'hui, encouragés par leurs touristes mécènes, privilégient l'éclectique, et parfois le spectaculaire. Et inutile de vous dire que vous serez rarement seul à assister à ces cérémonies et spectacles, mais ça, c'est la rançon du succès.

Les danses les plus importantes

– ***Le legong :*** une danse divine, puisqu'elle fut créée pour des nymphes par le dieu Indra. La plus courante est le *legong kraton* (*legong* du palais), jadis interprétée à la cour des rajas. De très jeunes filles, vêtues de brocarts, couronnées d'une tiare d'or et de fleurs de jasmin ou de frangipanier, tournicotent avec une irrésistible grâce pour décrire les adieux d'un prince à sa bien-aimée, pendant qu'un oiseau de malheur avertit le jeune homme de sa prochaine mort au combat. Les danseuses changent de rôle, passant d'un personnage à l'autre. On est vite perdu. Reste la beauté des gestes et les sortilèges des gamelans, dont les frémissements font onduler et balancer les corps. Le *legong* de Peliatan est l'un des plus courus.
– ***Le kecak :*** spectacle le plus impressionnant, avec son chœur de 150 chanteurs – souvent tous du même village – chargé d'incarner l'armée des singes du *Rāmāyana,* et qui, disposé en cercle, ondule en imitant les gamelans absents – ou le cri des singes, comme on veut. Cette intensité sonore (destinée à chasser les mauvais esprits), les torches qui font danser aussi les ombres nocturnes, les masques bariolés d'êtres effrayants (comme le démon Rāvana) et la volonté affichée de susciter la transe font du *kecak* un spectacle exceptionnel et envoûtant.
– ***Barong et Rangda :*** ou le combat entre une énorme peluche à crocs (le Barong, censé représenter le Bien), tout droit sortie du *Muppet Show,* et Rangda, l'horrible reine-veuve des sorcières qui hante les nuits de Bali et incarne le Mal. L'intrigue est assez compliquée, d'autant qu'il faut déjà surmonter ce déluge de couleurs et de sons. Tension maximale, au point que les danseurs chargés d'escorter le Barong, envoûtés par la magie noire de Rangda, entrent en transe et retournent le *kriss* contre leur poitrine. Rassurez-vous, tout est prévu pour finir bien, avec l'arrivée d'un prêtre qui met fin à la transe. Comme, pour les Balinais, le bien et le mal coexistent, il n'y aura pas vraiment de vainqueur. Cette sorte de thérapie de groupe est très courue par les touristes. Il se donne 3 représentations en plein air chaque matin à Batubulan, où les étrangers se voient distribuer un résumé de cette longue pièce, ce qui est bien pratique pour suivre les événements.

– **Le kebyar :** sous sa forme actuelle, ce duo entre un orchestre et un danseur a été mis au point il y a un demi-siècle seulement par le chorégraphe Mario. Le bon danseur y exprime tous les états d'âme d'un adolescent, passant de la crainte à la joie suivant les nuances de la musique, sans oublier de manier l'éventail avec des grâces un peu efféminées. Le danseur dispose lui aussi, comme l'orchestre, d'un *terompong* (tambour).

Les autres danses

– **Le baris :** aux antipodes du *legong,* cette danse figure les humeurs d'un jeune guerrier avant et pendant le combat. Tout en gardant – c'est le but du jeu – la pointe des pieds tournée vers l'extérieur. Comme c'est très complexe, rares sont les danseurs qui assurent. Mais nous laissons aux spécialistes le soin d'apprécier !
– **Le janger :** né dans les années 1920 sur les bases d'une danse plus ancienne, il se pratique assis et met aux prises 12 jeunes filles et 12 garçons pour un spectacle puissant et gracieux. On en voit certains soirs à Denpasar.
– **Le pendet :** cette ancienne danse de procession sert aujourd'hui à précéder (ou conclure) de plus grands spectacles. Ce n'est pas l'une des danses les plus intéressantes, quoique les danseurs se déhanchent en guise de bienvenue et lancent des pétales de fleurs avant de quitter la scène.
– **Le sanghyang :** une danse de transe pour chasser les mauvais esprits. Ça va si loin qu'il faut l'intervention d'un prêtre pour « réveiller » les danseurs qui, ayant repris leurs esprits, ne se souviennent plus de rien. Le *sanghyang legong* est interprété par des femmes ; le *sanghyang djaran* par un homme en transe qui, à califourchon sur un cheval de bois, marche et danse pieds nus sur un tapis de braises. Aucune odeur de chair grillée, rassurez-vous : les dieux protègent le médium.
– **Le jauk :** un solo de danseur masqué. Celui-ci joue un démon frénétique, assoiffé de sang, qui agite ses ongles démesurément longs avant de bondir sur sa proie.
– **Oleg Tambulilingan :** ce flirt dansé, exécuté à 2, fut mis au point en 1952 par le fameux Mario (toujours lui !).
– **Ballet du Rāmāyana :** une version moderne, allégée et comique du vieux *wayang Wong,* danse qui reprenait, sur plusieurs jours, certains épisodes du *Rāmāyana.*
– **Ardja :** ces opérettes sentimentales, héritées de la Java médiévale, durent parfois toute la nuit.
– **Topeng :** épisodes de l'illustre vie des rajas d'autrefois, dansés avec toute une collection de masques et le concours d'une panoplie de clowns.
– **Les danses d'offrandes** sont utilisées comme exorcisme contre les mauvais esprits. Elles mettent en contact avec l'au-delà, c'est pourquoi elles se déroulent avec la participation d'un prêtre *(pemangku).* On peut assister, lors de certaines fêtes, à un *sanghyang dedari,* ou « danse des anges vénérés » : 2 fillettes endormies par des forces magiques vont obéir aux voix qui les feront danser dans une parfaite harmonie. Spectacle troublant : lorsque les voix s'arrêtent, les danseuses évanouies doivent être réanimées par le prêtre qui les asperge d'eau.

Jeux

En toute logique, la règle du collectif s'applique aussi aux jeux. Les Balinais se retrouvent par dizaines lors des combats de coqs, de criquets ou autres courses de buffles, plutôt qu'à 2 pour faire une partie d'échecs. Les jeux de hasard, les concours de chants d'oiseaux ou de cerfs-volants réunissent généralement un grand nombre de participants. Et même si les paris sont officiellement interdits, ça peut jouer gros, parfois très gros...
On trouve aussi des jeux de société, comme le *Surakarta.* Ancien jeu de plateau originaire de l'île de Java (d'où son nom), il se joue à 2 comme une partie de dames, avec 12 pions par joueur. Le but est de capturer toutes les pièces de l'adversaire. Les règles sont simples... en apparence. Jeu de réflexion traditionnel, ne manquez pas de jouer au moins une partie !

Le goût des Balinais pour la compagnie et le collectif est extraordinaire. Ils choisiront toujours de manger un bol de riz entre amis plutôt qu'un festin tout seul. S'ils apprennent à jouer d'un instrument de musique, c'est pour entrer dans un gamelan. Une danse, pour appartenir à une troupe, etc.

Musique

L'Irlande a la harpe, l'Afrique a le tambour, l'Indonésie le xylophone. Non pas un seul xylophone, mais tout un orchestre. Du nom ***gamelan,*** les Javanais désignent à la fois la partie et le tout. Si cet instrument de cour s'est raréfié sur la grande île, ses notes aiguës retentissent à chaque instant dans la campagne balinaise, trahissant le voisinage d'une fête ou d'une crémation. Ses mélodies de pluie s'inscrivent à merveille dans le paysage de rizières, tout en respectant nos fragiles esgourdes d'Occidentaux – sauf envolées hystériques dans les aigus, ce qui n'est pas rare. Parfois hypnotiques, souvent délicieux, toujours étranges, ces serpentins de sons métalliques surprennent par leurs rythmes binaires et syncopés.

Comme tout orchestre, ces ensembles de percussions associent différents groupes d'instruments. Les *gangsus,* métallophones à lames de bronze amplifiés par des résonateurs en bambou, peuvent jouer en graves (phrases longues) ou en aigus (phrases courtes). Dès qu'ils ont frappé une note, les musiciens en étouffent la vibration en posant la main sur la lame. En renfort, l'orchestre mobilise 2 tambours, des cymbales, ainsi qu'un petit gong – plus rarement la flûte en bambou *(suling)* et la vielle *(rebab).* Bref, ces orchestres qui rassemblent jusqu'à 50 musiciens offrent un spectacle complet, dont les performances peuvent durer toute la nuit.

L'assistance est d'autant plus fervente que les prestataires sont des hommes du village – les orchestres féminins restent rares –, âgés de 8 à 60 ans, et regroupés dans le club de musique local. Chaque *banjar* – ou presque – possède un tel orphéon, où l'on apprend évidemment les morceaux à l'oreille.

Outre le gamelan, la musique traditionnelle balinaise compte aussi le ***nobat,*** musique de cour datant du sultanat de Melaka et qu'on entend jouer lors de cérémonies royales ou religieuses, la musique chinoise (eh oui, même si elle est plus moderne aujourd'hui que traditionnelle) et la musique indienne de style hindoustani ou carnatique.

Dans la musique populaire, on trouve aussi le ***dondang sayang,*** ballade amoureuse, ou le ***dangdut,*** genre de folk indonésien partiellement dérivé des musiques hindoustani, malaisienne et arabe.

Peinture

La peinture balinaise tire ses racines des anciens panneaux de sanctuaires et des calendriers astrologiques illustrés. Ceux-ci partageaient l'esthétique du théâtre d'ombres *wayang,* qui présentait les personnages des épopées traditionnelles de profil ou de trois quarts, dans un décor schématique dépourvu de perspective. Le bourg de Kalamasan continue de produire ces œuvres très décoratives, réalisées avec des pigments naturels, et peu chères. Quant aux tableaux naïfs qui fournissent la quasi-totalité des galeries de peinture, ils ont pris leur essor dans les années 1930, sous l'impulsion d'artistes occidentaux venus s'installer dans l'île. Cette peinture de chevalet abandonna les motifs de toujours pour décrire, telle une carte postale, les scènes de la vie quotidienne : combats de coqs, offrandes, circulation routière...

Les musées Neka et Puri Lukisan, à Ubud, vous permettront d'admirer la qualité de ces 1res œuvres, qui s'attelaient à réinventer la peinture balinaise. Cet aperçu donne une échelle de valeurs utile pour se repérer dans la jungle des galeries. À Ubud, capitale de la peinture, vous vous extasierez sur la 1re, vous vous intéresserez à la 2e, et vous décrocherez à la 3e, en pestant que tout se ressemble. Pour

quelques œuvres, habilement dessinées et seulement coloriées de noir et de gris, qui restent dignes de l'ancienne école d'Ubud ou de celle de Penestanan, combien de toiles réalisées dans l'unique but de flatter le goût facile des touristes ? Après tout, pourquoi pas !
Le style naïf balinais semble fixé une fois pour toutes : une abondance de végétation (chaque feuille est dessinée !), d'animaux (un vrai zoo !) et de personnages plus ou moins indolents, saisis dans leurs actions quotidiennes (marché, bain, danses...) et actualisés avec humour par des détails modernes (un bus, un vélo...). Se glissant dans cette configuration foisonnante, l'artiste se garde de ne rien ajouter. À moins de tomber sur un dangereux anarchiste (dont les œuvres vont d'ailleurs coûter une fortune !), attendez-vous à une créativité limitée et une certaine forme de répétition.

Cinéma

Un désert ! Les films sur l'Indonésie se comptent sur les doigts d'une main. Sur place, on passe des films américains.
– ***Toute la beauté du monde*** *(France, 2006, DVD UGC Vidéo)* **:** de Marc Esposito, avec Marc Lavoine, Zoé Félix, Jean-Pierre Darroussin. Nous voici à Bali et à Lombok pour suivre le chemin de Tina, partie se retrouver au milieu des sublimes rizières pour oublier la mort de l'homme de sa vie. Sur l'île des Dieux, elle rencontre Franck. Voyage, découverte, échappée : l'île de Bali se prête merveilleusement à se « ressouvenir ». Un film qui ne fera pas date dans l'histoire du cinéma français, mais néanmoins agréable à regarder pour ses beaux paysages.
– ***Mange, prie, aime*** *(États-Unis, 2010)* **:** tiré du best-seller d'Elizabeth Gilbert, traduit en 31 langues et vendu à plus de 7 millions d'exemplaires. L'héroïne, incarnée par Julia Roberts, débute et achève son voyage initiatique à Bali, après être passée successivement par l'Italie et par l'Inde. Lors de cette dernière étape, elle trouvera la paix intérieure et... l'amour, évidemment !
– ***En route pour Bali*** *(États-Unis, 1952)* **:** de Hal Walker, avec Bing Crosby. 2 Australiens partent à l'aventure et tombent dans les mailles du filet d'une belle princesse balinaise...

PERSONNAGES

– ***Joko Widodo*** *(né en 1961)* **:** surnommé Jokowi, l'actuel président de l'Indonésie est un dirigeant pas comme les autres. Issu d'une famille modeste, il reprend la profession de son père et vend des meubles, avant de fonder sa propre entreprise d'import-export. Puis il se tourne vers la politique et devient maire de Solo (Surakarta) en 2005. Ses réformes sociales et sa transparence le font gagner en popularité. Gouverneur de Jakarta en 2012, il s'illustre en rehaussant le salaire minimum et en développant les bourses étudiantes. Candidat à l'élection présidentielle de 2014, il est élu à 53 % des voix d'une population en mal de représentation. Grand fan de rock et adoré des jeunes, il est le 1er président indonésien à n'avoir aucun lien politique, militaire ou héréditaire avec l'ancienne dictature. Si son 1er mandat n'a pas concrétisé les espoirs de changements placés en lui, Jokowi est réélu sans difficulté en 2019.
– ***Megawati Sukarnoputri*** *(né en 1947)* **:** en 2001, la fille aînée d'Ahmed Sukarno devient la 1re dirigeante du pays musulman le plus peuplé de la planète. Il faut dire qu'elle a bénéficié d'un bon petit piston. Tout le monde n'a pas pour papa (heureusement, d'ailleurs !) le père de l'indépendance indonésienne. Ce n'est qu'en 1988 qu'elle se lance dans la politique. 8 ans plus tard, la voilà sur le devant de la scène, quand Suharto veut interdire son parti et l'évincer de la politique. Image vivante de son père, elle en incarne le nationalisme. Surnommée la « dame de fer de l'islam

convivial », elle ne parvient pas à faire l'unanimité auprès du peuple indonésien, qui lui préfère très largement le général Yudhoyono lors des élections présidentielles de 2004 et de 2009.

– ***Pramoedya Ananta Toer*** *(1925-2006)* **:** Pramoedya, ou Pram pour les intimes, reste le plus grand écrivain indonésien, et ce malgré les nombreuses censures dont il a été victime. Il est non seulement l'un des rares écrivains de l'archipel à être connu à l'étranger et traduit dans une douzaine de langues, mais a aussi été plusieurs fois pressenti pour le prix Nobel de littérature. Né dans une bourgade de Java, il est l'aîné de 9 enfants. Son père, en tant que maître d'école, l'aide à faire ses 1res armes. Mais il s'engage bientôt dans l'armée des républicains et est rapidement arrêté. C'est là, dans les geôles de Jakarta, qu'il rédige pendant 2 ans et demi quelques-unes de ses œuvres majeures. Mais la censure ne tarde pas à tomber. Ce qui le condamne ? Sans doute ses sympathies procommunistes. De nouveau arrêté en 1965, il est déporté pendant près de 15 ans dans les Moluques. À sa libération, sa vie de paria continue. À la différence de *Terres des hommes* ou de *La vie n'est pas une foire nocturne* (son chef-d'œuvre), *Le Fugitif* est traduit en français. Son dernier ouvrage, *Gadis Pantai, la fille du rivage* (2004), est disponible aux éditions Gallimard.

– ***Augustin Sibarani*** *(1925-2014)* **:** ce caricaturiste politique est connu essentiellement pour sa collaboration, en compagnie de Pramoedya, à la revue culturelle *Bintang Timur* (« L'Étoile orientale »). Autre point commun, ils ont tous 2 été interdits d'expression par les généraux au pouvoir pendant 32 ans. Courageusement, Augustin Sibarani a survécu en faisant des portraits, tout en ne cessant jamais de croquer, dans la clandestinité, bien sûr, des dessins politiques.

– ***Anggun*** *(né en 1974)* **:** née à Jakarta, naturalisée française, elle a gagné une notoriété internationale grâce à son 1er album, *Au nom de la lune,* et à sa rencontre avec le parolier français Érick Benzi. C'est elle qui a représenté la France au concours Eurovision de la chanson en 2012. 1 an plus tard, elle retourne en Indonésie où elle devient jurée de plusieurs émissions de variétés, notamment *Indonesia's got Talent.*

– ***Mata Hari*** *(1876-1917)* **:** aventurière, danseuse, espionne ou tout simplement une femme en avance sur son temps ? De son vrai nom Marguerite Zelle, née aux Pays-Bas, elle part avec son mari, le major MacLeod, vivre à Medan (Sumatra), où elle cultivera son goût pour l'Asie et ses mystères. Elle apprend le javanais, s'habille à la mode indonésienne et apprend même les danses locales. Rappelé aux Pays-Bas, le couple divorce sitôt de retour en Europe. Sans plus d'attaches, elle décide de partir à Paris, où elle devient danseuse indonésienne, grâce à un certain orientaliste fortuné, Émile Guimet (du musée du même nom). Belle et sensuelle, elle s'invente un passé mythique et une origine javanaise. Elle devient vite l'une des figures de la Belle Époque. Pendant la guerre, elle fait la connaissance d'un capitaine du contre-espionnage français, qui lui propose de récupérer des renseignements auprès d'officiers allemands. Elle sera finalement démasquée par l'ennemi. Pour cela, les Allemands envoient à Paris des messages codés expliquant que Mata Hari serait une espionne à leur service, en sachant pertinemment que le contre-espionnage français saurait les décoder. Elle sera finalement jugée et condamnée par le Conseil militaire, puis fusillée. Pour la petite histoire, sachez qu'en indonésien *Mata Hari* signifie « l'œil du jour », soit le soleil. Joli, non ?

– ***Margaret Mead*** *(1901-1978)* **:** anthropologue américaine, elle développe l'idée, originale à l'époque, selon laquelle les races ne peuvent pas être catégorisées en fonction de leur développement social. Elle effectue en particulier un long voyage à Bali afin d'étudier la société balinaise au travers de ses traditions. Sachant utiliser les médias, elle contribue, par ses nombreuses apparitions dans des débats télévisés, à vulgariser l'anthropologie auprès des Américains et à leur faire comprendre les différences culturelles. Féministe et engagée, elle s'est aussi illustrée par ses prises de position anticonformistes pour la dépénalisation du cannabis ou le contrat de mariage à 2 vitesses.

– ***Mohammed Suharto*** *(1921-2008)* **:** nommé président de la République par intérim après que Sukarno lui a cédé les pleins pouvoirs en 1967, il devient effectivement président de la République en 1968 et, seul candidat en lice, sera réélu régulièrement jusqu'à sa démission en 1998. Il a régné en autocrate pendant plus de 30 ans en noyautant, avec l'aide de sa famille, et en particulier de ses 6 enfants, l'ensemble de l'économie et des institutions nationales, dont l'armée. On a évalué la fortune du clan Suharto à 40 milliards de dollars avant la crise économique de 1998.

– ***Ahmed Sukarno*** *(1901-1970)* **:** fondateur du Parti national d'Indonésie (PNI) en 1927, emprisonné par les Hollandais dans les années 1930, Sukarno proclame en 1945 l'indépendance de la République indonésienne. Il définit alors les 5 principes qui devront la guider (nationalisme, internationalisme, démocratie, justice sociale et croyance en dieu) et devient président d'une démocratie parlementaire fragilisée jusqu'en 1949 par les tentatives de réimplantation des Hollandais. En 1955, il s'impose comme figure du tiers-mondisme en organisant la conférence de Bandung, affirmant aux côtés de Nerhu et Nasser le choix du non-alignement sur les 2 blocs de la guerre froide. En 1959, il rompt avec le parlementarisme pour imposer un régime autoritaire qualifié de « démocratie dirigée » et défendre le « socialisme à l'indonésienne ». Alors que la situation économique se dégrade, il se rapproche du Parti communiste indonésien, pour tenter de contrer l'influence grandissante de l'armée. Mais le « putsch » raté de 1965 a raison du « père fondateur de l'Indonésie », qui est écarté par le général Suharto. Il meurt en résidence surveillée en 1970.

– ***L'Homme de Java*** **:** plus connu sous le nom de Pithécanthrope *(Homo erectus)* de Java, il a bâti sa renommée en devenant le 1er homme à peupler un archipel, il y a plus de 1 million d'années. Il est connu grâce aux restes de plus de 60 individus. Découvert à la fin du XIXe s, son caractère mystérieux fascine. Mais comment vivait-il, ce gars-là ? La question trotte dans tous les esprits des archéologues qui fouillent aujourd'hui le site de Ngebung, dans le dôme de Sangiran, où a été dégagé un sol d'occupation humaine datant de près de 800 000 ans.

RELIGIONS ET CROYANCES

L'hindouisme à la balinaise

> **PAR LA PETITE PORTE**
>
> *Avez-vous remarqué que les portes des maisons sont toujours trop petites ? C'est pour éviter que les démons n'y pénètrent ! Malin.*

Bali est le centre principal de la religion hindoue en Indonésie. On y pratique l'*Agama Hindou Dharma,* l'hindouisme du Dharma, la loi universelle régissant l'ordre des êtres et des choses. L'hindouisme de Bali est bien moins intransigeant que celui pratiqué en Inde, influencé par le bouddhisme, l'animisme et le culte des ancêtres. On croit ici en *Ida,* Dieu suprême, mais aussi, comme en Inde, en *Brahma* (créateur), *Vishnu* (conservateur et protecteur) et *Shiva* (transformateur). Parmi les divinités communes, on retrouve le sympathique *Ganesh,* représenté partout et sous toutes les formes, ainsi que *Garuda,* la monture de *Vishnu,* symbole de la compagnie aérienne indonésienne.

La vie des Balinais est régie par l'Ordre cosmique, autre pilier important de leur croyance. Le choix des vêtements, le plan des temples, des maisons, des villages, le rapport à la mer, aux volcans et à la nature en général, tout y est relié.

Ils consacrent ***beaucoup de temps à leur religion,*** très ritualisée. Chaque jour est ponctué de *yadnya* (rituels sacrés) durant lesquels les dieux, la nature, les vivants

et les morts sont célébrés et reçoivent leurs offrandes. Ici, la religion se vit dans la plus parfaite décontraction mais toujours avec beaucoup de dignité et d'élégance. Toute célébration se termine par une manifestation artistique comme la danse ou la musique.
Les grands principes de l'hindouisme (le système des castes, par exemple) existent aussi à Bali mais adaptés à la culture de ses habitants et bien souvent moins contraignants qu'ailleurs. Ainsi verra-t-on, par exemple, des brahmanes (caste la plus élevée) travailler dans les rizières.
Il y a ***4 castes à Bali,*** héritage de la religion hindoue. On reconnaît la caste d'après le nom de son interlocuteur : *Ida Bagus* ou *Ida Ayu* pour les *brahmanes* (les religieux, hommes ou femmes), *Agung* ou *Dewa* pour les *satrias* (les rois et les guerriers), *Gusti* pour les *wesias* (les nobles). Chez les *sudras* (les paysans), il est même facile de connaître l'ordre de naissance et le nombre éventuel des enfants. ***L'hindouisme balinais ne reconnaît pas la catégorie des intouchables.*** Les mariages intercastes sont autorisés, la femme prenant alors la caste du mari. Aujourd'hui, la caste n'a plus vraiment d'impact dans la position sociale d'un Balinais.
Chaque caste a son langage. Les membres des castes supérieures parlent l'*alus,* raffiné, assez proche du javanais. Les *sudras* parlent le *kasar,* d'origine malayo-polynésienne. Entre ces 2 langues très différentes, il existe le *madya,* un dialecte que l'on utilise quand on ignore la caste à laquelle appartient son interlocuteur. Les prêtres et les érudits utilisent le *kawi,* qui est une langue littéraire. Heureusement que le *bahasa indonesia,* enseigné à l'école, permet aujourd'hui à tout le monde de se comprendre. Ajoutons que l'anglais est de plus en plus parlé par tous les jeunes un peu instruits et par la plupart des commerçants en contact avec les étrangers.

Dans le reste de l'archipel

Excepté Bali, l'islam est majoritaire à peu près partout (sauf à Florès, catholique à plus de 90 %). Dans ce pays présenté comme le 1er pays musulman du monde, la pratique de la religion se fait, au quotidien et hors des périodes de crise, de façon très décontractée. Malgré la pression croissante des courants les plus conservateurs, la loi islamique (la charia) ne s'applique pas aux Indonésiens.
Bhinneka tunggal ika, « l'unité dans la diversité », est la devise nationale indonésienne. Voilà probablement un cas unique de ***neutralité bienveillante et de coexistence pacifique entre les ethnies et les religions,*** à part une exception de taille (lire plus bas). Fait incroyable (quand on connaît les ravages causés par les luttes religieuses en Inde, depuis l'indépendance) : en Indonésie, islam, christianisme, protestantisme, bouddhisme, hindouisme et confucianisme se côtoient globalement sans heurts. Mieux, la Constitution garantit l'égalité entre ces 6 religions. En revanche, s'il n'est pas interdit d'être athée (à condition de ne pas nier l'existence de Dieu en public), le mariage civil est inconnu, et les mariages interconfessionnels sont interdits. Ainsi, parmi les nombreuses questions que les Indonésiens soumettent aux touristes revient toujours celle de la religion : sachez qu'un Occidental est a priori chrétien *(kristen)* aux yeux des Indonésiens. Avouer être athée est souvent mal perçu. D'ailleurs, ***la religion doit obligatoirement être indiquée sur la carte d'identité des Indonésiens.*** Sinon, ils sont considérés comme communistes (ce qui est très grave !).
La coexistence des différents groupes n'est cependant pas toujours aussi sereine qu'on pourrait le rêver et de sérieuses tensions agitent l'Indonésie depuis 1996. Dans la province du Kalimantan, des échauffourées violentes entre Dayaks (descendants des célèbres coupeurs de têtes de Bornéo), chrétiens et immigrés (musulmans) venus de Madura ont amené la Malaisie à fermer sa frontière. Mais surtout, depuis la nuit des temps, dans plusieurs villes de Java, des églises, des temples bouddhiques et des boutiques appartenant à des familles chinoises sont régulièrement incendiés lors d'émeutes que le gouvernement attribue (mais ils s'en défendent) à des activistes islamiques. Une situation qui s'est reproduite lors

de la grave crise économique de la fin des années 1990, qui entraîna la chute de Suharto. ***Les petits commerçants chinois vendant la base de l'alimentation indonésienne, notamment le riz, furent alors considérés par une frange de la population comme les responsables de la hausse des prix et de la famine qui se profilait.*** Des quartiers chinois furent la cible d'incendies, de pillages, de meurtres, de viols. Des soupçons graves pointèrent la responsabilité de l'armée dans ces émeutes, des journaux asiatiques parlant d'exactions programmées, voire manipulées par certaines factions. En clair, on aurait profité de la séparation déjà béante entre les 2 communautés pour orienter la colère vers un bouc émissaire.

SAVOIR-VIVRE ET COUTUMES

Communiquer, c'est savoir respecter les coutumes d'un peuple. Voici quelques attitudes...

... à suivre :

– retirer ses chaussures et les laisser à l'extérieur avant d'entrer dans une maison ;
– donner une obole lorsque celle-ci est demandée à l'entrée d'un temple. Cela permet d'entretenir les temples.

... à bannir d'office de ses habitudes :

– s'embrasser en public, même pour la bise entre parents ;
– danser enlacés, sauf dans les lieux très occidentalisés ;
– s'asseoir par terre, les plantes de pied orientées vers quelqu'un ;
– pénétrer dans un temple balinais sans un sarong autour de la taille, dans un temple ou une mosquée jambes nues ou en chemise sans manches, dans une mosquée en gardant ses chaussures ;
– la plupart du temps, on vous demandera de porter une ceinture *(sash)* pour pénétrer dans les temples ou assister à une cérémonie. Mettez un sarong si on le demande pour couvrir les jambes nues. Achetez-en un dès votre arrivée pour ne pas avoir à en louer un à chaque fois ;
– manger, tendre ou recevoir quelque chose de la main gauche, car elle est considérée comme impure ;
– désigner quelqu'un du doigt et toucher la tête des enfants, siège de l'âme ;
– se mettre au-dessus du prêtre qui officie dans une cérémonie religieuse ;
– photographier les Balinais prenant leur bain en fin de journée au bord de la route ;
– dans les hôtels bon marché ou chez l'habitant, il ne faut pas se mettre dans le bassin du bain *(mandi)* comme on le ferait dans sa baignoire ! Il s'agit, en fait, d'un réservoir où l'on puise de l'eau avec une casserole, puis on s'arrose. De même, quand on ne trouve pas de papier hygiénique, on se lave toujours avec la casserole... et pas *dans* la casserole !
– les Indonésiens sont curieux de tout et très familiers. Dans la rue, la politesse (même si ça devient parfois fatigant à la longue) oblige à répondre aux multiples *Hello, Sir !* (ou *Hello, Miss !*) qui saluent le passage des touristes. Un inconnu peut tout à fait vous arrêter pour, de but en blanc, vous demander comment ça va, votre âge, si vous êtes marié, si vous avez des enfants, combien, le montant de votre salaire et la valeur de votre montre ! Et moins le coin est touristique, plus la curiosité à votre égard sera grande. Aux arrêts de bus, dans les villages, des nuées d'enfants peuvent vous entourer en quelques secondes !
– discuter les mains sur les hanches, car c'est ainsi qu'on défie quelqu'un avec qui l'on veut se battre ;
– se faire inviter chez un Indonésien implique d'avoir de la patience à revendre. Plus le maître de maison se fera attendre avant d'apparaître, plus il faudra se sentir honoré... car il se met sur son trente-et-un !

– personne là-bas n'aime dire : « Non » ou : « Non, je ne sais pas », par exemple... Dans certaines circonstances, ce refus du « non » peut avoir des répercussions agaçantes : demander son chemin, ou n'importe quoi d'autre, devient vite un calvaire si la personne à qui l'on s'adresse n'ose pas dire : « Non, je ne sais pas » ou : « Non, je n'ai pas ça », ou tout simplement avouer qu'elle ne comprend pas la question ! Sourire équivaut à dire non et rire manifeste souvent un embarras ;
– les Indonésiens n'ont pas forcément l'habitude de lire une carte routière. Dans le même registre, leur demander combien de kilomètres relient un point à un autre peut les plonger dans une grande perplexité...
– bien que tous les lieux de prière soient ouverts au public, il est plus convenable de demander l'autorisation avant d'y pénétrer, surtout si une cérémonie est en cours ;
– concernant la façon correcte de s'habiller, lire aussi en début de guide nos conseils « Bagages et vêtements » dans la rubrique « Climat » du chapitre « Bali, Lombok utile ».

ÇA VA MIEUX AVEC LE SOURIRE !

Ce qui apparaît bizarre ou illogique, et qui pourrait provoquer un certain agacement pour un Occidental, est souvent considéré comme une situation normale pour un Balinais. Alors, gardez votre sens de l'humour et votre calme. Une recette parfaite pour détendre l'atmosphère et désamorcer les risques de conflits !

Prostitution

Romantiques, s'abstenir ! L'amour en Indonésie se conjugue le plus souvent avec *money* ! Cela n'exclut pas la possibilité d'une rencontre « Roméo-Juliette », bien sûr, mais l'aventure, elle, se paie. À Jakarta, les jeunes femmes sont souvent des *Bancis,* des travestis. Les Javanais, eux, prétendent que ce sont en fait des Dayaks, en provenance de Bornéo. La plupart du temps, ces jeunes personnes, hommes ou femmes, sont mineures. Pour information, l'Indonésie est l'un des pays où le sida progresse le plus rapidement.

Corruption

En 2018, l'agence *Transparency International* classait l'Indonésie au 89e rang sur 180 du classement des pays les plus vertueux. Si la situation s'est un peu améliorée, dans l'état actuel des choses, la corruption se déploie à tous les niveaux. C'est une institution, et il existe des barèmes selon les services. La faiblesse des salaires explique pour une bonne part le degré de corruption.
S'il vous arrive de commettre une infraction au code de la route, vous devrez payer directement une amende aux policiers (en souhaitant qu'ils ne soient pas trop nombreux à verbaliser, car l'argent va parfois dans leurs poches). Si vous refusez de payer sur-le-champ, vous passerez en jugement, et ça risque de prendre du temps et de gâcher une partie de vos vacances. Dans ce cas, les policiers ne touchent rien ; vous pouvez donc négocier avec eux pour réduire un peu le montant de l'amende. Avec 10 000 Rps, les choses peuvent parfois s'arranger. Cela ne concerne bien entendu que des infractions mineures, qui deviennent de plus en plus fréquentes ; les policiers, ayant compris comment améliorer leur maigre salaire, font la chasse aux touristes motorisés. Parfois, le fait de parler en français peut les décourager. Si le racket est vraiment manifeste et que vous êtes dans votre bon droit, n'hésitez pas à menacer de vous plaindre à votre ambassade, par exemple. Mais gardez toujours calme et sourire.

SITES INSCRITS AU PATRIMOINE MONDIAL DE L'UNESCO

En coopération avec le

Organisation des Nations Unies pour l'éducation, la science et la culture · Centre du patrimoine mondial

Pour figurer sur la liste du Patrimoine mondial, les sites doivent avoir une valeur universelle exceptionnelle et satisfaire à au moins un des 10 critères de sélection. La protection, la gestion, l'authenticité et l'intégrité des biens sont également des considérations importantes. Le patrimoine est l'héritage du passé dont nous profitons aujourd'hui et que nous transmettons aux générations à venir. Nos patrimoines culturel et naturel sont 2 sources irremplaçables de vie et d'inspiration. Ces sites appartiennent à tous les peuples du monde, sans tenir compte du territoire sur lequel ils sont situés. Pour plus d'informations : ● *whc.unesco.org* ●

– Les sites traités dans ce guide : ***le paysage culturel de la province de Bali*** (le système des *subak* en tant que manifestation de la philosophie du *Tri Hita Karana*) ; ***Borobudur*** (Java) ; ***Prambanan*** (Java) **les rizières de Jatiluwil** et **Ubud**.

SPORTS ET LOISIRS

Plongée et *snorkelling*

Avec ses quelque 80 000 km² de littoral, l'Indonésie, et plus précisément Bali, est un paradis pour les amateurs de plongée. Mais pas seulement pour les titulaires du brevet ! Le *snorkelling* (avec palmes, masque et tuba seulement) est à la portée de tous... Ça tombe bien : les coraux ne sont pas profonds. Mais ***attention aux coups de soleil dans le dos !*** Prévoyez votre crème waterproof, ou, mieux, un vieux tee-shirt qui vous protégera, ou encore un collant long sur les jambes. Ça tape fort !

Quant à ceux qui ne manquent pas d'air, ils pourront s'initier au *freedive,* soit la plongée en apnée. Quelques tuyaux :

Jetez-vous à l'eau !

Pourquoi ne pas profiter de votre escapade dans ces régions où la mer est souvent calme, chaude, accueillante, et les fonds riches et colorés, pour vous initier à la plongée sous-marine ? Quel bonheur de virevolter librement au-dessus d'un nid de poissons-clowns ! Les poissons sont les animaux les plus chatoyants de notre planète ! Certes, un type de corail brûle, quelques rares poissons piquent, on parle (trop) des requins et des méduses... Mais la crainte des non-plongeurs est disproportionnée par rapport aux dangers réels de ce milieu.

Pour faire vos 1res bulles, pas besoin d'être sportif ni bon nageur. Il suffit d'avoir au moins 8 ans et d'être en bonne santé. Sachez que l'usage de certains médicaments est incompatible avec la plongée. De même, nos routardes enceintes s'abstiendront formellement de toute incursion sous-marine. Enfin, vérifiez l'état de vos dents : il est toujours désagréable de se retrouver avec un plombage qui saute pendant les vacances sous l'effet de la pression sous-marine. Sauf pour le baptême, un certificat médical vous est normalement demandé, et c'est dans votre intérêt. L'initiation des enfants requiert un encadrement qualifié dans un environnement adapté (petit fond, sans courant, matériel spécial).

Non, la plongée ne fait pas mal aux oreilles ; il suffit de souffler gentiment en se bouchant le nez. Il ne faut pas forcer dans cet étrange « détendeur » que l'on met dans la bouche, au contraire. Et le fait d'avoir une expiration active est décontractant puisque c'est la base de toute relaxation. Être dans l'eau modifie l'état de conscience et de perception, car les paramètres du temps et de l'espace sont changés : on se sent (à juste titre) ailleurs. En contrepartie de cet émerveillement, suivez impérativement les règles de sécurité, expliquées au fur et à mesure. En vacances, c'est le moment ou jamais de vous jeter à l'eau... Attention : pensez à respecter un intervalle de 12 à 24h avant de prendre l'avion, afin de ne pas modifier le déroulement de la désaturation.

C'est la 1re fois ?

Alors l'histoire commence par un baptême ; une petite demi-heure pendant laquelle le moniteur s'occupe de vous et vous tient la main. Laissez-vous aller au plaisir ! Vous ne devriez pas descendre au-delà de 5 m. Nos lecteurs sensibles au mal de mer se laisseront glisser doucement dans l'eau, sans stress ni angoisse, depuis le rivage. Pour votre confort, sachez que la combinaison doit être la plus ajustée possible afin d'éviter les poches d'eau qui vous refroidissent. Puis l'aventure se poursuit par un apprentissage progressif...

Les centres de plongée

À Bali, les clubs sont quasiment tous affiliés aux organismes internationaux mondialement reconnus (mais mieux vaut bien vérifier quand même !) : PADI *(Professional Association of Diving Instructors)* ou CMAS (Confédération mondiale des activités subaquatiques). L'encadrement est assuré par des instructeurs certifiés – véritables professionnels de la mer –, qui maîtrisent le cadre des plongées et connaissent tous les spots sur « le bout des palmes » (écoutez attentivement les briefings !).
Un bon centre de plongée est un centre qui respecte toutes les règles de sécurité, sans négliger le plaisir. Méfiez-vous d'un club qui vous embarque sans aucune question préalable sur votre niveau ; il n'est pas « sympa », il est dangereux. Regardez si le centre est bien entretenu (rouille, propreté...), si le matériel de sécurité obligatoire (oxygène, trousse de secours, radio...) est à bord, s'il n'y a pas trop de plongeurs par moniteur (6 maximum), et si vous n'avez pas trop à porter l'équipement. Les diplômes des instructeurs doivent être affichés. N'hésitez pas à vous renseigner, car vous payez pour plonger. En échange, vous devez obtenir les meilleures prestations... Enfin, à vous de voir si vous préférez un club genre « usine bien huilée » ou une petite structure souple.
Les centres proposent généralement des prestations à la journée *(day trips)*, comprenant 2 plongées et un casse-croûte selon l'endroit où vous passez vos vacances. On part parfois depuis le bord de la plage, comme à Amed. Moins stressant pour un début ! Vous accéderez sinon aux spots les plus proches en pirogue à moteur (*taxi-boat,* 6 personnes maximum), tandis que les bateaux de plongée classiques (15 personnes) vous mèneront un peu plus loin. Vous pourrez aussi prendre une vedette rapide (*speedboat,* 6 personnes maximum) pour gagner des sites plus lointains, ou embarquer sur un bateau de croisière (*dive-safari,* de 4 à 10 jours) à destination des spots les plus sauvages.

Formation et brevets

Partout dans le monde, les centres de plongée délivrent des enseignements aux standards PADI ou CMAS, dont les degrés sont presque équivalents. Les routards-plongeurs pourront suivre et enchaîner aisément, au gré de leurs pérégrinations. L'apprentissage débute ainsi par le brevet d'*Open Water Diver* (PADI) ou *1 étoile* (CMAS), dont l'ambition est de rendre autonome – jusqu'à 20 m de fond – un plongeur au sein d'une palanquée. Puis on enchaîne avec l'*Advanced Open Water Diver* (PADI) ou *2 étoiles* (CMAS), en 2 jours, qui permet de pousser à 30 m de fond (40 m pour le CMAS) et d'être autonome, accompagné d'un binôme (le *buddy*) de même niveau. On passe ensuite le *Rescue Diver* (PADI) ou *3 étoiles* (CMAS), sur 2 jours également. Enfin, le diplôme de *Divemaster* (PADI) ou *4 étoiles* (CMAS) prépare les futurs instructeurs à l'encadrement.
Chaque brevet apporte une autonomie supplémentaire ; et on conseille d'étaler leur passage dans le temps, afin de pouvoir acquérir l'expérience indispensable. On peut d'ailleurs déplorer qu'aucune règle n'existe en la matière : certains clubs

font ainsi entrer des sous dans la caisse en autorisant des passages de degrés en enfilade ! C'est à vous d'être raisonnable.
Tous les centres délivrent un carnet de plongée, ou *log-book,* qui retracera votre expérience et réveillera vos bons souvenirs une fois les vacances terminées. Gardez-le soigneusement et pensez toujours à emporter ce précieux « passeport » en voyage.

Reconnaissance internationale

Les centres PADI sont les plus répandus. Nos routards-plongeurs déjà brevetés tâcheront donc d'obtenir une équivalence internationale de leurs brevets auprès des organismes CMAS, NAUI ou SSI. Sinon, ils devront se mettre à l'eau pour une plongée test avec un instructeur, en piscine ou sur un site souvent sans intérêt. Si près de tant de merveilles, ce serait dommage de gâcher une plongée, non ?
Dans tous les cas, sachez que, pour votre 1re plongée, le chef de palanquée vous demandera quelques petits exercices du style vidage de masque, interprétation de signes, récupération de détendeur, utilisation d'une source d'air de secours, stabilisation, etc., histoire de se remettre dans le bain...

Tour-opérateur spécialisé dans la plongée

■ ***Ultramarina :*** *2 ter, rue des Olivettes, CS 33221, 44032 Nantes Cedex 1. À Paris : 29, rue de Clichy, 75009.* ☎ *0825-029-802 ou 01-53-68-90-77 (0,15 €/mn).* • *ultramarina.com* • *Également des agences à Marseille, Genève, Villeneuve et Lyon.* Organise les voyages individuels.

Quelques spots intéressants

Nusa Penida et Nusa Lembongan : îles à 20 km à l'est de Sanur, accessibles en 30 mn à 1h30 de bateau depuis Sanur ou Padangbai. Fonds sablonneux et eau limpide. Plongée de 5 à 40 m. On y croise régulièrement des tortues, poissons-lunes *(mola-mola),* raies mantas, mérous, etc., sans compter les coraux, mous et durs. Si les courants, forts et froids, drainent des espèces que l'on ne retrouve pas toujours ailleurs à Bali, ces sites sont plutôt réservés aux plongeurs expérimentés.
Padangbai : au nord-est de Sanur. Plongée de 3 à 20 m. Jolie barrière de corail. Anse assez abritée, protégée par de belles falaises ; cependant, le courant peut être assez fort et froid.
Amed : sur la côte nord-est. Plongée de 5 à 40 m. Jolis fonds peuplés notamment d'éponges et d'anémones. On y accède à bord d'une *jukung,* embarcation traditionnelle.
Tulamben : à quelques kilomètres au nord-ouest d'Amed. On peut y voir tout au bord de l'eau l'épave du *USS Liberty,* navire américain coulé par les Japonais durant la Seconde Guerre mondiale. L'épave est envahie par les anémones, coraux, et toutes sortes de poissons. L'un des spots les plus intéressants de Bali. Plongée de 3 à 30 m. Tout à fait recommandé pour une 1re plongée à Bali.
Menjangan Island : au nord-ouest de Bali. L'île est accessible en 40 mn de bateau. Le spot le plus éloigné, mais évidemment l'un des plus beaux. Au cœur d'un parc national, c'est l'un des sites les plus protégés, avec une excellente visibilité, de 5 à 40 m, tout au long de l'année. On peut y explorer une vieille épave en bois, l'*Angker,* ou plonger sur un tombant de corail où l'on évolue au milieu des raies mantas et des mérous, entre autres.
Candi Dasa : il reste encore de beaux coraux et d'étonnants poissons, au large, sur les îlots connus comme *The Gili.* Les pêcheurs vous y conduisent pour un prix raisonnable.
Sanur : pas le site le plus intéressant, mais le plus rapidement accessible. Plongée à la hauteur de la barrière de corail, à 200 m du rivage. Plongée de 2 à 12 m. Poissons de corail, et même quelques petits requins. Eau un peu trouble si la mer est agitée.

Les Gilis Islands : au nord-ouest de Lombok, 3 petits atolls protégés par une barrière de corail. Eaux chaudes et limpides, superbe variété de poissons et coraux sur toute une gamme de sites, pour débutants comme confirmés, qu'on atteint en quelques minutes de bateau.

Quelques adresses

■ ***Atlantis Dune :*** *96E jl. Bypass Ngurah Rai, à **Sanur.*** ☎ *(0361) 28-41-31.* 📱 *081-238-057-67.* • *balidiveaction.com* • Du baptême de plongée, encadré par des instructeurs français et suisses ou bien des Indonésiens parlant le français, à la plongée de nuit, Jérôme Perrussel et son équipe s'occupent de tout. Ils peuvent aussi délivrer le brevet PADI. Les débutants opteront pour une exploration de l'épave du *USS Liberty* à Tulamben, tandis que les plongeurs confirmés se dirigeront vers Nusa Lembongan pour taquiner le *mola-mola* (poisson-lune) dans le courant. Voir les infos sur le club à Sanur.

■ ***Eco Dive :*** *à **Amed.*** ☎ *(0363) 234-82.* • *ecodivebali.com* • Boss canadien (trilingue anglais-français-indonésien) ; quasiment tous les instructeurs parlent bien le français.

■ ***Dive Concepts :*** *à **Pemuteran.*** 📱 *081-237-666-971.* • *diveconcepts.com* • Club sérieux, avec instructeurs francophones et, pour ne rien gâcher, des tarifs plutôt compétitifs. Piscine pour s'exercer. Idéal pour explorer les superbes fonds marins de l'île de Menjangan.

Randonnée

Bien que Bali ne soit pas « l'île de la randonnée », il existe tout de même un certain nombre de possibilités. Les randos les plus connues sont celles qui conduisent au sommet du mont Batur (au départ du village de Kedisan, près de Kintamani) et du mont Agung (un trek réservé aux marcheurs confirmés, étant donné l'importance de la dénivelée). On peut aussi envisager une balade dans le parc national de Barat, à l'ouest de l'île. Mais il existe d'autres options, un peu plus en dehors des sentiers battus et qui devraient intéresser les amoureux de nature et de marche, notamment les treks à la journée dans les environs de Mayong (vers Lovina), de Sidemen et de Munduk (voir le chapitre consacré à ce village) et également dans les environs de Bedugul et des lacs du Centre-Nord. Sans oublier, bien sûr, l'ascension des volcans de Java (Merapi, Bromo et Kwah Ijen), et celle menant jusqu'à la crête de la caldeira du mont Rinjani, à Lombok.
– Pour les agences spécialisées, voir plus loin la rubrique « Rafting ».

Surf

Les Australiens le savent bien, Bali est un petit paradis pour le surf. La plupart des Français se contenteront d'admirer ces beaux gaillards, fiers comme des soleils, bravant les flots. Cela a l'air facile, mais ça ne l'est pas ! Ami néophyte, vous pouvez très bien vous jeter à l'eau (il faut bien commencer un jour), mais respectez quelques règles. Il est tout d'abord indispensable d'être un excellent nageur.
Pour débuter, les vagues de Kuta et Legian sont parfaites. D'abord et tout simplement parce qu'on y loue des surfs sur la plage, parce que les vagues à certains endroits sont accessibles à un débutant, parce qu'il y a du sable et non du corail et que ça fait moins mal en tombant, et enfin parce que certaines portions de plage sont surveillées. Il est indispensable de rester dans un coin où il y a déjà du monde et de se renseigner auprès des « collègues surfeurs » pour savoir si le secteur n'est pas dangereux. En effet, en fonction des marées et de l'époque de l'année, les coins propices au surf et les coins dangereux varient sans cesse.
Outre Kuta et Legian, le tour de l'île propose de superbes *breaks,* mais, là, il faut être un vrai pro. Ceux qui veulent admirer les champions iront sur la superbe falaise d'Uluwatu, où les déferlantes sont extraordinaires et le spectacle époustouflant. Autres spots réputés, Medewi et Balian, sur la côte sud-ouest.

Enfin, plusieurs sublimes plages aux environs du Kuta de Lombok sont aussi réputées pour le surf, avec des vagues pour les débutants comme pour les confirmés. À Bali, on trouve de la littérature sur le surf, mais le mieux pour quelqu'un de déjà confirmé est de se brancher avec ces monstres d'Australiens. Sinon, voici quelques adresses :

■ ***Tubes Surf Bar & Restaurant :*** *Poppies Lane II, à* ***Kuta.*** Une référence dans le milieu du surf. Un endroit où l'on peut trouver informations et matériel.

■ ***Rip Curl School of Surf :*** *Blue Ocean Beach, jl. Double Six, à* ***Legian.*** *☎ (0361) 73-58-58.* • *schoolofsurf.com* • On peut voir, devant le centre, leurs clients s'entraîner sur la plage et dans les vagues.

Rafting

L'*Ayung River* (dans les environs d'Ubud) est accessible au rafting. Sans danger, on traverse une forêt tropicale parfois encaissée dans des gorges. Le point de départ se situe à quelques kilomètres au nord de Sangeh. Le prix des agences comprend le transfert de votre hôtel, l'équipement (y compris gilet de sauvetage), l'assurance et un repas. Bon, comme c'est assez nouveau, c'est encore très cher. Généralement, 2 départs par jour. Compter 6h en tout, aller-retour.

■ ***Sobek :*** *9 jl. Waribang, Kesiman Petilan, à* ***Denpasar.*** *☎ (0361) 89-50-511 ou 72-90-14.* • *balisobek.com* • L'agence la plus réputée à Bali pour le rafting. Propose aussi de nombreuses autres activités (randonnée, VTT, etc.).

■ ***True Bali Experience :*** *150 B-12 jl. Diponegoro, à* ***Denpasar.*** *☎ (0361) 23-94-40.* • *truebaliexperience.com* • Propose aussi des randos à pied, à cheval, à vélo, etc.

Vélo

C'est un excellent moyen d'explorer l'île, à condition tout de même d'être en bonne condition physique pour affronter les solides dénivelées du centre, sans même parler du trafic insensé sur les axes principaux. « Faire Bali » à vélo reste une ambition réservée aux sportifs courageux. D'ailleurs, on en rencontre peu ! Les moins développés du mollet trouveront des bicyclettes à louer partout, à prix dérisoire, pour circuler agréablement et en toute liberté au milieu des rizières, à partir de leur hôtel.

WAYANG

Ce mot signifie « ombre », mais, par déformation, il désigne aussi toutes les formes de théâtre, y compris le *wayang Orang,* c'est-à-dire le théâtre humain.
Le *wayang* est un spectacle de marionnettes très populaire dans tout le pays, proclamé chef-d'œuvre du Patrimoine oral et immatériel de l'humanité par l'Unesco en 2003. On ne peut concevoir de fête sans une représentation de *wayang.* Après l'indépendance, en 1945, le ministère de l'Information l'utilisa même comme moyen audiovisuel pour l'éducation de la population et créa, à cette occasion, des marionnettes aux visages très réalistes.
Les marionnettes les plus répandues sont celles du *wayang Kulit* (connu aussi sous le nom de *wayang Purwa*), du *wayang Golek* et du *wayang Orang,* appelé *wayang Wong* en javanais.
– Dans le ***wayang Kulit,*** les marionnettes sont découpées dans du cuir de buffle et se manipulent par une multitude de cordes et baguettes verticales. Elles mesurent jusqu'à 90 cm. Les représentations ont lieu le soir. On utilise un vaste écran de 4 m de long sur environ 1 m de haut, tendu sur un cadre de bambou. Un tronc de bananier sert à planter les marionnettes et à les maintenir droites. Le

montreur *(dalang)* est assis en tailleur sous une lampe à huile dont la lumière va réfléchir les ombres et créer la magie du spectacle.

Les marionnettes sont placées à gauche ou à droite du *dalang* selon qu'elles représentent le Bien ou le Mal. Au centre de l'écran trône une marionnette stylisée, sorte de grande feuille d'arbre découpée comme de la dentelle. C'est le *Gunungan Kajon* qui symbolise le monde. Un petit gamelan (percussion) prend place près du *dalang*. Les femmes et les enfants s'installent de l'autre côté de l'écran, de sorte qu'ils ne voient que les ombres, alors que les hommes se trouvent du côté du *dalang*.

Beaucoup d'histoires racontées sont connues des spectateurs, qui en prévoient chaque scène, presque chaque réplique. Tout l'art du *dalang*, autant dire du meneur de jeu, va résider dans sa capacité à respecter le fil de l'histoire tout en y introduisant des éléments d'improvisation et des idées personnelles. Le spectacle, épuisant pour le *dalang*, peut durer 8 à 9h de suite. Tout au long du spectacle, il frappe avec ses pieds pour rythmer l'action.

C'est à Java que cette forme de théâtre s'est le mieux maintenue dans l'esprit traditionnel : jeu, amusement et respect des croyances et légendes dont le *dalang* se fait l'intermédiaire, dans l'affrontement rituel entre la vie et la mort...

Assister à un spectacle de *wayang Kulit* est une expérience amusante à condition de ne pas la prolonger au-delà de 1h. Le spectacle, qui débute vers 21h, peut s'achever au petit matin !

– Dans le ***wayang Golek,*** les marionnettes sont en bois, avec des visages peints et des vêtements en tissu. Les marionnettes de *wayang Golek* ont 3 dimensions et ressemblent assez à celles de notre Guignol lyonnais. Toutefois, elles ne sont pas animées par des fils. Le *dalang* pique le personnage dans le tronc de bananier pour actionner les bras à l'aide de fines baguettes. On a recensé plusieurs centaines de types de personnages représentés.

– ***Le wayang Orang*** est interprété par des acteurs en chair et en os, revêtus de costumes souvent splendides. Les représentations sont composées de parties dansées et de récitatifs accompagnés par un gamelan. Là aussi, le *wayang* s'inspire des grandes épopées comme le *Rāmāyana* et le *Mahābhārata.* Plus que les histoires alambiquées et incompréhensibles pour nos esprits trop cartésiens, on retiendra surtout le jeu des acteurs et la splendeur de leurs vêtements.

les ROUTARDS sur la FRANCE 2021-2022

(dates de parution sur • **routard.com** •)

Découpage de la FRANCE par le ROUTARD

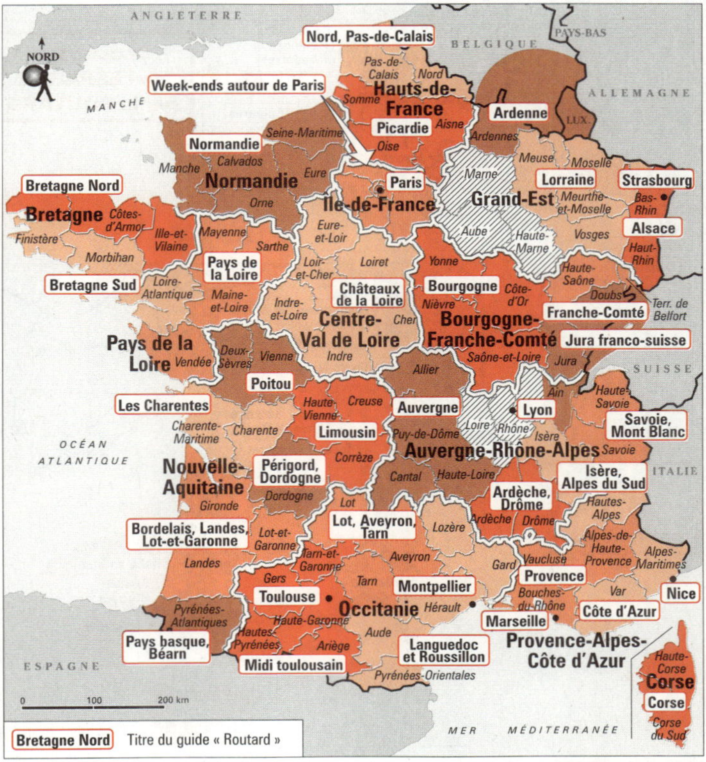

Autres guides sur la France

- Nos meilleurs campings en France
- Nos meilleures chambres d'hôtes en France

Autres guides sur Paris

- Paris
- Paris balades
- Restos et bistrots de Paris
- Le Routard des amoureux à Paris
- Week-ends autour de Paris

Le Routard à vélo

- EuroVelo6
- La Bourgogne du Sud à vélo
- La Flow Vélo
- La Loire à Vélo
- La Vélodyssée (Roscoff-Hendaye)
- Le Canal des 2 mers à vélo
- Paris Île-de-France à vélo
- ViaRhôna
- Les plus belles escapades à Vélo en France

les ROUTARDS sur l'ÉTRANGER 2021-2022

(dates de parution sur • *routard.com* •)

Découpage de l'ESPAGNE par le ROUTARD

Découpage de l'ITALIE par le ROUTARD

Autres pays européens

- Allemagne
- Angleterre, Pays de Galles
- Autriche
- Belgique
- Bulgarie
- Crète
- Croatie
- Danemark, Suède
- Écosse
- Finlande
- Grèce continentale
- Hongrie
- Îles grecques et Athènes
- Irlande
- Islande
- Madère
- Malte
- Norvège
- Pays baltes : Tallinn, Riga, Vilnius
- Pologne
- Portugal
- République tchèque, Slovaquie
- Roumanie
- Suisse

Villes européennes

- Amsterdam
- Berlin
- Bruxelles
- Budapest
- Copenhague
- Dublin
- Lisbonne
- Londres
- Moscou
- Naples
- Porto
- Prague
- Saint-Pétersbourg
- Stockholm
- Vienne

les ROUTARDS sur l'ÉTRANGER 2021-2022

(dates de parution sur • **routard.com** •)

Découpage des ÉTATS-UNIS par le ROUTARD

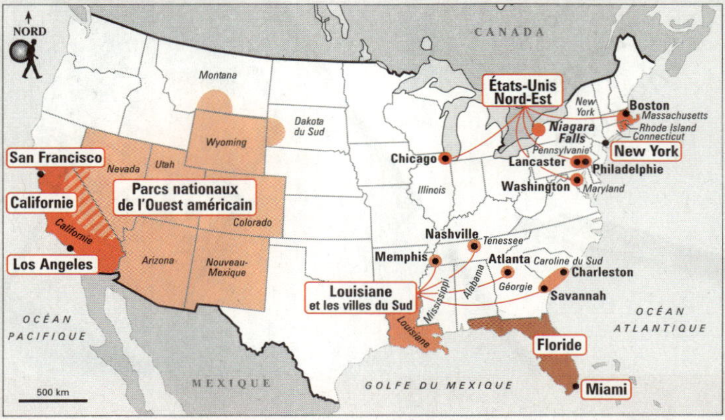

Autres pays d'Amérique

- Argentine
- Brésil
- Canada Ouest
- Chili et île de Pâques
- Colombie
- Costa Rica
- Équateur et les îles Galápagos
- Guatemala, Belize
- Mexique
- Montréal
- Pérou, Bolivie
- Québec et Ontario

Asie et Océanie

- Australie côtes est et nord + Red Centre
- Bali, Lombok
- Bangkok
- Birmanie (Myanmar)
- Cambodge, Laos
- Chine
- Hong Kong, Macao, Canton
- Inde du Nord
- Inde du Sud
- Israël et Palestine
- Istanbul
- Jordanie
- Malaisie, Singapour
- Népal
- Shanghai
- Sri Lanka (Ceylan)
- Thaïlande
- Tokyo, Kyoto et environs
- Turquie
- Vietnam

Afrique

- Afrique du Sud
- Égypte
- Kenya, Tanzanie et Zanzibar
- Maroc
- Marrakech
- Sénégal
- Tunisie

Îles Caraïbes et océan Indien

- Cuba
- Guadeloupe, Saint-Martin, Saint-Barth
- Île Maurice, Rodrigues
- Madagascar
- Martinique
- République dominicaine (Saint-Domingue)
- Réunion

Guides de conversation

- Allemand
- Anglais
- Arabe du Maghreb
- Arabe du Proche-Orient
- Chinois
- Croate
- Espagnol
- Grec
- Italien
- Japonais
- Portugais
- Russe
- G'palémo (conversation par l'image)

Livres-photos/Livres-cadeaux

- La France de Stéphane Bern **(nouveauté)**
- Voyages
- Voyages : États-Unis
- Voyages : France
- Voyages : Italie
- Road Trips Monde
- Road Trips en France **(nouveauté)**
- 120 coins secrets en Europe
- 50 voyages à faire dans sa vie
- 1 200 coups de cœur dans le monde
- 1 200 coups de cœur en France
- 52 week-ends dans les plus belles villes d'Europe
- 52 week-ends coups de cœur en France
- 52 escapades nature en France **(nouveauté)**
- Cahier de vacances du Routard

Nous tenons à remercier tout particulièrement Loup-Maëlle Besançon, Thierry Bessou, Gérard Bouchu, François Chauvin, Grégory Dalex, Fabrice Doumergue, Cédric Fischer, Carole Fouque, Nicolas George, Michelle Georget, David Giason, Claude Hervé-Bazin, Emmanuel Juste, Dimitri Lefèvre, Fabrice de Lestang, Romain Meynier, Éric Milet, Pierre Mitrano, Jean-Sébastien Petitdemange, Thomas Rivallain et Jean Tiffon pour leur collaboration régulière.

Brice Andlauer
Jean-Jacques Bordier-Chêne
Agnès Debiage
Coralie Delvigne
Jérôme Denoix
Tovi et Ahmet Diler
Clélie Dudon
Sophie Duval
Alain Fisch
Bérénice Glanger
Adrien et Clément Gloaguen
Sébastien Jauffret
Alexia Kaffès
Augustin Langlade
Jacques Lemoine
Aline Morand
Louis Nagot
Caroline Ollion
Martine Partrat
Odile Paugam et Didier Jehanno
Céline Ruaux
Prakit Saiporn
Nejma Tahri Hassani
Alice Tonasso
Caroline Vallano

Direction : Sidonie Chollet
Direction éditoriale : Élise Ernest
Édition : Matthieu Devaux, Olga Krokhina, Gia-Quy Tran, Julie Dupré, Emmanuelle Michon, Pauline Janssens, Amélie Ramond, Margaux Lefebvre, Julie Wood et Ionah Vasseur
Ont également collaboré : Catherine Hidé, Clémence Toublanc, Estelle Gaudin et Anne Le Bigot
Cartographie : Frédéric Clémençon et Aurélie Huot
Contrôle de gestion : Jérôme Boulingre et Yannis Villeneuve
Secrétariat : Catherine Maîtrepierre
Fabrication : Nathalie Lautout et Audrey Detournay
Relations presse : COM'PROD, Fred Papet. ☎ 01-70-69-04-69.
• *info@comprod.fr* •, Martine Levens (Belgique) et Maureen Browne (Suisse)
Direction marketing : Stéphanie Parisot, Élodie Darty et Charlotte Brou
Couverture : le-bureau-des-affaires-graphiques.com
Silhouette du Routard : Clément Gloaguen (d'après Solé)
Maquette intérieure : le-bureau-des-affaires-graphiques.com, Thibault Reumaux et npeg.fr
Contact Partenariats : Jérôme Denoix • *jeromedenoix@gmail.com* •
Contact Partenariats et régie publicitaire : Florence Brunel-Jars
• *fbrunel@hachette-livre.fr* •

INDEX GÉNÉRAL

LISTE DES CARTES ET PLANS

INDEX GÉNÉRAL

« OSONS LE PAS DE CÔTÉ »

Le surtourisme ? Tous concernés. Et pourtant, à l'écart des grands flux touristiques, il existe plein de pépites méconnues, souvent oubliées des circuits trop encombrés. Ici un site ignoré ; là un quartier secret ; plus loin un village caché au charme discret, avec un troquet d'une autre époque... Il existe une infinité de lieux peinards que l'on a envie de mettre en avant avec ce pictogramme. Un vagabondage enfin calme favorisé aussi par les **visites aux heures creuses.** Vive le *slow trip* !

#osonslepasdecote

UNE PANDÉMIE INOUÏE !

Depuis toujours, ***Le Routard* se plaît à dénicher hôteliers et restaurateurs** qui accueillent nos lecteurs avec sourire et professionnalisme. Malgré toute notre vigilance, certains d'entre eux auront malheureusement fermé quand ce livre sortira. De même, les horaires et modalités d'accueil de certains sites et musées auront été momentanément modifiés. Cette terrible **pandémie de Coronavirus** a, on le sait, des conséquences importantes pour tous les professionnels du tourisme. **Nous sommes de tout cœur avec eux !**

IMPORTANT : DERNIÈRE MINUTE

Entre deux parutions du *Routard,* des événements fortuits (conditions sanitaires, catastrophes naturelles, mais aussi formalités, taux de change, conditions d'accès aux sites, fermetures inopinées, etc.) peuvent modifier vos projets de voyage. Pour éviter les déconvenues, nous vous recommandons de consulter la rubrique « Guide » par pays de notre site • ***routard.com*** • et plus particulièrement les dernières ***Actus voyageurs.***

Remarque importante aux hôteliers et restaurateurs

Les enquêteurs du *Routard* travaillent dans le plus strict anonymat. Aucune réduction, aucun avantage quelconque, aucune rétribution n'est jamais demandé en contrepartie. Face aux aigrefins, la loi autorise les hôteliers et restaurateurs à porter plainte.

Avis aux lecteurs

Le Routard, ce n'est pas comme le bon vin, il vieillit mal. On ne veut pas pousser à la consommation, mais évitez de partir avec une édition ancienne. Les modifications sont souvent importantes.

Les réductions accordées à nos lecteurs ne sont jamais demandées par nos rédacteurs afin de préserver leur indépendance. Les hôteliers et restaurateurs sont sollicités par une société de mailing, totalement indépendante de la rédaction, qui reste donc libre de ses choix. De même pour les autocollants et plaques émaillées.

Avec routard.com, choisissez, organisez, réservez et partagez vos voyages !

✓ Rejoignez la plus grande communauté francophone de voyageurs : **plusieurs millions d'internautes.**

✓ Échangez avec les routarnautes : forums, photos, avis d'hôtels.

✓ Retrouvez aussi toutes les informations actualisées pour choisir et préparer vos voyages : près de 300 guides destinations, une centaine de dossiers pratiques et un magazine en ligne pour découvrir tous les secrets de votre destination.

✓ Enfin, comparez les offres pour organiser et réserver votre voyage au meilleur prix.

Les **Routards** *parlent aux* **Routards**

Faites-nous part de vos expériences, de vos découvertes, de vos tuyaux et de vos coups de cœur. Aidez-nous à remettre l'ouvrage à jour. Indiquez-nous les renseignements périmés. Faites profiter les autres de vos adresses nouvelles, combines géniales... On adresse un exemplaire gratuit de la prochaine édition à ceux qui nous envoient les meilleurs courriers, pour la qualité et la pertinence des informations.

Quelques conseils cependant :

– Envoyez-nous votre courrier le plus tôt possible afin que l'on puisse insérer vos tuyaux sur la prochaine édition.

– N'oubliez pas de préciser l'ouvrage que vous désirez recevoir, ainsi que votre adresse postale.

– Vérifiez que vos remarques concernent l'édition en cours et notez les pages du guide concernées par vos observations.

– Quand vous indiquez des hôtels ou des restaurants, pensez à signaler leur adresse précise et, pour les grandes villes, les moyens de transport pour y aller. Si vous le pouvez, joignez la carte de visite de l'hôtel ou du resto décrit.

En tout état de cause, merci pour vos nombreux mails.

122, rue du Moulin-des-Prés, 75013 Paris

• *guide@routard.com* • *routard.com* •

Routard Assurance *2021*

Édité par Hachette Livre (58, rue Jean-Bleuzen, CS 70007, 92178 Vanves Cedex, France)
Photocomposé par Jouve (1, rue du Docteur Sauvé, 53100 Mayenne, France)
Imprimé par Jouve Print (Quai n° 2, 733, rue Saint-Léonard, BP 3, 53101 Mayenne Cedex, France)
Achevé d'imprimer : février 2021
Collection n° 13 - Édition n° 01
74/7431/9
I.S.B.N. 978-2-01-787078-4
Dépôt légal : mars 2021

PAPIER À BASE DE FIBRES CERTIFIÉES